汽车构造

（全一册）（第三版）

王　珺　　刘小斌　主　编

尹新权　张亚萍　李万敏　副主编

电子工业出版社
Publishing House of Electronics Industry
北京·BEIJING

内 容 简 介

本书以轿车为主线，全面系统地阐述汽车的结构、工作原理。全书共分为 12 章，主要内容包括：发动机基本知识、曲柄连杆机构、配气机构、汽油机燃料供给系统、柴油机燃油供给系统、发动机润滑系统、发动机冷却系统、汽车传动系统、汽车行驶系统、汽车转向系统、汽车制动系统和汽车车身。

本书可作为高职高专汽车制造与装配技术、汽车运用技术、汽车检测与维修技术、汽车电子技术、汽车技术服务与营销等专业的教材，也可作为汽车制造、营销、运输、检测、维修等企业的培训教材及相关行业工程技术人员的参考书。

未经许可，不得以任何方式复制或抄袭本书之部分或全部内容。
版权所有，侵权必究。

图书在版编目（CIP）数据

汽车构造：全一册 / 王珺，刘小斌主编. —3 版. —北京：电子工业出版社，2017.4
高职高专汽车类"十三五"规划教材
ISBN 978-7-121-31290-8

Ⅰ. ①汽… Ⅱ. ①王… ②刘… Ⅲ. ①汽车－构造－高等职业教育－教材 Ⅳ. ①U463

中国版本图书馆 CIP 数据核字（2017）第 072307 号

策划编辑：李　洁
责任编辑：刘真平
印　　刷：北京盛通商印快线网络科技有限公司
装　　订：北京盛通商印快线网络科技有限公司
出版发行：电子工业出版社
　　　　　北京市海淀区万寿路 173 信箱　邮编　100036
开　　本：787×1092　1/16　印张：23.25　字数：595.2 千字
版　　次：2011 年 7 月第 1 版
　　　　　2017 年 4 月第 3 版
印　　次：2021 年 9 月第 6 次印刷
定　　价：49.80 元

凡所购买电子工业出版社图书有缺损问题，请向购买书店调换。若书店售缺，请与本社发行部联系，联系及邮购电话：（010）88254888，88258888。
质量投诉请发邮件至 zlts@phei.com.cn，盗版侵权举报请发邮件至 dbqq@phei.com.cn。
本书咨询联系方式：lijie@phei.com.cn。

前 言

"汽车构造"是高职高专院校汽车类专业的一门主要专业课程。第三版在保留第二版内容体系的基础上进行修订，突出实用性。

全书共分为 12 章，主要内容包括：发动机基本知识、曲柄连杆机构、配气机构、汽油机燃料供给系统、柴油机燃油供给系统、发动机润滑系统、发动机冷却系统、汽车传动系统、汽车行驶系统、汽车转向系统、汽车制动系统和汽车车身。

本次修订的内容如下：

（1）增加了汽车车身的内容。

（2）改写了第 8 章汽车传动系统中分动器的内容，增加了双离合变速器的内容。

（3）改写了第 5 章柴油机燃油供给系统的部分内容。

配套的资源有 PPT 课件，主要结构及原理的动画演示、视频以及习题答案。

参加本书编写的人员有王珺（第 1~3 章、第 7 章）、刘小斌（第 6 章）、尹新权（第 4 章、第 5 章及 9.4 节）、李万敏（第 8 章及 9.1~9.3 节）、张亚萍（第 10~12 章）。

全书由王珺、刘小斌担任主编，由王珺统稿。

本书在编写过程中参考了一些相关资料，在此向所有相关资料的作者一并表示感谢。

由于编者水平有限，书中难免出现疏漏之处，恳请广大读者批评指正。

编　者

目 录

第1章 发动机基本知识 (1)
1.1 概述 (1)
- 1.1.1 汽车发动机分类 (1)
- 1.1.2 汽车发动机的基本结构 (5)
- 1.1.3 汽车发动机的基本术语 (6)

1.2 发动机的基本工作原理 (7)
- 1.2.1 四冲程汽油机的工作原理 (7)
- 1.2.2 四冲程柴油机的工作原理 (9)
- 1.2.3 二冲程汽油机的工作原理 (10)
- 1.2.4 二冲程柴油机的工作原理 (10)

1.3 发动机的总体结构 (11)
1.4 发动机产品名称和型号编制规则 (14)
思考题 (15)

第2章 曲柄连杆机构 (17)
2.1 概述 (17)
- 2.1.1 功用与组成 (17)
- 2.1.2 受力分析 (17)

2.2 机体组 (19)
- 2.2.1 汽缸体 (20)
- 2.2.2 汽缸盖 (22)
- 2.2.3 汽缸垫 (25)
- 2.2.4 油底壳 (25)

2.3 活塞连杆组 (26)
- 2.3.1 活塞 (26)
- 2.3.2 活塞环 (31)
- 2.3.3 活塞销 (33)
- 2.3.4 连杆 (34)

2.4 曲轴飞轮组 (37)
- 2.4.1 曲轴 (37)
- 2.4.2 飞轮 (42)
- 2.4.3 曲轴扭转减振器 (42)

思考题 (44)

第3章 配气机构 (45)
3.1 概述 (45)
- 3.1.1 配气机构的功用及组成 (45)
- 3.1.2 充气效率与容积效率 (46)

· V ·

    3.1.3 配气机构的分类 (46)
    3.1.4 每缸气门数及其排列方式 (47)
    3.1.5 配气相位 (49)
    3.1.6 气门间隙 (50)
  3.2 配气机构的主要零部件 (50)
    3.2.1 气门组 (50)
    3.2.2 气门传动组 (54)
  思考题 (57)

第4章 汽油机燃料供给系统 (58)

  4.1 概述 (58)
    4.1.1 汽油机燃料供给系统的作用 (58)
    4.1.2 汽油的主要使用性能指标 (58)
    4.1.3 发动机运转工况对可燃混合气成分的要求 (59)
    4.1.4 汽油机燃料供给系统的组成 (61)
    4.1.5 电控燃油喷射系统的类型 (64)
  4.2 电控汽油喷射系统主要部件的结构和工作原理 (67)
    4.2.1 汽油机燃料供给系统主要部件的结构与工作原理 (67)
    4.2.2 空气供给系统主要部件的结构与工作原理 (70)
    4.2.3 电子控制系统主要部件的结构与工作原理 (75)
  4.3 汽油机涡轮增压 (78)
    4.3.1 汽油机涡轮增压的特点 (78)
    4.3.2 汽油机涡轮增压系统的结构和工作原理 (79)
  4.4 进、排气系统 (82)
    4.4.1 进、排气管 (83)
    4.4.2 排气消声器 (85)
    4.4.3 启动预热装置 (86)
  4.5 发动机排放控制 (88)
    4.5.1 三元催化转化器 (89)
    4.5.2 废气再循环 (90)
    4.5.3 曲轴箱强制通风系统 (92)
    4.5.4 汽油蒸发排放控制系统 (93)
  思考题 (94)

第5章 柴油机燃油供给系统 (95)

  5.1 概述 (95)
    5.1.1 柴油机燃油供给系统的功用和要求 (95)
    5.1.2 柴油 (96)
    5.1.3 柴油机可燃混合气的形成 (96)
  5.2 柱塞喷油泵燃油供给系统 (98)
    5.2.1 柴油机燃油供给系统的组成 (98)
    5.2.2 直列柱塞式喷油泵 (99)

  5.2.3 调速器 (105)
  5.2.4 喷油器 (108)
 5.3 VE 分配式柴油供给系统 (111)
  5.3.1 VE 分配泵的结构和工作原理 (111)
  5.3.2 调速系统 (113)
 5.4 PT 型燃油供给系统 (114)
  5.4.1 PT 型燃油供给系统的基本组成与工作原理 (114)
  5.4.2 PTG 调速器 (115)
 5.5 电控共轨燃油系统 (116)
  5.5.1 概述 (116)
  5.5.2 柴油机电控系统的基本原理 (117)
 思考题 (124)

第 6 章 发动机润滑系统 (125)
 6.1 概述 (125)
  6.1.1 润滑系统的功用 (125)
  6.1.2 润滑方式 (126)
 6.2 润滑系统的组成及润滑油路 (127)
  6.2.1 润滑系统的组成 (127)
  6.2.2 润滑系统的润滑油路 (127)
  6.2.3 润滑系统的主要零部件 (129)
 思考题 (135)

第 7 章 发动机冷却系统 (136)
 7.1 发动机冷却系统的功用和分类 (136)
 7.2 冷却系统的组成和工作过程 (137)
  7.2.1 水冷系统的组成和工作过程 (137)
  7.2.2 风冷系统的组成和工作过程 (138)
 7.3 水冷系统主要部件的构造 (139)
  7.3.1 散热器 (139)
  7.3.2 风扇 (141)
  7.3.3 水泵 (141)
  7.3.4 冷却强度调节装置 (143)
 思考题 (145)

第 8 章 汽车传动系统 (146)
 8.1 传动系统的功用与组成 (146)
 8.2 传动系统的类型及布置形式 (147)
  8.2.1 机械式传动系统 (147)
  8.2.2 液力传动系统 (148)
  8.2.3 电力传动系统 (149)
  8.2.4 汽车传动系统的布置形式 (151)
 8.3 离合器 (154)

- 8.3.1 概述 (154)
- 8.3.2 摩擦离合器的组成和工作原理 (156)
- 8.3.3 摩擦离合器的构造 (158)
- 8.3.4 离合器的操纵机构 (168)
- 8.4 机械变速器 (170)
  - 8.4.1 概述 (170)
  - 8.4.2 普通齿轮变速器的变速传动机构 (172)
  - 8.4.3 同步器 (180)
  - 8.4.4 变速器操纵机构 (185)
  - 8.4.5 分动器 (188)
  - 8.4.6 双离合变速器 (190)
- 8.5 自动变速器 (193)
  - 8.5.1 概述 (193)
  - 8.5.2 液力变矩器 (197)
  - 8.5.3 行星齿轮变速器 (201)
  - 8.5.4 自动变速器的控制系统 (209)
- 8.6 万向传动装置 (220)
  - 8.6.1 概述 (220)
  - 8.6.2 万向节 (222)
  - 8.6.3 传动轴与中间支撑 (228)
- 8.7 驱动桥 (229)
  - 8.7.1 概述 (229)
  - 8.7.2 主减速器 (230)
  - 8.7.3 差速器 (237)
  - 8.7.4 半轴与驱动桥壳 (242)
- 思考题 (244)

第9章 汽车行驶系统 (245)

- 9.1 概述 (245)
- 9.2 车桥 (246)
  - 9.2.1 转向桥 (246)
  - 9.2.2 车轮定位 (249)
  - 9.2.3 转向驱动桥 (252)
  - 9.2.4 支持桥 (253)
- 9.3 车轮和轮胎 (254)
  - 9.3.1 车轮 (255)
  - 9.3.2 轮胎 (260)
- 9.4 悬架 (270)
  - 9.4.1 悬架的结构组成及特性 (270)
  - 9.4.2 普通悬架 (271)
  - 9.4.3 非独立悬架 (279)

9.4.4　独立悬架 (282)
　　　9.4.5　电控悬架 (287)
　思考题 (290)
第10章　汽车转向系统 (291)
　10.1　概述 (291)
　　　10.1.1　转向系统的功用、类型、组成和工作过程 (291)
　　　10.1.2　汽车转向的条件与转向半径 (293)
　　　10.1.3　转向系统的角传动比 (295)
　10.2　机械式转向器 (296)
　　　10.2.1　转向器的功用、类型和传动效率 (296)
　　　10.2.2　转向器的构造和工作原理 (296)
　　　10.2.3　转向操纵机构 (300)
　　　10.2.4　转向传动机构 (305)
　10.3　动力转向系统 (310)
　　　10.3.1　动力转向系统的类型 (310)
　　　10.3.2　转向动力装置的结构和工作原理 (312)
　10.4　电动助力转向系统 (318)
　　　10.4.1　电动助力转向系统概述 (318)
　　　10.4.2　电动助力转向系统的类型 (319)
　思考题 (319)
第11章　汽车制动系统 (321)
　11.1　概述 (321)
　　　11.1.1　制动系统的功用 (321)
　　　11.1.2　制动系统的分类 (322)
　　　11.1.3　制动系统的组成 (322)
　　　11.1.4　制动系统的工作原理 (323)
　　　11.1.5　对制动系统的要求 (323)
　11.2　制动器 (324)
　　　11.2.1　鼓式车轮制动器 (324)
　　　11.2.2　盘式制动器 (329)
　11.3　驻车制动器 (330)
　　　11.3.1　中央制动器 (331)
　　　11.3.2　强力弹簧驻车制动器 (332)
　　　11.3.3　带驻车制动机构的鼓式制动器 (333)
　　　11.3.4　带驻车制动机构的盘式制动器 (334)
　11.4　液压式制动传动装置 (335)
　　　11.4.1　组成及工作原理 (335)
　　　11.4.2　制动主缸 (336)
　　　11.4.3　制动轮缸 (337)
　11.5　真空液压式制动传动装置 (338)

・IX・

11.5.1	伺服制动传动机构的类型	(338)
11.5.2	真空助力伺服制动传动机构	(339)
11.5.3	真空增压伺服制动传动机构	(340)

11.6 电控制动防抱死系统 (342)

思考题 (346)

第12章 汽车车身 (347)

12.1 概述 (347)

12.2 车身壳体及门窗 (347)

 12.2.1 车身壳体 (347)

 12.2.2 车门和车窗 (351)

12.3 车身附属装置及安全防护装置 (353)

 12.3.1 座椅 (353)

 12.3.2 空调系统 (354)

 12.3.3 安全防护装置 (357)

思考题 (359)

第 1 章

发动机基本知识

1.1 概述

发动机是一种能够把其他形式的能转化为机械能的机器,包括内燃机(汽油发动机等)、外燃机(斯特林发动机、蒸汽机等)、电动机等。根据内燃机将热能转变为机械能的主要构件形式,车用内燃机分为活塞式内燃机和燃气轮机两大类。活塞式内燃机按活塞运动方式分为往复活塞式内燃机和旋转活塞式内燃机两种。往复活塞式内燃机在汽车上应用最为广泛。

1.1.1 汽车发动机分类

汽车发动机(主要指车用往复活塞式内燃机)按照不同的特征来分类。

1. 按照所使用燃料分类

按照所使用燃料的不同,汽车发动机可以分为汽油机和柴油机,如图 1-1 所示。

以汽油为燃料的内燃机称为汽油机;以柴油为燃料的内燃机称为柴油机。汽油机转速高,质量小,噪声小,启动容易,制造成本低;柴油机压缩比大,热效率高,经济性能和排放性能都比汽油机好。

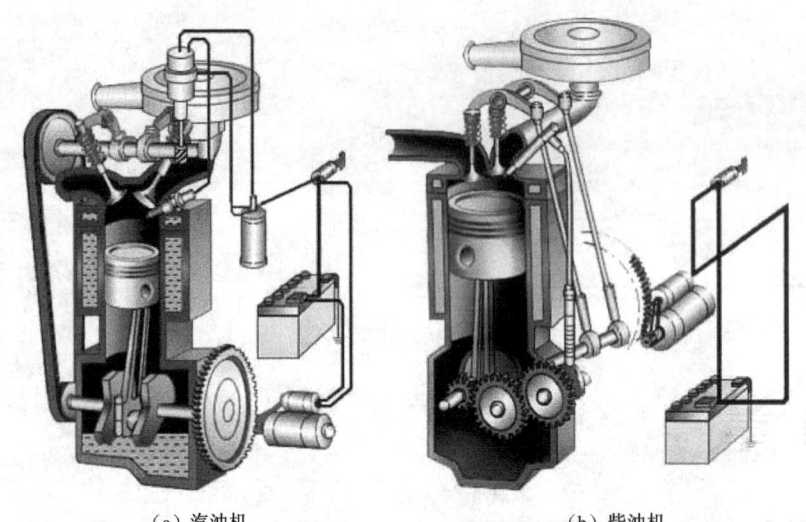

(a) 汽油机　　　　　　　　(b) 柴油机

图 1-1　应用不同燃料的内燃机

2. 按照冲程分类

按照完成一个工作循环所需的行程数，汽车发动机可以分为四冲程内燃机和二冲程内燃机，如图 1-2 所示。

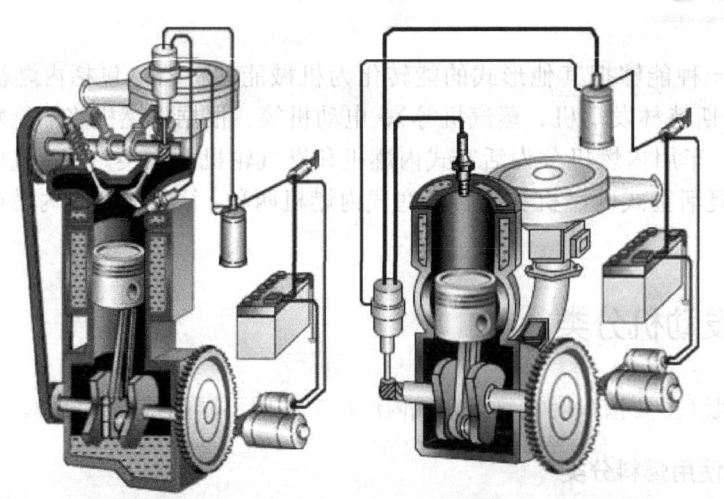

(a) 四冲程内燃机　　　　　　　　(b) 二冲程内燃机

图 1-2　不同冲程的内燃机

曲轴转两圈（720°），活塞在汽缸内上下往复运动四个行程，完成一个工作循环的内燃机称为四冲程内燃机；曲轴转一圈（360°），活塞在汽缸内上下往复运动两个行程，完成一个工作循环的内燃机称为二冲程内燃机。汽车发动机广泛使用的是四冲程内燃机。

3. 按照冷却方式分类

按照冷却方式不同，汽车发动机分为水冷发动机和风冷发动机，如图 1-3 所示。

第 1 章 发动机基本知识

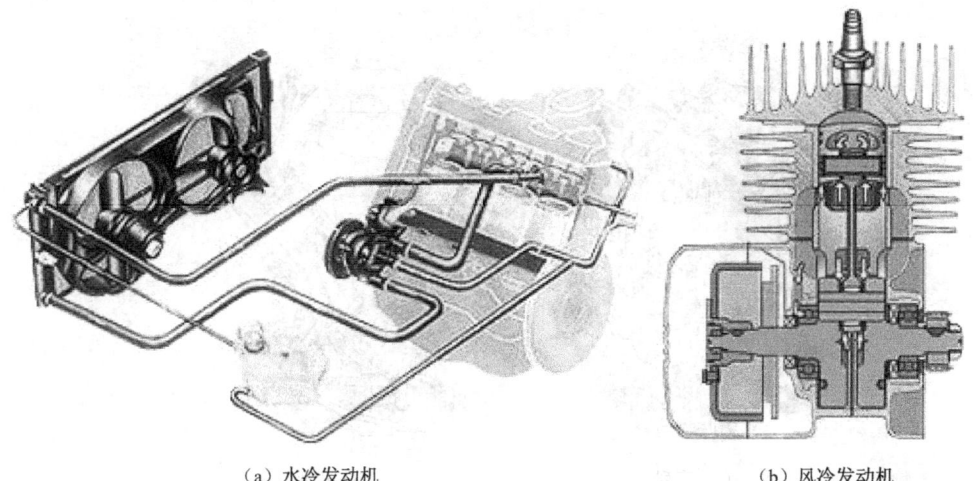

(a) 水冷发动机　　　　　　　　　　　(b) 风冷发动机

图 1-3　不同冷却方式的发动机

水冷发动机是利用在汽缸体和汽缸盖冷却水套中进行循环的冷却液作为冷却介质进行冷却的；风冷发动机是利用流动于汽缸体与汽缸盖外表面散热片之间的空气作为冷却介质进行冷却的。水冷发动机冷却均匀，工作可靠，冷却效果好，被广泛地应用于现代车用发动机。

4．按照汽缸数目分类

按照汽缸数目不同，汽车发动机可以分为单缸发动机和多缸发动机，如图 1-4 所示。

仅有一个汽缸的发动机称为单缸发动机；有两个以上汽缸的发动机称为多缸发动机，如双缸、三缸、四缸、五缸、六缸、八缸、十二缸等都是多缸发动机。现代车用发动机多采用四缸、六缸、八缸发动机。

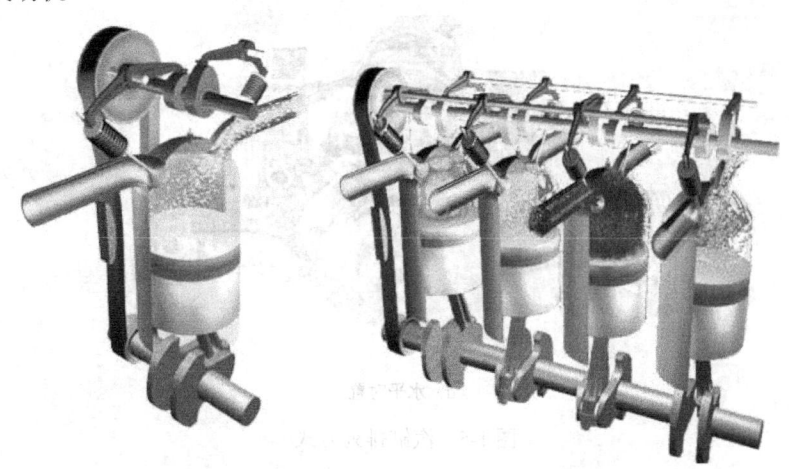

(a) 单缸发动机　　　　　　　　　　　(b) 多缸发动机

图 1-4　不同汽缸数目的发动机

5．按照汽缸排列方式分类

按照汽缸排列方式不同，汽车发动机可以分为直列发动机、V 形发动机、W 形发动机和水平对置发动机，如图 1-5 所示。

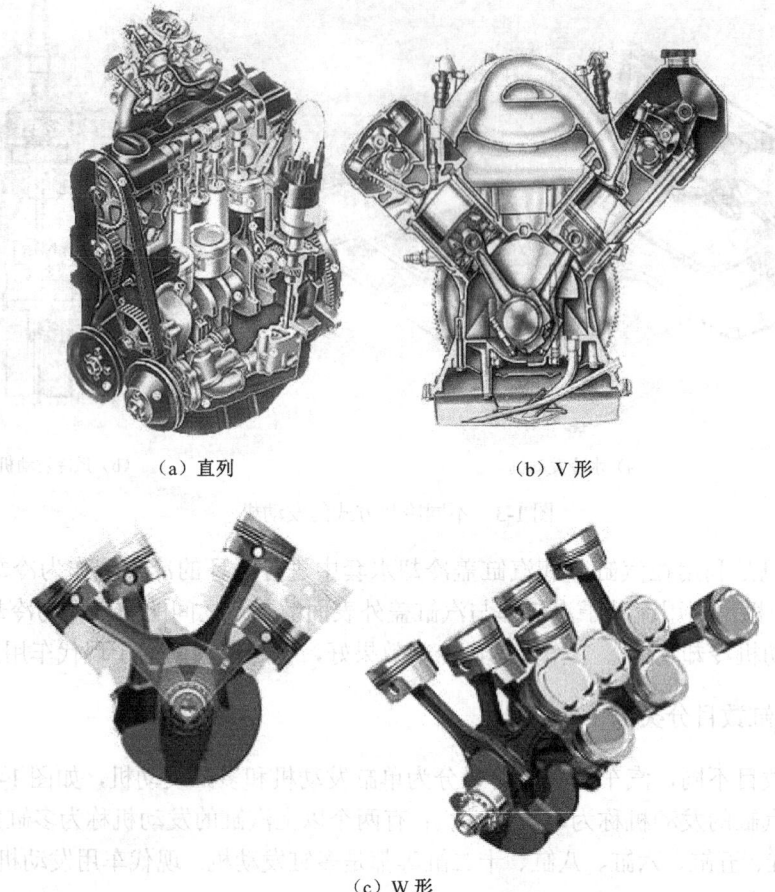

(a) 直列　　(b) V形

(c) W形

(d) 水平对置

图 1-5　汽缸排列方式

单列式发动机的各个汽缸排成一列，一般是垂直布置的，但为了降低高度，有时也把汽缸布置成倾斜的甚至水平的；双列式发动机把汽缸排成两列，两列之间的夹角小于 180°（一般为 90°），称为 V 形发动机，若两列之间的夹角等于 180°，则称为对置式发动机。

6. 按照进气系统是否采用增压方式分类

按照进气系统是否采用增压方式，汽车发动机可以分为自然吸气（非增压）式发动机和强制进气（增压）式发动机，如图1-6所示。

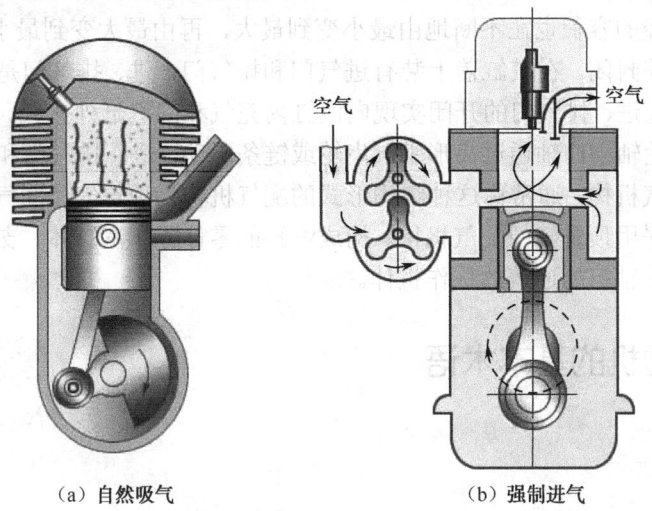

（a）自然吸气　　　　（b）强制进气

图1-6　发动机的进气方式

1.1.2　汽车发动机的基本结构

单缸四冲程汽油发动机的基本结构如图1-7所示。发动机的工作腔称作汽缸，汽缸内表面为圆柱形。在汽缸内做往复运动的活塞通过活塞销与连杆的一端铰接，连杆的另一端则与曲轴

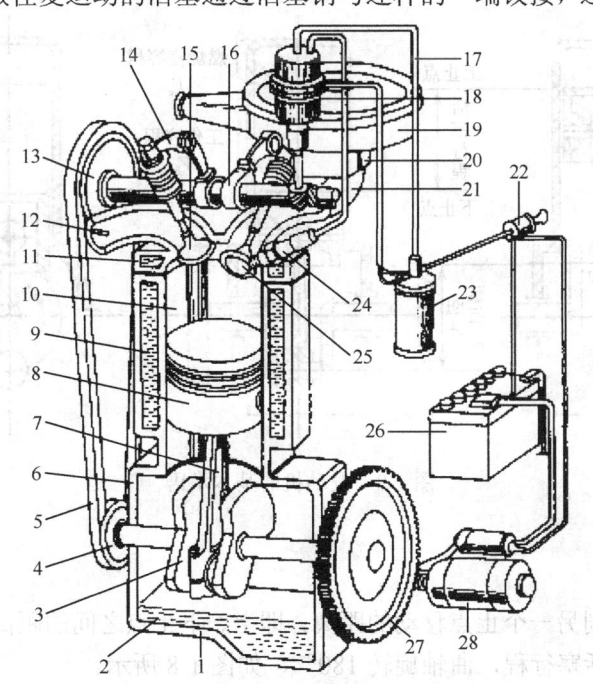

1—油底壳；2—机油；3—曲轴；4—曲轴同步带轮；5—同步带；6—曲轴箱；7—连杆；8—活塞；9—水套；10—汽缸；11—汽缸盖；12—排气管；13—凸轮轴同步带轮；14—摇臂；15—排气门；16—凸轮轴；17—高压线；18—分电器；19—空气滤清器；20—化油器；21—进气管；22—点火开关；23—点火线圈；24—火花塞；25—进气门；26—蓄电池；27—飞轮；28—启动机

图1-7　单缸四冲程汽油发动机的基本结构

相连，构成曲柄连杆机构。因此，当活塞在汽缸内做往复运动时，连杆便推动曲轴旋转，或者相反。同时，工作腔的容积也在不断地由最小变到最大，再由最大变到最小，如此循环不已。汽缸的顶端用汽缸盖封闭。在汽缸盖上装有进气门和排气门，进、排气门是头朝下尾朝上倒挂在汽缸顶端的。通过进、排气门的开闭实现向汽缸内充气和向汽缸外排气。进、排气门的开闭由凸轮轴控制。凸轮轴由曲轴通过齿形带、齿轮或链条驱动。进、排气门和凸轮轴以及其他一些零件共同组成配气机构。通常称这种结构形式的配气机构为顶置气门配气机构。现代汽车内燃机无一例外地都采用顶置气门配气机构。构成汽缸的零件称作汽缸体，支撑曲轴的零件称作曲轴箱，汽缸体与曲轴箱的连铸体称作机体。

1.1.3 汽车发动机的基本术语

1. 工作循环

活塞在汽缸内做往复运动所完成的进气、压缩、做功和排气四个过程叫作一个工作循环。

2. 上、下止点

活塞在汽缸里做往复直线运动时，当活塞向上运动到最高位置，即活塞顶部距离曲轴旋转中心最远的极限位置，称为上止点；活塞在汽缸里做往复直线运动时，当活塞向下运动到最低位置，即活塞顶部距离曲轴旋转中心最近的极限位置，称为下止点，如图1-8所示。

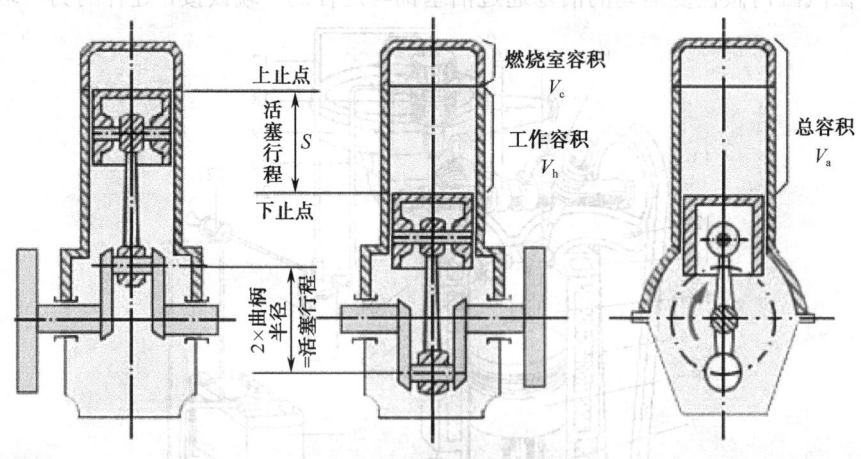

图1-8　发动机的基本术语

3. 活塞行程

活塞从一个止点到另一个止点移动的距离，即上、下止点之间的距离称为活塞行程，一般用 S 表示。对应一个活塞行程，曲轴旋转180°，如图1-8所示。

4. 曲柄半径

曲轴旋转中心到曲柄销中心之间的距离称为曲柄半径，一般用 R 表示。通常活塞行程为曲柄半径的两倍，即 $S=2R$，如图1-8所示。

5. 汽缸工作容积

活塞从一个止点运动到另一个止点所扫过的容积，称为汽缸工作容积，一般用 V_h 表示，如图1-8所示。

$$V_h = (\pi D^2 / 4 \times 10^6) \times S$$

式中　D——汽缸直径，单位 mm；
　　　S——活塞行程，单位 mm。

6. 汽缸总容积

活塞位于下止点时，其顶部与汽缸盖之间的容积称为汽缸总容积，一般用 V_a 表示。显而易见，汽缸总容积就是汽缸工作容积和燃烧室容积之和，即 $V_a = V_c + V_h$，如图1-8所示。

7. 发动机排量

多缸发动机各汽缸工作容积的总和，称为发动机排量，一般用 V_L 表示：

$$V_L = iV_h$$

式中　V_h——汽缸工作容积；
　　　i——汽缸数目。

8. 压缩比

压缩比是发动机中一个非常重要的概念，压缩比表示了气体的压缩程度，它是气体压缩前的容积与气体压缩后的容积之比，即汽缸总容积与燃烧室容积之比称为压缩比，一般用 ε 表示：

$$\varepsilon = V_a / V_c = 1 + (V_h / V_c)$$

式中　V_a——汽缸总容积；
　　　V_h——汽缸工作容积；
　　　V_c——燃烧室容积。

通常汽油机的压缩比为6～10，柴油机的压缩比较高，一般为16～22。

1.2 发动机的基本工作原理

1.2.1 四冲程汽油机的工作原理

四冲程汽油机的运转是按进气行程、压缩行程、做功行程和排气行程的顺序不断循环反复的，如图1-9所示。

1. 进气行程

由于曲轴的旋转，活塞从上止点向下止点运动，这时排气门关闭，进气门打开。进气过程开始时，活塞位于上止点，汽缸内残存有上一循环未排净的废气，因此，汽缸内的压力稍高于大气压力。随着活塞下移，汽缸内容积增大，压力减小，当压力低于大气压时，在汽缸内产生真空吸力，空气经空气滤清器与汽油混合成可燃混合气，通过进气门被吸入汽缸，直至活塞向下运动到下止点。在进气过程中，受空气滤清器、进气管道、进气门等阻力影响，进气终了时，汽缸内气体压力略低于大气压，为 0.075～0.09MPa，同时受到残余废气和高温机件加热的影响，温度达到 370～400K。实际汽油机的进气门是在活塞到达上止点之前打开，并且延迟到下止点之后关闭，以便吸入更多的可燃混合气。

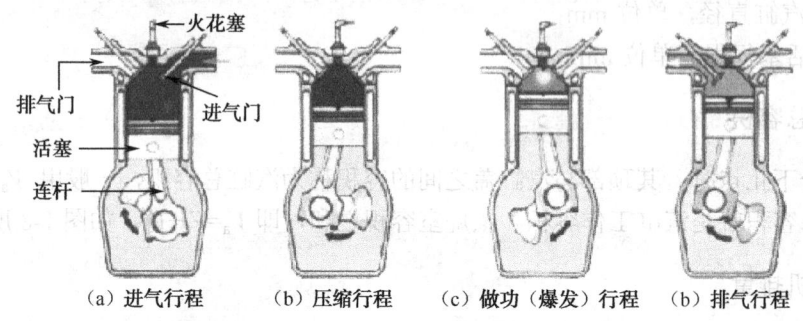

(a) 进气行程　　(b) 压缩行程　　(c) 做功（爆发）行程　　(b) 排气行程

图 1-9　四冲程汽油机工作原理示意图

2. 压缩行程

曲轴继续旋转，活塞从下止点向上止点运动，这时进气门和排气门都关闭，汽缸内成为封闭容积，可燃混合气受到压缩，压力和温度不断升高，当活塞到达上止点时压缩行程结束。此时气体的压力和温度主要随压缩比的大小而定，可燃混合气压力可达 0.6～1.2MPa，温度可达 600～700K。压缩比越大，压缩终了时汽缸内的压力和温度越高，则燃烧速度越快，发动机功率也越大。但压缩比太高，容易引起爆燃。所谓爆燃就是由于气体压力和温度过高，可燃混合气在没有点燃的情况下自行燃烧，且火焰以高于正常燃烧数倍的速度向外传播，造成尖锐的敲缸声，会使发动机过热，功率下降，汽油消耗量增加以及机件损坏。轻微爆燃是允许的，但强烈爆燃对发动机是很有害的，汽油机的压缩比一般为 $\varepsilon=6\sim10$。

3. 做功行程

做功行程包括燃烧过程和膨胀过程，在这一行程中，进气门和排气门仍然保持关闭。当活塞位于压缩行程接近上止点（即点火提前角）位置时，火花塞产生电火花点燃可燃混合气，可燃混合气燃烧后放出大量的热，使汽缸内气体温度和压力急剧升高，最高压力可达 3～5MPa，最高温度可达 2200～2800K。高温高压气体膨胀，推动活塞从上止点向下止点运动，通过连杆使曲轴旋转并输出机械功，除了用于维持发动机本身继续运转外，其余用于对外做功。随着活塞向下运动，汽缸内容积增加，气体压力和温度降低，当活塞运动到下止点时，做功行程结束，气体压力降低到 0.3～0.5MPa，气体温度降低到 1300～1600K。

4. 排气行程

可燃混合气在汽缸内燃烧后生成的废气必须从汽缸中排出去以便进行下一个进气行程。当做功接近终了时，排气门开启，进气门仍然关闭，靠废气的压力先进行自由排气，活塞到达下止点再向上止点运动时，继续把废气强制排出到大气中去，活塞越过上止点后，排气门关闭，排气行程结束。实际汽油机的排气行程也是排气门提前打开，延迟关闭，以便排出更多的废气。

由于燃烧室容积的存在,不可能将废气全部排出汽缸。受排气阻力的影响,排气终止时,气体压力仍高于大气压力,为 0.105～0.115MPa,温度为 900～1200K。曲轴继续旋转,活塞从上止点向下止点运动,又开始了下一个新的循环过程。可见四冲程汽油机经过进气、压缩、做功、排气四个行程完成一个工作循环,其间活塞在上、下止点往复运动了四个行程,相应地曲轴旋转了两圈。

1.2.2 四冲程柴油机的工作原理

四冲程柴油机和四冲程汽油机的工作过程相同,如图 1-10 所示。每一个工作循环同样包括进气、压缩、做功和排气四个行程,但由于柴油机使用的燃料是柴油,柴油与汽油有较大的差别,柴油黏度大,不易蒸发,自燃温度低,故可燃混合气的形成、着火方式、燃烧过程以及气体温度、压力的变化都和汽油机不同,下面主要分析一下柴油机和汽油机在工作过程中的不同点。

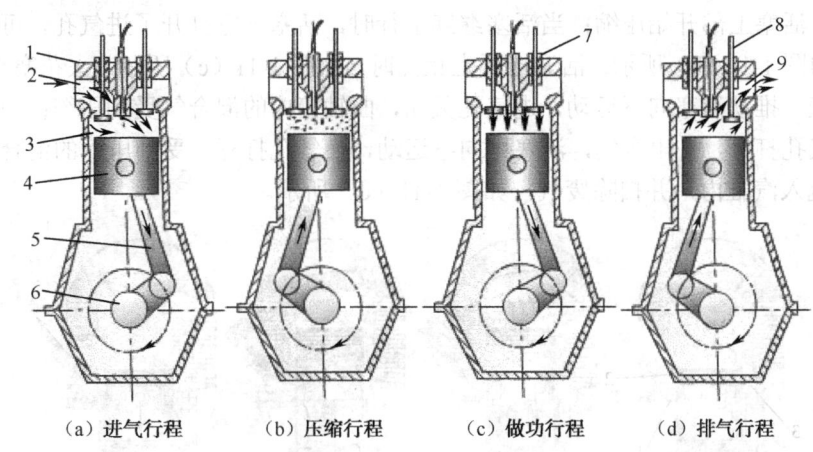

(a) 进气行程　　(b) 压缩行程　　(c) 做功行程　　(d) 排气行程

1—进气门;2—进气道;3—汽缸;4—活塞;5—连杆;6—曲轴;7—汽缸盖;8—排气门;9—排气道

图 1-10　单缸四冲程柴油机工作原理示意图

四冲程柴油机在进气行程中所不同的是柴油机吸入汽缸的是纯空气而不是可燃混合气,在进气通道中没有化油器,进气阻力小,进气终了时气体压力略高于汽油机而气体温度略低于汽油机。进气终了时气体压力为 0.0785～0.0932MPa,气体温度为 300～370K。

压缩行程压缩的也是纯空气,在压缩行程接近上止点时,喷油器将高压柴油以雾状喷入燃烧室,柴油和空气在汽缸内形成可燃混合气并着火燃烧。柴油机的压缩比比汽油机的压缩比大很多(一般为 16～22),压缩终了时气体温度和压力都比汽油机高,大大超过了柴油的自燃温度。压缩终了时,气体压力为 3.5～4.5MPa,气体温度为 750～1000K,柴油机是压缩后自燃着火的,不需要点火,故柴油机又称为压燃机。

柴油喷入汽缸后,在很短的时间内与空气混合后便立即着火燃烧,柴油机的可燃混合气是在汽缸内部形成的,而不像汽油机那样,混合气主要是在汽缸外部形成。柴油机燃烧过程中汽缸内出现的最高压力要比汽油机高得多,可高达 6～9MPa,最高温度也可高达 2000～2500K。做功终了时,气体压力为 0.2～0.4MPa,气体温度为 1200～1500K。

柴油机的排气行程和汽油机一样,废气同样经排气管排入到大气中去,排气终了时,汽缸内气体压力为 0.105～0.125MPa，气体温度为 800～1000K。

柴油机与汽油机比较，柴油机的压缩比高，热效率高，燃油消耗率低，同时柴油价格较低，因此，柴油机的燃料经济性能好，而且柴油机的排气污染少，排放性能较好。但它的主要缺点是转速低、质量大、噪声大、振动大，制造和维修费用高。在其发展过程中，柴油机不断发扬其优点，克服缺点，提高速度，有望得到更广泛的应用。

1.2.3 二冲程汽油机的工作原理

二冲程汽油机的工作循环也是由进气、压缩、燃烧膨胀、排气过程组成的，但它是在曲轴旋转一圈（360°），活塞上下往复运动的两个行程内完成的。因此，二冲程发动机与四冲程发动机工作原理不同，结构也不一样。

例如，曲轴箱换气式二冲程汽油机，汽缸上有三排孔，利用这三排孔分别在一定时刻被活塞打开或关闭进行进气、换气和排气。工作原理如下：图 1-11（a）表示活塞向上运动，将三排孔都关闭，活塞上部开始压缩；当活塞继续上行时，活塞下方打开了进气孔，可燃混合气进入曲轴箱，如图 1-11（b）所示；活塞接近上止点时，如图 1-11（c）所示，火花塞点燃混合气，气体燃烧膨胀，推动活塞向下运动，进气孔关闭，曲轴箱内的混合气受到压缩；当活塞接近下止点时，排气孔打开，排出废气，活塞再向下运动，换气孔打开，受到压缩的混合气便从曲轴箱经进气孔流入汽缸内，并扫除废气，如图 1-11（d）所示。

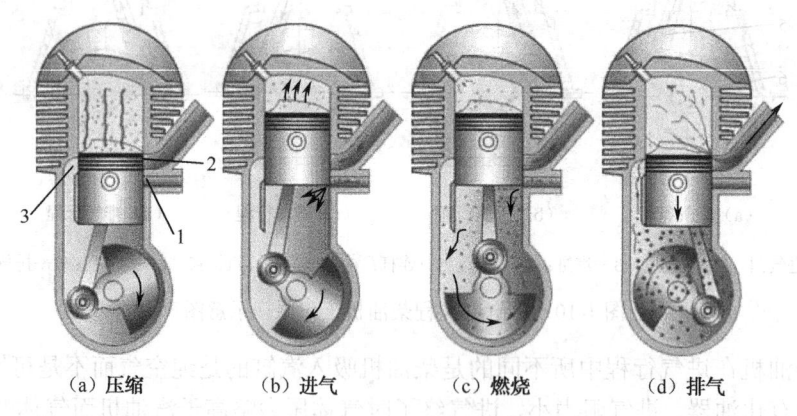

（a）压缩　　　（b）进气　　　（c）燃烧　　　（d）排气

1—进气孔；2—排气孔；3—换气孔

图 1-11　二冲程汽油机工作原理示意图

第一行程：活塞从下止点向上止点运动，事先已充满活塞上方汽缸内的混合气被压缩，新的可燃混合气又从化油器被吸入活塞下方的曲轴箱内。

第二行程：活塞从上止点向下止点运动，活塞上方进行做功过程和换气过程，而活塞下方则进行可燃混合气的预压缩。

1.2.4 二冲程柴油机的工作原理

二冲程柴油机和二冲程汽油机工作类似，所不同的是，柴油机进入汽缸的不是可燃混合气，而是纯空气。例如，带有扫气泵的二冲程柴油机工作原理示意图如图 1-12 所示。

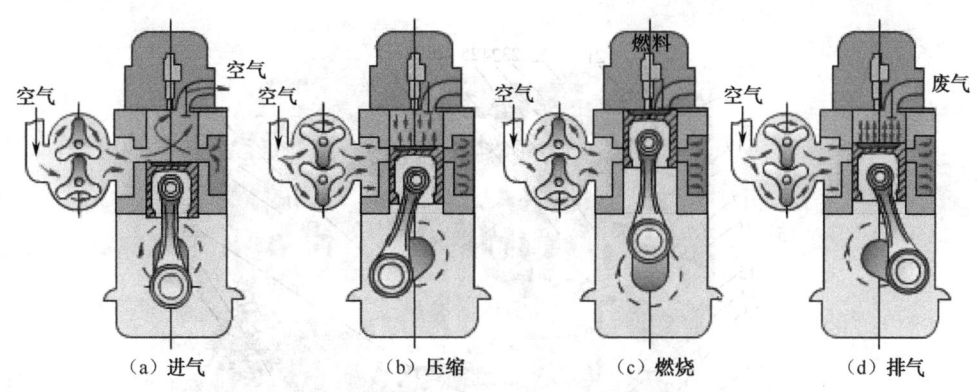

图 1-12 二冲程柴油机工作原理示意图

第一行程：活塞从下止点向上止点运动，行程开始前不久，进气孔和排气门均已开启，利用从扫气泵流出的空气使汽缸换气。当活塞继续向上运动，进气孔被关闭，排气门也关闭，空气受到压缩，当活塞接近上止点时，喷油器将高压柴油以雾状喷入燃烧室，燃油和空气混合后燃烧，使汽缸内压力增大。

第二行程：活塞从上止点向下止点运动，开始时气体膨胀，推动活塞向下运动，对外做功，当活塞下行到大约 2/3 行程时，排气门开启，排出废气，汽缸内压力降低，进气孔开启，进行换气，换气一直延续到活塞向上运动 1/3 行程进气孔关闭时结束。

1.3 发动机的总体结构

发动机是一部由许多机构和系统组成的复杂机器。发动机的类型各不相同，但其基本构造相似。通常，汽油机由两大机构五大系统组成，柴油机由两大机构四大系统组成（无点火系统）。

奥迪 100 发动机纵剖视图如图 1-13 所示。

1. 曲柄连杆机构

曲柄连杆机构是发动机实现工作循环、完成能量转换的主要运动零件。它由机体组、活塞连杆组和曲轴飞轮组等组成，如图 1-14 所示。在做功行程中，活塞承受燃气压力在汽缸内做直线运动，通过连杆转换成曲轴的旋转运动，并从曲轴对外输出动力。而在进气、压缩和排气行程中，飞轮释放能量又把曲轴的旋转运动转化成活塞的直线运动。

2. 配气机构

配气机构的功用是根据发动机的工作顺序和工作过程，定时开启和关闭进气门和排气门，使可燃混合气或空气进入汽缸，并使废气从汽缸内排出，实现换气过程。配气机构大多采用顶置气门式配气机构，一般由气门组、气门传动组和气门驱动组组成，如图 1-15 所示。

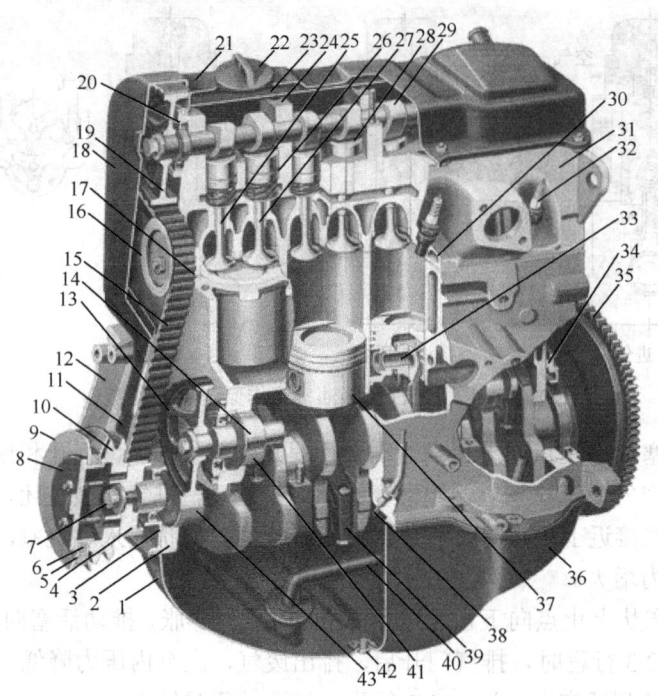

1—曲轴；2—曲轴轴承盖；3—曲轴前端油封挡板；4—曲轴正时齿轮；5—压缩机传动带；6—压缩机传动带轮调整垫片；7—正时齿轮拧紧螺栓；8—压缩机传动带轮压紧盘；9—曲轴传动带轮（压缩机）；10—曲轴传动带轮（水泵、发动机）；11—正时齿轮下罩盖；12—压缩机支架；13—中间轴正时齿轮；14—中间轴；15—正时传动带；16—偏心轮张紧机构；17—汽缸体；18—正时齿轮上罩盖；19—凸轮轴正时齿轮；20—凸轮轴前端油封；21—气门室罩；22—机油加油口；23—凸轮轴机油挡油板；24—凸轮轴轴承盖；25—排气管；26—气门弹簧；27—进气管；28—液压挺柱总成；29—凸轮轴；30—汽缸密封垫片；31—汽缸盖；32—火花塞；33—活塞销；34—曲轴后端油封挡板；35—飞轮齿圈；36—油底壳；37—活塞；38—机油标尺；39—连杆总成；40—机油集滤器；41—中间轴轴瓦；42—放油螺塞；43—曲轴主轴瓦

图 1-13　奥迪 100 发动机纵剖视图

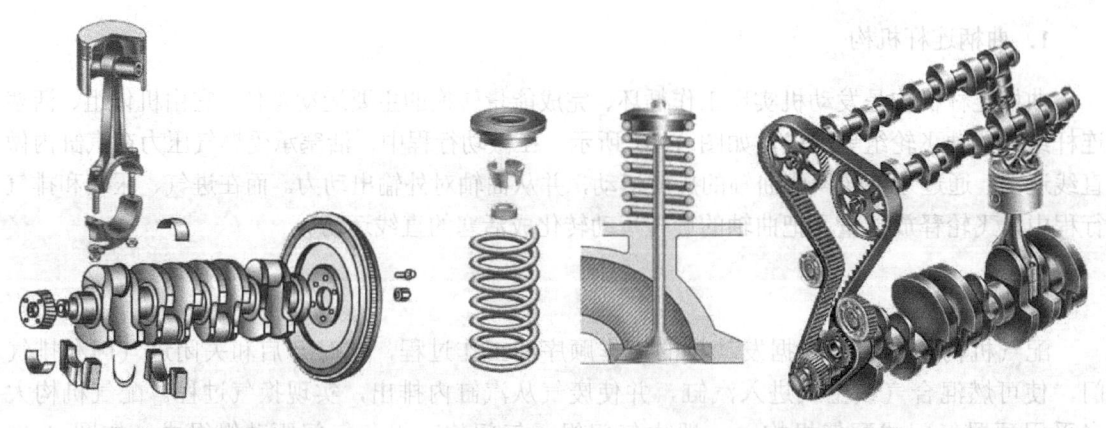

图 1-14　曲柄连杆机构　　　　　图 1-15　配气机构

3. 燃料供给系统

汽油机燃料供给系统如图 1-16 所示。它的功用是根据发动机的要求，配制出一定数量和

浓度的混合气，供入汽缸，并将燃烧后的废气从汽缸内排出到大气中；柴油机燃料供给系统的功用是把柴油和空气分别供入汽缸，在燃烧室内形成混合气并燃烧，最后将燃烧后的废气排出。

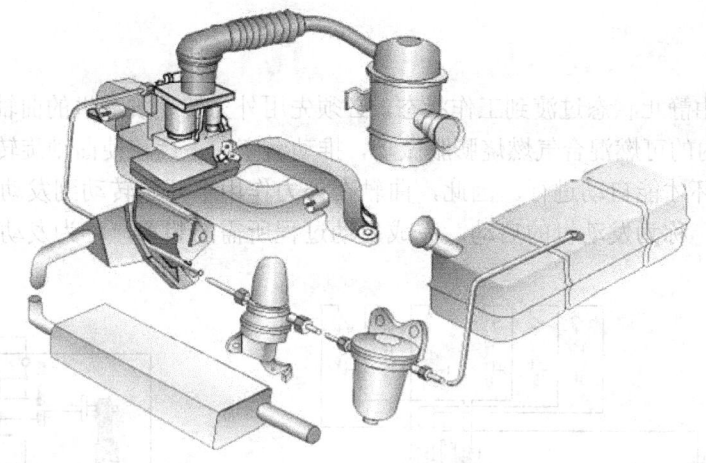

图1-16　燃料供给系统

4. 润滑系统

润滑系统如图1-17所示。它的功用是向做相对运动的零件表面输送定量的清洁润滑油，以实现液体摩擦，减小摩擦阻力，减轻机件的磨损，并对零件表面进行清洗和冷却。润滑系统通常由润滑油道、机油泵、机油滤清器和一些阀门等组成。

5. 冷却系统

冷却系统如图1-18所示。它的功用是将受热零件吸收的部分热量及时散发出去，保证发动机在最适宜的温度状态下工作。水冷发动机的冷却系统通常由冷却水套、水泵、风扇、水箱、节温器等组成。

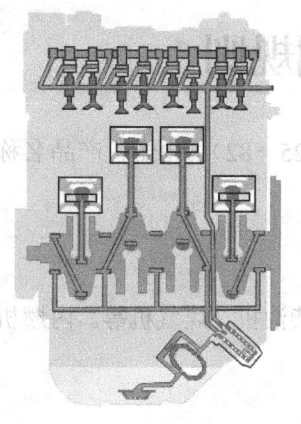

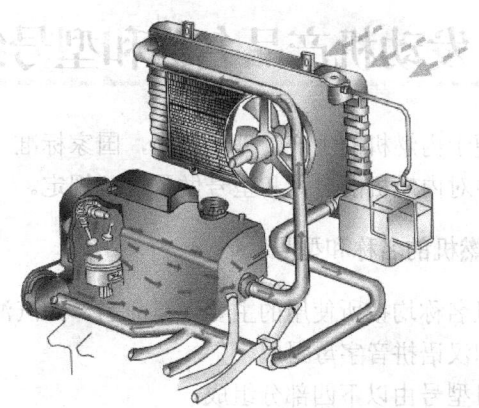

图1-17　润滑系统　　　　　　　　图1-18　冷却系统

6. 点火系统

点火系统如图1-19所示。在汽油机中，汽缸内的可燃混合气是靠电火花点燃的，为此在汽油机的汽缸盖上装有火花塞。火花塞头部伸入燃烧室内。能够按时在火花塞电极间产生电火花的全部设备称为点火系统，点火系统通常由蓄电池、发电机、分电器、点火线圈和火花塞等组成。

7. 启动系统

要使发动机由静止状态过渡到工作状态，必须先用外力转动发动机的曲轴，使活塞做往复运动，以便汽缸内的可燃混合气燃烧膨胀做功，推动活塞向下运动使曲轴旋转，发动机才能自行运转，工作循环才能自动进行。因此，曲轴在外力作用下开始转动到发动机开始自动地怠速运转的全过程，称为发动机的启动。完成启动过程所需的装置，称为发动机的启动系统，如图 1-20 所示。

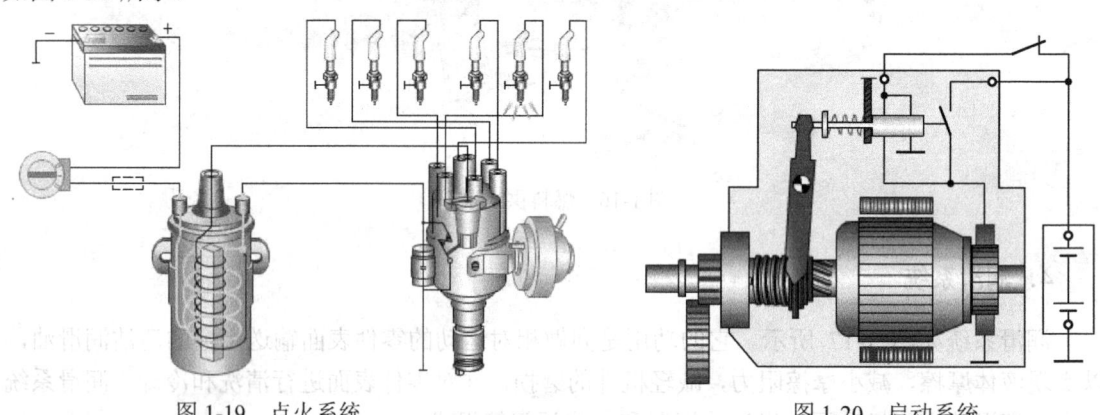

图 1-19　点火系统　　　　　　　　　图 1-20　启动系统

汽油机由以上两大机构和五大系统组成，即由曲柄连杆机构、配气机构、燃料供给系统、润滑系统、冷却系统、点火系统和启动系统组成；柴油机由以上两大机构和四大系统组成，即由曲柄连杆机构、配气机构、燃料供给系统、润滑系统、冷却系统和启动系统组成，柴油机是压燃的，不需要点火系统。

1.4　发动机产品名称和型号编制规则

为了便于内燃机的生产管理和使用，国家标准（GB 725－82）《内燃机产品名称和型号编制规则》中对内燃机的名称和型号做了统一规定。

1. 内燃机的名称和型号

内燃机名称均按所使用的主要燃料命名，如汽油机、柴油机、煤气机等。内燃机型号由阿拉伯数字和汉语拼音字母组成。

内燃机型号由以下四部分组成：

首部：为产品系列符号和换代标志符号，由制造厂根据需要自选相应字母表示，但需主管部门核准。

中部：由缸数符号、冲程符号、汽缸排列形式符号和缸径符号等组成。

后部：结构特征和用途特征符号，以字母表示。

尾部：区分符号。同一系列产品因改进等原因需要区分时，由制造厂选用适当符号表示。

内燃机型号的排列顺序及符号所代表的意义规定如下：

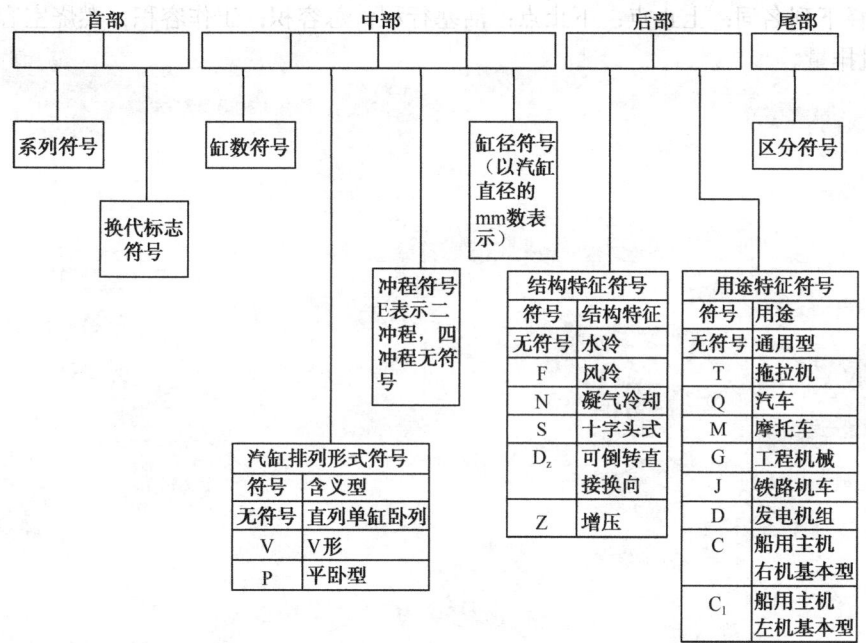

2. 型号编制举例

（1）汽油机

1E65F：表示单缸，二冲程，缸径 65mm，风冷通用型；

4100Q：表示四缸，四冲程，缸径 100mm，水冷车用；

4100Q—4：表示四缸，四冲程，缸径 100mm，水冷车用，第四种变型产品；

CA6102：表示六缸，四冲程，缸径 102mm，水冷通用型，CA 表示系列符号；

8V100：表示八缸，四冲程，缸径 100mm，V 形，水冷通用型；

TJ376Q：表示三缸，四冲程，缸径 76mm，水冷车用，TJ 表示系列符号；

CA488：表示四缸，四冲程，缸径 88mm，水冷通用型，CA 表示系列符号。

（2）柴油机

195：表示单缸，四冲程，缸径 95mm，水冷通用型；

165F：表示单缸，四冲程，缸径 65mm，风冷通用型；

495Q：表示四缸，四冲程，缸径 95mm，水冷车用；

6135Q：表示六缸，四冲程，缸径 135mm，水冷车用；

X4105：表示四缸，四冲程，缸径 105mm，水冷通用型，X 表示系列代号。

思考题

1. 简述发动机的基本构造。

2. 发动机的工作循环是什么？简述四冲程汽油机的工作过程。
3. 试分析汽油机与柴油机的特点和区别。
4. 内燃机产品名称和型号包括几部分？其含义是什么？
5. 解释下列名词：上止点；下止点；活塞行程；总容积；工作容积；燃烧室容积；压缩比；发动机排量。

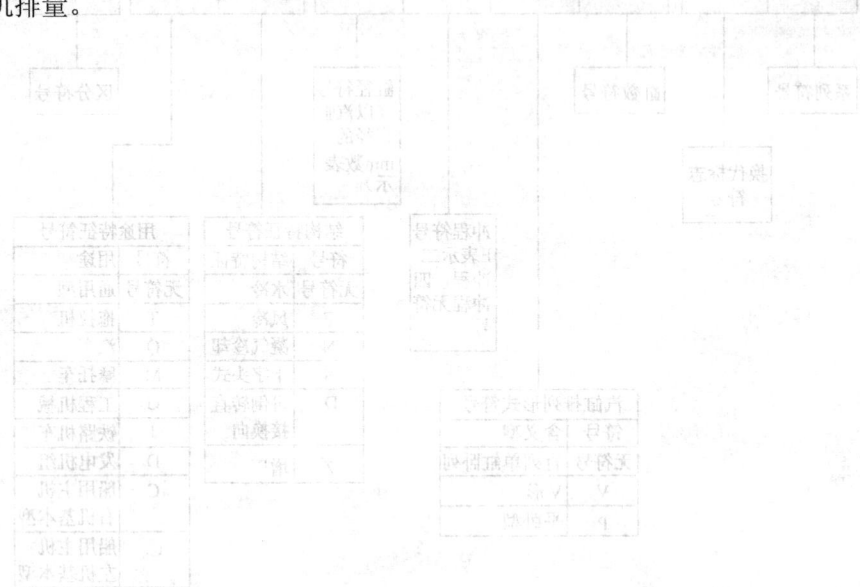

Chapter 2

第 2 章
曲柄连杆机构

2.1 概述

2.1.1 功用与组成

曲柄连杆机构的功用是将燃料燃烧时产生的热能转变为机械能，通过连杆将活塞的往复运动变为曲轴的旋转运动而对外输出动力。曲柄连杆机构由机体组（主要包括汽缸体、曲轴箱、油底壳、汽缸套、汽缸盖和汽缸垫等不动件）、活塞连杆组（主要包括活塞、活塞环、活塞销和连杆等运动件）和曲轴飞轮组（主要包括曲轴、飞轮、扭转减振器和平衡轴等机构）三部分组成。

2.1.2 受力分析

曲柄连杆机构是在高温、高压、高速以及有化学腐蚀的条件下工作的。发动机做功时，汽缸内的最高温度可达 2500K 以上，最高压力可达 5~9MPa，汽车发动机转速在 3000~6000r/min 时，则活塞每秒钟要经过 100~200 个行程，其线速度是很大的。此外，汽缸、汽缸盖、活塞等部件还将受到化学腐蚀。

由于曲柄连杆机构是在高压下做变速运动,曲柄连杆机构主要承受气体压力、往复惯性力、旋转运动件的离心力以及相对运动件接触表面的摩擦力。

(1) 气体压力

在每个工作循环的四个行程中,气体压力始终存在。进气、排气两行程中气体压力较小,对机件影响不大,做功和压缩行程中的气体压力影响较大。

在做功行程中,气体压力是推动活塞向下运动的力。这时,燃烧气体压力直接作用在活塞的顶部,如图 2-1(a)所示。当活塞所受总力 F_p 传到活塞销上时,可分解为 F_{p1} 和 F_{p2},分力 F_{p1} 通过活塞销传给连杆,并沿连杆方向作用在曲柄销上;F_{p1} 又可分为两个分力 F_R 和 F_S,分力 F_R 沿曲柄方向使曲轴主轴颈与主轴承间产生压紧力;分力 F_S 对曲轴形成转矩 T,推动曲轴旋转;分力 F_{p2} 把活塞压向汽缸壁,形成活塞与缸壁间的侧压力,有使机体翻倒的趋势,故机体下部的两侧应支撑在车架上。

在压缩行程中,气体压力是阻碍活塞向上运动的阻力。这时作用在活塞顶的气体总压力 F'_p 也可以分解为两个分力 F'_{p1} 和 F'_{p2},如图 2-1(b)所示,F'_{p1} 又分解为 F'_R、F'_S。F'_R 使曲轴主轴颈与主轴承间产生压紧力,F'_S 对曲轴造成一个旋转阻力矩 T',企图阻止曲轴旋转;F'_{p2}、F'_{p1} 因连杆的左右摇摆运动,在活塞销和曲轴轴颈的表面以及两者的支撑表面上的压力和作用点不断变化,造成各处磨损不均匀。同样,汽缸壁沿圆周方向的磨损也不均匀。

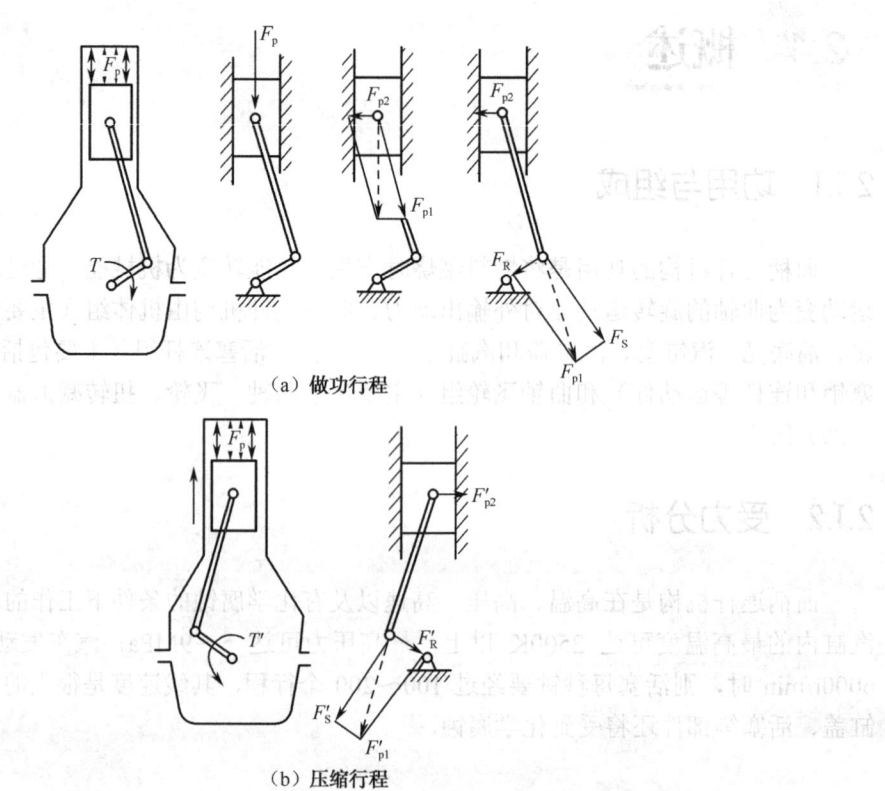

图 2-1 气体压力作用情况

(2) 往复惯性力与离心力

当活塞和连杆小头在汽缸中做往复直线运动时,速度很高,而且数值在不断变化。当活塞从上止点向下止点运动时,其速度变化规律是:从零开始,逐渐增大,临近中间达到最大值,然后又逐渐减小至零。也就是说,当活塞向下运动时,前半行程是加速运动,惯性力向上,以 F_j 表示,如图 2-2(a)所示;后半行程是减速运动,惯性力向下,以 F_j' 表示,如图 2-2(b)所示。

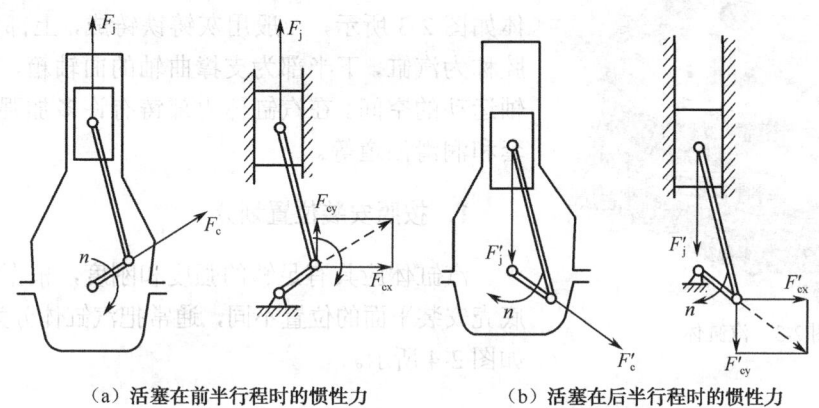

(a)活塞在前半行程时的惯性力　　　　(b)活塞在后半行程时的惯性力

图 2-2　往复惯性力和离心力作用情况

同理,当活塞向上时,前半行程惯性力向下,后半行程惯性力向上。活塞、活塞销和连杆小头的质量越大,曲轴转速越高,则往复惯性力也越大。它使曲柄连杆机构的各零件和所有轴颈受周期性的附加载荷,加快轴承的磨损;未被平衡的变化着的惯性力传到汽缸体后,还会引起发动机的振动。

在工作循环的任何行程中,气体作用力的大小都是随着活塞的位移而变化的,偏离曲轴轴线的曲柄、曲柄销和连杆大头绕曲轴轴线旋转,产生旋转惯性力,即离心力,其方向沿曲柄半径向外,其大小与曲柄半径、旋转部分的质量及曲轴转速有关。曲柄半径长,旋转部分质量大,曲轴转速高,则离心力大。如图 2-2 所示,离心力 F_c 在垂直方向的分力 F_{cy} 与往复惯性力 F_j 方向总是一致的,因而加剧了发动机的上、下振动;而水平方向分力 F_{cx} 则使发动机产生水平方向的振动。离心力使连杆大头的轴瓦和曲柄销、曲轴主轴颈及其轴承受到又一附加载荷,增加了它们的变形和磨损。

(3)摩擦力

在任何一对互相压紧并做相对运动的零件表面之间,必定存在摩擦力,其最大值取决于上述各种力对摩擦面形成的正压力和摩擦系数。

上述各种力作用在曲柄连杆机构和机体的各有关零件上,使它们受到压缩、拉伸、弯曲和扭转等不同形式的载荷。为了保证工作可靠,减少磨损,在结构上必须采取相应的措施。

2.2　机体组

机体是发动机各机构和各系统的安装基础,必须要有足够的强度和刚度。机体组主要由汽缸体、汽缸盖、汽缸垫、油底壳等零件组成。

2.2.1 汽缸体

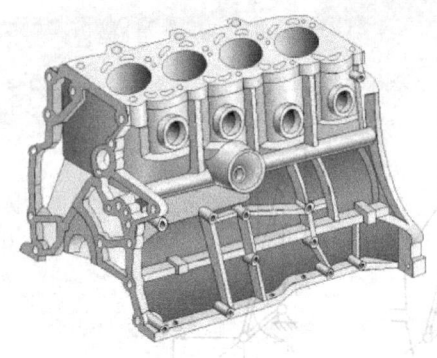

图 2-3 汽缸体

水冷发动机的汽缸体和上曲轴箱常铸成一体。汽缸体如图 2-3 所示，一般用灰铸铁铸成，上部的圆柱形空腔称为汽缸，下半部为支撑曲轴的曲轴箱，其内腔为曲轴运动的空间。在汽缸体内部铸有许多加强筋、冷却水套和润滑油道等。

1. 按照安装位置划分

汽缸体应具有足够的强度和刚度，根据汽缸体与油底壳安装平面的位置不同，通常把汽缸体分为三种形式，如图 2-4 所示。

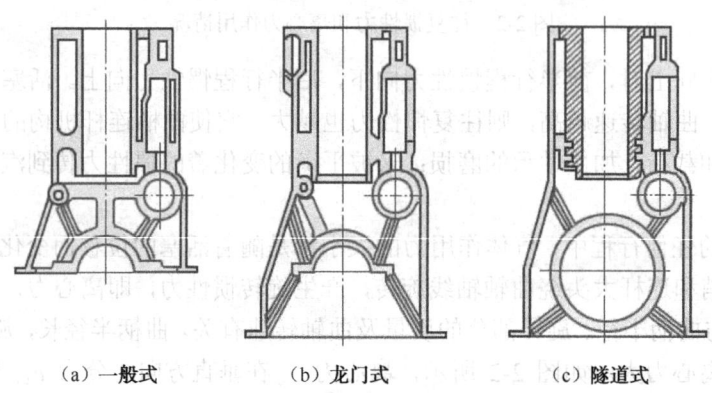

(a) 一般式　　　　(b) 龙门式　　　　(c) 隧道式

图 2-4 汽缸体的三种形式

（1）一般式

这种形式的汽缸体油底壳安装平面和曲轴旋转中心在同一高度。汽缸体的机体高度小，质量轻，结构紧凑，便于加工，曲轴拆装方便；但刚度和强度较差。

（2）龙门式

这种形式的汽缸体油底壳安装平面低于曲轴的旋转中心，强度和刚度都好，能承受较大的机械负荷；但工艺性较差，结构笨重，加工较困难。

（3）隧道式

这种形式的汽缸体曲轴的主轴承孔为整体式，采用滚动轴承，主轴承孔较大，曲轴从汽缸体后部装入，结构紧凑，刚度和强度好，但加工精度要求高，工艺性较差，曲轴拆装不方便。

为了能够使汽缸内表面在高温下正常工作，必须对汽缸和汽缸盖进行适当的冷却。冷却方法有两种，一种是水冷，另一种是风冷，如图 2-5 所示。

第 2 章　曲柄连杆机构

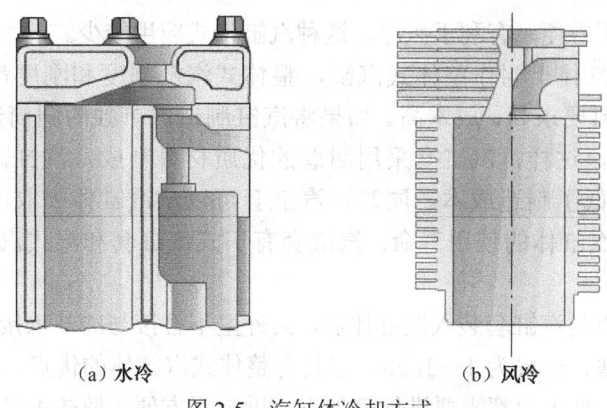

(a) 水冷　　　　　　　　　(b) 风冷

图 2-5　汽缸体冷却方式

水冷发动机的汽缸周围和汽缸盖中都加工有冷却水套,并且汽缸体和汽缸盖冷却水套相通,冷却水在水套内不断循环,带走部分热量,对汽缸和汽缸盖起冷却作用。

2. 按照排列方式不同

现代汽车上基本都采用水冷多缸发动机,对于多缸发动机,汽缸的排列形式决定了发动机的外形尺寸和结构特点,对发动机机体的刚度和强度也有影响,并关系到汽车的总体布置。按照汽缸的排列方式不同,汽缸体还可以分成直列式、V 形和对置式三种,如图 2-6 所示。

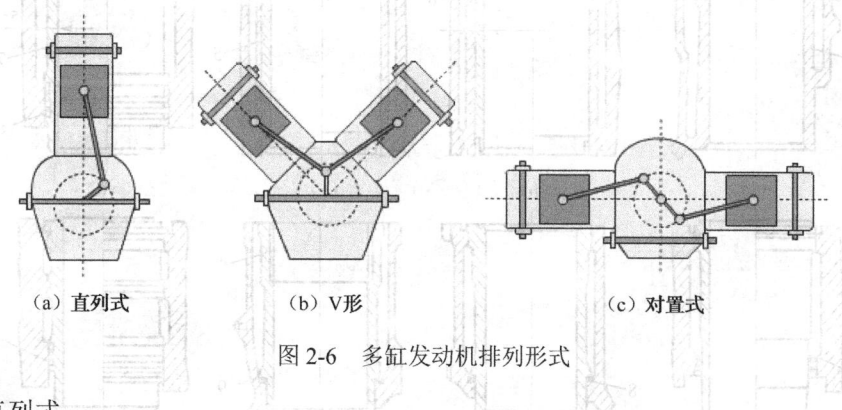

(a) 直列式　　　　　　(b) V 形　　　　　　(c) 对置式

图 2-6　多缸发动机排列形式

(1) 直列式

发动机的各个汽缸排成一列,一般是垂直布置的。直列式汽缸体结构简单,加工容易,但发动机长度和高度较大。一般六缸以下发动机多采用直列式。例如,捷达轿车、富康轿车、红旗轿车所使用的发动机均采用这种直列式汽缸体。有的汽车为了降低发动机的高度,把发动机倾斜一个角度。

(2) V 形

汽缸排成两列,左右两列汽缸中心线的夹角 γ 小于 180°,称为 V 形发动机。V 形发动机与直列式发动机相比,缩短了机体长度和高度,增加了汽缸体的刚度,减轻了发动机的质量,但加大了发动机的宽度,且形状较复杂,加工困难,一般用于八缸以上的发动机,六缸发动机有的也采用这种形式的汽缸体。

(3) 对置式

汽缸排成两列,左右两列汽缸在同一水平面上,夹角 γ 等于 180°,称为对置式。它的特点是高度小，总体布置方便，有利于风冷。这种汽缸形式应用较少。

汽缸直接镗在汽缸体上叫作整体式汽缸，整体式汽缸强度和刚度都好，能承受较大的载荷，这种汽缸对材料要求高，成本高。如果将汽缸制造成单独的圆筒形零件（即汽缸套），然后再装到汽缸体内，这样，汽缸套采用耐磨的优质材料制成，汽缸体可用价格较低的一般材料制造，从而降低了制造成本。同时，汽缸套可以从汽缸体中取出，因而便于修理和更换，并可大大延长汽缸体的使用寿命。汽缸套有干式汽缸套和湿式汽缸套两种，如图 2-7 所示。

干式汽缸套的特点是汽缸套装入汽缸体后，其外壁不直接与冷却水接触，而和汽缸体的壁面直接接触，壁厚较薄，一般为 1～3mm。它具有整体式汽缸体的优点，强度和刚度都较好，但加工比较复杂，内、外表面都需要进行精加工，拆装不方便，散热不良，如图 2-7（b）、（c）所示。

湿式汽缸套的特点是汽缸套装入汽缸体后，其外壁直接与冷却水接触，汽缸套仅在上、下各有一圆环带和汽缸体接触，壁厚一般为 5～9mm。它散热良好，冷却均匀，加工容易，通常只需要精加工内表面，而与水接触的外表面不需要加工，拆装方便；但缺点是强度、刚度都不如干式汽缸套好，而且容易产生漏水现象，应该采取一些防漏措施，如图 2-7（d）～（h）所示。

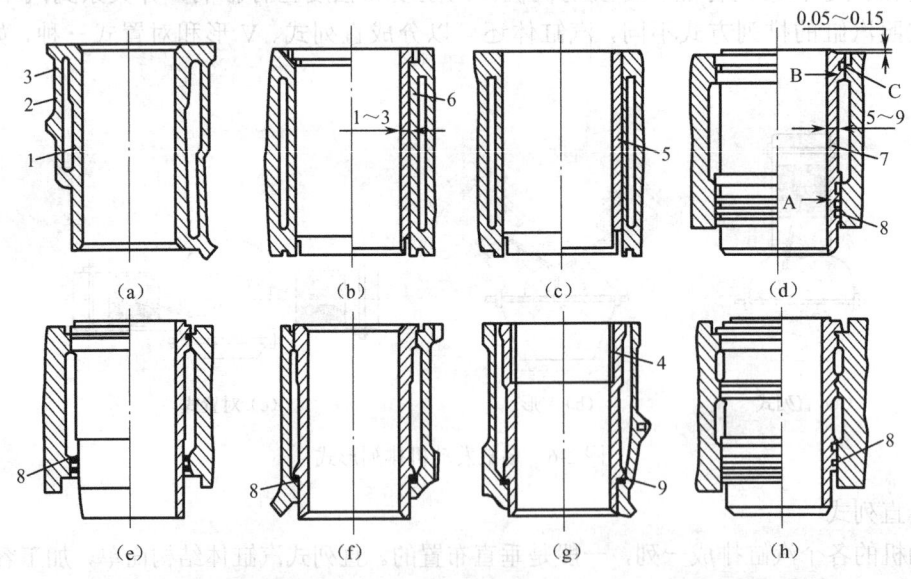

1—汽缸壁；2—冷却水套壁；3—冷却水套；4—上置半截缸套；5—干缸套；6—可卸式干缸套；
7—可卸式湿缸套；8—橡胶密封圈；9—铜密封圈；A、B—圆环带；C—凸缘

图 2-7 汽缸套

2.2.2 汽缸盖

汽缸盖安装在汽缸体的上面，从上部密封汽缸并构成燃烧室。汽缸盖经常与高温高压燃气相接触，因此承受很大的热负荷和机械负荷。水冷发动机的汽缸盖内部制有冷却水套，缸盖下端面的冷却水孔与缸体的冷却水孔相通，利用循环水来冷却燃烧室等高温部分。

汽缸盖上还装有进、排气门座，气门导管孔，用于安装进、排气门，还有进气通道和排气通道等。汽油机的汽缸盖上加工有安装火花塞的孔，而柴油机的汽缸盖上加工有安装喷油器的孔。顶置凸轮轴式发动机的汽缸盖上还加工有凸轮轴轴承孔，用以安装凸轮轴。

汽缸盖一般采用灰铸铁或合金铸铁铸成，铝合金的导热性好，有利于提高压缩比，所以近年来铝合金汽缸盖被采用得越来越多。汽缸盖实物图如图 2-8 所示。

图 2-8 汽缸盖实物图

汽缸盖是燃烧室的组成部分，燃烧室的形状对发动机的工作影响很大，由于汽油机和柴油机的燃烧方式不同，其汽缸盖上组成燃烧室的部分差别较大。汽油机的燃烧室主要在汽缸盖上，而柴油机的燃烧室主要在活塞顶部的凹坑。这里只介绍汽油机的燃烧室，而柴油机的燃烧室将在柴油供给系统里进行介绍。

解放 CA6102 型发动机汽缸盖如图 2-9 所示。

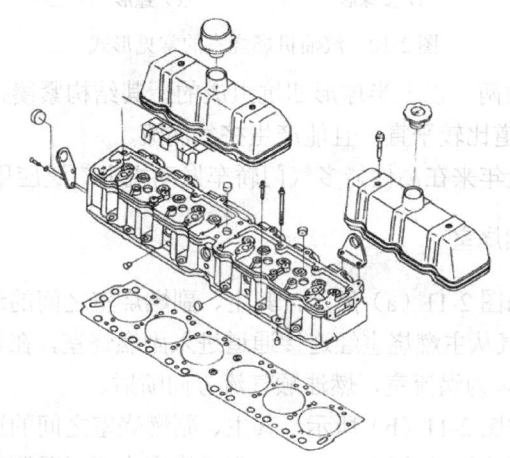

图 2-9 解放 CA6102 型发动机汽缸盖

1．汽油机燃烧室

汽油机燃烧室的常见形式如图 2-10 所示。

当活塞位于上止点时，活塞顶面以上、汽缸盖底面以下所形成的空间称为燃烧室。在汽油机汽缸盖底面通常铸有形状各异的凹坑，习惯上称这些凹坑为燃烧室。

① 浴盆形燃烧室，结构简单，气门与汽缸轴线平行，进气道弯度较大，压缩行程终了能产生挤气涡流。

② 楔形燃烧室，结构比较紧凑，气门相对汽缸轴线倾斜，进气道比较平直，进气阻力小，压缩行程终了时能产生挤气涡流。

③ 半球形燃烧室，结构最紧凑，燃烧室表面积与其容积之比（面容比）最小，进、排气门呈两列倾斜布置，气门直径较大，气道较平直，火焰传播距离较短，不能产生挤气涡流。

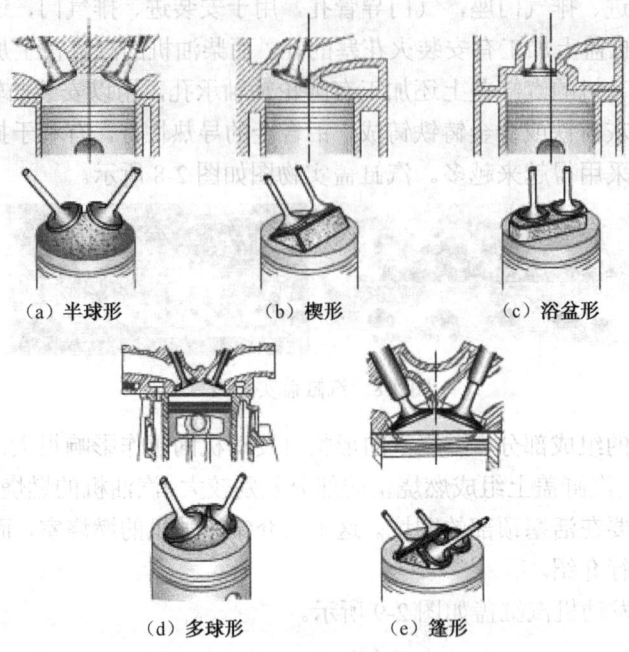

图 2-10 汽油机燃烧室的常见形式

④ 多球形燃烧室是由两个以上半球形凹坑组成的，其结构紧凑，面容比小，火焰传播距离短，气门直径较大，气道比较平直，且能产生挤气涡流。

⑤ 篷形燃烧室，是近年来在高性能多气门轿车发动机上广泛应用的燃烧室。

2. 柴油机的分隔式燃烧室

① 涡流室燃烧室，如图 2-11（a）所示，其主、副燃烧室之间的连接通道与副燃烧室切向连接，在压缩行程中，空气从主燃烧室经连接通道进入副燃烧室，在其中形成强烈的有组织的压缩涡流，因此称副燃烧室为涡流室，燃油顺气流方向喷射。

② 预燃室燃烧室，如图 2-11（b）所示，其主、副燃烧室之间的连接通道不与副燃烧室切向连接，且截面积较小。在压缩行程中，空气在副燃烧室内形成强烈的无组织的紊流，燃油迎着气流方向喷射，并在副燃烧室顶部预先发火燃烧，故称副燃烧室为预燃室。

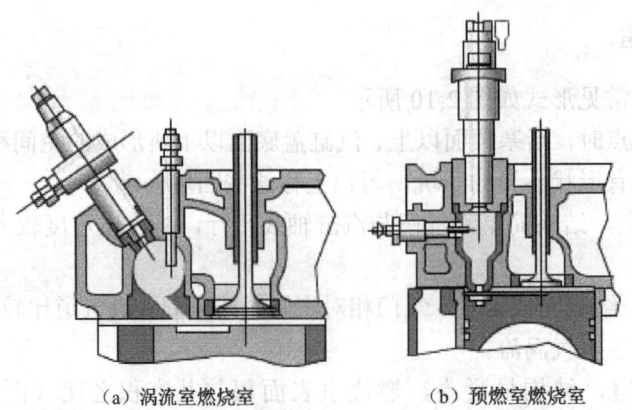

图 2-11 柴油机的分隔式燃烧室

2.2.3 汽缸垫

汽缸垫装在汽缸盖和汽缸体之间,其功用是保证汽缸盖与汽缸体接触面的密封,防止漏气、漏水和漏油。汽缸垫结构如图 2-12 所示。

汽缸垫的材料要有一定的弹性,能补偿结合面的不平度,以确保密封,同时要有好的耐热性和耐压性,在高温高压下不烧损、不变形。目前应用较多的是铜皮—石棉结构的汽缸垫,由于铜皮—石棉汽缸垫翻边处有三层铜皮,压紧时较之石棉不易变形。有的发动机还采用在石棉中心用编织的钢丝网或有孔钢板为骨架,两面用石棉及橡胶黏结剂压成的汽缸垫。

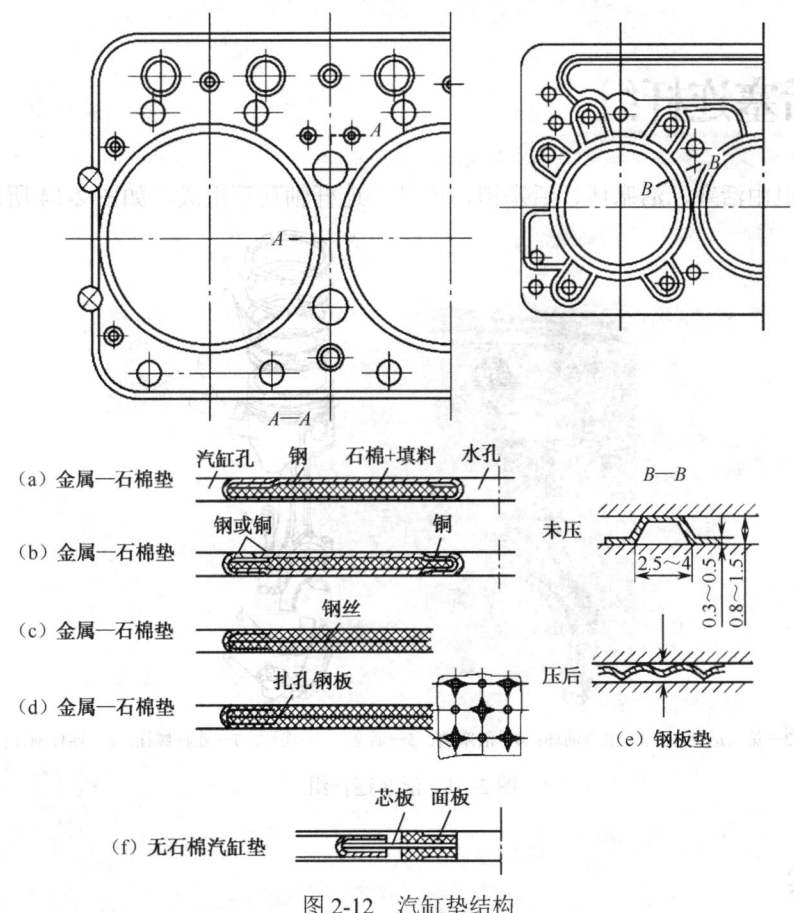

图 2-12 汽缸垫结构

注意:安装汽缸垫时,首先要检查汽缸垫的质量和完好程度,所有汽缸垫上的孔要和汽缸体上的孔对齐,将光滑的一面朝向汽缸体,防止被高温气体冲坏。其次要严格按照说明书上的要求上好汽缸盖螺栓。拧紧汽缸盖螺栓时,必须以由中央对称地向四周扩展的顺序分 2~3 次进行,最后一次拧紧到规定的力矩。

2.2.4 油底壳

油底壳的主要功用是储存机油并封闭曲轴箱。油底壳受力很小,一般采用薄钢板冲压而成,

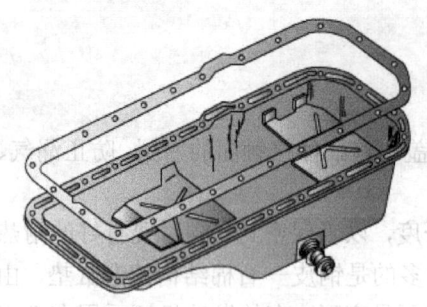

图 2-13 油底壳

如图 2-13 所示。其形状取决于发动机的总体布置和机油的容量。为了加强油底壳内机油的散热，在有些发动机上，采用了铝合金铸造的油底壳，在油底壳的底部还铸有相应的散热肋片。

为了保证在发动机纵向倾斜时机油泵能经常吸到机油，油底壳后部一般做得较深。油底壳内还设有挡油板，防止汽车行驶时油面波动过大。油底壳底部装有放油塞。有的放油塞是磁性的，能吸集机油中的金属屑，以减少发动机运动零件的磨损。

2.3 活塞连杆组

活塞连杆组由活塞、活塞环、活塞销、连杆、连杆轴瓦等组成，如图 2-14 所示。

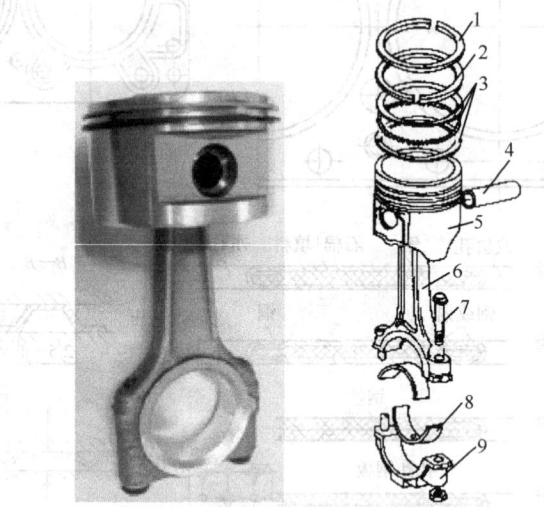

1—第一道气环；2—第二道气环；3—组合油环；4—活塞销；5—活塞；6—连杆；7—连杆螺栓；8—连杆轴瓦；9—连杆瓦盖

图 2-14 活塞连杆组

2.3.1 活塞

活塞的功用是承受气体压力，并通过活塞销传给连杆，驱使曲轴旋转，活塞顶部还是燃烧室的组成部分。活塞在高温、高压、高速、润滑不良的条件下工作，直接与高温气体接触，瞬时温度可达 2500K 以上，因此，受热严重，而散热条件又很差，所以活塞工作时温度很高，顶部高达 600～700K，且温度分布很不均匀；活塞顶部承受气体压力很大，特别是做功行程压力最大，汽油机高达 3～5MPa，柴油机高达 6～9MPa，这就使得活塞产生冲击，并承受侧压力的作用；活塞在汽缸内以很高的速度（8～12m/s）往复运动，且速度在不断地变化，这就产生了很大的惯性力，使活塞受到很大的附加载荷。活塞在这种恶劣的条件下工作，会产生变形并加速磨损，还会产生附加载荷和热应力，同时受到燃气的化学腐蚀作用。

(1) 对活塞的要求
① 要有足够的刚度和强度,传力可靠。
② 导热性能好,要耐高压、耐高温、耐磨损。
③ 质量小,尽可能地减小往复惯性力。

铝合金材料基本满足上面的要求,因此,活塞一般都采用高强度铝合金,但在一些低速柴油机上采用高级铸铁或耐热钢。

活塞主要由活塞顶部、活塞头部和活塞裙部三部分组成,如图 2-15 所示。

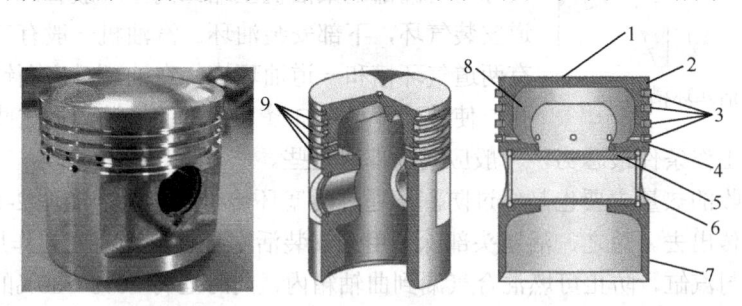

1—活塞顶;2—活塞头;3—活塞环;4—活塞销座;5—活塞销;6—活塞销锁环;7—活塞裙;8—加强肋;9—环槽

图 2-15 活塞

活塞顶部承受气体压力,它是燃烧室的组成部分,其形状、位置、大小都和燃烧室的具体形式有关,都是为满足可燃混合气形成和燃烧的要求。其顶部形状可分为四大类,即平顶活塞、凸顶活塞、凹顶活塞和成形顶活塞,如图 2-16 所示。

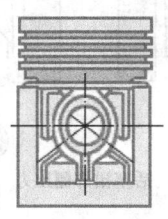

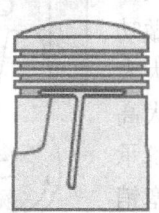

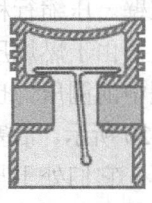

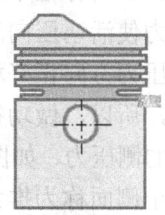

(a) 平顶活塞　　(b) 凸顶活塞　　(c) 凹顶活塞　　(d) 成形顶活塞

图 2-16 活塞顶部形状

平顶活塞顶部是一个平面,结构简单,制造容易,受热面积小,顶部应力分布较为均匀,一般用在汽油机上,柴油机很少采用。

凸顶活塞顶部凸起呈球顶形，其顶部强度高，起导向作用，有利于改善换气过程，二冲程汽油机常采用凸顶活塞。

凹顶活塞顶部呈凹陷形，凹坑的形状和位置必须有利于可燃混合气的燃烧，有双涡流凹坑、球形凹坑、U形凹坑等。

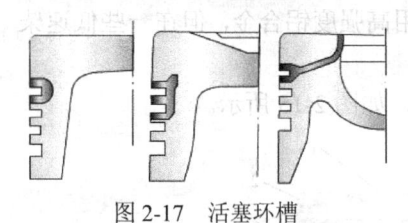

活塞头部指第一道活塞环槽到活塞销孔以上部分。它有数道环槽，如图 2-17 所示，用以安装活塞环，起密封作用，又称为防漏部。柴油机压缩比高，一般有四道环槽，上部三道安装气环，下部安装油环。汽油机一般有三道环槽，其中有两道气环槽和一道油环槽，在油环槽底面钻有许多径向小孔，使被油环从汽缸壁上刮下的机油经过这些小孔流回油底壳。第一道环槽工作条件最恶劣，一般应离顶部较远些。

图 2-17　活塞环槽

活塞顶部吸收的热量主要也是经过防漏部通过活塞环传给汽缸壁，如图 2-18 和图 2-19 所示，再由冷却水传出去。总之，活塞头部除了用来安装活塞环外，还有密封作用和传热作用，与活塞环一起密封汽缸，防止可燃混合气漏到曲轴箱内，同时还将 70%～80% 的热量通过活塞环传给汽缸壁。

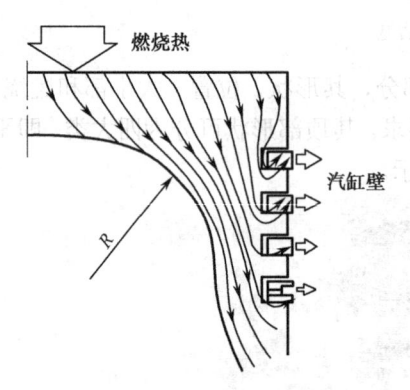

图 2-18　由活塞顶到汽缸壁的热流

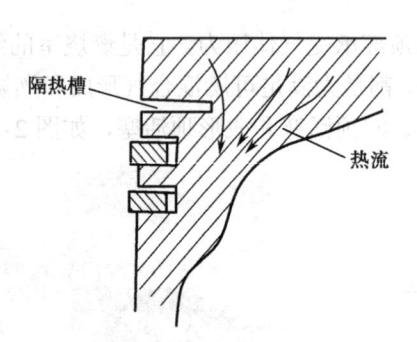

图 2-19　活塞隔热槽

活塞裙部指从油环槽下端面起至活塞最下端的部分，它包括装活塞销的销座孔。活塞裙部对活塞在汽缸内的往复运动起导向作用，并承受侧压力。裙部的长短取决于侧压力的大小和活塞直径。所谓侧压力是指在压缩行程和做功行程中，作用在活塞顶部的气体压力的水平分力使活塞压向汽缸壁。压缩行程和做功行程气体的侧压力方向正好相反，由于燃烧压力大大高于压缩压力，所以，做功行程中的侧压力也大大高于压缩行程中的侧压力，如图 2-20 所示。活塞裙部承受侧压力的两个侧面称为推力面，它们处于与活塞销轴线相垂直的方向上。

活塞裙部工作时的变形情况如图 2-21 所示。

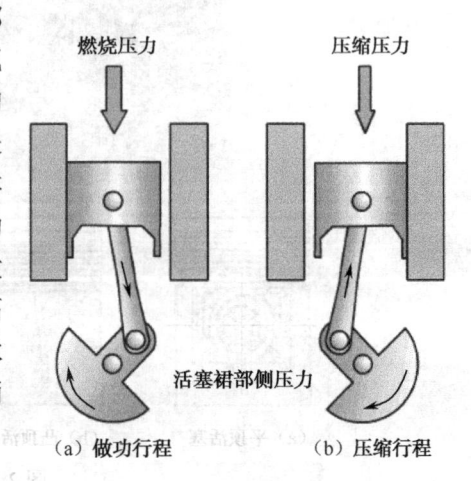

图 2-20　活塞裙部受力图

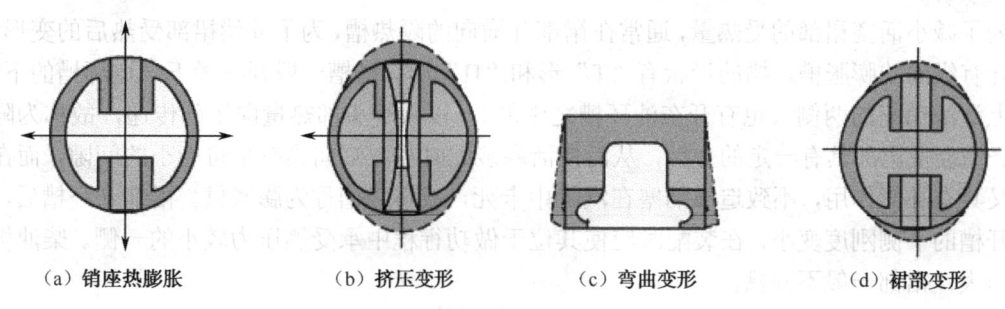

(a) 销座热膨胀　　(b) 挤压变形　　(c) 弯曲变形　　(d) 裙部变形

图 2-21　活塞裙部变形

(2) 结构特点

① 预先做成椭圆形，如图 2-22 所示。

为了使裙部两侧承受气体压力并与汽缸保持小而安全的间隙，要求活塞在工作时具有正确的圆柱形。但是，由于活塞裙部的厚度很不均匀，活塞销座孔部分的金属厚，受热膨胀量大，沿活塞销座轴线方向的变形量大于其他方向。另外，裙部承受气体侧压力的作用，导致沿活塞销轴向变形量较垂直活塞销方向大。这样，如果活塞冷态时裙部为圆形，那么工作时活塞就会变成一个椭圆，使活塞与汽缸之间圆周间隙不相等，造成活塞在汽缸内卡住，发动机无法正常工作。因此，在加工时预先把活塞裙部做成椭圆形状。椭圆的长轴方向与销座垂直，短轴方向沿销座方向，这样活塞工作时趋近正圆。

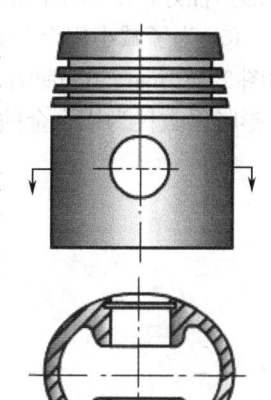

② 预先做成阶梯形、锥形，如图 2-23 所示。

活塞沿高度方向的温度很不均匀，活塞的温度是上部高、下部低，膨胀量也相应是上部大、下部小。为了使工作时活塞上下直径趋于相等，即为圆柱形，就必须预先把活塞制成上小下大的阶梯形、锥形。

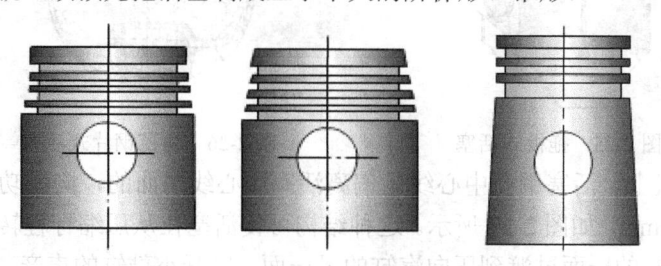

图 2-22　椭圆形活塞

图 2-23　阶梯形、锥形活塞

③ 活塞裙部开槽，如图 2-24 所示。

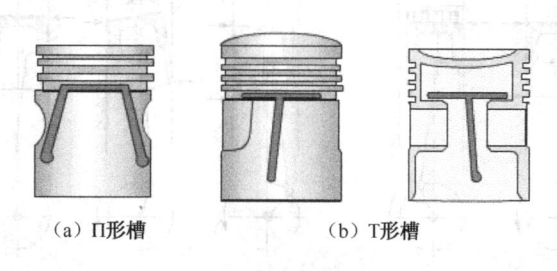

(a) Π形槽　　(b) T形槽

图 2-24　活塞裙部开槽

为了减小活塞裙部的受热量,通常在裙部开横向的隔热槽,为了补偿裙部受热后的变形量,裙部开有纵向的膨胀槽。槽的形状有"T"形和"Π"形。横槽一般开在最下一道环槽的下面、裙部上边缘销座的两侧(也有开在油环槽之中的),以减小头部热量向裙部传递,故称为隔热槽。竖槽会使裙部具有一定的弹性,从而使活塞装配时与汽缸间具有尽可能小的间隙,而在热态时又具有补偿作用,不致造成活塞在汽缸中卡死,故将竖槽称为膨胀槽。裙部开竖槽后,会使其开槽的一侧刚度变小,在装配时应使其位于做功行程中承受侧压力较小的一侧。柴油机活塞受力大,裙部一般不开槽。

④ 有些活塞为了减轻质量,在裙部开孔或把裙部不受侧压力的两边切去一部分,以减小惯性力,减小销座附近的热变形量,形成拖板式活塞或短活塞,如图 2-25 所示。拖板式结构裙部弹性好,质量小,活塞与汽缸的配合间隙较小,适用于高速发动机。

⑤ 为了减小铝合金活塞裙部的热膨胀量,有些汽油机活塞在活塞裙部或销座内嵌入钢片,如图 2-26 所示。恒范钢片式活塞的结构特点是,由于恒范钢为含镍 33%～36% 的低碳铁镍合金,其膨胀系数仅为铝合金的 1/10,而销座通过恒范钢片与裙部相连,牵制了裙部的热膨胀变形量。

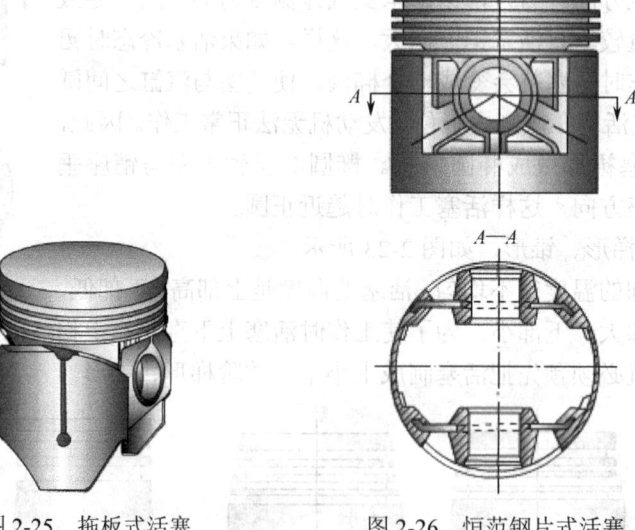

图 2-25 拖板式活塞　　图 2-26 恒范钢片式活塞

⑥ 有的汽油机上,活塞销孔中心线是偏离活塞中心线平面的,向做功行程中受主侧压力的一方偏移了 1～2mm,如图 2-27 所示。这种结构可使活塞在从压缩行程转换到做功行程中较为柔和地从压向汽缸的一面过渡到压向汽缸的另一面,以减小敲缸的声音。在安装时,这种活塞销偏置的方向不能装反,否则换向敲击力会增大,使裙部受损。

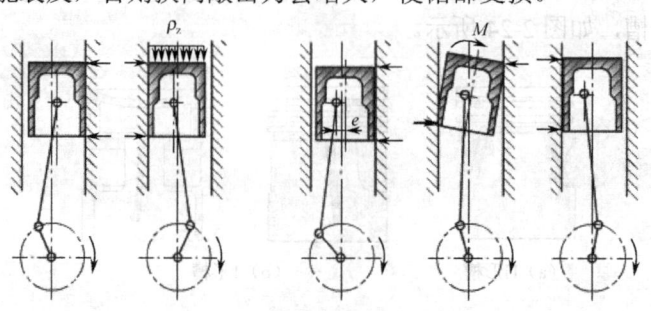

图 2-27 活塞销偏置时的工作情况

2.3.2 活塞环

活塞环如图 2-28 所示，它是具有弹性的开口环，有气环和油环之分。

气环的功用是保证汽缸与活塞间的密封性，防止漏气，并且把活塞顶部吸收的大部分热量传给汽缸壁，由冷却水带走。其中密封作用是主要的，因为密封是传热的前提。如果密封性不好，高温燃气将直接从汽缸表面流入曲轴箱。这样不但由于环面和汽缸壁面贴合不严而不能很好散热，而且由于外圆表面吸收附加热量而导致活塞和气环烧坏。油环起布油和刮油的作用，下行时刮除汽缸壁上多余的机油，上行时在汽缸壁上铺涂一层均匀的油膜。这样既可以防止机油窜入汽缸燃烧掉，又可以减少活塞、活塞环与汽缸壁的摩擦阻力，此外，油环还能起到封气的辅助作用。

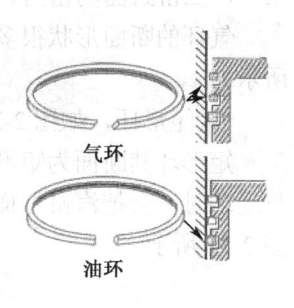

图 2-28 活塞环

活塞环在高温、高压、高速和润滑极其困难的条件下工作，尤其是第一道环最为困难，长期以来，活塞环一直是发动机上使用寿命最短的零件。活塞环工作时受到汽缸中高温高压燃气的作用，温度很高（特别是第一道环温度可高达 600K），活塞环在汽缸内随活塞一起做高速运动，加上高温下机油可能变质，使活塞环的润滑条件变坏，难以保证良好的润滑，因而磨损严重。另外，由于汽缸壁的锥度和椭圆度，活塞环随活塞往复运动时，沿径向会产生一张一缩运动，使活塞环受到交变应力而容易折断。因此，要求活塞环弹性好、强度高、耐磨损。目前广泛采用的活塞环材料是合金铸铁（在优质灰铸铁中加入少量铜、铬、钼等合金元素），第一道环镀铬，其余环一般镀锡或磷化。

(1) 气环

气环开有切口，具有弹性，在自由状态下外径大于汽缸直径。

气环的密封原理如图 2-29 所示。

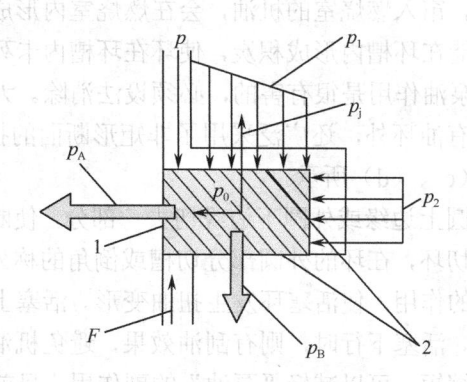

1—第一密封面；2—第二密封面；p_A—第一密封面的压紧力；p_B—第二密封面的压紧力；p—汽缸内气体压力；
p_1—环侧气体压力；p_2—背压力；p_0—环的弹力；p_j—环的惯性力；F—环与缸壁的摩擦力

图 2-29 气环的密封原理

① 第一密封面的建立：环在自由状态下，环外径>缸径，装缸后在其弹力 p_0 作用下与缸壁压紧，形成第一密封面。

② 第二密封面的建立：活塞环在运动时产生惯性力 p_j，与缸壁间产生摩擦力 F，以及侧

隙有气体压力 p_1，在这三个力的共同作用下，使环靠在环槽的上侧或下侧，形成第二密封面。

③ 气环的第二次密封：窜入背隙和侧隙的气体，使环对缸壁和环槽进一步压紧，加强了第一、二密封面的密封。

气环的断面形状很多，最常见的有矩形环、扭曲环、锥面环、梯形环和桶面环，如图 2-30 所示。

① 矩形环，如图 2-30（a）所示。

矩形环其断面为矩形，结构简单，制造方便，易于生产，应用最广。但是矩形环随活塞往复运动时，会把汽缸壁面上的机油不断送入汽缸中。这种现象称为活塞环的"泵油作用"，如图 2-31 所示。

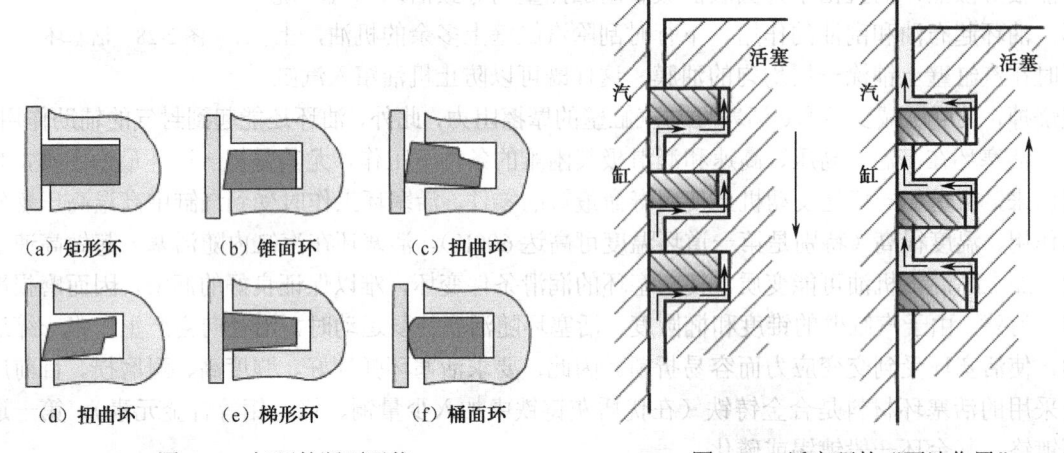

图 2-30　气环的断面形状

图 2-31　活塞环的"泵油作用"

活塞下行时，由于环与汽缸壁的摩擦阻力及环的惯性，环被压靠在环槽的上端面上，汽缸壁面上的油被刮入下边隙和内边隙；活塞上行时，环又被压靠在环槽的下端面。结果第一道环背隙里的机油就进入燃烧室，窜入燃烧室的机油，会在燃烧室内形成积炭，造成机油的消耗量增加，另外上窜的机油也可能在环槽内形成积炭，使环在环槽内卡死而失去密封作用，划伤汽缸壁，甚至使环折断，可见泵油作用是很有害的，必须设法消除。为了消除或降低有害的泵油作用，除了在气环的下面装有油环外，还广泛采用了非矩形断面的扭曲环。

② 扭曲环，如图 2-30（c）、（d）所示。

扭曲环是在矩形环的内圆上边缘或外圆下边缘切去一部分，使断面呈不对称形状，在环的内圆部分切槽或倒角的称内切环，在环的外圆部分切槽或倒角的称外切环。装入汽缸后，由于断面不对称，产生不平衡力的作用，使活塞环发生扭曲变形。活塞上行时，扭曲环使残余油膜上浮，可以减小摩擦和磨损。活塞下行时，则有刮油效果，避免机油烧掉。同时，由于扭曲环在环槽中上、下跳动的行程缩短，可以减轻"泵油"的副作用。目前这种环被广泛地应用于第二道活塞环槽上，安装时必须注意断面形状和方向，内切口朝上，外切口朝下，不能装反。

③ 锥面环，如图 2-30（b）所示。

锥面环断面呈锥形，外圆工作面上加工一个很小的锥面（0.5°～1.5°），减小了环与汽缸壁的接触面，提高了表面接触压力，有利于磨合和密封。活塞下行时，便于刮油；活塞上行时，由于锥面的"油楔"作用，能在油膜上"飘浮"过去，减小磨损。这种环安装时，不能装反，否则会引起机油上窜。

④ 梯形环，如图 2-30（e）所示。

梯形环断面呈梯形，工作时，梯形环在压缩行程和做功行程随着活塞受侧压力的方向不同而不断地改变位置，这样会把沉积在环槽中的积炭挤出去，避免了环被粘在环槽中而折断，可以延长环的使用寿命。但其主要缺点是加工困难，精度要求高。

⑤ 桶面环，如图 2-30（f）所示。

桶面环的外圆为凸圆弧形，是近年来兴起的一种新型结构。当桶面环上下运动时，均能与汽缸壁形成楔形空间，使机油容易进入摩擦面，减小磨损。由于它与汽缸呈圆弧接触，故对汽缸表面的适应性和对活塞偏摆的适应性均较好，有利于密封，但凸圆弧表面加工较困难。

（2）油环

油环有普通油环和组合油环两种，如图 2-32 所示。

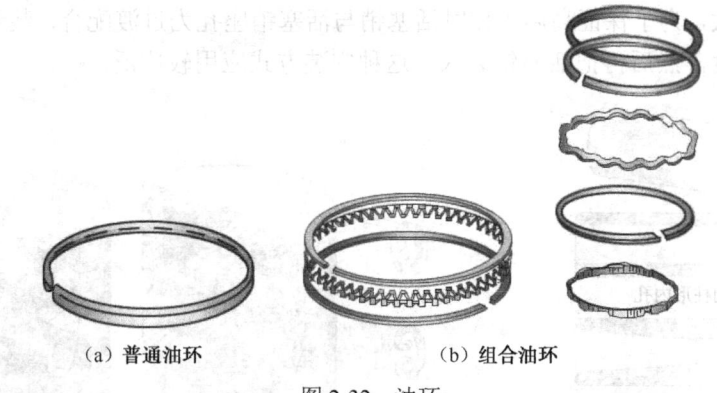

图 2-32　油环
(a) 普通油环　(b) 组合油环

① 普通油环，如图 2-32（a）所示。

普通油环又叫整体式油环。环的外圆柱面中间加工有凹槽，槽中钻有小孔或开切槽，当活塞向下运动时，将缸壁上多余的机油刮下，通过小孔或切槽流回曲轴箱；当活塞上行时，刮下的机油仍通过回油孔流回曲轴箱。有些普通油环还在其外侧上边制有倒角，使环在随活塞上行时形成油楔，可起均布润滑油的作用，下行刮油能力强，减少了润滑油的上窜。

② 组合油环，如图 2-32（b）所示。

组合油环由上下两片侧轨环与中间的扩张器组成，侧轨环用镀铬钢片制成，扩张器的周边比汽缸内圆周略大一些，可使侧轨环紧紧压向汽缸壁。这种油环的接触压力高，对汽缸壁面适应性好，而且回油通路大，质量小，刮油效果明显。图 2-32（b）所示的组合环由三个刮油钢片和两个弹性衬环组成，它具有上述组合环的优点。近年来汽车发动机上越来越多地采用了组合式油环，它的缺点主要是制造成本高。

2.3.3　活塞销

活塞销的结构如图 2-33 所示。活塞销的功用是连接活塞和连杆小头，并把活塞承受的气体压力传给连杆。

活塞销在高温下周期地承受很大的冲击载荷，其本身又做摆转运动，而且在润滑条件很差的情况下工作，因此，要求活塞销具有足够的强度和刚度，要求表面韧性好，耐磨性好，质量轻。所以活塞销一般都做成空心圆柱体，采用低碳钢和低碳合金钢制成，外表面经渗碳淬火处理以提高硬度，精加工后进行磨光，有较高的尺寸精度和表面光洁度。

活塞销的内孔有三种形状：圆柱形；两段截锥形；两段截锥与一段圆柱组合形。

圆柱形孔结构简单，加工容易，但从受力角度分析，中间部分应力最大，两端较小，所以这种结构质量较大，往复惯性力大；为了减小质量、往复惯性力，活塞销做成两段截锥形孔，接近等强度梁，但孔的加工较复杂；组合形孔的结构介于二者之间。

活塞销与活塞销座孔及连杆小头衬套孔的连接配合有两种方式，如图 2-34 所示，即"全浮式"安装和"半浮式"安装。

"全浮式"安装，当发动机工作时，活塞销、连杆小头和活塞销座都有相对运动，这样，活塞销能在连杆衬套和活塞销座中自由摆动，使磨损均匀。为了防止全浮式活塞销轴向窜动刮伤汽缸壁，在活塞销两端装有挡圈，进行轴向定位。由于活塞是铝材料，而活塞销采用钢材料，铝比钢热膨胀量大，为了保证高温工作时活塞销与活塞销座孔为过渡配合，装配时，先把铝活塞加热到一定程度，然后再把活塞销装入，这种安装方式应用较广泛。

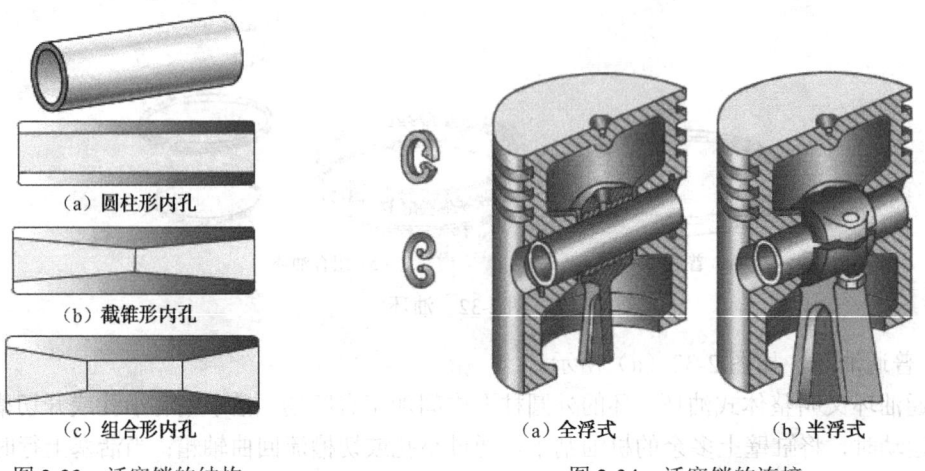

(a) 圆柱形内孔
(b) 截锥形内孔
(c) 组合形内孔

图 2-33 活塞销的结构

(a) 全浮式　　(b) 半浮式

图 2-34 活塞销的连接

"半浮式"安装的特点是活塞中部与连杆小头采用紧固螺栓连接，活塞销只能在两端销座内做自由摆动，而和连杆小头没有相对运动。活塞销不会做轴向窜动，不需要锁片。这种方式轿车上应用较多。

2.3.4 连杆

连杆的结构如图 2-35 所示，其功用是连接活塞与曲轴。连杆小头通过活塞销与活塞相连，连杆大头与曲轴的连杆轴颈相连，并把活塞承受的气体压力传给曲轴，使得活塞的往复运动转变成曲轴的旋转运动。

连杆工作时，承受活塞顶部气体压力和惯性力的作用，而这些力的大小和方向都是周期性变化的。因此，连杆受到的是压缩、拉伸和弯曲等交变载荷。这就要求连杆强度高、刚度大、质量轻。连杆一般都采用中碳钢或合金钢经模锻或辊锻而成，然后经机加工和热处理。连杆分为三部分，即连杆小头、连杆杆身和连杆大头（包括连杆盖）。连杆小头与活塞销相连。

对全浮式活塞销，由于工作时小头孔与活塞销之间有相对运动，所以常常在连杆小头孔中压入减摩的青铜衬套。为了润滑活塞销与衬套，在小头和衬套上铣有油槽或钻有油孔以收集发动机运转时飞溅上来的润滑油并用以润滑。有的发动机连杆小头采用压力润滑，在连杆杆身内钻有纵向的压力油通道。采用半浮式活塞销是与连杆小头紧配合的，所以小头孔内不需要衬套，也不需要润滑。

连杆杆身通常做成"I"字形断面，抗弯强度好，质量轻，大圆弧过渡，且上小下大。采用压力法润滑的连杆，杆身中部都制有连通大、小头的油道。

连杆大头与曲轴的连杆轴颈相连，大头有整体式和分开式两种。一般都采用分开式，分开式又分为平分和斜分两种。

平分分面与连杆杆身轴线垂直，如图 2-36 所示，汽油机多采用这种连杆。因为，一般汽油机连杆大头的横向尺寸都小于汽缸直径，可以方便地通过汽缸进行拆装，故常采用平切口连杆。

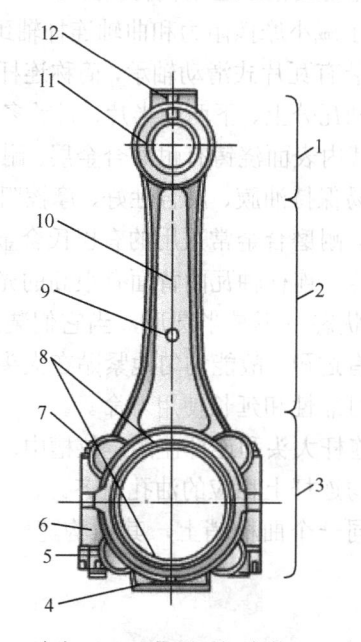

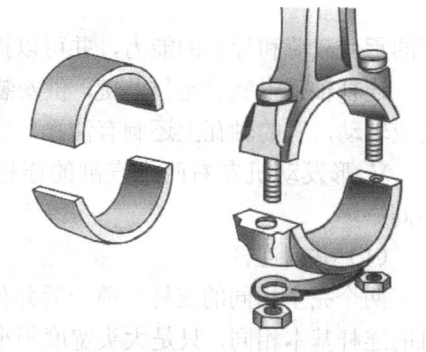

1—小头；2—杆身；3—大头；4、9—装配记号（朝前）；5—螺母；
6—连杆盖；7—连杆螺栓；8—轴瓦；10—连杆体；11—衬套；12—集油孔

图 2-35　连杆　　　　　　　　　　图 2-36　平分式连杆大头

斜分分面与连杆杆身轴线成 30°～60°夹角，如图 2-37 所示。柴油机多采用这种连杆。因为，柴油机压缩比大，连杆受力较大，曲轴的连杆轴颈较粗，相应的连杆大头尺寸往往超过了汽缸直径，为了使连杆大头能通过汽缸，便于拆装，一般都采用斜切口，最常见的是 45°夹角。

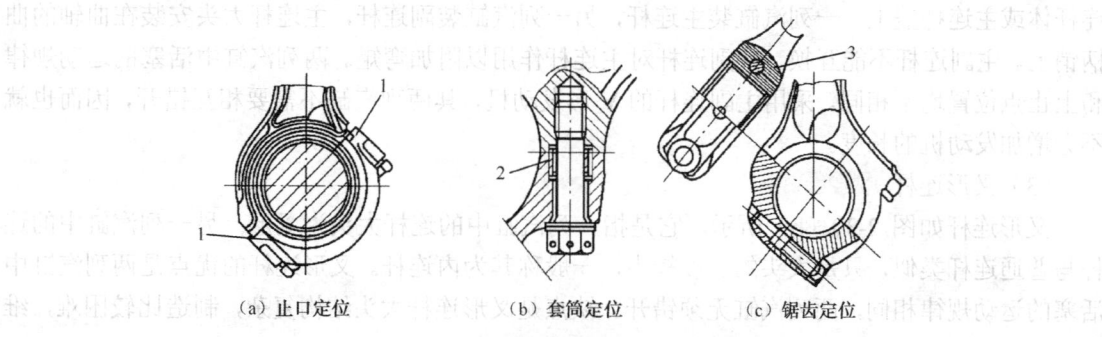

（a）止口定位　　　（b）套筒定位　　　（c）锯齿定位

1—止口；2—定位套筒；3—定位锯齿

图 2-37　斜分式连杆大头

把连杆大头分开可取下的部分叫作连杆盖,连杆与连杆盖配对加工,加工后,在它们同一侧打上配对记号,安装时不得互相调换或变更方向。为此,在结构上采取了定位措施。平切口连杆盖与连杆多采用连杆螺栓定位,利用连杆螺栓中部精加工的圆柱凸台或光圆柱部分与经过精加工的螺栓孔来保证。斜切口连杆常用的定位方法有锯齿定位、圆销定位、套筒定位和止口定位。

连杆盖和连杆大头用连杆螺栓连在一起,连杆螺栓在工作中承受很大的冲击力,若折断或松脱,将造成严重事故。为此,连杆螺栓都采用优质合金钢,并经精加工和热处理特制而成。安装连杆盖拧紧连杆螺栓、螺母时,要用扭力扳手分 2～3 次交替均匀地拧紧到规定的扭矩,拧紧后还应可靠地锁紧。连杆螺栓损坏后绝不能用其他螺栓来代替。

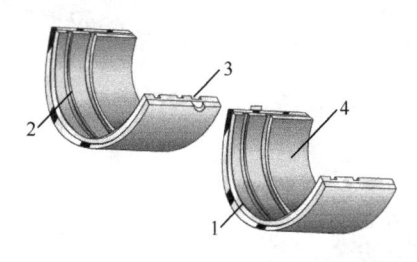

为了减小摩擦阻力和曲轴连杆轴颈的磨损,连杆大头孔内装有瓦片式滑动轴承,简称连杆轴瓦,如图 2-38 所示。轴瓦分上、下两个半片,目前多采用薄壁钢背轴瓦,在其内表面浇铸有耐磨合金层。耐磨合金层具有质软、容易保持油膜、磨合性好、摩擦阻力小、不易磨损等特点。耐磨合金常采用的有巴氏合金、铜铝合金、高锡铝合金。连杆轴瓦的背面有很高的光洁度。半个轴瓦在自由状态下不是半圆形,当它们装入连杆大头孔内时,又有过盈,故能均匀地紧贴在大头孔壁上,具有很好的承受载荷和导热的能力,并可以提高工作可靠性和延长使用寿命。

1—钢背;2—油槽;3—定位凸键;4—耐磨合金

图 2-38 连杆轴瓦

连杆轴瓦上制有定位凸键,供安装时嵌入连杆大头和连杆盖的定位槽中,以防轴瓦前后移动或转动,有的轴瓦上还制有油孔,安装时应与连杆上相应的油孔对齐。

V 形发动机左右两个汽缸的连杆安装在同一个曲柄销上,其结构随安装形式的不同而不同。

(1)并列连杆

两个完全相同的连杆一前一后并列地安装在同一个曲柄销上。连杆结构与上述直列式发动机的连杆基本相同,只是大头宽度稍小一些。并列连杆的优点是前后连杆可以通用,左右两列汽缸的活塞运动规律相同。缺点是两列汽缸沿曲轴纵向须相互错开一段距离,从而增加了曲轴和发动机的长度。

(2)主副连杆

一个主连杆、一个副连杆组成主副连杆,如图 2-39(a)所示,副连杆通过销轴铰接在主连杆体或主连杆盖上。一列汽缸装主连杆,另一列汽缸装副连杆,主连杆大头安装在曲轴的曲柄销上。主副连杆不能互换,且副连杆对主连杆作用以附加弯矩。两列汽缸中活塞的运动规律和上止点位置均不相同。采用主副连杆的 V 形发动机,其两列汽缸不需要相互错开,因而也就不会增加发动机的长度。

(3)叉形连杆

叉形连杆如图 2-39(b)所示,它是指一列汽缸中的连杆大头为叉形;另一列汽缸中的连杆与普通连杆类似,只是大头的宽度较小,一般称其为内连杆。叉形连杆的优点是两列汽缸中活塞的运动规律相同,两列汽缸无须错开。缺点是叉形连杆大头结构复杂,制造比较困难,维修也不方便,且大头刚度较差。

(a) 主副连杆　　　　　　　　　(b) 叉形连杆

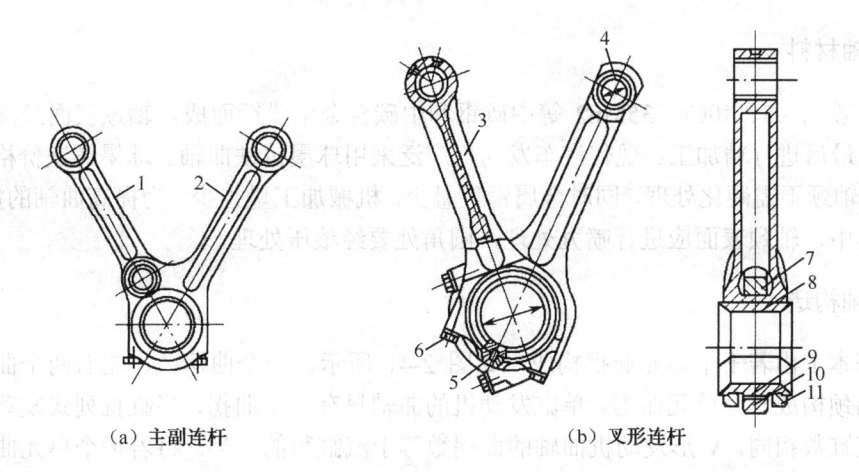

1—副连杆；2—主连杆；3—叉形大头连杆；4—片形大头连杆；5—销钉；6—叉形连杆大头与连杆盖的紧固螺钉；
7—片形大头轴瓦；8、9—叉形大头轴瓦；10—片形大头连杆盖；11—叉形大头连杆盖

图 2-39　主副连杆与叉形连杆

2.4 曲轴飞轮组

曲轴飞轮组如图 2-40 所示，主要由曲轴、飞轮、扭转减振器及一些零件和附件组成。

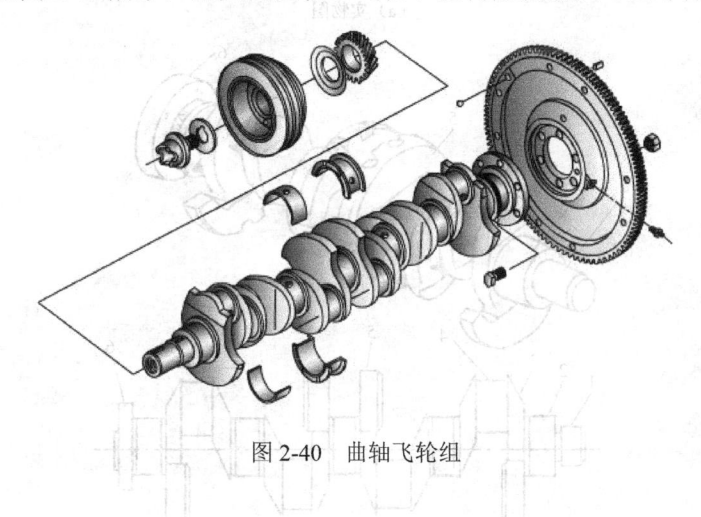

图 2-40　曲轴飞轮组

2.4.1 曲轴

1. 曲轴的功用及工作条件

曲轴的功用是把活塞、连杆传来的气体压力转变为转矩，用以驱动汽车的传动系统和发动机的配气机构以及其他辅助装置。曲轴在周期性变化的气体压力、惯性力及其力矩的共同作用下工作，承受弯曲和扭转交变载荷。因此，曲轴应有足够的抗弯曲、抗扭转的疲劳强度和刚度；轴颈应有足够大的承压表面和耐磨性；曲轴的质量应尽量小；对各轴颈的润滑应该充分。

2. 曲轴材料

曲轴一般由 45、40Cr、35Mn2 等中碳钢和中碳合金钢模锻而成，轴颈表面经高频淬火或氮化处理，最后进行精加工。现代汽车发动机广泛采用球墨铸铁曲轴。球墨铸铁价格便宜，耐磨性能好，轴颈不需硬化处理，同时金属消耗量少，机械加工量也少。为提高曲轴的疲劳强度，消除应力集中，轴颈表面应进行喷丸处理，圆角处要经滚压处理。

3. 曲轴构造

曲轴基本上由若干个单元曲拐构成，如图 2-41 所示。一个曲柄销、左右两个曲柄臂和左右两个主轴颈构成一个单元曲拐。单缸发动机的曲轴只有一个曲拐，多缸直列式发动机曲轴的曲拐数与汽缸数相同，V 形发动机曲轴的曲拐数等于汽缸数的一半。将若干个单元曲拐按照一定的相位连接起来再加上曲轴前、后端便构成一根曲轴。多数发动机的曲轴在其曲柄臂上装有平衡重。

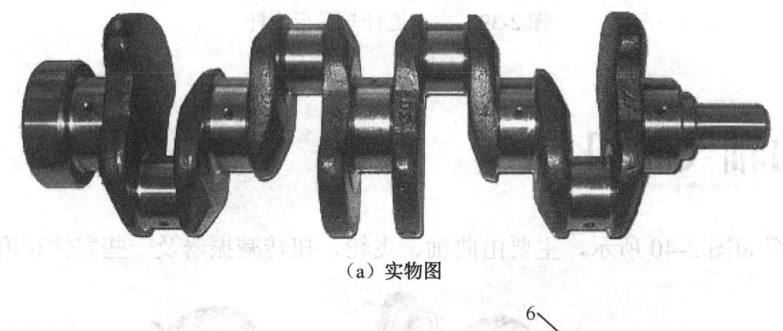

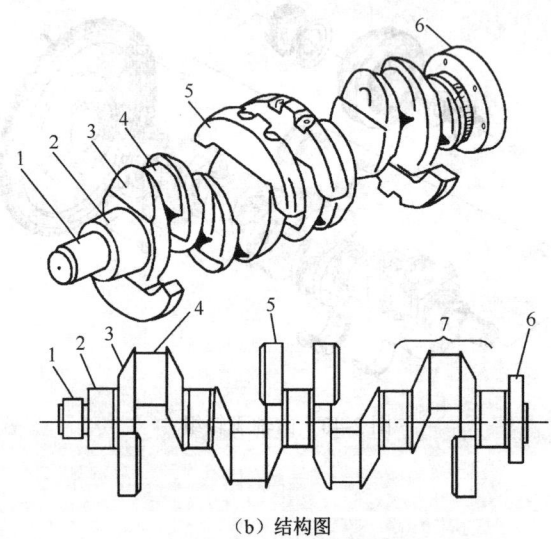

(a) 实物图

(b) 结构图

1—曲轴前端；2—主轴颈；3—曲柄臂；4—曲柄销；5—平衡重；6—曲轴后端；7—单元曲拐

图 2-41 曲轴构造

主轴颈是曲轴的支撑部分，通过主轴承支撑在曲轴箱的主轴承座中。主轴承的数目不仅与发动机汽缸数目有关，还取决于曲轴的支撑方式。曲轴的支撑方式一般有两种，如图 2-42 所示，一种是全支撑曲轴，另一种是非全支撑曲轴。

(a) 全支撑曲轴　　　　　　　　　(b) 非全支撑曲轴

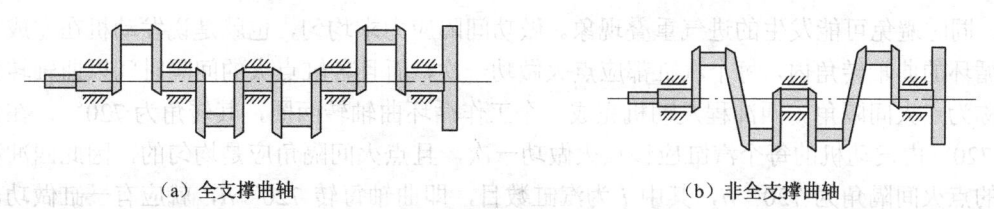

图 2-42　曲轴的支撑方式

全支撑曲轴：曲轴的主轴颈数比汽缸数目多一个，即每一个连杆轴颈两边都有一个主轴颈。如六缸发动机全支撑曲轴有七个主轴颈，四缸发动机全支撑曲轴有五个主轴颈。这种支撑，曲轴的强度和刚度都比较好，并且减轻了主轴承载荷，减小了磨损。柴油机和大部分汽油机多采用这种形式。

非全支撑曲轴：曲轴的主轴颈数比汽缸数目少或与汽缸数目相等。这种支撑方式叫非全支撑曲轴，虽然这种支撑的主轴承载荷较大，但缩短了曲轴的总长度，使发动机的总体长度有所减小。有些汽油机承受载荷较小，可以采用这种曲轴形式。

曲轴的连杆轴颈是曲轴与连杆的连接部分，通过曲柄与主轴颈相连，在连接处用圆弧过渡，以减小应力集中。直列发动机的连杆轴颈数目和汽缸数相等，V 形发动机的连杆轴颈数等于汽缸数的一半。

曲柄是主轴颈和连杆轴颈的连接部分，断面为椭圆形，为了平衡惯性力，曲柄处铸有（或紧固有）平衡重块。平衡重块用来平衡发动机不平衡的离心力矩，有时还用来平衡一部分往复惯性力，从而使曲轴旋转平稳。

曲轴前端装有正时齿轮、驱动风扇和水泵的皮带轮以及启动爪等。为了防止机油沿曲轴轴颈外漏，在曲轴前端装有一个甩油盘，在齿轮室盖上装有油封。曲轴的后端用来安装飞轮，在后轴颈与飞轮凸缘之间制成挡油凸缘与回油螺纹，以阻止机油向后窜漏。曲轴上有贯穿主轴颈、曲柄和连杆轴颈的油道，如图 2-43 所示，以便润滑主轴颈和连杆轴颈。

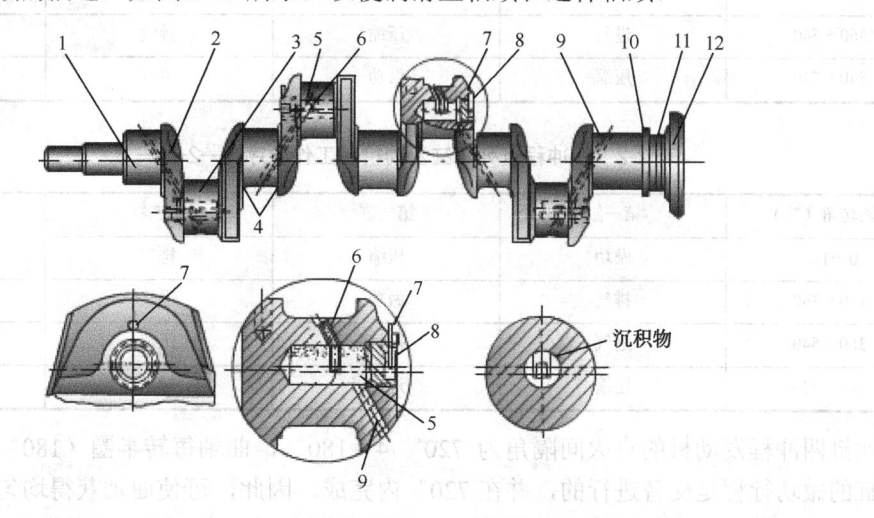

1—主轴颈；2—曲轴；3—连杆轴颈；4—圆角；5—积污腔；6—油管；7—开口销；
8—螺塞；9—油道；10—挡油盘；11—回油螺纹；12—曲轴后端

图 2-43　曲轴油道

曲轴的形状和曲拐相对位置（即曲拐的布置）取决于汽缸数、汽缸排列方式和发动机的发火顺序。安排多缸发动机的发火顺序应注意使连续做功的两缸相距尽可能远，以减轻主轴承的载荷，同时避免可能发生的进气重叠现象。做功间隔应力求均匀，也就是说发动机在完成一个工作循环的曲轴转角内，每个汽缸都应点火做功一次，而且各缸点火的间隔时间以曲轴转角表示，称为点火间隔角。四冲程发动机完成一个工作循环曲轴转两圈，其转角为720°，在曲轴转角720°内发动机的每个汽缸应该点火做功一次，且点火间隔角应是均匀的，因此四冲程发动机的点火间隔角为720°/i，其中 i 为汽缸数目，即曲轴每转 720°/i，就应有一缸做功，以保证发动机运转平稳。V形发动机左右两排汽缸尽量交替做功。

四冲程直列四缸发动机如图2-44所示，其点火顺序和曲拐布置见表2-1和表2-2。

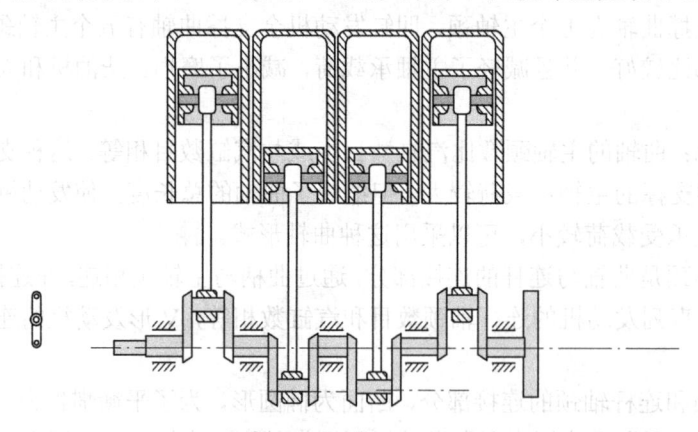

图 2-44 四冲程直列四缸发动机

表 2-1 四冲程直列四缸发动机（工作顺序 1—3—4—2）

曲轴转角（°）	第一缸	第二缸	第三缸	第四缸
0～180	做功	排气	压缩	进气
180～360	排气	进气	做功	压缩
360～540	进气	压缩	排气	做功
540～720	压缩	做功	进气	排气

表 2-2 四冲程直列四缸发动机（工作顺序 1—2—4—3）

曲轴转角（°）	第一缸	第二缸	第三缸	第四缸
0～180	做功	压缩	排气	进气
180～360	排气	做功	进气	压缩
360～540	进气	排气	压缩	做功
540～720	压缩	进气	做功	排气

四缸四冲程发动机的点火间隔角为 720°/4＝180°，曲轴每转半圈（180°）做功一次，四个缸的做功行程是交替进行的，并在720°内完成，因此，可使曲轴获得均匀的转速，工作平稳柔和。对于每一个汽缸来说，其工作过程和单缸机的工作过程完全相同，只不过是要求它按照一定的顺序工作，即发动机的工作顺序，也叫作发动机的点火顺序。可见，多缸发动机的工作顺序（点火顺序）就是各缸完成同名行程的次序。四缸发动机四个曲拐布置在同一平面内。1、4缸在上，2、3缸在下，互相错开180°，其点火顺序的排列只有两种可能，即为 1—3—4—2 或为 1—2—4—3，两种工作顺序的发动机工作循环分别见表2-1和表2-2。

四冲程直列六缸发动机如图 2-45 所示，其点火顺序和曲拐布置见表 2-3。

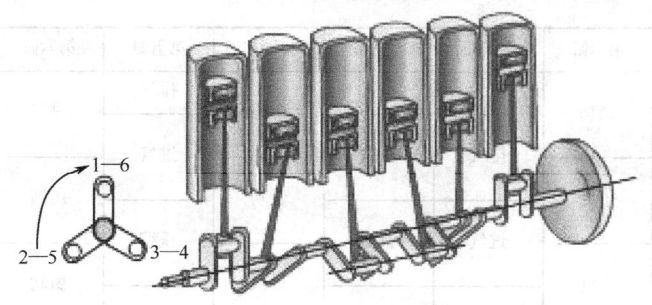

图 2-45　四冲程直列六缸发动机

表 2-3　四冲程直列六缸发动机（工作顺序 1—5—3—6—2—4）

曲轴转角（°）		第一缸	第二缸	第三缸	第四缸	第五缸	第六缸
0～180	0～60	做功	排气	进气	做功	压缩	进气
	60～120						
	120～180			压缩	排气		
180～360	180～240	排气	进气		做功	压缩	
	240～300						
	300～360			做功	进气		
360～540	360～420	进气	压缩			排气	做功
	420～480						
	480～540			排气	压缩		
540～720	540～600	压缩	做功			进气	排气
	600～660			进气	做功		
	660～720		排气			压缩	

四冲程直列六缸发动机点火间隔角为 720°/6=120°，六个曲拐分别布置在三个平面内，一种点火顺序是 1—5—3—6—2—4，国产汽车的六缸直列发动机都用这种，其工作循环见表 2-3；另一种点火顺序是 1—4—2—6—3—5。

四冲程 V 形八缸发动机如图 2-46 所示，其点火顺序见表 2-4。

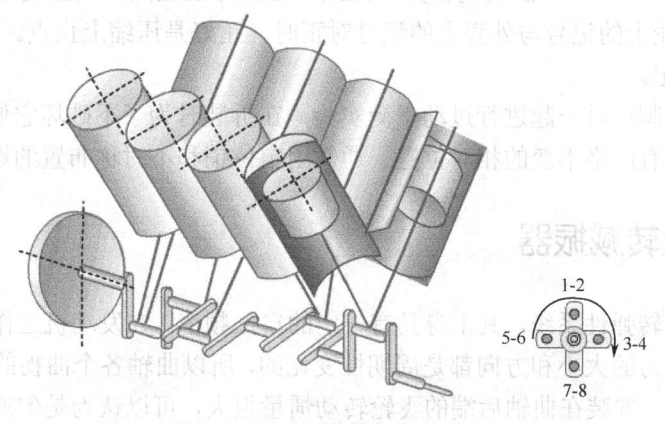

图 2-46　四冲程 V 形八缸发动机

表 2-4　四冲程 V 形八缸发动机（工作顺序 1—8—4—3—6—5—7—2）

曲轴转角（°）		第一缸	第二缸	第三缸	第四缸	第五缸	第六缸	第七缸	第八缸
0～180	90°	做功	做功	进气	压缩	排气	进气	排气	压缩
	180°		排气	压缩		进气			做功
190～360	270°	排气			做功		压缩	进气	
	360°		进气	做功		压缩			排气
360～540	450°	进气			排气		做功	压缩	
	540°		压缩	排气		做功			进气
540～720	630°	压缩			进气		排气	做功	
	720°		做功	进气		排气			压缩

四冲程 V 形八缸发动机的点火间隔角为 720°/8=90°，V 形发动机左右两列中对应的一对连杆共用一个曲拐，所以 V 形八缸发动机只有四个曲拐。

曲拐布置可以与四缸发动机相同，四个曲拐布置在同一平面内，也可以布置在两个互相错开 90°的平面内，使发动机得到更好的平衡，点火顺序为 1—8—4—3—6—5—7—2。

2.4.2　飞轮

飞轮结构如图 2-47 所示，其主要功用是用来储存做功行程的能量，用于克服进气、压缩和排气行程的阻力和其他阻力，使曲轴能均匀地旋转。飞轮外缘压有的齿圈与启动电机的驱动齿轮啮合，供启动发动机用；汽车离合器也装在飞轮上，利用飞轮后端面作为驱动件的摩擦面，用来对外传递动力。

飞轮是高速旋转件，因此，要进行精确的平衡校准，平衡性能要好，达到静平衡和动平衡。飞轮是一个很重的铸铁圆盘，用螺栓固定在曲轴后端的接盘上，具有很大的转动惯量。飞轮轮缘上镶有齿圈，齿圈与飞轮紧配合，有一定的过盈量。

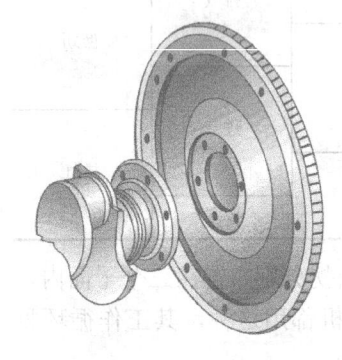

图 2-47　飞轮

在飞轮轮缘上做有记号（刻线或销孔）供找压缩上止点用（四缸发动机为 1 缸或 4 缸压缩上止点；六缸发动机为 1 缸或 6 缸压缩上止点）。当飞轮上的记号与外壳上的记号对正时，正好是压缩上止点。奥迪 100 发动机飞轮上有一"0"标记。

飞轮与曲轴在制造时一起进行过动平衡实验，在拆装时为了不破坏它们之间的平衡关系，飞轮与曲轴之间应有严格不变的相对位置。通常用定位销和不对称布置的螺栓来定位。

2.4.3　曲轴扭转减振器

曲轴是一种扭转弹性系统，其本身具有一定的自振频率。在发动机工作过程中，经连杆传给连杆轴颈的作用力的大小和方向都是周期性变化的，所以曲轴各个曲拐的旋转速度也是忽快忽慢呈周期性变化。安装在曲轴后端的飞轮转动惯量很大，可以认为是匀速旋转，由此造成曲轴各曲拐的转动相对飞轮时快时慢，这种现象称为曲轴的扭转振动，当振动强烈时甚至会扭断曲轴。扭转减振器的功用就是吸收曲轴扭转振动的能量,消减扭转振动,避免发生强烈的共振及其引起的严重恶果。一般低速发动机不易达到临界转速。但曲轴刚度小、旋转质量大、缸数多及转速高的发动机,由于自振频率低,强迫振动频率高,容易达到临界转速而发生强烈的共振,因而加装扭转减振器就很有必要。汽车发动机多采用橡胶扭转减振器、硅油扭转减振器和硅油-橡胶扭转减振器等。

1. 橡胶扭转减振器

橡胶扭转减振器如图 2-48 所示。减振器壳体与曲轴连接,减振器壳体与扭转振动惯性质量黏结在硫化橡胶层上。发动机工作时,减振器壳体与曲轴一起振动,由于惯性质量滞后于减振器壳体,因而在两者之间产生相对运动,使橡胶层来回揉搓,振动能量被橡胶的内摩擦阻尼吸收,从而使曲轴的扭振得以消减。橡胶扭转减振器结构简单,工作可靠,制造容易,在汽车上广为应用;但其阻尼作用小,橡胶容易老化,故在大功率发动机上较少应用。

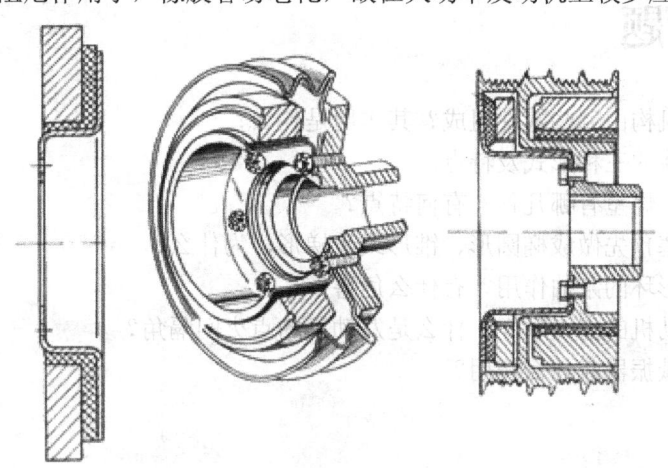

图 2-48 橡胶扭转减振器

2. 硅油扭转减振器

硅油扭转减振器如图 2-49 所示。由钢板冲压而成的减振器壳体与曲轴连接,侧盖与减振器壳体组成封闭腔,其中滑套着扭转振动惯性质量。惯性质量与封闭腔之间留有一定的间隙,里面充满高黏度硅油。当发动机工作时,减振器壳体与曲轴一起旋转、振动,惯性质量则被硅油的黏性摩擦阻尼和衬套的摩擦力所带动。由于惯性质量相当大,因此它近似做匀速转动,于是在惯性质量与减振器壳体间产生相对运动。曲轴的振动能量被硅油的内摩擦阻尼吸收,使扭振消除或减轻。硅油扭转减振器减振效果好,性能稳定,工作可靠,结构简单,维修方便,所以在汽车发动机上的应用日益普遍;但它需要良好的密封和较大的惯性质量,导致减振器尺寸较大。

3. 硅油-橡胶扭转减振器

硅油-橡胶扭转减振器如图 2-50 所示。硅油-橡胶扭转减振器中的橡胶环主要作为弹性体,并用来密封硅油和支撑惯性质量。在封闭腔内注满高黏度硅油。硅油-橡胶扭转减振器集中了硅油扭转减振器和橡胶扭转减振器二者的优点,即体积小、质量轻和减振性能稳定等。

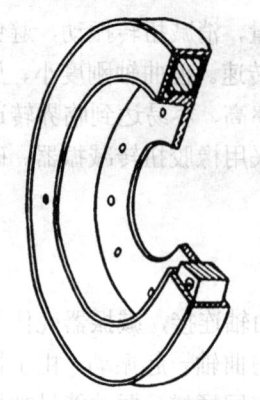

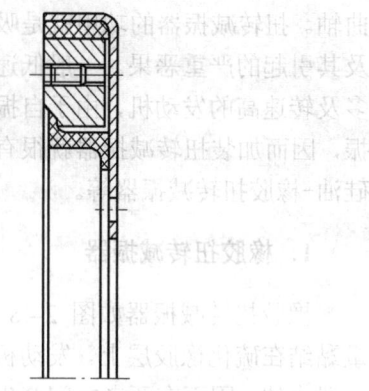

图 2-49　硅油扭转减振器　　　　图 2-50　硅油-橡胶扭转减振器

思考题

1. 曲柄连杆机构由哪些零件组成？其作用是什么？
2. 试述汽缸体的三种形式及特点。
3. 汽油机的燃烧室有哪几种？有何特点？
4. 铝合金活塞预先做成椭圆形、锥形或阶梯形，为什么？
5. 什么是矩形环的泵油作用？有什么危害？
6. 什么是发动机的点火顺序？什么是发动机的点火间隔角？
7. 曲轴扭转减振器起什么作用？

第 3 章

配气机构

3.1 概述

3.1.1 配气机构的功用及组成

配气机构是进、排气管道的控制机构，它按照汽缸的工作顺序和工作过程的要求，准时地开闭进、排气门，向汽缸供给可燃混合气（汽油机）或新鲜空气（柴油机）并及时排出废气。另外，当进、排气门关闭时，保证汽缸密封。

四冲程发动机都采用气门式配气机构。气门式配气机构由气门组和气门传动组两部分组成，如图 3-1 所示。每组的零件组成则与气门的位置、凸轮轴的位置和气门驱动形式等有关。现代汽车发动机均采用顶置气门，即进、排气门置于汽缸盖内，倒挂在汽缸顶上。

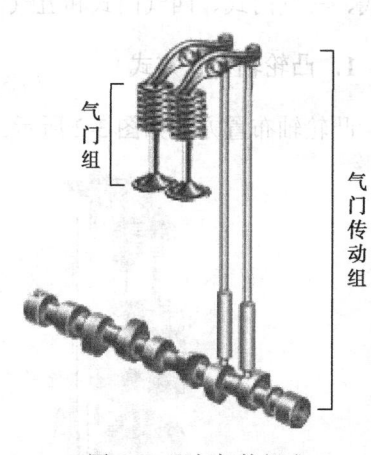

图 3-1 配气机构组成

3.1.2 充气效率与容积效率

1. 充气效率

充气效率是指每一个进气行程所吸入的空气质量与标准状态下（1个大气压、20℃、密度为 1.187kg/m³）占有汽缸活塞行程容积的干燥空气质量的比值。当大气压力高、温度低、密度高时，发动机的充气效率也将随之提高。

2. 容积效率

容积效率是指每一个进气行程中，汽缸所吸入的空气在标准大气压下所占的体积与汽缸活塞行程容积的比值。由于空气进入汽缸时，汽缸内的压力比外面的大气压力低，而且压力值会有所变化，所以采用标准大气压状态下的体积作为共通的标准。由于进气阻力及汽缸内的高温作用将吸入汽缸的空气体积换算成标准大气压下的状态时，一定小于汽缸的体积，因此自然吸气发动机的容积效率总是小于1，一般为 0.80~0.90。

充气效率是实际进入汽缸的新鲜充量与进气状态下充满汽缸工作容积的新鲜充量之比，又称为发动机的冲量系数。

3.1.3 配气机构的分类

按凸轮轴的布置位置，可分为凸轮轴下置式、凸轮轴中置式和凸轮轴上置式；按曲轴和凸轮轴的传动方式，可分为齿轮传动式、链条传动式和齿形带传动式；按每缸气门数目，有二气门式、三气门式、四气门式和五气门式。

1. 凸轮轴布置方式

凸轮轴布置方式如图 3-2 所示。

(a) 凸轮轴下置　　(b) 凸轮轴中置　　(c) 凸轮轴上置

图 3-2　凸轮轴布置方式

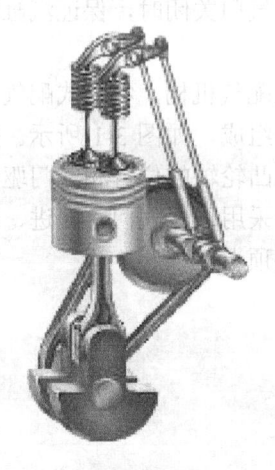

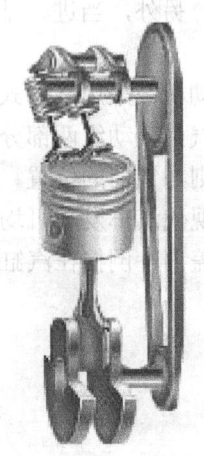

凸轮轴下置，主要缺点是气门和凸轮轴相距较远，因而气门传动零件较多，结构较复杂，发动机高度也有所增加。

凸轮轴中置，凸轮轴位于汽缸体的中部，由凸轮轴经过挺柱直接驱动摇臂，省去推杆，这种结构称为凸轮轴中置配气机构。

凸轮轴上置，凸轮轴布置在汽缸盖上。凸轮轴上置有两种结构，一种是凸轮轴直接通过摇臂来驱动气门，这样既无挺柱，又无推杆，往复运动质量大大减小，此结构适用于高速发动机；另一种是凸轮轴直接驱动气门或带液力挺柱的气门，此种配气机构的往复运动质量更小，特别适用于高速发动机。

2. 凸轮轴传动方式

凸轮轴传动方式如图3-3所示。凸轮轴下置、中置的配气机构大多采用圆柱形正时齿轮传动，一般从曲轴到凸轮轴只需一对正时齿轮传动，若齿轮直径过大，可增加一个中间齿轮。为了啮合平稳，减小噪声，正时齿轮多用斜齿。

链条与链轮的传动适用于凸轮轴上置的配气机构，但其工作可靠性和耐久性不如齿轮传动。近年来高速汽车发动机上广泛采用齿形皮带来代替传动链，齿形带传动噪声小、工作可靠、成本低。

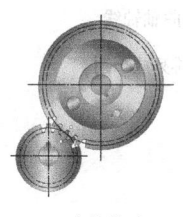

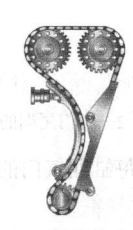

（a）齿轮传动　　（b）链条传动　　（c）齿带传动

图3-3　凸轮轴传动方式

3.1.4　每缸气门数及其排列方式

1. 每缸两个气门方式

一般发动机较多地采用每缸两个气门，即一个进气门和一个排气门。这种结构在可能的条件下应尽量加大气门的直径，特别是进气门的直径，以改善汽缸的充气，但受燃烧室尺寸的限制。

2. 每缸四个气门方式

每缸有两个进气门和两个排气门。采用这种形式后，进气门总的通过断面较大，充气效率较高，排气门的直径可适当减小，使其工作温度相应降低，提高了工作可靠性。此外，采用四气门后还可适当减小气门升程，改善配气机构的动力性，四气门的汽油机还有利于改善排放，如图3-4所示。

当每缸采用四个气门时，气门排列的方案有两种：

① 同名气门排成两列，如图 3-4（a）所示，由一个凸轮通过 T 形驱动杆同时驱动，并且所有气门都可以由一根凸轮轴驱动。在这种布置中，两同名气门在气道中的位置不同，可能会使二者的工作条件和工作效果不一致。

② 同名气门排成同一列则弥补了上述缺点，如图 3-4（b）所示，但一般要用两根凸轮轴。

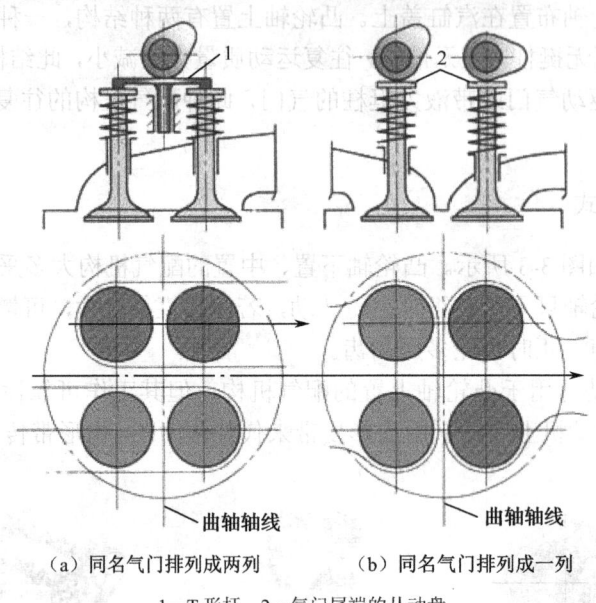

（a）同名气门排列成两列　　（b）同名气门排列成一列

1—T 形杆；2—气门尾端的从动盘

图 3-4　每缸四气门的布置

3. 每缸五个气门方式

这五个气门包括三个进气门和两个排气门，如图 3-5 所示。

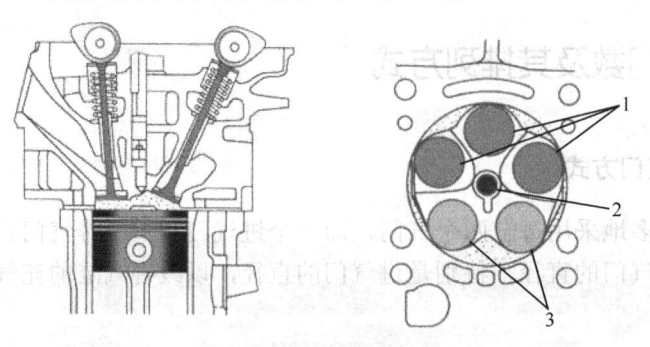

1—进气门；2—火花塞；3—排气门

图 3-5　五气门发动机燃烧室断面和气门布置

采用五个气门可进一步降低燃油消耗和排放污染，提高动力性和改善噪声特性，另外还可以降低成本。与四气门相比，采用每缸五气门的发动机其气门流通截面更大，充气效率更高。当每缸采用五气门时，气门排列的方案通常是同名气门排成一列，分别用进气凸轮轴和排气凸轮轴驱动。

3.1.5 配气相位

配气相位就是用曲轴转角表示的进、排气门的实际开闭时刻和开启的持续时间。用曲轴转角的环形图来表示，这种图称为配气相位图，如图 3-6 所示。

理论上四冲程发动机的进气门应当在活塞处于上止点时开启，当活塞运动到下止点时关闭；排气门则应当在活塞处于下止点时开启，在上止点时关闭。进气时间和排气时间各占 180°曲轴转角。

但是实际发动机的曲轴转速都很高，活塞每一行程历时都很短，往往会使发动机充气不足或排气不干净，从而使发动机功率下降。

因此，采取延长进、排气时间的方法，即气门的开启和关闭的时刻并不正好是活塞处于上止点和下止点的时刻，而是分别提前或延迟一定曲轴转角，以改善进、排气状况，从而提高发动机的动力性。

1. 进气门的配气相位

如图 3-6 所示，在排气行程接近终了，活塞到达上止点之前，进气门便开始开启，即曲轴转到活塞处于上止点位置还差一个角度 α，称为进气提前角。直到活塞过了下止点重又上行，即曲轴转到超过活塞下止点位置以后一个角度 β 时，进气门才关闭，称为进气滞后角。这样，整个进气过程中，进气门开启持续时间的曲轴转角，即进气持续角为 180°+α+β。

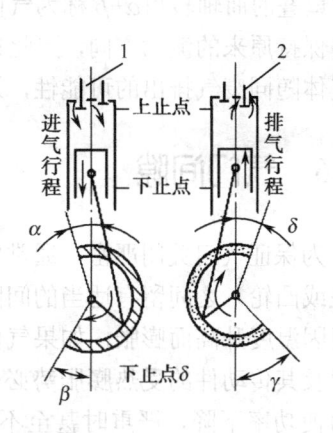

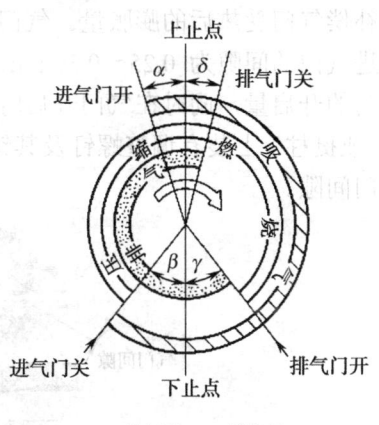

1—进气门；2—排气门

图 3-6 配气相位图

进气门早开晚关的目的，是为了保证进气行程开始时进气门已有一定开度，在进气行程中获得较大进气通道截面，使新鲜气体能顺利地充入汽缸。当活塞到达下止点时，汽缸内压力仍低于大气压力，在压缩行程开始阶段，活塞上移速度较慢的情况下，仍可以利用气流较大的惯性和压力差继续进气，因此进气门晚关是利于充气的。发动机转速越高，气流惯性越大，迟闭角应取大值，以充分利用进气惯性充气。

2. 排气门的配气相位

在做功行程接近终了，活塞到达下止点前，排气门便开始开启，提前开启的角度 γ 称为排气提前角。经过整个排气行程，在活塞越过上止点后，排气门才关闭，排气门关闭的延迟角 δ 称为排气滞后角。这样，整个排气过程中，排气门开启持续时间的曲轴转角，即排气持续角为 180°+γ+δ。排气门迟关，可以使废气排放得较干净。

3. 气门的叠开

同一汽缸的工作行程顺序是排气行程后，接着便是进气行程。因此，在实际发动机中，在进、排气行程的上止点前后，由图 3-6 可见，由于进气门在上止点前即开启，而排气门在上止点后才关闭，这就出现了在一段时间内排气门与进气门同时开启的现象，这种现象称为气门重叠，重叠的曲轴转角 α+β 称为气门重叠角。由于新鲜气流和废气流的流动惯性比较大，在短时间内保持原来的流动方向，因此只要气门重叠角选择适当，就不会产生废气倒流入进气管或新鲜气体随同废气排出的可能性，这将有利于换气。

3.1.6 气门间隙

为保证气门关闭严密，通常发动机在冷态装配时，在气门杆尾端与气门驱动零件（摇臂、挺柱或凸轮）之间留有适当的间隙，这一间隙称为气门间隙，如图 3-7 所示。发动机工作时，气门因温度升高而膨胀，如果气门及其传动件之间在冷态时无间隙或间隙过小，则在热态下，气门及其传动件的受热膨胀势必会引起气门关闭不严，造成发动机在压缩和做功行程中漏气，从而使功率下降，严重时甚至不易启动。为了消除这种现象，通常留有适当的气门间隙，以补偿气门受热后的膨胀量。气门间隙的大小由发动机制造厂根据试验确定，一般在冷态时，进气门的间隙为 0.25~0.30mm，排气门的间隙为 0.30~0.35mm。气门间隙过大，将影响气门的开启量，同时在气门开启时产生较大的冲击响声。为了能对气门间隙进行调整，在摇臂（或挺柱）上装有调整螺钉及其锁紧螺母。一些中、高级轿车由于装用液力挺柱，故不预留气门间隙。

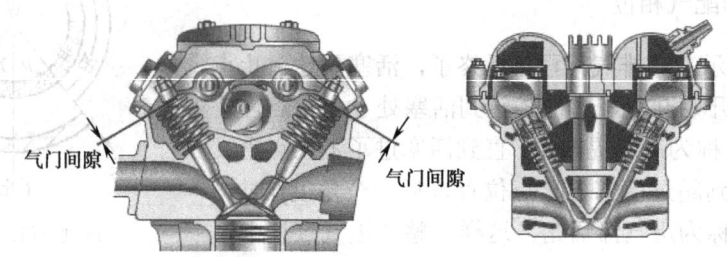

图 3-7　气门间隙

3.2　配气机构的主要零部件

3.2.1　气门组

气门组包括气门、气门座、气门导管、气门弹簧、锁片等零件，如图 3-8 所示。气门组应保证气门能够实现汽缸的密封。

1. 气门

气门的功用是密封汽缸，按照工作循环的要求控制进、排气管的开闭。

气门由头部、杆部组成，如图 3-9 所示。头部用来封闭汽缸的进、排气通道，杆部则主要为气门的运动导向。

气门头部受高温作用，承受高压及气门弹簧和传动组惯性力的作用，气门杆在气门导管中做高速直线往复运动，其冷却和润滑条件差，因此，要求气门必须具有足够的强度、刚度、耐热和耐磨能力。进气门材料常采用合金钢（铬钢或镍铬钢等），排气门则采用耐热合金钢（硅铬钢等）。

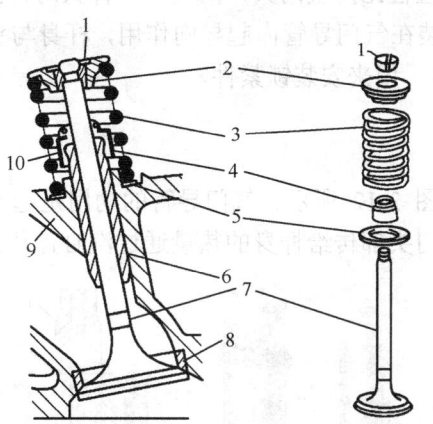

1—气门锁片；2—气门弹簧座；3—气门弹簧；4—气门油封；5—气门弹簧垫；
6—气门导管；7—气门；8—气门座；9—汽缸盖；10—气门油封

图 3-8 气门组的组成

气门头部是一个具有圆锥斜面的圆盘，气门锥角一般为 45°，也有的是 30°，如图 3-10 所示。气门头边缘应保持一定厚度，一般为 1~3mm，以防工作中冲击损坏和被高温烧蚀。气门密封锥面与气门座配对研磨。

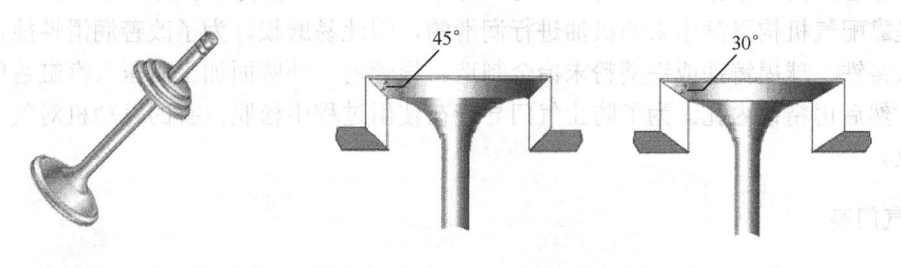

图 3-9 气门   图 3-10 气门头部

气门头顶部形状有平顶、球面顶和喇叭形顶等，如图 3-11 所示。

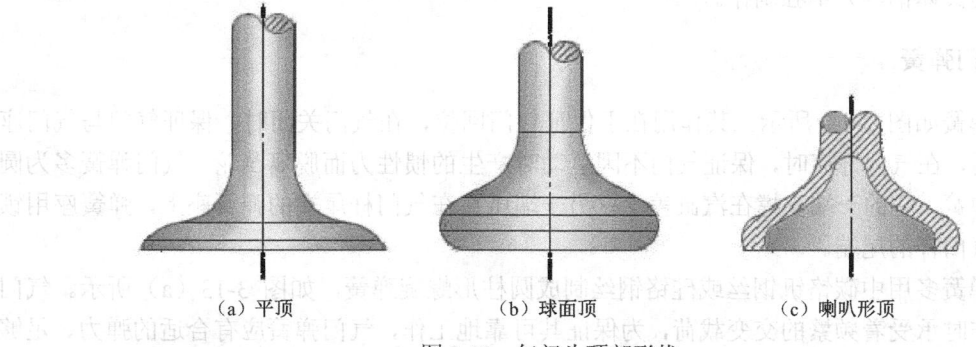

(a) 平顶   (b) 球面顶   (c) 喇叭形顶

图 3-11 气门头顶部形状

平顶：结构简单、制造方便、吸热面积小、质量小，进、排气门均可采用。

球面顶：适用于排气门，强度高，排气阻力小，废气的清除效果好，但受热面积大，质量和惯性力大，加工较复杂。

喇叭形顶：适用于进气门，进气阻力小，但受热面积大。

有的发动机进气门头部直径比排气门大，两气门一样大时，排气门有记号。

杆身与头部制成一体，装在气门导管内起导向作用，杆身与头部采用圆滑过渡连接，尾部制有凹槽（锥形槽或环形槽），用来安装锁紧件。

2．气门导管

气门导管与气门座圈如图 3-12 所示。气门导管的功用是起导向作用，保证气门做直线往复运动；起导热作用，将气门头部传给杆身的热量通过汽缸盖传出去。

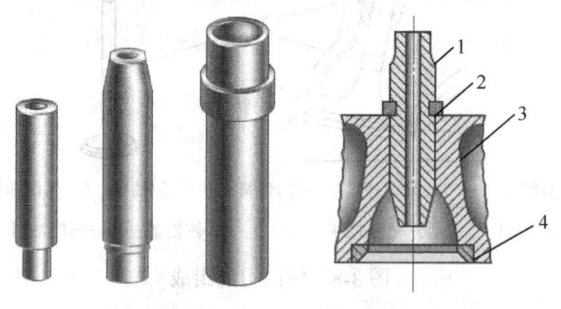

1—气门导管；2—卡环；3—汽缸盖；4—气门座

图 3-12　气门导管与气门座圈

为了保证导向，导管应有一定的长度，气门导管的工作温度也较高，约 500K。气门导管和气门是靠配气机构飞溅出来的机油进行润滑的，因此易磨损。为了改善润滑性能，气门导管常用灰铸铁、球墨铸铁或铁基粉末冶金制造。导管内、外圆面加工后压入汽缸盖的气门导管孔内，然后再精铰内孔。为了防止气门导管在使用过程中松脱，有的发动机对气门导管用卡环定位。

3．气门座

气门座与气门头部密封锥面配合密封汽缸，气门头部的热量也经过气门座外传。气门座可以在缸盖或缸体上直接镗出，也可以采用镶嵌式结构。镶嵌式结构气门座都采用较好的材料（合金铸铁、奥氏体钢等）单独制作。

4．气门弹簧

气门弹簧如图 3-13 所示。其作用在于保证气门回位，在气门关闭时，保证气门与气门座之间的密封，在气门开启时，保证气门不因运动时产生的惯性力而脱离凸轮。气门弹簧多为圆柱形螺旋弹簧，它的一端支撑在汽缸盖上，另一端压靠在气门杆尾端的弹簧座上，弹簧座用锁片固定在气门杆的尾端。

气门弹簧多用中碳铬钒钢丝或硅铬钢丝制成圆柱形螺旋弹簧，如图 3-13（a）所示。气门弹簧在工作时承受着频繁的交变载荷，为保证其可靠地工作，气门弹簧应有合适的弹力、足够的刚度和抗疲劳强度。加工后应对气门弹簧进行热处理，钢丝表面要进行磨光、抛光或喷丸处理，借以提高疲劳强度，增强气门弹簧的工作可靠性。

安装时，气门弹簧的一端支撑在汽缸盖或汽缸体上，而另一端则压靠在气门杆尾端的弹簧座上，弹簧座用锁片固定在气门杆的末端。为了防止弹簧发生共振，可采用变螺距的圆柱形弹簧，如图 3-13（b）所示，如红旗 CA7560 型汽车 8V100 型发动机气门弹簧。大多数高速发动机使用的是气门装有同心安装的内、外两根气门弹簧，如图 3-13（c）所示，这样不但可以防止共振，而且当一根弹簧折断时，另一根仍可维持工作；此外，还能减小气门弹簧的高度。当装用两根气门弹簧时，气门弹簧的螺旋方向和螺距应各不相同，这样可以防止折断的弹簧圈卡入另一个弹簧圈内。

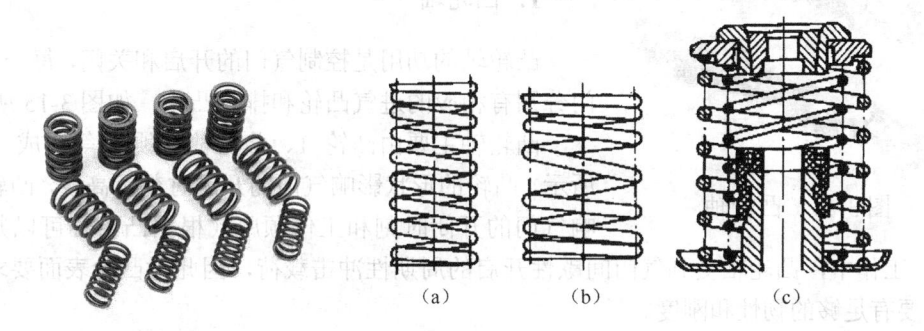

图 3-13 气门弹簧

5. 气门旋转机构

为了使气门头部温度均匀，防止局部过热引起变形和清除气门座积炭，可设法使气门在工作中相对气门座缓慢旋转，如图 3-14 所示。气门缓慢旋转时在密封锥面上产生轻微的摩擦力，有阻止沉积物形成的自洁作用。

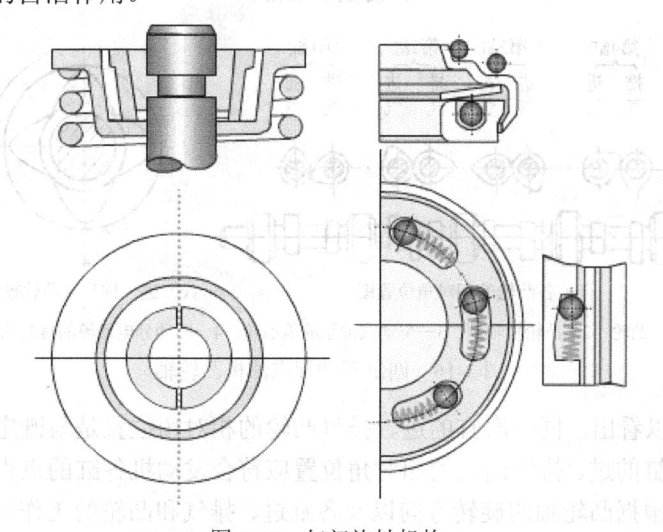

图 3-14 气门旋转机构

6. 锁片、卡簧

锁片、卡簧的功用是在气门弹簧力的作用下把弹簧座和气门杆锁住，使弹簧力作用到气门杆上。

3.2.2 气门传动组

气门传动组的作用是使气门按发动机配气相位规定的时刻及时开、闭,并保证规定的开启时间和开启高度。气门传动组由凸轮轴、挺柱、推杆、摇臂等零件组成。

1. 凸轮轴

凸轮轴的功用是控制气门的开启和关闭,每一个进、排气门分别有相应的进气凸轮和排气凸轮,如图 3-15 所示。

凸轮轴主要由凸轮 1、凸轮轴轴颈 2 等组成,如图 3-16 所示。凸轮的形状影响气门的开闭时刻及高度,凸轮的排列影响气门的开闭时刻和工作顺序(根据凸轮轴可以判断工作顺序)。工作中,凸轮轴受到气门间歇性开启的周期性冲击载荷,因此对凸轮表面要求耐磨,凸轮轴要有足够的韧性和刚度。

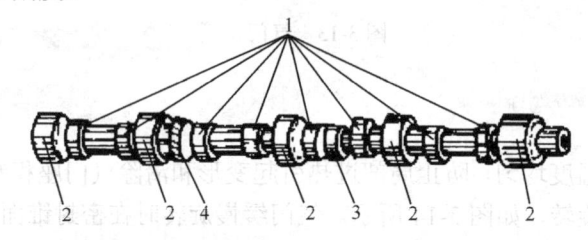

图 3-15 凸轮轴

(a) 发动机凸轮轴

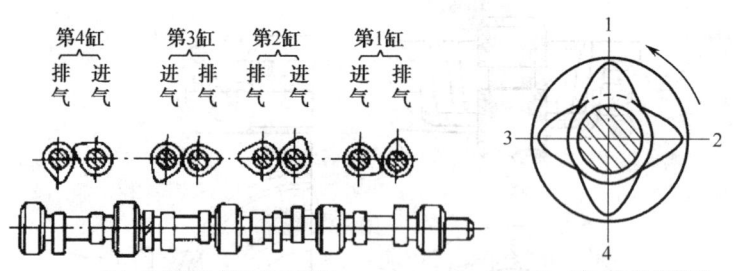

(b) 各凸轮的相对角位置图   (c) 进(排)气凸轮投影

1—凸轮;2—凸轮轴轴颈;3—驱动汽油泵的偏心轮;4—驱动分电器等的螺旋齿轮

图 3-16 四缸四冲程汽油机凸轮轴

由图 3-16 可以看出,同一汽缸的进、排气凸轮的相对角位置是与既定的配气相位相适应的。发动机各个汽缸的进、排气凸轮的相对角位置应符合发动机各缸的点火次序和点火间隔时间的要求。因此,根据凸轮轴的旋转方向以及各缸进、排气和凸轮的工作顺序,就可以判定发动机的点火次序。图 3-16 所示的四缸四冲程发动机,每完成一个工作循环,曲轴须旋转两周而凸轮轴只旋转一周,在此期间内,每个汽缸都要进行一次进气或排气,且各缸进气或排气的时间间隔相等,即各缸进或排气凸轮彼此间的夹角均为 360°/4=90°。由图 3-16(c)可见,汽车发动机的点火次序为 1—2—4—3(凸轮轴旋转方向,从前端向后看)。若六缸四冲程发动机的凸轮轴逆时针旋转,其点火次序为 1—5—3—6—2—4,任何两个相继点火的汽缸进或排气凸轮间的夹角均为 360°/6=60°,如图 3-17 所示。

凸轮轮廓形状如图 3-18 所示。O 点为凸轮轴的轴心，EA 弧为凸轮的基圆。当凸轮按图示方向转过 EA 弧段时，挺柱处于最低位置不动，气门处于关闭状态。凸轮转过 A 点后，挺柱开始上移。至 B 点，气门间隙消除，气门开始开启；凸轮转到 C 点，气门开度达到最大，而后逐渐关小；至 D 点，气门闭合终了。此后，挺柱继续下落，出现气门间隙，至 E 点挺柱又处于最低位置。ϕ 对应着气门开启持续角，ρ_1 和 ρ_2 则分别对应着消除和恢复气门间隙所需的转角。凸轮轮廓 BCD 弧段为凸轮的工作段，其形状决定了气门的升程及其升降过程的运动规律。

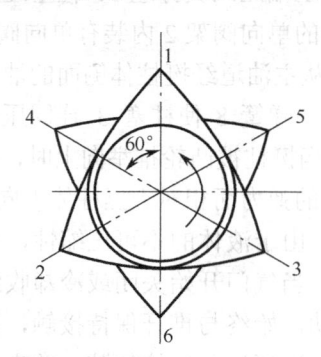

图 3-17　六缸四冲程发动机进（排）气凸轮投影

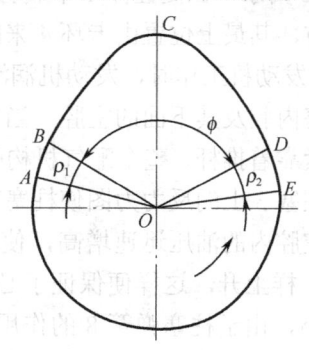

图 3-18　凸轮轮廓形状

凸轮轴由曲轴通过传动装置驱动，通常采用一对正时齿轮传动，如图 3-19 所示。小齿轮和大齿轮分别用键安装在曲轴和凸轮轴的前端，其传动比为 2∶1。在装配曲轴和凸轮轴时，必须将齿轮正时标记对准，以保证正确的配气相位和点火时刻。

为了防止凸轮轴在工作中产生轴向窜动和承受正时斜齿轮产生的轴向力，凸轮轴必须有轴向限位装置。常见的轴向限位装置如图 3-20 所示。在凸轮轴前轴颈与正时齿轮之间，压装一个调节隔圈 6，调节隔圈外面松套一止推板 4，止推板用止推板固定螺钉 5 固定在汽缸体前端面上，因调节隔圈的厚度大于止推板的厚度，使止推板与正时齿轮 1 的轮毂端面之间有一定的间隙。间隙的大小可通过改变调节隔圈的厚度来调整。当凸轮轴产生轴向移动时，止推板便与凸轮轴颈端面或与正时齿轮轮毂接触，止推板磨损后可以更换。这样的装置既能限制凸轮轴的轴向窜动，又能使凸轮轴自由转动。

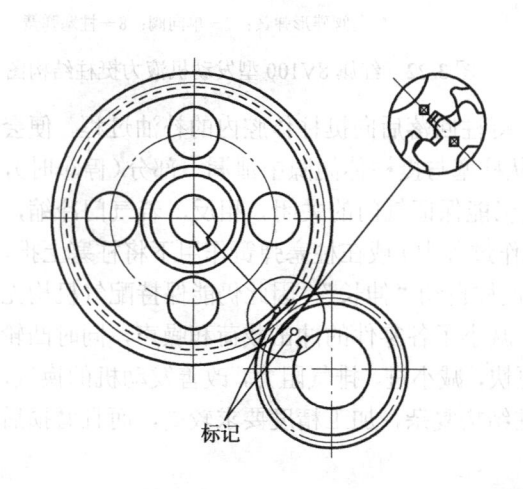

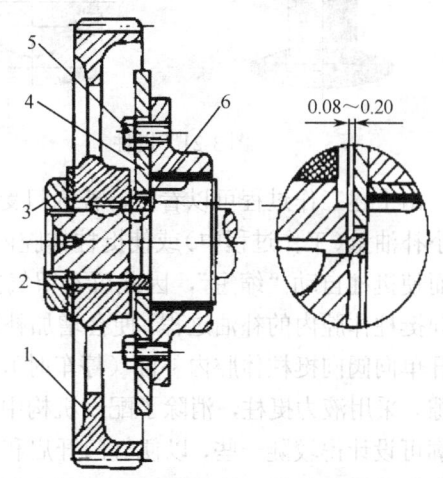

1—正时齿轮；2—正时齿轮轮毂；3—锁紧螺母；
4—止推板；5—止推板固定螺钉；6—调节隔圈

图 3-19　正时齿轮及正时标记

图 3-20　凸轮轴轴向限位装置

2. 挺柱

挺柱的结构如图 3-21 所示，其功用是将凸轮的推力传给推杆（或气门杆），并承受凸轮轴旋转时所施加的侧向力。由于气门间隙的存在，发动机工作时，配气机构中将发生撞击而产生噪声。为解决这一矛盾，有些发动机采用了液力挺柱。

如图 3-22 所示，在挺柱体 1 中装有柱塞 3，在柱塞上端压入支撑座 5。柱塞经常被柱塞弹簧 8 压向上方，其最上位置由卡环 4 来限制，柱塞下端的单向阀架 2 内装有单向阀碟形弹簧 6 和单向阀 7。发动机工作时，发动机润滑系统中的机油从主油道经挺柱体侧面的油孔流入，并经常充满柱塞内腔及其下面的空腔。当气门关闭时，柱塞弹簧 8 使柱塞 3 连同压合在柱塞中的支撑座 5 紧靠着推杆，整个配气机构中不存在间隙。当挺柱被凸轮推举向上时，推杆作用于支撑座 5 和柱塞 3 上的反力力图使柱塞克服柱塞弹簧 8 的弹力而相对于挺柱体 1 向下移动，于是柱塞下部空腔内的油压迅速增高，使单向阀 7 关闭。由于液体的不可压缩性，整个挺柱如同一个刚体一样上升，这样便保证了必要的气门升程。当气门开始关闭或冷却收缩时，柱塞所受压力减小，由于柱塞弹簧 8 的作用，柱塞向上运动，始终与推杆保持接触，同时柱塞下部的空腔中产生真空度，于是单向阀 7 再次被吸开，油液便流入挺柱体腔，并充满整个挺柱内腔。

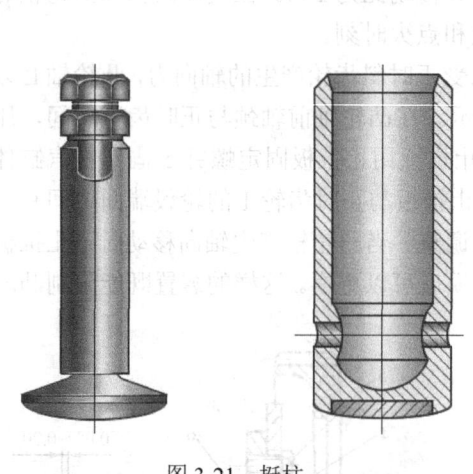

图 3-21 挺柱

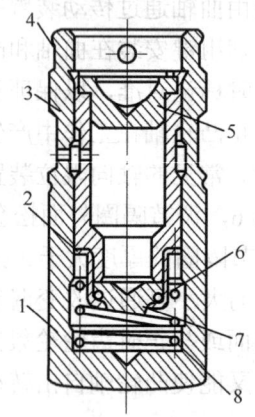

图 3-22 红旗 8V100 型发动机液力挺柱结构图

1—挺柱体；2—单向阀架；3—柱塞；4—卡环；5—支撑座；6—单向阀碟形弹簧；7—单向阀；8—柱塞弹簧

由上述工作过程可以看出，若气门受热膨胀，挺柱回落后向挺柱体腔内的补油过程，便会减小补油量（工作过程中）或使挺柱体腔内的油液从柱塞与挺柱体间隙中泄漏一部分（停车时），从而使挺柱自动"缩短"，因此可不留气门间隙而仍能保证气门的关闭。相反，若气门冷缩，则向挺柱体腔内的补油过程，便会增加补油量（工作过程中）或在柱塞弹簧作用下将柱塞上推，吸开单向阀向挺柱体腔内补油（停车时），从而使挺柱自动"伸长"，因此仍能保持配气机构无间隙。采用液力挺柱，消除了配气机构中的间隙，减小了各零件的冲击载荷和噪声，同时凸轮轮廓可设计得较陡一些，以便气门开启和关闭得更快，减小进、排气阻力，改善发动机的换气，提高发动机的性能，特别是高速性能。但液力挺柱结构复杂，加工精度要求较高，而且磨损后无法调整，只能更换。

3. 推杆

推杆如图 3-23 所示,其作用是将从凸轮轴传来的推力传给摇臂,它是配气机构中最容易弯曲的零件,要求有很高的刚度,在动载荷大的发动机中,推杆应尽量做得短些。

4. 摇臂

摇臂如图 3-24 所示,它实际上是一个双臂杠杆,将推杆传来的力改变方向,作用到气门杆端打开气门。

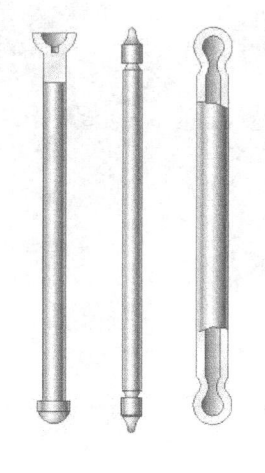

图 3-23 推杆

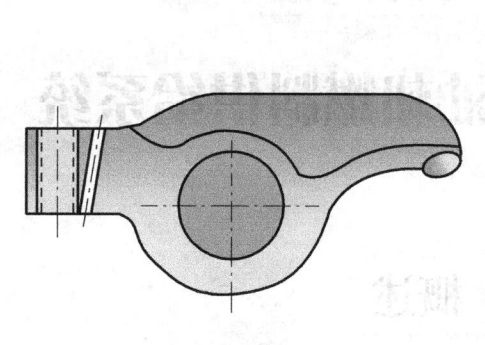

图 3-24 摇臂

思考题

1. 简述配气机构的功用。
2. 气门顶置式配气机构有哪几种?
3. 气门为什么要早开、晚关?
4. 什么是配气相位?画出配气相位图,并标出气门重叠角。
5. 简述配气机构主要零件的功用和结构特点。

第4章 汽油机燃料供给系统

4.1 概述

4.1.1 汽油机燃料供给系统的作用

汽油机所用的燃料是汽油,在进入汽缸之前,汽油和空气已形成可燃混合气。可燃混合气进入汽缸内被压缩,在接近压缩终了时点火燃烧而膨胀做功。可见汽油机进入汽缸的是可燃混合气,压缩的也是可燃混合气,燃烧做功后将废气排出。因此汽油机燃料供给系统的作用是根据发动机运转工况的需要,向发动机供给一定数量、清洁的、雾化良好的汽油,以便与一定数量的空气混合形成可燃混合气,以及对其浓度进行有效的控制,使发动机在各种工况下都能连续、稳定运转。最后还要把燃烧后的废气排出汽缸。

4.1.2 汽油的主要使用性能指标

汽油是由石油提炼而得到的密度小又易于挥发的液体燃料。汽油由多种碳氢化合物组成。按照提炼方法,汽油可分为直馏汽油和裂化汽油等。

汽油的使用性能指标主要是蒸发性、热值和抗爆性。对于高速发动机，形成可燃混合气过程的时间很短，一般只有百分之几秒，因此汽油蒸发性的好坏对形成的混合气质量有很大的影响。汽油的蒸发性可通过燃料的蒸馏试验来测定。将汽油加热，分别测定蒸发出10%、50%、90%馏分时的温度及终馏温度。但发动机所用的汽油蒸发性越强，则越易发生气阻，导致发动机失速。

燃料的热值是指1kg燃料完全燃烧后所产生的热量。汽油的热值约为44 000kJ/kg。

汽油的抗爆性是汽油的一项主要性能指标，指汽油在发动机汽缸中燃烧时避免产生爆燃的能力，即抗自燃能力。发动机选用抗爆性较好的汽油，就可能采用较高的压缩比而不至于发生爆燃。汽油抗爆性的好坏程度一般用辛烷值表示，辛烷值越高，抗爆性越好。国产汽油的辛烷值可以看其代号，例如，代号为RQ-90的汽油，其辛烷值不小于90。选择汽油的主要依据为发动机的压缩比，一般压缩比高的汽油机应采用辛烷值高的汽油。

4.1.3 发动机运转工况对可燃混合气成分的要求

1. 可燃混合气成分

可燃混合气是指空气与燃料的混合物，除了数量之外，它的成分对发动机的动力性、经济性与排放性等都有很大的影响。可燃混合气的成分通常有如下表示方法。

（1）空燃比

实际吸入发动机中空气的质量与燃料的质量比值称为空燃比 A/F，用符号 R 表示（欧美国家采用），空燃比亦即燃烧1kg燃料实际供给的空气量。理论上，1kg汽油完全燃烧需14.7kg空气。故对汽油机而言，将空燃比为14.7的可燃混合气称为理论混合气；若空燃比小于14.7则说明汽油有余，称为浓混合气；若空燃比大于14.7则说明空气有余，称为稀混合气。

（2）过量空气系数

将燃烧1kg燃料实际供给的空气质量与理论上完全燃烧1kg燃料所需的空气质量之比称为过量空气系数，用符号α表示。$\alpha=1$ 的可燃混合气为理论混合气；$\alpha<1$ 的为浓可燃混合气；$\alpha>1$ 的则为稀可燃混合气。

2. 可燃混合气成分对发动机性能的影响

（1）理论混合气（$\alpha=1$）

当$\alpha=1$时，理论上汽缸中所含空气中的氧正好能使其中的燃料完全燃烧。但实际上，由于汽缸中可燃混合气的成分不可能绝对均匀地分布，残余废气的存在也影响火焰中心的形成和火焰的传播，即使$\alpha=1$的可燃混合气也不可能得到完全燃烧。

（2）稀混合气（$\alpha>1$）

当$\alpha>1$时，可使所有汽油分子获得足够的氧气而完全燃烧。对应于燃料消耗率最低时的可燃混合气称为经济混合气。对不同的汽油机，经济混合气的成分一般在$\alpha=1.05\sim1.15$范围内。然而，空气过量后因燃烧速度减小、热损失增加而使平均有效压力和发动机的功率略有下降。若混合气过稀（$\alpha>1.11$），会因燃烧速度的进一步减小而造成加速性能变坏，发动机输出功率下降，甚至会出现进气管回火现象。因此，不能对发动机供给这种过稀的可燃混合气。

(3) 浓混合气 ($\alpha<1$)

当 $\alpha<1$ 时，因可燃混合气中汽油分子较多而使燃烧速度加快，热损失减小。将发动机输出功率最大时的可燃混合气称为功率混合气。对不同的汽油机，功率混合气的成分一般在 $\alpha=0.85\sim0.95$ 的范围内。这时因可燃混合气中空气含量不足，致使其燃烧不完全，经济性较差。若可燃混合气过浓 ($\alpha<0.88$)，因燃烧不完全，产生大量的一氧化碳，在高温高压气体的作用下析出游离的炭粒，导致燃烧室积炭，发生排气管放炮现象及冒黑烟。此外，因这种可燃混合气的燃烧速度较低而造成功率下降，燃油消耗率显著增大。

(4) 燃烧极限

当可燃混合气太稀 ($\alpha\geqslant1.4$) 或太浓 ($\alpha\leqslant0.4$) 时，虽能点燃，但火焰无法传播，导致发动机运转不稳定，直至熄火。故将此时的 α 值分别称为火焰传播下限和火焰传播上限。

3. 汽车发动机各种工况对可燃混合气成分的要求

发动机工况是发动机工作情况的简称，其主要参数是负荷和转速。转速一定时，负荷可以用节气门开度来衡量。汽车在行驶过程中的载荷、车速、路况等经常变化，因此汽车发动机工作时有以下特点：工况变化范围大，负荷可从 0 变到 100%，转速可从最低稳定转速变化到最高转速；在汽车行驶的大部分时间内，发动机在中等负荷下工作。轿车发动机负荷经常是 40%～60%，而货车则为 70%～80%。

车用汽油机在不同工况下对混合气的浓度有不同的要求，分述如下。

(1) 稳定工况对混合气成分的要求

发动机的稳定工况是指发动机已经完成预热，转入正常运转，且在一定时间内没有转速或负荷的突然变化。稳定工况可按负荷大小划分为怠速、小负荷、中等负荷、大负荷和全负荷几个范围。

怠速工况：怠速一般是指发动机在对外无功率输出的情况下以最低转速运转，此时混合气燃烧后所做的功，只是用以克服发动机内部的阻力，使发动机保持最低转速稳定运转。汽油机怠速转速一般为 400～800r/min，需供给浓而少的混合气 ($\alpha=0.6\sim0.8$)。

小负荷工况：当节气门略开启而转入小负荷工况时，新鲜混合气的品质逐渐改善，废气对混合气的稀释作用逐渐减弱，因而混合气浓度可以减小至 $\alpha=0.7\sim0.9$。α 值应随节气门开度的增大而变大（混合气变稀）。

中等负荷工况：车用发动机在大部分工作时间内处于中等负荷状态。在此情况下，节气门有足够的开度，燃油经济性要求是首要的，$\alpha=0.9\sim1.1$，α 值应随开度的加大而加大，供给多而稀的混合气。原因是：节气门开度加大，进入汽缸的混合气量增多，残余废气量相对减少，燃烧速度变快，热损失较小，可以用稀的混合气；混合气成分虽稀，但数量增多，发动机功率随混合气数量增多而增大，功率损失不多，节油的效果却很明显。

大负荷和全负荷工况：汽车需要克服较大的阻力而要求发动机能发出尽可能大的功率时，驾驶员往往将加速踏板踩到底，使节气门全开，发动机在全负荷下工作。节气门开度达 85% 以上是获得最大功率的工况。这时，能供给相应于最大功率的浓混合气，$\alpha=0.8\sim0.9$，即多而浓的混合气。这是因为，此时应以动力性为主，经济性则退居次要地位。

(2) 过渡工况对混合气成分的要求

汽车在运行中主要的过渡工况有冷启动、暖机、加速及急减速等几种。它们对混合气成分各有特殊的要求。

启动工况：冷发动机启动，需供给极浓的混合气，$\alpha=0.2\sim0.6$。

暖机：冷启动后，发动机各汽缸开始自动运转，发动机温度逐渐上升（暖机），直到接近正常值，发动机能稳定地进行怠速运转为止。在此暖机过程中，混合气的燃油消耗率的α值应当随着温度的升高，从启动时的极小值逐渐加大到稳定怠速所要求的数值为止。

加速工况：发动机的加速是指负荷突然迅速增加的过程。当加速时，驾驶员猛踩加速踏板，使节气门开度突然加大，以期发动机功率迅速增大。当节气门突然开大时，需供给额外的燃油，以防止混合气瞬间变稀，恶化加速性能。

4.1.4 汽油机燃料供给系统的组成

在发动机工作时，大量的空气和燃料顺畅地充进了汽缸中，在这一过程中，燃料供给装置的作用是控制供给发动机的空气量和汽油量。现代汽车的汽油供给装置大体上可分为两大类，即化油器方式和电子控制汽油喷射方式。

化油器式供给系统由于结构简单，使用方便，成本较低，曾经在汽车上得到广泛应用。但化油器式发动机存在的主要缺点是充气及混合气分配不够理想，对发动机动力性、经济性的提高和排放性的改善有一定的不利影响。为了克服这些缺点，20世纪80年代，发达国家生产的汽车中采用了电子控制汽油喷射系统（简称电控汽油喷射系统，EFI）。

电控汽油喷射系统与化油器式相比有以下优点。

① 进气道中没有喉管，进气阻力小，同时，进气歧管截面积增加，进气压力损失小，从而提升了充气效率，提高了发动机功率。

② 喷油量根据进气量的多少进行控制，并且各缸分配均匀，使得燃油消耗率降低，经济性提高。

③ 电控汽油喷射系统可以比较精确地控制各缸混合气浓度与工况匹配，混合气分配均匀性好。

④ 喷油量和进气量都是按照最佳空燃比进行精确配比，燃料燃烧完全，加上三元催化净化装置的作用，能使废气中的CO、HC、NO_x含量降低，排气污染程度降低。

⑤ 汽油雾化良好，再加上冷启动加浓等装置的作用，使发动机冷启动性能得到改善。

⑥ 采用喷油器直接向进气门处喷油，供油及时，减少了供油滞后时间，改善了汽车的加速性能。

我国也从2001年7月起在新生产的轿车上全部采用电控汽油喷射系统。所以在本书中只介绍电控汽油喷射方式的燃料供给系统。

电控汽油喷射系统由汽油供给系统、空气供给系统、检测发动机运转状态的各种传感器以及电子控制系统组成。图4-1所示为电控汽油喷射系统组成结构示意图。

1. 汽油供给系统

汽油供给系统通常由油箱、电动汽油泵、汽油滤清器、汽油压力调节器、脉动阻尼器、喷油器、冷启动喷油器和油管组成，如图4-2所示。

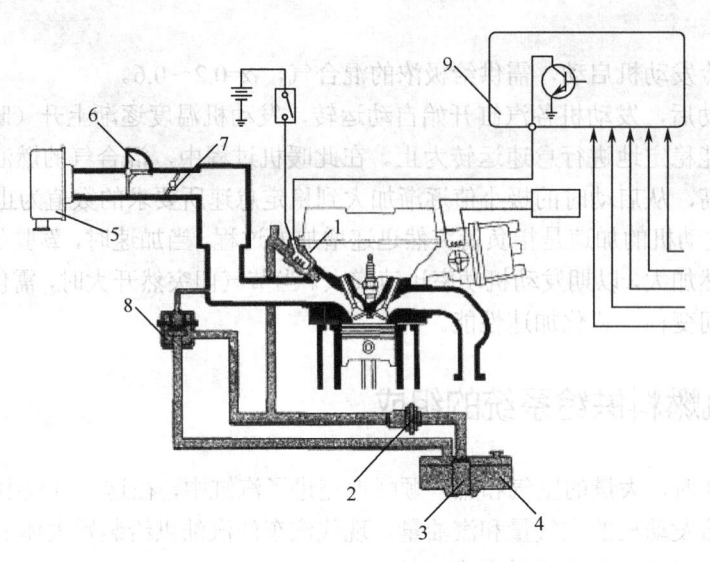

1—喷油器；2—汽油滤清器；3—汽油泵；4—油箱；5—空气滤清器；6—空气流量计；7—节气门体；8—压力调节器；9—ECU

图 4-1　电控汽油喷射系统

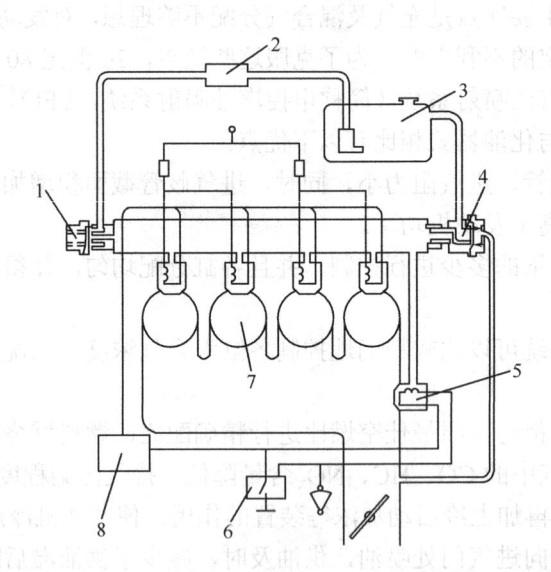

1—脉动阻尼器；2—汽油滤清器；3—汽油泵；4—汽油压力调节器；5—冷启动喷油器；6—点火开关；7—喷油器；8—ECU

图 4-2　汽油供给系统

汽油供给系统的作用是向发动机汽缸提供各种工况下燃烧所需要的燃油。在电控汽油喷射系统中，汽油由电动汽油泵从油箱中以大约 350kPa 的压力泵出，经汽油滤清器、油管和分油管后，输送到电磁喷油器和冷启动喷油器，喷油器在电控单元（ECU）的控制下，将汽油以雾状喷至各缸进气门前的进气管道内。油管的末端装有压力调节器，保证供给电磁喷油器内的汽油压力与喷射环境的压力之差（喷油压差）保持不变，汽油泵供给的多余汽油经压力调节器上的回油口和回油管流回油箱。有些发动机的压力调节器后面串联了一个汽油脉动阻尼器，用来消除喷油时油压产生的微小波动，进一步稳定油压。电磁喷油器按照发动机控制的喷油脉冲信号把汽油喷入进气道。当冷却液温度低时，冷启动喷油器将汽油喷入进气总管，以改善发动机低温时的启动性能。

2. 空气供给系统

空气供给系统的作用是向汽油机提供与发动机负荷相适应的、清洁的空气，同时对流入发动机的空气质量进行直接或间接计量，使它们在系统中与喷油器喷出的汽油形成空燃比符合要求的可燃混合气。

空气供给系统一般由空气滤清器、进气压力传感器（D 型）或空气流量计（L 型）、节气门体、进气总管、稳压箱、进气歧管、空气阀（空气控制阀）和怠速控制阀等部件组成。空气流量由节气门控制，而节气门则通过加速踏板由驾驶员操纵。空气经空气滤清器过滤后，通过空气流量计、节气门体进入进气总管和稳压箱等部件，再通过进气歧管分配给各缸。

L 型电控燃油喷射空气供给系统构成如图 4-3 所示。

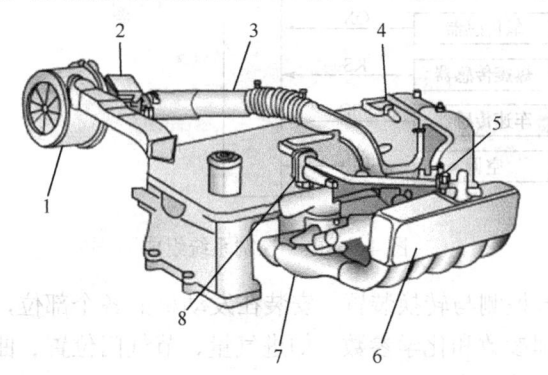

1—空气滤清器；2—空气流量计；3—进气管；4—PCV 管；5—节气门怠速开度控制传感器；
6—进气总管；7—进气歧管；8—怠速阀

图 4-3　L 型 EFI 空气供给系统构成

D 型电控燃油喷射空气供给系统除了采用进气压力传感器间接测量进气量外，其他部件与 L 型基本相同，其构成如图 4-4 所示。

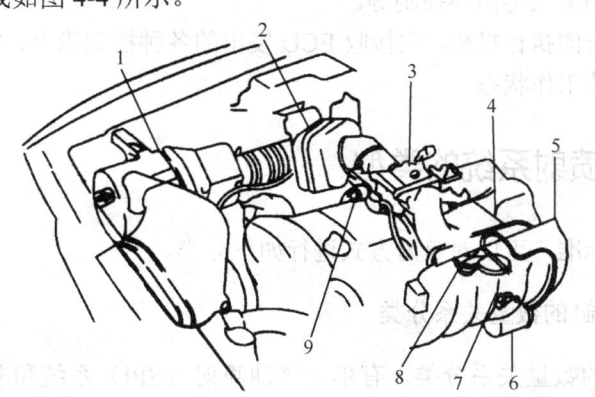

1—空气滤清器；2—稳压箱；3—节气门体；4—进气控制阀；5—进气室；
6—真空罐；7—电磁真空阀；8—真空驱动器；9—怠速控制阀

图 4-4　D 型 EFI 空气供给系统构成

3. 电子控制系统

电子控制系统由传感器、ECU 和执行器三部分组成，如图 4-5 所示。其功用是根据发动机运转状况和车辆运行状况确定燃油的最佳喷射量。

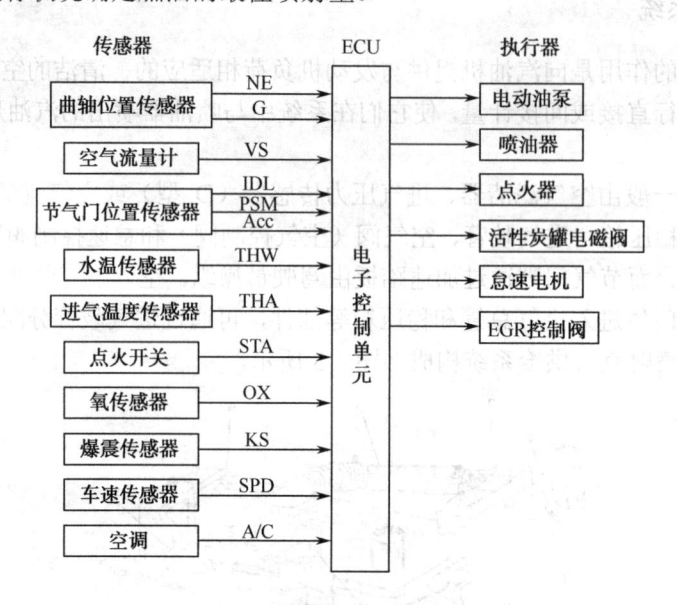

图 4-5 电子控制系统组成

其中，传感器是信号检测与转换装置，安装在发动机的各个部位，其功用是检测发动机运行状态的电量参数、物理参数和化学参数（如进气量、节气门位置、曲轴位置及转速、冷却液温度、进气温度、排气成分信息、车速）等，通过传感器转换成 ECU 能够识别的电信号输入ECU。

ECU 是发动机电子控制系统的核心部件。ECU 中保存了发动机各种工况的最佳喷油持续时间，在接收了各种传感器传来的信号后，经过计算确定满足发动机运转状态的喷油量和喷油时间。同时，ECU 还要对多种信息进行处理，实现电控燃油喷射以外其他诸多方面的控制，如点火控制、怠速控制和废气再循环控制等。

执行器是控制系统的执行机构，它接收 ECU 发出的各种控制指令，完成具体的控制动作，从而使发动机处于最佳工作状态。

4.1.5 电控燃油喷射系统的类型

根据不同的分类标准，可以对喷射方式进行如下分类。

1. 按喷油器与汽缸的数量关系分类

按喷油器与汽缸的数量关系分类，有单点燃油喷射（SPI）系统和多点燃油喷射（MPI）系统。

（1）单点燃油喷射系统

单点燃油喷射系统是在节气门体上安装一个或两个喷油器，向进气歧管中喷射燃油形成可燃混合气，如图 4-6 所示。这种喷射系统又称为节气门体燃油喷射系统或集中燃油喷射系统。这种燃油喷射系统对混合气的控制精度比较低，各个汽缸混合气的均匀性也较差，现已很少使用。

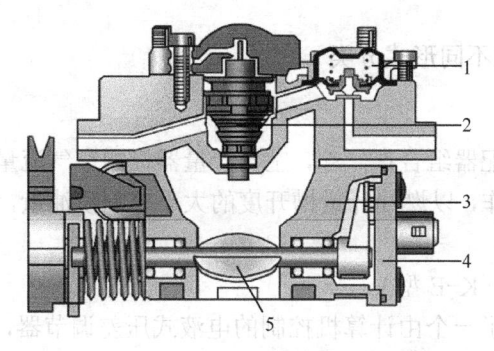

1—燃油压力调节器；2—喷油器；3—节气门体；4—节气门位置传感器；5—节气门

图4-6　单点燃油喷射系统

(2) 多点燃油喷射系统

多点燃油喷射系统根据喷油器的安装位置又可分为进气道喷射（PFI）和缸内喷射（GDI）。

① 进气道喷射。

在每一个汽缸的进气门前安装一个喷油器，如图4-7所示。喷油器喷射出燃油后，在进气门附近与空气混合形成可燃混合气，这种喷射系统能较好地保证各缸混合气总量和浓度的均匀性。目前大多数车型都采用这种多点燃油喷射系统。

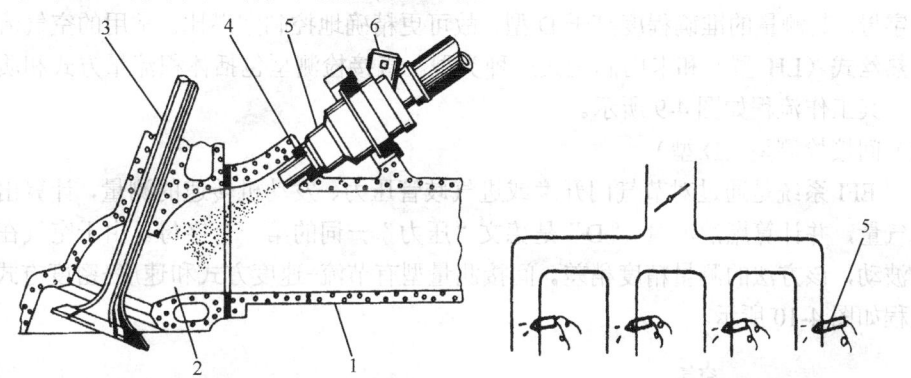

1—进气歧管；2—进气道；3—进气门；4—密封圈；5—喷油器；6—接线柱

图4-7　进气道喷射

② 缸内喷射。

缸内喷射即将高压燃油直接喷到汽缸内，如图4-8所示。这种喷射技术使用特殊的喷油器，燃油喷雾效果更好，并可在缸内产生浓度渐变的分层混合气（从火花塞往外逐渐变稀）。因此可以用超稀的混合气（怠速时可达40∶1）工作，油耗和排放也远远低于普通汽油发动机。此外，这种喷射方式使混合气体积和温度降低，爆震燃烧的倾向减小，发动机的压缩比可比进气道喷射时大大提高。但喷油器直接安装在缸盖上，必须能够承受燃气产生的高温、高压，且受发动机结构限制，采用较少。

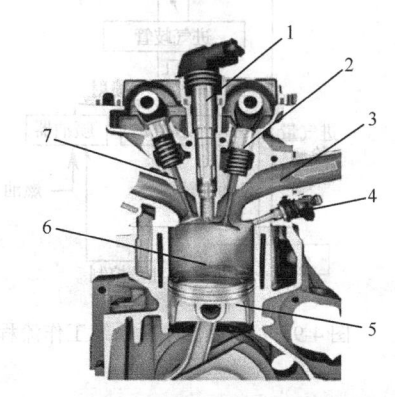

1—火花塞；2—进气门组；3—进气道；4—高压喷油嘴；5—活塞（顶部成碗状）；6—汽缸、燃烧室；7—排气门组

图4-8　缸内喷射

2. 按喷射控制装置的不同形式分类

（1）机械式（K型）

空气计量器与燃油分配器组合在一起，空气计量器检测空气流量的大小后，靠连接杆传动操纵燃油分配器的柱塞动作，以燃油计量槽开度的大小控制喷油量，达到控制混合气空燃比的目的。

（2）机电一体混合式（K-E型）

在燃油分配器上安装了一个由计算机控制的电液式压差调节器，计算机根据水温、节气门位置等传感器的输入信号控制电液式压差调节器动作，以调节燃油供给量。

（3）电子控制式（EFI）

根据各种传感器送至计算机的发动机运行状况的信号，由计算机运算后，发出控制喷油量和点火时刻等多种执行指令，实现多种机能的控制，即为发动机电子集中控制系统。

3. 按发动机进气量的检测方式分类

（1）直接检测型（L型）

L型EFI系统是用空气流量计直接测量发动机吸入的空气量。"L"是德文"空气"一词的第一个字母。其测量的准确程度高于D型，故可更精确地控制空燃比。常用的空气流量计有叶片式、热丝式（LH型）和卡门涡旋式三种类型。直接检测型包括体积流量方式和质量流量方式两种。其工作流程如图4-9所示。

（2）间接检测型（D型）

D型EFI系统是通过对节气门开度或进气歧管压力、发动机转速的测量，计算出发动机吸入的空气量，并计算燃油流量。"D"是德文"压力"一词的第一个字母。由于空气在进气管内的压力波动，该方法的测量精度稍差。间接测量型有节流-速度方式和速度-密度方式两种。其工作流程如图4-10所示。

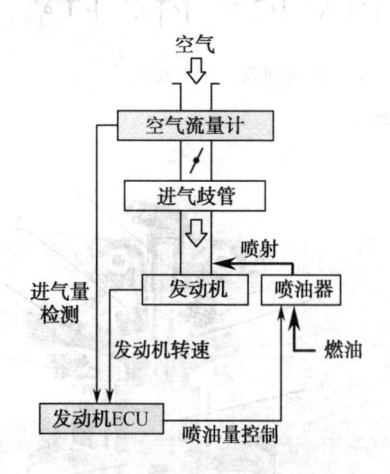

图4-9 L型燃油喷射系统工作流程 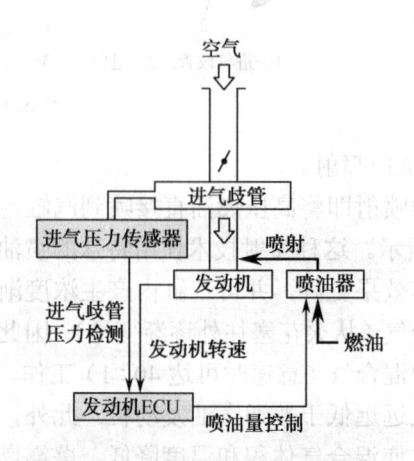　　图4-10 D型燃油喷射系统工作流程

4. 按喷射方式分类

按喷油的持续性进行分类，电控燃油喷射系统分为连续喷射型和间歇喷射型两类。

(1) 连续喷射型燃油喷射系统

在每个汽缸口均安装一个机械喷油器，只要系统给它提供一定的压力，喷油器就会持续不断地喷射出燃油，其喷油量的多少不是取决于喷油器，而是取决于燃油分配器中燃油计量槽孔的开度及计量槽孔内外两端的压差。这种喷射方式现在已被淘汰。

(2) 间歇喷射型燃油喷射系统

在发动机运转期间间歇地向进气歧管中喷油，喷油量多少取决于喷油器的开启时间，即 ECU 发出的喷油脉冲宽度。这种燃油喷射方式广泛地应用于现代电控燃油喷射系统中。

间歇型燃油喷射系统按喷油器控制方式又可以分为同时喷射、分组喷射和顺序喷射，如图 4-11 所示。

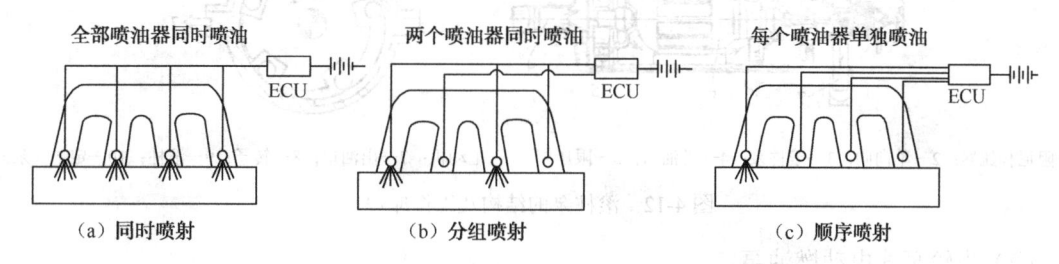

图 4-11 间歇型燃油喷射系统的喷油控制方式

5. 按有无反馈信号分类

电控燃油喷射系统按有无反馈信号可分为开环控制系统和闭环控制系统。

(1) 开环控制系统（无氧传感器）

它是将通过实验确定的发动机各工况的最佳供油参数预先存入 ECU，在发动机工作时，ECU 根据系统中各传感器的输入信号，判断自身所处的运行工况，并计算出最佳喷油量，通过对喷油器喷射时间的控制，来控制混合气的浓度，使发动机优化运行。

(2) 闭环控制系统（有氧传感器）

在该系统中，发动机排气管上加装了氧传感器，根据排气中含氧量的变化，判断实际进入汽缸的混合气空燃比，再通过 ECU 与设定的目标空燃比值进行比较，并根据误差修正喷油器喷油量，使空燃比保持在设定的目标值附近。

4.2 电控汽油喷射系统主要部件的结构和工作原理

4.2.1 汽油机燃料供给系统主要部件的结构与工作原理

1. 电动燃油泵的结构和工作原理

电动燃油泵是电控燃油喷射发动机的基本部件之一。它一般由小型直流电动机驱动，其作用是把燃油从油箱中吸出、加压后输送到管路中，和燃油压力调节器配合建立合适的系统压力。

电动燃油泵按照安装形式可分为油箱外置型和油箱内置型两种；按照其结构不同可分为滚

柱泵式、齿轮泵式、涡轮泵式三种。

(1) 滚柱泵式电动燃油泵

滚柱泵由转子、滚柱和泵套组成，如图 4-12 所示。转子偏心地置于泵套内，燃油泵的电动机带动转子运转时，由于离心力的作用使滚柱向外侧移动而与泵套内壁接触，这样，由转子、滚柱和泵套围成的腔室将随转子的转动而产生容积大小变化，在容积由小变大的一侧，燃油被吸入，在容积由大变小的一侧，燃油被压出。

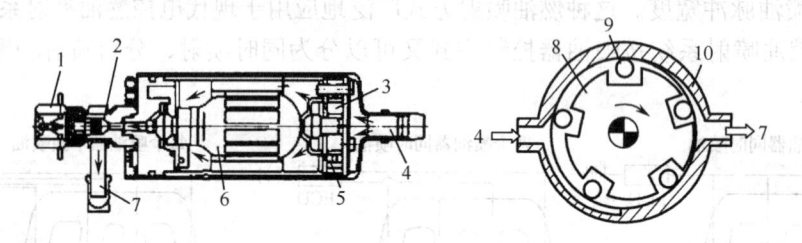

1—阻尼稳压器；2—单向阀；3—滚柱泵；4—进油口；5—限压阀；6—电动机；7—出油口；8—转子；9—滚柱；10—定子（泵）

图 4-12 滚柱泵的结构及工作原理

(2) 齿轮泵式电动燃油泵

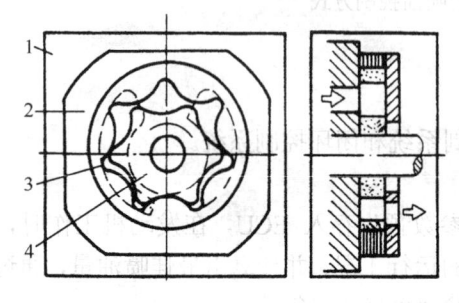

1—壳体；2—泵套；3—从动齿轮；4—主动齿轮

图 4-13 齿轮泵

齿轮泵的工作原理与滚柱泵相似。它由带外齿的主动齿轮、带内齿的从动齿轮和泵套组成，如图 4-13 所示，后者与主动齿轮偏心。主动齿轮被燃油泵电动机带动旋转，由于齿轮啮合，主动齿轮带动从动齿轮一起旋转。在从动齿轮和主动齿轮的内外齿啮合的过程中，由内外齿所围合的腔室将发生容积大小的变化，这样，若合理地设置进、出油口的位置，即可利用这种容积的变化将燃油以一定的压力泵出。

(3) 涡轮泵式电动燃油泵

涡轮泵的工作方式完全不同于其他两种泵，泵的燃油输送和压力升高完全是由液体分子之间的动量转换实现的，其结构如图 4-14 所示。涡轮泵的特点是燃油输出脉动小，结构简单。当叶轮与电动机一起转动时，由于转子的外圆有很多齿槽，在其前后利用摩擦而产生压力差，重复运转则泵内产生涡流而使压力上升，由泵室输出。这种泵由于使用薄型叶轮，所需转矩较小，可靠性高，因此这种燃油泵被广泛用于多种车型上。

2. 燃油压力调节器

燃油压力调节器的主要功用是使系统油压（即供油总管内油压）与进气歧管内压力之差保持为恒定值，一般为 0.25～0.3MPa，如图 4-15（a）所示。这样，从喷油器喷出的燃油量便唯一地取决于喷油器的开启时间。因为发动机所要求的燃油喷射量，是根据 ECU 加给喷油器的通电时间长短来控制的，随着节气门开度和发动机转速的变化，进气歧管内压力即喷射环境压力肯定发生变化，如果不控制燃油压力，即使加给喷油器的通电时间相同，当进气歧管内压力高时，燃油喷射量也会减少；进气歧管内压力低时，燃油喷射量会增加。为了使系统油压与进气歧管压力差保持稳定，燃油压力调节器所控制的系统油压应能随进气歧管压力的变化而变化。

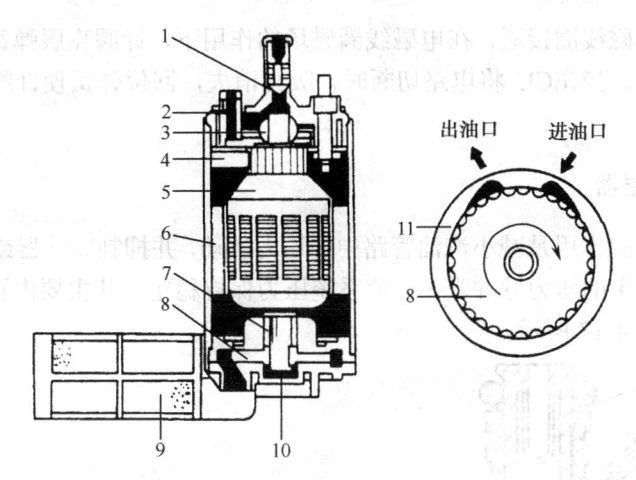

1—单向阀；2—限压阀；3、7—轴承；4—电刷；5—电枢；6—永久磁铁；8—涡轮；9—滤清器；10—橡胶缓冲垫；11—壳体

图 4-14 涡轮泵的结构及工作原理

燃油压力调节器的结构如图 4-15（b）所示。发动机工作时，燃油压力调节器膜片上方承受的压力为弹簧压力和进气管内气体的压力之和，膜片下方承受的压力为燃油压力，当压力相等时，膜片处于平衡位置不动。当进气管内气体压力下降时，膜片向上移动，回油阀开度增大，回油量增多，使输油管内燃油压力也下降；反之，当进气管内气体压力升高时，燃油的压力也升高。

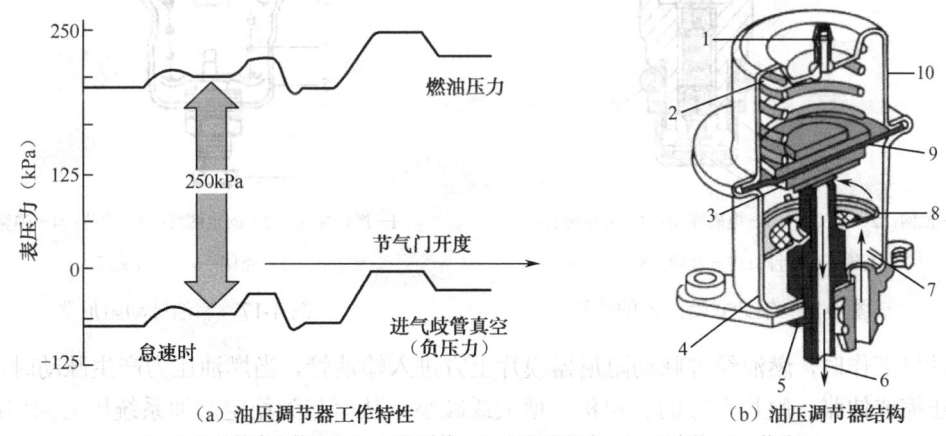

（a）油压调节器工作特性　　（b）油压调节器结构

1—进气歧管真空接头；2—回位弹簧；3—阀门和阀座；4—下壳体；5—垫片；
6—回油管；7—进油管；8—滤清器；9—膜片；10—上壳体

图 4-15 燃油压力调节器

3．喷油器

电磁喷油器是电控汽油喷射系统的一个重要执行器，它根据 ECU 发来的喷油脉冲信号，精确地计量汽油喷射量。影响喷油量的因素主要有喷油孔尺寸、喷油压力、喷油持续时间和喷油器动态响应特性等。对于一定形式的喷油器，其喷油孔尺寸和喷油器动态响应特性是确定的，喷油压力由燃油压力调节器调节为恒定值，因此，喷油量取决于喷油持续时间。

喷油器的分类方法很多，按喷油器结构形式可分为轴针式、球阀式和片阀式三种。轴针式喷油器的结构如图 4-16 所示。喷油器安装在进气歧管或进气道附近的缸盖上，根据 ECU 发出的喷油脉冲信号将电磁线圈接通,在电磁线圈磁场的作用下,针阀克服弹簧力而升起,向进气歧管或总管喷射汽油。当 ECU 将电路切断时,吸力消失,回位弹簧使针阀复位关闭喷油器,停止喷油。

4. 燃油脉动阻尼器

燃油脉动阻尼器的作用是减小汽油管路中的压力波动,并抑制喷油器或汽油压力调节器在开启与关闭过程中产生的压力脉冲噪声,使系统压力保持稳定。其主要由膜片、回位弹簧、阀片和外壳组成,如图 4-17 所示。

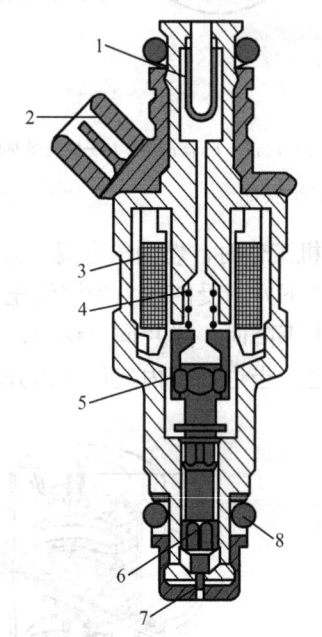

1—滤网;2—插接器;3—电磁线圈;4—回位弹簧;
5—衔铁;6—针阀;7—针轴;8—密封圈

图 4-16 轴针式喷油器的结构

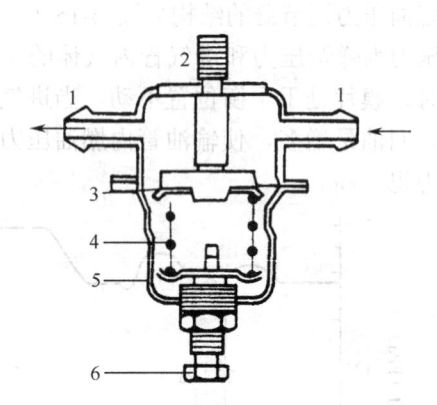

1—燃油接头;2—固定螺纹;3—膜片;4—弹簧;
5—壳体;6—调节螺钉

图 4-17 燃油脉动阻尼器

发动机工作时,燃油经过脉动阻尼器膜片上方进入输油管,当燃油压力产生脉动时,膜片弹簧被压缩或伸张,膜片上方的容积稍有增大或减小,从而起到稳定燃油系统压力的作用。

4.2.2 空气供给系统主要部件的结构与工作原理

1. 进气检测装置

电子控制汽油喷射系统的进气检测装置有多种形式,按照检测方式不同可以分为质量流量型和速度密度型两大类型。

质量流量型空气传感器是利用空气流量传感器直接测量吸入发动机的空气量。目前常见的质量流量型空气传感器按其结构形式可分为叶片(翼板)式、量芯式、热线式、热膜式、卡尔曼涡旋式等几种。其中叶片(翼板)式、量芯式与卡尔曼涡旋式空气流量传感器测得的是空气的体积,故还需要根据进气的温度等信息,由电控单元测算吸入汽缸的空气质量。热线式、热膜式空气流量传感器直接测量的是吸入汽缸空气的质量，因此精度更高。

速度密度型流量传感器是利用进气歧管压力传感器测出进气歧管压力，然后电控单元根据该压力和发动机转速，推算出发动机每一循环吸入的空气量，并根据此空气量来计算汽油的喷射量。

（1）叶片式空气流量传感器

叶片式空气流量传感器的结构如图 4-18 所示，由空气流量计和电位计两部分组成。在进气通道内有一个可绕轴摆动的旋转叶片（测量片），作用在轴上的卷簧可使测量片关闭进气通路。发动机工作时，进气气流经过空气流量计推动测量片偏转，使其开启。测量片开启角度的大小取决于进气气流对测量片的推力与测量片轴上卷簧弹力的平衡状况。进气量的大小由驾驶员操纵节气门来改变。进气量越大，气流对测量片的推力越大，测量片的开启角度也就越大。

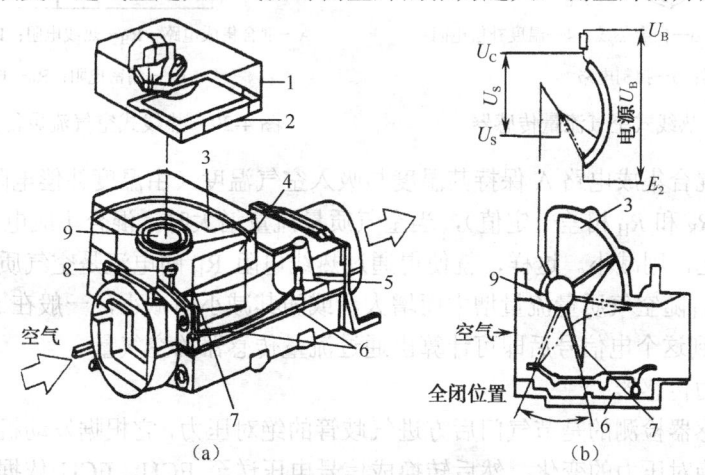

1—电位计；2—接线插头；3—缓冲室；4—缓冲叶片；5—怠速调整螺钉；
6—怠速旁通通道；7—测量叶片；8—进气温度传感器；9—回位弹簧

图 4-18　叶片式空气流量传感器的结构和工作原理

电位计的滑动臂与测量片同轴同步转动，把测量片开启角度的变化（即进气量的变化）转换为电阻值的变化。电位计通过导线、连接器与 ECU 连接。ECU 根据电位计电阻的变化量或作用在其上的电压的变化量，测得发动机的进气量。

（2）热线式空气流量传感器

热线式空气流量传感器的基本结构由感知空气流量的白金热线（铂金属线）、根据进气温度进行修正的温度补偿电阻（冷线）、控制热线电流并产生输出信号的控制电路板以及空气流量传感器的壳体等元件组成，其结构如图 4-19 所示。

它两端有金属防护网，取样管置于主空气通道中央，取样管由两个塑料护套和一个热线支撑环构成。热线线径为 70μm 的白金丝（R_H）布置在支撑环内，其阻值随温度变化，是惠斯通电桥电路的一个臂，如图 4-20 所示。热线支撑环前端的塑料护套内安装一个白金薄膜电阻器，其阻值随进气温度变化，称为温度补偿电阻（R_K），是惠斯通电桥电路的另一个臂。热线支撑环后端的塑料护套上黏结着一只精密电阻（R_A）。此电阻能用激光修整，也是惠斯通电桥的一个臂。该电阻上的电压降即为热线式空气流量传感器的输出信号电压。惠斯通电桥还有一个臂的电阻 R_B 安装在控制电路板上。

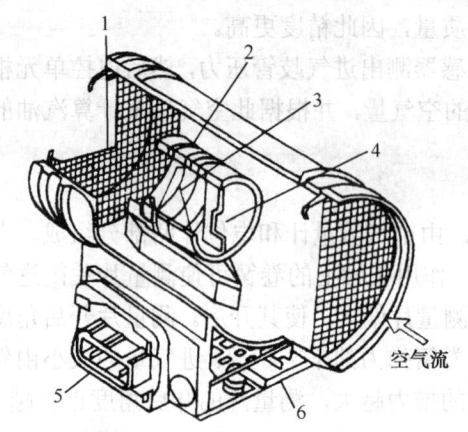

1—防护网；2—取样管；3—白金热线；4—温度补偿电阻；
5—连接器；6—控制电路

图 4-19　热线式空气流量传感器

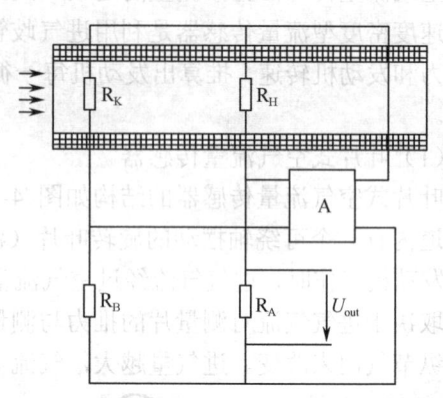

A—混合集成电路；R_H—热线电阻；R_K—温度补偿电阻；
R_A—精密电阻；R_B—电桥电阻

图 4-20　热线式空气流量传感器的基本原理

热线温度由混合集成电路 A 保持其温度与吸入空气温度（由温度补偿电阻 R_K 进行测量）相差一定值（即 R_K 和 R_H 相差一定值），当空气质量流量增大时，混合集成电路 A 使热线通过的电流加大，反之，则减小。这样，就使得通过热线电阻 R_H 的电流是空气质量流量的单一函数，即热线电流 I_H 随空气质量流量增大而增大，或随其减小而减小，一般在 50~120mA 之间变化。ECU 接收到这个电信号后即可计算出通过流量传感器的空气量。

（3）进气压力传感器

进气压力传感器检测的是节气门后方进气歧管的绝对压力，它根据发动机转速和负荷的大小检测出歧管内绝对压力的变化，然后转换成信号电压送至 ECU，ECU 依据此信号电压的大小，控制基本喷油量的大小。

进气压力传感器种类较多，本书主要以用得较多的压阻效应式进气歧管压力传感器为例来介绍其结构和工作原理。其结构如图 4-21 所示。

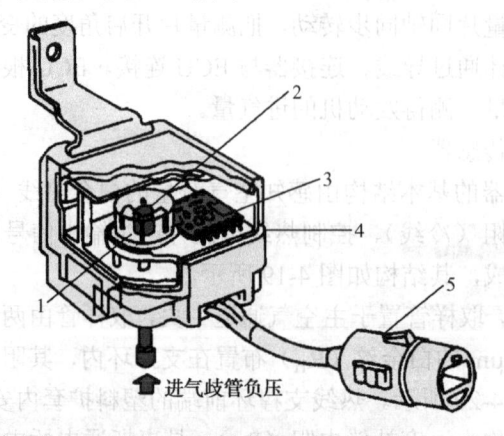

1—真空室；2—硅膜片；3—混合集成电路；4—壳体；5—线束插头

图 4-21　压阻效应式进气歧管压力传感器的结构

压阻效应式进气歧管压力传感器的结构如图 4-21 所示，主要由硅膜片、真空室、混合集成电路、真空管接头、线束插头和壳体组成。

硅膜片装在保持真空的真空室内，进气管的压力可从一面作用到硅膜片上。发动机工作时，从进气歧管进入的进气压力作用在硅膜片上,硅膜片就会产生应力变形,在应力作用下,应变电阻的电阻率就会发生变化,从而引起硅膜片阻值发生变化,经混合集成电路变换成电压信号,并加以放大,作为进气管的压力信号输入到ECU中。

2. 节气门体与节气门位置传感器

(1) 节气门体

节气门体由驾驶员通过加速踏板操纵,用来控制发动机正常运行工况下的进气量。它安装在空气流量传感器之后的进气管上,主要由节气门、节气门位置传感器、怠速控制机构等组成,如图 4-22 所示。

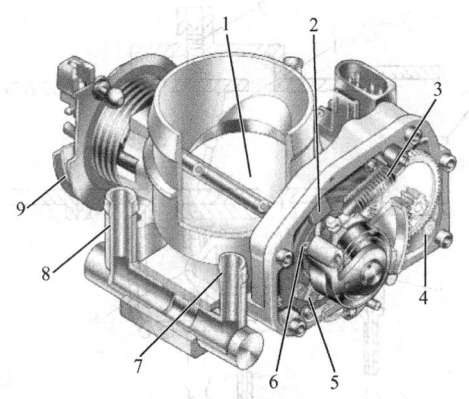

1—节气门;2—节气门电位计;3—应急运行弹簧;4—节气门定位器(怠速电机);5—节气门电位片;6—怠速开关;
7、8—节气门体加热管进出口;9—节气门拉索轮

图 4-22 节气门体的外观及结构原理图

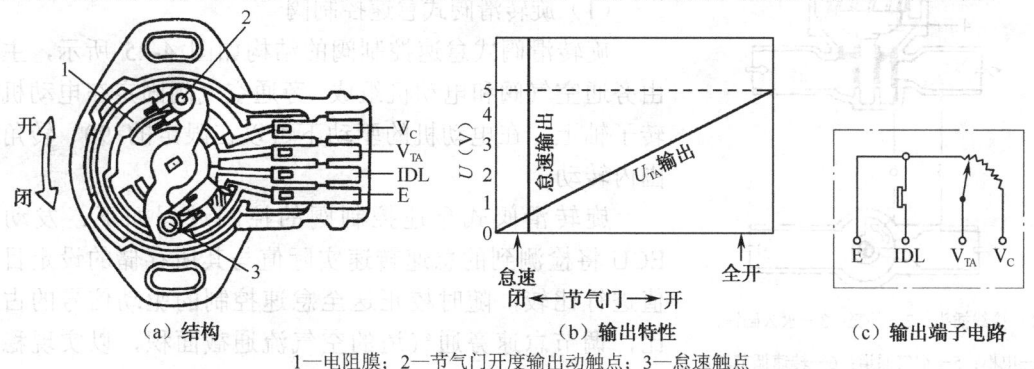

(2) 节气门位置传感器

节气门位置传感器安装在节气门轴上,与节气门联动。其功用是将节气门的位置或开度转换成电信号传输给ECU,作为CEU判定发动机运行工况的依据。节气门位置传感器有线性、开关型及综合型(既有开关又有线性可变电阻)三种。

综合型节气门位置传感器内有两个触点,如图 4-23 所示,分别为怠速触点和节气门开度输出动触点。当发动机在怠速时,节气门接近关闭,怠速触点闭合,这时ECU将指令喷油器增加喷油量以加浓混合气。动触点与电阻臂组成了一个线性电位计,由节气门轴带动电位计的动触点在电阻臂上滑动。当节气门开度不同时,电位计输出的电压也不同,从而将节气门由全闭到全开的各种开度转换为大小不等的电压信号传输给ECU,使其精确地判定发动机的运行工况。

(a) 结构　　　　　(b) 输出特性　　　　　(c) 输出端子电路

1—电阻膜;2—节气门开度输出动触点;3—怠速触点

图 4-23 综合型节气门位置传感器

3. 怠速空气阀

怠速空气阀的作用是在发动机低温运转时增加进气量，使发动机快怠速运转，加快暖机过程，热机后减少空气量，使发动机由快怠速转入稳定的怠速运转。

常用的怠速空气阀有蜡式、双金属片式两种。蜡式怠速空气阀的结构如图4-24所示。冷却液经过软管进入怠速空气阀内与空气隔绝的水道中，流经蜡盒周围。发动机冷车时，水温低，蜡盒内的蜡质凝固收缩，阀芯在弹簧力的作用下开启，打开旁通气道。发动机热车后，水温升高，蜡盒内的蜡质受热融化膨胀，使推杆伸出，推动阀芯关闭旁通气道。

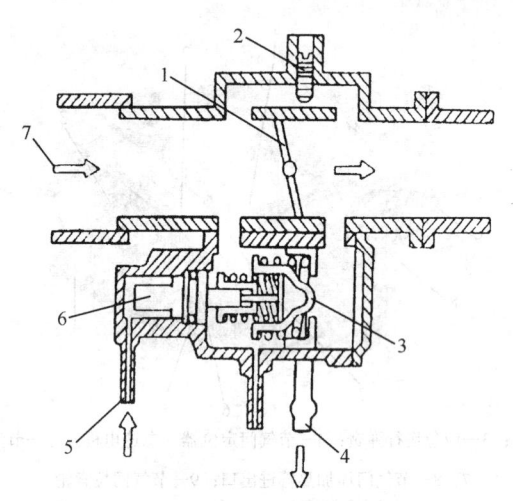

1—节气门；2—怠速调整螺钉；3—阀芯；4—冷却液出口；5—冷却液进口；6—蜡盒；7—进气气流

图4-24 怠速旁通道和蜡式怠速空气阀

4. 怠速控制阀

在节气门体汽油喷射系统的节气门体上装有怠速控制阀，其功用是自动调节发动机的怠速转速，使发动机在设定的怠速转速下稳定运转。

怠速控制阀主要有旋转滑阀式、步进电动机式及电磁式三种。

（1）旋转滑阀式怠速控制阀

旋转滑阀式怠速控制阀的结构如图4-25所示，主要由旁通空气阀和电动机组成。旁通空气阀固定在电动机的转子轴上，在电动机的驱动下可以在限定的90°转角范围内转动。

旋转滑阀式怠速控制阀的控制过程如下：发动机ECU将检测到的怠速转速实际值与其所存储的设定目标值进行比较，随时校正送至怠速控制的驱动信号的占空比，调节怠速旁通气道的空气流通截面积，以实现稳定的怠速运行。

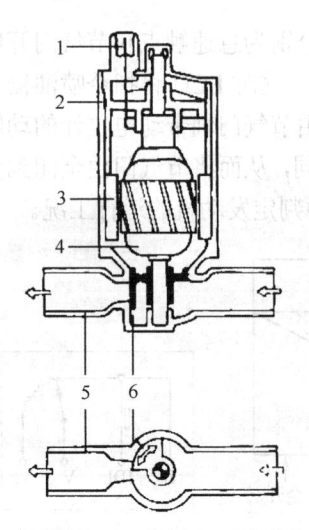

1—接线插头；2—外壳；3—永久磁铁；4—电枢；5—空气通道；6—转速调节滑阀

图4-25 旋转滑阀式怠速控制阀

第4章 汽油机燃料供给系统

（2）步进电动机式怠速控制阀

步进电动机式怠速控制阀螺旋机构中的螺母与步进电动机的转子制成一体，螺杆与控制旁通空气道的锥阀制成一体并与步进电动机壳体之间用花键连接。步进电动机转动时，螺母驱动丝杆做轴向移动，步进电动机转子每转动一圈，螺杆移动一个螺距。螺杆向前或向后移动带动锥阀关小或开大旁通空气道的流通截面。ECU通过控制步进电动机的转动方向和转动角度（步级）来控制螺杆的移动方向和移动距离，从而达到控制怠速进气量的目的，如图4-26所示。

（3）电磁式怠速控制阀

电磁式怠速控制阀的结构如图4-27所示，主要由控制阀、阀杆、线圈和弹簧等组成。

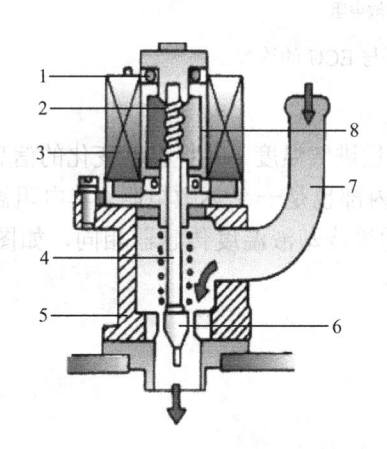

1—轴承；2—进给丝杆；3—定子线圈；4—阀轴；
5—阀座；6—阀芯；7—旁通气道；8—转子

图4-27 电磁式怠速控制阀

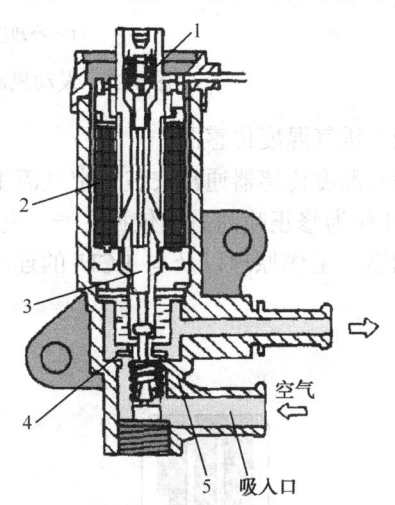

1、5—弹簧；2—线圈；3—阀杆；4—控制阀

图4-27 电磁式怠速控制阀

控制阀的开度取决于线圈产生的电磁力大小，与旋转阀式怠速控制阀相同，ECU通过控制输入线圈脉冲信号的占空比来控制电磁场强度，以调节控制阀的开度，从而实现怠速空气量的控制。

4.2.3 电子控制系统主要部件的结构与工作原理

电控汽油喷射系统中的控制系统由ECU、各种传感器、执行器，以及连接它们的控制电路所组成。不同类型的电控汽油喷射系统的控制功能、控制方式和控制电路的布置不完全一样，但基本原理相似。

1. 传感器

（1）冷却液温度传感器

冷却液温度传感器安装在发动机机体或汽缸盖上，与冷却液接触，用来检测发动机循环冷却液的温度，并将检测结果传输给ECU以便修正喷油量和点火正时。其结构及与ECU的连接如图4-28所示。

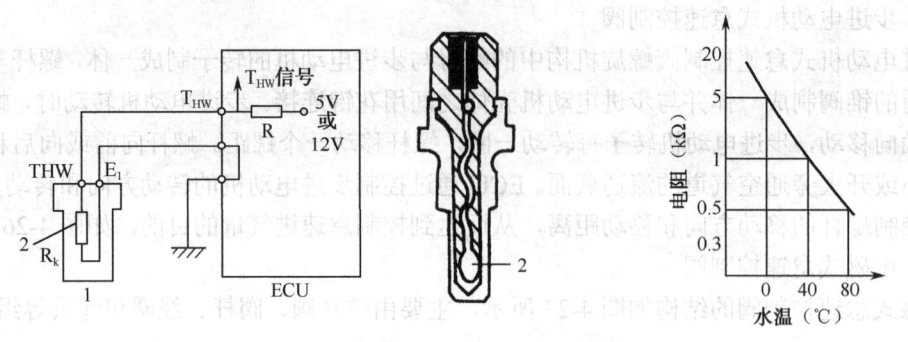

1—冷却液温度传感器；2—热敏电阻

图 4-28　发动机冷却液温度传感器与 ECU 的连接

（2）进气温度传感器

进气温度传感器通常安装在空气流量计上，用来测量进气温度，并将温度变化的信息传输给 ECU 作为修正喷油量的依据之一。进气温度传感器内部也是一个热敏电阻，其电阻温度特性、构造、工作原理以及与 ECU 的连接方式均与发动机冷却液温度传感器相同，如图 4-29 所示。

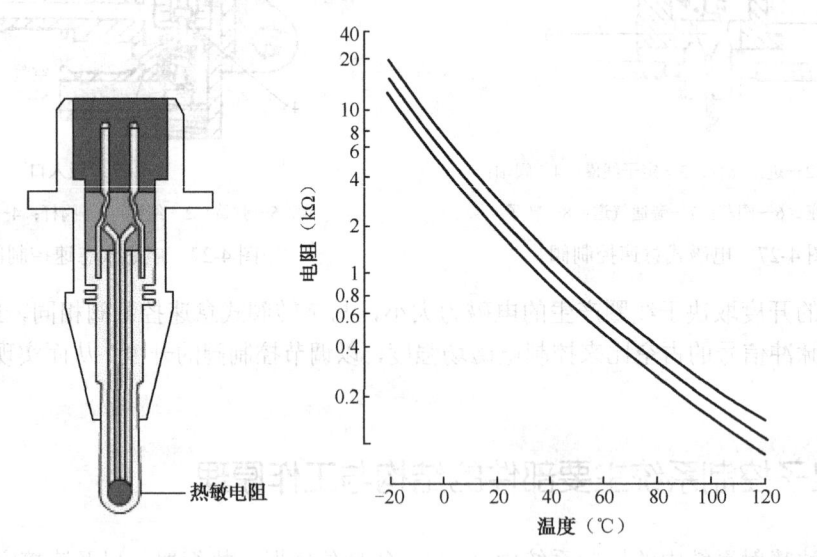

图 4-29　进气温度传感器

（3）曲轴位置传感器

曲轴位置传感器通常安装在分电器内，用来检测发动机转角、转速、曲轴转角以及第一缸和各缸压缩行程上止点信号。

① 光电式曲轴位置传感器。

它由发光二极管、光敏三极管、转盘等组成，安装在分电器底板上，如图 4-30 所示。两对发光二极管和光敏三极管组成信号发生器。在转盘的边缘均匀地开有 360 个小细缝和 6 个大细缝。当转盘随分电器轴转动时，发光二极管通过细缝射向光敏三极管的光线使光敏三极管导通，光线被转盘遮挡时，光敏三极管截止，由此产生脉冲信号。

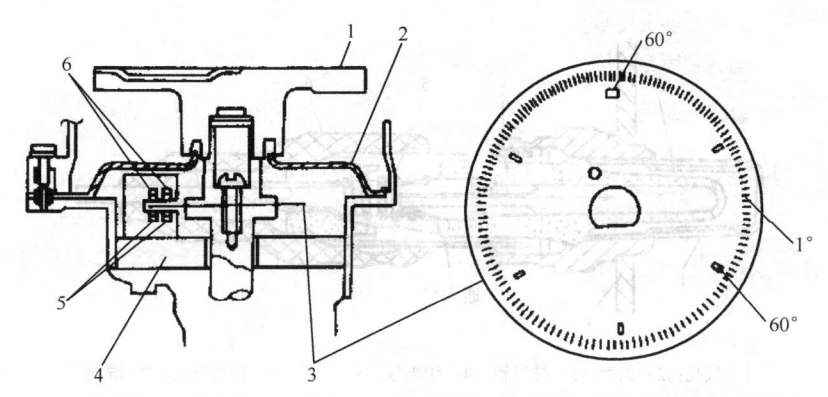

1—分火头；2—防尘罩；3—转盘；4—分电器底板；5—光敏三极管；6—发光二极管

图 4-30　光电式曲轴位置传感器

② 磁脉冲式曲轴位置传感器。

它由安装在分电器轴上的两个信号转子和安装在分电器底板上的三个传感线圈组成，如图 4-31 所示。信号转子随同分电器轴一起转动。当信号转子的凸齿接近传感线圈时，由于传感线圈内磁通量增加而感生正电压；当凸齿离开传感线圈时，由于磁通量减少而感生负电压，即一个凸齿每转过传感线圈一次，便在其中产生一个交流电压信号（或称电脉冲信号）。

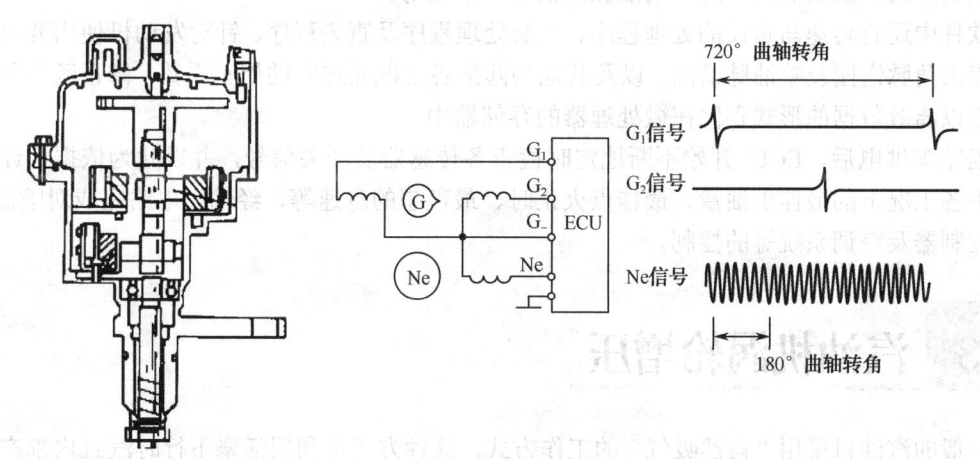

图 4-31　磁脉冲式曲轴位置传感器

（4）氧传感器

氧传感器是电子控制汽油喷射系统进行反馈控制的传感器，安装在排气管上。在闭环控制方式中，利用氧传感器检测排气中氧分子的浓度，并将其转换成电压信号输入 ECU。排气中氧分子的浓度与进入发动机的混合气成分有关。当混合气太稀时，排气中氧分子的浓度较高，氧传感器便产生一个低电压信号；当混合气太浓时，排气中氧分子的浓度低，氧传感器将产生一个高电压信号。ECU 根据氧传感器的反馈信号，不断地修正喷油量，使混合气成分始终保持在最佳范围内。通常氧传感器和三元催化转换器同时使用，由于后者只有在混合气的空燃比接近理论空燃比的狭小范围内净化效果才最好，因此，在这种情况下，ECU 必须根据氧传感器的反馈信号，控制混合气的空燃比更接近于理论空燃比。目前应用最多的是二氧化锆氧传感器，如图 4-32 所示。

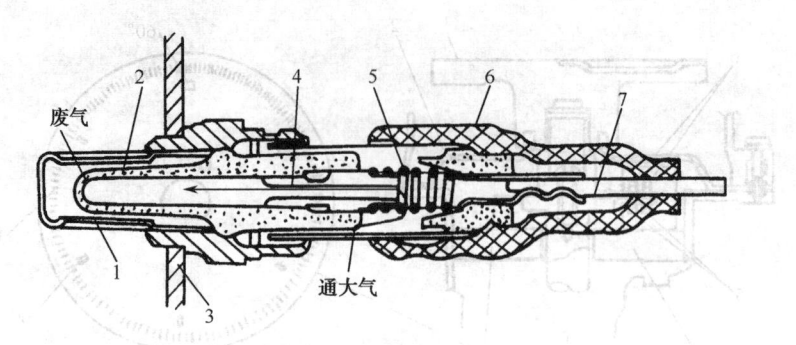

1—气孔；2—锆管；3—排气管；4—铂电极；5—弹簧；6—铂电极座；7—导线

图4-32 二氧化锆氧传感器

2. 发动机电子控制单元（ECU）

ECU是电子控制的中心，具有空燃比控制、点火正时控制、加减速控制、下坡断油控制、超速控制、怠速控制、空调控制等功能。

控制系统中最主要的软件是主控程序，它对整个系统进行初始化，实现系统的工作时序、判定控制模式、控制点火正时和喷油脉冲信号的输出等。

软件中还有转速与负荷的处理程序、中断处理程序及查表程序。针对发动机使用要求预先确定点火角脉谱图及喷油脉谱图，以及其他为匹配各工况而选定的修正系数、修正函数和常数等，都以离散数据的形式存储在微处理器的存储器中。

当整车供电后，ECU开始不断地定时检查各传感器及开关信号，并以此为依据，计算出发动机各工况下的最佳供油量、最佳点火正时、最理想的怠速等，经输出电路完成对喷油器、怠速控制器及空调系统等的控制。

4.3 汽油机涡轮增压

一般的汽油机采用"自然吸气"的工作方式，这种方式是利用活塞下行时汽缸内部产生的真空，再借助于外界的大气压力，将混合气压入汽缸。然而，受各种因素影响汽缸的进气量很难达到100%。依实测数据，一般汽油机的容积率在60%~70%。即使设计精良的发动机也只能达到80%左右。而容积率每提高1%，发动机的输出功率约能提高3%。所以最初只应用在航空发动机、柴油机及赛车用汽油机上的涡轮增压技术越来越多地出现在普通轿车的汽油机上。

4.3.1 汽油机涡轮增压的特点

涡轮增压器利用发动机排出的废气惯性冲力来推动涡轮室内的涡轮，涡轮又带动同轴的压缩机的叶轮，压缩机叶轮压送由空气滤清器管道送来的空气，使之增压进入汽缸。当发动机转速增快，废气排出速度与涡轮转速也同步增快，压缩机的叶轮就压缩更多的空气进入汽缸，空气的压力和密度增大可以燃烧更多的燃油，使得发动机的输出功率增加。装有涡轮增压器的发动机与自然吸气的发动机相比，其输出功率一般能增加10%~40%。

由于涡轮增压器为发动机提供了更多的空气，燃油在发动机汽缸里会燃烧得更充分、更彻底，有节约燃油和降低排放等优点。另外，由于发动机进气管的空气保持正压力（大于大气压的压力），当发动机进、排气门重叠开启时，新鲜空气吹入燃烧室，清除所有残留在燃烧室里的废气，同时冷却汽缸头、活塞和气门。涡轮增压器还可使非增压发动机在高原上工作时得到氧气补偿（使其达到标准大气条件）。

4.3.2 汽油机涡轮增压系统的结构和工作原理

1．涡轮增压器工作原理

涡轮增压器工作原理如图4-33所示。

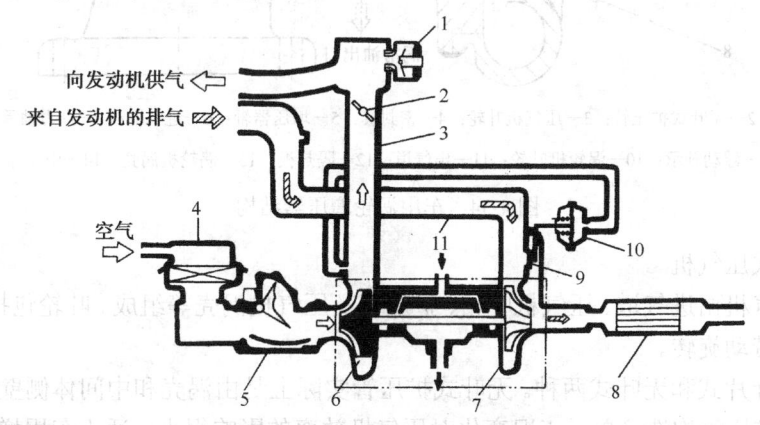

1—进气旁通阀；2—节气门；3—进气管；4—空气滤清器；5—空气流量计；6—压气机；7—涡轮机；
8—催化转换器；9—排气旁通阀；10—排气旁通阀控制装置；11—排气管

图4-33　涡轮增压器工作原理

燃烧室尾气经过特定形状的喷管进入径流式涡轮机，然后经过三元催化转化器排出。排气流经过涡轮机的喷管（管径由粗变细，图中未示出）时经过降温、降压、膨胀，其势能和内能转变为动能，推动涡轮机旋转，并带动增压器轴和压气机泵轮一起旋转。

经过空气滤清器的新鲜空气经过进气道被吸入压气机壳。离心式压气机旋转时，空气在离心力的作用下，沿着压气机叶片流向泵轮周边。其流速、压力和温度均有较大的增高，然后进入扩压管（管径由细变粗，图中未示出）。空气流经扩压管时速度下降，压力升高，大部分动能变为势能，温度也有所升高，再经过断面由小到大的环形压气机壳使空气流的压力继续提高，压缩的空气经进气管进入汽缸。

2．涡轮增压器

车用涡轮增压器由离心式压气机和径流式涡轮机及中间体三部分组成，其结构如图4-34所示。增压器轴通过两个浮动轴承支撑在中间体内。中间体内有润滑和冷却轴承的油道，还有防止机油漏入压气机或涡轮机中的密封装置等。

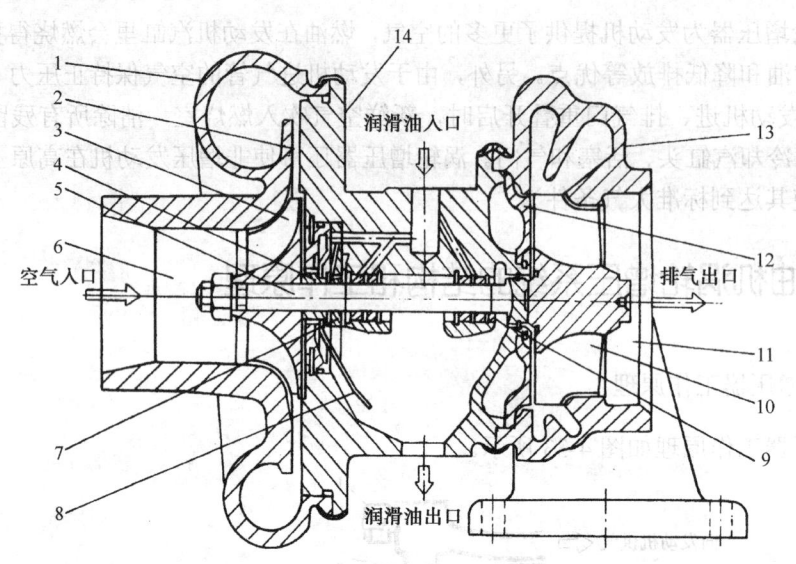

1—压气机涡壳；2—无叶式扩压管；3—压气机叶轮；4—密封套；5—增压器轴；6—进气道；7—推力轴承；8—挡油板；
9—浮动轴承；10—涡轮叶轮；11—出气道；12—隔热板；13—涡轮机涡壳；14—中间体

图 4-34　车用涡轮增压器结构

（1）离心式压气机

离心式压气机由进气道、压气机叶轮、扩压管及压气机涡壳等组成。叶轮包括叶片和轮毂，并由增压器轴带动旋转。

扩压管分叶片式和无叶式两种。无叶式扩压管实际上是由涡壳和中间体侧壁所形成的环形空间。无叶式扩压管构造简单，工况变化对压气机效率的影响很小，适于车用增压器。叶片式扩压管是由相邻叶片构成的流道，其扩压比大，效率高，但结构复杂，工况变化对压气机效率有较大的影响，如图 4-35 所示。

当压气机旋转时，空气经进气道进入压气机叶轮，并在离心力的作用下沿着压气机叶片之间形成的流道，从叶轮中心流向叶轮的周边。空气从旋转的叶轮获得能量，使其流速、压力和温度均有较大的增高，然后进入叶片式扩压管。扩压管为渐扩形流道，空气流过扩压管时减速增压，温度也有所升高。即在扩压管中，空气所具有的大部分动能转变为压力能。涡壳的作用是收集从扩压管流出的空气，并将其引向压气机出口。空气在涡壳中继续减速增压，完成其由动能向压力能转变的过程。压气机叶轮由铝合金精密铸造，涡壳也用铝合金铸造。

（2）径流式涡轮机

涡轮机是将发动机排气的能量转变为机械功的装置。径流式涡轮机由涡壳、喷管、叶轮和出气道等组成，如图 4-36 所示。

涡壳的进口与发动机排气管相连，发动机排气经涡壳引导进入叶片式喷管。喷管是由相邻叶片构成的渐缩形流道。排气流过喷管时降压、降温、增速、膨胀，使排气的压力能转变为动能。由喷管流出的高速气流冲击叶轮，并在叶片所形成的流道中继续膨胀做功，推动叶轮旋转。涡轮机叶轮经常在 900℃ 高温的排气冲击下工作，并承受巨大的离心力作用，所以采用镍基耐热合金钢或陶瓷材料制造。用质量轻并且耐热的陶瓷材料可使涡轮机叶轮的质量大约减小 2/3，涡轮增压加速滞后的问题也在很大程度上得到改善。喷管叶片用耐热和抗腐蚀的合金钢铸造或机械加工成形。涡壳用耐热合金铸铁铸造，内表面应该光洁，以减少气体流动损失。

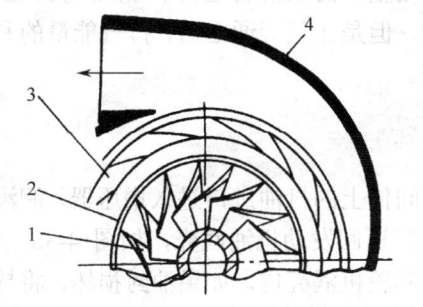

1—压气机叶片；2—叶轮；3—叶片式扩压管；4—压气机涡壳

图4-35 离心式压气机示意图

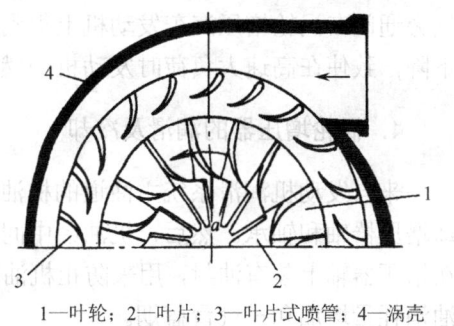

1—叶轮；2—叶片；3—叶片式喷管；4—涡壳

图4-36 径流式涡轮机示意图

3. 增压压力的调节

在汽车涡轮增压系统中设置进、排气旁通阀，是调节增压压力最简单、成本最低而又十分有效的方法。排气旁通阀及其控制装置在增压器上的安装位置如图4-37所示。

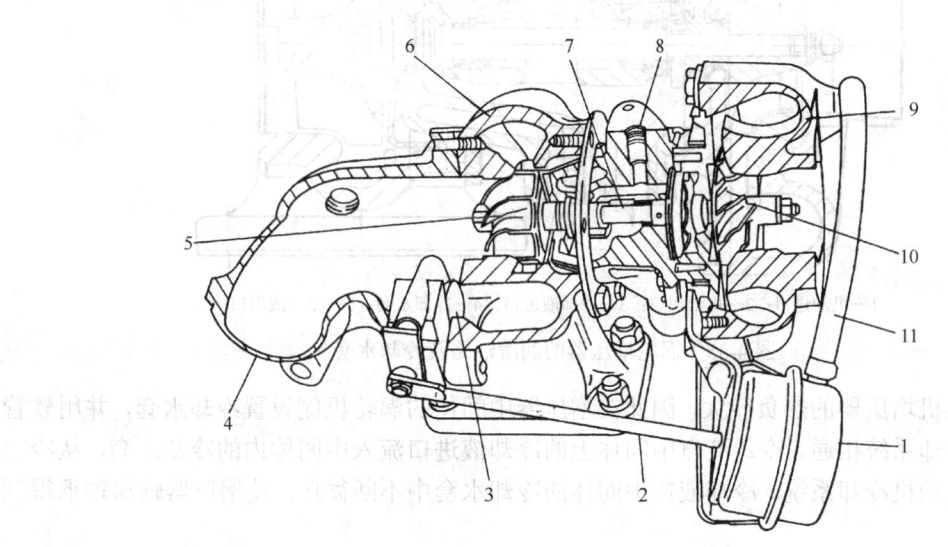

1—控制膜盒；2—连动杆；3—排气旁通阀；4—排气管；5—涡轮机叶轮；6—涡轮机涡壳；
7—增压器轴；8—中间体；9—压气机涡壳；10—压气机叶轮；11—连通管

图4-37 排气旁通阀及其控制装置的安装位置

控制膜盒中的膜片将膜盒分为上、下两个室，上室为空气室，经连通管与压气机出口相通；下室为膜片弹簧室，膜片弹簧作用在膜片上，膜片通过连动杆与排气旁通阀连接。当压气机出口压力也就是增压压力低于限定值时，膜片在膜片弹簧的作用下上移，并带动连动杆将排气旁通阀关闭；当增压压力超过限定值时，增压压力克服膜片弹簧力，推动膜片下移，并带动连动杆将排气旁通阀打开，使部分排气不经过涡轮机直接排放到大气中，从而达到控制增压压力及涡轮机转速的目的。

在有些发动机上，排气旁通阀的开闭由电控单元控制的电磁阀操纵。电控单元根据发动机的工况，由预存的增压压力脉谱图确定目标增压压力，并与增压压力传感器检测到的实际增压压力进行比较，然后根据其差值来改变控制电磁阀开闭的脉冲信号占空比，以此改变电磁阀的开启时间，进而改变排气旁通阀的开度，控制排气旁通量，借以精确地调节增压压力。虽然排气旁通阀在涡轮增压汽车发动机上得到了广泛的应用，但是排气旁通之后，排气能量的利用率下降，致使在高速大负荷时发动机的燃油经济性变差。

4. 涡轮增压器的润滑及冷却

来自发动机润滑系统主油道的机油，经增压器中间体上的机油进口进入增压器，润滑和冷却增压器轴和轴承。然后，机油经中间体上的机油出口返回发动机油底壳，如图 4-38 所示。在增压器轴上装有油封，用来防止机油窜入压气机或涡轮机涡壳内。如果油封损坏，将导致机油消耗量增加和排气冒蓝烟。

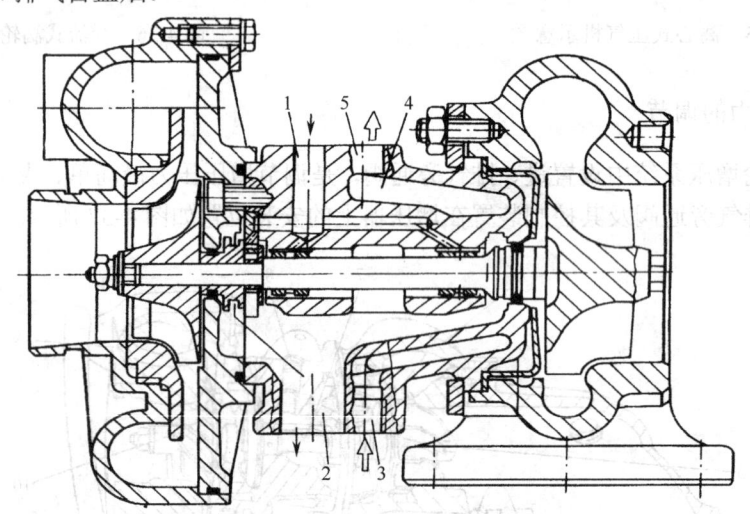

1—机油进口；2—机油出口；3—冷却液进口；4—冷却水套；5—冷却液出口

图 4-38 涡轮增压器的润滑油路及冷却水套

由于汽油机增压器的热负荷大，因此在增压器中间体的涡轮机侧设置冷却水套，并用软管与发动机的冷却系统相通。冷却液自中间体上的冷却液进口流入中间体内的冷却水套，从冷却液出口流回发动机冷却系统。冷却液在中间体的冷却水套中不断循环，使增压器轴和轴承得到冷却。

有些涡轮增压器在中间体内不设置冷却水套，只靠机油及空气对其进行冷却。当发动机在大负荷或高转速工作之后，如果立即停机，那么机油可能由于轴承温度太高而在轴承内燃烧。因此，这类涡轮增压发动机应该在停机之前，至少在怠速下运转 1min。

4.4 进、排气系统

进、排气系统在内燃机工作循环时，不断地将新鲜空气或可燃混合气送入燃烧室，将燃烧室的废气排放到大气中，保证内燃机连续运转。进、排气系统主要由空气滤清器、进气管、排气管、排气消声器、废气净化装置和增压装置、气道等组成。

4.4.1 进、排气管

1. 空气滤清器

空气滤清器外形较大,壳体呈盆形,装在汽油喷射装置的空气进口处。

空气滤清器的作用是滤除空气中的硬质灰尘颗粒,将清洁的空气(或空气与燃油的可燃混合气)送入燃烧室,减轻灰尘造成发动机缸套、活塞组件、气门组件、轴承副等主要零部件的磨损及发动机润滑油的污染,延长发动机的使用寿命。空气滤清器还能抑制内燃机的进气噪声。

根据空气过滤的原理,空气滤清器分为惯性式、过滤式及油浴式空气滤清器三类。

(1)惯性式

利用灰尘密度比空气大的特点,在空气流过时使之急速旋转或改变方向,在离心力或惯性力的作用下将尘土与杂质甩到外围与空气分离,对滤清空气中较大的颗粒特别有效,其滤清效率为50%～60%,常用作多尘土地区工作的内燃机上的空气粗滤器,但不能单独使用。

(2)过滤式

引导气流通过带有细小孔隙的滤芯,把尘土与杂质挡在外面。纸滤芯空气滤清器有质量轻、成本低和滤清效果好等优点,广泛应用于汽车发动机上。

(3)油浴式

利用油浴把空气流在转折时甩出的尘土与杂质黏住。油浴式空气滤清器综合了惯性式和过滤式两种滤清原理,其滤清效率达95%～97%。

图4-39所示是小轿车上普遍使用的干式纸质空气滤清器,由空气滤清器外壳、滤芯、滤清器盖等组成。滤芯由经过树脂浸渍的、折叠成波褶状经防火处理的微孔滤纸做成,可以经受10kPa的气压和140℃的高温,滤清效率可达99.5%。纸质干式空气滤清器的特点是质量轻、高度小、成本低、使用方便、滤清效果好。其缺点是容尘能力小、寿命较短,一般每行驶6000～8000km要清理滤芯一次,每行驶24000km必须更换滤芯。纸质干式空气滤清器对油类的污染十分敏感,一旦被油液浸润,滤清阻力将急剧增大。因此,纸质空气滤清器使用、保养时,切忌接触油液。

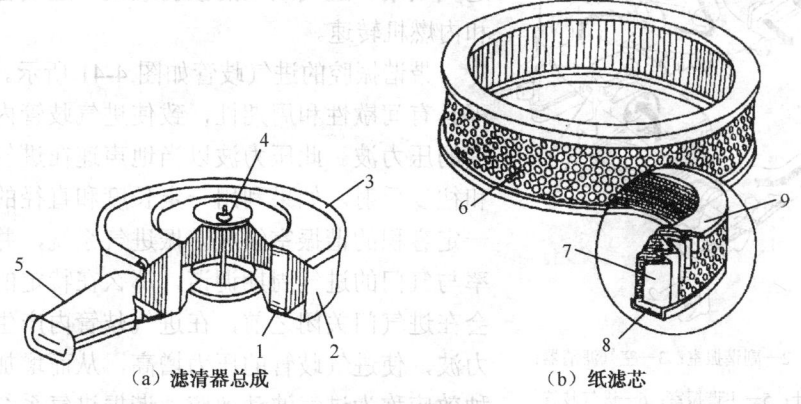

(a)滤清器总成　(b)纸滤芯

1—滤芯;2—滤清器外壳;3—滤清器盖;4—蝶形螺母;5—进气导流管;
6—金属网;7—打褶滤纸;8—滤芯下封面;9—滤芯上封面

图4-39　干式纸质空气滤清器

2. 进气歧管

进气歧管位于节气门与发动机进气门之间，之所以称为"歧管"，是因为空气进入节气门后，经过歧管缓冲，空气流道在此"分歧"。对于气道燃油喷射式发动机或柴油机，进气歧管的主要作用是将空气燃油混合气或洁净空气尽可能均匀地分配到各个汽缸。因此，进气歧管内气体流道的长度应尽可能相等。为了减小气体流动阻力，提高进气能力，进气歧管的内壁应该光滑。

自然吸气车用高速内燃机进气歧管，对内燃机的油耗、功率、扭矩、排放等有重要影响，因而出现多种结构形式。大致可归结为：简单进气管、共振式进气歧管（见图4-40）和带谐振腔的进气歧管三种。

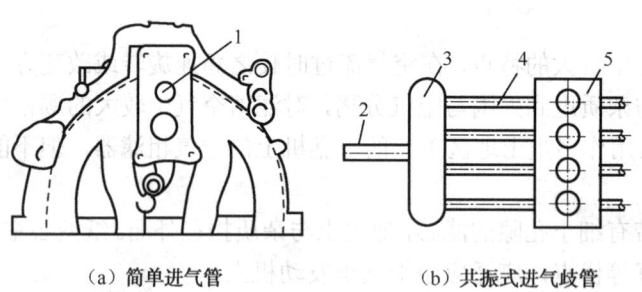

(a) 简单进气管　　(b) 共振式进气歧管

1—接喷油器口；2—空气入口；3—空气分配管；4—共振式进气歧管；5—内燃机

图 4-40　进气歧管

简单进气管常用在车用柴油机和前几年的汽油机上，这种进气管结构简单，但由于进入各汽缸的气流阻力、路程长短和气流方向、速度的差异，致使各汽缸进气不均匀。在电控喷射汽油机上由于喷油器直接在进气门附近喷射汽油，喷射的油雾颗粒细小，进气管无须采取预热措施。

共振式进气歧管较细长，与各汽缸相连的各个管子长度大体一致，能很好地匹配。共振式进气歧管与各汽缸单独连接，可利用进气气流的脉动效应以增强进气效果。进气效果的强弱取决于进气管长度、直径和内燃机转速。

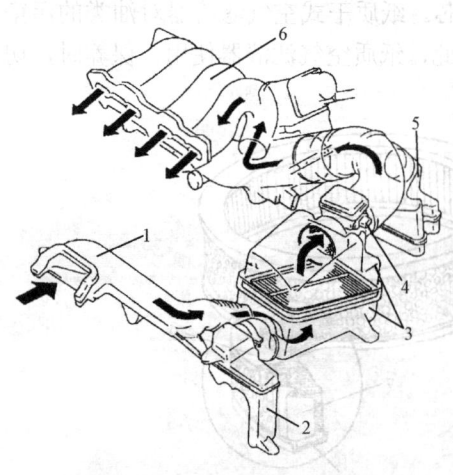

带谐振腔的进气歧管如图4-41所示。由于进气过程具有间歇性和周期性，致使进气歧管内产生一定幅度的压力波。此压力波以当地声速在进气系统内传播和往复反射。如果利用一定长度和直径的进气歧管与一定容积的谐振室组成谐振进气系统，并使其固有频率与气门的进气周期调谐，那么在特定的转速下，就会在进气门关闭之前，在进气歧管内产生大幅度的压力波，使进气歧管的压力增高，从而增加进气量。这种效应称为进气波动效应。谐振进气系统的优点是没有运动件，工作可靠，成本低，但只能增加特定转速下的进气量和发动机转矩。

1—进气导流管；2—副谐振室；3—空气滤清器；
4—空气流量计；5—主谐振室；6—进气歧管

图 4-41　带谐振腔的进气歧管

3. 排气管

排气管由排气歧管和排气总管组成。排气歧管是连接排气道与排气总管的部分，一般由铸铁或不锈钢制成。直列式发动机有一个排气歧管，如图 4-42 所示。

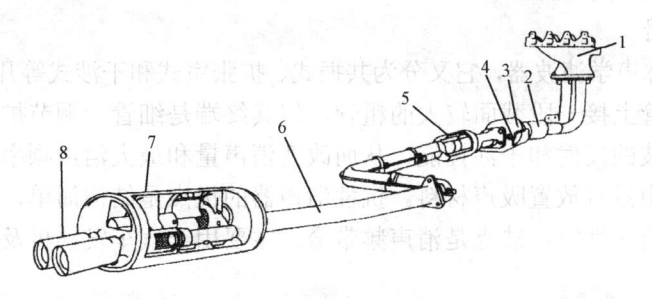

1—排气歧管；2—前排气管；3—催化转换器；4—排气温度传感器；5—副消声器；6—后排气管；7—主消声器；8—排气尾管

图 4-42 直列式发动机排气歧管

V 形发动机可有两个排气歧管，这两个排气歧管多数由一根叉形管连到一个排气总管上，称为单排气系统，如图 4-43（a）所示；有些 V 形发动机两个排气歧管各自连接一根排气管，称为双排气系统，如图 4-43（b）所示。

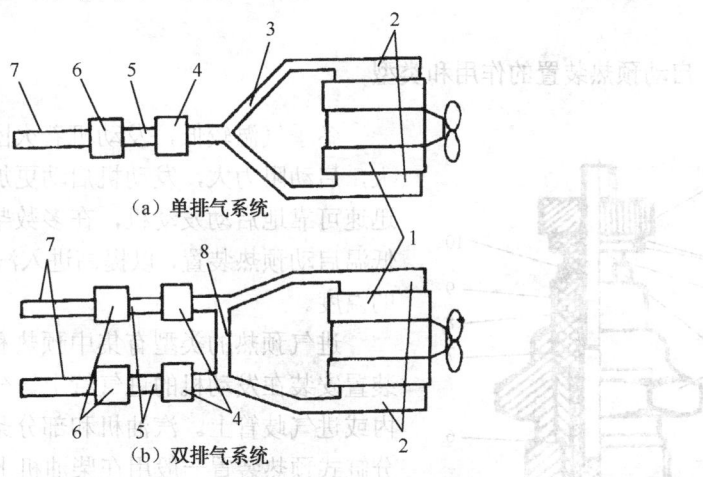

（a）单排气系统

（b）双排气系统

1—发动机；2—排气歧管；3—叉形管；4—催化转换器；5—排气管；6—消声器；7—排气尾管；8—连通管

图 4-43 V 形发动机排气系统示意图

4.4.2 排气消声器

发动机的排气压力为 0.3~0.5MPa，温度在 500~700℃，这表明排气有一定的能量。同时，由于排气的间歇性，在排气管内引起排气压力的脉动。若将发动机排气直接排放到大气中，将产生强烈的、频谱比较复杂的噪声，其频率从几十赫兹到一万赫兹以上。因此，发动机排气管内都装有消声器，以降低噪声，消除废气中的火焰或火星。

消声器按其工作原理可分为阻性消声器、抗性消声器和阻抗复合消声器三种。

（1）阻性消声器

阻性消声器主要是用吸声材料来消减噪声，把吸声材料固定在气流流通的管道内壁或按一定方式排列在管道中,当声波进入消声器时,大部分声能被吸收,起到消声作用。阻性消声器的优点是能在较宽的中高频范围内消声,特别对高频声波有突出的消声作用。缺点是在高温水蒸气以及对吸声材料有侵蚀作用的气体中使用寿命较短。通常用于家庭、办公室空调机;大型风洞、喷气发动机试车间等处。

（2）抗性消声器

抗性消声器又称声学滤波器,它又分为共振式、扩张室式和干涉式等几种。最简单的扩张室式是在气流通道管上接一段截面较大的粗管,但其终端是细管,调节扩张室（大管）的截面扣长度以改变声波的反射和干涉性能,从而改变消声量和最大消声频率。它与阻性消声器的不同之处在于其中没有放置吸声材料。抗性消声器的优点是结构简单、耐高温、耐气体侵蚀,有良好的低频消声性能;缺点是消声频带窄,主要用于汽车发动机及其他活塞发动机的进气口和排气口。

（3）阻抗复合消声器

阻抗复合消声器综合前两种消声器优点制成。在其内部既有阻性吸声材料,又有共振腔、扩张室等抗性滤波元件,因此在较宽频率范围内有良好的消声效果。

4.4.3 启动预热装置

1. 启动预热装置的作用和类型

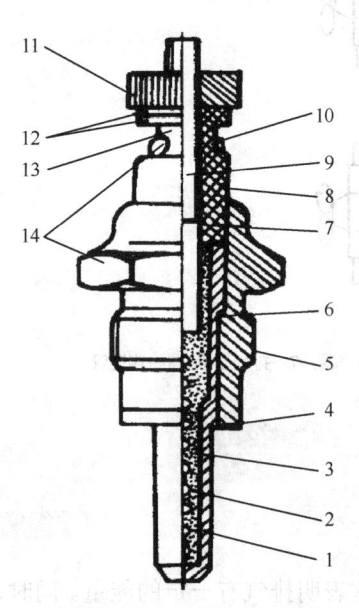

冬季气温较低,发动机着火困难,加之低温润滑油黏度大,启动阻力大,发动机启动更加困难。为保证低温条件下迅速可靠地启动发动机,在多数柴油机和少数汽油机上设有低温启动预热装置,以提高进入汽缸的空气（或可燃混合气）的温度。

进气预热的类型有集中预热和分缸预热两种,集中预热装置安装在发动机的进气管上,分缸预热装置安装在各汽缸内或进气歧管上。汽油机和部分柴油机的预热采用集中式,分缸式预热装置一般用在柴油机上。

2. 启动预热装置的结构

（1）电热塞

电热塞安在柴油机预热室内或进气口处,通电 10~15s,电热丝温度将达到 800℃,最高温度可达 1000~1100℃。

常用的封闭型电热塞的结构如图 4-44 所示。主体是用铁镍铝合金制成的螺旋形电热丝,电阻一端焊在中心螺杆上,另一端焊在用耐热不锈钢制成的发热体钢套的底部。螺杆和外壳之间用瓷质绝缘体隔开,钢套与电热丝之间,填充具有一定绝缘性能和导热性好、耐高温的氧化铝。各缸电热塞中心螺杆用导线接于电源。发动机启动前,接通电热塞开关。电流经蓄电池正极→电热丝→中心螺杆→蓄电池负极。由于

1—发热钢套；2—电热丝；3—填充剂；
4、6—密封圈；5—外壳；7—绝缘瓷管；
8—胶合剂；9—中心导电杆；10—锁紧螺母；
11—接线螺母；12—平垫圈；
13—弹簧垫圈；14—螺母

图 4-44　电热塞

电流经电热丝，因此电热丝和发热体钢套发热变红，用来加热汽缸内的空气，达到顺利启动的目的。

电热塞的连接方式有并联和串联两种，通常多为并联，如图 4-45 所示。

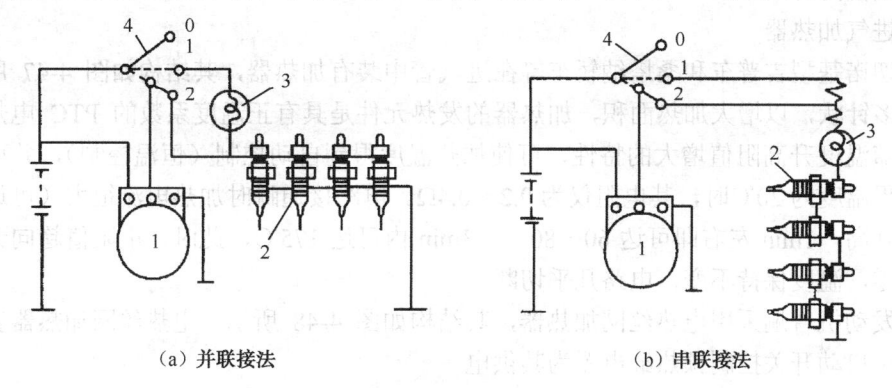

(a) 并联接法　　　　　　　　(b) 串联接法

1—启动机；2—电热塞；3—指示灯；4—开关

图 4-45　电热塞控制电路

冷启动时，先将启动开关拨在"1"挡位，电热塞电路接通，开始预热，一般预热时间不超过 1min；再把启动开关拨至"2"挡位，发动机即可顺利启动。电热塞电路通常装有预热指示灯，指示灯不亮，则预热器未投入工作。

(2) 电磁式火焰预热器

电磁式火焰预热器装在柴油发动机的进气歧管上，其结构如图 4-46 所示。

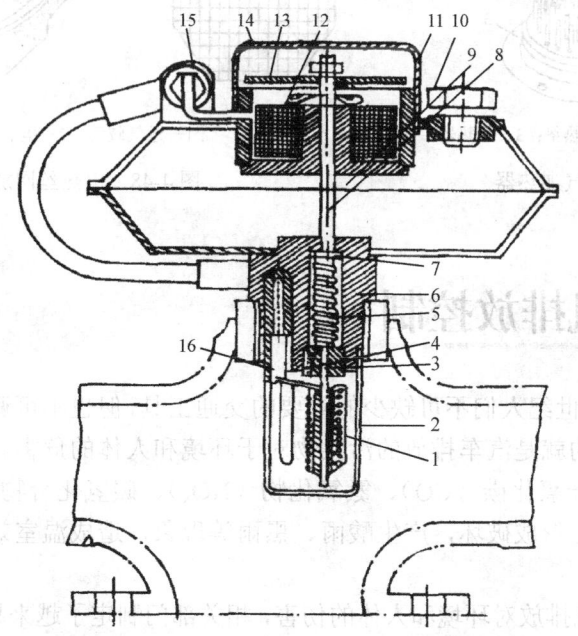

1—电热丝；2—稳焰罩；3—支撑杆；4—油孔；5—弹簧；6—预热器外壳；7—阀门；8—阀杆；9—燃油箱；
10—加油孔螺塞；11—铁芯；12—线圈；13—动铁；14—盖；15—接线柱；16—接触头

图 4-46　电磁式火焰预热器

预热器不工作时，预热器内的阀门靠弹簧张力将阀门紧压在阀座孔上封闭。

接通启动开关预热挡，线圈通电，铁芯电磁力吸引动铁压缩弹簧推下阀杆将阀门打开，燃油即从阀门经油孔流到电热丝上。由于电热丝也已同时通电成炽热状态，所以燃油立即汽化着火燃烧，火焰从稳焰罩喷出，加热进气歧管中的冷空气。预热完后，电热丝断电，阀门又被弹簧将阀杆顶住而封闭。

（3）进气加热器

北京切诺基型吉普车和桑塔纳轿车等在进气管中装有加热器，其结构如图 4-47 所示。加热器制成多针状，以增大加热面积，加热器的发热元件是具有正温度系数的 PTC 电热陶瓷材料，具有随温度升高阻值增大的特性，可使加热温度得到自动控制（恒温控制），并可节省电能。当外界温度为 20℃时，其电阻仅为 0.2～0.4Ω。电路接通瞬时加热电流很大（可达 40A），温度迅速升高，1min 左右即可达 60～80℃，3min 内可达 175℃，此时，电阻值趋向无穷大，电流趋于零，温度保持不变，电路几乎切断。

柴油发动机普遍采用电热丝网加热器，其结构如图 4-48 所示。电热丝网加热器安装在进气管上，由启动开关控制预热继电器为其供电。

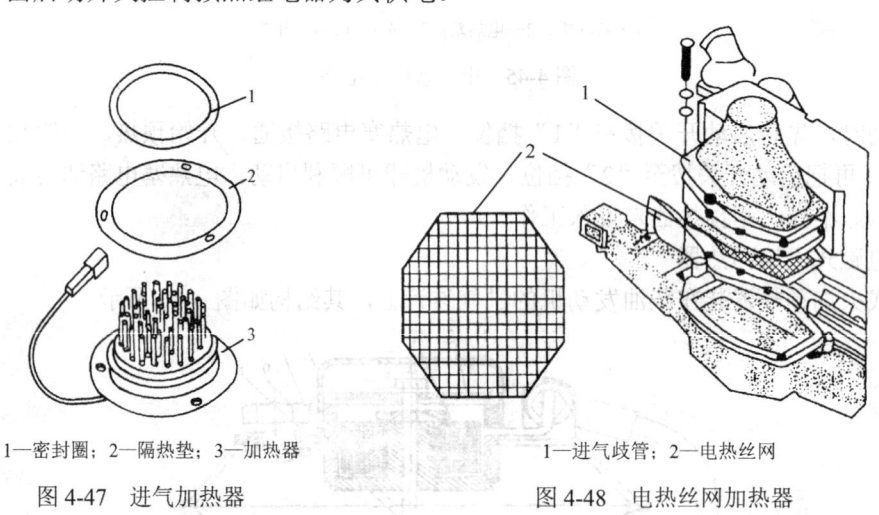

1—密封圈；2—隔热垫；3—加热器

图 4-47　进气加热器

1—进气歧管；2—电热丝网

图 4-48　电热丝网加热器

4.5　发动机排放控制

汽车已经成为 21 世纪人们不可缺少的重要的交通工具，但也不可避免地带来了一系列的问题，其中最为重要的就是汽车排放的污染物对于环境和人体的危害。汽车排放的污染物中的有害气体主要就是一氧化碳（CO）、氮氧化物（NO_x）、碳氢化合物（HC）等，它们的产生会对大气中的臭氧层形成破坏，产生酸雨、黑雨等现象，造成温室效应，引起严重的环境问题。

为了降低汽车尾气排放对环境和人体的伤害，相关部门制定了越来越严格的限制汽车污染物排放的法律、法规（标准）。同时，汽车生产厂家采用了许多控制汽车排放污染的措施，包括内燃机前处理净化技术、内燃机机内净化处理技术、内燃机后处理净化技术。下面介绍其中一些典型的排放控制技术。

4.5.1 三元催化转化器

1. 作用

三元催化转化器（TWC）通常也称为触媒。其作用是将发动机运转工作过程所产生的燃烧废气中所含的有害气体排放物，主要指废气中的碳氢化合物、一氧化碳和氮氧化合物，转化成对人类社会环境无害的排放物，如二氧化碳、水蒸气和氮气。

2. 结构和基本工作原理

三元催化转化器的载体一般采用蜂窝结构，蜂窝表面有涂层和活性组分，与废气的接触表面积非常大，所以其净化效率高。当发动机的空燃比在理论空燃比附近时，三元催化剂可将90%的碳氢化合物和一氧化碳及70%的氮氧化合物同时净化，因此这种催化器被称为三元催化转化器。目前，电子控制汽油喷射加三元催化转化器已成为国内外汽油车排放控制技术的主流。

三元催化转化器是现代汽车发动机管理系统的排气再（后）处理子系统的主要零部件。其构成主要由作为催化转化反应床的、涂敷有促进化学转化反应的催化剂特制配方的涂层的金属薄板载体或陶瓷烧结载体、不锈钢焊接结构的外壳和介于载体与壳体之间，起耐热、隔热和减振作用的衬垫等元件构成，如图4-49所示。

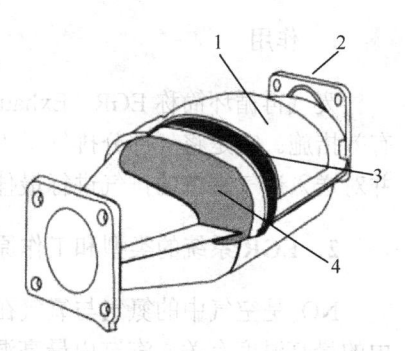

1—壳体；2—排气；3—隔热密封垫；
4—陶瓷载体和催化剂

图4-49 三元催化转化器结构

（1）壳体

壳体是整个三元催化转化器的支撑体。壳体的材料和形状是影响催化转化器转化效率和使用寿命的重要因素。目前使用最多的壳体材料是含铬、镍等金属的不锈钢，这种材料具有热膨胀系数小、耐腐蚀性强等特点，适用于催化转化器恶劣的工作环境。

（2）垫层

为了使载体在壳体内位置牢固，防止因振动而损坏，以及补偿陶瓷与金属之间热膨胀性的差别，保证载体周围的气密性，在载体与壳体之间加有一块由软质耐热材料构成的垫层。垫层具有特殊的热膨胀性能，可以避免载体在壳体内部发生窜动而导致载体破碎。另外，为了减小载体内部的温度梯度，以减小载体承受的热应力和壳体的热变形，垫层还应具有隔热性。常见的垫层有金属网和陶瓷密封垫层两种形式。

（3）载体

早期的催化剂曾采用氧化铝的球状载体，这种载体存在磨损快、阻力大的缺点，目前在汽车催化器中已不采用。美国康宁（Corning）公司于20世纪70年代初发明了陶瓷蜂窝载体，并很快占据了车用催化器载体的主导地位。之后，日本NGK公司也掌握了这种技术并开始大量生产。据统计，目前世界上车用催化器载体的90%是陶瓷载体，其余为金属载体，而陶瓷载体年产量的95%以上由康宁公司和NGK公司生产。

(4) 涂层

涂层是指把浆状物涂在载体上后烘干，典型涂层的主要成分是氧化铝和二氧化铈。该涂层为贵金属催化剂提供一个巨大的表面积，将贵金属催化剂涂布其上，可防止催化剂发生热退化作用。

在发动机燃烧废气流经蜂窝状陶瓷载体表面，且载体表面的温度达到特定的温度范围时（一般为300~500℃以上），燃烧废气中的化学有害成分 HC、CO、NO_x 以及燃烧剩余的 O_2 在催化剂的作用下发生氧化-还原反应，生成 CO_2、H_2O 和 N_2。

4.5.2 废气再循环

1．作用

废气再循环简称 EGR（Exhaust Gas Recirculation）系统，是目前用于降低 NO_x 排放的一种有效措施。它是将一部分排气引入进气管与新鲜空气混合后进入汽缸燃烧，从而实现再循环，并对送入进气系统的排气进行最佳的控制。

2．EGR 系统的类型和工作原理

NO_x 是空气中的氮气与氧气在高温、高压条件下形成的，发动机排出的 NO_x 量主要与汽缸内的最高温度有关，汽缸内最高温度越高，排出的 NO_x 量越多。EGR 控制系统的功能是将适量的废气引入汽缸内参加燃烧，从而降低汽缸内的最高温度，以减少 NO_x 的排放量。但是过度的废气再循环，使混和气的着火性能和发动机的输出功率下降，将会影响到发动机的正常运行，特别是在怠速、低转速小负荷及发动机处于冷态运行时，再循环的废气将会明显降低发动机的性能。因此，应根据发动机结构、工况及工作条件的变化自动调整参与再循环的废气量，并选择 NO_x 排放量多的发动机运转范围，进行适量的 EGR 控制。

通常 EGR 的控制指标采用 EGR 率表示，其定义如下：

$$EGR 率 = EGR 量/（吸入空气量＋EGR 量）\times 100\%$$

（1）普通电子式 EGR 控制系统

图 4-50 所示为日产 VG30 型发动机所用的普通电子式 EGR 控制系统，主要由 EGR 阀和 EGR 电磁阀等组成。其中，EGR 阀安装在废气再循环通道中，用以控制废气再循环量。EGR 电磁阀安装在通向 EGR 阀的真空通道中。

发动机工作时，ECU 根据发动机冷却液温度、节气门开度、转速和启动等信号来控制电磁阀的通电或断电。ECU 不给 EGR 电磁阀通电时，控制 EGR 阀的真空通道接通，EGR 阀开启，进行废气再循环；ECU 给 EGR 电磁阀通电时，控制 EGR 阀的真空通道被切断，EGR 阀关闭，停止废气再循环。

（2）可变 EGR 率废气再循环控制系统

可变 EGR 率废气再循环控制系统工作时，ECU 根据传感器的输入信号确定发动机工况，然后进行查阅和计算修正，发出适当指令，控制电磁阀开度，以调节废气再循环率。

图 4-51 所示为开环控制废气再循环系统的一种实例。发动机工作时，ECU 根据曲轴位置传感器、节气门位置传感器、水温度传感器、启动信号、电源电压等，给废气再循环控制电磁阀提供不同占空比的脉冲电压，使其具有不同打开、关闭频率，以调节进入真空控制电磁阀负压

室的空气量，得到控制 EGR 阀不同开度所需各种真空度，从而获得为适应发动机工况所需不同的 EGR 率。脉冲电压信号占空比越大，电磁阀打开时间越长，进入真空控制电磁阀负压室的空气量越多，真空度越小，废气再循环控制阀开度越小，EGR 率越小，当小至某一值时，废气再循环阀关闭，废气再循环系统停止工作。反之，脉冲电压信号的占空比越小，EGR 率越大。

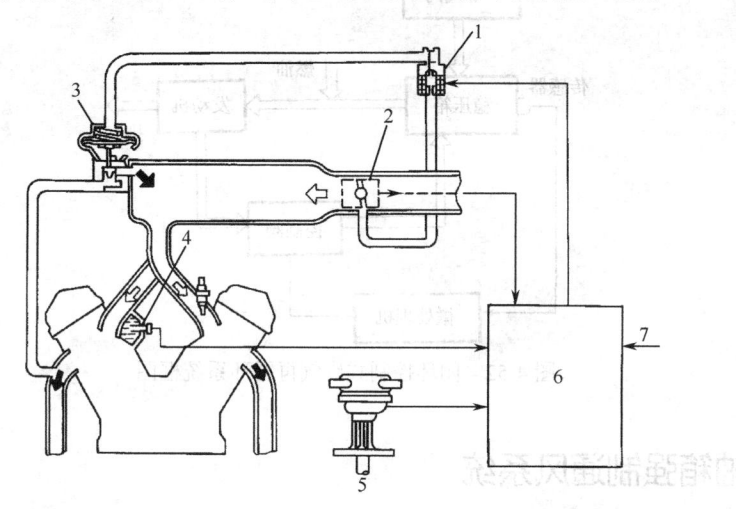

1—EGR 电磁阀；2—节气门；3—EGR 阀；4—水温度传感器；5—曲轴位置传感器；6—ECU；7—启动信号

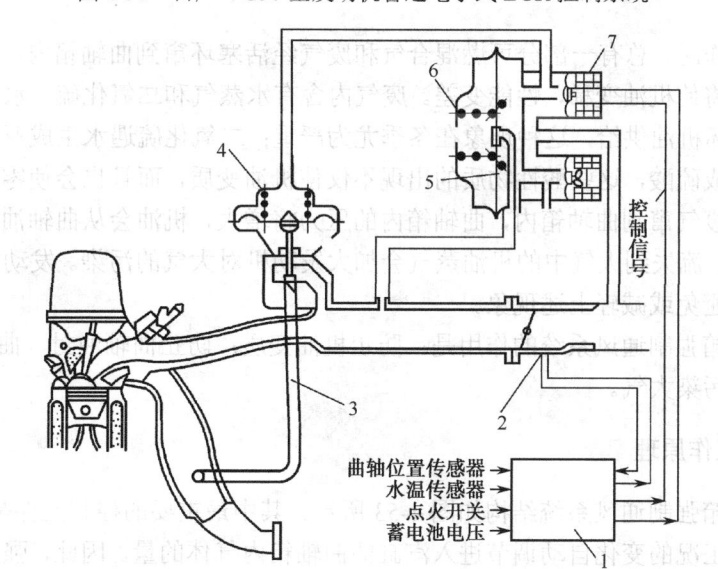

图 4-50　日产 VG30 型发动机普通电子式 EGR 控制系统

1—ECU；2—节气门开关；3—废气再循环管路；4—废气再循环阀；5—定压阀；6—真空控制电磁阀；7—电磁阀

图 4-51　可变 EGR 率废气再循环控制系统

（3）闭环控制式 EGR 系统

在前述开环控制式废气再循环系统中，EGR 率只受 ECU 预先设置好的程序控制，不检测发动机各种工况下的 EGR 率，因此，无反馈信号。而在闭环控制式废气再循环系统中，ECU 以 EGR 率作为反馈信号实现闭环控制。其系统框图如图 4-52 所示。

与开环控制 EGR 系统相比，闭环控制 EGR 系统在进气总管中的稳压箱上增设一个 EGR 率传感器。新鲜空气经节气门进入稳压箱，参与再循环的废气经 EGR 电磁阀进入稳压箱，EGR

传感器检测稳压箱内气体中的氧浓度,并转换成电信号送给 ECU,ECU 根据此反馈信号修正 EGR 电磁阀的开度,使 EGR 率保持在最佳值,从而有效减少 NO_x 的排放量。

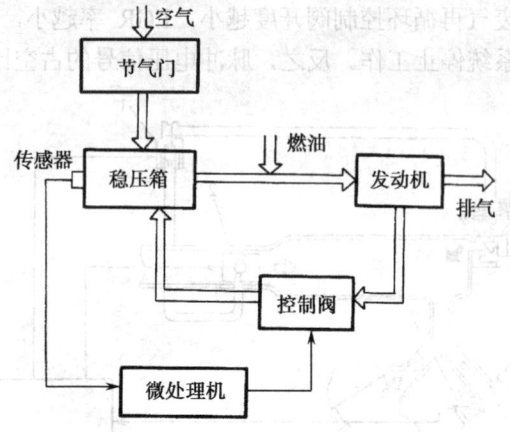

图 4-52 闭环控制式废气再循环系统框图

4.5.3 曲轴箱强制通风系统

1. 作用

在发动机工作时,总有一部分可燃混合气和废气经活塞环窜到曲轴箱内,窜到曲轴箱内的汽油蒸气凝结后将使机油变稀,性能变差。废气内含有水蒸气和二氧化硫,水蒸气凝结在机油中形成泡沫,破坏机油供给,这种现象在冬季尤为严重;二氧化硫遇水生成亚硫酸,亚硫酸遇到空气中的氧生成硫酸,这些酸性物质的出现不仅使机油变质,而且也会使零件受到腐蚀。由于可燃混合气和废气窜到曲轴箱内,曲轴箱内的压力将增大,机油会从曲轴油封、曲轴箱衬垫等处渗出而流失。流失到大气中的机油蒸气会加大发动机对大气的污染。发动机装有曲轴箱强制通风系统可以避免或减轻上述现象。

发动机曲轴箱强制通风系统的作用是:防止机油变质;防止曲轴油封、曲轴箱衬垫渗漏;防止各种油蒸气污染大气。

2. 结构和工作原理

发动机曲轴箱强制通风系统结构如图 4-53 所示。其中最重要的控制元件是 PCV 阀,其功用是根据发动机工况的变化自动调节进入汽缸的曲轴箱内气体的量。因此,强制式曲轴箱通风装置又称为 PCV 系统。

曲轴箱强制通风 PCV 阀主要由锥形阀、PCV 阀体、阀座和弹簧组成。当发动机不工作时,PCV 阀中的弹簧将其中的锥形阀压在阀座上,关闭了曲轴箱与进气管的通路,如图 4-54(a)所示;发动机在怠速或减速时,进气管真空度很大,克服弹簧力把锥形阀高高举起,这时锥形阀与 PCV 阀体之间只有很小的缝隙,此时窜入曲轴箱的气体也很少,这时通气量也较小,需要的 PCV 阀的开度较小,如图 4-54(b)所示;部分节气门开度时,进气管真空度比怠速时小,在弹簧的作用下锥形阀与 PCV 阀体之间的缝隙增大,窜入曲轴箱的气体较怠速时多,这时通气量逐渐加大,需要 PCV 阀开度增大,如图 4-54(c)所示;发动机在大负荷工作时,节气门全开，进气管真空度较小，弹簧将锥形阀进一步下压，使 PCV 阀的开度达到最大，此时将产生更多的曲轴箱气体，通风量最大，必须使 PCV 阀开度最大，如图 4-54（d）所示。

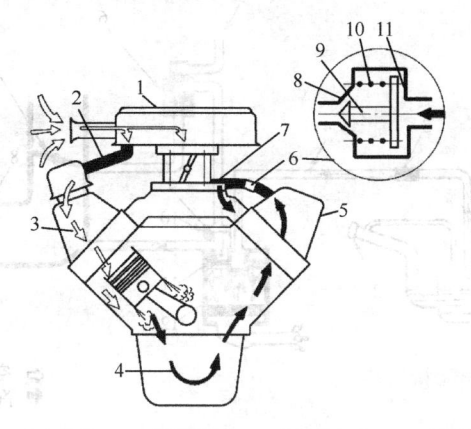

1—空气滤清器；2—空气软管；3—新鲜空气；4—曲轴箱气体；5—汽缸盖罩；6—PCV 阀；
7—曲轴箱气体软管；8—阀体；9—阀；10—弹簧；11—阀座

图 4-53　曲轴箱强制通风系统

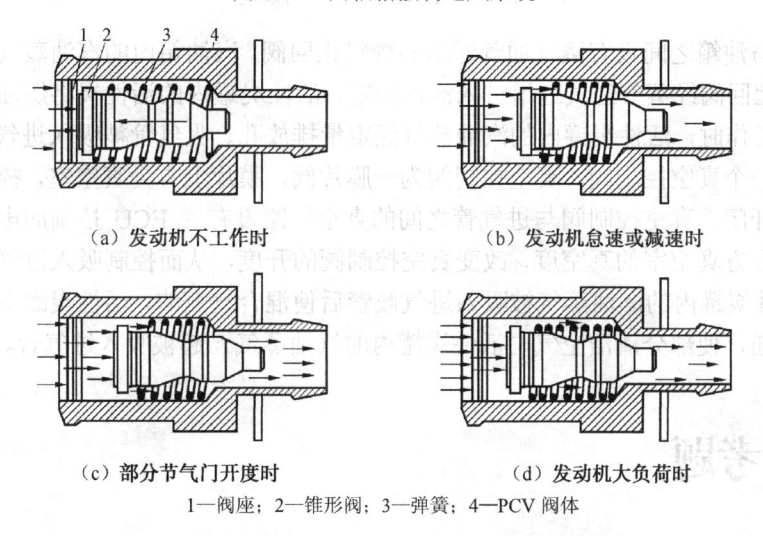

（a）发动机不工作时　　　　　　　　（b）发动机急速或减速时

（c）部分节气门开度时　　　　　　　（d）发动机大负荷时

1—阀座；2—锥形阀；3—弹簧；4—PCV 阀体

图 4-54　发动机各种工况下的 PCV 阀开度

4.5.4　汽油蒸发排放控制系统

1. 作用

汽油蒸发（EVAP）排放控制系统的作用是收集汽油箱内蒸发的汽油蒸气，并将汽油蒸气导入汽缸参加燃烧，从而防止汽油蒸气直接排入大气而造成污染。同时，还须根据发动机工况，控制导入汽缸参加燃烧的汽油蒸气量。

2. 结构和工作原理

在装有 EVAP 排放控制系统的汽车上，汽油箱盖上只有空气阀，而不设蒸气放出阀。EVAP

排放控制系统如图 4-55 所示。

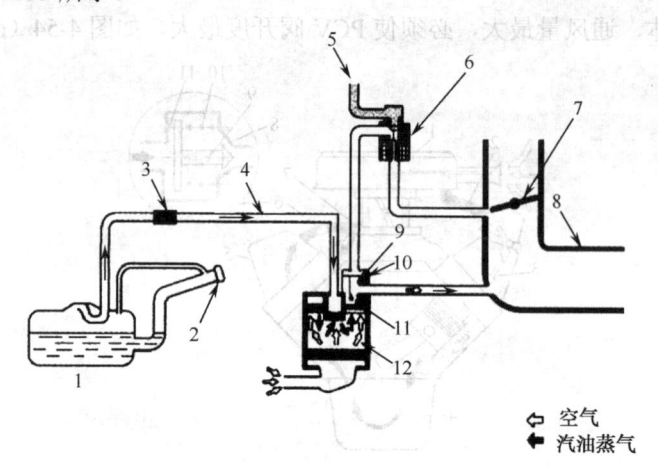

1—汽油箱；2—油箱盖附真空泄放阀；3—燃料止回阀；4—蒸气通气通道；5—接缓冲器；6—炭罐控制电磁阀；7—节气门；8—进气歧管；9—真空室；10—真空控制阀；11—定量排放小孔；12—活性炭罐

图 4-55 EVAP 排放控制系统

活性炭罐与油箱之间设有蒸气通气通道和燃料止回阀，汽油箱内的汽油蒸气超过一定压力时，顶开燃料止回阀经蒸气通气通道进入活性炭罐，活性炭罐内的活性炭将燃油蒸气吸附在炭罐内。发动机工作时，活性炭罐内的汽油蒸气经定量排放孔、吸气管被吸入进气歧管。活性炭罐的上端设有一个真空控制阀，真空控制阀为一膜片阀，膜片上方为真空室，控制阀用来控制定量排放孔的开闭。真空控制阀与进气管之间的真空管路设有受 ECU 控制的电磁阀，用以调节真空控制阀上方真空室的真空度，改变真空控制阀的开度，从而控制吸入进气管的汽油蒸发量。为防止活性炭罐内的燃油蒸气被吸入进气歧管后使混合气变浓，活性炭罐下方设有进气滤芯并与大气相通，使部分清洁空气与活性炭罐内的汽油蒸气一起被吸入进气管。

思考题

1. 电子控制汽油喷射系统由哪些部分组成？各部分的工作原理如何？
2. 电控汽油喷射系统是如何分类的？
3. 电控汽油喷射系统有哪些主要组成部件？简述各组成部件的作用、结构及工作原理。
4. 电控汽油喷射系统怠速是如何调节的？
5. 涡轮增压系统由哪些部件组成？简述其工作过程。
6. 进、排气系统由哪些部件组成？各组成部件的功用是怎样的？
7. 常见发动机排放控制系统有哪些？试简述其工作原理。

Chapter 5

第 5 章
柴油机燃油供给系统

5.1 概述

柴油机与汽油机不同。它烧的是柴油，柴油黏度大，不易挥发，一般不能通过化油器在汽缸外部形成均匀的混合气，故采用高压喷射的方法，在接近压缩行程上止点时，柴油以高压喷入汽缸，直接在汽缸内部形成混合气，并借助汽缸内空气的高温自行发火燃烧，对外做功。因此，柴油机供给系统的组成、构造及工作原理与汽油机供给系统有较大区别。

5.1.1 柴油机燃油供给系统的功用和要求

柴油机燃油供给系统的功用是完成燃料的储存、滤清和输送工作，按柴油机各种不同工况的要求，定时、定量、定压地将雾化质量良好的柴油，以一定喷油规律喷入燃烧室使其与空气迅速而良好地混合和燃烧，做功后将燃烧废气排出汽缸。

由于柴油的蒸发性和流动性较汽油差，而且柴油机的混合气形成时间较汽油机短促得多，使得柴油难以在燃烧前雾化并与空气均匀混合，即柴油机的可燃混合气的品质较汽油机的差。因此，柴油机不得不采用较大的过量空气系数，使喷入汽缸的柴油能够燃烧得比较完全。

为改善混合气形成的条件,不致出现太长的着火准备期,保证柴油机工作柔和,除了选用十六辛烷值较高的柴油,采用较高的压缩比(15~20),以提高汽缸内的空气温度,促进柴油蒸发外,还对柴油机供给系统提出如下要求:

① 喷油压力必须足够高,一般在10MPa以上,以利于柴油雾化;
② 在燃烧室内组织强烈的空气运动,促进柴油与空气的均匀混合。

为使发动机能可靠地工作,柴油机供给系统还应保证:

① 在一个工作循环内,各缸均喷油一次,其次序与选定的发动机发火次序相符;
② 能随发动机负荷的不同而相应改变供油量,且各缸的供油量是一致的;
③ 各缸有相同的喷油提前角,并且在一定程度上可以根据发动机工况进行统一调节。

5.1.2 柴油

柴油是在533~623K的温度范围内从石油中提炼出的碳氢化合物,含碳87%、氢12.6%和氧0.4%。柴油按凝点分为10、0、-10、-20、-35五个牌号,其凝点分别不高于10℃、0℃、-10℃、-20℃、-35℃,牌号越高凝点越低。其代号分别为RCZ-10、RC-0、RC-10、RC-20、RC-35。"R"和"C"是"燃"和"柴"字的汉语拼音字头,凝点在0℃以上的则在"-"前加上"Z"字,选用时,号数应比实际气温低5~10℃。

柴油的使用性能指标主要是发火性、蒸发性、黏度和凝点。

发火性是指燃油的自燃能力。柴油机的发火性用"十六辛烷值"表示,十六辛烷值越高,发火性越好,但是十六辛烷值高的柴油的凝点也高,因而蒸发性差,故通用柴油的十六辛烷值应在40~50范围内。

蒸发性是指由燃油蒸发试验确定的,需要测定的馏程是50%馏出温度、90%馏出温度及95%馏出温度。同一相对蒸发量的柴油馏出温度越低,表明柴油蒸发性越好,越有利于可燃混合气的形成和燃烧。

黏度决定燃油的流动性,黏度越小,则流动性越好。黏度过大的柴油由于流动的阻力过大,难以滤清、沉淀,也严重地影响柴油从喷油器喷出时的雾化。黏度过小又将增加柱塞副之间以及喷油器针阀与阀体之间柴油的漏失量,加剧这些精密偶件的磨损。

凝点是柴油冷却到开始失去流动性的温度。柴油的凝点应比最低工作温度低3~5℃以上,凝点过高会导致油路堵塞。因此GB252—81规定根据凝点将国产柴油进行编定,如10号、0号和-35号。

汽车应选用十六辛烷值高、蒸发性好、凝点和黏度适合、不含水分和杂质的柴油。

5.1.3 柴油机可燃混合气的形成

1. 柴油机可燃混合气的形成与燃烧特点

柴油机可燃混合气的形成和燃烧都是直接在燃烧室内进行的。当活塞接近压缩行程上止点时,柴油喷入汽缸,与高压高温的空气接触、混合,经过一系列的物理、化学变化才开始燃烧。之后便是边喷射边燃烧。混合气的形成和燃烧是一个非常复杂的物理化学变化过程,其主要特点是:

① 燃料的混合和燃烧是在汽缸内进行的,混合空间小、时间短,给柴油与空气的良好混

合和完全燃烧带来很大困难。

② 可燃混合气的形成和燃烧过程是同时、连续重叠进行的，即边喷射，边混合，边燃烧，混合气形成过程很复杂，成分不断变化。

③ 柴油机由于难以实现喷入汽缸的柴油与空气的完全均匀混合，因此要求空气对燃料的比例一般比汽油机大。过量空气系数（α）通常在标准工况下都大于1，一般在1.15～2.20范围内。

2. 可燃混合气的形成与燃烧过程

（1）柴油机可燃混合气的形成方式

柴油机混合气形成方式从原理上来分，有空间雾化混合和油膜蒸发混合两种。

① 空间雾化混合。

空间雾化混合是将燃油喷向燃烧室空间，形成雾状，雾状油滴从高温空气中吸热蒸发并扩散，与空气形成混合气。为了使混合均匀，要求喷出一个或数个油束与燃烧室形状配合，并利用燃烧室中空气的运动与其混合，如图5-1（a）所示。

② 油膜蒸发混合。

油膜蒸发混合是将大部分燃油喷到燃烧室壁面上，形成一层油膜，油膜受热汽化蒸发，在燃烧室中强烈的涡流作用下，燃油蒸气与空气形成均匀的可燃混合气，如图5-1（b）所示。这一混合方式中起主要作用的因素是燃烧室壁面温度、空气相对运动速度和油膜厚度。

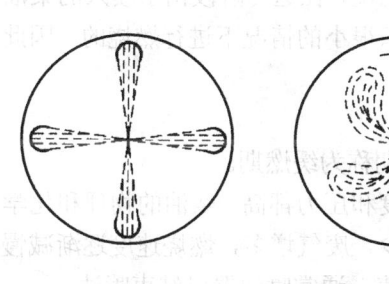

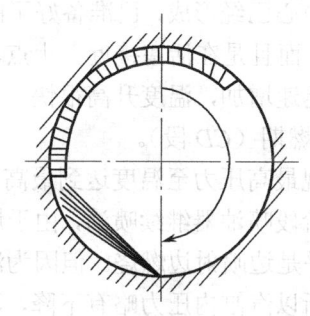

（a）空间雾化混合　　　　　　　　　　（b）油膜蒸发混合

图5-1　混合气的形成方式

（2）柴油机可燃混合气的形成和燃烧过程

柴油机燃烧过程非常复杂，为了便于分析和揭示燃烧过程的规律，通常将这一连续的燃烧过程分为四个阶段，即着火延迟期（又称为滞燃期）、速燃期、缓燃期和补燃期，汽缸压力与曲轴转角的关系如图5-2所示。

① 着火延迟期（AB段）。

从柴油开始喷入汽缸起到着火开始为止的这一段时期称为着火延迟期。

喷入汽缸中的雾状柴油并不能马上着火燃烧，汽缸中的气体温度虽然已高于柴油的自燃点，但柴油的温度不能马上升高到自燃点，要经过一段物理和化学的准备过程。也就是说，柴油在高温空气的影响下，吸收热量，温度升高，逐层蒸发而形成油气，向四周扩散并与空气均匀混合；随着柴油温度升高，少量的柴油分子首先分解，并与空气中的氧分子进行化学反应，具备着火条件而着火，形成了火焰中心，为燃烧做好准备。

② 速燃期（BC段）。

从开始着火（即压力偏离压缩线）到出现最高压力的这一段时期称为速燃期。

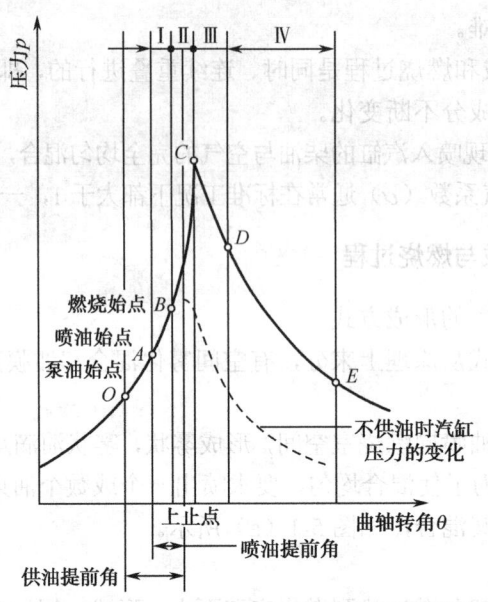

图 5-2 汽缸压力与曲轴转角的关系

Ⅰ—着火延迟期；Ⅱ—速燃期；Ⅲ—缓燃期；Ⅳ—补燃期

火焰中心已经形成，已准备好了的混合气迅速燃烧，在这一阶段由于喷入的柴油几乎同时着火燃烧，而且是在活塞接近上止点、汽缸工作容积很小的情况下进行燃烧的，因此，汽缸内的压力 p 迅速增加，温度升高很快。

③ 缓燃期（CD 段）。

从出现最高压力至温度达到最高点的这一段时期称为缓燃期。

这一阶段喷油器继续喷油，由于燃烧室内的温度和压力都高，柴油的物理和化学准备时间很短，几乎是边喷射边燃烧。但因为汽缸中氧气减少，废气增多，燃烧速度逐渐减慢，汽缸容积增大，所以汽缸内压力略有下降，温度达到最高值，通常喷油器已结束喷油。

④ 补燃期（DE 段）。

从最高温度点起到燃油基本烧完时为止称为补燃期。

补燃期的终点很难准确地确定，一般当放热量达到循环总放热量的 95%～99% 时，可认为补燃期结束。补燃期放出的热量不能充分利用来做功，很大一部分热量将通过缸壁散至冷却水中，或随废气排出，使发动机过热，排气温度升高，造成发动机动力性下降，经济性下降。因此，要尽可能地缩短补燃期。

5.2 柱塞喷油泵燃油供给系统

5.2.1 柴油机燃油供给系统的组成

柴油机燃油供给系统一般由燃油供给装置、空气供给装置、混合气形成装置和废气排出装置组成，如图 5-3 所示。

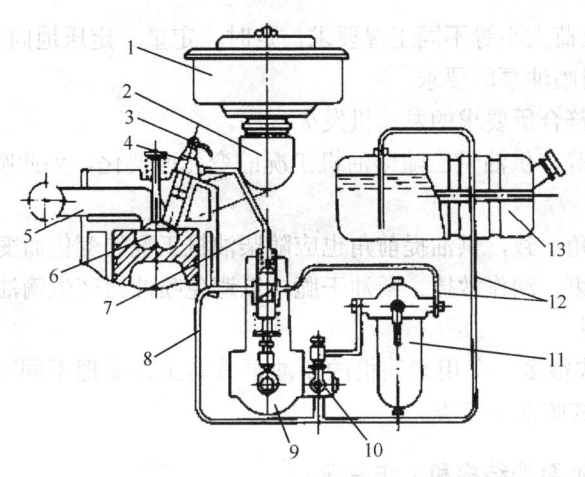

1—空气滤清器；2—进气管；3—喷油器回油管；4—喷油器；5—排气管；6—燃烧室；7—高压油管；
8—喷油泵回油管；9—喷油泵；10—输油泵；11—柴油滤清器；12—低压油管；13—油箱

图 5-3　柴油机燃油供给系统

（1）燃油供给装置

燃油供给装置主要由柴油箱、油管、输油泵、柴油滤清器、喷油泵、调速器和喷油器等组成。

柴油箱储存有经过沉淀和滤清的柴油。柴油从油箱被吸入输油泵并泵出，经柴油滤清器滤去杂质后，进入喷油泵。自喷油泵输出的高压柴油经高压油管、喷油器喷入燃烧室。由于输油泵的供油量比喷油泵供油量大得多，过量的柴油便经回油管回到输油泵和柴油箱。

从柴油箱到喷油泵入口的这段油路中的油压是由输油泵建立的，而输油泵的出油压力一般为 0.15～0.3MPa，这段油路称为低压油路。低压油路是向喷油泵供给滤清的燃油。从喷油泵到喷油器这段油路中的油压是由喷油泵建立的，一般在 10MPa 以上，故称此段油路为高压油路。高压柴油通过喷油器呈雾状喷入燃烧室，与空气混合形成可燃混合气。

为了在柴油机启动时将柴油充满喷油泵，排除整个油路中的空气，在输油泵上装有手动输油泵。

（2）空气供给装置

空气供给装置主要由空气滤清器、进气管、进气道等组成，在有些柴油发动机上还装有进气增压装置和中冷器等。

（3）混合气形成装置

燃烧室是混合气形成装置，主要作用是使燃油与空气混合形成可燃混合气。

（4）废气排出装置

其作用为在做功后排出汽缸内的燃烧废气，包括排气歧管、排气管和排气消声器等。

5.2.2　直列柱塞式喷油泵

1．喷油泵简介

（1）功用

喷油泵即高压油泵（简称油泵），一般与调速器连成一体。其功用是升高柴油压力，按照发动机的工作顺序、负荷大小等不同工况要求，定时、定量、定压地向喷油器输送高压柴油。

（2）多缸柴油机对喷油泵的要求

① 各缸供油次序符合所要求的发动机发火次序。

② 各缸供油量相等，供油量应随柴油机工况的变化而变化，为此喷油泵必须有供油量调节机构。

③ 各缸供油提前角一致，供油提前角也应随柴油机工况的变化而变化。

④ 供油开始和结束，动作敏捷，断油干脆，以避免喷油器产生滴油或不正常喷射现象。

（3）喷油泵的类型

喷油泵的结构形式很多。车用柴油机的喷油泵按其工作原理不同可分为直列柱塞式喷油泵、PT泵和转子分配式喷油泵三类。

2. 直列柱塞式喷油泵的结构和工作原理

直列柱塞式喷油泵使用性能良好，使用可靠，结构简单紧凑，便于维修和供油调节，目前为多数汽车柴油机所采用，它主要由柱塞分泵、油量调节机构、分泵驱动机构和泵体四部分组成，其结构如图 5-4 所示。

（1）分泵

分泵的主要零件有柱塞偶件、柱塞弹簧、弹簧下座、出油阀偶件、出油阀弹簧、减容器、出油阀压紧座等，其结构如图 5-5 所示。

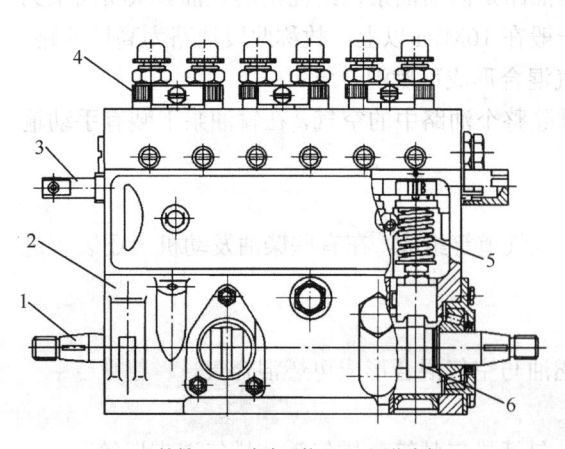

1—凸轮轴；2—喷油泵体；3—调节齿杆；
4—出油阀紧固座；5—柱塞弹簧；6—凸轮

图 5-4 直列柱塞式喷油泵结构

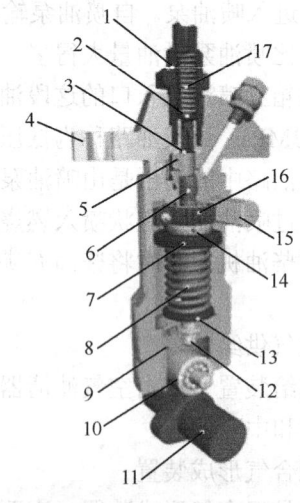

1—管接；2—出油阀；3—出油阀座；4—泵体；5—柱塞套；
6—柱塞；7—上承盘；8—弹簧；9—滚轮体；10—滚轮；
11—凸轮轴；12—调整螺钉；13—下承盘；
14—转动套；15—齿条；16—齿圈；17—弹簧

图 5-5 分泵结构

分泵是由一套柱塞副、出油阀副等零件组成的高压泵油机构，分泵的数目与发动机的缸数相等，每一副柱塞与柱塞套只向一个汽缸供油。对于多缸柴油机，则由多套泵油机构分别向各缸供油。中、小功率柴油机大多将各缸的泵油机构组装在同一壳体中，称为多缸泵，而其中每套泵油机构则称为分泵。

柱塞泵的泵油机构包括两套精密偶件，由柱塞和柱塞套构成柱塞偶件，如图5-6（a）所示；由出油阀和出油阀座构成出油阀偶件，如图5-6（b）所示。

柱塞和柱塞套是一对精密偶件，经配对研磨后不能互换，要求有高的精度和光洁度及好的耐磨性，其径向间隙为0.002～0.003mm。

柱塞头部圆柱面上切有斜槽，并通过径向孔、轴向孔与顶部相通，其目的是改变循环供油量；柱塞套上制有进、回油孔，均与泵上体内低压油腔相通，柱塞套装入泵上体后，应用定位螺钉定位。柱塞头部斜槽的位置不同，改变供油量的方法也不同。

出油阀偶件配对研磨后不能互换，其配合间隙为0.01mm。

出油阀是一个单向阀，在弹簧压力作用下，阀上部圆锥面与阀座严密配合，其作用是在停止供油时，将高压油管与柱塞上端空腔隔绝，防止高压油管内的油倒流入喷油泵内。

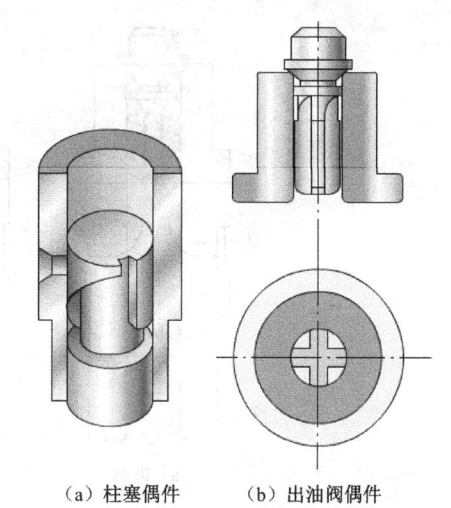

（a）柱塞偶件　　（b）出油阀偶件

图5-6　泵油机构的精密偶件

出油阀的下部呈十字断面，既能导向，又能通过柴油。出油阀的锥面下有一个小的圆柱面，称为减压环带，其作用是在供油终了时，使高压油管内的油压迅速下降，避免喷孔处产生滴油现象。当环带落入阀座内时则使上方容积很快增大，压力迅速减小，停喷迅速。

工作时，在喷油泵凸轮轴上的凸轮与柱塞弹簧的作用下，迫使柱塞做上下往复运动，从而完成泵油任务。泵油过程可分为以下三个阶段。

① 进油过程。

进油过程如图5-7（a）所示。当曲轴驱动喷油泵凸轮轴转动时，如果凸轮的凸起部分尚未与滚轮相接触，在弹簧力的作用下，柱塞向下运动，柱塞上部空间（称为泵油室）产生真空度，当柱塞上端面把柱塞套上的进油孔打开后，充满在油泵上体油道内的柴油经油孔进入泵油室，柱塞运动到下止点，进油结束。

② 供油过程。

供油过程如图5-7（b）所示。当凸轮轴转到凸轮的凸起部分顶起滚轮体时，柱塞弹簧被压缩，柱塞向上运动，燃油受压，一部分燃油经油孔流回喷油泵上体油腔。当柱塞顶面遮住套筒上进油孔的上缘时，由于柱塞和套筒的配合间隙很小（0.0015～0.0025mm），从而使柱塞顶部的泵油室成为一个密封油腔，柱塞继续上升，泵油室内的油压迅速升高，泵油压力大于出油阀弹簧力和高压油管剩余压力之和时，推开出油阀，高压柴油经出油阀进入高压油管，通过喷油器喷入燃烧室。

③ 回油过程。

回油过程如图5-7（c）所示。柱塞向上供油，当上行到柱塞上的斜槽的上边沿（停供边）与套筒上的回油孔的下边沿相通时，泵油室的高压油即通过柱塞中心的油孔和斜槽中的径向孔流入到低压油腔，柴油压力骤然下降，出油阀在弹簧力的作用下迅速关闭，停止供油。此后柱塞可能仍在上行，当凸轮的凸起部分转过去后，在弹簧的作用下，柱塞又下行。此时便开始了下一个循环。

(a) 进油　　(b) 供油　　(c) 回油

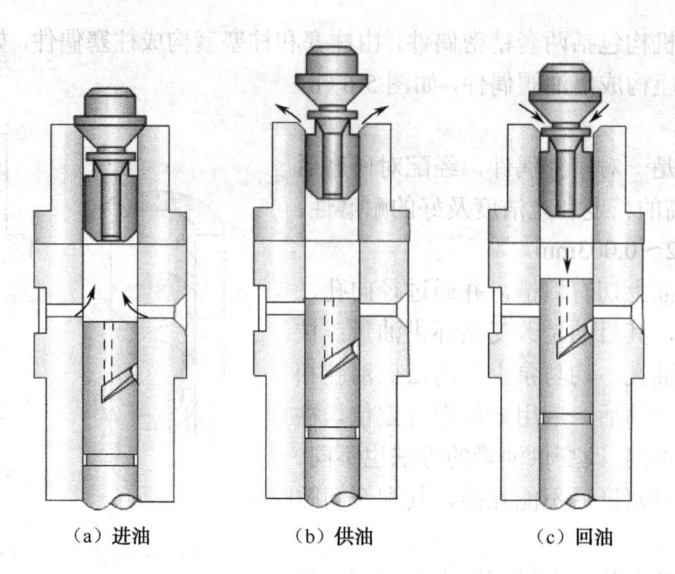

图 5-7　柱塞泵的泵油过程

柱塞自开始供油到供油结束这一段行程称为有效压油行程。显然，改变有效压油行程即可改变供油量。喷油泵凸轮轴每转一转，泵油机构通过喷油器可向燃烧室供油一次。

（2）油量调节机构

改变供油量的办法是转动柱塞，通过改变有效供油行程来完成。有效供油行程的数值则等于柱塞开始压油时，回油孔处斜槽的上边沿与回油孔的下边沿的距离。此距离越长，有效供油行程越长，则供油量越大。这一段距离可以通过转动柱塞加以改变。

油量调节机构的作用是执行驾驶员或调速器的指令，转动柱塞改变各分泵的供油量，以适应柴油机负荷和转速变化的需要，并通过它来调整各缸供油的均匀性。

油量调节机构有拉杆拨叉式和齿杆齿圈式两种。

① 拉杆拨叉式油量调节机构。

该机构由调节臂、拨叉、供油拉杆等组成，如图 5-8 所示。驾驶员或调速器轴移动供油拉杆时，拨叉带动调节臂使柱塞相对柱塞套转动，从而调节了供油量。当各缸供油量不等时，可松开固定螺钉改变拨叉在供油拉杆上的位置予以调整。

② 齿杆齿圈式油量调节机构。

齿杆齿圈式油量调节机构由齿杆、齿扇（齿圈）和传动套等组成，如图 5-9 所示。齿杆的轴向位置由驾驶员或调速器控制，齿扇通过传动套带动柱塞套筒相对于柱塞转动，便可调节供油量。各缸供油均匀性的调整，通过改变齿扇与传动套圆周方向的相对位置来实现。

（3）分泵驱动机构

分泵驱动机构主要由喷油泵凸轮轴和滚轮体等传动部件组成。其功能是推动柱塞往复运动，完成进油、供油、回油过程，并保证供油正时。

① 凸轮轴。

其结构如图 5-10 所示。凸轮轴上的凸轮数目与缸数相同，排列顺序与柴油机的工作顺序相同。四冲程柴油机曲轴转两周，喷油泵的凸轮轴转一周，各分泵都供一次油。相邻工作两缸凸轮间的夹角叫供油间隔角，角度的大小等同配气机构凸轮轴同名凸轮的排列，四缸柴油机为90°，六缸柴油机为60°。

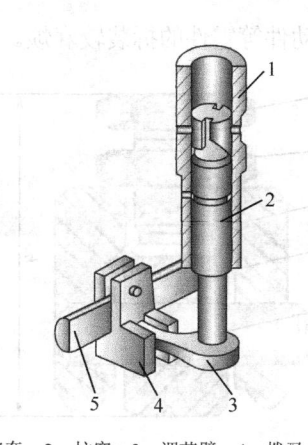

1—柱塞套；2—柱塞；3—调节臂；4—拨叉；5—供油拉杆

图 5-8　拉杆拨叉式油量调节机构

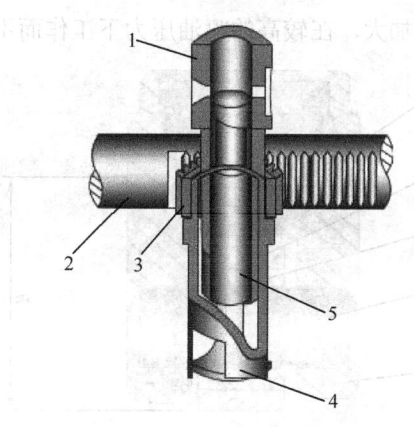

1—柱塞套筒；2—齿杆；3—可调齿圈；4—传动套；5—柱塞

图 5-9　齿杆齿圈式油量调节机构

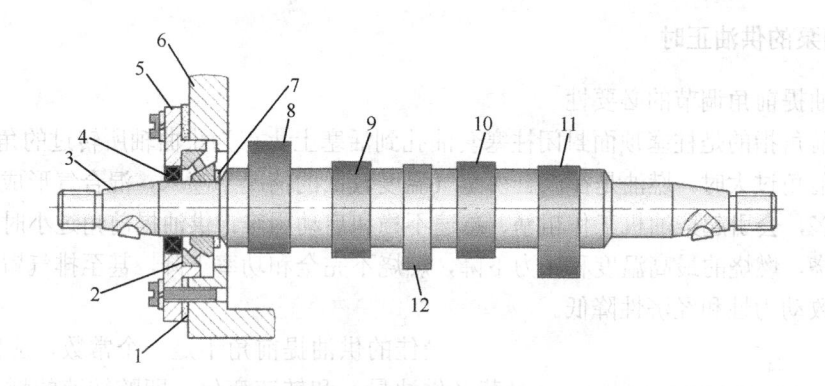

1—密封垫；2—圆锥滚子轴承；3—连接锥面；4—油封；5—前端盖；6—泵体；
7—调整垫片；8、9、10、11—凸轮；12—输油泵偏心轮

图 5-10　凸轮轴（四缸机）结构

② 滚轮体传动件。

滚轮体传动件的作用是变凸轮的旋转运动为自身的直线往复运动，推动柱塞上行供油，并且用来调整各分泵的供油提前角和供油间隔角。

滚轮体的高度多为可调式，主要分为调整垫块式和调整螺钉式两种。

调整垫块式滚轮体如图 5-11 所示。带有滑动配合衬套的滚轮体松套在滚轮轴上，滚轮轴也松套在滚轮架座孔中，因此凸轮与滚轮体的相对运动为滚动摩擦，减轻了磨损，且磨损均匀。

调整垫块安装在滚轮架的座孔中，它的上端面到滚轮下沿的距离 h 称为滚轮体的工作高度。调整垫块用耐磨材料制成，制有不同厚度的垫块，厚度差为 0.1mm，相应凸轮轴转角为 0.5°，反映到曲轴上为 1°。

调整螺钉式滚轮体如图 5-12 所示。在滚轮架上端有工作高度可调节的调整螺钉，拧出调整螺钉，h 值增大，供油提前角即增大；拧入螺钉，h 值减小，供油提前角即减小。

（4）泵体

泵体是喷油泵的基础件，多用铝合金铸成。泵体分为组合式和整体式两种。组合式有上下两部分，用螺栓连接在一起。上体安装分泵和油量调节机构零件，下体安装驱动件。整体式泵体可

使刚度加大，在较高的喷油压力下工作而不变形，但分泵和驱动件等零件的拆装较麻烦。

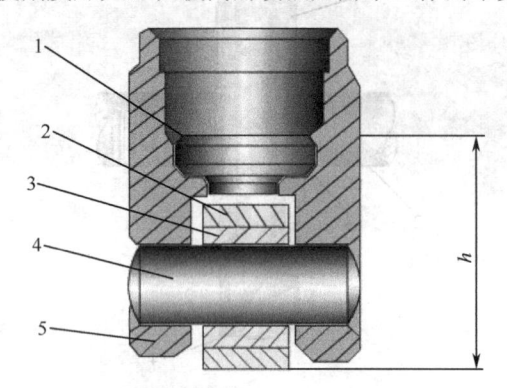

1—调整垫块；2—滚轮；3—滚轮衬套；4—滚轮轴；5—滚轮架
图5-11 调整垫块式滚轮体

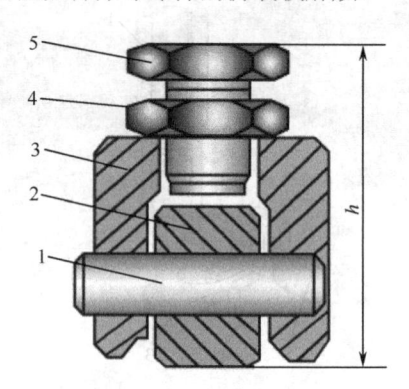

1—滚轮轴；2—滚轮；3—滚轮架；4—锁紧螺母；5—调整螺钉
图5-12 调整螺钉式滚轮体

3. 喷油泵的供油正时

（1）供油提前角调节的必要性

供油提前角指的是柱塞顶面封闭柱塞套油孔到活塞上止点为止曲轴所转过的角度。

供油提前角过大时，燃油是在汽缸内空气温度较低的情况下喷入，混合气形成条件差，燃烧前集油过多，会引起柴油机工作粗暴、怠速不稳和启动困难；供油提前角过小时，将使燃料产生过后燃烧，燃烧的最高温度和压力下降，燃烧不完全和功率下降，甚至排气冒黑烟，柴油机过热，导致动力性和经济性降低。

最佳的供油提前角不是一个常数，应随柴油机负荷（供油量）和转速变化，即随转速的增高而加大。车用柴油机根据其常用的某个供油量和转速范围来确定一个供油提前初始角，其值的获得可通过联轴器或转动喷油泵的壳体来进行微量的变化。因柴油机转速变化范围较大，还必须使供油提前角在初始角的基础上随转速而变化，所以车用柴油机多装有供油提前角自动调节器。

为使最佳喷油提前角随转速升高而增大，近年来国内外车用柴油机常用机械离心式供油提前角自动调节器，可根据转速变化自动改变喷油提前角。

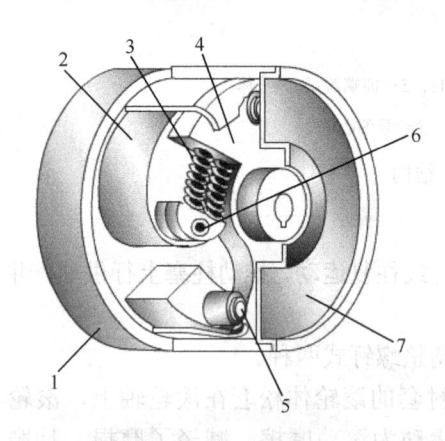

1—驱动盘；2—飞块；3—弹簧；4—从动盘；
5—滚轮；6—销钉；7—提前器盖

图5-13 机械式供油提前角自动调节机构

（2）供油提前角自动调节机构

供油提前角自动调节器位于联轴节和喷油泵之间。驱动盘与联轴节相连。其结构如图5-13所示。驱动盘前端面压装两个销钉，两个飞块即套在此销钉上。飞块另一端各压装一个销钉，每个销钉上松套着一个滚轮和内座圈。筒状从动盘的毂部用半圆键与喷油泵凸轮轴相连。从动盘两臂的弧形侧面与滚轮接触，平侧面压在两个弹簧上，弹簧另一端支于松套在驱动盘销钉上的弹簧座上。

（3）工作原理

供油提前角自动调节器工作原理如图5-14所示。当柴油机工作时，驱动盘通过销钉带动飞块和从动盘一起旋转。飞块在离心力的作用下绕驱动盘上的销钉向外摆动，迫使滚轮沿从动盘上的弧形侧面 E 向外移动，并推动从动盘沿着旋转的方向转动一个角度 α，即供油提前角的增大量，与此同时弹簧受到压缩，直至弹簧力与离心力平衡为止，主动盘重新与从动盘同步旋转。柴油机的转速上升越高，飞块的离心力越大，供油提前角增大越多；反之，柴油机转速降低时，供油提前角相应减小。

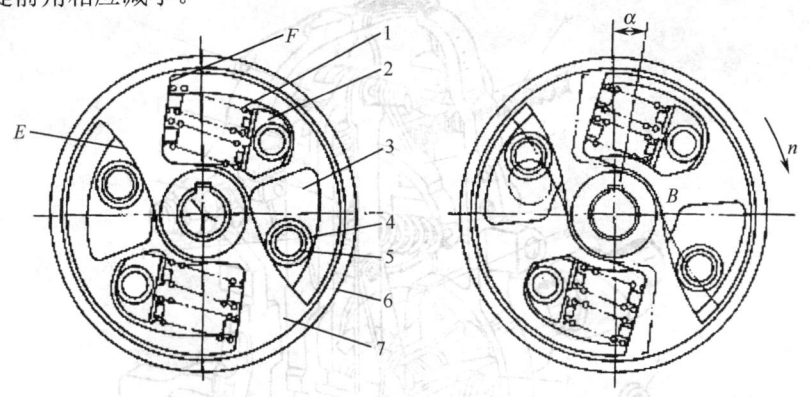

1—弹簧；2—弹簧座；3—飞块；4—滚轮；5—滚轮内座圈；6—驱动盘；7—从动盘

图 5-14 机械式供油提前角自动调节器工作原理

5.2.3 调速器

喷油泵每个工作循环的供油量主要取决于调节拉杆的位置，此外还受到发动机转速的影响。在调节拉杆位置不变时，随着发动机曲轴转速的增大，柱塞有效行程略有增加，而供油量也略有增大；反之，供油量略有减少。这种供油量随转速变化的关系称为喷油泵的速度特性。

喷油泵的速度特性对工况多变的柴油机是非常不利的。当发动机负荷稍有变化时，导致发动机转速变化很大。当负荷减小时，转速升高，转速升高导致柱塞泵循环供油量增加，循环供油量增加又导致转速进一步升高，这样不断地恶性循环，造成发动机转速越来越高，最后飞车；反之，当负荷增大时，转速降低，转速降低导致柱塞泵循环供油量减少，循环供油量减少又导致转速进一步降低，这样不断地恶性循环，造成发动机转速越来越低，最后熄火。

要改变这种恶性循环，就要求有一种能根据负荷的变化，自动调节供油量、使发动机在规定的转速范围内稳定运转的自动控制机构，移动供油拉杆改变循环供油量，使发动机的转速基本不变。因此，柴油机要满足使用要求，就必须安装调速器。

调速器根据发动机负荷变化而自动调节供油量，从而保证发动机的转速稳定在很小的范围内变化。

调速器按功能分，有两速调速器、全速调速器、定速调速器和综合调速器。

1. 两速调速器

两速调速器能自动稳定和限制柴油机最低与最高转速，而柴油机的正常工作转速则由驾驶员通过加速踏板直接控制。

中、小型汽车柴油机多数采用两速调速器，以起到防止超速和稳定怠速的作用，具有低速稳定、高速控制灵敏、操作轻便、易于修复调整等特点。

图 5-15 所示为解放牌 CA1091K3 型载货汽车柴油机所用的 RAD 型两速调速器。其结构如图 5-16 所示。

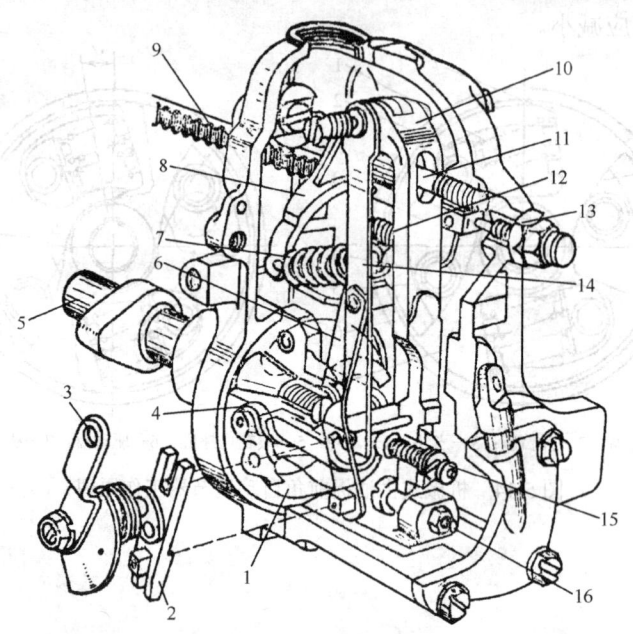

1—飞块；2—调速手柄；3—控制杠杆；4—滚轮；5—凸轮轴；6—浮动杠杆；7—高速弹簧；8—速度调定杠杆；9—供油齿条；10—拉力杠杆；11—速度调整螺栓；12—启动弹簧；13—稳速弹簧；14—导动杠杆；15—怠速弹簧；16—全负荷限位螺钉

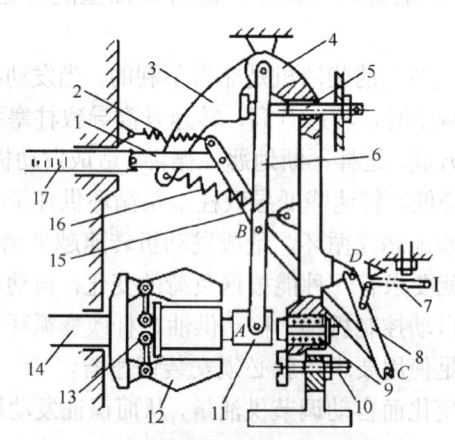

图 5-15 RAD 型两速调速器

1—连杆；2—启动弹簧；3—转速调定杠杆；4—拉力杠杆；5—转速调整螺栓；6—导动杠杆；7—调速手柄；8—支持杠杆；9—怠速弹簧；10—全负荷限位螺钉；11—滑套；12—飞块；13—滚轮；14—凸轮轴；15—浮动杠杆；16—高速弹簧；17—供油齿条

图 5-16 RAD 型两速调速器结构

（1）启动加浓

发动机静止时，两飞块在启动弹簧的作用下处于向心极限位置。启动前，将调速手柄从停车挡块移至最高速挡块 I 上。在此过程中，调速手柄绕 D 点逆时针转动，浮动杠杆也绕 B 点逆时针转动，带动供油调节齿条向增加供油的方向（图 5-16 向左）移动。启动弹簧对浮动杠杆向左的一个拉力使其绕 C 点逆时针转动，同时带动 B 点（销轴）和 A 点（滑套）进一步向左移动，直到飞块到达向心极限位置为止，从而保证供油调节齿杆越过全负荷进入启动最大供油量位置，使得启动油量多于全负荷油量，旨在加浓混合气，以利柴油机低温启动。

（2）怠速稳定

柴油机启动之后，将调速手柄置于怠速位置Ⅱ，如图 5-17 所示。飞块的离心力使滑套右移而压缩怠速弹簧，当飞块离心力与怠速弹簧及启动弹簧的合力平衡时，供油调节齿条便保持在某一位置，发动机就相应地处在某一转速下稳定工作。

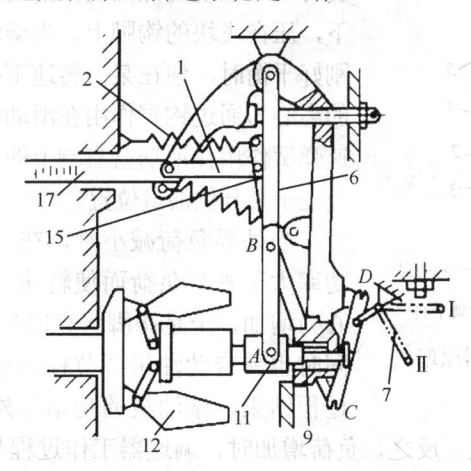

图 5-17 RAD 型两速调速器的怠速工作示意图（图中标注同图 5-16）

若柴油机由于某种原因转速降低，则飞块离心力减小，在怠速弹簧及启动弹簧的作用下，飞块移向回转中心，同时带动滑套左移，从而使导动杠杆向左偏转，带动 B 点左移，同时浮动杠杆绕 C 点逆时针转动，推动供油量调节齿条向左移，增加供油量，使转速回升。反之，当转速增高时，飞块的离心力增大，飞块便压缩怠速弹簧远离回转中心，同样通过导动杠杆使浮动杠杆绕 C 点顺时针转动，推动供油量调节齿条向右移动，减小供油量，使转速降低。可见，调速器可以保持怠速转速稳定。

（3）中速

将调速手柄从怠速位置移至中速位置，供油量调节齿条处于部分负荷供油位置，柴油机转速较高，飞块的离心力不足以克服怠速弹簧和高速弹簧的共同作用力，飞块始终紧靠在内弹簧座上而不能移动，即调速器在中等转速范围内不起调节供油量的作用。但此时驾驶员可根据汽车行驶的需要改变调速手柄的位置，使供油量调节齿条向左或向右移动，以增加或减少供油量。

（4）最高转速

将调速手柄置于最高速挡块上，供油量调节齿条相应地移至全负荷供油位置，柴油机转速由中速升高到最高速。此时，飞块的离心力相应增大，并克服全部高速弹簧的作用力，使飞块连同内弹簧座一起向外移到一个新的位置。在此位置，飞块离心力与弹簧作用力达到新的平衡。若柴油机转速超过规定的最高转速，则飞块的离心力便超过调速弹簧的作用力，使供油量调节齿条向减油方向移动，从而防止柴油机超速。

2. 全速调速器

在柴油机全工况范围内任意选定的转速下，全速调速器都能自动调节供油量，保持调节的转速稳定工作。

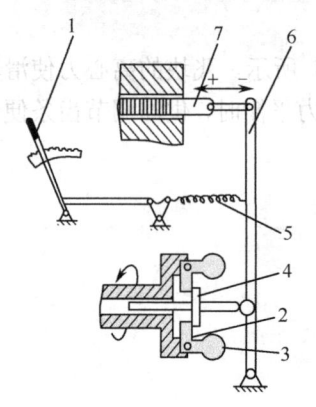

图 5-18 所示是全速式机械调速器原理图。调速器的速度感测元件由飞块和调速弹簧组成，当柴油机运转时带动支撑盘旋转；飞块铰接在支撑盘上，既可以随支撑盘一起旋转又可以绕支点摆动；滑动盘在调速弹簧预紧力的作用下，压在飞块的钩脚上。当柴油机发出的功率与外界负荷刚好平衡时，便在某一转速下稳定工作。此时，飞块产生的离心力通过钩脚作用在滑动盘左端，该轴向力恰好与调速弹簧作用在滑动盘右端上的预紧力相平衡，油量调节杆也处于某一供油量位置。

当外界负荷减小时，在一定供油量下柴油机发出的功率大于外界负荷而使转速升高，这时飞块所产生的离心力增加，于是钩脚将克服弹簧预紧力推动滑动盘右移，同时也就带动油量调节杆移动，使供油量减少，待调节过程结束，柴油机的功率与外界负荷达到平衡，喷油泵套筒重新稳定在某一位置上。反之，负荷增加时，调速器工作过程与上述相反。如果柴油机的转速需要改变，只要将调速器弹簧预紧力调到一定值即可。例如，若想增加转速，就要加大预紧力，使飞块作用转速提高。

1—操纵杆；2—支撑盘；3—飞块；4—滑动盘；
5—调速弹簧；6—杠杆；7—油量调节杆

图 5-18 全速式机械调速器原理

5.2.4 喷油器

喷油器的功用是将来自喷油泵的高压柴油喷射雾化，并按一定的要求将柴油喷射到燃烧室中。对喷油器的要求是：

① 应具有一定的喷射压力和射程，以及合适的喷注锥角；
② 在规定的停止喷油时刻应立即切断燃油的供给，不发生滴油现象；
③ 油束形状与方向适应燃烧室。

常见的喷油器有孔式和轴针式两种形式。

喷油器具有各种不同的结构形式，可分为两大类，即开式喷油器与闭式喷油器。喷油器内部通过喷孔与燃烧室经常相连通的称为开式喷油器；除了喷射柴油的时间外，平时喷油器内部与燃烧室之间被一针阀隔开，这种喷油器称为闭式喷油器。车用柴油机绝大多数采用闭式喷油器，其常见的形式有孔式与轴针式两种。

1. 孔式喷油器

孔式喷油器主要用于具有直接喷射式燃烧室的柴油机。喷油孔的数目一般为 1~8 个，喷孔直径为 0.2~0.8mm。喷孔数目和喷孔角度的选择依据燃烧室的形状、大小和空气涡流情况而定。

孔式喷油器主要由针阀、针阀体、顶杆、调压弹簧、调压螺钉及喷油器体等组成，其结构如图 5-19 所示。

其中最主要的是优质合金钢制成的针阀和针阀体，两者合称针阀偶件，如图 5-20 所示。针阀上部的圆柱表面与针阀体的相应圆柱面做高精度的滑动配合，配合间隙为 0.001～0.0025mm。针阀偶件的配合面通常经过精磨后再研磨，从而保证其配合精度。所以选配和研磨好的一副针阀偶件是不能互换的，这点在维修过程中应特别注意。

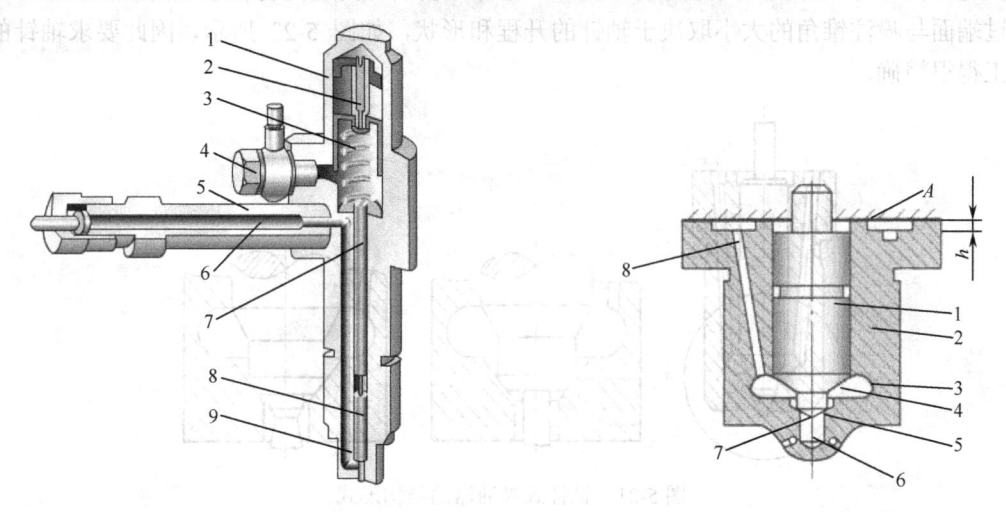

1—喷油器体；2—调压螺钉；3—调压弹簧；4—回油管螺栓；
5—进油管接头；6—滤芯；7—顶杆；8—针阀；9—针阀体

图 5-19 孔式喷油器结构

1—针阀；2—针阀体；3—高压油腔；4—承压锥面；5—密封锥面；
6—喷孔；7—压力室；8—进油道；A—限位面；h—针阀升程

图 5-20 针阀偶件

装在喷油器上部的调压弹簧通过顶杆使针阀紧压在针阀体的密封锥面上，将喷孔关闭。喷油泵输出的高压柴油从进油管接头经过喷油器体与针阀体中的油孔道进入针阀中部周围的环状空间——高压油腔。油压作用在针阀的承压锥面上，形成一个向上的轴向推力，当此推力克服了调压弹簧的预紧力及针阀与针阀体间的摩擦力（此力很小），针阀即上移而打开喷孔，高压柴油便从针阀体下端的喷油孔喷入到燃烧室中。当喷油泵停止供油时，由于油压迅速下降，针阀在调压弹簧作用下及时回位，将喷孔关闭。

喷油的开启压力即喷油开始时的喷油压力大小，取决于调压弹簧的预紧力，后者可用调压螺钉调节。

在喷油器工作过程中，会有少量柴油从针阀与针阀体配合表面之间的间隙漏出。这部分柴油对针阀起润滑作用，并沿顶杆周围的空隙上升，通过回油管螺栓上的孔进入回油管，流回柴油滤清器。

对多缸柴油机，为使各缸喷油器工作一致，各缸应采用长度相等的高压油管。喷油器用压板及螺钉固定在汽缸盖上的喷油器孔座内，用钢制的锥体密封，以防止漏气。

孔式喷油器有如下主要特点：
① 喷孔的位置和方向与燃烧室形状相适应，以保证油雾直接喷射在球形燃烧室壁上；
② 喷射压力较高；
③ 喷油头细长，喷孔小，雾化质量好，但易阻塞，加工精度要求高。

2. 轴针式喷油器

轴针式喷油器的工作原理与孔式的相同。其结构特点是在针阀下端的密封锥面以下还延伸出一段，其形状可以是倒锥形或圆柱形，如图 5-21 所示。轴针伸出喷孔外，使喷孔成为圆环状的狭缝（轴针与孔的径向间隙为 0.05mm）。这样，喷油时的喷注将呈空心的锥状或柱形。喷孔通过端面与喷注锥角的大小取决于轴针的升程和形状，如图 5-22 所示，因此要求轴针的形状加工得很精确。

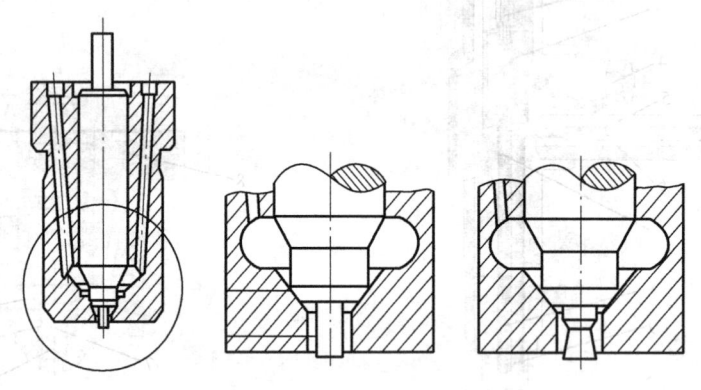

图 5-21 轴针式喷油器的结构形式

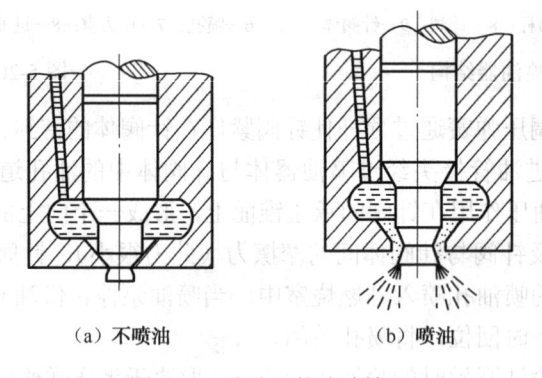

（a）不喷油　　（b）喷油

图 5-22 喷油器的喷油情况

常见的轴针式喷油器只有一个直径 1~3mm 的喷孔。由于喷孔直径较大，孔内有轴针上下运动，喷孔不易积炭，而且还能自行清除积炭。

轴针式喷油器孔径较大，喷油压力较低（12~14MPa），故比较易于加工。它适用于对喷雾要求不高的涡流室式燃烧室和预燃室式燃烧室。

轴针式喷油器有如下特点：
① 不喷油时针阀关闭喷孔，使高压油腔与燃烧室隔开，燃烧气体不致冲入油腔内引起积炭堵塞；
② 喷孔直径较大，便于加工且不易堵塞；
③ 针阀在油压达到一定压力时开启，供油停止时，又在弹簧作用下立即关闭，因此，喷油开始和停止都干脆利落，没有滴油现象；
④ 不能满足对喷油质量有特殊要求的燃烧室的需要。

5.3 VE 分配式柴油供给系统

5.3.1 VE 分配泵的结构和工作原理

转子式喷油泵又叫分配泵，按结构的不同分为两大类：轴向压缩式（VE 分配泵）和径向压缩式（DPA 分配泵）。目前，单柱塞式的 VE 分配泵占据了车用高速柴油机的绝对份额。

分配泵与柱塞式喷油泵相比，有如下特点：

① 分配泵结构紧凑，零件数目少，体积小，质量轻，调速器与供油提前角自动提前器均装在泵体内；

② 分配泵凸轮升程小，有利于适应高速柴油机的要求；

③ 仅需一副柱塞偶件，因此容易保证各缸供油均匀性、供油定时一致性的要求；

④ 分配泵的运动件靠泵体内的柴油润滑和冷却，因此，对柴油的清洁度要求很高，发动机长时间大负荷工作时柴油温度很高，柱塞容易咬死；

⑤ 对多缸机而言，油泵凸轮轴旋转一周，柱塞往复运动几次，线速度很高，柱塞容易咬死。

总之，分配泵对柴油的品质要求很高，不允许有水分。

图 5-23 所示为装有 VE 分配泵的柴油供给系统原理图。

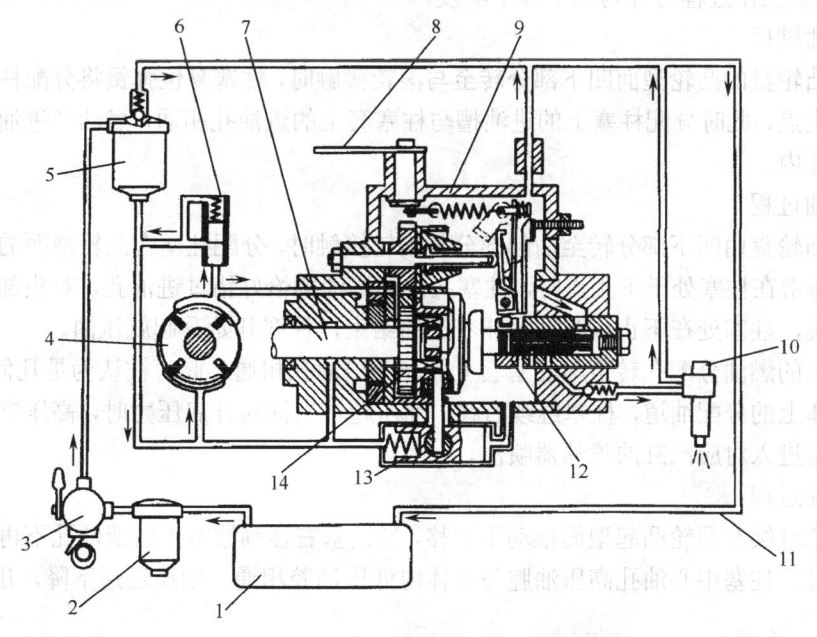

1—燃油箱；2—油水分离器；3—膜片式输油泵；4—叶片式输油泵；5—燃油滤清器；6—调压阀；7—分配泵传动轴；
8—调速手柄；9—分配泵泵体；10—喷油器；11—回油管；12—分配泵；13—喷油提前器；14—调速器驱动齿轮

图 5-23 装有 VE 分配泵的柴油供给系统原理图

VE 分配泵由驱动机构、二级滑片式输油泵、高压分配泵和电磁式断油阀等部分组成，如图 5-24 所示。机械式调速器和液压式供油提前角自动提前器也装在分配泵体内。

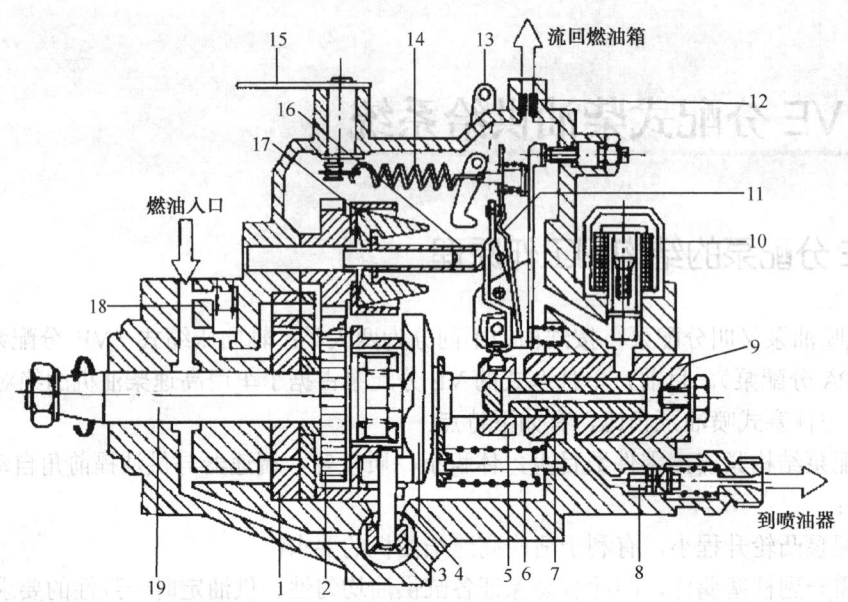

1—二级滑片式输油泵；2—调速器驱动齿轮；3—液压式喷油提前器；4—平面凸轮盘；5—油量调节套筒；6—柱塞弹簧；7—分配柱塞；8—出油阀；9—柱塞套；10—断油阀；11—调速器张力杠杆；12—溢流截流孔；13—停车手柄；14—调速弹簧；15—调速手柄；16—调速套筒；17—飞块；18—调压阀；19—驱动轴

图 5-24　VE 分配泵的结构

VE 分配泵工作过程可分为以下几个阶段。

（1）进油过程

当平面凸轮盘的凸轮型面凹下部分转至与滚轮接触时，柱塞复位弹簧将分配柱塞由右向左推至柱塞下止点，此时分配柱塞上的进油槽与柱塞套上的进油孔相通，燃油经进油道进入柱塞腔和中心油孔内。

（2）泵油过程

当平面凸轮盘由凹下部分转至凸起部分与滚轮接触时，分配柱塞在凸轮型面的推动下由左向右移动。通常在柱塞处于下止点时，柱塞头部的进油槽恰好错过进油孔，对头部没有环槽的分配柱塞来说，柱塞处在下止点时就意味着进油结束，柱塞开始升起就压油。

当柱塞上的燃油分配孔转至与柱塞套上的一个出油孔相通，此时被认为是几何供油始点，燃油进入泵体上的分配油道，柱塞继续右移，油压超过出油阀开启压力时，高压燃油经过出油阀、高压油管进入对应汽缸的喷油器喷油。

（3）停油过程

分配柱塞继续在凸轮凸起型面推动下右移，当柱塞右移到柱塞上的泄油孔不再被油量调节套筒 5 遮蔽时，柱塞中心油孔高压油腔与泵体内低压油腔相通，油压迅速下降，出油阀关闭，停止供油。

从柱塞上的燃油分配孔与柱塞套上的出油孔相通起，至泄油孔移出油量调节套筒为止，柱塞在此期间移动的行程称为柱塞的有效压油行程。显然，移动油量调节套筒的位置可以改变有效压油行程的大小。当调速器控制油量调节套筒向左移动时，有效压油行程减小，供油量减少；当油量调节套筒向右移动时，有效压油行程增大，供油量增加。

(4) 压力平衡过程

分配柱塞上设有压力平衡槽（在柱塞上燃油分配孔 180°角对面），在分配柱塞旋转和移动过程中，压力平衡槽始终与喷油泵体内腔相通。在某一汽缸停止供油后，压力平衡槽正好转至与该汽缸对应的分配油道相通，于是两处油压相同，这样就保证了各分配油道供油结束时的残余油压相等，从而保证了各缸供油的均匀性。

(5) 停车

VE 分配泵装有电磁式断油阀。启动开关置于 OFF 位置时，电磁式断油阀电路断开，阀门在回位弹簧力的作用下关闭，停止供油。

5.3.2 调速系统

VE 分配泵全速式机械离心调速器结构如图 5-25 所示。其工作过程如下。

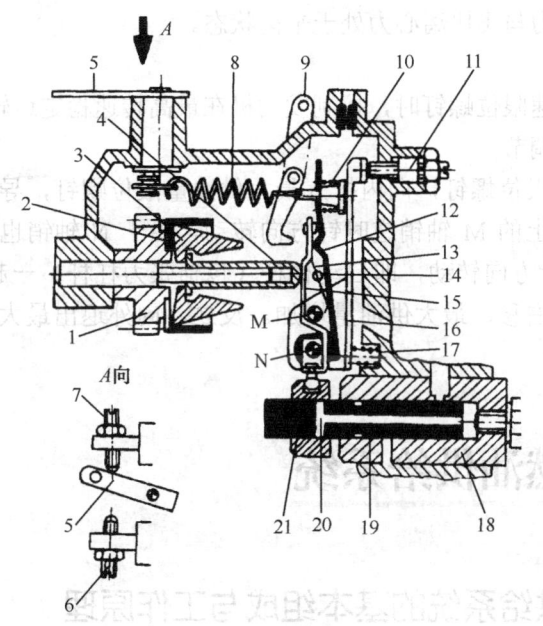

1—调速器传动齿轮；2—飞块支架；3—飞块；4—调速套筒；5—调速手柄；6—怠速调节螺钉；7—最高速度止螺钉；8—调速弹簧；9—停车手柄；10—怠速弹簧；11—最大供油量调节螺钉；12—张力杠杆；13—启动弹簧；14—张力杠杆挡销；15—启动杠杆；16—导杆；17—回位弹簧；18—柱塞套；19—分配柱塞；20—泄油孔；21—供油量调节套筒；M—导杆支撑轴销（固定）；N—启动杠杆、张力杠杆及导杆支撑轴销（可动）

图 5-25 VE 分配泵全速式机械离心调速器结构

(1) 启动工况

调速手柄紧靠在高速限位螺钉上，调速弹簧被最大程度拉紧。怠速弹簧迫使张力杠杆绕 N 轴销逆时针方向转动，启动弹簧张力迫使启动杠杆绕轴销 N 逆时针方向转动，推动调速套筒克服四块飞块离心力左移，飞块完全收拢。此时，启动杠杆下端的球头销使供油量调节套筒右移到最右位置，柱塞的有效压油行程最大，供油量最大。

启动后，飞块的离心力克服柔软的启动弹簧力，调速套筒右移，推动启动杠杆顺时针方向转动，供油量调节套筒左移，供油量减少，直至启动杠杆上端靠在张力杠杆的挡销上，由于启动转速低，克服不了调速弹簧张力，调速套筒不再移动。

（2）怠速工况

调速手柄靠紧在怠速限位螺钉处，调速弹簧处于最松状态，飞块向外张开，调速套筒右移，推动启动杠杆及张力杠杆顺时针方向绕 N 轴销转动（两者靠紧在一起），供油量调节套筒左移到极限位置，供油量大幅度减少。

张力杠杆顺时针方向转动时使怠速弹簧受到压缩，最终飞块离心力与调速弹簧张力平衡于某一位置，发动机处于怠速稳定运转，上述平衡一旦由于某种原因被打破，发动机转速发生了变化，都能导致供油量调节套筒的位置发生变化，最终使怠速稳定。

（3）中间转速工况

调速手柄处于怠速限位螺钉与高速限位螺钉之间的任意位置，调速弹簧相对于怠速位置被拉长，张力杠杆及启动杠杆（压紧在一起）逆时针方向绕 N 轴销转动，供油量调节套筒右移，供油量增加，发动机处于中间转速状态。此时，调速手柄的某一位置控制发动机在某一转速下稳定运转，调速弹簧张力与飞块离心力处于平衡状态。

（4）最高转速工况

当调速手柄靠紧高速限位螺钉时，控制发动机在最高转速稳定运转，原理同上。

（5）最大供油量的调节

调速手柄靠紧高速限位螺钉，向内拧入最大供油量限位螺钉，导杆克服下端的回位弹簧的张力，绕固定于泵体上的 M 轴销逆时针方向转动，由于 N 轴销也通过导杆下端，因此 N 轴销也绕 M 轴销逆时针方向转动，即启动杠杆（包括张力杠杆）一起绕 M 轴销逆时针方向转动，供油量调节套筒右移，最大供油量增加。反之，向外退出最大供油量限位螺钉，最大供油量减少。

5.4 PT 型燃油供给系统

5.4.1 PT 型燃油供给系统的基本组成与工作原理

PT 燃油泵为低压燃油泵，它提供给喷油器的供油压力最大为 2MPa。PT 燃油泵的基本功能如下：

① 在适当压力下将燃油输入喷油器；
② 当柴油机转速、负荷变化时，能相应地改变输油压力以得到所需的循环供油量；
③ 限制柴油机超速和稳定怠速。

（1）PT 型燃油供给系统及 PT 泵的组成

PT 型燃油供给系统的组成如图 5-26 所示。它主要由油箱、燃油滤清器、PT 燃油泵、低压输油管、喷油器、摇臂、推杆、供油凸轮和回油管等组成。其中，PT 燃油泵又包括：齿轮泵、磁性滤清器、脉冲膜片减振器、PTG 调速器、节流轴、电磁阀等。

（2）PT 燃油泵工作过程

齿轮泵吸入燃油并压送到磁性滤清器中进一步滤清，主要清除油中的金属粉末杂质及磨损铁屑。为了消除燃油的压力波动，在齿轮泵的出口端有一个脉冲膜片减振器，借助其中空气室中的空气弹性，对脉动油压起到缓冲作用，使油压稳定。从滤清器出来的燃油经过 PTG 调速器、节流轴及电磁阀等送到喷油器。PTG 双速式调速器用来稳定柴油机的怠速和限制其最高转速，中间转速由驾驶员直接操纵旋转式节流轴来控制油量。根据 PT 系统的设计，PT 泵供给喷油器的燃油将有 80%左右在工作中经喷油器又回到油箱，主要起冷却和润滑喷油器，并防止寒冷气候时燃油冻结及将 PT 系统里的空气带回油箱排掉的作用。

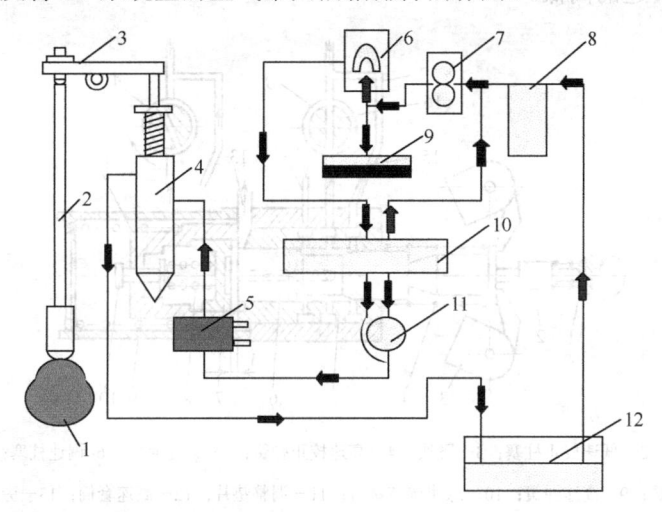

1—供油凸轮；2—推杆；3—摇臂；4—喷油器；5—电磁阀；6—磁性滤清器；7—齿轮泵；
8—滤清器；9—脉冲膜片减振器；10—PTG 调速器；11—节流轴；12—油箱

图 5-26　PT 型燃油供给系统的组成及油路

5.4.2　PTG 调速器

PTG 调速器的结构如图 5-27 所示，它主要由飞块、调速套筒、调速柱塞等主要零件组成。

柴油机运转，调速器柱塞受飞块离心力的轴向推力和弹簧弹力的作用。柴油机转速升高时轴向推力增大，调速器柱塞右移；反之，调速器柱塞左移。调速器柱塞中间的油道与齿轮泵、节流阀连通，其油压与进油道的油压基本相等。由于齿轮泵的供油量比实际需要量大 2～3 倍，总有一部分柴油要经调速器柱塞与怠速弹簧柱塞之间的间隙流回齿轮泵，因而在油压作用下两柱塞是不接触的。

当柴油机转速升高时，飞块离心力的轴向推力增大，随着两柱塞的间隙变小，柴油压力也提高，循环供油量不因转速升高而减少。反之，柴油机转速降低时，两柱塞的间隙变大，柴油压力降低，供油量减少。由于供油压力随柴油机转速而变化，便可使喷油量不因计量时间的缩短而减小，从而保证柴油机转矩不因转速升高而降低。

柴油机各种工况下的 PTG 调速器工作过程如下：柴油机启动时节流阀全开，由于转速很低，调速器柱塞处于极左位置，齿轮泵的流量和压力极小，不能使调速器柱塞和怠速弹簧柱塞分开，回油道关闭，全部柴油经怠速油道和节流阀通道流往喷油器。

柴油机怠速运转时节流阀处于怠速（关闭）位置，调速器柱塞稍右移。由于转速低，由油泵来的油压也低，油液穿过调速器柱塞中心孔，推动怠速弹簧柱塞使怠速弹簧略受压缩，从而使两柱塞略微分开，少量柴油从回油道流回油泵，其余的柴油则通过怠速油道和节流阀通道流往喷油器。若此时因某种原因使柴油机转速下降，由于飞块离心力及其轴向推力减小，并小于怠速弹簧的弹力，因而调速器柱塞左移，开大怠速油道，使喷油量增加，以使柴油机转速不致降低；反之，若此时柴油机转速升高，调速器柱塞则右移，关小怠速油道，供油量减少，使柴油机转速不再升高，从而维持了柴油机的怠速稳定。用怠速调整螺钉调节怠速弹簧的预紧力，可改变柴油机怠速转速的高低。

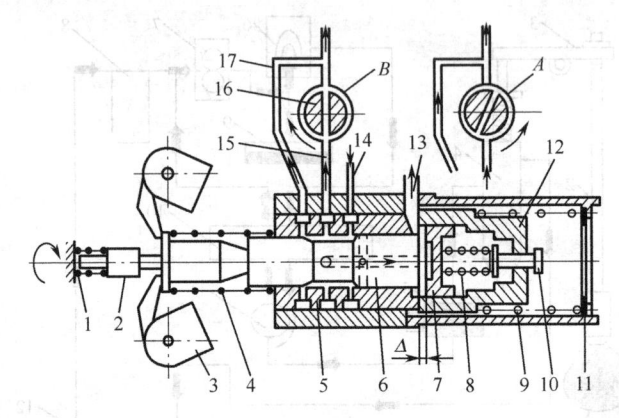

1—低速校正弹簧；2—低速校正柱塞；3—飞块；4—高速校正弹簧；5—调速套筒；6—调速柱塞；7—怠速柱塞；8—怠速弹簧；9—高速弹簧；10—怠速调节螺钉；11—调整垫片；12—高速套筒；13—旁通油道；14—进油口；15—出油口；16—节流阀；17—怠速油道

图 5-27　PTG 调速器的结构

5.5　电控共轨燃油系统

5.5.1　概述

柴油机电控燃油喷射系统的研究开发始于 20 世纪 70 年代，80 年代进入应用阶段，90 年代得到迅速发展。它对提高柴油机的动力性能、经济性能、运转性能和排放性能都产生了极大的影响。

（1）电子控制柴油喷射系统的优点

传统的柴油喷射系统采用机械方式进行喷油量和喷油时间调节和控制，由于机械运动的滞后性，调节时间长，精度差，喷油速率、喷油压力和喷油时间难于准确控制，导致柴油机动力经济性能不能充分发挥，排气超标。研究表明，一般机械式喷油系统对喷油定时的控制精度为 2°CA（曲轴转角）左右。而喷油始点每改变 1°CA，燃油消耗率会增加 2%，HC 排放量增加 16%，NO_X 排放量增加 6%。

与传统的机械方式相比，电控柴油喷射系统具有如下优点：

① 对喷油定时的控制精度高（高于 0.5°CA），反应速度快；

② 对喷油量的控制精确、灵活、快速，喷油量可随意调节，可实现预喷射和后喷射，改变喷油规律；

③ 喷油压力高（高压共轨电控喷油系统高达 200MPa），不受发动机转速影响，优化了燃烧过程；

④ 无零部件磨损，长期工作稳定性好；

⑤ 结构简单，可靠性好，适用性强，可以在新老发动机上应用。

(2) 电子控制柴油喷射系统的基本原理

电控柴油喷射系统由传感器、电控单元（ECU）和执行机构三部分组成。传感器采集转速、温度、压力、流量和加速踏板位置等信号，并将实时检测的参数转换为电信号输入计算机；ECU 是电控系统的"指挥中心"，对来自传感器的信息同储存的参数值进行比较、运算，确定最佳运行参数；执行元件主要是执行 ECU 的指令，按照最佳参数对喷油压力、喷油量、喷油时间、喷油规律等进行控制，驱动喷油系统，使柴油机工作状态达到最佳。不同柴油机电控系统的执行元件有很大差异，常用的执行元件有电子调速器和电磁阀。

(3) 电子控制柴油喷射系统的类型

柴油机电控喷射系统可分为两大类，即位置控制系统和时间控制系统。

第一代柴油机电控喷射系统采用位置控制系统。

它基本保留了传统燃油供给系统的组成和结构，只是采用电控组件，代替调速器和供油提前器，对分配泵的油量调节套筒或柱塞式喷油泵的供油齿杆的位置，以及油泵主动轴和从动轴的相对位置进行调节，并且通过高速电磁阀直接控制高压燃油的适时喷射。因此既可实现供油量控制，又可实现供油正时的控制。

其优点是无须对柴油机的结构进行较大改动，生产继承性好，便于对现有机型进行技术改造；缺点是控制系统执行频率响应仍然较慢、控制频率低、控制精度不够稳定。喷油率和喷油压力难于控制，而且不能改变传统喷油系统固有的喷射特性，因此很难较大幅度地提高喷射压力。

第二代柴油机电控喷射系统采用时间控制系统，其特点是在高压油路中利用电磁阀直接控制喷油开始时间和结束时间，以改变喷油量和喷油定时。它具有直接控制、响应快等特点。

时间控制系统又包括电控泵喷嘴系统和共轨式电控燃油喷射系统两类。电控泵喷嘴系统除了能自由控制喷油量和喷油定时外，喷射压力十分高（峰值压力可达 240MPa），但其无法实现喷油压力的灵活调节，且较难实现预喷射或分段喷射。

第三代柴油机电控系统中最典型的是电控共轨式燃油喷射系统。在电控共轨式燃油喷射系统中，各缸喷油器共用一个高压油轨（即高压油管），把高压油泵输出的燃油蓄积起来并稳定压力，再通过高压油管输送到每个喷油器上，由喷油器上的电磁阀控制喷射的开始和终止。对喷油量的控制采用时间－压力控制或压力控制，用得最多的是时间－压力控制方式。

5.5.2 柴油机电控系统的基本原理

1. 位置控制系统

(1) 特点

位置控制系统有如下控制特点：

① 用电子调速器取代传统的机械离心式调速器；

② 用发动机转速传感器和加速踏板位置传感器代替原有的转速和负荷传感机构（如离心飞块、真空室等）；

③ 用ECU控制的电子执行元件来代替机械离心式调速执行机构和加速踏板传动机构。

(2) 直列式柱塞泵式电控系统

它是在原直列喷油泵基础上装有齿杆位移传感器、凸轮轴或曲轴的转角位移及转速传感器、线性电磁铁的执行器、ECU等组成的控制系统，对喷油量进行调节。喷油量的计量按位置控制方式，根据加速踏板位置、转速等输入信息，以柱塞的供油始点和供油终点间的物理长度，即有效行程（位置）来确定，而有效行程又是由供油齿杆的位置决定的。

图5-28所示为德国博世公司的电控直列泵。

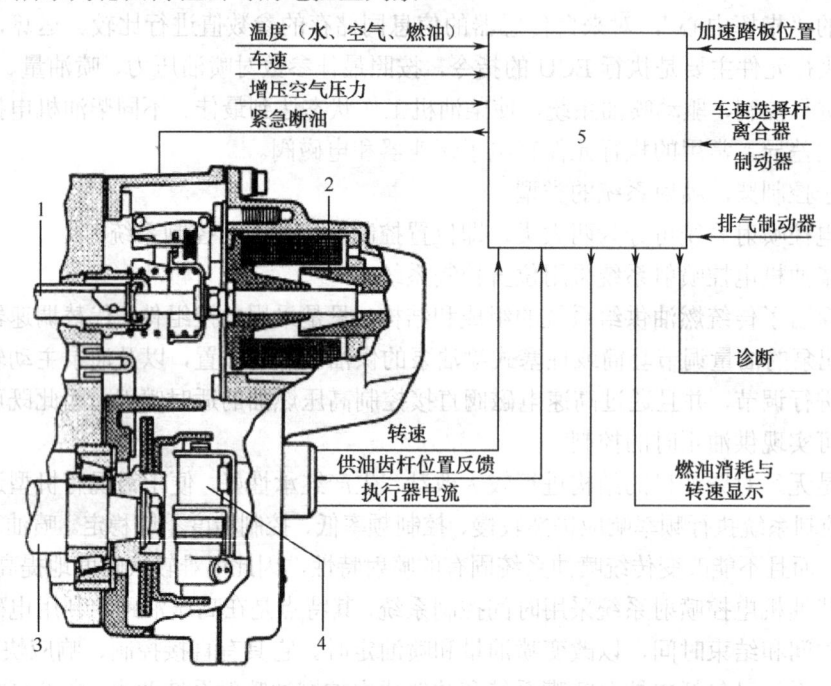

1—供油齿杆；2—比例电磁阀；3—油泵凸轮轴；4—转速传感器；5—ECU

图5-28 博世公司的电控直列泵

直列喷油泵的机械控制喷射系统通过加速踏板和调速器作用于齿杆，反馈的控制信息是柴油机转速和加速踏板的位置，二者通过机械联系改变供油齿杆位置而控制喷油量，电控后喷射系统则通过传感器检测柴油机的运行状态和环境条件，并由ECU计算出适应柴油机运行状况的控制量，然后由执行器实施。具体说来，加速踏板位置为一可变电压信号，它反映的是驾驶员愿望，通过标定加速踏板位置电压信号和转速信号与供油齿杆位置的对应关系，同时包括由其他传感器，如各种温度、进气压力、车速、制动、离合器分离等信号对供油齿杆位置进行修正的关系，并以软件的形式存储于ECU中，ECU检测到各种信息后，通过线性电磁铁的执行器改变齿杆位置。例如，当采集到离合器分离信号时，线性电磁铁的执行器将齿杆拉到怠速位置。因此，它比纯机械喷射系统控制精确、灵敏；而且在需要扩大控制功能时，只需改变ECU的存储软件，便可实现综合控制。

(3) 转子分配泵式电控系统

用电控装置取代机械调速器和提前器，对VE分配泵供油量调节套筒的位置以及液压提前器进行低频连续调节，以实现油量和定时的控制。

图5-29所示为日本电装公司VE分配泵的电控喷油系统。

供油量的控制方法与电控直列泵类似，ECU 根据加速踏板位置传感器和柴油机转速传感器的输入信号，首先算出基本供油量；然后根据来自冷却液温度、进气温度和进气压力等传感器信号以及启动信号，对基本供油量进行修正；再按供油量调节套筒位置传感器信号进行反馈修正之后，确定最佳供油量（调节套筒位置）。

ECU 把计算和修正的结果作为控制信号传到供油量控制电磁阀，产生磁力，吸引可动铁芯。控制信号的电流越大，磁场就越强，可动铁芯向左的移动量越大，通过杠杆将供油量调节套筒向右推移得就越多，供油量也就越大。

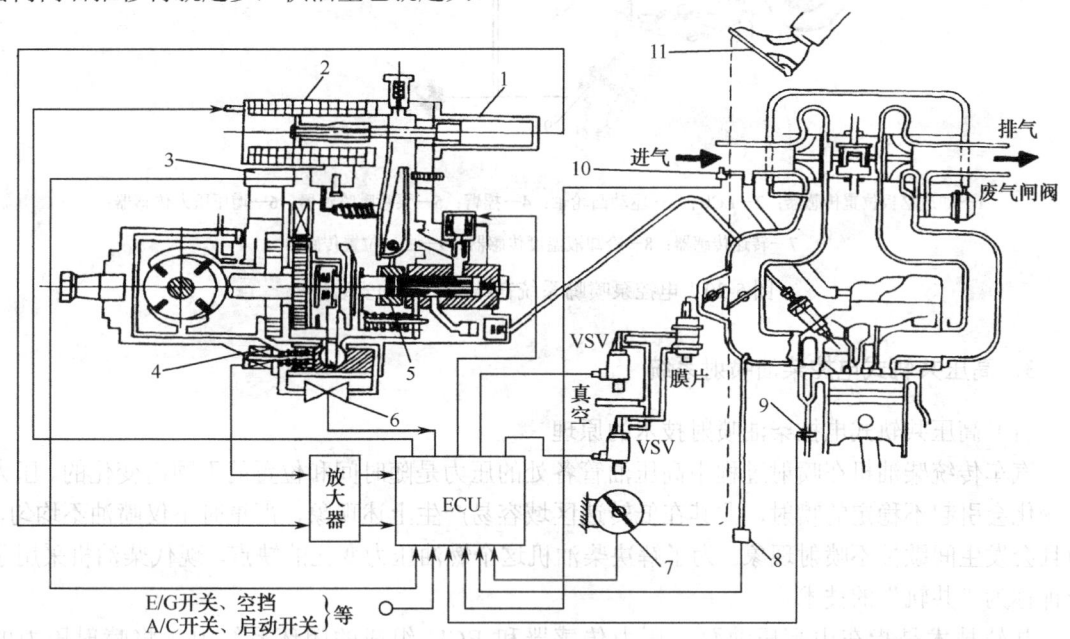

1—供油量调节套筒位置传感器；2—供油量控制电磁阀；3—转速传感器；4—定时器位置传感器；5—供油量调节套筒；6—定时器控制阀；7—加速踏板位置传感器；8—进气压力传感器；9—冷却液温度传感器；10—进气温度传感器；11—加速踏板

图 5-29　日本电装公司 VE 分配泵的电控喷油系统

2．时间控制系统

其特点是供油仍维持传统的脉动式柱塞泵油方式，如博世公司的电控泵喷嘴系统，但供油量和喷油定时的调节则由计算机控制的强力快速响应电磁阀的开闭时刻所决定，柱塞副只起加压、供油作用，没有油量调节功能。一般情况下，电磁阀关闭时，执行喷油，电磁阀打开时，喷油结束；喷油始点取决于电磁阀关闭时刻，喷油量则取决于电磁阀关闭时间的长短。时间控制系统的控制自由度更大。

高速强力电磁阀安装在回油通道中，取代滑套控制回油通道的开闭，因此可取消油量控制滑套，还可取消泵油柱塞上的回油槽。

图 5-30 所示为德国博世公司电控泵喷嘴系统在柴油机上的安装图。

电控泵喷嘴的工作原理是：柱塞在凸轮轴和摇臂的驱动下给燃油加压，旁通油路在电磁溢流阀关闭时，柱塞腔内压力升高。压力升高到一定值时，喷油器打开，燃油喷入汽缸；旁通油路在电磁溢流阀打开时，柱塞腔泄压，喷油器处于关闭状态。因此，电磁溢流阀打开的时刻决定喷油提前角，打开的时间决定喷油量，同时可以得到所需要的喷油率。

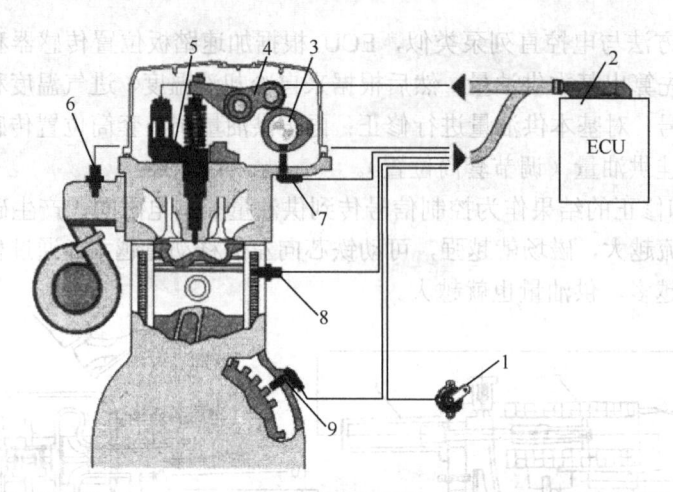

1—加速踏板位置传感器；2—ECU；3—驱动凸轮轴；4—摇臂；5—泵喷嘴喷油器；6—增压压力传感器；
7—转速传感器；8—冷却液温度传感器；9—曲轴位置传感器

图 5-30　电控泵喷嘴系统在柴油机上的安装图

3. 高压共轨式电控柴油喷射系统

（1）高压共轨式电控柴油喷射技术的原理

汽车传统柴油机在喷射过程中高压油管各处的压力是随时间和位置的不同而变化的。压力的变化会引起不稳定的喷射，尤其在低转速区域容易产生上述现象，严重时不仅喷油不均匀，而且会发生间歇性不喷射现象。为了解决柴油机这个燃油压力变化的缺点，现代柴油机采用了一种称为"共轨"的技术。

共轨技术是指在由高压油泵、压力传感器和 ECU 组成的闭环系统中，将喷射压力的产生和喷射过程彼此完全分开的一种供油方式，由高压油泵把高压燃油输送到公共供油管，通过对公共供油管内的油压实现精确控制，使高压油管压力大小与发动机的转速无关，可以大幅度减小柴油机供油压力随发动机转速的变化，因此也就减少了传统柴油机的缺陷。ECU 控制喷油器的喷油量，喷油量大小取决于共轨管（公共供油管）压力和电磁阀开启时间的长短。

共轨式电控燃油喷射技术，通过共轨可以直接或间接地将已形成的恒定的高压燃油分送到每个喷油器，并借助于集成在每个喷油器上的高速电磁阀的开启与闭合，定时定量地控制喷射至柴油机燃烧室的油量，从而保证柴油机达到最佳的燃烧速率和良好的柴油雾化，以及最佳的着火时间、足够的着火能量和最少的污染排放。

高压共轨电控柴油喷射系统主要由 ECU、油泵、共轨管、电控喷油器以及各种传感器等组成，如图 5-31 所示。低压燃油泵将燃油输入高压供油泵，高压供油泵将燃油加压送入高压共油轨，高压共油轨中的压力由 ECU 根据共油轨压力传感器测量的共油轨压力以及需要进行调节，高压共油轨内的燃油经过高压油管，根据柴油机的运行状态，由 ECU 从预设的 MAP 图中确定合适的喷油定时、喷油持续期，由电—液控制的电子喷油器将燃油喷入汽缸。

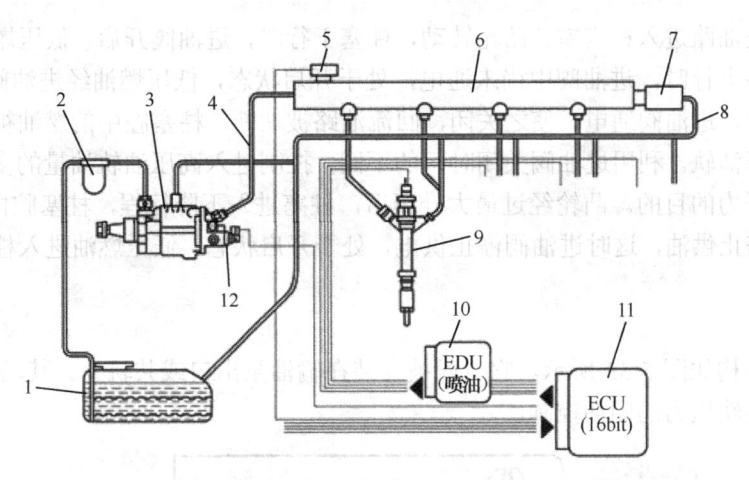

1—柴油箱；2—柴油滤清器；3—供油泵；4—高压油管；5—燃油压力传感器；6—共轨；7—限压阀；
8—回油管；9—喷油器；10—EDU（电子驱动单元）；11—ECU；12—供油量控制阀

图 5-31　高压共轨电控柴油喷射系统的组成

（2）高压共轨式电控柴油喷射系统主要部件的结构和工作原理

① 高压供油泵。

高压供油泵的作用是产生高压油，其常见的结构是由凸轮轴驱动的带有多个分泵的直列柱塞式油泵或径向柱塞式油泵。驱动高压输油泵的凸轮轴上可布置一个或几个凸轮，按每个凸轮上的凸起数可分为单作用型、双作用型、三作用型和四作用型等多种形式。

图 5-32 所示为三作用型高压供油泵的结构示意图。其中，三个径向布置的柱塞泵油元件相互错开 120°，由偏心凸轮驱动，出油量大，受载均匀。

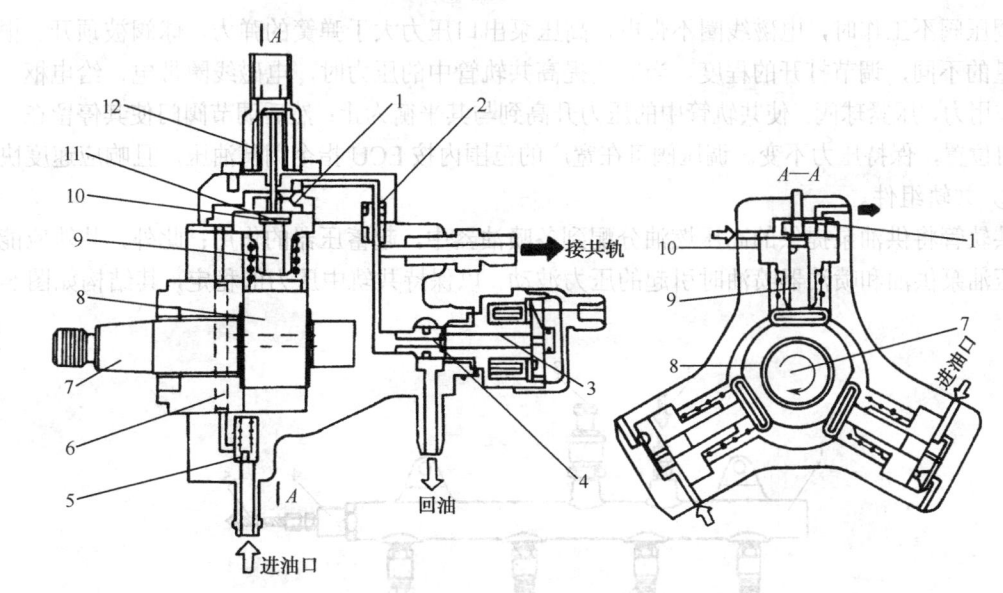

1—出油阀；2—密封件；3—调压阀；4—球阀；5—安全阀；6—低压油路；7—驱动轴；
8—偏心凸轮；9—柱塞泵油元件；10—柱塞腔；11—进油阀；12—柱塞单向阀

图 5-32　高压供油泵的结构

工作时，从输油泵来的柴油流过安全阀，一部分经节流孔流向偏心凸轮室供润滑冷却用，另一部分经低压油路进入柱塞室。凸轮转动，柱塞下行时，进油阀开启，低压燃油经进油阀流入柱塞腔。柱塞上行时，进油阀中尚未通电，处于开启状态，低压燃油经进油阀流回低压腔。在达到供油量时，进油阀通电，使之关闭，回流油路被切断，柱塞腔中的燃油被压缩，燃油经出油阀进入高压油轨。利用进油阀关闭时间的不同，控制进入高压油轨油量的多少，从而达到控制高压油轨压力的目的。凸轮经过最大升程后，柱塞进入下降行程，柱塞腔内的压力降低，出油阀关闭，停止供油，这时进油阀停止供电，处于开启状态，低压燃油进入柱塞腔进入下一个循环。

② 调压阀。

调压阀的结构如图 5-33 所示。它一般被安装在输油泵出口或共轨上。其功用是根据 ECU 的指令实现对共轨压力的闭环控制。

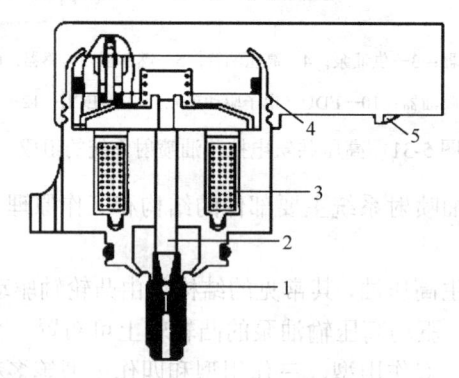

1—球阀；2—电枢；3—电磁线圈；4—弹簧；5—电气接头

图 5-33　调压阀的结构

调压阀不工作时，电磁线圈不带电，高压泵出口压力大于弹簧的弹力，球阀被顶开。根据输油量的不同，调节打开的程度。当需要提高共轨管中的压力时，电磁线圈带电，给电枢一个附加作用力，压紧球阀，使共轨管中的压力升高到与其平衡为止；然后调节阀门使其停留在一定的开启位置，保持压力不变。调压阀可在宽广的范围内按 ECU 指令调节油压，且响应速度快。

③ 共轨组件。

共轨管将供油泵提供的高压燃油分配到各喷油器中，起蓄压器的作用；此外，共轨应能抑制高压油泵供油和喷油器喷油时引起的压力波动，以保持共轨中压力的稳定，其结构如图 5-34 所示。

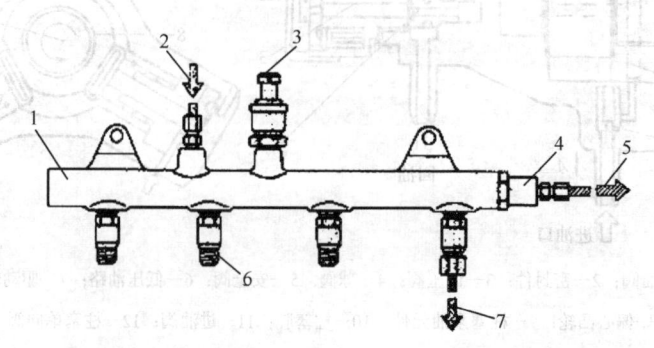

1—共轨；2—进油管口；3—燃油压力传感器；4—限压阀；5—回油管口；6—流量限制器；7—喷油器供油口

图 5-34　共轨管的结构

高压共轨管上还安装了压力传感器、限压阀和流量限制阀。

流量限制阀的功用是在非常情况下防止喷油器常开并持续喷油,即一旦某喷油器常开并持续喷油,导致共轨输出的油量超过一定限值,流量限制器则会关闭该喷油器的供油通道,其结构如图5-35所示。

由于弹簧和节流孔的作用,使限制阀向下移动的量随喷油速率增加而增大。喷油器异常泄漏使喷油速率和喷油量超过正常喷油最大值时,限制阀完全关闭,停止给喷油器供油。

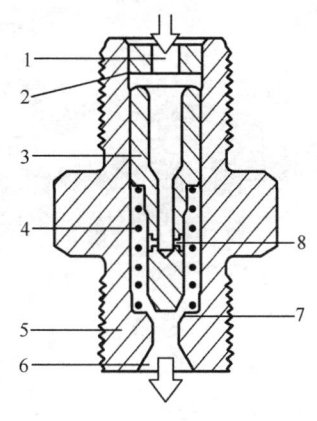

限压阀一般安装在输油泵内或共轨上,其结构如图5-36所示。其功用是限制共轨中的最高压力。弹簧的预紧力根据规定的共轨最高压力调定。阀左侧承受的共轨压力超过右侧的弹簧力时,阀头右移离开阀座,共轨中的燃油经限压阀流回油箱或输油泵进油侧,使共轨压力下降。

④ 电控喷油器。

电控喷油器是共轨式燃油系统中最关键和最复杂的部件,它的作用是根据ECU发出的控制信号,通过控制电磁阀的开启和关闭,将高压油轨中的燃油以最佳的喷油定时、喷油量和喷油率喷入柴油机的燃烧室。

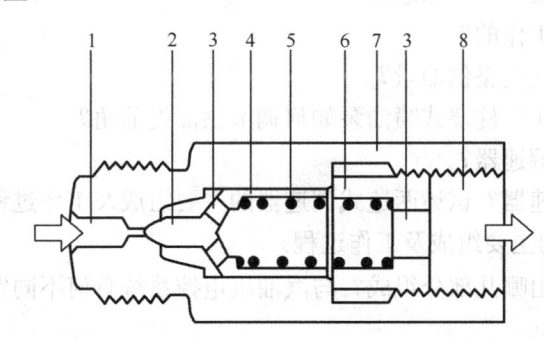

1—进油孔;2—堵头;3—限制阀;
4—弹簧;5—壳体;6—出油孔;
7—阀座;8—节流孔

图5-35 流量限制阀的结构

1—共轨侧进油口;2—阀头;3—油孔;4—阀;5—弹簧;6—空心螺塞;7—阀体;8—回油口

图5-36 限压阀的结构

博世公司的CR系统和ECD-U2的电控喷油器的结构基本相似,都是由与传统喷油器相似的喷油嘴、液压控制活塞、控制量孔、控制电磁阀等组成。下面仅以ECD-U2的电控喷油器为例加以说明,其工作原理如图5-37所示。

当线圈没有通电时,外阀在弹簧力作用下落座,内阀在油道①的油压作用下上升,此时密封内锥座A开启,油道①、②相通,高压油从①进入液压活塞上腔中。

当线圈通电时,外阀在电磁力的吸引下向上运动,关闭密封内锥座A,此时内阀仍停留在上方,外锥座B开启,油道②、③相通,活塞上腔向回油室放油,这时喷油器喷油。线圈通电时间即喷油脉宽,决定喷油量。油道①、②也称为控制量孔,液压活塞上部的空间称为控制室的容积。

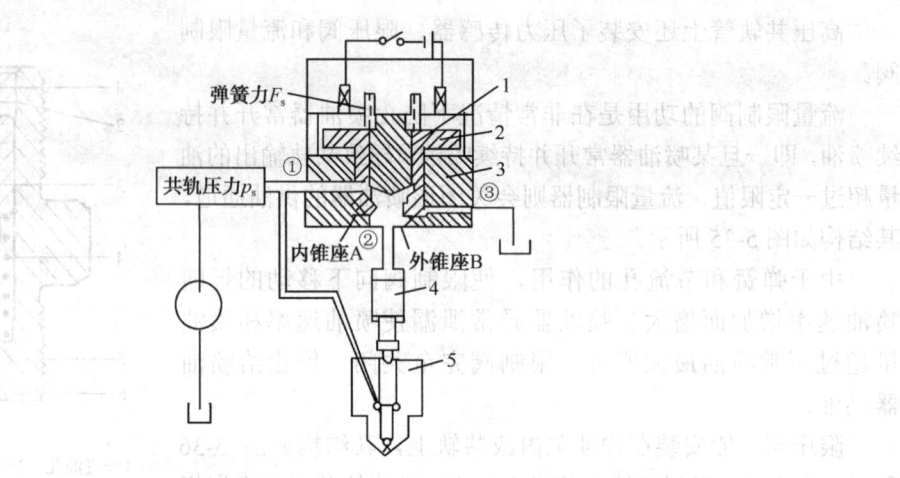

1—内阀；2—外阀；3—阀体；4—液压活塞；5—喷嘴

图 5-37　电控喷油器的工作原理

思考题

1. 柴油机燃料供给系统由哪几部分组成？各部分的功用是什么？
2. 试述活塞式输油泵的工作原理。
3. 柱塞分泵是怎样工作的？
4. 柱塞式喷油泵如何调整供油量？
5. 什么是供油提前角？柱塞式喷油泵如何调节供油提前角？
6. 柴油机为何要装调速器？
7. 什么是两速式调速器？试述两速式调速器的主要组成及工作过程。
8. 试述 PT 燃油泵的主要组成及工作过程。
9. 柴油机电控系统由哪几部分组成？与汽油机电控系统有何不同？

第 6 章
发动机润滑系统

6.1 概述

发动机工作时，各运动零件均以一定的力作用在另一个零件上，并且发生高速的相对运动，有了相对运动，零件表面必然要产生摩擦，加速磨损。因此，为了减轻磨损，减小摩擦阻力，延长使用寿命，发动机上都必须有润滑系统。

6.1.1 润滑系统的功用

润滑系统如图 6-1 所示，它的功用是向各摩擦表面提供干净的润滑油，以减少摩擦损失和零件的磨损；通过对润滑油的循环，还可冷却和净化摩擦表面；润滑油膜附着在零件表面，能防止氧化和腐蚀。

① 润滑作用：润滑运动零件表面，减小摩擦阻力和磨损，减小发动机的功率消耗；
② 清洗作用：机油在润滑系统内不断循环，清洗摩擦表面，带走磨屑和其他异物；
③ 冷却作用：机油在润滑系统内循环还可带走摩擦产生的热量，起冷却作用；
④ 密封作用：在运动零件之间形成油膜，提高它们的密封性，有利于防止漏气或漏油；
⑤ 防锈蚀作用：在零件表面形成油膜，对零件表面起保护作用，防止腐蚀生锈；

⑥ 液压作用：润滑油还可用作液压油，如液压挺柱，起液压作用；
⑦ 减振缓冲作用：在运动零件表面形成油膜，吸收冲击并减小振动，起减振缓冲作用。

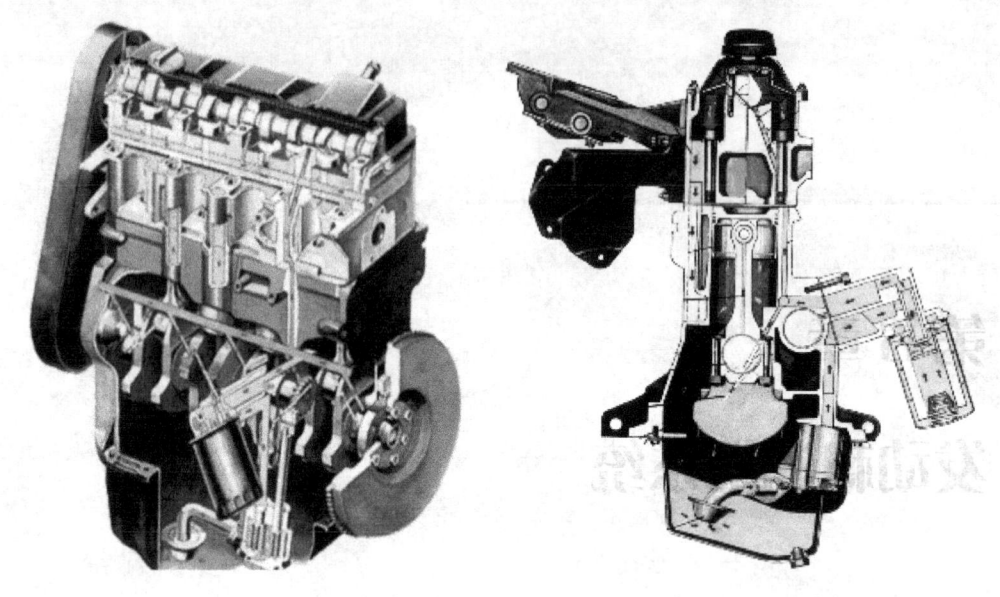

图 6-1　润滑系统

6.1.2　润滑方式

由于发动机各运动零件的工作条件不同，对润滑强度的要求也就不同，因而要相应地采取不同的润滑方式，如图 6-2 所示。

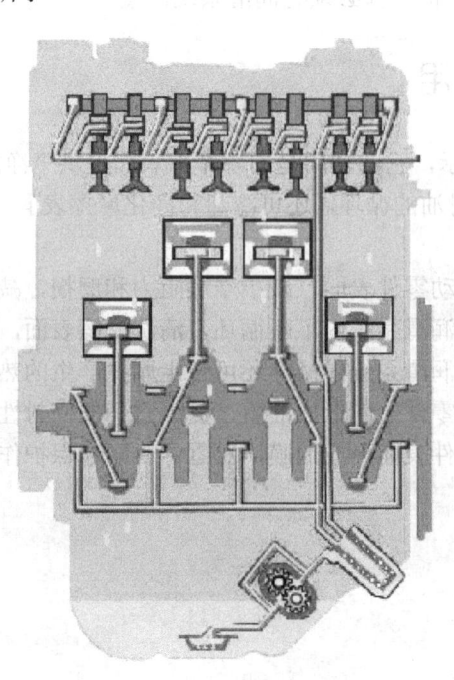

图 6-2　润滑方式

① 压力润滑：利用机油泵，将具有一定压力的润滑油源源不断地送往摩擦表面。例如，曲轴主轴承、连杆轴承及凸轮轴轴承等处受的载荷及相对运动速度较大，需要以一定压力将机油输送到摩擦面的间隙中，方能形成油膜以保证润滑。这种润滑方式称为压力润滑。

② 飞溅润滑：利用发动机工作时运动零件飞溅起来的油滴或油雾来润滑摩擦表面的润滑方式称为飞溅润滑。这种润滑方式可使裸露在外面承受载荷较轻的汽缸壁、相对滑动速度较小的活塞销，以及配气机构的凸轮表面、挺柱等得到润滑。

③ 定期润滑：发动机辅助系统中有些零件则只需定期加注润滑脂（黄油）进行润滑，例如水泵及发电机轴承就是采用这种方式定期润滑。近年来在发动机上采用含有耐磨润滑材料（如尼龙、二硫化钼等）的轴承来代替加注润滑脂的轴承。

6.2 润滑系统的组成及润滑油路

6.2.1 润滑系统的组成

润滑系统一般由油底盘（机油盘）、机油泵、润滑油管、润滑油道、机油滤清器、机油散热器、各种阀、传感器和机油压力表、温度表等组成，如图 6-3 所示。现代汽车发动机润滑系统的组成及油路布置方案大致相似，只是由于润滑系统的工作条件和具体结构的不同而稍有差别。

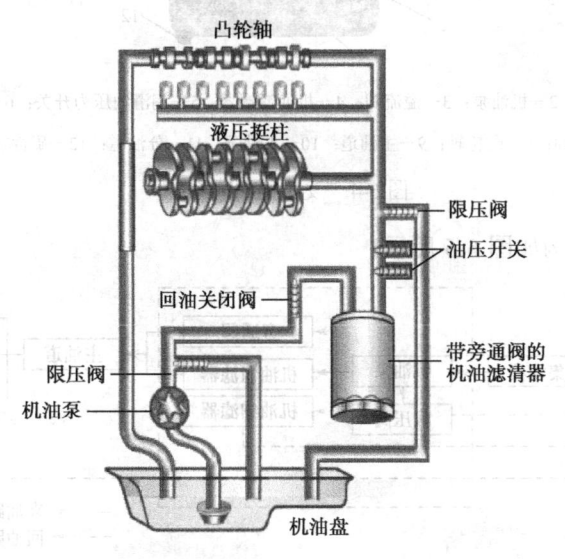

图 6-3 润滑系统的组成

6.2.2 润滑系统的润滑油路

发动机需要润滑的主要运动部件有：曲轴主轴颈与主轴承、曲柄销与连杆轴承、凸轮轴颈与凸轮轴轴承、活塞及活塞环与汽缸壁面、配气机构各运动副及传动齿轮等。

如图 6-4 所示，发动机工作时，机油泵 2 将油底壳 1 中的润滑油经集滤器过滤后吸入，并形成一定压力后向机油滤清器供油。如果所供机油油压太高或流量过大，则润滑油经机油泵上的溢流阀 3 返回机油泵入口。压力和流量正常的润滑油经机油滤清器 4 滤清之后进入发动机主油道 9。机油滤清器盖上设有旁通阀 6，若机油滤清器堵塞，油压升高，则润滑油不经过机油滤清器 4，而由旁通阀 6 直接进入主油道 9。主油道的润滑油通过七条分油道 11，分别润滑七个曲轴主轴颈。然后，润滑油经曲轴上的斜油道，从主轴颈流向连杆轴颈，润滑曲柄销。主油道的另四条分油道直通凸轮轴轴承，润滑四个凸轮轴轴颈。同时润滑油从凸轮轴的第一轴颈处，经上油道通入气门摇臂轴的空腔内，然后从摇臂上的油道流出，滴落在配气机构其他零件的工作表面上。另外，在机油滤清器上还装有润滑油压力开关。润滑油压力若低于规定值，则润滑油开关触点闭合，报警灯闪亮，同时蜂鸣器鸣响报警。

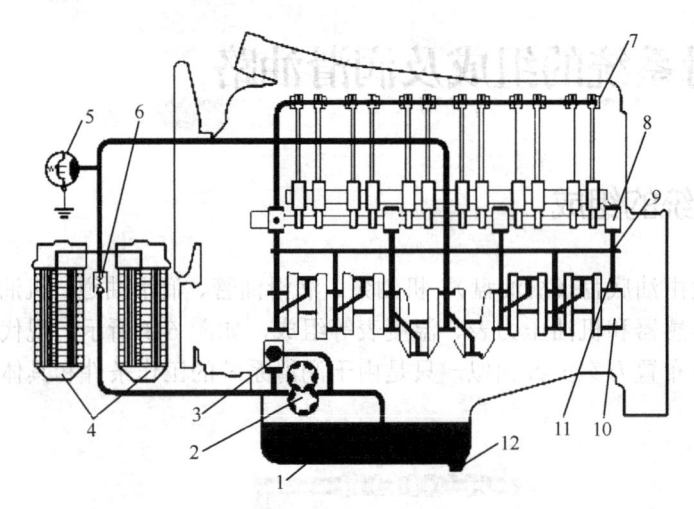

1—油底壳；2—机油泵；3—溢流阀；4—机油滤清器；5—润滑油压力开关；6—旁通阀；
7—摇臂轴；8—凸轮轴；9—主油道；10—主轴颈；11—分油道；12—磁性放油螺塞

图 6-4　发动机润滑系统

润滑油路的基本结构如图 6-5 所示。

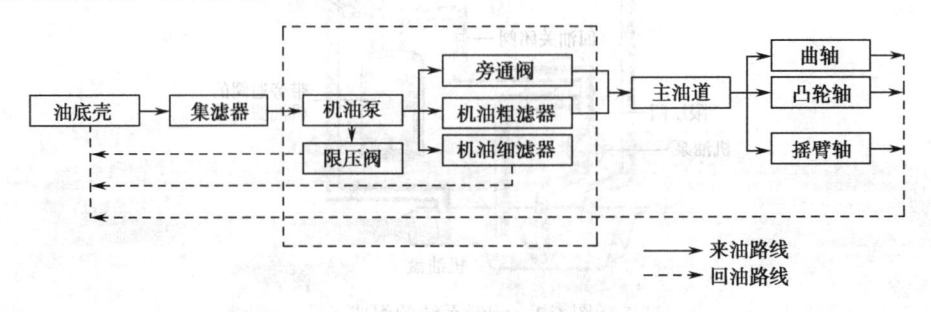

图 6-5　润滑油路的基本结构

发动机的润滑油路基本相似，但是，因为机油滤清方式的不同，不同发动机的润滑系统油路仍不相同。机油滤清方式如图 6-6 所示。

桑塔纳轿车发动机润滑系统如图 6-7 所示。

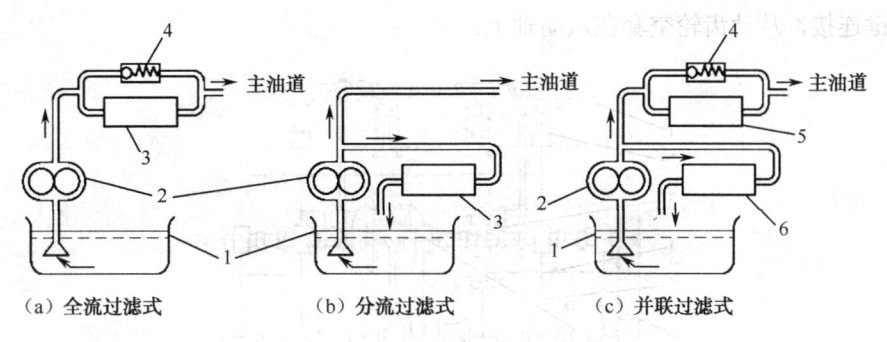

(a) 全流过滤式　　　(b) 分流过滤式　　　(c) 并联过滤式

1—油底壳；2—机油泵；3—机油滤清器；4—旁通阀；5—机油粗滤器；6—机油细滤器

图 6-6　机油滤清方式

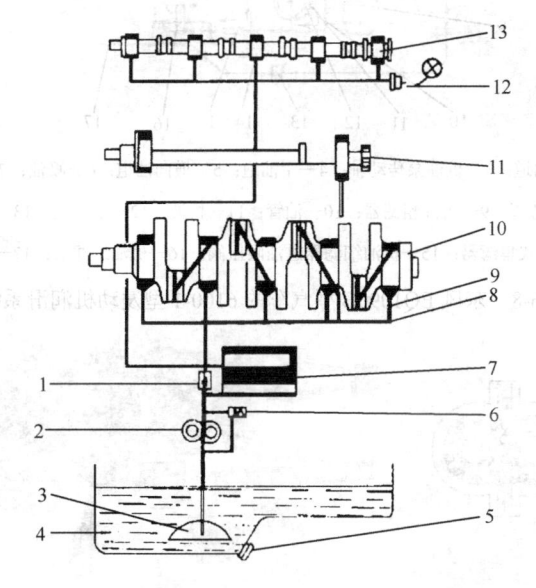

1—旁通阀；2—机油泵；3—粗集滤器；4—油底壳；5—放油塞；6—安全阀；7—机油滤清器；
8—主油道；9—油道；10—曲轴；11—中间轴；12—压力开关；13—凸轮轴

图 6-7　桑塔纳轿车发动机润滑系统

东风 EQ1090E 型汽车的 6100-1 型发动机润滑系统如图 6-8 所示。

6.2.3　润滑系统的主要零部件

润滑系统的主要部件有机油泵、机油滤清器、各种阀、机油散热器以及检视设备。

1．机油泵

功用：提高机油压力，保证机油在润滑系统内不断循环。

现代汽车发动机润滑系统所使用的机油泵可分为齿轮式和转子式两种。

（1）齿轮式机油泵

齿轮式机油泵如图 6-9 所示，它由主动轴、主动齿轮、从动轴、从动齿轮、壳体等组成。两个齿数相同的齿轮相互啮合，装在壳体内，齿轮与壳体的径向和端面间隙很小。主动轴与主动齿轮用键连接，从动齿轮空套在从动轴上。

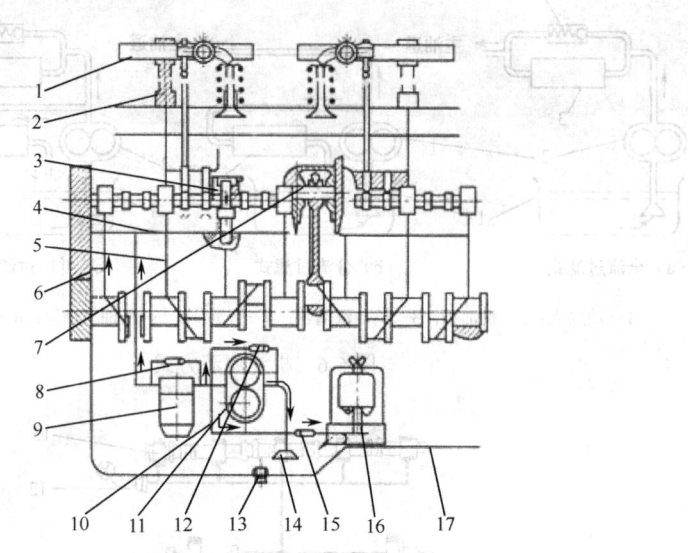

1—摇臂轴；2—上油道；3—机油泵传动轴；4—主油道；5—横向油道；6—喷油；7—连杆小头油道；8—机油粗滤器旁通阀；9—机油粗滤器；10—油管；11—机油；12—限压阀；13—磁性放油螺塞；14—固定式集滤器；15—机油细滤器进油限压阀；16—机油细滤器；17—油底壳

图 6-8　东风 EQ1090E 型汽车的 6100-1 型发动机润滑系统

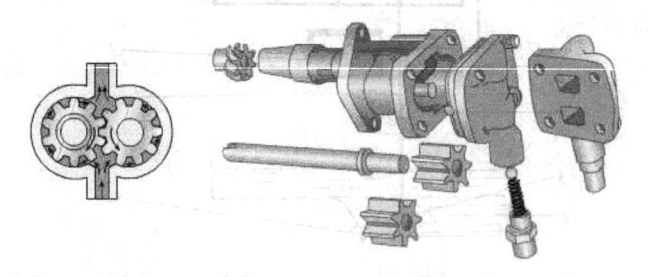

图 6-9　齿轮式机油泵

工作时，主动齿轮带动从动齿轮反向旋转。两齿轮旋转时，充满在齿轮齿槽间的机油沿油泵壳壁由进油腔被带到出油腔，在进油腔一侧由于齿轮脱开啮合以及机油被不断带出而产生真空，使油底壳内的机油在大气压力作用下经集滤器进入进油腔，而在出油腔一侧由于齿轮进入啮合和机油被不断带入而产生挤压作用，机油以一定压力被泵出。

图 6-10 所示为齿轮式机油泵的典型结构。进油口 A 通过进油管与固定式机油集滤器相连，出油口 B 与曲轴箱上的油道及机油粗滤器的进油口相连，管接头 10 用油管与机油细滤器连接。油泵壳体 4 上装有主动齿轮轴 1 和从动齿轮轴 15。主动齿轮轴上端通过连轴套 2 与分电器传动轴连接，下端则用半圆键 6 与主动齿轮 5 装配在一起。从动齿轮 16 松套在从动齿轮轴 15 上，从动齿轮轴压装在泵体内。

（2）转子式机油泵

转子式机油泵如图 6-11 所示，它由壳体、内转子、外转子和泵盖等组成。内转子用键或销子固定在转子轴上，由曲轴齿轮直接或间接驱动，内转子和外转子中心的偏心距为 e，内转子带动外转子一起沿同一方向转动。内转子有 4 个凸齿，外转子有 5 个凹齿，这样内、外转子同向不同步地旋转。

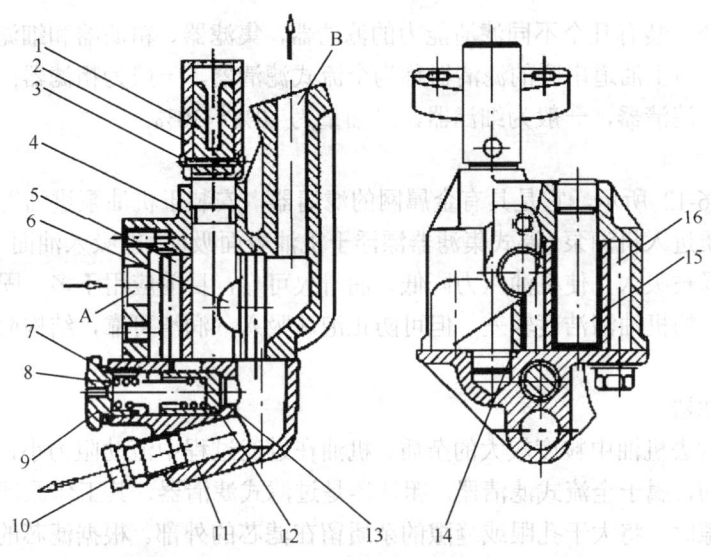

1—主动齿轮轴；2—连轴套；3—半圆头铆钉；4—油泵壳体；5—主动齿轮；6—半圆键；7—调整垫片；8—限压阀弹簧；9—螺塞；10—管接头；11—油泵盖；12—径向环槽；13—柱塞阀；14—钢丝挡圈；15—从动齿轮轴；16—从动齿轮

图 6-10　东风 EQ6100-1 型发动机的齿轮式机油泵

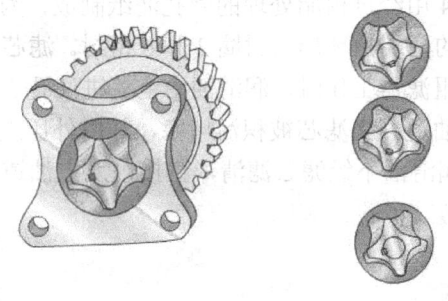

图 6-11　转子式机油泵

转子齿形齿廓设计得使转子转到任何角度时，内、外转子每个齿的齿形廓线上总能互相成点接触。这样内、外转子间形成 4 个工作腔，随着转子的转动，这 4 个工作腔的容积是不断变化的。在进油道的一侧空腔，由于转子脱开啮合，容积逐渐增大，产生真空，机油被吸入，转子继续旋转，机油被带到出油道的一侧，这时，转子正好进入啮合，使这一空腔容积减小，油压升高，机油从齿间挤出并经出油道压送出去。这样，随着转子的不断旋转，机油就不断地被吸入和压出。

转子式机油泵结构紧凑，外形尺寸小，质量轻，吸油真空度较大，泵油量大，供油均匀度好，成本低，在中、小型发动机上应用广泛。

2．机油滤清器

发动机工作时，金属磨屑和大气中的尘埃以及燃料燃烧不完全所产生的炭粒会渗入机油中，机油本身也因受热氧化而产生胶状沉淀物，机油中含有这些杂质。如果把这样的脏机油直接送到运动零件表面，机油中的机械杂质就会成为磨料，加速零件的磨损，并且引起油道堵塞及活塞环、气门等零件胶结。因此必须在润滑系统中设有机油滤清器，使循环流动的机油在送往运动零件表面之前得到净化处理，保证摩擦表面的良好润滑，延长其使用寿命。

一般润滑系统中装有几个不同滤清能力的滤清器，集滤器、粗滤器和细滤器，分别串联和并联在主油道中。与主油道串联的滤清器称为全流式滤清器，一般为粗滤器；与主油道并联的滤清器称为分流式滤清器，一般为细滤器，过油量为 10%～30%。

（1）集滤器

集滤器如图 6-12 所示，它是具有金属网的滤清器，安装于机油泵进油管上，其作用是防止较大的机械杂质进入机油泵。浮式集滤器漂浮于机油表面吸油，能吸入油面上较清洁的机油，但油面上的泡沫易被吸入，使机油压力降低，润滑欠可靠，目前应用不多。固定式集滤器淹没在油面之下，吸入的机油清洁度较差，但可防止泡沫吸入，润滑可靠，结构简单，已逐步取代浮式集滤器。

（2）机油粗滤器

粗滤器用于滤去机油中粒度较大的杂质。机油在过滤过程中流动阻力小，它通常串联在机油泵与主油道之间，属于全流式滤清器。粗滤器是过滤式滤清器，其工作原理是利用机油通过细小的孔眼或缝隙时，将大于孔眼或缝隙的杂质留在滤芯的外部。根据滤芯的不同，有各种不同的结构形式。传统的粗滤器多采用金属片缝隙式，由于质量大，结构复杂，制造成本高等缺点，金属片缝隙式粗滤器已基本被淘汰；现代汽车发动机普遍采用纸质式粗滤器。

图 6-13 所示为东风 EQ6100-1 型发动机的纸质机油粗滤器。滤清器壳体由铸铁上盖 1 和钣料压制的外壳 3 组成。滤芯 4 用经过树脂处理的微孔滤纸制成，为了增大过滤面积，微孔滤纸一般都折叠成波纹形，滤芯的两端由环形密封圈 2 和 6 密封。滤芯内装有金属丝网或带有网眼的薄铁皮作为滤芯的骨架。粗滤器工作时，润滑油由上盖进油孔进入滤芯周围，通过滤芯滤清后，从出油孔流出，进入主油道。当滤芯被积污堵塞，其内外压差达到 0.15～0.17MPa 时，旁通阀 12 即被顶开，大部分润滑油不经滤芯滤清，直接进入主油道，以保证主油道所需的润滑油量。

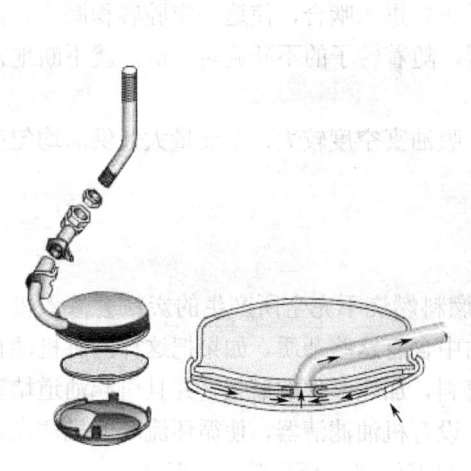

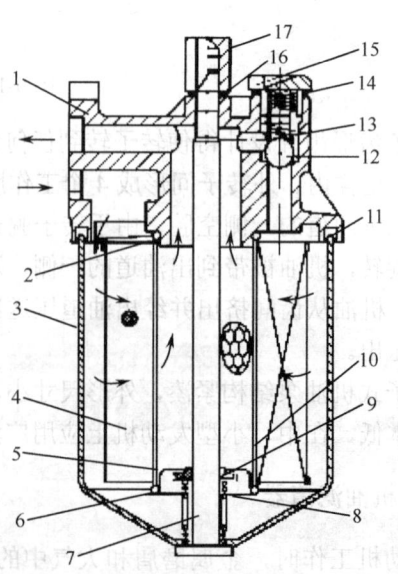

1—上盖；2、6、10、11、14、16—密封圈；3—外壳；
4—滤芯；5—托板；7—拉杆；8—弹簧；9—垫圈；
12—旁通阀；13—弹簧；15—阀座；17—螺母

图 6-12 集滤器　　图 6-13 东风 EQ6100-1 型发动机的纸质机油粗滤器

（3）机油细滤器

机油细滤器用以清除细小的杂质，这种滤清器对机油的流动阻力较大，故多做成分流式，它与主油道并联，只有少量的机油通过它滤清后又回到油底壳。细滤器有过滤式和离心式两种，过滤式机油细滤器存在着滤清能力与通过能力的矛盾。为此多数发动机采用离心式细滤器。

纸质滤清器的滤芯是用微孔滤纸制成的，为了增大过滤面积，微孔滤纸一般都折叠成扇形和波纹形，如图 6-14 所示。微孔滤纸经过酚醛树脂处理，具有较高的强度、抗腐蚀能力和抗水湿性能，具有质量小、体积小、结构简单、滤清效果好、过滤阻力小、成本低和保养方便等优点，得到了广泛的应用。

离心式机油细滤器结构如图 6-15 所示。

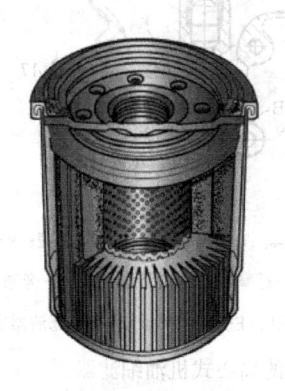

图 6-14　纸质滤芯

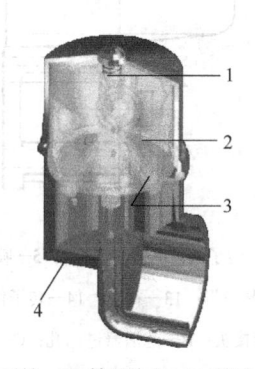

1—转子轴；2—转子总成；3—转子；4—外壳

图 6-15　离心式机油细滤器

图 6-16 所示为东风 EQ6100-1 型发动机的离心式机油细滤器。滤清器外壳上固定着带中心孔的转子轴 3，转子体下端有两个按中心水平对称、方向相反的喷嘴。转子体 14 套在转子轴上可自由转动。压紧螺母 12 将转子盖 8 与转子体紧固在一起。转子体下面装有止推轴承 4，上面装有支撑垫 9，并用弹簧 10 压紧，以限制转子轴向窜动。滤清器盖 7 用压紧螺母 12 装在滤清器壳体上，并使转子密封。

来自机油泵的润滑油进入细滤器后，由底座和转子中心孔道进入转子总成内腔，然后进入转子体，从两个喷嘴喷出。在反作用力推动下，转子及其内腔的润滑油高速旋转。油压越高，转子体转速越快，当油压达到约 0.3MPa 时，转子转速可达 5000～6000r/min。在离心力作用下，机油中的杂质被甩向转子盖内壁并沉积下来，达到滤清机油的目的。洁净的润滑油则不断从喷嘴喷出，并经出油口流回油底壳。

3. 机油散热器和冷却器

发动机运转时，由于机油黏度随温度的升高而变稀，降低了润滑能力，因此，有些发动机装用了机油散热器或机油冷却器。其作用是降低机油温度，保持润滑油有一定的黏度。

（1）机油散热器

机油散热器由散热管、限压阀、开关、进出水管等组成，如图 6-17 所示。其结构与冷却水散热器相似。机油散热器一般安装在冷却水散热器的前面，与主油道并联。机油泵工作时，一方面将机油供给主油道，另一方面经限压阀、机油散热器开关、进油管进入机油散热器内，冷却后从出油管流回机油盘，如此循环流动。

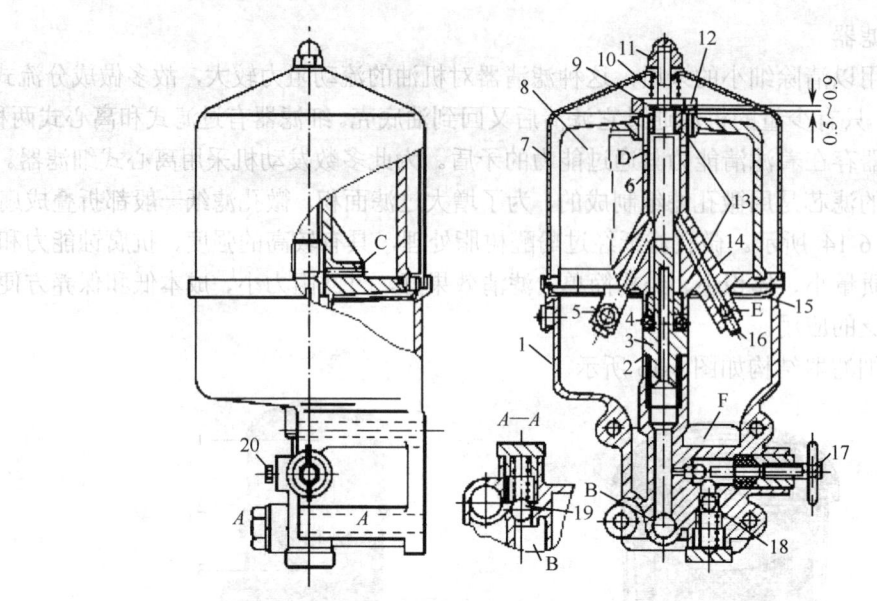

1—壳体；2—锁片；3—转子轴；4—止推轴承；5—喷嘴；6—转子体端套；7—滤清器盖；8—转子盖；9—支撑垫；10—弹簧；11—压紧螺套；12—压紧螺母；13—衬套；14—转子体；15—挡板；16—螺塞；17—调整螺钉；18—旁通阀；19—进油限压阀；20—管接头；B—滤清器进油孔；C—出油孔；D—进油孔；E—通喷嘴油道；F—滤清器出油口

图 6-16　东风 EQ6100-1 型发动机的离心式机油细滤器

(2) 机油冷却器

将机油冷却器置于冷却水路中，利用冷却水的温度来控制润滑油的温度。当润滑油温度高时，靠冷却水降温，发动机启动时，则从冷却水吸收热量使润滑油迅速提高温度。机油冷却器由铝合金铸成的壳体、前盖、后盖和铜芯管组成。为了加强冷却，管外又套装了散热片。冷却水在管外流动，润滑油在管内流动，两者进行热量交换；也有使油在管外流动，而水在管内流动的结构，如图 6-18 所示。

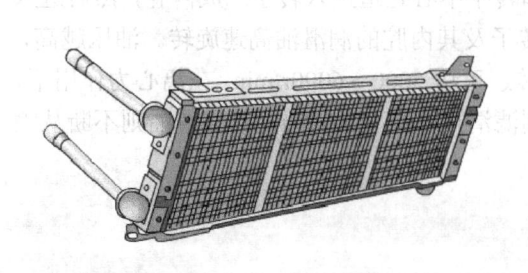

图 6-17　机油散热器　　　　　　　　　图 6-18　机油冷却器

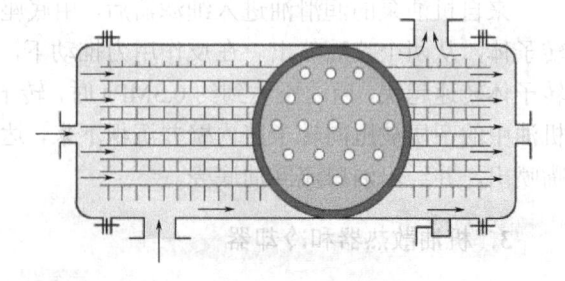

4. 阀门

在润滑系统中都设有几个限压阀和旁通阀，如图 6-19 所示，以确保润滑系统正常工作。

(1) 限压阀

随发动机转速增加，机油压力也会增高，并且当润滑系统中油路淤塞、轴承间隙过小或使用的机油黏度过大时，也将使供油压力增高。因此，在润滑系统机油泵和主油道中设有限压阀，限制机油最高压力，以确保安全。

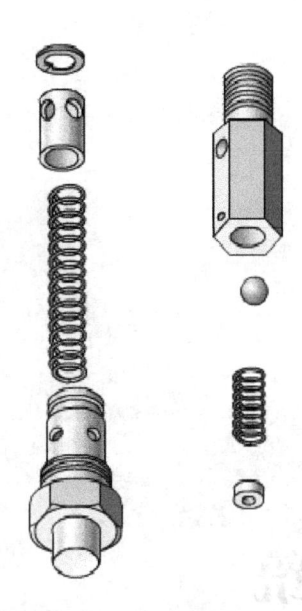

图 6-19　限压阀和旁通阀

当机油泵和主油道上机油压力超过预定的压力时,机油克服限压阀弹簧作用力,顶开阀门,一部分机油从侧面通道流入油底壳内,使油道内的油压下降至设定的正常值后,阀门关闭。

（2）旁通阀

旁通阀用以保证润滑系统内油路畅通,当机油滤清器堵塞时,机油通过并联在其上的旁通阀直接进入润滑系统的主油道,防止主油道断油。旁通阀与限压阀的结构基本相同,只是其安装位置、控制压力、溢流方向不同,通常旁通阀弹簧刚度要比限压阀弹簧刚度小得多。

5. 油尺和机油压力表

油尺是用来检查油底壳内油量和油面高低的。它是一金属杆,下端制成扁平,并有刻线。机油油面必须处于油尺上下刻线之间。

机油压力表用以指示发动机工作时润滑系统中机油压力的大小,一般都采用电热式机油压力表,它由油压表和传感器组成,中间用导线连接。传感器装在粗滤器或主油道上,它把感受到的机油压力传给油压表。油压表装在驾驶室内仪表板上,显示机油压力的大小值。

思考题

1. 润滑系统的功用是什么？由哪些机件组成？
2. 试述齿轮式机油泵和转子式机油泵的构造和工作原理。
3. 发动机通常采用哪几种机油滤清器？它们应该串联还是并联？为什么？
4. 润滑油路中如果不装限压阀将引起什么后果？

第 7 章
发动机冷却系统

7.1 发动机冷却系统的功用和分类

在工作过程中,发动机燃烧室燃烧的温度可高达 1973～2773K(1700～2500℃),直接与高温气体接触的机件(如汽缸壁、缸盖、气门、活塞等)如不采取适当的冷却措施,将使金属材料的强度显著下降,运动件的配合间隙将可能因热膨胀而被破坏,润滑油也会烧损变质或黏度下降,使发动机零件之间不能保持正常的油膜而导致零件卡死或加剧磨损。因此,对发动机必须加以适度冷却。

(1)冷却系统的功用

冷却系统的主要功用是把受热零件吸收的部分热量及时散发出去,使发动机在所有工况下都保持在适当的温度范围内。

(2)冷却系统分类

冷却系统按照冷却介质不同可以分为水冷式和风冷式两种,如图 7-1 所示。

以冷却液为冷却介质冷却发动机的高温零件,然后再将热量传给空气的冷却系统称为水冷系统;以空气为冷却介质的冷却系统称为风冷系统。

汽车发动机,尤其是轿车发动机大都采用水冷系统,只有少数汽油发动机采用风冷系统。水冷式发动机冷却系统分为强制循环式和自然循环式两种。在水冷系统中,不设水泵,仅利用冷却液的密度随温度而变化的性质,产生自然对流来实现冷却液循环的水冷却系统,称为自然循环式水冷系统。这种水冷却系统的循环强度小,不易保证发动机有足够的冷却强度,因而目前只有少数小排量的汽车发动机在使用。

第 7 章　发动机冷却系统　**137**

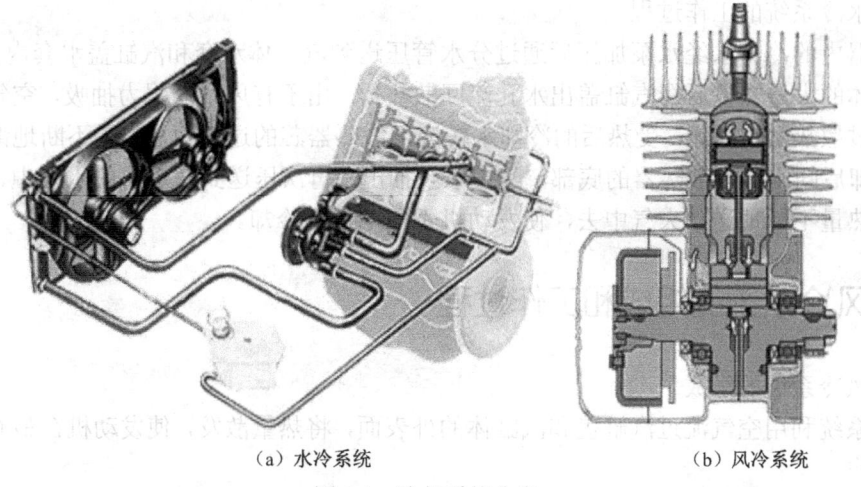

（a）水冷系统　　　　　（b）风冷系统

图 7-1　冷却系统分类

7.2　冷却系统的组成和工作过程

7.2.1　水冷系统的组成和工作过程

（1）水冷系统的组成

水冷系统以水作为冷却介质，把发动机受热零件吸收的热量散发到大气中去。目前汽车发动机上采用的水冷系统大都是强制循环式水冷系统，利用水泵强制水在冷却系统中进行循环流动。它由散热器、水泵、风扇、冷却水套和温度调节装置等组成，如图 7-2 所示。

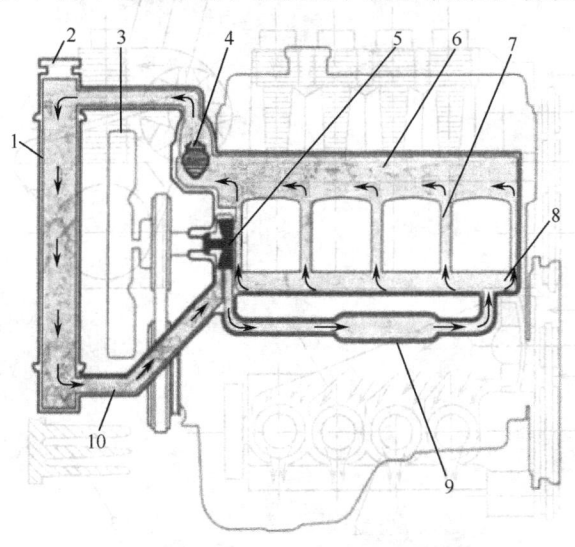

1—散热器；2—散热器盖；3—风扇；4—节温器；5—水泵；6—汽缸盖水套；7—机体水套；8—分水管；
9—机油冷却器；10—散热器出水软管

图 7-2　发动机强制循环式水冷系统

(2) 水冷系统的工作过程

散热器内的冷却水经水泵加压后通过分水管压送到汽缸体水套和汽缸盖水套内，冷却水在吸收了机体的大量热量后经汽缸盖出水孔流回散热器。由于有风扇的强力抽吸，空气流由前向后高速通过散热器，因此，受热后的冷却水在流过散热器芯的过程中，热量不断地散发到大气中去，冷却后的水流到散热器的底部，又被水泵抽出，再次压送到发动机的水套中，如此不断循环，把热量不断地送到大气中去，使发动机不断地得到冷却。

7.2.2 风冷系统的组成和工作过程

（1）风冷系统的组成

风冷系统利用空气流过汽缸盖和汽缸体的外表面，将热量散发，使发动机在最有利的温度范围内工作。

风冷系统主要由散热片、风扇、导风罩和导流板等组成。

（2）风冷系统的工作过程

风冷系统如图 7-3 所示。为保证有足够的散热面积，在汽缸体和汽缸盖表面上均布散热片 3，它与汽缸体或汽缸盖铸成一体。为便于铸造，风冷发动机的汽缸和汽缸盖都是单个铸出，然后装到整体的曲轴箱上。

发动机最热部分是汽缸盖，为了加强冷却，现代风冷发动机汽缸盖都用导热性良好的铝合金铸造，而且汽缸盖和汽缸体上部的散热片也比汽缸体下部的长一些。但是，在某些多缸发动机中，为了缩短发动机的总长度，将汽缸上下部分的散热片都做成一样长，但需用加大流经汽缸上部空气流量的方法加强冷却。

为了更有效地利用空气流，加强冷却，一般都装有汽缸导流罩 2、4 和风扇 1，并设有分流板 5，以保证各缸冷却均匀。

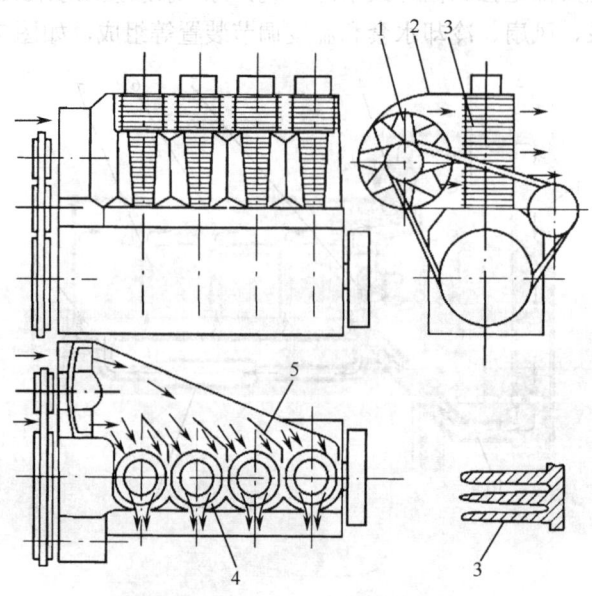

1—风扇；2、4—汽缸导流罩；3—散热片；5—分流板

图 7-3 风冷系统示意图

7.3 水冷系统主要部件的构造

7.3.1 散热器

散热器如图 7-4 所示，它是一个热交换器。冷却水经过散热器后，其温度可降低 10～15℃，为了将散热器传出的热量尽快带走，在散热器后面装有风扇与散热器配合工作。

散热器又称为水箱，由上储水室、散热器芯和下储水室等组成，如图 7-5 所示。散热器上储水室顶部有加水口，冷却水由此注入整个冷却系统并用散热器盖盖住。在上储水室和下储水室分别装有进水管和出水管，进水管和出水管分别用橡胶软管和汽缸盖的出水管和水泵的进水管相连，这样，便于安装，而且当发动机和散热器之间产生少量位移时不会漏水。在散热器下面一般装有减振垫，防止散热器受振动损坏。在散热器下储水室的出水管上还有放水开关，必要时可将散热器内的冷却水放掉。

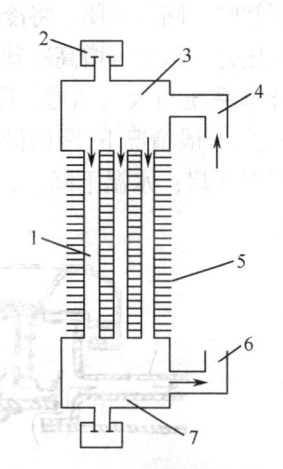

1—散热管；2—散热器盖；3—上储水室；
4—进水管；5—散热片；6—出水管；7—下储水室

图 7-4 散热器　　　　图 7-5 散热器结构

（1）散热器芯

它由许多冷却水管和散热片组成，对于散热器芯应该有尽可能大的散热面积，采用散热片是为了增加散热器芯的散热面积。散热器芯的构造形式有多种，常用的有管片式和管带式两种。

管片式散热器芯如图 7-6 所示，其冷却管的断面大多为扁圆形，它连通上、下储水室，是冷却水的通道。和圆形断面的冷却管相比，不但散热面积大，而且万一管内的冷却水结冰膨胀，扁管可以借其横断面变形而避免破裂。采用散热片不但可以增加散热面积，还可增大散热器的刚度和强度。这种散热器芯强度和刚度都好，耐高压，但制造工艺较复杂，成本高。

管带式散热器芯如图 7-7 所示，其采用冷却管和散热带沿纵向间隔排列的方式，散热带上的小孔是为了破坏空气流在散热带上形成的附面层，使散热能力提高。这种散热器芯散热能力强，制造工艺简单，成本低，但结构刚度不如管片式大，一般多为轿车发动机采用，近年来在一些中型车辆上也开始采用。

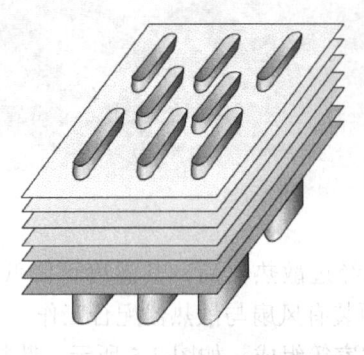

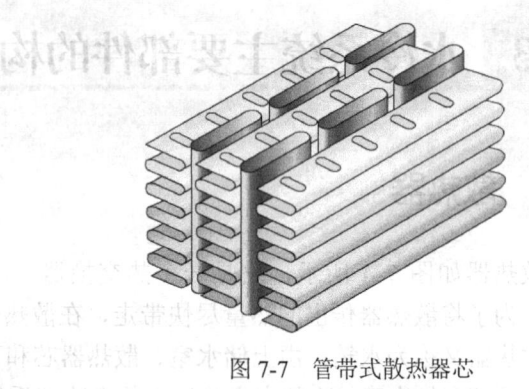

图 7-6 管片式散热器芯

图 7-7 管带式散热器芯

对散热器的要求是，必须有足够的散热面积，而且所有材料导热性能要好，因此，散热器一般用铜或铝制成。

（2）散热器盖

目前汽车发动机多采用闭式水冷系统，这种冷却系统的散热器盖具有自动阀门，发动机热态工作正常时，阀门关闭，将冷却系统与大气隔开，防止水蒸气逸出，使冷却系统内的压力稍高于大气压力，从而可增高冷却水的沸点。在冷系统内水压力过高或过低时，自动阀门则开启以使冷却系统与大气相通。目前闭式水冷系统广泛采用具有空气—蒸汽阀的散热器盖，如图 7-8 所示。一般情况下，两阀借弹簧力关闭。当散热器中压力升高到一定值（0.026~0.037MPa）时，蒸汽阀开启；水温下降，当冷却系统中产生的真空度达一定值（0.01~0.02MPa）时，空气阀开启。

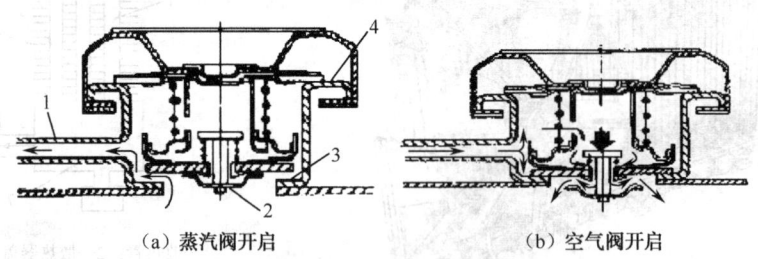

(a) 蒸汽阀开启　　　　(b) 空气阀开启

1—蒸汽排出管；2—空气阀；3—蒸汽阀；4—散热器盖

图 7-8 带空气—蒸汽阀的散热器盖

（3）补偿水桶

补偿水桶的作用是减少冷却系统冷却液的溢失。补偿水桶为塑料制品并用软管与散热器冷却液加注口上的蒸汽排出管连接。当冷却液受热膨胀后，部分冷却液流入补偿水桶；当冷却液温度下降时，散热器内产生一定的真空度，部分冷却液又被吸回散热器。在补偿水桶的外表面上刻有两条显示液面高度的标记线："DI"（低）和"GAO"（高），如图 7-9 所示。补偿水桶内的液面应位于两条标记线之间。若液面低于"DI"线，应向桶内补充冷却液。在向桶内添加冷却液时，液面不应超过"GAO"线。

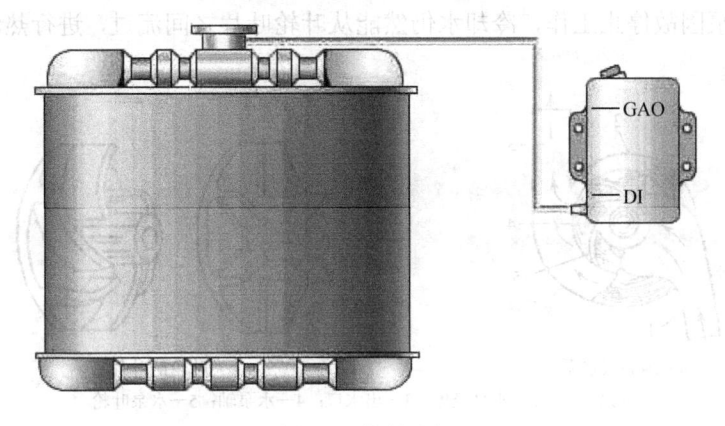

图 7-9　补偿水桶

7.3.2　风扇

风扇如图 7-10 所示，它可以提高通过散热器芯的空气流速，增加散热效果，加速水的冷却。风扇通常安排在散热器后面并与水泵同轴。当风扇旋转时，对空气产生抽吸作用，使之沿轴向流动。空气流由前向后通过散热器芯，如图 7-11 所示，使流经散热器芯的冷却水加速冷却。

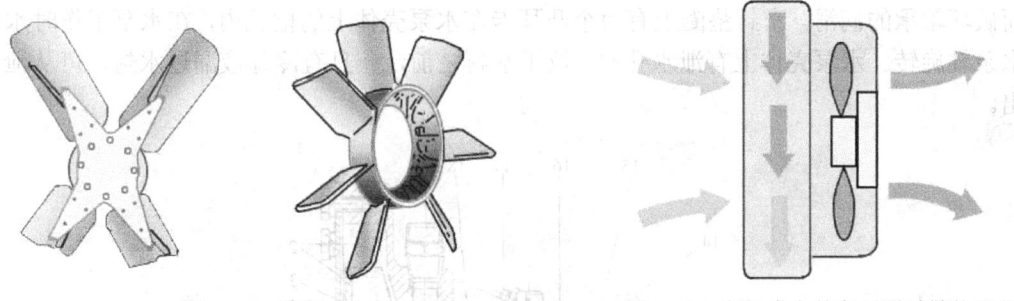

图 7-10　风扇　　　　图 7-11　空气流由前向后通过散热器芯

车用发动机的风扇有两种形式，轴流式和离心式。轴流式风扇所产生的风，其流向与风扇轴平行；离心式风扇所产生的风，其流向为径向。轴流式风扇效率高，风量大，结构简单，布置方便，因而在车用发动机上得到了广泛的应用。

7.3.3　水泵

水泵的功用是对冷却水加压，加速冷却水的循环流动，保证冷却可靠。车用发动机上多采用离心式水泵，离心式水泵具有结构简单、尺寸小、排水量大、维修方便等优点。

离心式水泵主要由泵体、叶轮和水泵轴组成，如图 7-12 所示。叶轮一般是径向或向后弯曲的，其数目一般为 6~9 片。

当叶轮旋转时，水泵中的水被叶轮带动一起旋转，在离心力作用下，水被甩向叶轮边缘，然后经外壳上与叶轮成切线方向的出水管压送到发动机水套内。与此同时，叶轮中心处的压力降低，散热器中的水便经进水管被吸进叶轮中心部分。如此连续作用，使冷却水在水路中不断地循环。如果水泵因故停止工作，冷却水仍然能从叶轮叶片之间流过，进行热流循环，不至于很快产生过热。

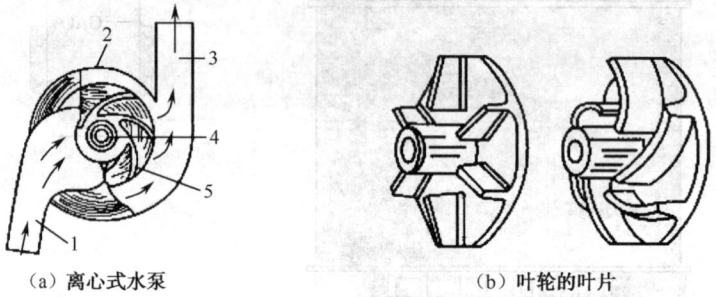

（a）离心式水泵　　　　　　（b）叶轮的叶片

1—进水口；2—水泵壳体；3—出水口；4—水泵轴；5—水泵叶轮

图 7-12　离心式水泵

图 7-13 所示为 EQ6100-1 型发动机所采用的离心式水泵典型结构。

水泵轴 12 支撑在两个球轴承 11 上，其伸出壳体以外的一端用半圆键 13 与安装风扇带轮的凸缘盘 14 连接，另一端装有水泵叶轮 2。水泵外壳用螺栓固定在发动机机体的前端面上。当叶轮旋转时，冷却液由散热器经进水口 A 进入水泵内腔 B，再经出水腔直接进入机体水套内。在水泵叶轮 2 与球轴承 11 之间装有水封，用来防止冷却液向前渗漏浸泡轴承。水封中的弹簧 7 通过水封环 18 将水封皮碗 6 的一端压在水封座圈 10 上，而将皮碗的另一端压在夹布胶木密封垫圈 3 上。夹布胶木密封垫圈在弹簧的压力下与水泵叶轮毂的端面贴合，以防止冷却液进入轴承而破坏轴承的润滑。密封垫圈上有两个凸耳卡在水泵壳体上的槽孔内，在水泵工作时水封不随水泵轴旋转。水泵壳体上有泄水孔 C，位于水封之前，一旦有冷却液漏过水封，可从泄水孔泄出。

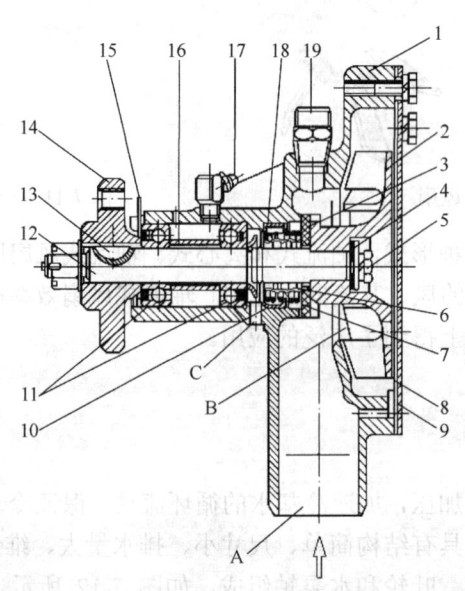

1—水泵外壳；2—水泵叶轮；3—夹布胶木密封垫圈；4—垫；5—螺钉；6—水封皮碗；7—弹簧；8—衬垫；9—泵盖；10—水封座圈；11—球轴承；12—水泵轴；13—半圆键；14—凸缘盘（供安装皮带轮和风扇用）；15—轴承卡环；16—隔离套管；17—滑脂嘴；18—水封环；19—管接头；A—进水口；B—内腔；C—泄水孔

图 7-13　EQ6100-1 型发动机离心式水泵

7.3.4 冷却强度调节装置

冷却强度调节装置根据发动机不同工况和不同使用条件，改变冷却系统的散热能力，即改变冷却强度，从而保证发动机经常在最有利的温度状态下工作。改变冷却强度通常有两种调节方式，一种是改变通过散热器的空气流量；另一种是改变冷却液的循环流量和循环范围。

1. 改变通过散热器的空气流量

通常利用百叶窗和各种自动风扇离合器来实现改变通过散热器的空气流量。

百叶窗用以调节空气流量并防止冬季冻坏水箱，多用人工调节，也有采用自动调节的。

风扇离合器是置于风扇传动机构中的离合机构，可根据发动机的温度自动控制风扇的转速，调节扇风量以达到改变通过散热器的空气流量，它不仅能减少发动机的功率损失，节省燃油，而且还能提高发动机的使用寿命，降低发动机的噪声。常见的风扇离合器形式有硅油风扇离合器、机械式风扇离合器、电磁风扇离合器及液力耦合器等。硅油风扇离合器应用比较广泛。

硅油风扇离合器由主动板、从动板、双金属感温器及壳体等构成，如图7-14所示。

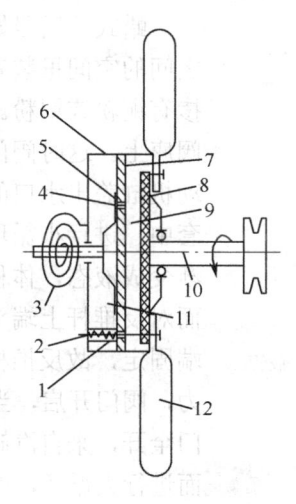

1—回油孔；2—钢球弹簧阀；3—双金属片感温器；4—进油孔；5—阀片；6—离合器壳体；
7—从动板；8—主动板；9—工作腔；10—主动轴；11—储油腔；12—风扇

图7-14 硅油风扇离合器

主动轴10由发动机带动，在轴的左端装有主动板8，它随主动轴一起旋转。从动板7固定在离合器壳体6上，从动板与离合器壳体之间的空间为工作腔9。前盖与从动板之间的空间为储油腔，在储油腔内装有高黏度的硅油。从动板上的进油孔4在常温时被铍青铜的控制阀片5所遮蔽，储油腔的硅油此时不能流入工作腔内，工作腔内没有硅油，主动板上的转矩不能传到从动板上，离合器处于分离状态。主动轴旋转时，装有风扇叶片的离合器壳体在主动轴的轴承上打滑，在密封毛毡圈和轴承摩擦力作用下，以很低的转速旋转。在前盖上装有螺旋形的双金属片感温器3。当发动机负荷增大，冷却液温度升高时，通过散热器芯部气流的温度也随之升高。当气流温度超过65℃时，高温气流吹在双金属片感温器上，使双金属片受热变形，带动控制阀片5转过一定角度。从动板上的进油孔4被打开，储油腔中的硅油通过此孔进入工作腔中。主动板利用硅油的黏性带动从动板,使离合器壳体和风扇转动,离合器此时处于接合状态。进入工作腔的硅油在离心力的作用下甩向外缘,顶开钢球弹簧阀2并通过从动板上的回油孔1流回储油腔,然后再进入工作腔,形成循环。硅油在循环时将热量传给铸有散热片的前盖和离合器外壳而得到冷却,使硅油在工作时的温度不致过高。

当发动机因负荷下降等原因,吹向双金属片感温器的气流温度低于35℃时,控制阀片将进油孔4关闭,硅油不再进入工作腔,而原来在工作腔中的硅油仍不断地在离心力作用下返回储油腔,直至排空为止,离合器此时又处于分离状态。钢球弹簧阀2可防止硅油在发动机不工作时从储油腔流入工作腔中。

2. 改变通过散热器的冷却水的流量

通常利用节温器来控制通过散热器冷却水的流量。节温器装在冷却水循环的通路中(一般装在汽缸盖的出水口),根据发动机负荷大小和水温的高低自动改变水的循环流动路线,以达到调节冷却系统的冷却强度。节温器有蜡式和乙醚膨胀筒式两种,目前多数发动机采用蜡式节温器。

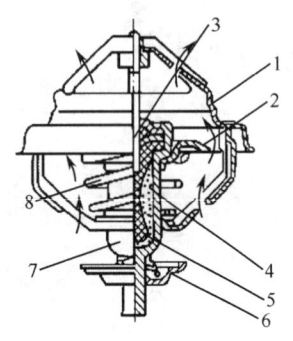

(1) 蜡式节温器

蜡式节温器如图7-15所示。在橡胶管和感应体之间的空间里装有石蜡,为提高导热性,石蜡中常掺有铜粉或铝粉。常温时,石蜡呈固态,阀门压在阀座上。这时阀门关闭通往散热器的水路,来自发动机缸盖出水口的冷却水,经水泵又流回汽缸体水套中,进行小循环。当发动机水温升高时,石蜡逐渐变成液态,体积随之增大,迫使橡胶管收缩,从而对反推杆上端头产生向上的推力。由于反推杆上端固定,故反推杆对橡胶管、感应体产生向下反推力,阀门开启,当发动机水温达到80℃以上时,阀门全开,来自汽缸盖出水口的冷却水流向散热器,而进行大循环,如图7-16所示。

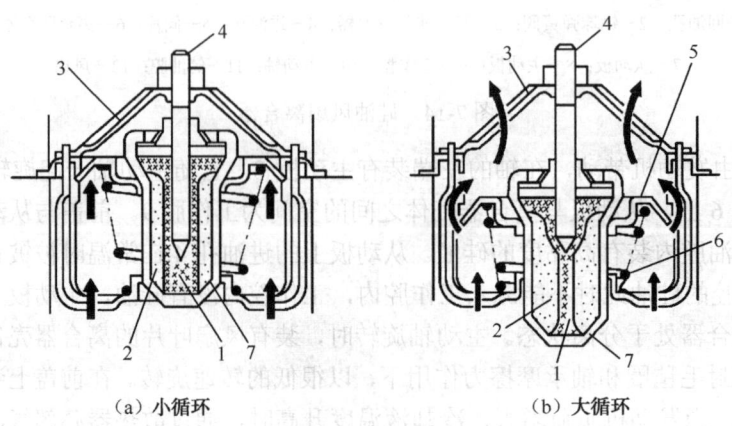

1—支架;2—主阀门;3—反推杆;4—石蜡;5—胶管;
6—副阀门;7—感应体;8—主阀门弹簧

图7-15 蜡式节温器

(a) 小循环　　(b) 大循环

1—胶管;2—石蜡;3—支架;4—反推杆;5—主阀门;6—主阀门弹簧;7—感应体

图7-16 蜡式节温器工作原理

（2）膨胀筒式节温器

膨胀筒式节温器如图 7-17 所示，它是由具有弹性的、折叠式的密闭圆筒（用黄铜制成），内装有易于挥发的乙醚制成。主阀门和侧阀门随膨胀筒上端一起上下移动。膨胀筒内液体的蒸汽压力随着周围温度的变化而变化，故圆筒高度也随温度而变化。

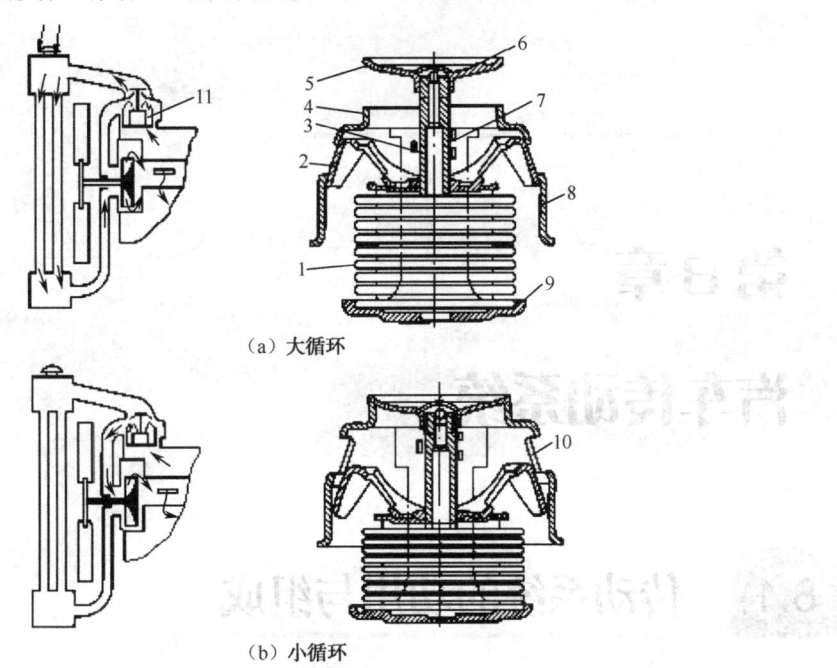

(a) 大循环

(b) 小循环

1—折叠式圆筒；2—侧阀门；3—杆；4—阀座；5—上阀门；6—通气孔；7—导向支架；8—外壳；
9—支架；10—旁通孔；11—节温器

图 7-17 膨胀筒式节温器

当发动机在正常热状态下工作时，即水温高于 80℃，冷却水应全部流经散热器，形成大循环。此时节温器的主阀门完全开启，而侧阀门将旁通孔完全关闭；当冷却水温低于 70℃时，膨胀筒内的蒸汽压力很小，使圆筒收缩到最小高度，主阀门压在阀座上，即主阀门关闭，同时侧阀门打开，此时切断了由发动机水套通向散热器的水路，水套内的水只能由旁通孔流出经旁通管进入水泵，又被水泵压入发动机水套，此时冷却水并不流经散热器，只在水套与水泵之间进行小循环，从而防止发动机过冷，并使发动机迅速而均匀地热起来。当发动机的冷却水温在 70~80℃范围内，主阀门和侧阀门处于半开闭状态时，一部分水进行大循环，而另一部分水进行小循环。

思考题

1. 发动机为什么要冷却？最佳水温范围一般是多少？
2. 水冷却系统中为什么要装节温器？什么叫大循环？什么叫小循环？
3. 冷却系统中水温过高或水温过低有哪些原因？
4. 汽车上为什么要采用风扇离合器？试述硅油风扇离合器的工作原理。

第 8 章

汽车传动系统

8.1 传动系统的功用与组成

　　汽车发动机与驱动轮之间所有传动件总称为传动系统，其基本功用是将发动机发出的动力传给驱动车轮。

　　如图 8-1 所示为机械式传动系统的组成与布置简图，其主要组成部分有离合器 1、变速器 2、万向传动装置（万向节 3 和传动轴 8 组成）、驱动桥（差速器 5、半轴 6、主减速器 7、传动轴 8、驱动桥壳等）。

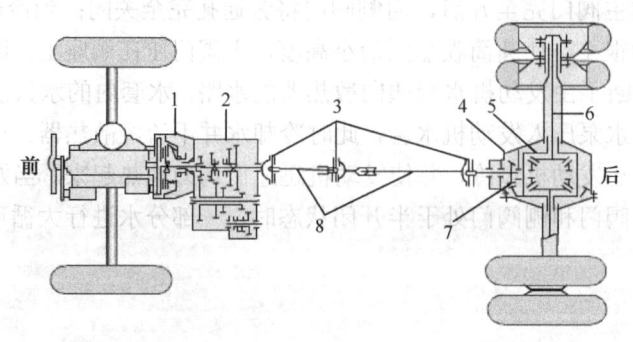

1—离合器；2—变速器；3—万向节；4—驱动桥；5—差速器；6—半轴；7—主减速器；8—传动轴

图 8-1　4×2 汽车机械式传动系统的组成与布置简图

传动系统与发动机协同工作，以保证汽车能在不同的行驶条件下有良好的动力性和燃油经济性。为此，任何形式的传动系统都必须具有如下功能。

1. 减速增矩

汽车发动机通常采用活塞式内燃机，其曲轴的转速较高，它所传递的转矩较小，而汽车行驶时对驱动轮的要求是低转速、大转矩。为解决这一矛盾，发动机和驱动轮之间的传动应有适当的传动比，以使驱动轮的转速降低、转矩增大。

2. 变速变矩

汽车的使用条件，诸如汽车的实际装载质量、道路坡度、路面情况，以及道路宽度和曲率、交通所允许车速等都在很大范围内变化，要求汽车牵引力和行驶速度有相当大的变化范围。为使发动机保持在有利的工况下工作，汽车传动系统的传动比也应在适当的范围内变动。

3. 实现倒驶

汽车除能向前行驶外，也需倒车。但发动机不能反向旋转，因此传动系统应保证汽车倒驶。

4. 传递和切断动力

发动机传给驱动轮的动力应平顺地增加，以保证汽车平稳起步；动力传递路线应能切断，以满足发动机启动、汽车临时停车和换挡的需要。

5. 差速功能

在汽车转向等情况下，需要两驱动轮能以不同角速度转动，通过驱动桥中的差速器可以实现差速功能。

8.2 传动系统的类型及布置形式

按汽车传动系统中传动元件的特征，可分为机械式、液力式和电力式传动系统等。

8.2.1 机械式传动系统

机械式传动系统通过各种机械传动元件来传递动力和实现传动系统的各种功能。其特点是结构简单、工作可靠、维修方便、制造成本低、传动效率较高，但体积和质量大，一般不能实现无级传动。机械式传动系统广泛应用于各种类型的汽车。

图 8-2 所示为 4×4 汽车机械式传动系统的组成与布置简图，它与 4×2 汽车的传动系统相比，不同之处在于，它的前桥也是驱动桥，为了将变速器输出的动力分配给前、后驱动桥，在变速器与两驱动桥之间设置有分动器 4，并增设了从分动器通向前驱动桥的万向传动装置。

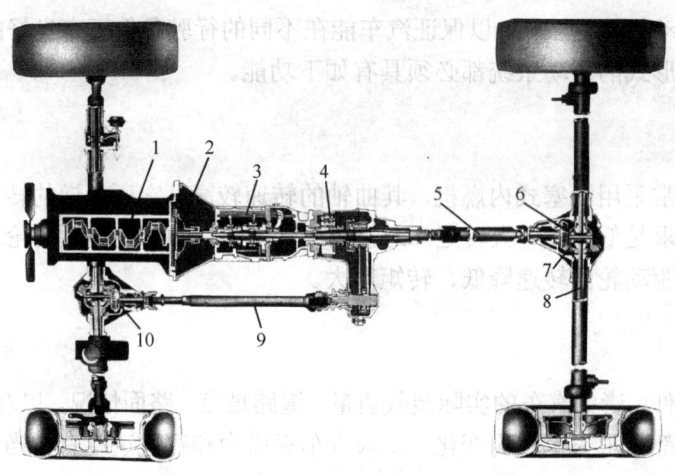

1—发动机；2—离合器；3—变速器；4—分动器；5—传动轴；6—主减速器；7—差速器；8—半轴；9—传动轴；10—驱动桥

图 8-2　4×4汽车机械式传动系统的组成与布置简图

8.2.2　液力传动系统

液力传动分为静液传动和动液传动两种。

（1）静液式传动系统

静液式传动系统又称容积式液压传动系统。它是将发动机的机械能转换成液体的压力能（高压油）来驱动液压马达，由液压马达将液体的压力能又变成机械能，再传给驱动桥，经主减速器、差速器和半轴传至驱动车轮。图 8-3 所示为静液式传动系统。发动机 8 驱动液压油泵 7，产生的高压油经高压油管道到液压马达，液压马达产生机械动力传入驱动桥 1。驾驶员通过变速操纵杆 5 操纵液压自动控制装置 6，来控制高压油泵输出的高压油的流量，也就是控制进入液压马达的高压油流量，从而改变液压马达输出的转矩和转速，实现变速、变矩的功能。通过操纵装置还可改变高压油在系统中的流动方向，从而改变液压马达的旋转方向，实现汽车倒向行驶。这种传动系统的最大特点是无级变速，另外由于传动系统中无须使用机械传动系统中的离合器、变速器和万向传动装置，使汽车自重有所降低。这种传动系统的缺点是传动效率低，由于输出油压高，机件制造精度要求高，密封要求严，故造价高，工作可靠性差，寿命也不够理想，所以这种传动系统未得到普遍应用，仅在国外少数军用越野汽车、机场飞机牵引车、水陆两用汽车上有所采用。

（2）动液式传动系统

汽车上采用的动液传动装置有液力耦合器和液力变矩器两种。图 8-4 所示为液力耦合器，图 8-5 所示为液力变矩器。它们都以液体为介质，利用液体在主动元件（泵轮）和从动元件（涡轮）之间循环流动，将发动机输出的机械能经泵轮转换成液体的动能，再经涡轮又转换成机械能输出。液力变矩器只能传递转矩，而不能改变转矩的大小；可以代替离合器的部分功能，即保证汽车平稳起步和加速，但不能保证在换挡时变速器中的齿轮不受冲击，故在传动系统中不能单独使用液力耦合器来替代离合器。液力变矩器则除了具有液力耦合器的全部功能外，还能实现变速变矩，且是无级变速，但由于其变矩范围较小，不能满足使用要求，故一般在其后再串联一个有级式机械变速器组成液力机械变速器以取代机械式传动系统中的离合器和变速器。

液力机械变速器在中、高级乘用车和重型自卸汽车中得到广泛应用。这种变速器的特点是它能根据道路阻力的变化而自动改变输出转矩和转速，在一定范围内有自动换挡的功能，使驾驶员的操作大为简化。但其结构较复杂、造价较高、传动效率较低。

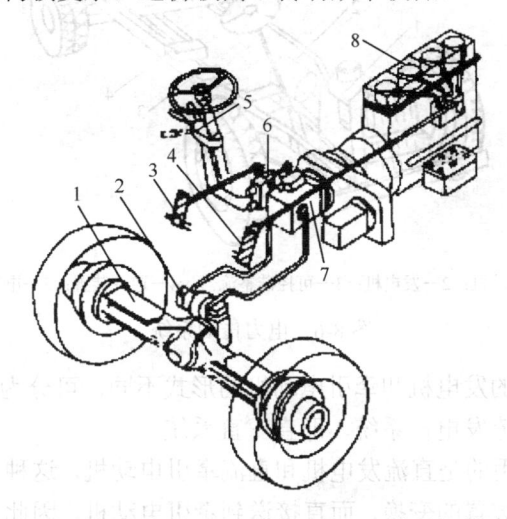

1—驱动桥；2—液压马达；3—制动踏板；4—加速踏板；5—变速操纵杆；6—液压自动控制装置；7—液压油泵；8—发动机

图 8-3　静液式传动系统

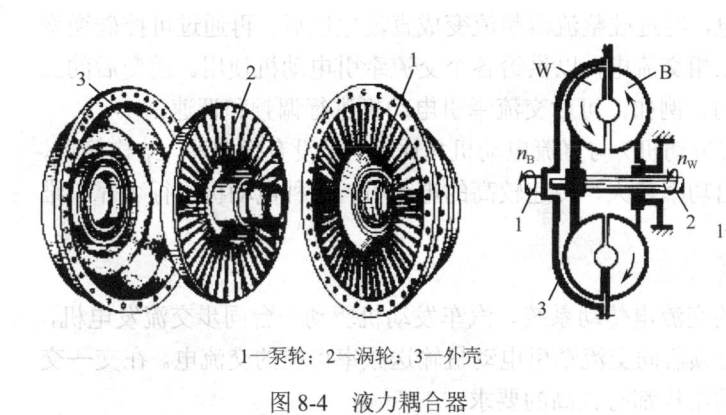

1—泵轮；2—涡轮；3—外壳

图 8-4　液力耦合器

1—变矩器泵轮；2—变矩器涡轮；3—变矩器导轮；
4—导轮固定轴；5—液压泵端盖；
6—液压泵驱动轴套；7—变矩器壳体；
8—单向离合器；9—变速器输入轴

图 8-5　液力变矩器

8.2.3　电力传动系统

电力传动系统是用电能输给电动机，变成机械能后再驱动车轮。其组成和布置形式如图 8-6 所示。

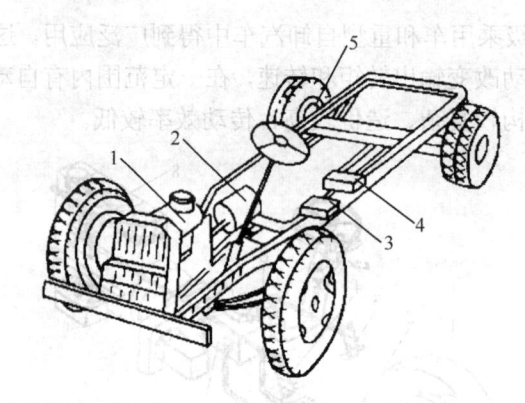

1—发动机；2—发电机；3—可控硅整流器；4—逆变装置；5—电动轮

图 8-6 电力传动系统

电传动汽车根据装用的发电机和牵引电动机的形式不同，可分为以下四种。

(1) 直流电动机—直流发电机系统，即直—直系统

在直—直系统中，采用的是直流发电机和直流牵引电动机。这种系统的优点是：发电机发出的电能可以不通过任何装置的变换，而直接送到牵引电动机，因此系统的结构简单；其缺点是：直流电动机的体积大、质量大和成本高，转速不能很高，整流的火花大等。

(2) 交流发电机—直流电动机系统，即交—直系统

为了避免直流发电机在结构上所固有的缺点，在多数电传动汽车上采用了交—直系统。采用交流发电机后可以达到提高转速、缩小体积、运行可靠和维修简便等效果，从而更适用于汽车。

该系统的发电机为三相交流发电机，经过大功率的硅整流器整流后，把直流电输送给直流牵引电动机。目前国内外生产的大吨位矿用汽车电传动系统绝大部分属于这种结构。

(3) 交—直—交系统

交流发电机输出的电能经过整流及变频装置以后，输送给交流电动机，称为交—直—交系统。即交流发电机发出的三相交流电，经过硅整流器整流变成直流电以后，再通过可控硅逆变器，把直流电变成预定可变频率的三相交流电，以供给各个交流牵引电动机使用。逆变后的三相交流电的频率根据需要是可控制的。例如，可对交流牵引电动机进行调频和调速。

交流牵引电动机（特别是鼠笼式电动机）与直流电动机相比，由于没有换向器，结构简单，外形尺寸小，所以可以设计和制造出功率较大、转速较高的电动机。这种电动机运行可靠，维护方便。

(4) 交—交系统

该系统是没有直流环节的直接的交流电传动系统。汽车发动机驱动一台同步交流发电机，交流发电机的输出输送给变频器，变频器向交流牵引电动机输送频率可控的交流电。在交—交传动系统中，对变频技术和电动机的结构都有较高的要求。

汽车电传动从机械结构来分，可分为电动轴式和电动轮式。电动轴式汽车的牵引电动机置于驱动轴壳内，由一个电动机驱动两边车轮，轮间装有差速器。电动轮式结构则每边车轮分别由一个牵引电动机通过行星齿轮的减速机构来驱动。此外，汽车电传动也可采用双电源方式，即电网电源和发电机电源。

8.2.4 汽车传动系统的布置形式

汽车传动系统的布置形式是与汽车总体布置方案相适应的，随着发动机的类型、安装位置，以及汽车用途的不同而变化，可归纳为以下几种。

1. 发动机前置前轮驱动（简称 FF）

前置前驱，即发动机前置、前轮驱动（Front-engine Front-drive，简称 FF），这是轿车（含微型、经济型汽车）上比较盛行的驱动形式，但货车和大客车基本上不采用该形式。这种布置形式被微型、普通级和中级乘用车广泛采用。FF 型布置中，发动机可以横置也可以纵置。发动机横置特点是发动机曲轴轴线与车轮轴线平行，主减速器可以采用圆柱齿轮传动，如图 8-7 所示。发动机纵置特点是发动机曲轴轴线与车轮轴线垂直，主减速器必须采用圆锥齿轮传动，如图 8-8 所示。前置前驱轿车的布局一般都是将发动机横向布置，与设计紧凑的变速驱动桥相连，具有如下优势：

① 省略传动轴装置，减轻了车重，结构比较紧凑。

② 有效地利用了发动机室的空间，驾驶室内空间较为宽敞，并有利于降低地板高度，提高乘坐舒适性。

③ 发动机靠近驱动轮，动力传递效率高，燃油经济性好。

④ 发动机等总成前置，增加前轴的负荷，提高了轿车高速行驶时的操纵稳定性和制动时的方向稳定性。

⑤ 简化了后悬架系统。

⑥ 在积雪或易滑路面上行驶时，靠前轮牵拉车身，有利于保证方向稳定性。

同时，FF 形式具有如下弊端：

① 启动、加速或爬坡时，前轮负荷减小，导致牵引力下降。

② 前桥既是转向桥，又是驱动桥，结构及工艺复杂，制造成本高，维修保养困难。

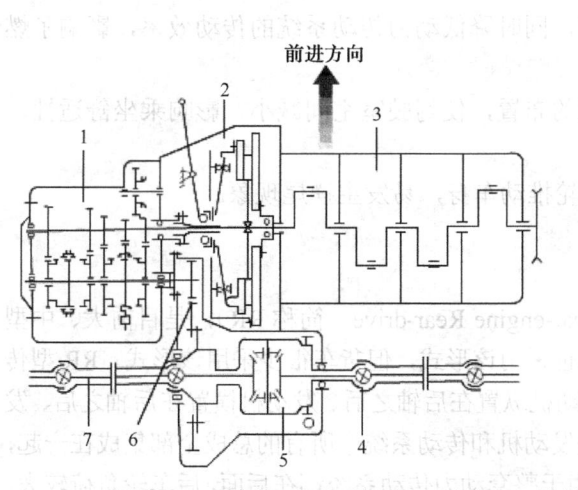

1—变速器；2—离合器；3—发动机；4—万向节；5—差速器；
6—主减速器；7—传动轴

图 8-7 发动机横置

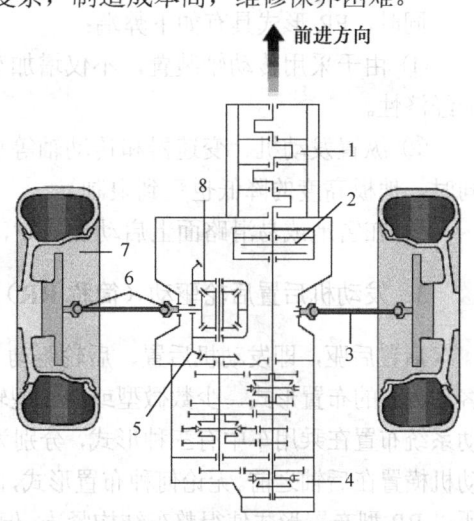

1—发动机；2—离合器；3—传动轴；4—变速器；
5—主减速器；6—万向节；7—前轮；8—差速器

图 8-8 发动机纵置

2. 发动机前置后轮驱动（简称 FR）

前置后驱，即发动机前置、后轮驱动（Front-engine Rear-drive，简称 FR），这是一种最传统的驱动形式。典型的 FR 型传动系统布置形式如图 8-9 所示，其发动机都为纵向布置，传动系统中的离合器、变速器和发动机组装成为一个整体。主减速器（含差速器）装在后驱动桥上。变速器和后驱动桥之间由万向节的传动轴相连。国内外大多数货车（含皮卡）、部分轿车（尤其是高级轿车）和部分客车都采用这种驱动形式，主要是因为此布置形式比较容易获得较理想的轴荷分布和较佳的汽车性能。

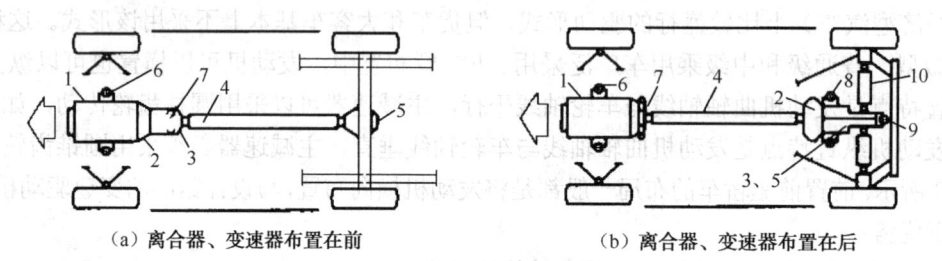

（a）离合器、变速器布置在前　　　　（b）离合器、变速器布置在后

1—发动机；2—离合器；3—变速器；4—传动轴（带万向节）；5—主减速器；6—发动机动力总成前支撑；
7—发动机动力总成后支撑；8—传动箱前支撑；9—传动箱后支撑；10—驱动轴（带万向节）

图 8-9　FR 型传动系统布置形式

采用了前置后驱驱动形式的整车具有如下优势：
① 在拼合良好的路面上启动、加速或爬坡时，驱动轮的负荷增大（即驱动轮的附着压力增大），其牵引性能比前置前驱形式优越。
② 轴荷分配比较均匀，因而具有良好的操纵稳定性和行驶平顺性，并有利于延长轮胎的使用寿命。
③ 发动机、离合器和变速器等总成临近驾驶室，简化了操纵机构的布置。
④ 转向轮是从动轮，转向机构结构简单，便于维修。

同时，FR 形式具有如下弊端：
① 由于采用传动轴装置，不仅增加车重，同时降低动力传动系统的传动效率，影响了燃油经济性。
② 纵置发动机、变速器和传动轴等总成的布置，使驾驶室空间减小，影响乘坐舒适性，同时，地板高度的降低也受到限制。
③ 在雪地或易滑路面上启动加速时，后轮推动车身，易发生摆尾现象。

3. 发动机后置后轮驱动（简称 RR）

后置后驱，即发动机后置、后轮驱动（Rear-engine Rear-drive，简称 RR），是目前大、中型客车流行的布置形式，少数微型或普及型轿车也采用该形式，但货车很少采用该形式。RR 型传动系统布置在乘用车中有三种形式，分别为发动机纵置在后轴之后、发动机横置在后轴之后、发动机横置在后轴之前。无论何种布置形式，因为发动机和传动系统中所有的总成全部集成在一起，所以 RR 型布置形式使得整车结构紧凑。但是由于整套动力传动系统都在后面，后车轮负荷较大，对汽车的操纵性能不利，易发生甩尾，因此，此种布置形式在乘用车上已经很少采用。

但是在大中型客车上，RR 型布置形式应用广泛，主要原因是此种布置方案不会使得客车的操纵性变差，相反，其他方面优点很突出。例如，由于发动机在后部，使得汽车的内地板可以大幅度降低，增大车内空间，扩大了整个汽车的视野，比较适合于旅游观光车和城市公交车。客车的 RR 型布置形式有两种，分别为发动机纵置和横置，如图 8-10 所示。离合器、变速器和发动机组装在一起，主减速器在后桥上，两者之间用传动轴相连。

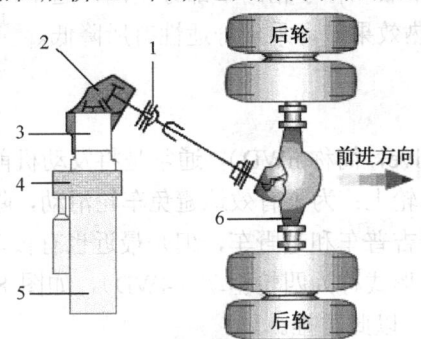

1—万向传动装置；2—角传动装置；3—变速器；4—离合器；5—发动机；6—驱动桥

图 8-10　RR 型传动系统布置

采用了后置后驱驱动形式的客车具有如下优势：
① 质量集中于汽车的后部，发动机距驱动轴很近，因而驱动轮负荷大，启动加速时牵引力大，且传动效率高，燃油经济性好。
② 有利于车身内部布置，车厢内的面积利用率高。
③ 易于将发动机与车厢隔开，减少车厢内的振动和噪声，乘坐舒适性良好。
④ 可在地板下设置容积很大的行李仓。
同时，RR 形式具有如下弊端：
① 前轮附着力小，高速时转向不稳定，影响了操纵稳定性。
② 水箱布置困难，不利于发动机散热。
③ 发动机防尘困难。
④ 发动机和变速器等总成远离驾驶员，远程操纵机构的布置较复杂。
⑤ 故障不宜及时判别，维修保养困难。

4. 发动机中置后轮驱动

中置后驱，即发动机中置、后轮驱动（Middle-engine Rear-drive，简称 MR），常用于大多数运动型轿车和方程式赛车，此外，某些大、中型客车也采用该形式，但采用该形式的货车很少。其布置形式如图 8-11 所示。运动型轿车采用中置后驱具有如下优势：

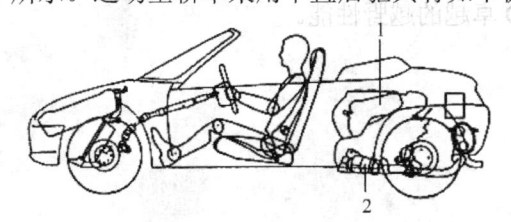

1—发动机；2—传动系统

图 8-11　发动机中置后轮驱动传动系统布置

① 可获得最佳的轴荷分配，操纵稳定性和行驶平顺性较好。

② 发动机临近驱动桥，无须传动轴，从而减轻车重，具有较高的传动效率。

③ 质量集中，车身平摆方向的惯性力矩小，转弯时，转向盘操作灵敏，运动性好。

同时，MR 形式具有如下弊端：

① 发动机的布置占据了车厢和行李箱的一部分空间，通常，车厢内只能安放两张座椅。

② 对发动机的隔音和绝热效果差，乘坐舒适性有所降低。

5. 全轮驱动（nWD）

全轮驱动（Full-Wheel-Drive，简称 nWD），通常是将发动机前置，在变速器后装有分动器以便将动力分别输送到所有车轮上；为了有效地避免车轮滑动，除装有轮间差速器外，还配有轴间差速器。该形式主要用于吉普车和越野车，但是最近也有很多轿车采用了全轮驱动形式。通常，二车桥汽车的全轮驱动形式称为四轮驱动（4WD），如图 8-2 所示。有三车桥的全轮驱动形式称为六轮驱动（6WD），以此类推。

采用全轮驱动形式的整车具有如下优势：

① 由于全轮驱动汽车可以利用汽车的全部质量作为附着压力，从而使附着力显著增加，即扩展了牵引力极限。

② 可以将发动机的动力分别传至各个车轮，即减少了每一驱动轮的驱动力负担，因而能够保证在不超过轮胎摩擦极限（不发生车轮打滑）的情况下，将足够的动力传至路面，使汽车具有很强的越野能力。

③ 轮胎的磨损均一，有利于延长轮胎的使用寿命。

同时，全轮驱动形式具有如下弊端：

① 传动系统长，结构复杂，制造成本高，且维修保养困难。

② 噪声大，车辆重，且驱动力传递效率低，油耗大，即燃油经济性不好。

现今的 4WD 形式可分为以下两种。

① 可转换 4WD 形式。可转换 4WD 形式适用于 FR 车的变型，是指在必要时可由 2WD 形式转变为 4WD 形式。由于装备了转换机构，可在城市道路行驶时利用 2WD 形式。当越野行驶时，操作拉杆或开关，便可简单地转变为 4WD 形式运行。可转换 4WD 形式可以稍微弥补 4WD 车驱动力传递效率低的缺点；并且当选择 2WD 形式行车时，相对于 4WD 形式减少了轮胎和部分传动系统零件的磨损。

② 非转换 4WD 形式。非转换 4WD 形式适用于 FF 车的变型，其驱动形式不可改变，全时以 4WD 形式行驶。另外，还有很多非转换 4WD 形式车在中间差速器上采用黏滞式连接机构，从而，在正常情况下可以像 FF 车一样行驶；但是，当驱动轮侧滑时，便自动向从动轮传递动力，充分发挥出 4WD 卓越的越野性能。

8.3 离合器

8.3.1 概述

离合器是汽车传动系统中直接与发动机相联系的部件，如图 8-12 所示。它位于发动机和变速器之间，其功用是：
① 临时切断动力，使变速器顺利换挡。
② 平顺地接合动力，保证汽车平稳起步。
③ 限制传动系统超载。当传动系统严重超载时，离合器打滑，起保护传动件的作用。

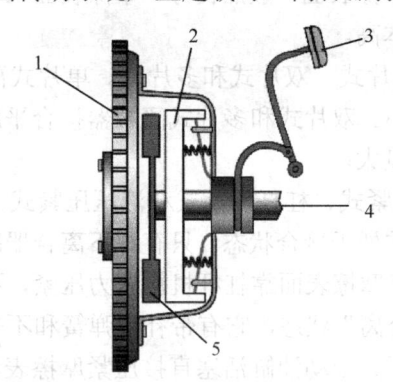

1—飞轮；2—压盘；3—踏板；4—输入轴；5—摩擦盘

图 8-12　离合器

欲使离合器起到以上功用，离合器应当是这样一个传动机构：其主动部分和从动部分可以暂时分离又可逐渐接合，并且在传动过程中还要有可能相对转动。所以，离合器的主动件与从动件之间不可采用刚性联系，而是借二者接触面之间的摩擦作用来传递转矩（摩擦离合器），如图 8-13（a）所示，或是利用液体为传动的介质（液力耦合器），如图 8-13（b）所示，或是利用磁力传动（电磁离合器），如图 8-13（c）所示。目前汽车上广泛采用的是用弹簧压紧的摩擦离合器。

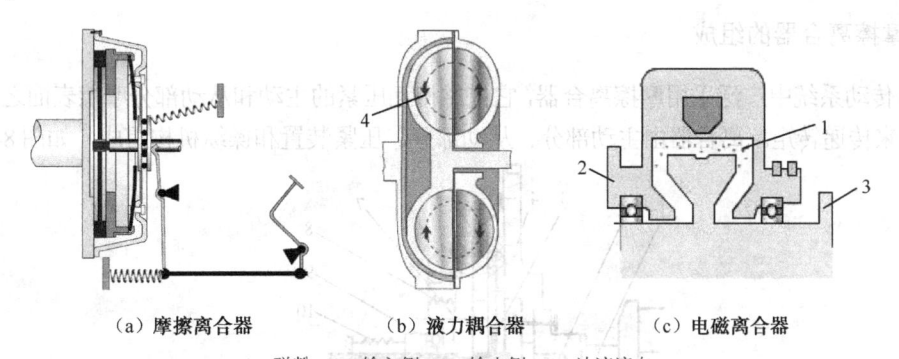

（a）摩擦离合器　　（b）液力耦合器　　（c）电磁离合器

1—磁粉；2—输入侧；3—输出侧；4—油液流向

图 8-13　摩擦离合器、液力耦合器和电磁离合器

在实际使用当中，对离合器的性能要求如下：
① 可靠地传递发动机最大转矩。
② 分离彻底、迅速。
③ 接合平顺、柔和，保证汽车起步平稳，减少起步过程中传动系统的冲击载荷。
④ 散热良好，以防止由于滑磨引起温度过高，以致烧坏摩擦衬面。
⑤ 离合器从动部分转动惯量要小，以减少换挡时齿轮间的冲击，并便于换挡。
⑥ 操纵轻便。
⑦ 能限制传动系统过载。

⑧ 结构简单，维修、调整方便，使用寿命长。

摩擦式离合器按其结构和工作特点可分为下列几种类型。

① 按摩擦表面的工作条件分为干式和湿式两种。干式离合器结构简单，广泛用于汽车上。湿式离合器用油液冷却和冲洗摩擦表面，散热良好，摩擦表面工作性能稳定，经长期使用磨损小；但结构复杂，质量大，成本高。

② 按从动盘的数量分为单片式、双片式和多片式。单片式离合器结构简单，分离彻底，散热良好，从动部分转动惯量小。双片式和多片式离合器接合平顺，但中间压盘不易散热，分离不易彻底，从动部分转动惯量大。

③ 按压紧装置分为弹簧压紧式、杠杆压紧式和液压压紧式。弹簧压紧式离合器，由于弹簧压力的作用，使摩擦表面经常处于接合状态，只有踩下离合器踏板才能分离，放松踏板便自行接合；杠杆压紧式离合器，其摩擦表面靠杠杆机构压力压紧，不必经常在操纵杆上施加作用力，就可以保持"接合"或"分离"状态，它有带补偿弹簧和不带补偿弹簧两种；液压压紧式离合器，它是利用工作油液的压力推动油缸活塞直接压紧摩擦表面，由于液压油缸在旋转状态下工作，制造精度要求高，但具有结构紧凑、操纵轻便和不需要调整等优点。

④ 按离合器在传动系统中的作用分为单作用式和双作用式。单作用式离合器只将动力直接传给变速器；而双作用式离合器分别将动力传给变速器和动力输出轴；主离合器控制前者动力，副离合器控制后者动力。主、副离合器各用一套操纵机构进行独立操纵的称为独立操纵双作用离合器；主、副离合器共用一套操纵机构按顺序操纵的称为联动操纵双作用离合器。

8.3.2 摩擦离合器的组成和工作原理

1. 摩擦离合器的组成

汽车传动系统中广泛采用摩擦离合器，它依靠相互压紧的主动和从动部分摩擦表面之间产生的摩擦作用来传递转矩。离合器由主动部分、从动部分、压紧装置和操纵机构组成，如图 8-14 所示。

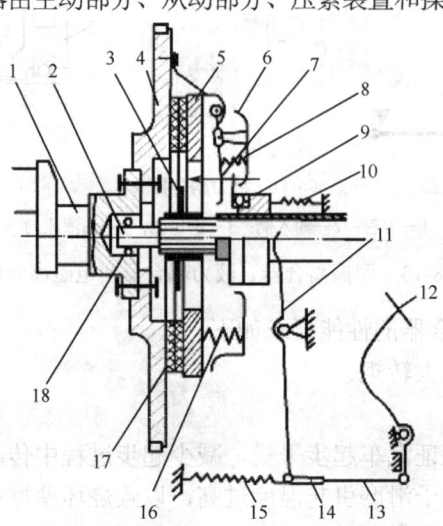

1—曲轴；2—从动轴；3—从动盘；4—飞轮；5—压盘；6—离合器盖；7—分离杠杆；8—弹簧；9—分离轴承；10—回位弹簧；11—分离拨叉；12—踏板；13—拉杆；14—调节叉；15—弹簧；16—压紧弹簧；17—从动盘摩擦片；18—轴承

图 8-14 摩擦离合器

① 主动部分包括飞轮 4、离合器盖 6 和压盘 5。离合器盖用螺钉固定在飞轮上，压盘在驱动销或卡铁的带动下随飞轮一起转动，在离合器分离和接合过程中，压盘能做轴向移动。

② 从动部分包括从动盘 3 和轴承 18。从动盘两端面上铆接或黏结摩擦衬片，安装在飞轮和压盘之间。从动盘与离合器轴用花键连接，并可在轴上做轴向移动。

③ 压紧装置为压紧弹簧 16，它装在离合器盖和压盘之间。

④ 操纵机构由长短可调节的拉杆 13、分离拨叉 11、分离杠杆 7、分离轴承 9 和回位弹簧 10 等组成。分离轴承及其轴承座在拨叉作用下可做轴向移动。分离杠杆铰接在离合器盖上，通过分离拉杆与压盘连接。操纵离合器踏板可使离合器接合或分离。

2．摩擦离合器的工作原理

（1）接合状态

离合器的工作过程如图 8-15 所示。在不踩下离合器踏板时，离合器的从动盘被离合器弹簧压紧在飞轮与压盘工作表面之间，发动机转矩通过摩擦表面间的摩擦作用从飞轮和压盘经从动盘传到离合器轴。这时，主、从动部分形成一个整体，如图 8-15（a）所示，此为离合器的接合状态。

（2）分离过程

当踩下离合器踏板时，通过拉杆带动分离拨叉，分离轴承座在拨叉的拨动下向左移动。首先消除分离轴承端面与分离杠杆头部的自由间隙，接着推压分离杠杆头部，使分离杠杆绕支点摆动，分离杠杆的另一端通过分离拉杆带动压盘右移，进一步压缩离合器弹簧。这样在飞轮、压盘与从动盘摩擦表面之间产生分离间隙$\Delta_1+\Delta_2$，切断了发动机和变速器的动力传递，离合器处于分离状态，如图 8-15（b）所示。

当踏板逐渐松开时，被压缩的离合器弹簧随之逐渐伸展，在其作用下将压盘向左推动，并将从动盘重新压紧在飞轮工作表面上，离合器又恢复到接合状态。与此同时，在回位弹簧作用下，分离杠杆头部与分离轴承端面又出现应有的自由间隙。这种离合器经常处于接合状态，故称为常接合式离合器。

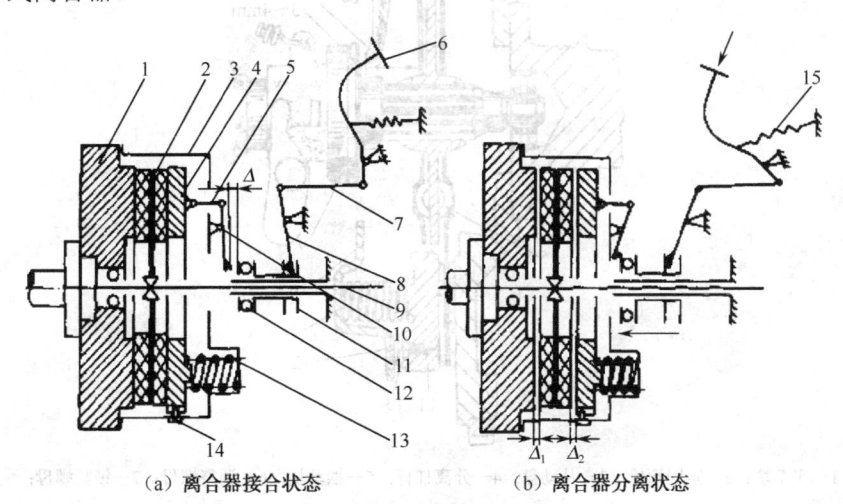

(a) 离合器接合状态　　(b) 离合器分离状态

1—飞轮；2—从动盘；3—离合器盖；4—压盘；5—分离拉杆；6—踏板；7—拉杆；8—分离拨叉；9—离合器轴；
10—分离杠杆；11—分离轴承座；12—分离轴承；13—离合器弹簧；14—驱动销；15—回位弹簧

图 8-15　离合器工作原理简图

离合器分离过程中，离合器踏板总行程由自由行程和工作行程两部分组成。用以消除各连接杆件运动副的间隙和自由间隙的踏板行程称为踏板自由行程；对应于离合器分离间隙的踏板行程称为踏板工作行程。当从动盘摩擦衬片磨损变薄时，自由间隙减小，踏板的自由行程也随之减小。自由间隙过小时，当摩擦衬片再稍有磨损，分离杠杆的头部将向右移动顶住分离轴承端面，使离合器弹簧压紧力减小，造成离合器打滑；自由间隙过大，踏板自由行程变大，因为踏板总行程是一定的，致使工作行程减小，造成离合器分离不彻底。因此，应有适当的自由间隙。此外，在安装时各个分离杠杆的端头应保持在同一回转平面上，否则也会影响离合器彻底分离。为了保证有适当和均匀的自由间隙，离合器上设有调整机构调整它。

8.3.3 摩擦离合器的构造

1. 周布弹簧离合器

周布弹簧离合器属于单片、干式、弹簧压紧摩擦式离合器，也是由主动部分、从动部分、压紧机构和分离操纵机构四部分组成。图 8-16 所示为东风 EQ140 型汽车周布弹簧离合器。主动部分的离合器盖 10 和压盘 14 采用的是四组传动片 13 驱动，从动部分采用的是带扭转减振器的从动盘 3，压紧机构是采用 16 个周向均布的圆柱螺旋压紧弹簧 11 将从动盘压紧在飞轮与压盘之间，压盘上的弹簧座为减小传热面积，做成十字形。分离操纵机构由四个分离杠杆 4、摆动块 5、分离轴承 9、分离叉和踏板（图中未画）等组成。

1—平衡块；2—紧固螺栓；3—从动盘；4—分离杠杆；5—摆动块；6—调整螺母；7—锁紧螺母；
8—调整螺钉；9—分离轴承；10—离合器盖；11—压紧弹簧；12—螺栓；13—传动片；14—压盘；15—减振弹簧

图 8-16　东风 EQ140 型汽车周布弹簧离合器构造

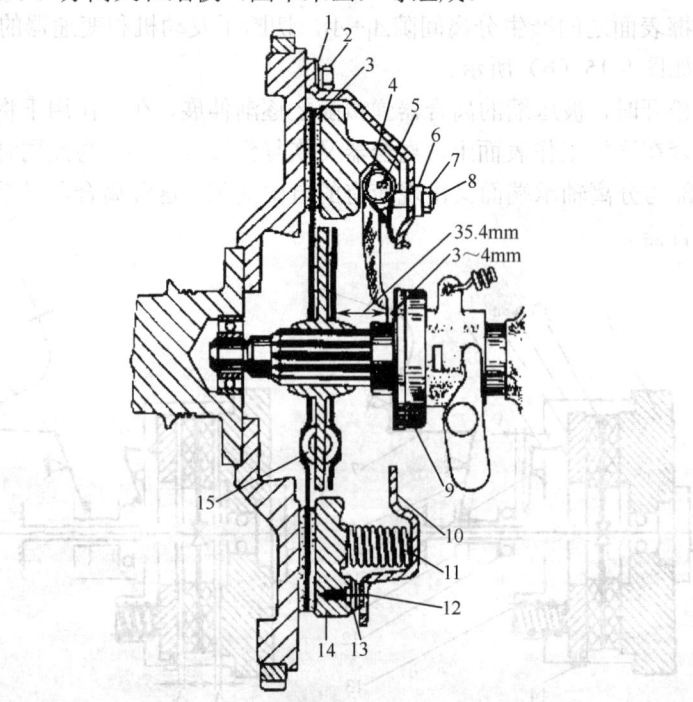

离合器间隙为 3~4mm，相当于离合器踏板的自由行程为 30~40mm，可通过改变分离杠

杆的长度来调整。四个分离杠杆的内端面应在同一平面内，偏差不得大于 0.2mm，可通过拧动分离杠杆支撑柱的调整螺钉 8 来调整。

2．膜片弹簧离合器

汽车膜片弹簧离合器所采用的压紧弹簧是一个用薄弹簧板制成的带有锥度的膜片弹簧，同样由主动部分、从动部分、压紧机构和分离操纵机构四部分组成。膜片弹簧离合器可分为推式膜片弹簧离合器和拉式膜片弹簧离合器两种形式，如图 8-17（a）、（b）所示。

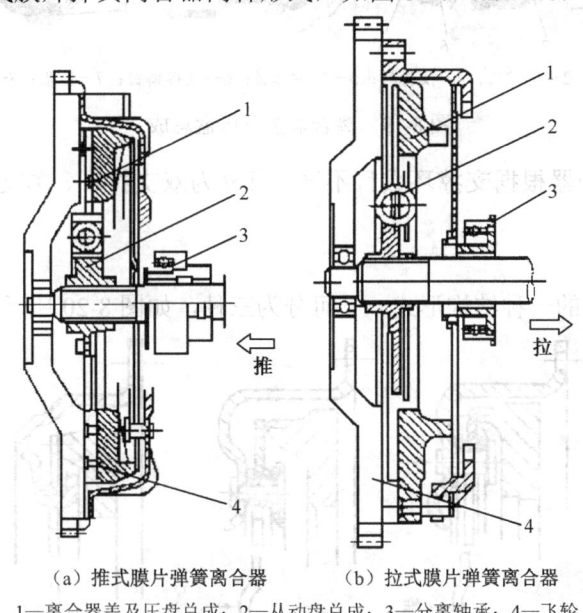

（a）推式膜片弹簧离合器　（b）拉式膜片弹簧离合器
1—离合器盖及压盘总成；2—从动盘总成；3—分离轴承；4—飞轮

图 8-17　膜片弹簧离合器的结构

1）推式膜片弹簧离合器

奥迪 100 型轿车离合器采用推式膜片弹簧离合器，图 8-18 所示为奥迪 100 型轿车离合器总成。离合器盖及压盘总成如图 8-19 所示，由离合器盖、支撑环、膜片弹簧、压盘、支撑铆钉和传动钢片组成。

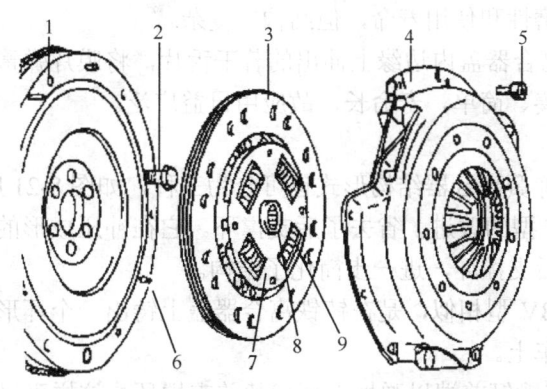

1—飞轮；2、5—螺栓；3—从动盘；4—离合器盖及压盘总成；6—定位销；7—扭转减振器；8—从动盘毂；9—减振弹簧

图 8-18　奥迪 100 型轿车离合器总成

1、3—铆钉；2—传动片；4—支撑环；5—膜片弹簧；6—支撑铆钉；7—压盘；8—离合器盖

图 8-19　离合器盖及压盘总成

推式膜片弹簧离合器根据支撑环数目不同，可分为双支撑环、单支撑环和无支撑环三种形式。

(1) 双支撑环式

这是目前广泛采用的一种结构形式，又可分为三种，如图 8-20 所示。

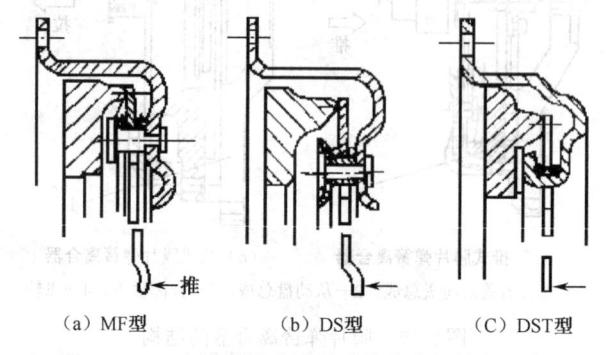

(a) MF型　　(b) DS型　　(C) DST型

图 8-20　双支撑环推式膜片弹簧离合器结构形式

① MF 型。膜片弹簧、两个支撑环与离合器盖之间用一个台肩式铆钉定位并铆合在一起，结构较简单。

② DS 型。在标准铆钉杆上套一硬衬套，并在铆钉头处加一挡环使前支撑环不与铆钉头直接接触，从而提高了耐磨性和使用寿命，但结构较复杂。

③ DST 型。通过离合器盖内边缘上伸出的若干舌片，将膜片弹簧两个支撑环与离合器盖弯合在一起，结构更紧凑、简单，寿命长，故应用日益广泛。

(2) 单支撑环式

单支撑环推式膜片弹簧离合器结构形式也可分为三种，如图 8-21 所示。

① DBV 型。是 MF 型的改进，省去了后支撑环。它在冲压成形的离合器盖上冲出一个环形凸台来替代 MF 型的后支撑环，进一步简化了结构。

② GMF 型。与 DBV 型相似，是在铸铁离合器盖上铸出一个环形凸台以代替后支撑环。它主要用于中、重型货车上。

③ DB/DBP 型。在铆钉前端以弹性挡环代替前支撑环，这样可以消除膜片弹簧与支撑环之间的轴向间隙。它主要用于中、重型货车上。

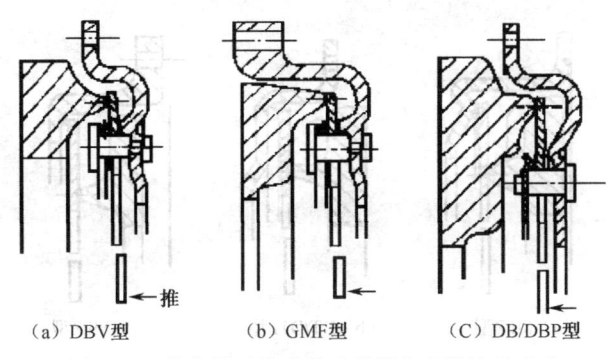

(a) DBV型　　(b) GMF型　　(C) DB/DBP型

图 8-21　单支撑环推式膜片弹簧离合器结构形式

（3）无支撑环式

无支撑环推式膜片弹簧离合器结构形式也可分为三种，如图 8-22 所示。

① DBR 型。利用斜头铆钉的头部与冲压离合器盖上冲出来的环形凸台，将膜片弹簧铆合在一起而成，取消了前、后支撑环。它主要用于轻、中型货车。

② D/DR 型。与 DB/DBP 型相似，但以离合器盖上冲出的环形凸台代替后支撑环，使结构更简单。它主要用于中型货车。

③ CP 型。将 D/DR 型中的铆钉取消，在离合器盖内边缘上伸出许多舌片（与 DST 型相似），将膜片弹簧与弹性挡环和离合器盖上冲出的环形凸台弯合在一起，结构最简单，广泛用于轿车上。

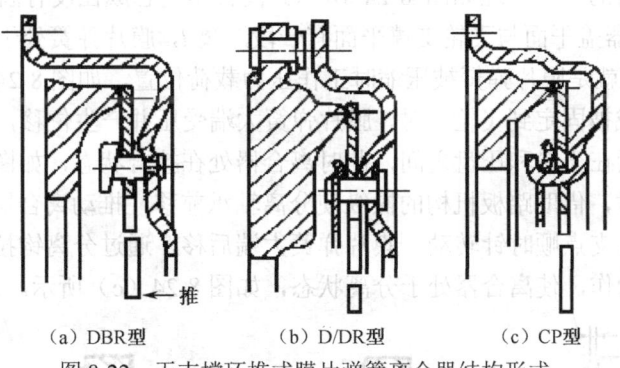

(a) DBR型　　(b) D/DR型　　(c) CP型

图 8-22　无支撑环推式膜片弹簧离合器结构形式

2）拉式膜片弹簧离合器

拉式膜片弹簧离合器的结构形式与推式膜片弹簧离合器的结构形式大体相同，只是将膜片弹簧反装，其支撑点和力的作用点的位置有所改变，支撑点由原来的中间支撑环处移至膜片弹簧大端外径的边缘处，支撑在离合器盖上。其支撑结构形式主要有无支撑环式和单支撑环式两种形式，如图 8-23 所示。

（1）无支撑环式

MFZ 型直接在冲压离合器盖上冲出一个环形凸台以支撑膜片弹簧，不用支撑环。它主要用于轿车和轻型货车上。

（2）单支撑环式

① DT/DTP 型。将膜片弹簧的大端支撑在冲压离合器盖中的支撑环上，主要用于轿车和货车。

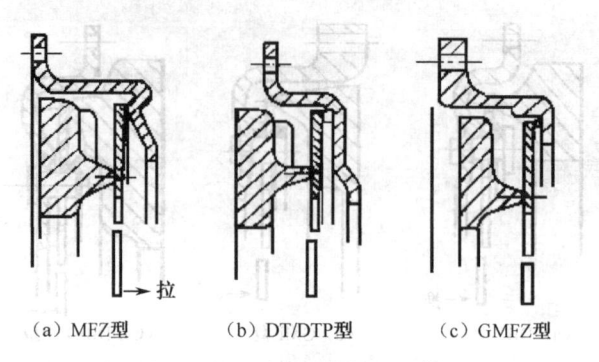

(a) MFZ型　　(b) DT/DTP型　　(c) GMFZ型

图 8-23　拉式膜片弹簧离合器结构形式

② GMFZ 型。将膜片弹簧的大端支撑在铸造离合器盖凹槽中的支撑环上，主要用于中、重型汽车。

与推式膜片弹簧离合器相比，拉式膜片弹簧离合器的机构更为简化，便于提高压紧力和转矩，增强了离合器盖的刚度，提高了分离效率，有利于分离负荷的降低，改善了操纵的轻便性。但拉式膜片弹簧离合器的膜片弹簧的分离是指与分离轴承套总成嵌装在一起，结构较复杂，安装与拆卸较困难，分离行程也比推式要略大些，因此在许多场合还是宁愿选用推式的结构形式，或者设法把拉式结构的分离动作改变，使其分离的运动方向由"拉"改为"推"。

3）膜片弹簧离合器的工作原理

膜片弹簧离合器的工作原理如图 8-24 所示。离合器盖总成在没有固定到飞轮上时（中间带有从动盘），离合器盖平面与飞轮支撑平面有一段距离 l，膜片弹簧处于自由状态，膜片弹簧不受力，这段距离 l 就是膜片弹簧被压缩时工作压力载荷位置，如图 8-24（a）所示。

当离合器盖总成被固定到飞轮上时，膜片弹簧大端受压并产生位移，对压盘产生压力，使从动盘摩擦片被压紧在飞轮和压盘之间，此时离合器处在接合状态，如图 8-24（b）所示。

当分离离合器时，借助踏板机构的操纵使分离轴承前移，推动离合器膜片弹簧小端前移，膜片弹簧以支撑环为支点顺时针转动，膜片弹簧大端后移，通过分离钩拉动压盘离开从动盘，于是便完成了分离动作，使离合器处于分离状态，如图 8-24（c）所示。

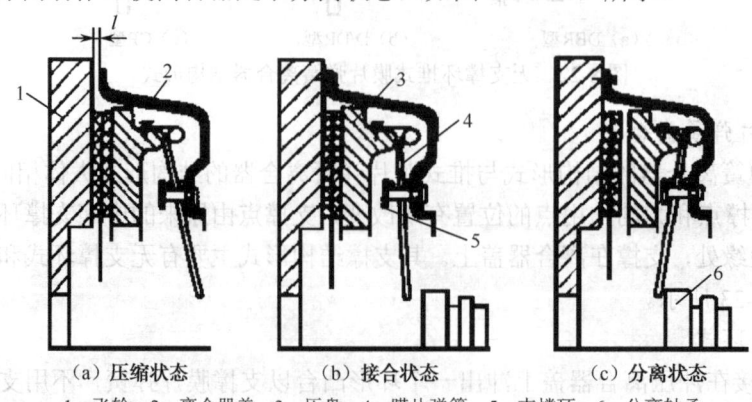

(a) 压缩状态　　(b) 接合状态　　(c) 分离状态

1—飞轮；2—离合器盖；3—压盘；4—膜片弹簧；5—支撑环；6—分离轴承

图 8-24　膜片弹簧离合器（推式）工作原理

4）膜片弹簧离合器特性

图 8-25 所示为膜片弹簧和螺旋弹簧的特性曲线。膜片弹簧特性呈非线性特性，螺旋弹簧特性呈线性特性。a 点表示两种弹簧离合器的接合状态，其压紧力都为 P_a。分离时，两种弹簧

都会再次压缩,变形量为ΔL_1,此时膜片弹簧的压力P_b显然小于螺旋弹簧的压力P'_b,即膜片弹簧分离时的压力小于接合时的压力,因而具有操纵轻便的特点。

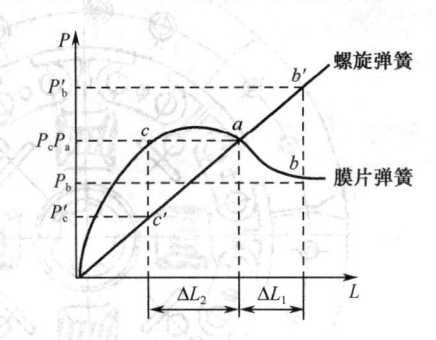

ΔL_1—分离时弹簧变形量; ΔL_2—磨损后弹簧伸长量

图 8-25 弹簧特性比较

当摩擦片磨损变薄时弹簧都伸长ΔL_2,螺旋弹簧的压紧力由P_a直线下降为P'_c,而膜片弹簧的压紧力P_a却几乎等于P_c,因此,膜片弹簧离合器具有自动调节压紧力的特点,使离合器也能可靠地传递转矩,而螺旋弹簧则因磨损,压紧力减小而不能传递所需要的转矩。

另外,它不像周布圆柱螺旋弹簧在高速下会因离心力产生弯曲而导致弹力下降,它的压紧力几乎与转速无关,即具有高速时压紧力稳定的特点。

膜片压紧弹簧还有许多优点:

① 膜片弹簧本身兼起压紧弹簧和分离杠杆的作用,使离合器结构大为简化,质量减小,轴向尺寸小。

② 由于膜片弹簧与压盘以整个圆周接触,压紧力分布均匀,摩擦衬片接触良好,磨损均匀。

③ 由于膜片弹簧具有上述非线性的弹簧特性,当从动盘摩擦衬片磨损后,仍能可靠地传递发动机转矩,而不至于产生滑磨;离合器分离时,操纵轻便,可减轻驾驶员的劳动强度。

④ 膜片弹簧的回转中心与离合器的轴线重合,因此在旋转时其压紧力不受离心力影响,故膜片弹簧压紧离合器适于与高速发动机匹配。

由于膜片弹簧离合器具有上述一系列优点,它不仅在轿车上,而且在轻型、中型货车,甚至在重型货车上都得到了应用。

3. 从动盘和扭转减振器

1)从动盘

从动盘有带扭转减振器和不带扭转减振器的两种,分别如图 8-26、图 8-27 所示。它们主要由从动片、摩擦衬片和从动盘毂三个基本部分组成。它们的差别在于,不带扭转减振器的从动盘中的从动片是直接铆在从动盘毂上,而带扭转减振器的从动盘,其从动片和从动盘毂之间是通过减振弹簧弹性地连接在一起的。目前,汽车大多采用带扭转减振器的从动盘,以避免汽车传动系统的共振,并缓和冲击,提高传动系统零件寿命,使汽车起步平稳。而不带减振弹簧的从动盘,其结构简单,质量较轻,双盘(片)离合器多采用这种结构。

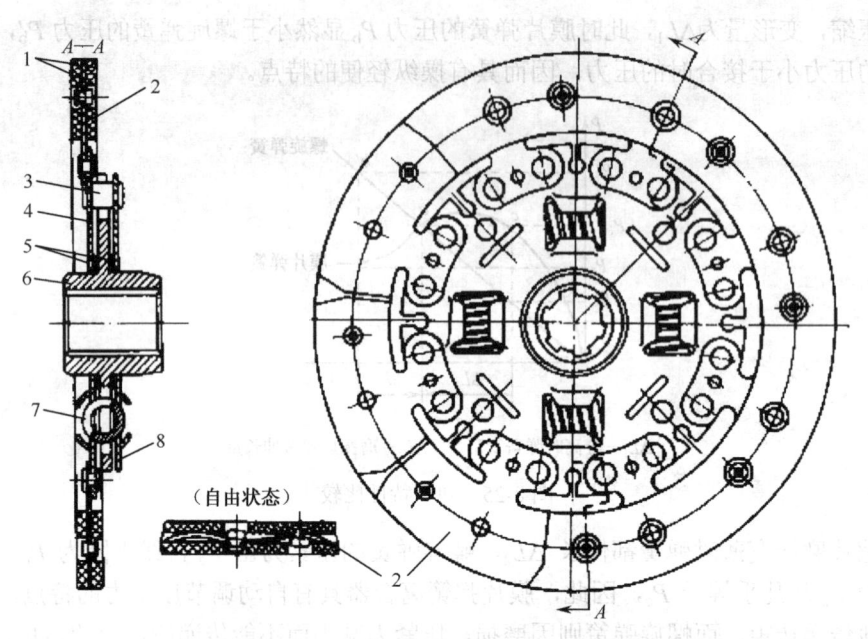

1—摩擦片；2—波形从动片；3—从动盘铆钉隔套（起减振器限位销作用）；
4—从动盘本体；5—减振阻尼片；6—从动盘毂；7—减振器弹簧；8—减振器盘

图8-26 带扭转减振器的从动盘

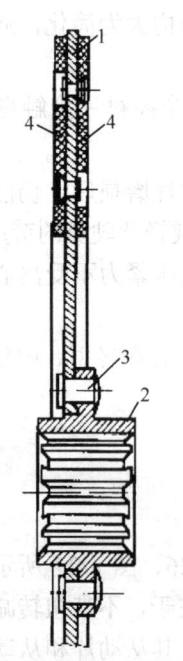

离合器从动盘的从动片质量应尽量轻，其质量分布应尽可能靠近旋转中心，以获得最小的转动惯量，通常用厚度1.5～2.5mm的中碳钢钢板冲压而成。为使离合器接合平顺、起步平稳，从动盘应具有轴向弹性，使离合器接合过程中，主、从动盘之间的压力逐渐增加，保证传递的转矩缓和增长。

具有轴向弹性从动盘的从动片有以下三种结构形式。

(1) 整体式弹性从动片

整体式弹性从动片如图8-28所示。从动片沿半径方向开有"T"形槽，将外缘部分分成数个扇形，并将扇形部分依次向不同方向冲压成弯曲的纹形，使其具有轴向弹性。两侧的摩擦衬片则分别铆在每相隔一片的扇形片上。离合器接合时，从动片被压紧，弯曲的波纹形扇形部分逐渐被压平，从动盘上的压力和所传递的转矩也逐渐增大，使接合过程较为平顺柔和。

(2) 分开式弹性从动片

整体式弹性从动片能达到轴向弹性的要求，优点是生产效率高，但其缺点是很难保证每片扇形部分的刚度

1—从动片；2—从动盘毂；3—铆钉；4—摩擦片

图8-27 不带扭转减振器的从动盘

完全一致，为此而采用分开式结构，如图8-29所示，即波形弹簧片2和从动片5分开做成两件，然后用铆钉铆在一起。由于波形弹簧片由同一模具冲压而成，故其刚度比较一致，此外，波形弹簧比较薄，使从动片的转动惯量较小。

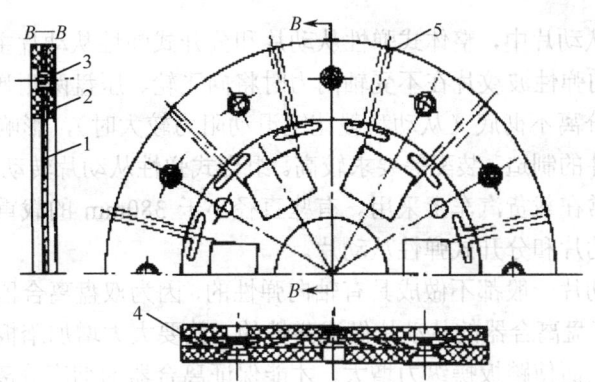

1—从动片；2—摩擦片；3—铆钉；4—从动片波形部分；5—T形槽

图 8-28 整体式弹性从动片

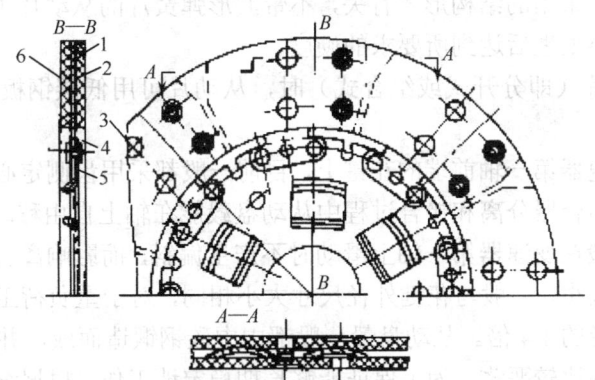

1、6—摩擦片；2—波形弹簧片；3—铆钉；4—从动片铆钉；5—从动片

图 8-29 分开式弹性从动片

（3）组合式弹性从动片

组合式弹性从动片如图 8-30 所示。这种结构中，靠近压盘一侧的从动片 1 上铆有波形弹簧片 5，摩擦衬片 4 用铆钉 2 铆在弹簧片上，靠近飞轮一侧的摩擦衬片则直接铆在从动片上。

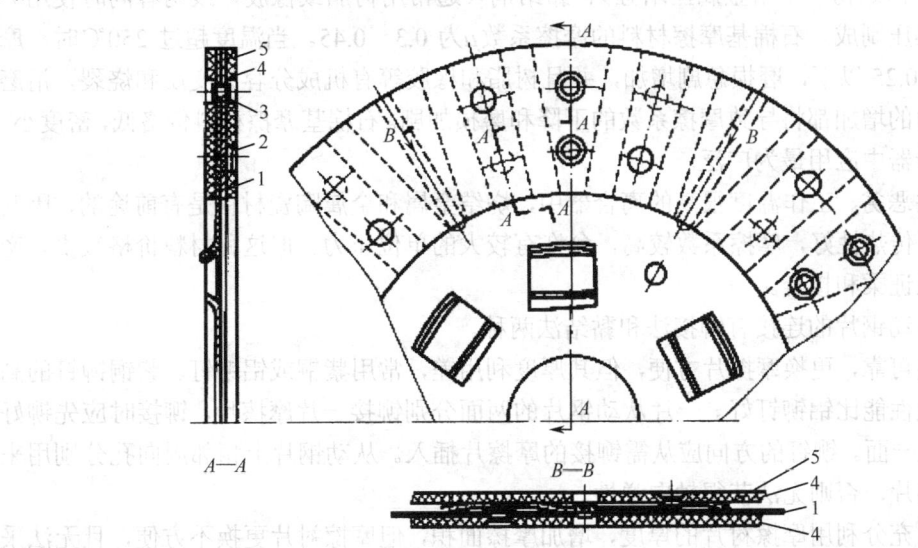

1—从动片；2—摩擦片铆钉；3—波形弹簧片铆钉；4—摩擦衬片；5—波形弹簧片

图 8-30 组合式弹性从动片

上述三种结构的从动片中，整体式弹性从动片和分开式弹性从动片主要用于乘用车上，它们的工作特点是，轴向弹性波纹片在不受轴向力时将向飞轮、压盘两侧弹出恢复原形，容易造成从动盘在飞轮一侧分离不彻底（从动盘毂花键滑动阻力较大时），影响变速器挂挡，因此这两种从动片对相关零件的制造、装配等要求较高。组合式弹性从动片转动惯量较大，但刚度高，外形稳定性较好，通常在载货汽车上采用。有些直径小于 380mm 的载重汽车离合器，从动片也采用整体式弹性从动片和分开式弹性从动片。

双盘离合器的从动片一般都不做成具有轴向弹性的，因为双盘离合器的接合过程本身就比较平顺。另外，如果双盘离合器的从动片做成弹性的，就要大大增加踏板的工作行程或缩小离合器传动装置的传动比而使踏板操纵力增大，才能保证离合器的彻底分离，显然这些都不利于离合器的操纵。

从动片的材料与所采用的结构形式有关，不带波形弹簧片的从动片（即整体式）一般用弹簧钢板冲压而成，经热处理后达到所要求的硬度。

在采用波形弹簧片（即分开式或组合式）时，从动片可用低碳钢板，波形弹簧片用弹簧钢板。

从动盘毂装在变速器第一轴前端的花键上，目前一般都采用齿侧定心的矩形花键，花键之间为动配合，以便在离合器分离和接合过程中从动盘毂能在轴上自由移动。

为了确保从动盘毂在变速器第一轴上滑动时不产生偏斜，而影响离合器的彻底分离，从动盘毂的轴向长度不宜过小，一般与花键外径尺寸大小相同，对于重负荷工作下的离合器，其长度更大，可达花键外径的 1.4 倍。从动盘毂一般都由中碳钢锻造而成，并经调质处理。

摩擦片的工作条件比较恶劣。为了保证能够长期稳定地工作，根据汽车的使用条件，摩擦片在性能上应满足如下要求：摩擦系数比较稳定，工作温度、滑磨速度、单位压力的变化对其影响要小；足够的耐磨性；足够的机械强度；热稳定性好；磨合性能好；密度要小（在高速条件下工作时），有利于接合平顺；长期停放，离合器摩擦面间不发生"黏着"现象。

离合器摩擦片所用的材料有石棉基摩擦材料、烧结金属和金属陶瓷等材料。石棉基摩擦材料是由石棉或石棉织物（常用金属丝增强）、黏结剂（通常用树脂或橡胶，或两者同时使用）和特种添加剂热压制成。石棉基摩擦材料的摩擦系数 μ 为 0.3～0.45。当温度超过 250℃时，摩擦系数 μ 可降到 0.25 以下，磨损急剧增加，并且树脂和橡胶等有机成分容易变质和烧裂，滑磨速度和单位压力的增加都将导致摩擦系数的下降和磨损加剧。石棉基摩擦材料价格低，密度小，目前在汽车离合器中应用最为广泛。

在工作条件恶劣、工作温度很高的离合器中，烧结金属和金属陶瓷材料是有前途的，因其高温耐磨性好，传热性好，摩擦系数较高，允许有较大的单位压力。但这种材料价格较贵，密度较大，不能保证柔和接合。

摩擦片与从动钢片的连接有铆接法和黏结法两种。

铆接法连接可靠，更换摩擦片方便，但其厚度利用差，常用紫铜或铝铆钉。紫铜铆钉的高温强度和耐腐蚀性能比铝铆钉好。一片从动钢片的两面分别铆接一片摩擦片，铆接时应先铆好一面，再铆接另一面。铆钉的方向应从需铆接的摩擦片插入。从动钢片上相邻周向孔分别用来铆接前后两摩擦片，否则无法获得轴向弹性。

黏结法可以充分利用摩擦衬片的厚度，增加摩擦面积，但摩擦衬片更换不方便，且无法采用带有波形弹簧片的从动片。

2）扭转减振器

发动机传到汽车传动系统中的转矩是周期地不断变化着的，这就使得传动系统产生扭转振动。如果这一振动的频率与传动系统的自振频率相同，就将发生共振，对传动系统零件寿命有很大影响。此外，在不分离离合器的情况下进行紧急制动或猛烈接合离合器时，瞬间将对传动系统造成极大的冲击载荷，缩短零件的使用寿命。为了避免共振，缓和传动系统所受的冲击载荷，在多数汽车传动系统中装设扭转减振器。扭转减振器按其所在位置可分为两类：一类装在从动盘总成中，另一类装在飞轮处。装在飞轮处的扭转减振器出现得较晚，目前采用的并不普遍。

扭转减振器主要由两部分组成：弹性元件和阻尼元件。根据阻尼元件的不同，扭转减振器又可分为：弹簧摩擦式、液阻式和橡胶金属式。其中弹簧摩擦式应用最为广泛，液阻式减振器结构复杂、笨重，而且其阻尼特性对于装在离合器从动盘中的减振器来说不如弹簧摩擦式好，它在普通减振器中已不采用。橡胶金属式减振器的工作原理和弹簧摩擦式的相似，只是在弹性元件方面有所不同。优点是结构简单，且具有非线性特性；缺点是高温油污的工作环境会影响弹性元件的工作寿命和工作稳定性，所以一定要用专门的合成橡胶。这种结构形式的扭转减振器我国过去的小型乘用车上曾用过，现在绝大多数离合器从动盘减振器还是采用弹簧摩擦式。下面重点叙述弹簧摩擦式扭转减振器。

图 8-26 所示为带扭转减振器的从动盘，在这种结构中，波形从动片 2、从动盘毂 6 和减振器盘 8 都开有四个矩形窗口，在每个窗口中装有一个减振器弹簧 7，借以实现从动片与从动盘毂之间在圆周方向上的弹性连接，构成减振器的缓冲机构。减振器盘与从动片用铆钉铆成一个整体，并将从动盘毂及其两侧的减振阻尼片 5 夹在中间，从动片及减振器盘上的窗口有翻边，使四个减振弹簧不致脱出。在从动盘毂上开有与铆钉隔套 3 相对的缺口，在缺口与隔套之间留有间隙，允许从动片与从动盘毂之间相对转动一个角度。这样的从动盘，不工作时如图 8-31（a）所示。从动盘工作时，两侧摩擦片 1 所受摩擦力矩首先传到从动片和减振器盘上，再经 4 个弹簧传给从动盘毂。这时弹簧被压缩，如图 8-31（b）所示，借此吸收传动系统所受冲击。传动系统中的扭转振动导致从动片及减振器盘同从动盘毂之间的相对往复摆动，从而可依靠两减振阻尼片与上述三者之间的摩擦来消耗扭转振动的能量，使扭转振动迅速衰减。

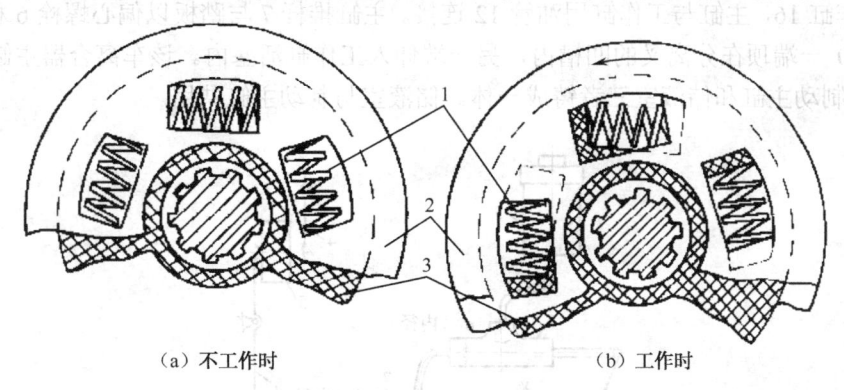

(a) 不工作时　　　　　　(b) 工作时

1—减振器弹簧；2—从动片；3—减振器阻尼片

图 8-31　弹簧摩擦式扭转减振器工作原理图

近年来在有些汽车离合器从动盘中采用两组或更多组刚度不同的减振器弹簧，并将装弹簧的窗口长度做成尺寸不一，利用弹簧先后起作用的办法获得变刚度特性。这种变刚度特性可以避免不利的传动系统共振，降低传动系统噪声。

8.3.4 离合器的操纵机构

离合器操纵机构是驾驶员借以使离合器分离,而后又使之柔和接合的一套机构。它起始于离合器踏板,终止于离合器壳内的分离轴承。常用的有机械式、液压式和气压式三种。为了降低踏板力,在机械式和液压式操纵机构中,有时采用各种类型的助力器。本节所要讨论的主要是其中位于离合器壳外面的部分。

机械式操纵机构由于其结构简单、制造成本低、工作可靠,广泛用于汽车上。如图 8-32 所示为捷达轿车离合器绳索式传动装置。

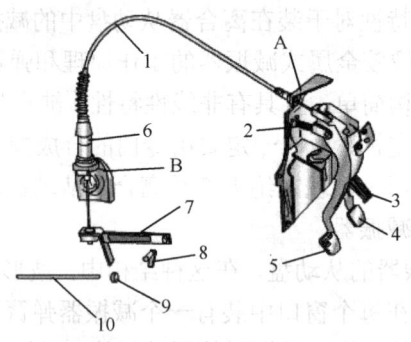

1—绳索总成;2—弹簧;3—加速踏板;4—制动踏板;5—离合器踏板;6—绳索自动调整装置
7—离合器操纵臂;8—分离臂;9—分离轴承;10—分离推杆

图 8-32 捷达轿车离合器绳索式传动装置

液压式操纵机构主要由主缸 2、工作缸 7 及管路系统组成,如图 8-33 所示。液压操纵机构具有摩擦阻力小、质量小、布置方便、接合柔和等优点,并且不受车身车架变形的影响,因此应用日益广泛。BJ2020、一汽奥迪 100 等型汽车的离合器均采用液压式操纵机构。BJ2020 型汽车离合器的液压式操纵机构如图 8-34 所示。在离合器踏板 21 与离合器分离叉 22 之间有主缸 11 和工作缸 16,主缸与工作缸用油管 12 连接。主缸推杆 7 与踏板以偏心螺栓 6 相连接。分离叉推杆 20 一端顶在分离叉的凹槽内,另一端伸入工作缸活塞内。该车离合器主缸与液压制动系统中的制动主缸和储液室三者铸成一体。储液室与制动主缸共用。

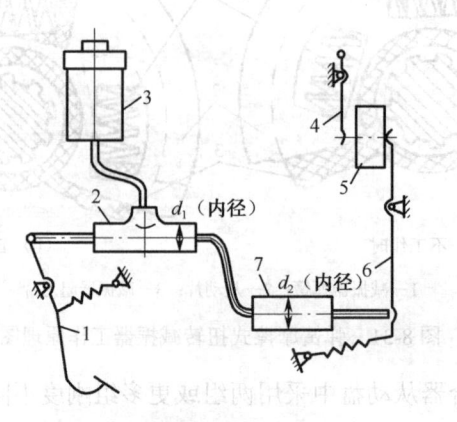

1—踏板臂;2—主缸;3—储油室;4—分离杠杆;5—分离轴承;6—分离叉;7—工作缸

图 8-33 离合器液压式操纵机构简图

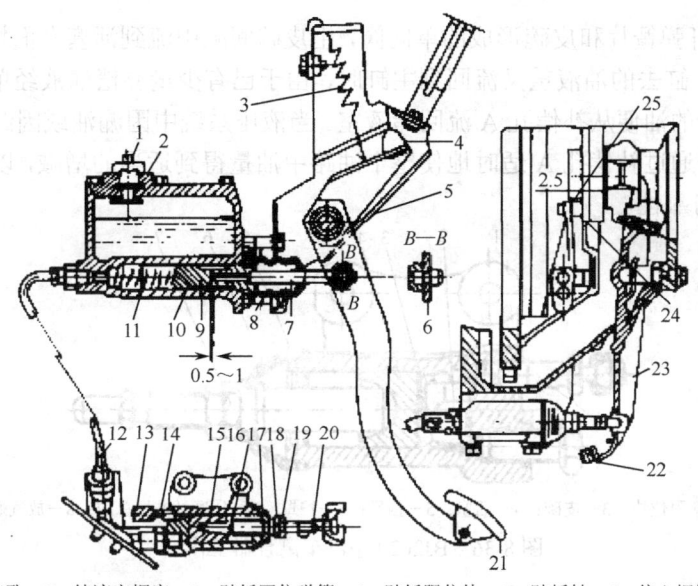

1—主缸储液室通气孔；2—储液室螺塞；3—踏板回位弹簧；4—踏板限位块；5—踏板轴；6—偏心螺栓；7—主缸推杆；8—主缸防护罩；9—主缸活塞；10—主缸皮碗；11—主缸；12—油管；13—工作缸放气阀盖；14—工作缸放气阀；15—工作缸活塞；16—工作缸；17—工作缸防护罩；18—分离叉挺杆端头；19—锁止螺母；20—分离叉推杆；21—踏板；22—分离叉；23—分离叉回位弹簧；24、25—分离杠杆调整机构

图 8-34　BJ2020 型汽车离合器液压式操纵机构

图 8-35 所示为 BJ2020 型汽车离合器主缸。主缸上部是储液室，主缸体通过补偿孔 A、进油孔 B 与储油室相通。主缸体内装有活塞 3，活塞中部较细，以形成油室，活塞两端装有密封圈 2 和皮碗 5。活塞顶有沿圆周均布的六个小孔，回位弹簧 6 将皮碗、弹簧片 4 压向活塞，盖住小孔，形成单向阀，并把活塞推向最右位置，使皮碗位于补偿孔 A 与进油孔 B 之间，两孔都开放。

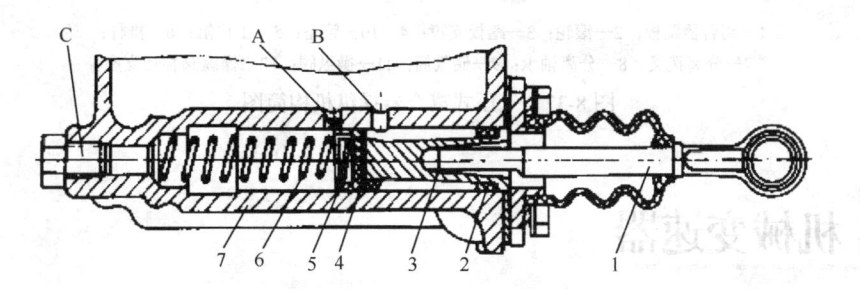

1—推杆；2—密封圈；3—活塞；4—弹簧片；5—皮碗；6—回位弹簧；7—主缸体；A—补偿孔；B—进油孔；C—出油孔

图 8-35　BJ2020 型汽车离合器主缸

图 8-36 所示为 BJ2020 型汽车离合器工作缸。工作缸内装有活塞 4、皮碗 3 和活塞限位块 2，为防止活塞自工作缸体内脱出，在缸体右端装有挡环 5。在缸体左端装有进油管接头 9 和放气螺钉 8，当管路内有空气存在而影响离合器操纵时，则可拧出放气螺钉进行放气。

当踩下离合器踏板时，通过主缸推杆使主缸活塞向左移动，回位弹簧被压缩，当皮碗将补偿孔 A 关闭后，管路中油液受压，压力升高。在油压作用下，工作缸活塞被推向右移，并推动分离叉推杆，使分离叉转动，从而带动分离套筒、分离杠杆等使离合器分离。

当迅速放松离合器踏板时，在回位弹簧作用下使主缸活塞较快右移，由于油液在管路中流动有一定阻力，流动较慢，使活塞左面可能形成一定真空度，在左、右压力差作用下，少量油液经进油孔 B 推开弹簧片和皮碗形成的单向阀，由皮碗间隙中流到活塞左面填补真空。当原先已由主缸压到工作缸去的油液重又流回到主缸时，由于已有少量补偿油液经单向阀流入，致使总油量过多，多余的油便从补偿孔 A 流回储液室。当液压系统中因漏油或因温度变化引起油液的容积变化时，则通过补偿孔 A 适时地使整个油路中油量得到适当的增减，以保证正常油压和液压系统工作的可靠性。

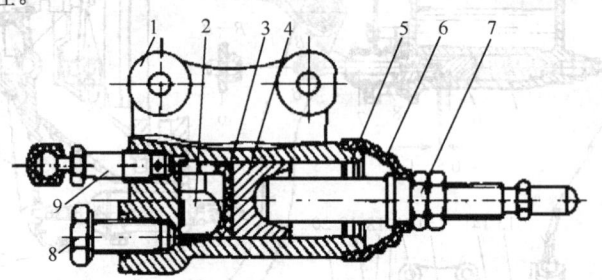

1—工作缸体；2—活塞限位块；3—皮碗；4—活塞；5—挡环；6—护罩；7—分离叉推杆总成；8—放气螺钉；9—进油管接头

图 8-36　BJ2020 型汽车离合器工作缸

图 8-37 所示为气压式离合器操纵机构简图。它主要由操纵阀 11、工作缸 5、储气筒 9 和管路系统组成，其突出的优点是离合器操纵轻便，但结构不如液压式简单，通常在重型货车上采用。

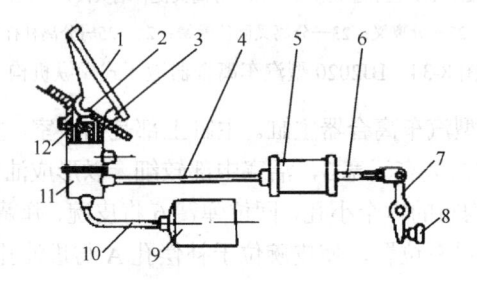

1—离合器踏板；2—滚轮；3—踏板支撑；4、10—管路；5—工作缸；6—推杆；
7—分离拨叉；8—分离轴承；9—储气筒；11—操纵阀；12—操纵阀杯形支座

图 8-37　气压式离合器操纵机构简图

8.4 机械变速器

8.4.1 概述

1. 变速器的功用

汽车上广泛使用的活塞式内燃机，其输出转矩和转速变化范围很小，而汽车在行驶时所遇到的复杂道路条件和使用条件要求汽车的驱动力和车速能在相当大的范围内变化。为此，在汽车的传动系统中设置了变速器。

变速器的主要功用是：

① 随汽车行驶条件的变化，可以在较大范围内改变汽车的行驶速度和汽车驱动轮转矩。

② 在发动机旋转方向不变的前提下，利用倒挡实现汽车倒向行驶。

③ 在发动机不熄火的情况下，利用空挡中断动力传递，可以使驾驶员松开离合器踏板离开驾驶位置，且便于汽车启动、怠速、换挡和动力输出。

2. 变速器的分类

1）按传动比变化方式不同分

（1）有级式变速器

有级式变速器采用齿轮传动，具有若干个数值一定的传动比，从传动比等于1的直接挡（或小于1的超速挡）到传动比最大的最低挡（1挡），速比成阶梯式变化。这种变速器按其采用的齿轮系形式的不同又可分为轴线固定的普通齿轮变速器和轴线旋转的行星齿轮变速器。普通齿轮变速器按前进挡时传递动力的轴数又可分为两轴式和三轴式。其中两轴式变速器广泛用于发动机前置前轮驱动的乘用车。发动机前置后轮驱动的汽车一般采用三轴式变速器。行星齿轮变速器在传动系统中一般不单独采用，常与液力变矩器一起组成液力机械变速器。

变速器的挡数是指前进挡的数目，不包括倒挡。大部分有级变速器有3~5个挡位，也有少数汽车装配有6个挡位的（如Mazda6 MT）。挡位越多可以更充分地利用发动机的功率，提高汽车动力性能，但变速器的尺寸也会越大，结构也越复杂。对于重型和超重型汽车，为了得到更多的挡位，又不使变速器体积和质量过大、结构复杂、拆装困难，将变速器做成主、副变速器两部分，主变速器挡数较多，一般有4~5个挡；副变速器挡数少，一般有2~4个挡，没有倒挡。这样就使整个变速传动系统得到8~20个挡位，这种变速器称为组合式变速器。

（2）无级式变速器

无级式变速器的传动比在一定范围内可无限多级地连续变化。如液力式传动系统采用的液力变矩器、电力传动系统中的直流串激电动机等均为无级变速传动元件。

（3）综合式变速器

综合式变速器一般指由液力变矩器和齿轮式有级变速器组成的液力机械式变速器，其传动比是在几个区段内无级变化，为部分无级式。这种结构既可得到较大的传动比，又可实现无级变速，目前应用较多。

2）按操纵方式不同分

（1）手动换挡式变速器

手动换挡式变速器由驾驶员直接操纵变速杆进行换挡。这种变速器换挡机构简单，工作可靠，制造工艺成熟，目前应用最为广泛。

（2）自动操纵式变速器

自动操纵式变速器的换挡过程是控制系统自动完成的。传感器采集信号输入到电子控制单元，电子控制单元计算出换挡时刻后，将控制信号输出给执行元件来实现机械变速器的换挡，驾驶员只需操纵加速踏板以控制车速。

（3）半自动式变速器

此种变速器有两种形式，一种是几个常用挡位可自动换挡，其余几个挡位要由驾驶员手动操作。另一种是预选式的，即驾驶员先用按钮选定挡位，在踩下离合器踏板或松开加速踏板时，接通自动控制和执行机构进行自动换挡。

本章主要介绍目前汽车上应用最广泛的手动机械式变速器和分动器。

变速器的基本构造包括变速传动机构和操纵机构两部分。变速传动机构的主要作用是改变转矩的数值和方向；操纵机构的作用是实现传动比的变换，即换挡。

8.4.2 普通齿轮变速器的变速传动机构

1. 普通齿轮变速器的工作原理

齿轮变速器采用大小不同的齿轮啮合传动来改变转速和转矩。

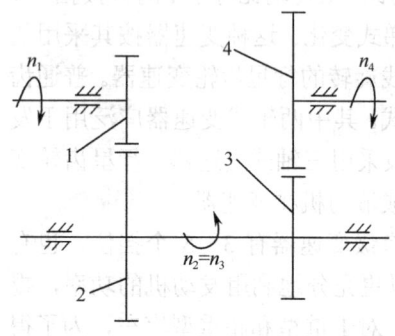

图 8-38 所示为两级齿轮传动示意图。第一级传动中，小齿轮为主动齿轮，其转速为 n_1，齿数为 Z_1；大齿轮 2 为从动齿轮，转速为 n_2，齿数为 Z_2。这对齿轮的传动比（或称速比）为

$$i_{12} = \frac{n_1}{n_2} = \frac{Z_2}{Z_1}, \quad n_1 = n_2 \cdot \frac{Z_2}{Z_1}$$

第二对齿轮传动中，齿轮 3 为主动齿轮，转速为 n_3，齿数为 Z_3；齿轮 4 为从动齿轮，转速为 n_4，齿数为 Z_4。这对齿轮的传动比为

$$i_{34} = \frac{n_3}{n_4} = \frac{Z_4}{Z_3}, \quad n_4 = n_3 \cdot \frac{Z_3}{Z_4}$$

1、3—主动齿轮；2、4—从动齿轮

图 8-38 两级齿轮传动示意图

经过两对齿轮传动，总速比 i_k 为

$$i_k = i_{14} = \frac{n_1}{n_4} = \left(\frac{Z_2}{Z_1} \cdot n_2\right) \bigg/ \left(\frac{Z_3}{Z_4} \cdot n_3\right)$$

因为齿轮 2 和齿轮 3 在同一根轴上，所以 $n_2 = n_3$，则

$$i_k = \frac{Z_2 \cdot Z_4}{Z_1 \cdot Z_3}$$

因此，多级齿轮传动的传动比为

$$i = \frac{\text{所有从动齿轮齿数的乘积}}{\text{所有主动齿轮齿数的乘积}}$$

在齿轮传动中如不计能量损失，根据能量守恒定律，输入轴（主动齿轮）的功率应等于输出轴（从动齿轮）的功率。设输入轴的转速和转矩分别为 n_1 和 M_1，输出轴的转速和转矩分别为 n_2 和 M_2，因此可以得出

$$i_{12} = \frac{n_1}{n_2} = \frac{M_2}{M_1}$$

同理可得

$$i_{14} = \frac{n_1}{n_4} = \frac{M_4}{M_1}$$

一般情况下，

$$i_k = \frac{n_{\text{主动}}}{n_{\text{从动}}} = \frac{M_{\text{从动}}}{M_{\text{主动}}}$$

对于变速器，其各挡的传动比 i_k 就是变速器输入轴的转速（或输出轴转矩）与输出轴转速（或输入轴转矩）之比，即

$$i_k = \frac{n_\text{入}}{n_\text{出}} = \frac{M_\text{出}}{M_\text{入}}$$

当 $i_k>1$ 时，$n_\text{入}>n_\text{出}$，$M_\text{出}>M_\text{入}$，为降速增矩，变速器工作在低挡位；当 $i_k=1$ 时，$n_\text{入}=n_\text{出}$，$M_\text{出}=M_\text{入}$，变速器工作在直接挡位；当 $i_k<1$ 时，$n_\text{入}<n_\text{出}$，$M_\text{出}<M_\text{入}$，为升速降矩，变速器在超速挡位。在输入功率一定时，选用不同的传动比 i_k，就使输出轴得到不同的转速和转矩，转速降低（增加）几倍，转矩就相应地增大（减小）几倍。这就是变速器的工作原理。

变速器在空挡、低挡和高挡时传动原理和路线如图 8-39 所示。

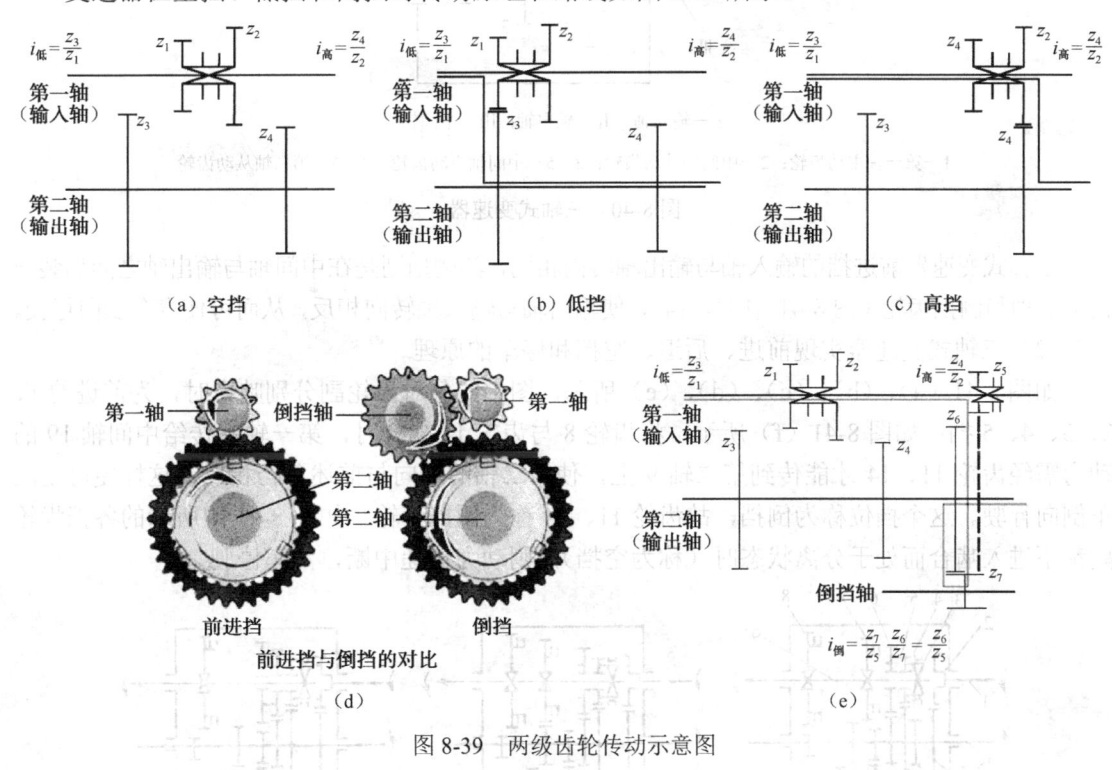

图 8-39 两级齿轮传动示意图

2. 普通齿轮变速器的变速传动机构

变速器在构造上包括变速传动机构和操纵机构两大部分，变速传动机构的主要作用是变速、变矩和换向；操纵机构的作用是实现换挡。

各种汽车变速器构造虽不相同，但变速传动机构主要都是由齿轮、轴、壳体和支撑件等组成。按工作轴的数量（不包括倒挡轴）可分为二轴式变速器和三轴式变速器。

3. 普通齿轮三轴式变速器

1) 三轴式变速器（双级齿轮传动）的结构与工作原理

（1）三轴式变速器的结构

如图 8-40 所示，其前进挡由输入轴、输出轴和中间轴三根基本轴及其轴上的齿轮副组成。

输入轴上只有一个齿轮（图8-40中1为主动齿轮），这个齿轮与中间轴上的齿轮（图8-40中2为从动齿轮）常啮合，构成第一级齿轮传动；中间轴上的其他齿轮均作为主动齿轮，分别与输出轴（通常与输入轴同在一条轴线上）上相应的齿轮（为从动齿轮）相啮合，构成第二级齿轮传动，即每一挡位都由两对齿轮啮合实现双级齿轮传动。

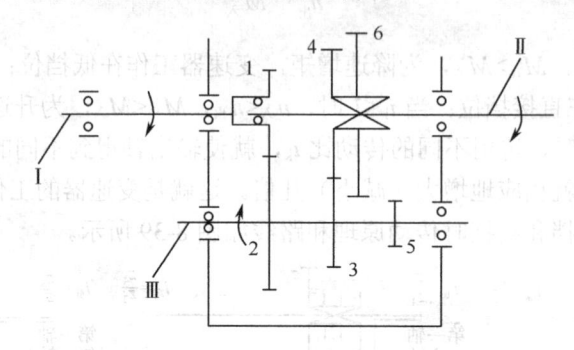

Ⅰ—输入轴；Ⅱ—输出轴；Ⅲ—中间轴
1—第一轴主动齿轮；2—中间轴从动齿轮；3、5—中间轴主动齿轮；4、6—第二轴从动齿轮

图 8-40 三轴式变速器

三轴式变速器前进挡的输入轴与输出轴转向相同，其倒挡则是在中间轴与输出轴之间加装一根倒挡轴和倒挡齿轮（图8-41中11、14），使输出轴与输入轴转向相反，从而可使汽车倒向行驶。

（2）三轴式变速器实现前进、后退、空挡和停车的原理

如图8-41（a）、(b)、(c)、(d)、(e)所示，图中的各对齿轮副分别啮合时，为前进的1、2、3、4、5挡；如图8-41（f）所示，将齿轮8与齿轮11啮合时，第一轴1传给中间轴19的动力需经齿轮11、14才能传到第二轴9上，使第二轴的转向与前述各挡相反，这样便可使汽车倒向行驶。这个挡位称为倒挡，故齿轮11、14称为倒挡齿轮。如图8-41中所示的各挡齿轮副都不进入啮合而处于分离状态时（称为空挡），则动力传递中断，汽车停驶。

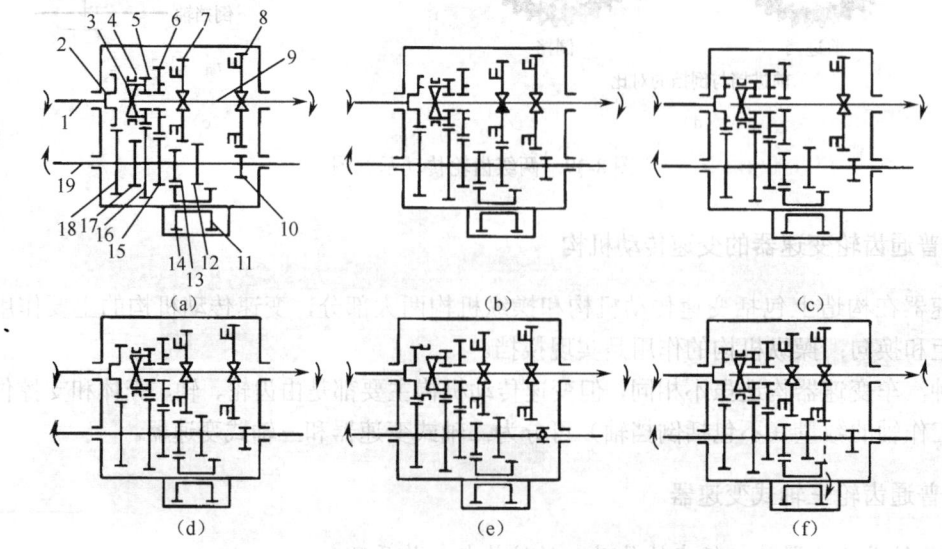

1—第一轴；2—常啮合主动齿轮；3—花键毂；4—接合套；5、16—四挡齿轮；6、15—三挡齿轮；7—二、三挡齿轮；
8—一、二、倒挡齿轮；9—第二轴；10——挡齿轮；11、14—倒挡齿轮；12—二挡齿轮；13—中间轴倒挡齿轮；
17—功率输出齿轮；18—常啮合从动齿轮；19—中间轴

图 8-41 三轴五挡变速器传动原理

2）普通齿轮三轴式变速器的传动机构

下面以东风EQ1091E型汽车三轴式变速器的齿轮传动机构为例进行说明，如图8-42所示。

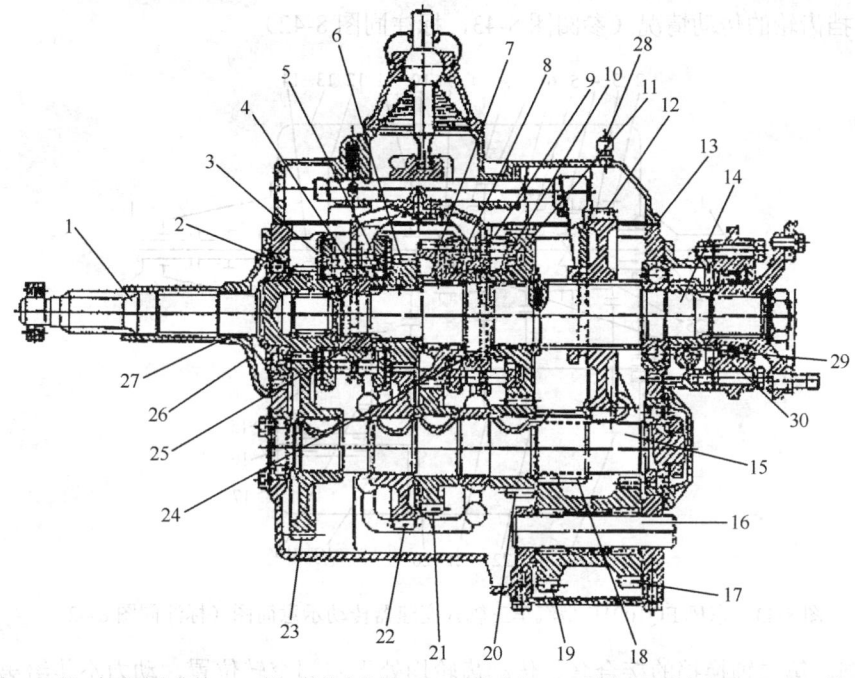

1—第一轴；2—第一轴常啮合齿轮；3—第一轴接合齿圈；4、9—接合套；5—四挡齿轮接合齿圈；6—第二轴四挡齿轮；
7—第二轴三挡齿轮；8—三挡齿轮接合齿圈；10—二挡齿轮接合齿圈；11—第二轴二挡齿轮；12—第二轴一、倒挡滑动齿轮；
13—变速器壳；14—第二轴；15—中间轴；16—倒挡轴；17、19—倒挡中间齿轮；18—中间轴一、倒挡齿轮；
20—中间轴二挡齿轮；21—中间轴三挡齿轮；22—中间轴四挡齿轮；23—中间轴常啮合传动齿轮；24、25—花键毂；
26—第一轴轴承盖；27—轴承盖回油螺纹；28—通气塞；29—车速里程表传动齿轮；30—中央制动器底座

图8-42 东风EQ1091E型汽车三轴式变速器

（1）构造

该变速器通过壳体前端面的四个螺栓固定在离合器壳后端面上，它有三根主要轴，即第一轴、第二轴和中间轴，故称三轴式，另外还有倒挡轴。

① 第一轴。第一轴（输入轴）前后端以轴承分别支撑在曲轴后端的内孔及变速器壳的前壁，其前部花键部分装离合器的从动盘，后部有常啮合齿轮2，后端有一短齿轮为直接挡齿圈。第一轴轴承盖26的外圆面与离合器壳相应的孔配合，保证第一轴和曲轴的轴线重合。

② 中间轴。中间轴15两端用轴承支撑在壳体上，与第一轴齿轮常啮合的齿轮23，二、三、四挡齿轮20、21、22用半圆键装在轴上，一、倒挡齿轮18与轴制成一体。

③ 第二轴。第二轴（输出轴）前后端分别用轴承支撑于第一轴后端内孔和壳体。一、倒挡滑动齿轮12与轴以花键形式配合传力，可轴向滑动。二、三、四挡齿轮11、7、6分别以滚针轴承形式与轴配合，并与中间轴齿轮20、21、22常啮合，其上均有传力齿圈。第二轴前端花键上套装四、五挡花键毂25，用卡环轴向定位，接合套4在花键毂25上轴向滑动实现挡位转换。花键毂24和接合套9实现二、三挡的动力传递。在二、四挡齿轮后面分别装有承受轴向力的止推环。

后轴承盖内装有里程表驱动蜗杆和蜗轮，轴后端花键上装有凸缘，连接万向传动装置。

④ 倒挡轴。该轴固定在壳体上,倒挡齿轮 17、19 制成一体,以滚针轴承的形式套装在倒挡轴上,齿轮 19 与中间轴齿轮 18 常啮合。

(2) 各挡齿轮的传动情况(参阅图 8-43,标注同图 8-42)

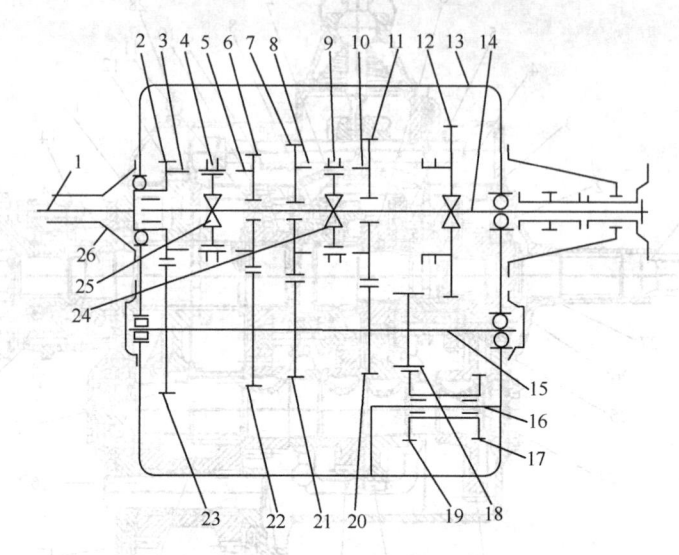

图 8-43　东风 EQ1091E 型汽车三轴式变速器传动示意简图(标注同图 8-42)

① 空挡。第二轴换挡的接合套、传动齿轮均处于中间空转位置,动力不传给第二轴。

② 一挡。前移一、倒挡滑动齿轮 12 与中间轴一挡齿轮 18 啮合。动力经第一轴常啮合齿轮 2、中间轴常啮合传动齿轮 23、中间轴一挡齿轮 18,以及第二轴一、倒挡滑动齿轮 12,传到第二轴使其顺时针旋转(与第一轴同向)。一挡传动比 $i_1 = \dfrac{Z_{23} \cdot Z_{12}}{Z_2 \cdot Z_{18}}$。

③ 二挡。后移接合套 9 与第二轴二挡齿轮上的齿圈啮合。动力经齿轮 2、23、20、11,接合套 9,花键毂 24,传到第二轴使其顺时针旋转。二挡传动比 $i_2 = \dfrac{Z_{23} \cdot Z_{11}}{Z_2 \cdot Z_{20}}$。

④ 三挡。前移接合套 9 与第二轴三挡齿轮 7 的齿圈啮合。动力经齿轮 2、23、21、7,接合套 9,花键毂 24 传到第二轴使其顺时针旋转。传动比 $i_3 = \dfrac{Z_{23} \cdot Z_7}{Z_2 \cdot Z_{21}}$。

⑤ 四挡。后移接合套 4 与第二轴四挡齿轮 6 的齿圈接合。动力经齿轮 2、23、22、6,接合套 4,花键毂 24 传到第二轴使其顺时针旋转。传动比 $i_4 = \dfrac{Z_{23} \cdot Z_6}{Z_2 \cdot Z_{22}}$。

⑥ 五挡。前移接合套 4 与第一轴常啮合齿轮 2 的齿圈啮合。动力直接由第一轴传到第二轴。传动比为 $i_5=1$,此挡称为直接挡。第二轴的转速与第一轴相同。

⑦ 倒挡。后移第二轴一、倒挡滑动齿轮 12 与倒挡中间齿轮 17 啮合。动力经齿轮 2、23、18、19、17、12,传给第二轴使其逆时针旋转,汽车倒向行驶。传动比 $i_R = \dfrac{Z_{23} \cdot Z_{19} \cdot Z_{12}}{Z_2 \cdot Z_{18} \cdot Z_{17}}$。

4. 普通齿轮两轴式变速器

三轴式齿轮变速器虽然有很多优点,但它主要适用于发动机前置后轮驱动的汽车。对于发动机前置前轮驱动或发动机后置后轮驱动汽车中的传动系统，由于总布置的需要，常采用两轴式传动机构的变速器。

这种变速器为单级齿轮传动，它由输入轴和输出轴及轴上各齿轮副组成。所有各前进挡都由一对齿轮副啮合传动，其主动齿轮都安装在输入轴上，从动齿轮都安装在输出轴上，各挡的传动比都等于该挡从动齿轮齿数与主动齿轮齿数的比值，输出轴旋转方向与输入轴旋转方向相反；倒挡则是在输入轴与输出轴之间加装了一根倒挡轴和倒挡齿轮，使其输出轴旋转方向与前进挡时的旋转方向相同，从而可以使汽车倒向行驶。

由于前置发动机有纵向布置和横向布置两种形式，故与其配用的两轴式变速器也有两种不同的结构形式：当纵置时，主减速器齿轮和差速器齿轮就布置在离合器和变速器之间，主减速器齿轮为一对圆锥齿轮，如奥迪 100 型轿车、桑塔纳 2000 型轿车的传动系统；当横置时，由于主减速器的主动齿轮和从动齿轮轴线平行，故采用一对圆柱齿轮，如夏利轿车、捷达轿车的传动系统。

图 8-44 所示为与前置横向布置发动机配合使用的两轴式变速器。在变速器输入轴 1 上固定装有一、二、三、四挡主动齿轮 16、14、13、12，与之常啮合的四个挡位从动齿轮 5、7、8、10 则通过轴承空套在输出轴 11 上。前驱动桥主减速器的主动圆柱齿轮直接装在输出轴的伸出端。

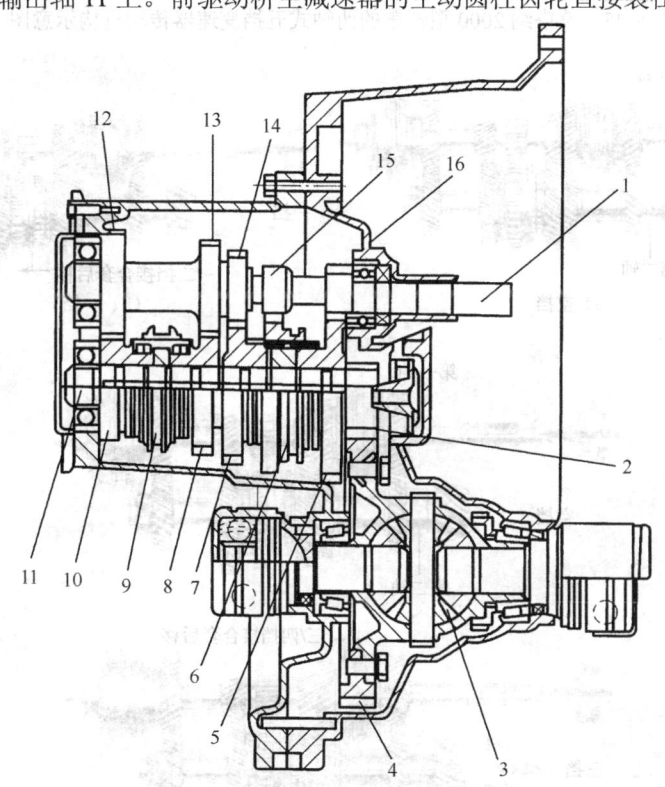

1—输入轴；2—主减速器主动齿轮；3—差速器；4—主减速器从动齿轮；5—一挡从动齿轮；6—一、二挡同步器接合套和倒挡从动齿轮；7—二挡从动齿轮；8—三挡从动齿轮；9—三、四挡同步器接合套；10—四挡从动齿轮；11—输出轴；12—四挡主动齿轮；13—三挡主动齿轮；14—二挡主动齿轮；15—倒挡主动齿轮；16—一挡主动齿轮

图 8-44　与前置横向布置发动机配合使用的两轴式变速器

当接合套 6 向左或向右移动到与相应的接合齿圈接合时，便得到一挡或二挡；当接合套向右或左移动到与相应的接合齿圈接合时，便得到三挡或四挡。

图 8-45 所示为桑塔纳 2000 型轿车的两轴式五挡变速器传动机构示意图。变速器中的 5 个前进挡全部采用同步器操纵换挡，如图 8-46 所示。

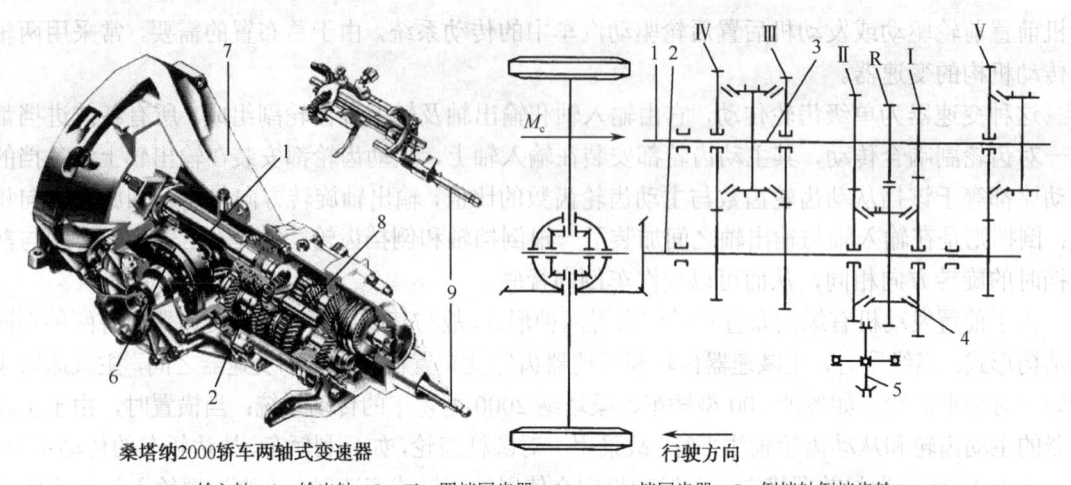

桑塔纳2000轿车两轴式变速器

1—输入轴；2—输出轴；3—三、四挡同步器；4——、二挡同步器；5—倒挡轴倒挡齿轮；
6—差速器；7—变速器壳体；8—倒挡轴；9—选挡换挡轴；
Ⅰ——挡齿轮；Ⅱ—二挡齿轮；Ⅲ—三挡齿轮；Ⅳ—四挡齿轮；Ⅴ—五挡齿轮；R—倒挡齿轮

图 8-45　桑塔纳 2000 型轿车的两轴式五挡变速器传动机构示意图

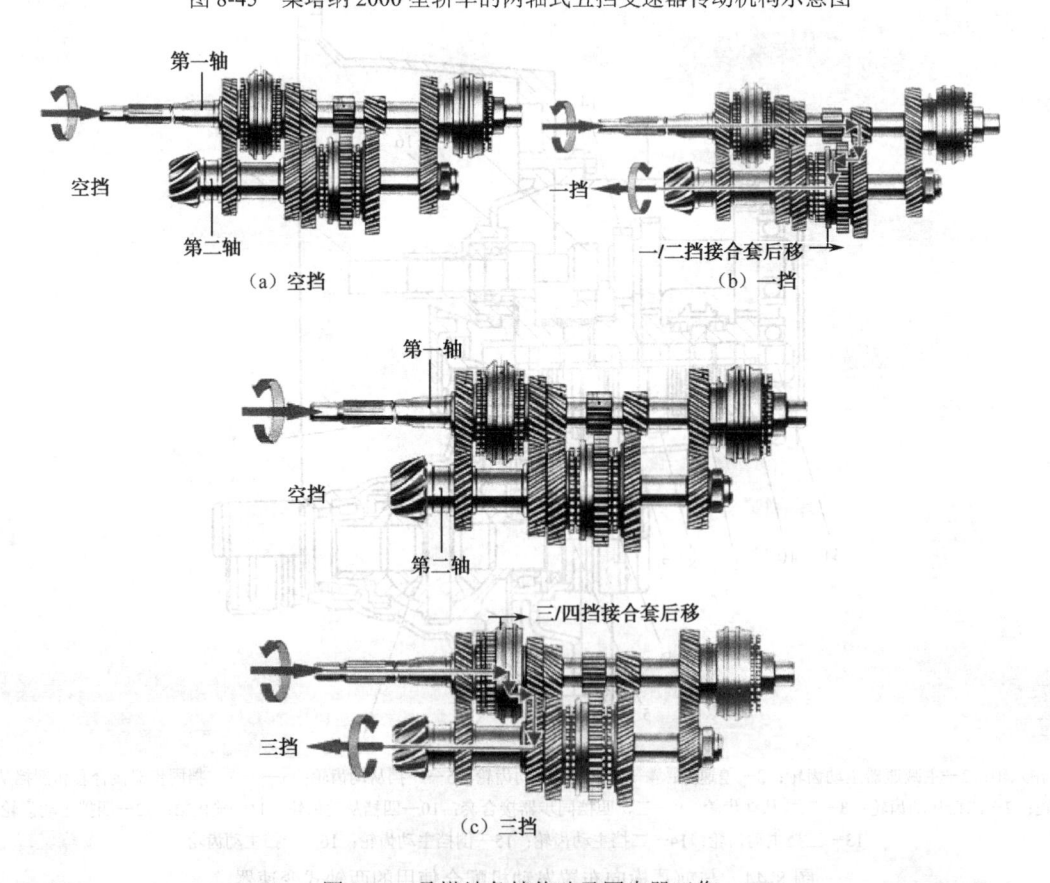

(a) 空挡

(b) 一挡

(c) 三挡

图 8-46　桑塔纳各挡传动及同步器工作

(d) 五挡

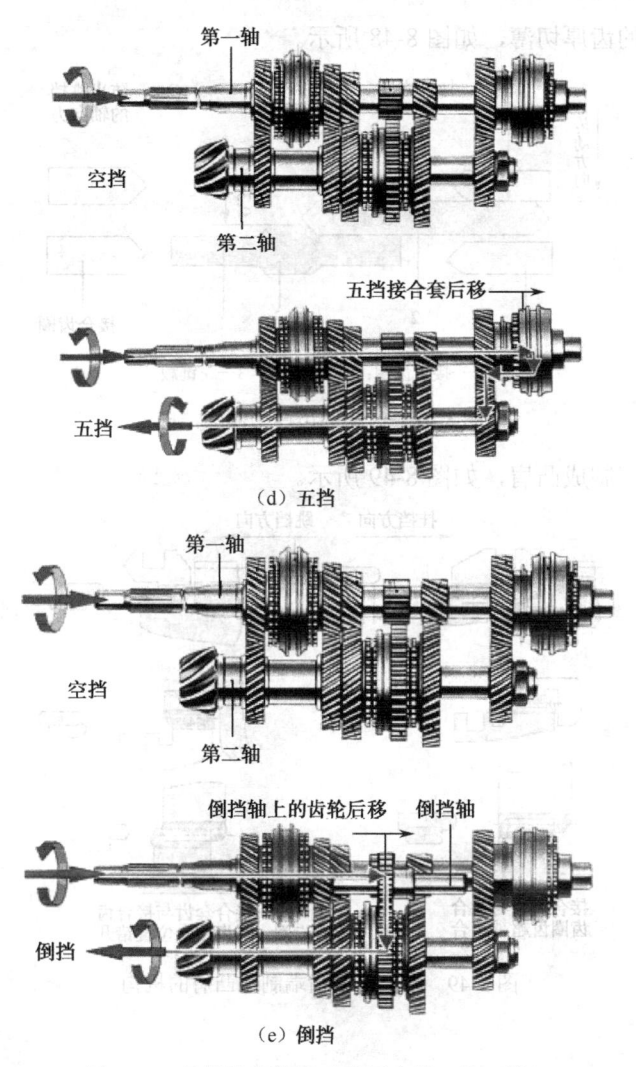

(e) 倒挡

图 8-46　桑塔纳各挡传动及同步器工作（续）

防止自动跳挡的措施如下。

利用接合套换挡的变速器，由于接合套与齿圈的接合长度较短，同时汽车行驶时需要经常换挡，频繁拨动接合套将使齿端发生磨损。汽车行驶中可能会因振动等原因造成接合套与齿圈脱离啮合，即发生自动跳挡。通过以下结构措施可以防止自动跳挡。

① 接合套和接合齿圈的齿端制成倒斜面，如图 8-47 所示。

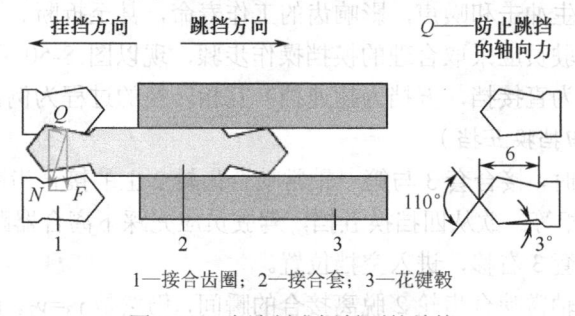

1—接合齿圈；2—接合套；3—花键毂

图 8-47　齿端制成倒斜面的结构

② 花键毂齿端的齿厚切薄，如图 8-48 所示。

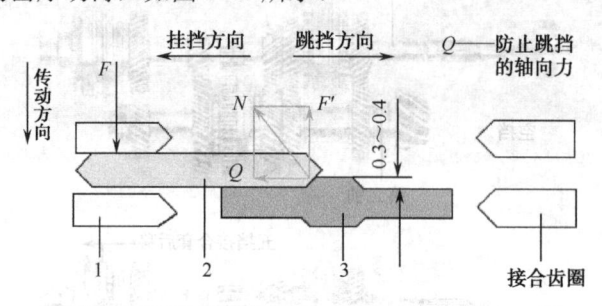

1—接合齿圈；2—接合套；3—花键毂

图 8-48　齿端的齿厚切薄的结构

③ 接合套的齿端制成凸肩，如图 8-49 所示。

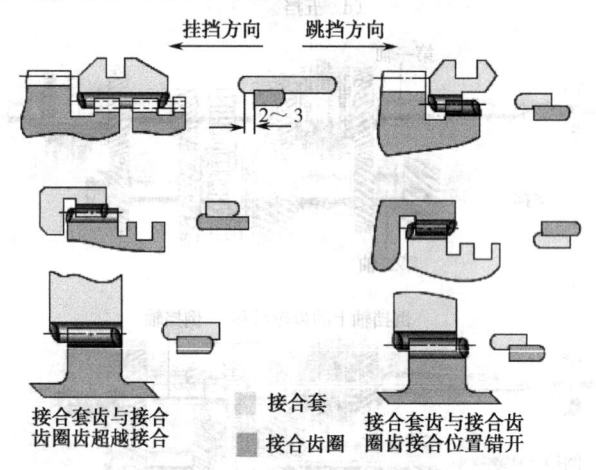

图 8-49　接合套的齿端制成凸肩的机构

8.4.3　同步器

1. 无同步器时的换挡过程

用滑动齿轮或者接合套换挡时，待啮合的一对齿轮的轮齿（或接合套与接合齿圈上相应的内、外花键齿）的圆周速度必须相等，才能顺利地进入啮合而挂上挡。若在二齿不同步时即强制挂挡，将使二齿间发生冲击和噪声，影响齿的工作寿命，甚至折断。

为使换挡平顺，驾驶员应采取合理的换挡操作步骤，现以图 8-50 所示无同步器的五挡变速器中四、五挡（四挡为直接挡，五挡为超速挡）互相转换的过程为例说明其原理。

1）低挡换高挡（四挡换五挡）

变速器在四挡工作时，接合套 3 与第一轴常啮合齿轮 2 上的接合齿圈接合，二者的花键齿圆周速度 v_3 和 v_2 显然相等。欲从四挡换五挡，驾驶员应先踩下离合器踏板，使离合器分离，随即通过变速杆将接合套 3 右移，进入空挡位置。

当接合套 3 与第一轴常啮合齿轮 2 脱离接合的瞬间，仍然是 $v_3=v_2$。由于第二轴五挡齿轮 4 的转速比第一轴常啮合齿轮的转速高，故 $v_4>v_2$，即 $v_4>v_3$，此时不同步而难以挂入五挡。为避免产生冲击，须在空挡位置停留片刻。此时，因发动机到传动系统的动力被切断，接合套3和第二轴五挡齿轮4的转速都将下降。因汽车传动系统惯性大，使接合套3的速度（与二轴转速相同）v_3下降较慢，而第二轴五挡齿轮4只与中间轴及其齿轮、第一轴和离合器从动盘相联系，惯性很小，故v_4下降较快，待$v_3=v_4$时，便可平顺换入五挡。

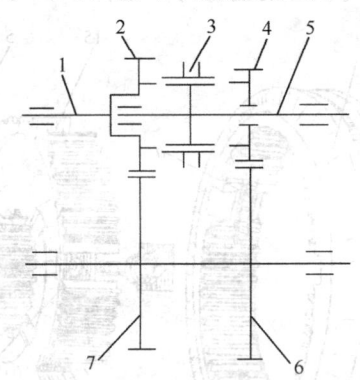

1—第一轴；2—第一轴常啮合齿轮；3—接合套；4—第二轴五挡齿轮；5—第二轴；6—中间轴五挡齿轮；7—中间轴常啮合传动齿轮

图8-50 三轴式五挡变速器四、五挡示意图

2) 高挡换低挡（五挡换四挡）

变速器在五挡工作时或由五挡换入空挡的瞬间，接合套3的转速与第二轴五挡齿轮4的转速相等，即$v_3=v_4$，因为$v_4>v_2$，所以$v_3>v_2$。退入空挡后，由于v_2下降得比较快，故根本无法实现$v_3=v_2$；相反，停留在空挡的时间越长，二者差值越大。所以驾驶员应在接合套退入空挡并抬起离合器踏板的同时，踩一下加速踏板，使第一轴常啮合齿轮2的转速高于接合套3的转速，即$v_2>v_3$，然后再分离离合器，待$v_2=v_3$时，即可平顺地挂入四挡。

由上述可知，欲使一般变速器换挡时不产生齿轮间的冲击，需要进行比较复杂的操作，并应在短时间内完成。这对于即使是技术很熟练的驾驶员，也易造成疲劳。因此，要求在变速器结构上采取措施，既保证挂挡平顺，又使操作简化，减轻驾驶员的劳动强度，这便产生了同步器。

2. 同步器的结构及其工作原理

同步器的作用是使接合套与待啮合的齿圈迅速同步，以缩短换挡时间，并防止待啮合的齿轮达到同步之前产生轮齿冲击。

1) 锁环式惯性同步器

（1）构造

图8-51所示为解放CA1092型汽车六挡变速器中的五、六挡装用的锁环式惯性同步器。它主要由接合套7、花键毂15、锁环4和8、滑块5、定位销6及弹簧16组成。

图8-52所示为锁环式惯性同步器在变速器轴上的安装，花键毂15与第二轴14前端花键配合并以卡环18轴向固定。在花键毂两端的六挡接合齿圈3和五挡接合齿圈9之间各有一个青铜制成的锁环（也称同步环）4和8。锁环上有断续的短花键齿（见图8-51），其轮廓尺寸与接合齿圈3、9及花键毂15的外花键齿相同。两个锁环上的花键齿在对着接合套的一端制有倒角（称锁止角），且与接合套齿端的倒角相同。锁环具有与接合齿圈3和9上的锥形摩擦面锥度相同的内锥面，锥面上制有细牙的螺旋槽，以便两锥面接触后，破坏油膜，增加锥面间的摩擦。如图8-51所示，三个滑块5分别嵌合在花键毂的三个轴向槽b内，并可沿槽轴向滑动。

三个定位销 6 分别插入三个滑块的通孔中。在弹簧 16 的作用下，定位销压向接合套，使定位销端部的环面正好嵌在接合套中部的凹槽 a 中，起到空挡定位作用。滑块 5 的两端伸入锁环 4 和 8 的三个缺口 c 中。锁环的三个凸起部 d 分别伸入到花键毂的三个通槽 e 中，只有当凸起部 d 位于缺口 e 中央时，接合套与锁环的齿方可能接合。

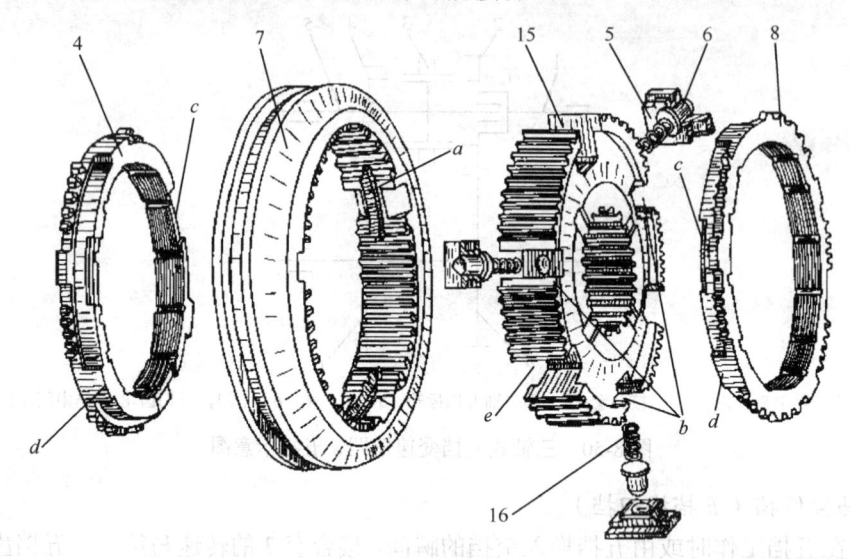

图 8-51　锁环式惯性同步器组成件（图注同图 8-52）

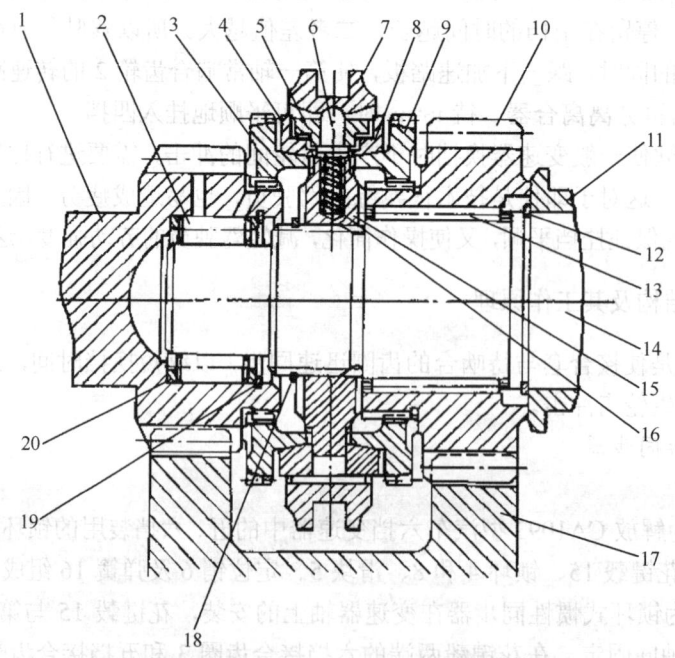

1—第一轴；2、13—滚针轴承；3—六挡接合齿圈；4、8—锁环（同步环）；5—滑块；6—定位销；7—接合套；9—五挡接合齿圈；10—第二轴五挡齿轮；11—衬套；12、18、19—卡环；14—第二轴；15—花键毂；16—弹簧；17—中间轴五挡齿轮；20—挡圈

图 8-52　锁环式惯性同步器与变速器轴的安装

（2）工作原理

现以五挡换六挡为例（参见图 8-51 和图 8-53），介绍同步器的工作原理。

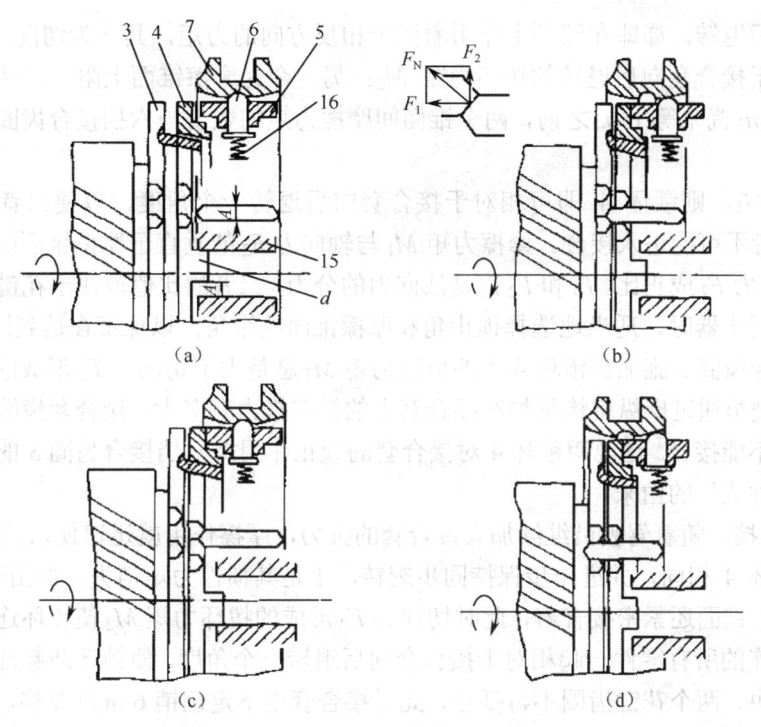

图 8-53 锁环式惯性同步器工作过程（图注同图 8-52）

① 空挡位置。接合套 7 刚从五挡退入空挡时，如图 8-53（a）所示，六挡接合齿圈 3、接合套 7、锁环 4 及与其有关联的运动件，因惯性作用而沿原方向继续旋转（图中箭头方向）。设它们的转速分别为 n_3、n_7 和 n_4，此时 $n_4 = n_7$，因 $n_3 > n_7$，故 $n_3 > n_4$。此时，锁环是轴向自由的，其内锥面与六挡接合齿圈 3 的外锥面没有摩擦。

② 挂六挡。若要挂入六挡（直接挡），可用拨叉拨动接合套 7，并通过定位销 6 带动滑块一起向左移动。当滑块左端面与锁环 4 的缺口 c 的端面接触时，便推动锁环移向六挡接合齿圈 3，使具有转速差（$n_3 > n_4$）的两锥面一经接触便产生摩擦作用。六挡接合齿圈 3 即通过摩擦作用带动锁环相对于接合套超前转过一个角度，直到锁环的凸起部 d 与花键毂 15 通槽 e 的另一个侧面接触时，锁环便与接合套同步转动。此时，接合套的齿与锁环的齿较锁环的凸起部 d 位于花键毂的通槽中央时错开了约半个齿厚（花键毂通槽宽度为锁环凸起部 d 的宽度加上接合套的一个齿厚 A），从而使接合套的齿端倒角与锁环相应的齿端倒角正好互相抵触而不能进入啮合。

显然，此时若要接合套的齿圈与锁环的齿圈接合上，必须使锁环相对于接合套后退一个角度。图 8-53（b）左边的局部放大图表示，由于驾驶员始终对接合套施加一个轴向力，使接合套和锁环的齿端倒角压紧，于是在锁环的锁止角斜面上作用有法向力 F_N。F_N 可分解为轴向力 F_1 和切向力 F_2。切向力 F_2 所形成的力矩力图使锁环相对于接合套向后退转，称为拨环力矩。轴向力 F_1 则使锁环 4 与六挡接合齿圈 3 的锥面产生摩擦力矩，使二者转速 n_3 与 n_4 迅速接近。

实际上可认为 n_4 不变，只是 n_4 趋近于 n_3，这是因为锁环 4 连同接合套 7 通过花键毂 15 与整个汽车相联系，其转动惯量大，转速下降很慢。而六挡接合齿圈 3 仅与离合器从动部分相连，其转动惯量很小，速度下降较前者快得多。因为六挡接合齿圈 3 是减速旋转，根据惯性原理，即产生惯性力矩，其方向与旋转方向相同。此惯性力矩通过摩擦锥面作用到锁环上，阻止锁环相对接合套向后退转,亦即在锁环上作用着两个相反方向的力矩,其一为切向力 F_2 形成的力图使锁环相对于接合套向后退转的拨环力矩 M_2;另一个为摩擦锥面上阻止锁环向后退转的惯性力矩 M_1。在 n_3 尚未等于 n_4 之前,两个锥面间摩擦力矩的数值与六挡接合齿圈 3 的惯性力矩相等。

如果 $M_2>M_1$,则锁环 4 即可相对于接合套向后退转一个角度,以便二者进入啮合;若 $M_2<M_1$,则二者不可能进入接合。摩擦力矩 M_1 与轴向力 F_2 的垂直于摩擦锥面的分力成正比,而 M_2 则与切向力 F_2 成正比。F_1 和 F_2 都是法向力的分力,二者的比值取决于花键齿锁止角的大小。故在设计同步器时,适当地选择锁止角和摩擦锥面的锥角,以保证在达到同步 ($n_3= n_4$) 之前,六挡接合齿圈 3 施加在锁环 4 上的惯性力矩 M_1 总是大于切向力 F_2 形成的拨环力矩 M_2。因此,不论驾驶员通过操纵机构施加在接合套上的轴向推力有多大,接合套齿端与锁环齿端总是互相抵触而不能接合。这说明锁环 4 对接合套的锁止作用是六挡接合齿圈 3 的惯性力矩造成的。此即"惯性式"的由来。

③ 挂上六挡。随着驾驶员继续加大接合套的推力,摩擦作用就迅速使六挡接合齿圈 3 的转速降到与锁环 4 相同,并进一步保持同步旋转,于是其惯性力矩消失。但由于轴向力 F_1 的作用,两个摩擦锥面还紧密接合着,此时切向力 F_2 形成的拨环力矩 M_2 使锁环连同六挡接合齿圈 3 及与之相连的所有零件一起相对于接合套向后退转一个角度,使锁环凸起部 d 又移回到花键毂的通槽中央,两个花键齿圈不再抵触,此时接合套压下定位销 6 继续左移,与锁环的花键齿啮合(见图 8-53 (c)),如果此时接合套花键齿与六挡接合齿圈 3 的花键齿发生抵触,则作用在六挡接合齿圈 3 花键齿端斜面上的切向分力使六挡接合齿圈 3 及其相连零件相对于锁环及接合套转过一个角度,使接合套与六挡接合齿圈 3 进入啮合(见图 8-53 (d)),而最后完成挂上六挡的全过程。

如果是六挡(直接挡)换入五挡,上述过程也适用。但应注意,此时五挡接合齿圈 9 和第二轴五挡齿轮 10(见图 8-52)被加速到与锁环 8(亦即与接合套)同步,从而使接合套先后与锁环及五挡接合齿圈进入啮合而完成换挡。

上述换挡过程可简要归纳为:摩擦工作面接触产生摩擦力矩—锁环转动一个角度—锁止元件起锁止作用,阻止接合套前移—摩擦力矩增长至同步—惯性力矩消失—锁止作用消失—接合套进入啮合完成换挡。

锁环式惯性同步器由于结构紧凑、便于合理布置,多用于乘用车和轻型载货汽车上。

2)锁销式惯性同步器

以东风 EQ1090E 型汽车五挡变速器装用的四、五挡锁销式惯性同步器为例,来说明锁销式惯性同步器的构造与工作原理。

(1)构造

如图 8-54 所示,两个带有内锥面的摩擦锥盘 2,以其内花键分别固定在第一轴齿轮 1 和第二轴四挡齿轮 6 上,随齿轮一起转动。与之相配合的两个有外锥面的摩擦锥环 3,其上有圆周均布的三个锁销 8 和三个定位销与接合套 5 相连。锁销 8 的两顶端固定在摩擦锥环 3 的孔中,而两端的工作表面直径与接合套凸缘上相应的销孔的内径相等,其中部直径小于孔径。只有在锁销与接合套孔对中时,接合套方能沿锁销轴向移动。锁销 8 中部和接合套上相应的销孔两端有角度相同的倒角——锁止角。在接合套上定位销孔中部钻有斜孔,内装弹簧 11,把钢球 10 顶向定位销中部的环槽,如图 8-54 中 A—A 剖面图所示,以保证同步器处于正确的空挡位置。定位销 4 两端伸入锥环内侧面,但有间隙,故定位销可随接合套 5 轴向移动。

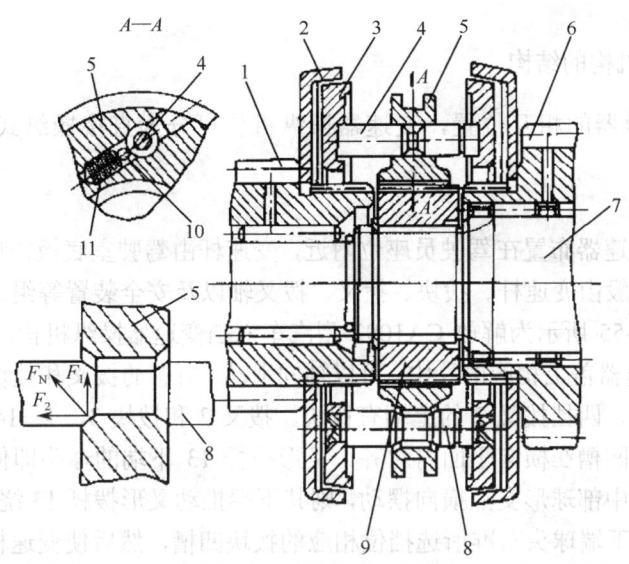

1—第一轴齿轮；2—摩擦锥盘；3—摩擦锥环；4—定位销；5—接合套；6—第二轴四挡齿轮；7—第二轴；
8—锁销；9—花键毂；10—钢球；11—弹簧

图 8-54 锁销式惯性同步器

（2）工作原理

锁销式同步器的工作原理与锁环式同步器基本相同，在由四挡换入五挡时，接合套 5 受到拨叉的轴向推力作用，通过钢球 10 与定位销 4 带动摩擦锥环 3 向左移动，使之与对应的摩擦锥盘 2 接触。具有转速差的摩擦锥环与摩擦锥盘一经接触，靠接触面的摩擦使摩擦锥环连同锁销一起相对于接合套转过一个角度，因而锁销 8 的轴线相对于接合套上销孔的轴线偏移，于是锁销中部倒角与销孔端的倒角互相抵触，以阻止接合套继续前移。在同步前，作用在摩擦锥面的摩擦力矩（轴向力 F_2 形成的力矩）总是大于切向力 F_1 形成的拨销力矩，接合套被锁止不能前移，防止同步前接合套与齿圈进入啮合。同步后，惯性力矩消失，拨销力矩使锁销、摩擦锥盘及相应的齿轮相对于接合套转过一个角度。锁销与接合套相应孔对中，接合套克服弹簧 11 的弹力压下钢球 10 并沿锁销轴向移动，直至与第一轴齿轮 1 的花键齿圈啮合，顺利地换入五挡。

锁销式惯性同步器换挡多用于中、重型载货汽车上。

8.4.4 变速器操纵机构

1. 变速器操纵机构的功用及要求

变速器操纵机构的功用是根据汽车使用条件，驾驶员可随时将变速器换上或摘下某个挡位。

为了保证在任何情况下变速器都能准确、安全、可靠地工作，对变速器操纵机构提出以下要求：

① 设自锁装置，防止变速器自动脱挡，并保证轮齿以全齿宽啮合。
② 设互锁装置，防止变速器同时挂入两个挡位，以免造成发动机熄火或损坏零部件。
③ 设倒挡锁，防止误挂倒挡。

2. 变速器操纵机构的结构

按操纵杆与变速器的相互位置，变速器操纵机构可分为直接操纵式和远距离操纵式两大类。

1）直接操纵式

大多数汽车的变速器布置在驾驶员座位附近，变速杆由驾驶室底板伸出，驾驶员可直接操纵。这种操纵机构一般由变速杆、拨块、拨叉、拨叉轴以及安全装置等组成，多集装于变速器上盖或侧盖内。图 8-55 所示为解放 CA1092 型汽车六挡变速器操纵机构。拨叉轴 7、8、9 和 10 两端均支撑于变速器盖上相应的孔中，可以轴向滑动。所有的拨叉和拨块都以弹性销固定在相应的拨叉轴上。三、四挡拨叉 2 的上端有拨块。拨叉 2 和拨块 3、4、14 的顶部有凹槽。变速器处于空挡时，各凹槽在横向平面内对齐。叉形拨杆 13 下端的球头即伸入这些凹槽中。选挡时可使变速杆绕其中部球形支点横向摆动，则其下端推动叉形拨杆 13 绕换挡轴 11 的轴线转动，从而使叉形拨杆下端球头对准所选挡位相应的拨块凹槽，然后使变速杆纵向摆动，带动拨叉轴及拨叉向前或向后移动，即可实现挂挡。

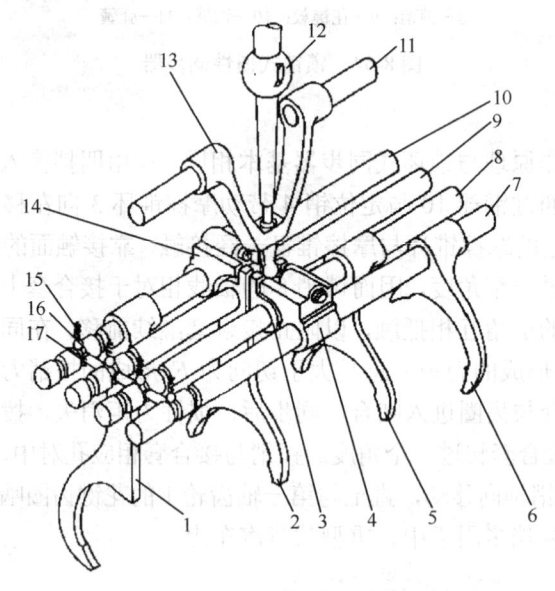

1—五、六挡拨叉；2—三、四挡拨叉；3—一、二挡拨块；4—倒挡拨块；5—一、二挡拨叉；6—倒挡拨叉；7—倒挡拨叉轴；8—一、二挡拨叉轴；9—三、四挡拨叉轴；10—五、六挡拨叉轴；11—换挡轴；12—变速杆；13—叉形拨杆；14—五、六挡拨块；15—自锁弹簧；16—自锁钢球；17—互锁柱销

图 8-55 六挡变速器操纵机构

2）远距离操纵式

当驾驶员座位离变速器较远或变速杆布置在转向盘下方的转向管柱上时，通常在变速杆与换挡拨叉之间增加若干个传动件，组成远距离操纵机构。此时，操纵机构由外部操纵机构和内部操纵机构两部分构成。图 8-56 所示为一种远距离操纵机构。

外部操纵机构组成：从变速杆到选挡换挡轴之间的所有传动件。内部操纵机构组成：选挡换挡轴、拨叉轴、拨叉、自锁装置、互锁装置和倒挡锁等。

3) 锁止装置

(1) 自锁装置

如图 8-57 所示，多数变速器的自锁装置由自锁钢球 1 和自锁弹簧 2 组成。每根拨叉轴的上表面沿轴向分布有三个凹槽，当任何一根拨叉轴连同拨叉轴向移动到空挡或某一工作挡位的位置时，必有一个凹槽正好对准自锁钢球 1。于是自锁钢球在自锁弹簧 2 压力作用下嵌入该凹槽内，拨叉轴的轴向位置即被固定，从而拨叉连同滑动齿轮（或接合套）也被固定在空挡或某一工作挡位上，不能自行脱出。换挡时，驾驶员对拨叉轴施加一定的轴向力，克服自锁弹簧 2 的压力，将钢球由拨叉轴的凹槽中挤出推回孔中，拨叉轴和拨叉方能再进行轴向移动。

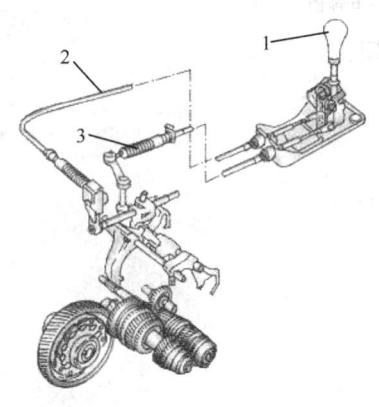

1—变速杆；2—纵向拉线；3—横向拉线

图 8-56　变速器远距离操纵机构

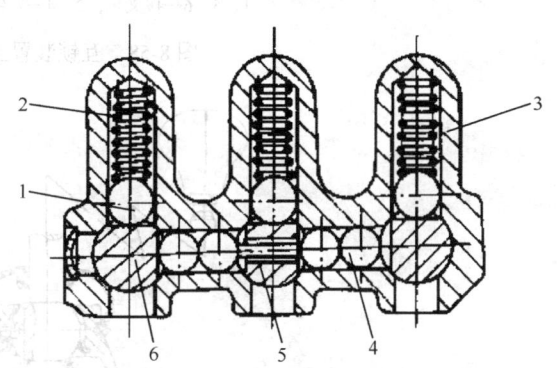

1—自锁钢球；2—自锁弹簧；3—变速器盖（前端）；
4—互锁钢球；5—互锁销；6—拨叉轴

图 8-57　变速器的自锁和互锁装置

(2) 互锁装置

图 8-57 中也包含锁球式互锁装置，主要由互锁钢球 4 及互锁销 5 组成。互锁销 5 装在中间拨叉轴的孔中，其长度相当于拨叉轴直径减去互锁钢球的半径，互锁钢球 4 装于变速器盖 3 的横向孔中。在空挡位置时，左右拨叉轴在对着钢球处开有深度相当于钢球半径的凹槽，中间拨叉轴则左右均开有凹槽，凹槽中开有装互锁销 5 的孔。这种互锁装置可以保证变速器只有在空挡位置时，驾驶员才可以移动任意一个拨叉轴挂挡。若某一拨叉轴被移动而挂挡，另两个拨叉轴便被互锁装置固定在空挡位置而不可能再轴向移动。

互锁装置的工作原理如下：变速器处于空挡时，所有的拨叉轴的侧面凹槽同互锁钢球、互锁销都在同一条直线上。当移动中间拨叉轴时，如图 8-58（a）所示，拨叉轴 6 两侧的内钢球从其侧面凹槽中被挤出，而两互锁钢球 2 和 4 则分别嵌入拨叉轴 1 和 5 的侧面凹槽中，因而将拨叉轴 1 和 5 刚性地锁止在其空挡位置。若欲移动拨叉轴 5，则应先将拨叉轴退回到空挡位置，如图 8-58（b）所示。于是，在移动拨叉轴 5 时，互锁钢球 4 便从拨叉轴 5 的凹槽中被挤出，同时通过互锁销 3 和其他互锁钢球将拨叉轴 6 和 1 均锁止在空挡位置。同理，当移动拨叉轴 1 时，则拨叉轴 6 和 5 被锁止在空挡位置，如图 8-58（c）所示。由此可知，互锁装置的作用是当驾驶员用变速杆推动某一拨叉轴时，自动锁止其他所有拨叉轴。

(3) 倒挡锁

倒挡锁的作用是，驾驶员挂倒挡时，必须对变速杆施加较大的力，才可换上倒挡，起提醒作用，以防误挂倒挡。变速器上多采用弹簧锁销式倒挡锁，如图 8-59 所示。

该倒挡锁主要由倒挡锁销 1 和倒挡锁弹簧 2 组成。倒挡锁销 1 的杆部装有倒挡锁弹簧 2，其右端的螺母可调整弹簧的预紧力和倒挡锁销的长度。驾驶员要挂倒挡时，必须用较大的力使变速杆 4 的下端压缩倒挡锁弹簧 2，将倒挡锁销 1 推向右方后，才能使变速杆下端进入倒挡拨块 3 的凹槽内，以拨动一、倒挡拨叉轴而推入倒挡。

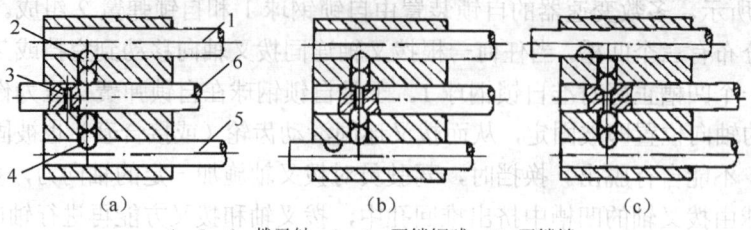

1、5、6—拨叉轴；2、4—互锁钢球；3—互锁销

图 8-58　互锁装置工作示意图

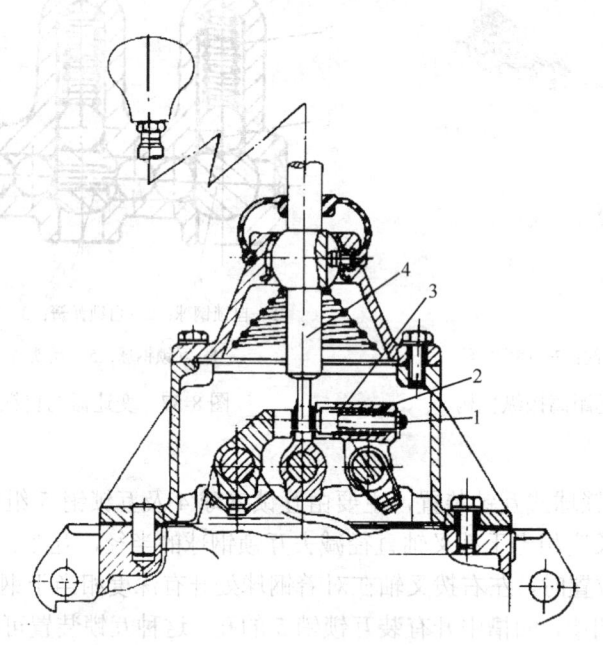

1—倒挡锁销；2—倒挡锁弹簧；3—倒挡拨块；4—变速杆

图 8-59　弹簧锁销式倒挡锁

8.4.5　分动器

越野汽车经常需要在困难的路面上（如冰雪路面、泥泞土路等）行驶，车轮与路面间的附着力小，这就要求增加汽车驱动轮的数目或采用全轮驱动，使汽车总质量的大部分或全部都成为附着质量，以增大附着力。这样，就要求将变速器输出的动力分配并传给各驱动桥，分动器就是用来完成这一任务的。

分动器的基本结构是一个齿轮传动系统。其输入轴直接或通过万向传动装置与变速器第二轴相连，其输出轴可以有若干个，分别经万向传动装置与各驱动桥连接。通常越野汽车上装有高、低挡两挡分动器，兼起副变速器的作用。

分动器由齿轮传动机构和操纵机构两部分组成。

1. 齿轮传动机构

图 8-60 所示为东风 EQ2080 型越野汽车装用的三输出轴式分动器，其结构简图如图 8-61 所示。

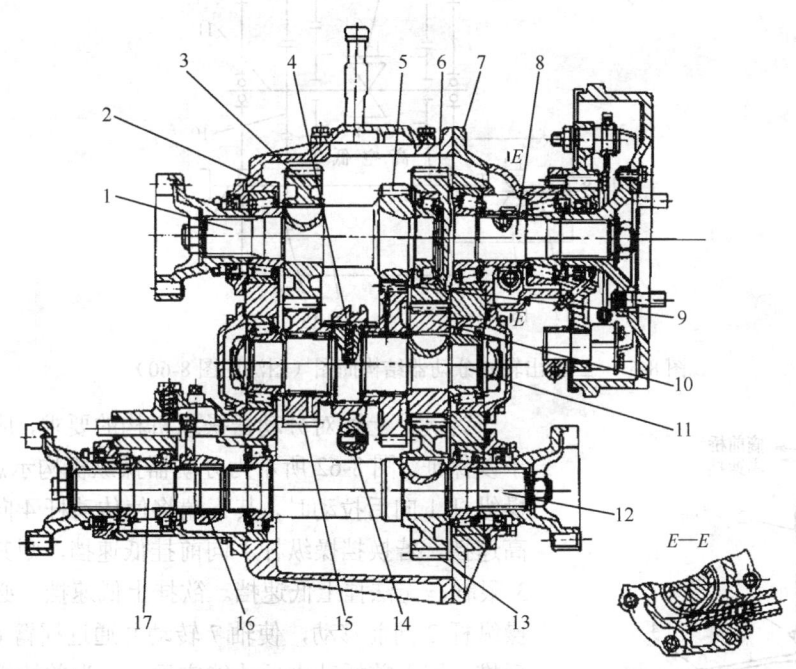

1—输入轴；2—分动器壳；3、5、6、9、10、13、15—齿轮；4—换挡接合套；7—分动器盖；8—通往后驱动桥的输出轴；11—中间轴；12—通往中驱动桥的输出轴；14—换挡拨叉座；16—前桥接合套；17—通往前驱动桥的输出轴

图 8-60　东风 EQ2080 型越野汽车分动器

分动器单独安装在车架上，其输入轴 1 通过万向传动装置与变速器第二轴连接。输出轴共有三根，即通往后驱动桥的输出轴 8、通往中驱动桥的输出轴 12 和通往前驱动桥的输出轴 17。

越野汽车在坏路或无路的情况下行驶时，为使汽车有足够的牵引力，需要前桥参加驱动；在好路上行驶时，前桥应作为从动桥，以降低动力消耗和轮胎及传动系统零件的磨损。故分动器中通往前桥的输出轴与通往中桥的输出轴之间装有前桥接合套 16，只有将接合套右移，使输出轴 17 和 12 刚性连接时，前桥才参加驱动。

图 8-61 所示位置为空挡位置。将换挡接合套 4 左移与齿轮 15 上的齿圈接合后，输入轴的动力经齿轮 3、15 和中间轴 11 传到齿轮 10，由此分别经齿轮 6 和 13 传到输出轴 8 和 12。若前桥接合套 16 已与输出轴 12 接合，则动力还可从输出轴 12 传给通前桥的输出轴 17，此时分动器为高速挡。

将换挡接合套 4 右移，与齿轮 9 上的齿圈接合时，则动力从输入轴经齿轮 5 和 9 传到中间轴 11 和齿轮 10，然后再分别传到输出轴 8、12 和 17，此时分动器为低速挡。

2. 操纵机构

当分动器挂入低速挡工作时，其输出转矩较大，为使中、后桥不超载，前桥必须参加驱动。因此，分动器的操纵机构必须保证：先接通前桥，再挂入低速挡；先退出低速挡，再切断前桥。

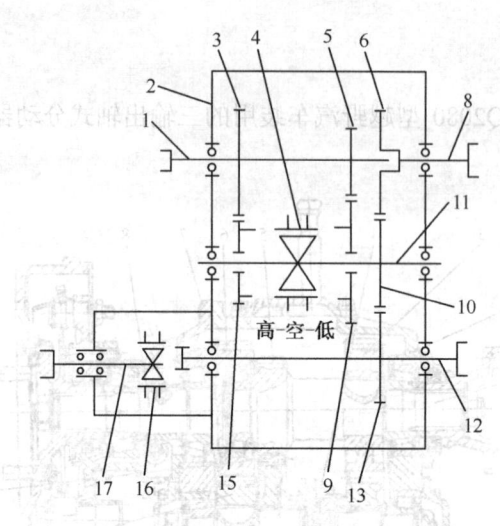

图 8-61　三输出轴式分动器结构简图（图注同图 8-60）

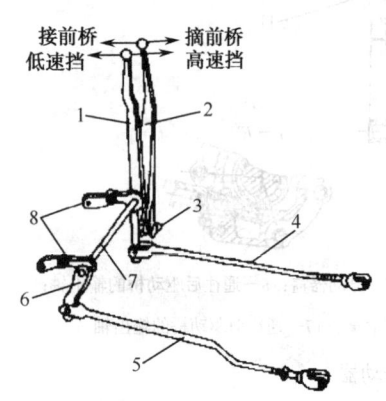

1—换挡操纵杆；2—前桥操纵杆；3—螺钉；
4、5—传动杆；6—摇臂；7—轴；8—支撑臂

图 8-62　分动器操纵机构

为满足上述对分动器操纵机构的要求，应从其结构上予以保证。图 8-62 所示为分动器操纵机构示意图。当换挡操纵杆 1 向后拉动时，其下端将使传动杆 4 向前运动以挂高速挡。若换挡操纵杆 1 向前挂低速挡，则其下端受螺钉 3 限制，无法挂上低速挡。欲挂上低速挡，必须先将前桥操纵杆 2 向前移动，使轴 7 转动并通过摇臂 6 使传动杆 5 后推，接上前桥动力后才能实现。因为前桥操纵杆 2 上端向前推时，下端便连同螺钉 3 向后摆动，不再约束换挡操纵杆 1 挂低速挡。当挂上低速挡后，换挡操纵杆 1 下端又与螺钉 3 接触，从而又限制住在低速挡位时前桥无法摘开。

总之，接上前桥驱动时，前后（或前、中、后）桥的车轮将同步转动，但前、后轮胎若气压不等、磨损不同或行驶在凸凹不平的路面上，则易产生轮胎滑移或滑转，因此在好路上应使用高速挡（分动器）且不应接前桥。当汽车在较差的路面上行驶时，应接上前桥并使用低速挡（或高速挡），以使汽车具有足够的驱动力，克服增加了的行驶阻力。

8.4.6　双离合变速器

双离合变速器（Dual Clutch Transmission，简称 DCT）也叫直接换挡变速器（Direct-Shift Gearbox，简称 DSG），是 2002 年德国大众首次向世界展示的一项创新技术，如图 8-63 所示。双离合变速器有别于一般的半自动变速箱系统，它是基于手动变速箱而不是自动变速箱，除了拥有手动变速箱的灵活及自动变速箱的舒适外，更能提供无间断的动力输出，并且承受的扭矩也更大，目前奥迪 TT 上的双离合变速器可以承受 350N·m。

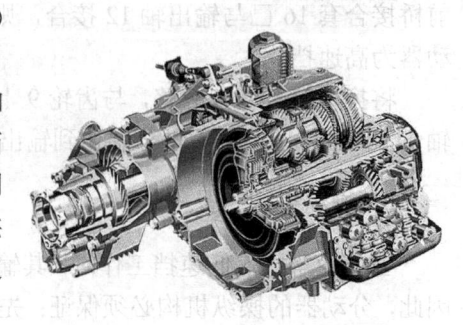

图 8-63　双离合变速器

1. 双离合变速器的结构和工作原理

双离合变速器有两种形式，即湿式和干式。湿式双离合器为一大一小两组同轴安装在一起的多片式离合器，分别连接1、3、5挡以及倒挡和2、4、6挡齿轮。双离合器安装于一个充满液压油的封闭油腔里。这种湿式结构具有更好的调节能力和优异的热熔性，因此能够传递比较大的扭矩。干式双离合器由三个尺寸相近的离合器片同轴相叠安装组成。位于两侧的两个离合器片分别连接1、3、5、7挡和2、4、6挡以及倒挡齿轮，中间盘在其间移动，分别与两个双离合器器片接合或分离，通过切换来进行换挡。因为其双离合器不是安装于密闭油腔里，所以，被称为干式双离合器。

干式双离合器结构简单，因而效率更高、更平稳经济。相对结构烦琐的湿式而言，故障率比较小。而湿式则显得动力更为强劲。

下面以湿式双离合器为例说明其工作原理。湿式双离合变速器主要由多片湿式双离合器、三轴式齿轮变速器、自动换挡机构、电子控制液压控制系统组成。其中最具创意的核心部分是双离合器和三轴式齿轮箱。双离合变速器的内部结构如下：

双离合变速器有两根同轴心的输入轴，输入轴1装在输入轴2里面。输入轴1和离合器1相连，输入轴1上的齿轮分别和1挡齿、3挡齿、5挡齿相啮合；输入轴2是空心的，和离合器2相连，输入轴2上的齿轮分别和2挡齿、4挡齿、6挡齿相啮合；倒挡齿轮通过中间轴齿轮和输入轴1的齿轮啮合。通俗地讲，离合器1管1挡、3挡、5挡和倒挡，在汽车行驶中一旦用到上述挡位中的任何一挡，离合器1是接合的；离合器2管2挡、4挡和6挡，当使用2、4、6挡中的任一挡时，离合器2接合。

双离合变速器的多片湿式双离合器的结构和液压式自动变速器中的离合器相似，但是尺寸要大很多。利用液压缸内的油压和活塞压紧离合器，油压的建立是由ECU指令电磁阀来控制的，两个离合器的工作状态是相反的，不会发生两个离合器同时接合的情形。

双离合变速器的挡位转换是由挡位选择器来操作的，挡位选择器实际上是个液压马达，推动拨叉就可以进入相应挡位，由液压控制系统来控制它们的工作。在液压控制系统中有6个油压调节电磁阀，用来调节两个离合器和4个挡位选择器中的油压压力，还有5个开关电磁阀，分别控制挡位选择器和离合器的工作，如图8-64所示。

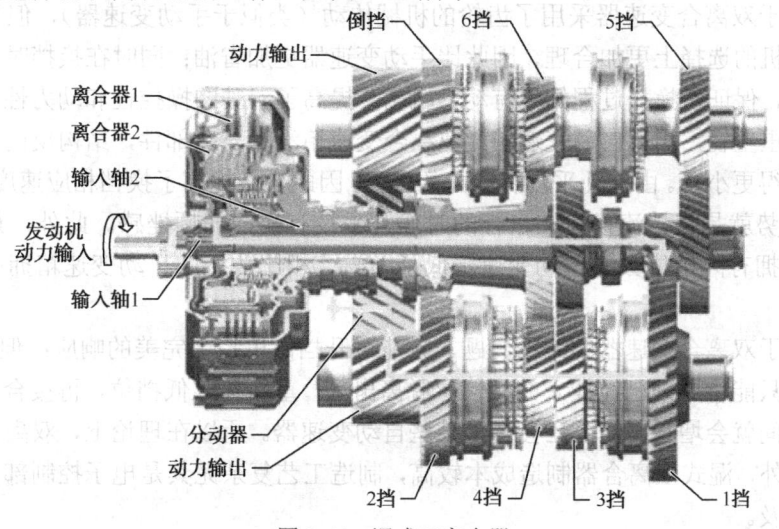

图8-64 湿式双离合器

如图 8-65 所示，双离合变速器的技术关键就在于双离合，也就是有两个离合器，其中一个负责奇数挡（1、3、5、7 挡），另一个负责偶数挡（2、4、6 挡）。可以想象为将两台手动变速箱的功能合二为一，并建立在单一的系统内，它没有液力变矩器也没有行星齿轮组。从齿轮部分乍一看很像一台手动变速器，因为它有同步器，但不同的是它用"双"离合器控制与发动机动力的通断，这两台自动控制的离合器，由电子控制及液压推动，能同时控制两组离合器的运作。

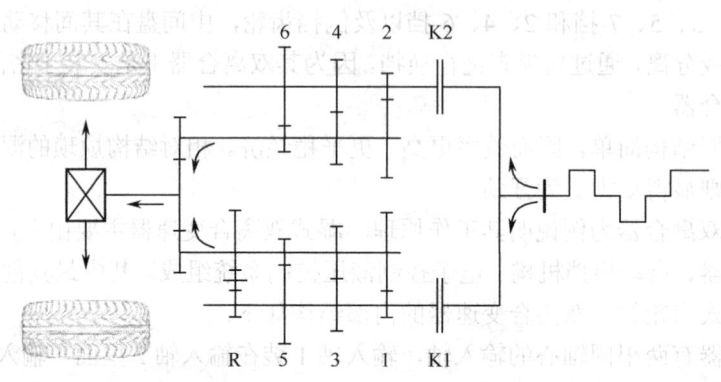

图 8-65 湿式双离合器工作示意图

切换为 2 挡后，奇数挡离合器断开，动力传向偶数挡离合器 2 挡运转。当变速箱运作时，一组齿轮被啮合，而接近换挡之时，下一组挡段的齿轮已被预选，但离合器仍处于分离状态；当换挡时一个离合器将使用中的齿轮分离，同时另一个离合器啮合已被预选的齿轮，这四个动作都是在电控单元的控制和作用下同时进行的，因此变速反应极快，在整个换挡期间能确保最少有一组齿轮在输出动力，理论上动力不会出现间断的状况。要配合以上运作，DSG 的传动轴被分为两条，一条是放于内里实心的传动轴，而另一条则是外面空心的传动轴；内里实心的传动轴连接了 1、3、5 及倒挡，而外面空心的传动轴则连接 2、4 及 6 挡，两个离合器各自负责一条传动轴的啮合动作，引擎动力便会由其中一条传动轴做出无间断的传送。

2. 双离合变速器的优缺点

优点：由于双离合变速器采用了齿轮的机械传动（类似于手动变速器），但采用了电控方式，在换挡时机的选择上更加合理，因此比手动变速器更加省油；同时在换挡时，两套离合器系统共同工作，保证了换挡过程始终有动力输出，提高了驾驶的操控性和动力性。双离合变速箱结构紧凑、重量轻，相比自动变速箱，双离合变速箱没有复杂部件，结构反而更加简洁，并且尺寸可以做得更小巧。由于几乎没有动力的流失，因此自然提高了换挡相应速度和加速表现。而其最大的优势就是换挡流畅，在运行的时候几乎没有换挡的顿挫感。此外，最关键的是其工作油耗相比拥有同挡位数的自动变速箱低了 10%，相比传统的自动变速箱拥有更好的燃油经济性。

缺点：由于双离合变速器的结构问题，只能对升挡做出趋于完美的响应；但是降挡的话，双离合变速器只能将原来已经挂入的高挡位脱离出来，重新挂入低挡位，再接合离合器，这样变速的降挡时间就会增长，甚至还会慢于某些自动变速器。所以在理论上，双离合变速器只能快速升挡。另外，湿式双离合器制造成本较高，制造工艺复杂尤其是电子控制部分复杂，使其尚未能广泛普及。

8.5 自动变速器

8.5.1 概述

汽车自动变速器即自动操纵式变速器。它可根据发动机负荷和车速等工况的变化自动变换传动系统的传动比,使汽车获得良好的动力性和燃油经济性,同时有效减少发动机排放污染,显著提高车辆行驶的安全性、乘坐舒适性和操纵轻便性。

1. 电子控制自动变速器的基本组成

自动变速器一般由液力变矩器、齿轮变速机构、换挡执行机构、液压操控系统、电子控制系统五部分组成,如图 8-66 所示。

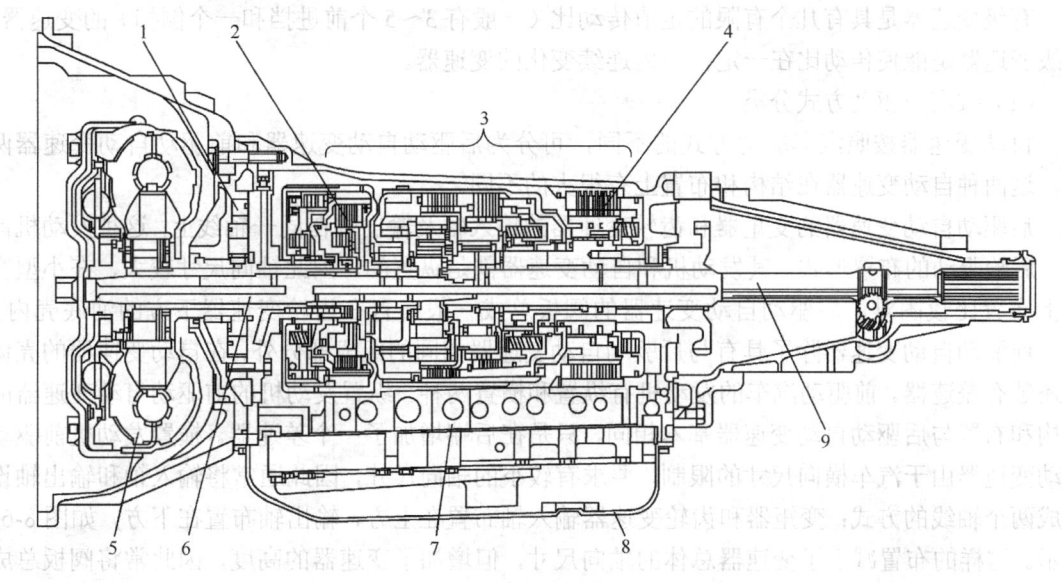

1—油泵;2—离合器;3—齿轮变速机构;4—制动器;5—液力变矩器;6—输入轴;
7—液压控制系统(阀体总成);8—油底壳;9—输出轴

图 8-66 自动变速器结构图

① 变矩器。变矩器位于自动变速器的最前端,安装在发动机的飞轮上,其作用与普通汽车中的离合器相似。它利用油液循环流动过程中动能的变化,将发动机的动力传递给自动变速器的输入轴,并能根据汽车行驶阻力的变化,在一定范围内自动、无级地改变传动比和转矩比,具有一定的减速增矩功能。

② 齿轮变速机构。齿轮变速机构用于形成不同的传动比,从而组成变速器不同的挡位。目前绝大多数自动变速器中采用行星齿轮机构进行变速,也有个别车型采用普通齿轮机构进行变速(如本田车系统)。

③ 换挡执行机构。主要是用来改变行星齿轮中的主动元件或限制某个元件的运动,改变

动力传递的方向和速比,它主要由多片式离合器、制动器和单向离合器等组成。

④ 液压操控系统。自动变速器的液压操控系统主要包括供油部分和液压控制部分。供油部分由油泵、调压阀、油箱、过滤器及管道等组成。液压控制系统由各种控制阀和相应的油路所组成。各种阀和油路设置在一个板块内,称为阀板总成。

⑤ 电子控制系统。电子控制系统由输入装置、电子控制单元(ECU)、执行器三部分组成。输入装置主要包括各种传感器和部分控制开关。ECU 根据各传感器及控制开关的信号和设定控制程序,通过运算分析,向各个执行器输出控制信号,从而实现对自动变速器的控制。

2. 自动变速器的类型

不同车型所装用的自动变速器在形式、结构上往往有很大的差异,常见的分类方法和类型如下。

(1) 按变速方式分类

汽车自动变速器按变速方式的不同,可分为有级变速器和无级变速器两种。

有级变速器是具有几个有限的定值传动比(一般有 3~5 个前进挡和一个倒挡)的变速器。无级变速器是能使传动比在一定范围内连续变化的变速器。

(2) 按汽车驱动方式分类

自动变速器按照汽车驱动方式的不同,可分为后驱动自动变速器和前驱动自动变速器两种。这两种自动变速器在结构和布置上有很大的不同。

后驱动自动变速器的变矩器和齿轮变速器的输入轴及输出轴在同一轴线上,这种发动机前置、后轮驱动的布置形式,其发动机和自动变速器都是纵置的,因此轴向尺寸较大,在小型客车上布置比较困难。后驱动自动变速器的阀板总成一般布置在齿轮变速器下方的油底壳内。

前驱动自动变速器除了具有与后驱动自动变速器相同的组成部分外,在自动变速器的壳体内还装有差速器。前驱动汽车的发动机有纵置和横置两种。纵置发动机的前驱动自动变速器的结构和布置与后驱动自动变速器基本相同,只是在后端增加了一个差速器。横置发动机前驱动自动变速器由于汽车横向尺寸的限制,要求有较小的轴向尺寸,因此通常将输入轴和输出轴设计成两个轴线的方式;变矩器和齿轮变速器输入轴布置在上方,输出轴布置在下方,如图 8-67 所示。这样的布置减小了变速器总体的轴向尺寸,但增加了变速器的高度,因此常将阀板总成布置在变速器的侧面或上方,以保证汽车有足够的最小离地间隙。

(3) 按自动变速器前进挡的挡位数不同分类

自动变速器按前进挡的挡位数不同,可分为 2 个前进挡、3 个前进挡、4 个前进挡三种(极个别车辆有 5 个前进挡)。新型轿车装用的自动变速器基本上都是 4 个前进挡,即设有超速挡。这种设计虽然使自动变速器的构造更加复杂,但由于设有超速挡,大大提高了汽车的燃油经济性。

(4) 按齿轮变速器的类型分类

自动变速器按齿轮变速器的类型不同,可分为普通齿轮式和行星齿轮式两种。普通齿轮式自动变速器体积较大,最大传动比较小,只有少数几种车型使用(如本田 ACCORD 轿车)。行星齿轮式自动变速器结构紧凑,能获得较大的传动比,为绝大多数轿车采用。

(5) 按变矩器的类型分类

轿车自动变速器基本上都是采用结构简单的单级三元件综合式变矩器。这种变矩器又分为有锁止离合器和无锁止离合器两种。

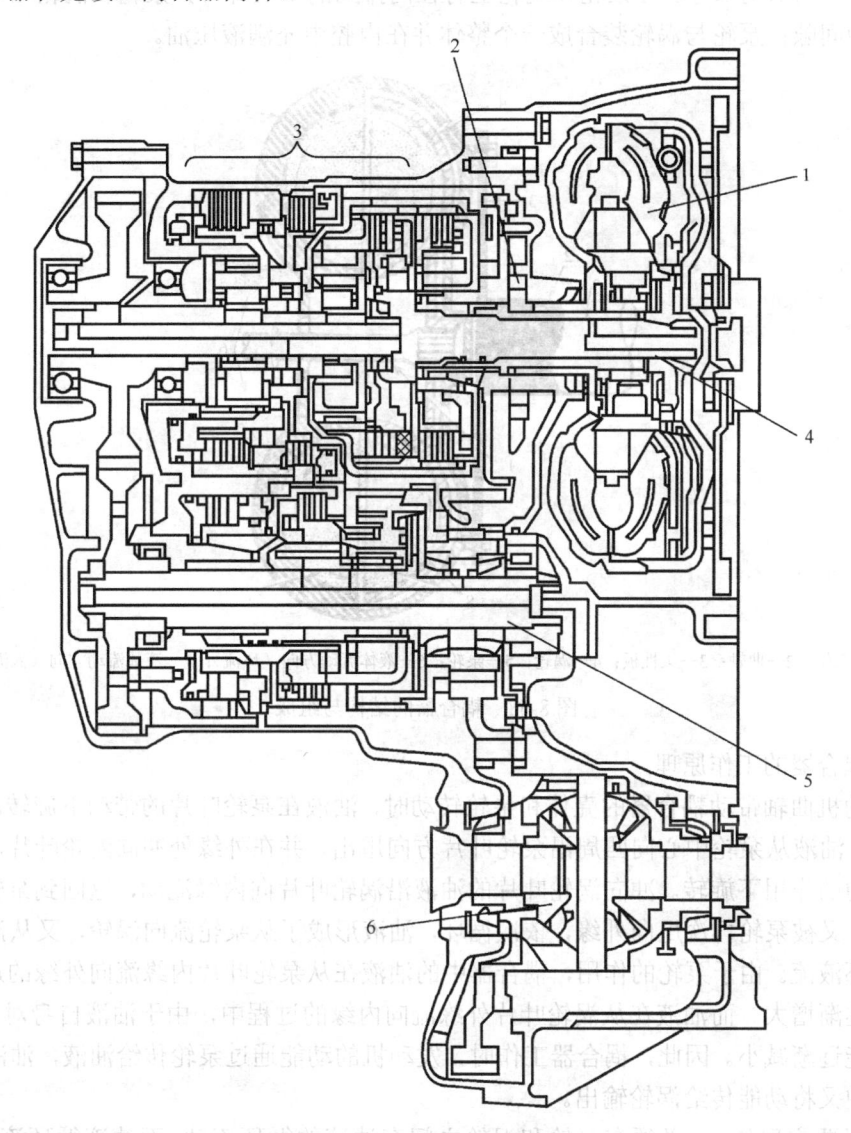

1—液力变矩器；2—油泵；3—齿轮变速机构；4—输入轴；5—输出轴；6—差速器

图 8-67　前驱动自动变速器

（6）按控制方式分类

自动变速器按控制方式不同，可分为液力控制自动变速器（液力自动变速器）和电子控制自动变速器（电控自动变速器）两种。

3. 液力耦合器的结构和工作原理

液力耦合器属于液力传动机构，即通过液体的循环流动，利用液体动能的变化来传递动力。

（1）耦合器的结构组成

耦合器主要由壳体、泵轮、涡轮三个部分组成，如图 8-68 所示。耦合器的泵轮与壳体焊接在一起，并通过螺栓与发动机的飞轮连接，是耦合器的主动部分。涡轮通过花键与输出轴连接,是耦合器的从动部分。在泵轮和涡轮上有径向排列的平直叶片,泵轮和涡轮相对安装且中间有一定的间隙;泵轮与涡轮装合成一个整体并在内腔中充满液压油。

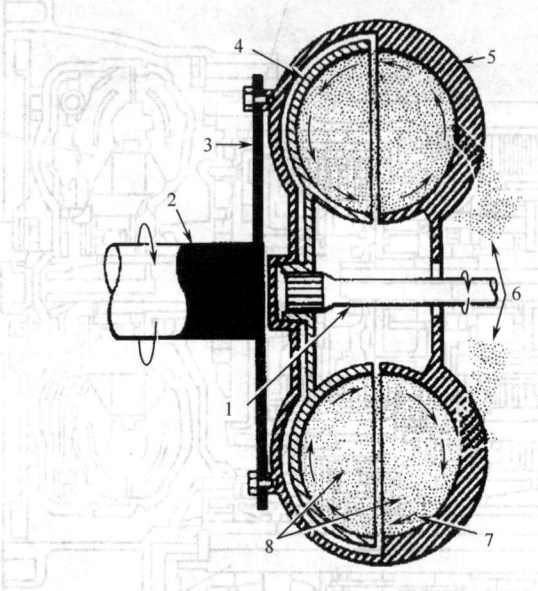

1—变速器输入轴;2—曲轴;3—柔性板;4—涡轮;5—泵轮;6—液体流动方向(环流);7—液体流动方向(涡流);8—叶片

图 8-68　耦合器的结构与组成

(2) 耦合器的工作原理

当发动机曲轴带动耦合器的壳体和泵轮转动时,油液在泵轮叶片的带动下旋转。在离心力的作用下,油液从泵轮中心向四周沿泵轮叶片方向甩出,并在外缘处冲向涡轮叶片,使涡轮在液压冲击力的作用下旋转。冲向涡轮叶片的油液沿涡轮叶片向内缘流动,返回到泵轮内缘;返回的油液,又被泵轮再次甩向外缘,依次循环,油液形成了从泵轮流向涡轮,又从涡轮返回到泵轮的循环液流。由于泵轮的作用,耦合器中的油液在从泵轮叶片内缘流向外缘的过程中,速度和动能逐渐增大。而油液在从涡轮叶片外缘流向内缘的过程中,由于油液自身对涡轮做功,速度和动能逐渐减小。因此,耦合器工作时,发动机的动能通过泵轮传给油液,油液在循环流动的过程中又将动能传给涡轮输出。

耦合器要实现传动,必须在泵轮和涡轮之间有油液的循环流动。而油液循环流动的产生,是由于泵轮和涡轮之间存在着转速差,如果泵轮和涡轮的转速相等,则耦合器空转,不起传动作用。

汽车起步时,发动机驱动泵轮旋转,如果涡轮的转矩不足以克服汽车的起步阻力矩,则涡轮不会随泵轮的转动而转动;加大节气门开度到一定程度,作用在涡轮上的转矩使汽车克服起步阻力矩而起步。随着发动机转速的继续增高,涡轮随着发动机的加速而转速不断增高,涡轮与泵轮转速差逐渐减小,油液对涡轮叶片的冲击力减小,因此,输出转速高时,输出扭矩减小,但总不会达到泵轮输入的转速。一般汽车前行,泵轮的转速总是大于涡轮转速。而当汽车快速下坡时,可能会发生齿轮变速机构变成主动件,飞轮变成从动件,出现涡轮的转速等于或高于泵轮转速,也能起到发动机的制动作用。

为了提高传动效率,一般在泵轮叶片和涡轮叶片间设置有导环,来引导工作液流,使其流动畅通,减少工作液流的能量损失。

从耦合器的工作原理可知,油液在循环流动的过程中,除了受泵轮和涡轮之间的作用力之外,没有受到其他附加的外力。如果不计机械损失,油液作用在涡轮上的转矩最大等于泵轮作用在油液上的转矩,即传给泵轮的输入转矩与涡轮上的输出转矩相等,如果考虑到液力损失的实际存在,耦合器的输出转矩始终不会超过输入转矩。因此,耦合器只能传递扭矩,而不能改变扭矩的大小。为了解决此问题,在泵轮和涡轮之间增设一个固定不动的导轮,而成为液力变矩器。

8.5.2 液力变矩器

1. 液力变矩器的结构

最简单的液力变矩器由泵轮、涡轮和导轮三个基本部件组成,如图 8-69 所示。一般变矩器的结构是焊接式不可拆分的整体,三个元件装在这个封闭的壳体内,称为变矩器总成。壳体用螺栓与发动机飞轮连接在一起,壳体内焊有泵轮叶片。涡轮用花键与行星齿轮变速器的输入轴相连。导轮通过导轮轴固定在变速器外壳上而悬浮在泵轮和涡轮之间。泵轮、涡轮和导轮的叶片端面留有一定的间隙,三者间没有机械联系。为保证油液的良好循环,泵轮、涡轮和导轮的叶片都弯曲成一定的弧度并径向倾斜排列。因此,壳体与泵轮随发动机转动,作为发动机的动力输入。壳体内充满自动变速器油(ATF),当泵轮转动时,在离心力的作用下,自动变速器油从泵轮中央顺着叶片从泵轮外缘被甩出,撞击涡轮叶片边缘,冲击力使涡轮转动。油液顺涡轮叶片流向中央,经导轮又流向泵轮。导轮能根据发动机转速和车速自动改变流向泵轮的油液方向。当涡轮旋转时,动力输入到行星齿轮变速器。

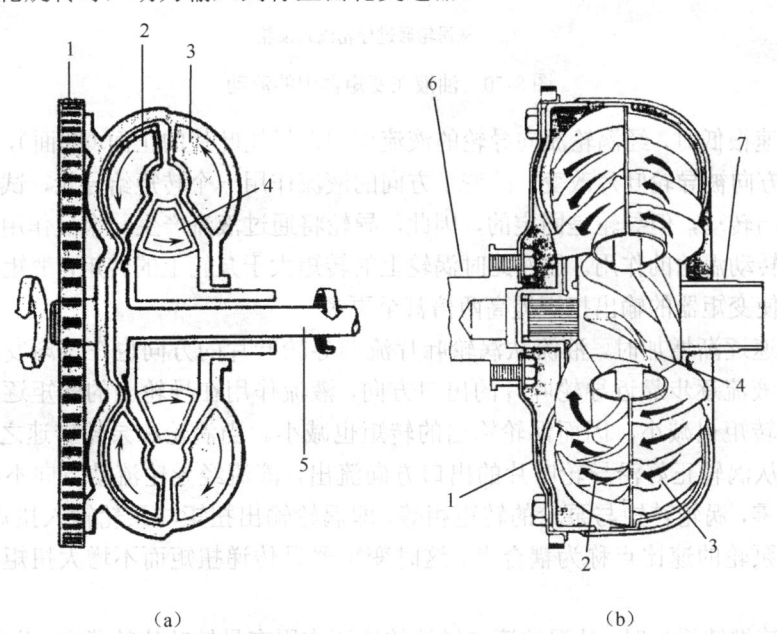

(a)   (b)

1—飞轮;2—涡轮;3—泵轮;4—导轮;5—变矩器输出轴;6—曲轴;7—导轮固定套

图 8-69 液力变矩器结构

2. 液力变矩器的工作原理

图 8-70 所示为在变矩器中三个叶轮间液体的流动关系。当油液离开泵轮冲击涡轮时,把液体能量传递给涡轮并使其转动,与此同时流经涡轮的液体从中间流出,撞击导轮的叶片。

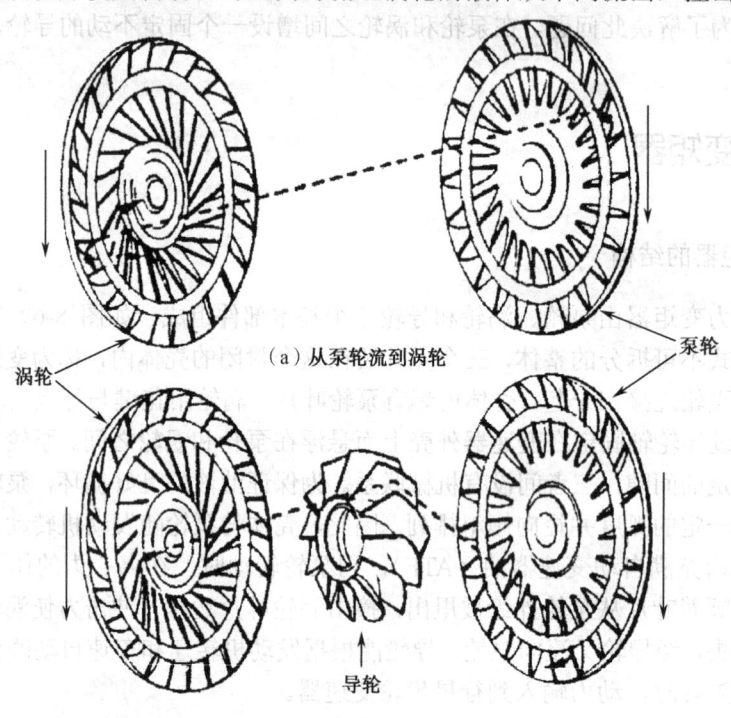

(a) 从泵轮流到涡轮

(b) 从涡轮通过导轮流到泵轮

图 8-70 油液在变矩器中的流动

当涡轮转速很低时,经涡轮流向导轮的液流作用在导轮叶片的正面(凹面),如图 8-71(a)所示,液流的方向被导轮叶片改变,改变了方向的液流作用一个转矩给导轮,试图使导轮按与泵轮转向的反向转动,但导轮是固定的,因此,导轮将通过液流产生一个反作用转矩,这个转矩起到了帮助转动涡轮的作用。显然此时涡轮上的转矩大于泵轮上的转矩,变矩器起到了增扭的作用,可以使变矩器的输出扭矩提高两倍甚至更多。

当涡轮转速逐渐增加时,液流从涡轮叶片流向导轮叶片的方向也在逐渐发生改变,从涡轮流向导轮的液流逐步靠近导轮叶片的出口方向,液流作用在导轮上的转矩逐渐减小,导轮产生的反作用转矩也减小,因而涡轮输出的转矩也减小。当涡轮和泵轮转速之比达到 0.8~0.85 时,液流从涡轮正好沿导轮叶片的出口方向流出,液流经导轮流动方向不改变,导轮的反作用转矩为零,涡轮转矩与泵轮的转矩相等,即涡轮输出扭矩与泵轮输入扭矩之比等于 1,此时的涡轮与泵轮的速比点称为耦合点。这时变矩器只传递扭矩而不增大扭矩,与耦合器的作用相同。

当涡轮转速继续增加时,从涡轮流向导轮的液流作用在导轮叶片的背面(凸面),如图 8-71(b)所示,试图使导轮按与泵轮相同的转向转动,但导轮固定,导轮产生的反作用转矩与泵轮作用在涡轮上的转矩方向相反,作用在涡轮上的转矩为二者之差,变矩器输出的转矩比输入的小,传动效率很快降低。

(a) 起步或低速时　　　　(b) 车速较高时

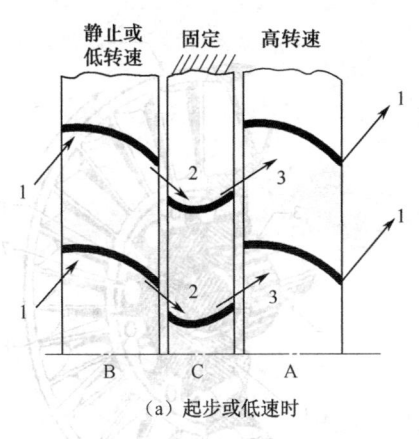

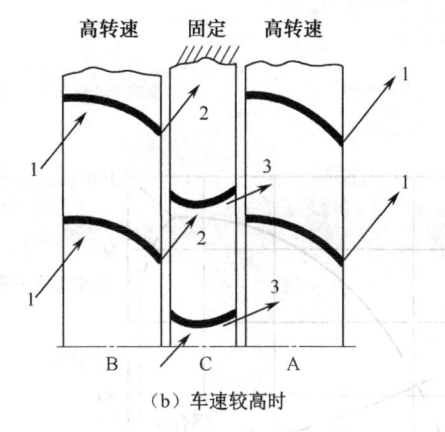

A—泵轮；B—涡轮；C—导轮；
1—由泵轮冲向涡轮的液压油方向；2—由涡轮冲向导轮的液压油方向；3—由导轮流回泵轮的液压油方向

图 8-71　液力变矩器展开原理图

当涡轮转速增加到与泵轮转速相等时，油液的循环流动停止，变矩器不能传递动力。

如图 8-72 所示，从变矩器的特性曲线可以看到，变矩器的运行具有双重特征，在耦合点之前（即低速时），变矩器具有扭矩增大功能，而达到耦合点后，不再具有扭矩增大功能，变成了耦合器。变矩器的扭矩输出特性，能够适应汽车使用要求，当汽车起步时，驱动轮需要较大的扭矩，而高速行驶时仅需要较小的扭矩。

3．变矩器中导轮单向离合器的结构和工作原理

为了防止涡轮转速增大时出现变矩器的输出扭矩小于输入扭矩、传动效率低的现象，在导轮和导轮轴（固定）之间安置了单向离合器，从而可以转入耦合工况的液力变矩器也称为综合式液力变矩器。单向离合器常用的有滚柱式和楔块式两种结构。

（1）滚柱式单向离合器

如图 8-73 所示，滚柱式单向离合器利用弹簧把滚柱固定在离合器内外座圈之间适当位置。外座圈的内表面有若干个凸轮状缺口，滚柱在弹簧力作用下，使其介于内座圈和缺口表面之间，当某一座圈固定，而另一座圈以一定方向转动时，滚柱楔紧在缺口滚道的狭窄端，则旋转座圈也锁止。当该座圈朝相反方向旋转时，滚柱朝缺口滚道较宽端运动，滚柱和缺口滚道无楔紧趋势，该座圈能自由转动。

（2）楔块式单向离合器

如图 8-74 所示，楔块式单向离合器包括内外座圈和介于座圈间的 8 字形的金属凸块。当其中一个座圈固定，而另一座圈往某一方向旋转时，其结果使 8 字形楔块竖起，楔紧内外座圈表面，则旋转座圈锁止。当该座圈以相反方向旋转，使楔块倒下，没有楔紧内外座表面的趋势，那么该座圈可以自由转动。

导轮装在单向离合器的外轮上，单向离合器的内轮与导轮轴用花键连接，如图 8-73 所示。当涡轮转速低时，作用在导轮叶片正面的液体通过单向离合器锁止使导轮固定，产生增大扭矩的效果。当涡轮转速升高到某一值时，液流作用在导轮叶片的背面，此时单向离合器外圈被释放，导轮空转，导轮不产生反作用转矩，扭矩不能增大，变矩器如同耦合器，但可增加变矩器高速时的传动效率。

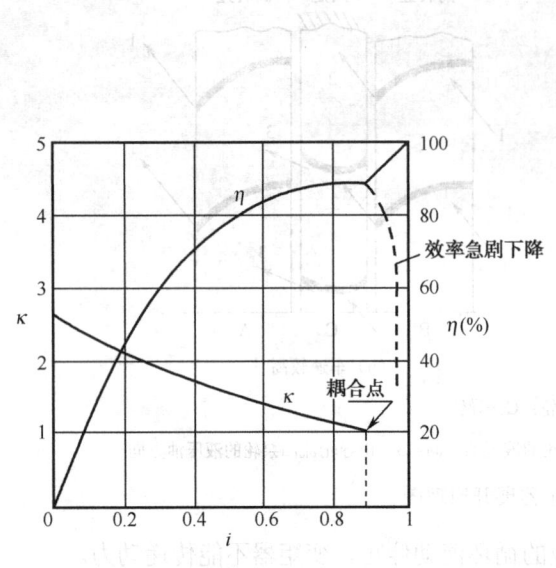

图 8-72 变矩器特性曲线

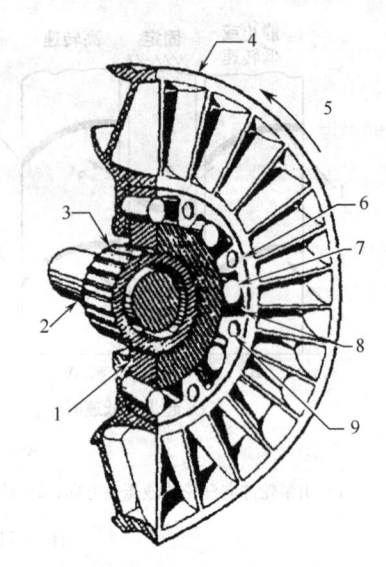

κ—增矩比；η—传动效率；i—涡轮/泵轮速比

图 8-73 滚柱式单向离合器和导轮的装配关系

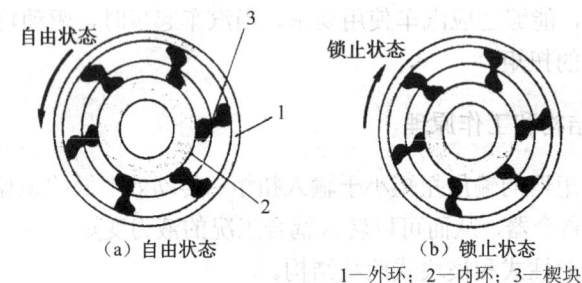

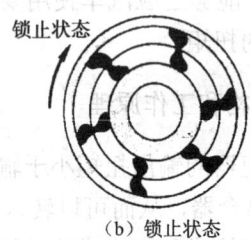

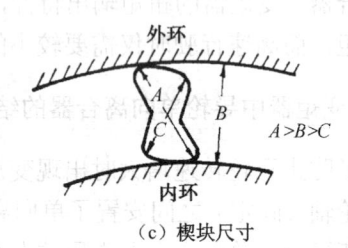

1—单向离合器轮毂；2—涡轮轴；3—导轮轴；4—导轮；
5—变矩器旋转方向；6—凸轮；7—滚柱；8—弹簧；9—铆钉

图 8-74 楔块式单向离合器

1—外环；2—内环；3—楔块

4. 变矩器锁止离合器的结构和工作原理

变矩器较耦合器在传动性能上得到了很大的改进，但是这种连接装置也存在明显缺点。从图 8-72 所示的特性曲线可以看出，在耦合点之后，高速状态时，泵轮和涡轮之间会产生较大的滑转现象，传动效率大幅度下降，与机械式变速器相比，汽车正常行驶时燃油经济性较差。为了提高变矩器在高速工况下的传动效率，改善汽车正常行驶的燃油经济性，在液力变矩器中设置了锁止离合器。

（1）锁止离合器的作用

在汽车低速时，利用变矩器低速扭矩增大的特性，提高汽车起步和坏路行驶时的加速性；在高速时，变矩器锁止离合器作用，用机械方式使泵轮和涡轮连接成为一体，以实现 100%的动力直接传递，使液力耦合的"软连接"变换为直接机械传动的"硬连接"，提高传动效率，降低燃油消耗。

（2）锁止离合器的结构、原理

图 8-75 所示为变矩器锁止离合器的结构图，锁止离合器位于涡轮的前端，由锁止活塞、涡轮传动板、减振盘等组成。锁止活塞和减振盘用键连接，可前后移动。减振盘和涡轮传动板

通过减振弹簧固定,能衰减离合器啮合时的扭振。涡轮传动板用铆钉铆在涡轮壳上,前盖后面与锁止活塞前面均附着有摩擦材料。

车速低时,变矩器处于变矩工况,由液压操控系统控制变速器油从输入轴中心油道进入锁止离合器活塞前部,在油压作用下,活塞向后移动,锁止离合器分离。

当车速较高时,变矩器进入耦合工况,在操控系统的控制下,变速器油由导轮轴套上的油道进入变矩器内到达活塞的后部,活塞前部的油液从输入轴中心油道排出,流向与锁止离合器分离时相反,在油压作用下活塞前移,锁止离合器处于锁止状态,如图8-76所示,泵轮和涡轮作为一个整体旋转,提高了变矩器在高速时的传动效率。在锁止过程中,为了吸收传动系统的振动和冲击,在离合器总成上设置了多个扭振弹簧和窗口,敷设阻尼材料,通过扭振弹簧的变形吸收。

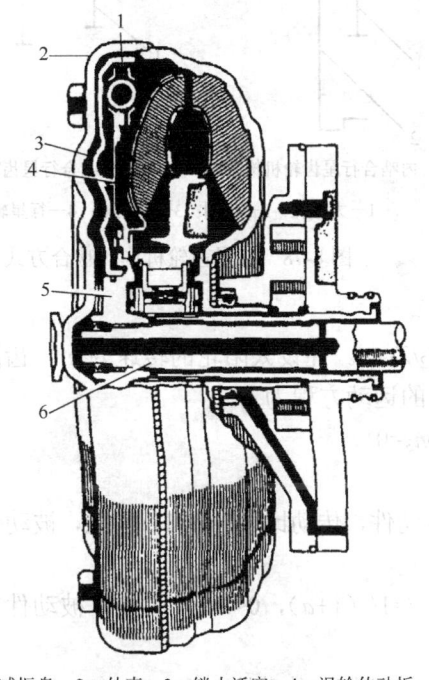

1—减振盘;2—外壳;3—锁止活塞;4—涡轮传动板;
5—涡轮轮毂;6—输入轴
图 8-75　变矩器锁止离合器

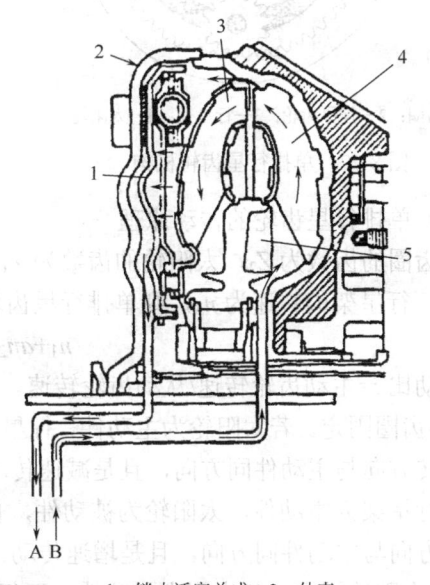

1—锁止活塞总成;2—外壳;
3—涡轮;4—泵轮;5—导轮
图 8-76　锁止离合器处于锁止位置

8.5.3　行星齿轮变速器

1. 单排行星齿轮机构传动的基本原理

(1) 单排行星齿轮的结构

单排行星齿轮机构是自动变速器齿轮传动的基础,通常自动变速器的变速机构都由2~3排行星齿轮机构组成。单排行星齿轮机构由太阳轮、行星齿轮、行星架和齿圈这四个基本元件组成,如图8-77所示。行星齿轮机构的啮合方式有内啮合和外啮合两种方式,如图8-78所示。行星齿轮的个数取决于变速器的设计负荷,行星轮一般有3~6个,均匀或对称布置,个数越多承担负荷越大。其中行星齿轮由行星架的轴支撑,允许行星轮在支撑轴上转动,称为行星轮的自转,同时行星轮又能绕太阳轮公转。

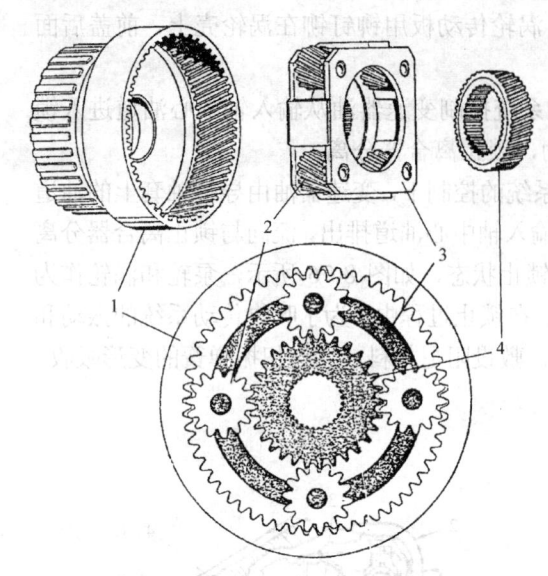

1—齿圈；2—行星齿轮；3—行星架；4—太阳轮

图 8-77　单排行星齿轮机构

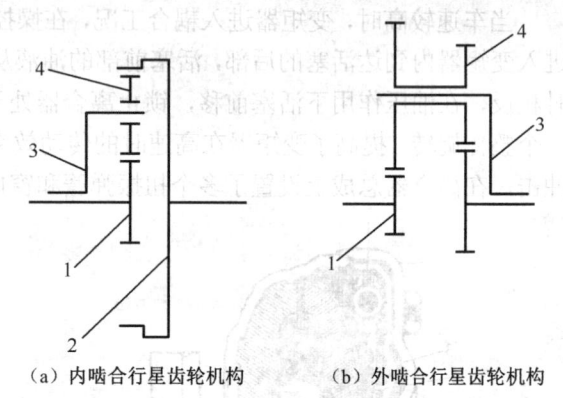

(a) 内啮合行星齿轮机构　(b) 外啮合行星齿轮机构

1—太阳轮；2—齿圈；3—行星架；4—行星轮

图 8-78　行星齿轮机构的啮合方式

（2）单排行星齿轮的传动原理

设齿圈的齿数为 Z_2，太阳轮的齿数为 Z_1，令 $Z_2/Z_1=a$。并设太阳轮的转速为 n_1，齿圈的转速为 n_2，行星架的转速为 n_3，则单排行星齿轮机构的运动方程为

$$n_1+an_2-(1+a)n_3=0$$

传动比 i=主动齿轮转速/从动齿轮转速。

① 齿圈固定。若太阳轮为主动件，行星架为被动件，传动比 $i=1+a>1$，因此，被动件行星架的旋转方向与主动件同方向，且是减速传动。

若行星架为主动件，太阳轮为被动件，传动比 $i=1/(1+a)$，$0<i<1$，因此，被动件行星架的旋转方向与主动件同方向，且是增速传动。

② 太阳轮固定。若齿圈为主动件，而行星架为被动件，传动比 $i=(1+a)/a>1$，因此，被动件行星架的旋转方向与主动件同方向，且是减速传动。

若行星架为主动件，齿圈为被动件，传动比 $i=a/(1+a)$，$0<i<1$，因此，被动件齿圈的旋转方向与主动件同方向，且是增速传动。

③ 行星架固定。若太阳轮为主动件，齿圈为被动件，传动比 $i=-a<0$，其绝对值>1，因此，被动件齿圈的旋转方向与主动件反向，且是减速传动。

若齿圈为主动件，太阳轮为被动件，传动比 $i=-1/a<0$，其绝对值<1，因此，被动件太阳轮的旋转方向与主动件反向，且是增速传动。

④ 不固定任何构件。太阳轮、行星架和齿圈三个构件都不固定，且无任何两个构件被联锁成一体，各元件都可自由转动，当输入轴转动时，输出轴可以不动，此时机构不能传递动力，而得到空挡。

⑤ 联锁三构件中的任意两个构件。当太阳轮、行星架和齿圈三个构件中的任意两个被联锁成一体时，第三个构件的转速必然与前二者的转速相等，该行星齿轮中的所有构件之间都无相对运动，整个行星轮机构成为一个整体旋转，得到直接挡传动，$i=1$。

以上单排行星齿轮机构的传动规律见表 8-1。

表 8-1　单排行星齿轮机构的传动规律

	固定件	主动件	从动件	传动比 i	输出转速	主从动件旋转方向	转矩	相当传动挡
1	齿圈	太阳轮	行星架	$1+a>1$	下降	相同	增大	1挡
2		行星架	太阳轮	$0<1/(1+a)<1$	上升	相同	减小	
3	太阳轮	齿圈	行星架	$(1+a)/a>1$	下降	相同	增大	2挡
4		行星架	齿圈	$0<a/(1+a)<1$	上升	相同	减小	超速挡
5	行星架	太阳轮	齿圈	$-a<0$	下降	相反	增大	倒挡
6		齿圈	太阳轮	$-1/a<0$	上升	相反	减小	
7	所有构件都不固定							空挡
8	无	任意两个	另一个	1	相等	相同	相等	直接挡

2. 辛普森式行星齿轮变速器的结构和工作原理

单排行星齿轮机构的变速范围有限，不能满足汽车的实际要求，实际应用中的行星齿轮变速器都是由多排行星齿轮组成的，结构比单排的复杂，传动比可根据单排行星齿轮的运动方程来推导。现代汽车电控液力自动变速器上使用的行星齿轮机构，大部分是辛普森式和拉维纳式两种。

（1）辛普森式三挡行星齿轮变速器的结构

该结构广泛应用于世界各国的汽车自动变速器中，它的特点是：有前、后两排行星齿轮机构，且共用一个太阳轮，它的前行星架和后齿圈为同一构件，并且和输出轴连接，该机构可组成三个前进挡和一个倒挡，如图8-79所示。

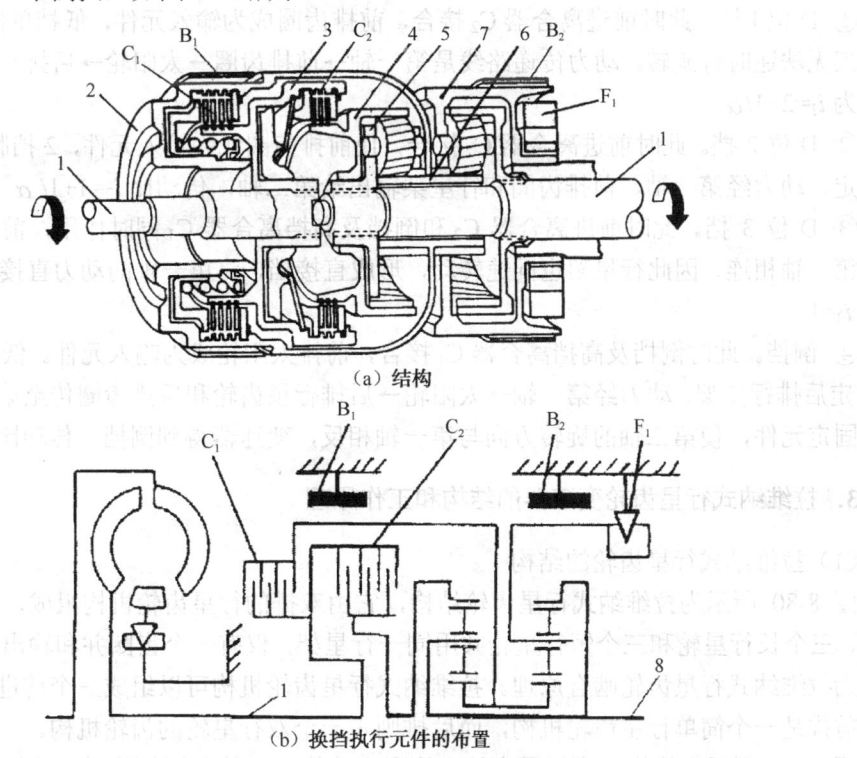

(a) 结构

(b) 换挡执行元件的布置

1—输入轴；2—倒挡及高挡离合器鼓；3—前进离合器鼓和倒挡及高挡离合器鼓；4—前进离合器鼓和前齿圈；5—前行星架；6—前后太阳轮组件；7—后行星架和低挡及倒挡制动鼓；8—输出轴
C_1—倒挡及高挡离合器；C_2—前进离合器；B_1—2挡制动器；B_2—低挡及倒挡制动器；F_1—低挡单向超越离合器

图8-79　辛普森式三挡行星齿轮变速器

辛普森式行星齿轮机构变速器执行元件的工作规律见表 8-2。

表 8-2　辛普森式行星齿轮机构变速器执行元件的工作规律

预选杆位置	挡位	变速执行元件				
		C_1	C_2	B_1	B_2	F_1
D	1 挡		●			●
	2 挡		●	●		
	3 挡	●	●			
R	倒挡	●			●	
S、L 或 2、1	1 挡		●			●
	2 挡		●	●		

注：●表示接合、制动或锁止。

(2) 辛普森式三挡行星齿轮变速器各挡传动原理

设前齿圈、前后太阳轮组件、后行星架、前行星架和后齿圈组件的转速分别为 n_1、n_2、n_3、n_4，由于前后行星排齿轮参数完全相同，齿圈和太阳轮的齿数之比设为 α，则运动方程为

$$前行星排\ n_2+\alpha n_1-(1+\alpha)n_4=0$$
$$后行星排\ n_2+\alpha n_4-(1+\alpha)n_3=0$$

根据各执行元件的工作情况可以计算各挡的传动比。

① D 位 1 挡。此时前进离合器 C_2 接合，前排齿圈成为输入元件，低挡单向离合器 F_1 使后行星架无法逆时针旋转。动力传递路线是第一轴→前排齿圈→太阳轮→后排齿圈→第二轴，传动比为 $i_1=2+1/\alpha$。

② D 位 2 挡。此时前进离合器 C_2 接合，使前排齿圈成为输入元件，2 挡制动器 B_1 将太阳轮固定。动力经第一轴、前排齿圈和行星架输出给第二轴，传动比 $i_2=1+1/\alpha$。

③ D 位 3 挡。此时前进离合器 C_2 和倒挡及高挡离合器 C_1 同时作用，前排太阳轮和齿圈均与第一轴相连，因此行星架也同速转动，形成直接挡，将第一轴的动力直接传给第二轴，传动比 $i_3=1$。

④ 倒挡。此时倒挡及高挡离合器 C_1 接合，前排太阳轮成为输入元件。低挡及倒挡制动器 B_2 固定后排行星架。动力经第一轴→太阳轮→后排行星齿轮和后排齿圈传至第二轴。由于行星架是固定元件，使第二轴的旋转方向与第一轴相反，变速器得到倒挡，传动比 $i=-\alpha$。

3. 拉维纳式行星齿轮变速器的结构和工作原理

(1) 拉维纳式行星齿轮的结构

图 8-80 所示为拉维纳式行星齿轮结构，它由双排的行星齿轮机构组成，具有大小两个太阳轮、三个长行星轮和三个短行星轮共用同一行星架，仅有一个齿圈并和输出轴连接。图 8-81 所示为拉维纳式行星齿轮啮合原理。拉维纳式行星齿轮机构可以组成三个前进挡及一个倒挡。它的前排是一个简单行星齿轮机构，而后排则是一个双行星轮的齿轮机构。

图 8-82 所示为拉维纳式行星齿轮机构和变速执行元件之间的关系。该机构的变速执行元件有五件，前多片离合器 C_1、后多片离合器 C_2、前制动带 B_1、后制动带 B_2、单向离合器 F_1。

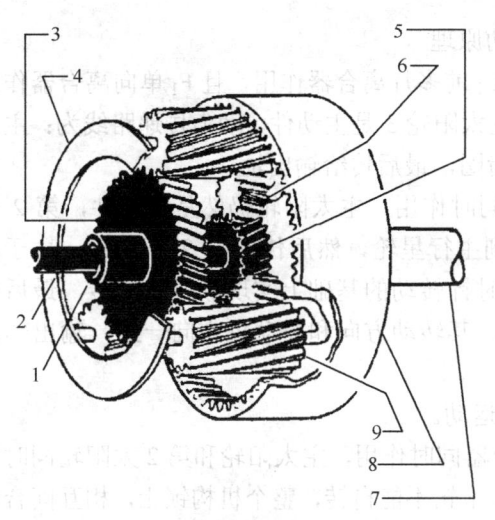

1—第二太阳轮输入轴；2—主太阳轮输入轴；3—第二太阳轮；4—行星架；5—主太阳轮；6—主行星轮；7—输出轴；8—齿圈；9—第二行星轮

图 8-80 拉维纳式行星齿轮结构

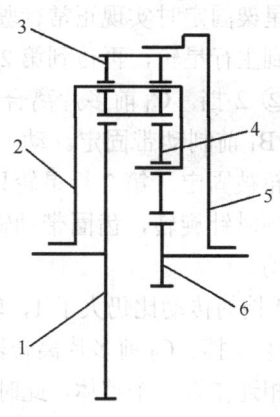

1—第二太阳轮；2—行星架；3—第二行星轮；4—主行星轮；5—齿圈；6—主太阳轮

图 8-81 拉维纳式行星齿轮啮合原理

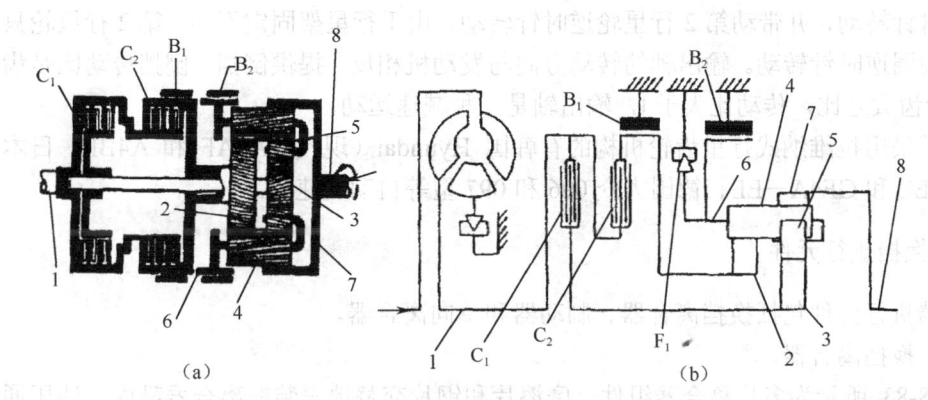

1—输入轴；2—第2太阳轮；3—主太阳轮；4—第2行星轮；5—主行星轮；6—行星架；7—齿圈；8—输出轴；
C_1—前多片离合器；C_2—后多片离合器；B_1—前制动带；B_2—后制动带；F_1—单向离合器

图 8-82 拉维纳式行星齿轮机构和变速执行元件的关系

该变速器执行元件工作和挡位间的关系见表 8-3。

表 8-3 拉维纳式行星齿轮机构变速器执行元件工作和挡位间的关系

预选杆位置	挡位	变速执行元件				
		C_1	C_2	B_1	B_2	F_1
D	1挡	●				●
	2挡	●		●		
	3挡	●	●			
R	倒挡				●	
S、L 或 2、1	1挡	●			●	
	2挡	●		●		

注：●表示接合、制动或锁止。

(2) 拉维纳式三挡行星齿轮变速器各挡传动原理

① 1挡。操作预选杆手柄位于D位置，当C_1前多片离合器作用，且F_1单向离合器作用并将行星架固定时实现正常行驶挡的1挡。此时主太阳轮3是主动件，动力传递路线为：主太阳轮传到主行星轮，再传到第2行星轮，然后到齿圈，最后传给输出轴。

② 2挡。C_1前多片离合器和B_1前制动带同时作用，主太阳轮仍然是驱动件，第2太阳轮被B_1前制动带固定。动力流从主太阳轮传到主行星轮，然后传到第2行星轮，由于第2太阳轮被固定，第2行星轮只能在行星架的顺时针转动的基础上实现顺时针自转，最后带动齿圈顺时针旋转，齿圈带动输出轴顺时针转动，其转动方向和发动机方向一致，输出轴是减速运动。

2挡的传动比仍大于1，输出轴依旧是减速运动。

③ 3挡。C_1前多片离合器和C_2后多片离合器同时作用，主太阳轮和第2太阳轮同时和输入轴相连作为一个整体，此时第2行星轮和主行星轮不能自转，整个机构锁止，相互间合成一整体，因此就出现了直接挡，传动比为1。

④ 倒挡。C_2后多片离合器和B_2后制动带同时作用，第2太阳轮作为驱动件，行星架被B_2后制动带固定，因此是定轴轮系传动。动力从涡轮输出轴经C_2后多片离合器传给第2太阳轮做顺时针转动，并带动第2行星轮逆时针转动，由于行星架固定不动，第2行星轮只能自转并带动齿圈逆时针转动。输出轴的转动方向与发动机相反，提供倒挡。倒挡传动比是齿圈和第2太阳轮齿数之比，传动比大于1，输出轴是一种减速运动。

目前采用拉维纳式行星齿轮机构的有韩国Hyundai（现代）A4AF和A4BF、日本马自达FA4A—EL和GF4A—EL、德国大众096和097型等自动变速器。

4. 换挡执行元件

换挡执行元件包括换挡离合器、制动器和单向离合器。

(1) 换挡离合器

图8-83所示为多片离合器组件，摩擦片和钢片交替地安装在离合器鼓内。油压通过离合器鼓内的活塞作用，把摩擦片和钢片紧压在一起，使离合器处于接合状态。如果油压被消除，则回位弹簧使活塞回位，而使离合器处于分离状态。摩擦片的内缘有花键，而钢片的外缘有花键，钢片的外花键和主动的离合器鼓的内花键相配合，摩擦片的内花键则和从动轴的外花键相配合，当离合器接合时，主动件通过多片离合器把动力传递给被动件。

当处于分离状态时，为了解除活塞上的残留油压，在离合器上设置一个离心式单向阀，通过离心力把单向阀打开，使部分残留油压迅速地从这里泄出，防止片间的拖滞现象发生。当压力油进入活塞时，单向阀自行关闭，建立压力使多片离合器接合，如图8-84所示。

(2) 制动器

制动器是将行星齿轮变速器中的一个元件（太阳轮、齿圈或行星架）固定，成为新的传动路线，也是由液压操纵的，一般有两种形式：带式制动器和湿式多片制动器。

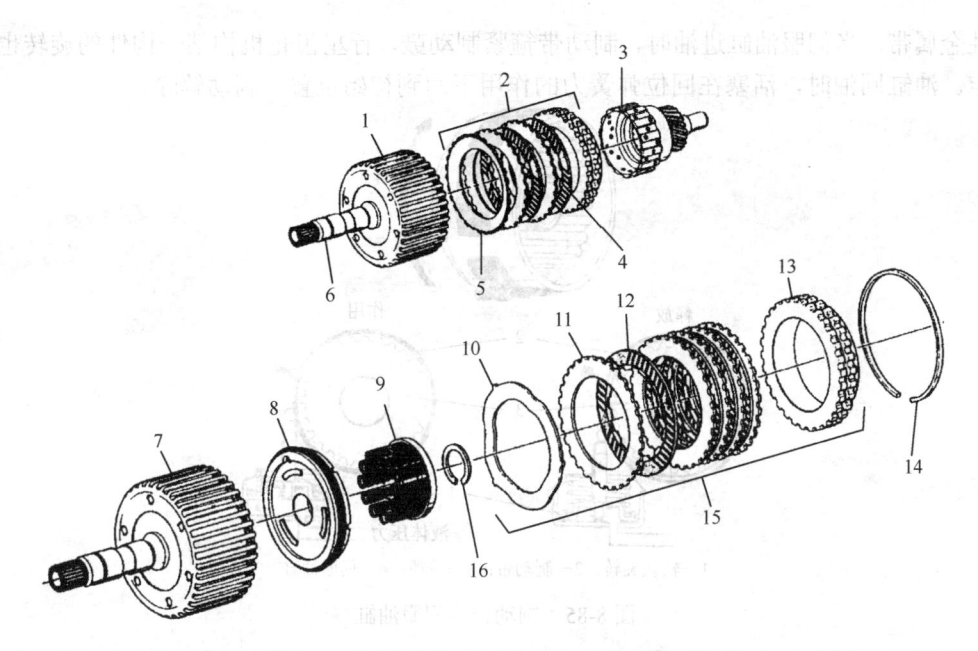

1—离合器壳（主动件）；2—离合器板；3—离合器轮毂（被动件）；4—和离合器轮毂连接；5—和离合器壳内花键连接；6—输入轴；7—离合器壳；8—离合器活塞；9—回位弹簧总成；10—波形板；11—钢片；12—摩擦片；13—衬板；14、16—卡环；15—离合器组件

图 8-83 多片离合器组件

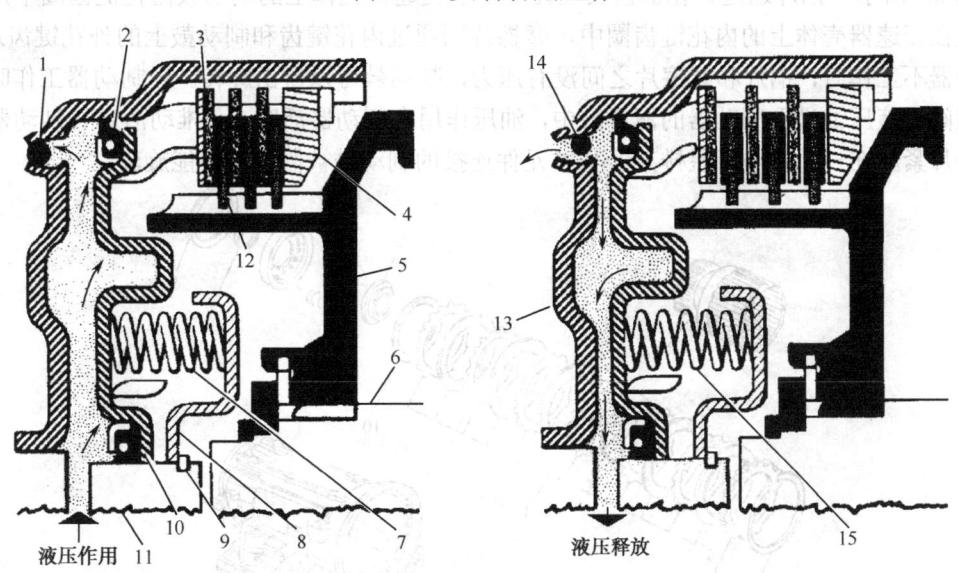

1—封闭的单向阀；2—油封；3—钢片；4—压板；5—离合器轮毂；6—输出轴；7—压缩的回位弹簧；8—弹簧支座；9—卡环；10—活塞；11—输入轴；12—摩擦片；13—轮毂；14—打开的单向阀；15—伸展的回位弹簧

图 8-84 多片离合器工作原理

① 带式制动器。

带式制动器由制动带和伺服油缸组成，如图 8-85 所示。

制动带是一种围绕在制动鼓外面可收拢的制动组件，制动鼓与行星齿轮机构的某一元件连成整体，制动时就是固定行星齿轮机构的一个构件。制动带是衬有半金属或有机摩擦材料的简单挠性金属带。当伺服油缸进油时，制动带箍紧制动鼓，行星齿轮机构某一构件的旋转也随之被固定。油缸回油时，活塞在回位弹簧力的作用下回到初始位置，制动解除。

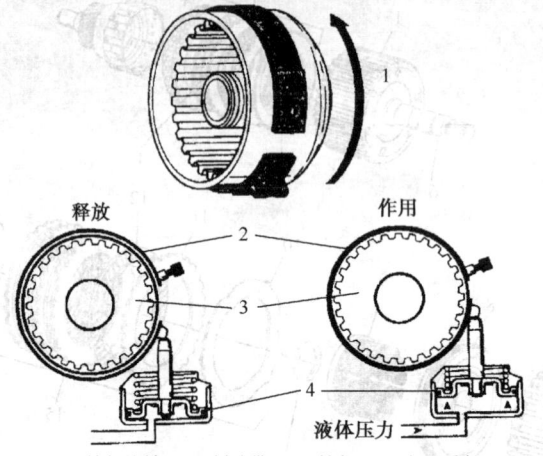

1—轮毂旋转；2—制动带；3—轮毂；4—伺服油缸

图 8-85　制动带和伺服油缸

② 湿式多片制动器。

片式制动器由制动鼓、制动器活塞、回位弹簧、钢片、摩擦片等部件组成。它的工作原理和多片湿式离合器基本相同，但片式制动器的制动鼓（相当于离合器鼓）固定在变速器壳体上，如图 8-86 所示。钢片通过外花键齿安装在固定于变速器壳体上的制动鼓内花键齿圈中，或直接安装在变速器壳体上的内花键齿圈中，摩擦片则通过内花键齿和制动鼓上的外花键齿连接。当制动器不工作时，钢片和摩擦片之间没有压力，制动鼓可以自由旋转。当制动器工作时，来自控制阀的液压油进入制动器的液压缸中，油压作用在制动器活塞上，推动活塞将制动器摩擦片和钢片紧压在一起，与行星排某一基本元件连接的制动鼓被固定而不能旋转。

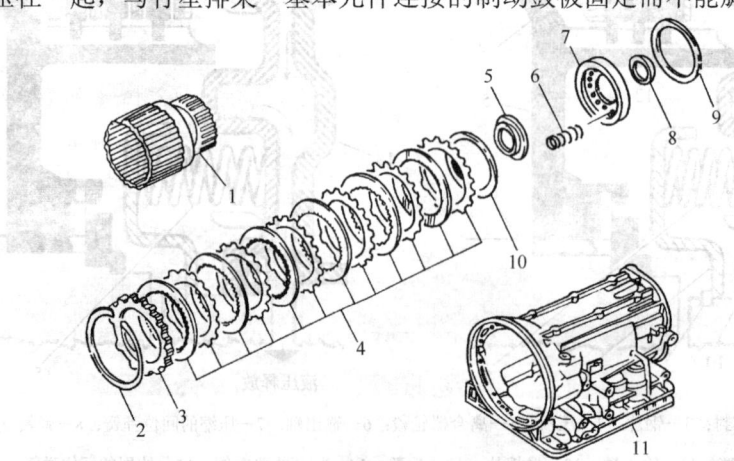

1—制动鼓；2—卡环；3—挡圈；4—钢片和摩擦片；5—弹簧座；6—回位弹簧；7—制动器活塞；
8、9—密封圈；10—碟形环；11—变速器壳体

图 8-86　片式制动器

（3）单向离合器

单向离合器有滚柱式（见图 8-73）和楔块式（见图 8-74）两种。单向离合器只能在某个方向锁止，而在另一方向则能自由转动，其内外圈中有一件是直接和壳体固定的，而另外一件则

和行星齿轮机构的某一构件连接。

8.5.4 自动变速器的控制系统

1. 液压控制系统

1）液压控制系统的组成

自动变速器的液压控制系统由以下几部分组成。

① 油压提供和限制部分。自动变速器内的零件在液压力的作用下才能有效地工作，为自动变速器提供所需油压的部件是液压泵，液压泵由变矩器壳驱动，其转速与发动机转速相同。为防止油压过高，设有限制油压的限压阀，以控制系统中的最高压力。

② 油压调节部分。自动变速器在不同工况下工作时，同一部位需要的油压是不同的。另外，在同一工况下工作，不同部位需要的油压也是不同的，因此在液压控制系统中有大量的压力调节阀对油压进行调节以便满足使用要求。

③ 联动控制部分。驾驶员可以通过改变换挡手柄、加速踏板的位置或改变一些开关的位置来实现对自动变速器的人为控制，当然这种控制最终通过油压的变化来实现。

④ 换挡控制和变矩器锁止控制部分。这两个部分是液压控制系统的核心，通过换挡阀和锁止阀位置的移动来实现挡位的变换和变矩器锁止离合器的控制。

⑤ 其他部分。为配合上述几部分的工作，液压控制系统中还有一些起辅助作用的元件，如液压油散热器、蓄压器等。

2）液压油泵

自动变速器的变速执行元件的动作、液力变矩器的正常工作以及油液在自动变速器内部的循环都需要一定的油压，这个油压由油泵来提供。自动变速器采用的油泵常见的有两种形式，一种是月牙型的定量泵，另一种是叶片式的变量泵。所谓定量泵就是指油泵的输入轴每转一圈，它的液体排量是恒定的。而变量泵则指油泵的排量会随着主回路的油压的变化，自动地调节油泵排量，使油泵排量随着油压上升而逐渐降低。变量泵的应用对于减少燃油消耗，降低油液温升是十分有利的。

（1）月牙型定量油泵

这种油泵实际上也属于齿轮泵，其中一个是内齿轮而另外一个是外齿轮，两齿轮的接合区域形成了月牙状的空腔，泵也由此得名，如图 8-87 所示。齿数少的外齿轮带动齿数多的内齿轮转动，内外齿轮部分啮合。当外齿轮转动时，内外齿轮不断地进入和脱离啮合，进行泵油。

通常在月牙型腔内还设置了一个月牙型的隔离块，它的作用是防止内外齿轮进入啮合状态时，由于油液在出口处产生的高压而引起外齿轮和内齿轮的啮合状态的变坏，从而影响液体高压的产生。因此在内外齿轮啮合区域的对面，设置月牙型的隔离块，防止外齿轮在高压作用下齿轮轴线的径向偏移。

月牙型油泵是一种定量泵，每转动一圈输出的排量是相同的，输出油液的流量随发动机的转速而变化。由于月牙型油泵具有轴向安装尺寸小、连接方便、结构简单等特点，因此在后轮驱动的自动变速器中广泛采用。

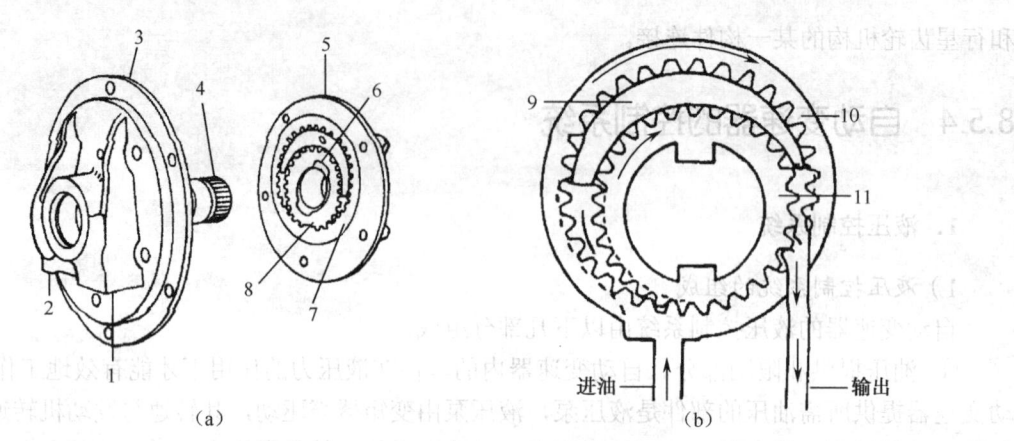

1—油泵进油；2—油泵出油；3—前盖；4—导轮固定轴；5—泵体；6—驱动凸缘；7—内齿轮；8—外齿轮；
9—月牙型隔离块；10—内齿轮；11—外齿轮

图8-87 月牙型定量油泵结构与工作原理

（2）叶片式变量油泵

叶片式变量油泵的结构如图8-88所示。油泵的转子和叶片被装在滑座孔内。滑座可在销轴上回转摆动，其位置决定了油泵的输出，当滑座在弹簧力作用下其中心与转子中心的偏心量最大时，是最大的排量输出位置。当转子和叶片在滑座孔内转动时，由于工作腔的容积从大到小变化，从进油孔吸入叶片间的油液被运送到出油口。当主油路油压升高，使滑座克服弹簧力，朝中心摆动时，偏心量逐渐减小，大量的油液从出口侧流回入口侧，排量减少。当滑座与转子同心时，油泵不能泵出油液。因为滑座随着传给它的输出油信号而回转摆动，所以它能够处于任何可能的位置。变量油泵的输出取决于自动变速器的需要，而不依据发动机的转速，因此它比定量泵节省能量。在油泵转速低，而又需要油液流量大时，变量油泵能够大流量输出。反之，当油泵转速高，而需要的流量较小时，变量油泵可以相应地减小输出。一旦满足变速器的需要，变量油泵就仅输出保持调节油压所需要的流量，这样就控制了油泵的排量。

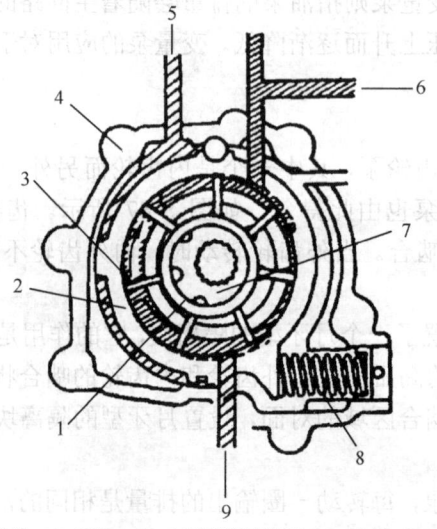

1—导向环；2—滑座；3—叶片；4—泵体；5—主回路信号油压；6—出口；7—转子；8—主弹簧；9—进口

图8-88 叶片式变量油泵结构

3）液压阀的结构和工作原理

如图 8-89 所示，液控自动变速器有三种基本方法控制油压：主回路油压、节气门开度油压和速度油压。这些油压都是由调压阀、节气门开度阀和速度阀（调速阀）调节的。主回路油压是调压阀把油泵输出压力调节后形成的，主要用于驱动制动器和离合器。经过第 2 调压阀再次减压的油压则用于变矩器工作、润滑变速器以及控制滑阀的移位。速度油压是根据车速变化调节的油压。节气门开度油压是根据发动机负荷或节气门开度变化调节的油压。节气门开度油压和速度油压的综合作用控制变速器换挡。

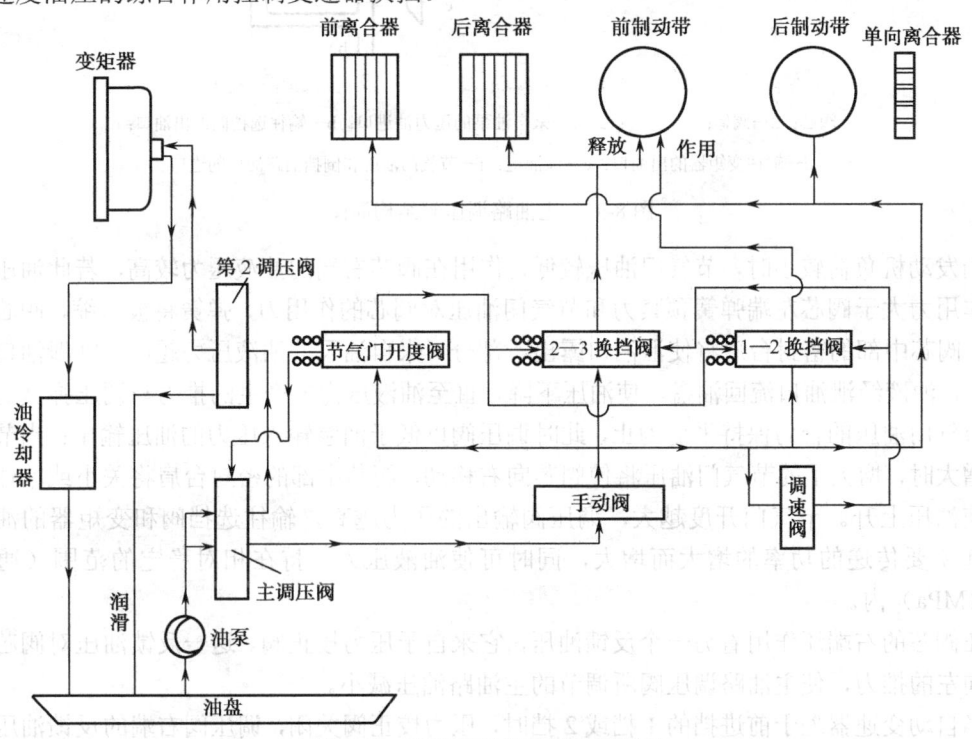

图 8-89 液控自动变速器油路原理

（1）主油路调压阀

自动变速器的油泵由发动机曲轴通过变矩器外壳驱动，因此油泵的泵油量和压力均受发动机转速的影响。为了保证自动变速器正常工作，当发动机处于最低转速工况（怠速）时，供油系统中的油压应能满足自动变速器各部分的需要，防止油压过低使离合器、制动器打滑，影响变速器的动力传递。由于发动机在怠速工况下的转速和最高转速之间相差太大，那么当发动机高速运转时，油泵的泵油量将大大超过自动变速器各部分所需要的油量和油压，导致油压过高，增加发动机的负荷，并造成换挡冲击。因此，必须在油路中设置一个油压调节装置，在发动机高速运转时让多余的液压油流回油底壳，使油泵的泵油压力维持在一定范围内。

油压调节阀也称为主油路调压阀或一次调压阀。它的作用是根据汽车行驶速度和节气门开度的变化，自动调节流向各液压系统的油压，保证各系统液压的稳定，使各信号阀工作平稳。主油路调压阀一般由阀芯、阀体和弹簧等主要元件组成，如图 8-90 所示。

来自油泵的压力油液从进油口 a 进入，并作用到阀芯的右端，节气门油压和手动阀倒挡油路油压经进油口 f 作用在阀芯的左端。节气门油压由节气门开度阀或电磁阀控制，它随发动机节气门开度的增加而增大。来自油泵的油液有一部分经出油口 b 输往选挡阀，有一部分经出油口 d 输往变矩器。

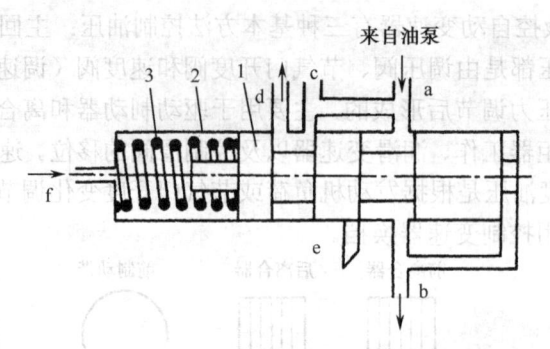

1—阀芯；2—阀体；3—弹簧；a、c—来自油泵的压力油进口；b—输往选挡阀的出油口；
d—输往变矩器的出油口；e—泄油道；f—节气门油压和倒挡油路油压的进口

图 8-90 主油路调压阀结构简图

当发动机负荷较小时，节气门油压较低，作用在阀芯右端的油液压力较高，若此油压所产生的作用力大于阀芯左端弹簧预紧力和节气门油压对阀芯的作用力，弹簧将被压缩，阀芯向左移动，阀芯中部的密封台肩将使泄油口露出一部分（来自油泵的油液压力越高，则泄油口露出越多），油液经泄油口流回油盘，使油压下降，直至油液压力所产生的推力与调压弹簧的预紧力和节气门油压的合力保持平衡为止，此时调压阀以低于油泵输入压力的油压输出；当节气门开度增大时，增大了的节气门油压将使阀芯向右移动，阀芯中部的密封台肩将关小或堵住泄油口，使油压上升。节气门开度越大，调压阀输出的压力越高，输往选挡阀和变矩器的油液压力将随所要传递的功率的增大而增大，同时可使油液压力保持在相对稳定的范围（通常为 0.5～1MPa）内。

在阀芯的右端还作用着另一个反馈油压，它来自于压力校正阀。这一反馈油压对阀芯产生一个向左的推力，使主油路调压阀所调节的主油路油压减小。

当自动变速器处于前进挡的 1 挡或 2 挡时，压力校正阀关闭，调压阀右端的反馈油压也为 0。而当变速器处于 3 挡或超速挡时，若车速增大到某一数值，压力校正阀开启，来自节气门开度阀的压力油经压力校正阀进入调压阀右端，增加了阀芯向左的推力，使主油路油压减小，减小了油泵的运转阻力。

当自动变速器处于倒挡时，来自手动阀的倒挡油路压力油进入阀芯的左端，阀芯左端的油压增大，主油路调压阀所调节的主油路压力也因此升高，满足了倒挡时对主油路油压的需要。

（2）节气门开度阀

在液力自动变速器和部分电控液力自动变速器中采用了节气门开度阀，它将负荷（节气门开度）的大小转变为节气门油压，节气门油压与负荷成正比。

节气门开度阀的种类很多，如图 8-91 所示是一种机械式节气门开度阀的结构简图。它由柱塞、阀芯、弹簧和阀体等组成。在阀体上有进油口、出油口、泄油口、强制降挡油口。

踩下加速踏板，节气门开度增大，摇臂 1 沿逆时针方向转动，推动柱塞右移，压缩弹簧 3，使弹簧力增大，弹簧力则推动阀芯右移，使进油口 a 的开口量增大，而泄油口 c 的开口量减小，于是通往控制装置的输出油压 P_a 上升。阀芯右端的油室与出油口 b 相通，P_a 压力油对阀芯产生向左的液压推力。当 P_a 压力油对阀芯的作用力与弹簧 3 的作用相平衡时，阀芯就保持在某一工作位置，得到一个稳定的输出油压 P_a。

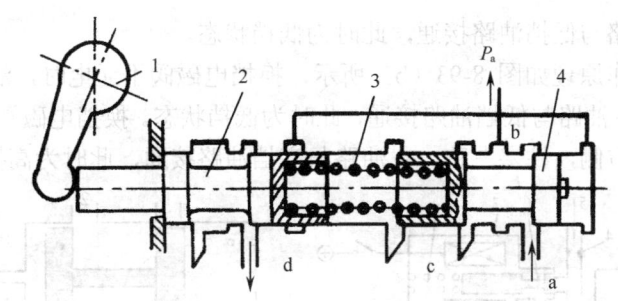

1—摇臂；2—柱塞；3—弹簧；4—阀芯；a—进油口；b—出油口；c—泄油口；d—强制降挡油口

图 8-91 机械式节气门开度阀结构简图

当摇臂沿逆时针方向转到最大转角位置时，柱塞移动到右端位置，其环槽把油口 d 与 b 接通，此时输出油压达最大值，并从 d 口输出，从而达到强制降挡的控制目的。

（3）手动阀

手动阀又称选挡阀，它是一种手动控制的多路换向阀，位于控制系统的阀板总成中，经机械传动机构和自动变速器的操纵手柄相连，由驾驶员手动操作。操纵手柄处于不同位置时，手动阀也随之移至相应的位置，使进入手动阀的主油路油压与不同的控制油路接通，或直接将主油路压力油送入不同的控制油路。

图 8-92 所示为典型手动阀的结构和工作原理图。手动阀由几段直径相同的阀芯组成，控制阀体上不同油道的开通和关闭，手动阀所处的位置与选挡手柄的位置相同，手动阀的进油口与主油路调压阀相通，出油口与各换挡阀、顺序动作阀等相通。

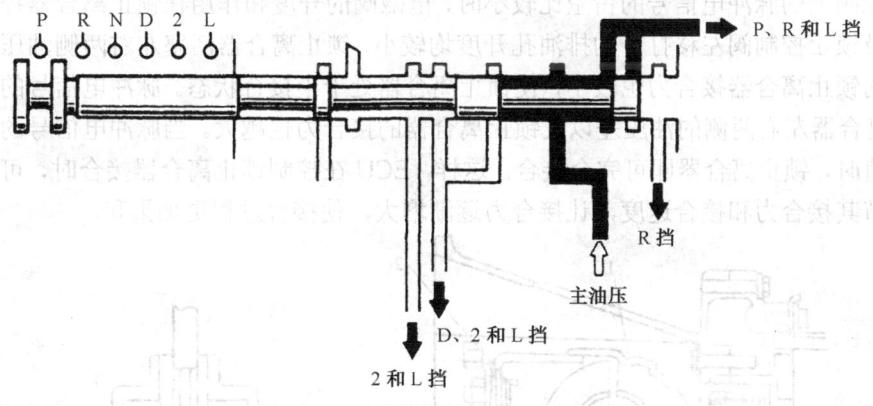

图 8-92 手动阀的结构及工作原理图

（4）换挡控制阀

换挡控制阀（简称换挡阀）是一个 2 位换向阀，它根据发动机负荷或车速的变化，自动控制挡位的升降，使自动变速器处于最适合汽车行驶状态的挡位上。自动变速器都有一个或几个换挡控制阀，其数目根据变速器前进挡位数而定。

电控液力自动变速器换挡阀的工作完全由换挡电磁阀控制。其控制方式有两种：一种是泄压控制，即通过开启或关闭换挡阀控制油路的泄油孔来控制换挡阀的工作；另一种是加压控制，即通过开启或关闭换挡阀控制油路的进油孔来控制换挡阀的工作。

泄压控制方式工作原理如图 8-93（a）所示，换挡电磁阀不通电时，油阀关闭，主油路油压经节流孔后加在换挡控制阀的右侧，于是柱塞左移，主油路与高挡油路接通，此时为高挡状态。换挡电磁阀通电时，油阀打开，主油路油压经节流孔后，再经油阀泄压，柱塞右侧压力下降，柱塞右移，主油路与低挡油路接通，此时为低挡状态。

加压控制方式工作原理如图 8-93（b）所示，换挡电磁阀不通电时，油阀关闭，柱塞在弹簧弹力作用下右移，主油路与低挡油路接通，此时为低挡状态。换挡电磁阀通电时，油阀打开，主油路油压进入柱塞右侧，柱塞左移，主油路与高挡油路接通，此时为高挡状态。

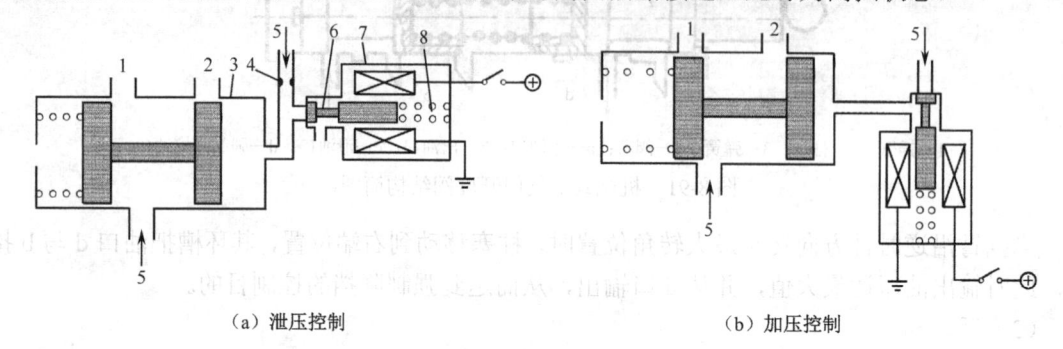

(a) 泄压控制　　(b) 加压控制

1—高挡油路；2—低挡油路；3—换挡控制阀；4—节流孔；5—主油路；6—油阀；7—换挡电磁阀；8—弹簧

图 8-93　换挡控制阀和换挡电磁阀

(5) 锁止离合器控制阀

目前许多新型电子控制自动变速器采用脉冲线性电磁阀作为锁止电磁阀，如图 8-94 所示。当作用在锁止电磁阀上的脉冲电信号的占空比为 0 时，电磁阀关闭，没有油压作用在锁止离合器控制阀右端，此时锁止离合器活塞左右两侧的油压相同，锁止离合器处于分离状态；当作用在锁止电磁阀上的脉冲电信号的占空比较小时，电磁阀的开度和作用在锁止离合器控制阀右端的油压以及锁止控制阀左移打开的排油孔开度均较小，锁止离合器活塞左右两侧油压差以及由此而产生的锁止离合器接合力也较小，使锁止离合器处于半接合状态。脉冲电信号的占空比越大，锁止离合器左右两侧的油压差以及锁止离合器的接合力也越大。当脉冲电信号的占空比达到一定数值时，锁止离合器即可完全接合。这样，ECU 在控制锁止离合器接合时，可以通过电磁阀来调节其接合力和接合速度，让接合力逐渐增大，使接合过程更加柔和。

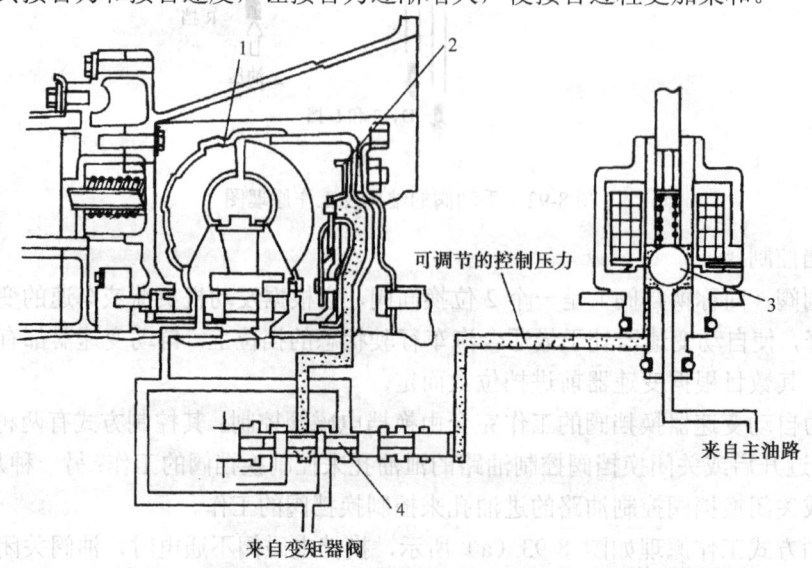

1—变矩器；2—锁止离合器；3—脉冲线性锁止电磁阀；4—锁止离合器控制阀

图 8-94　锁止离合器控制阀工作原理

（6）蓄能器

蓄能器又称蓄压器或储能器。自动变速器控制系统中采用的一般是弹簧式蓄能器，它由缸筒、活塞和弹簧组成，蓄能器可以只在活塞无弹簧的一侧进油，也可以从活塞两侧都进油。如图8-95所示为在油路中设置了蓄能器和带式制动器的工作情况示意图。

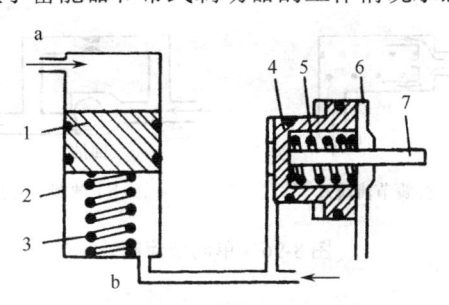

1—蓄能器活塞；2—油缸；3—弹簧；4—制动器液压活塞；5—弹簧；6—制动器液压缸；7—推杆
a—来自油泵的主油路压力油液进油道；b—来自换挡阀的主油路压力油液进油道

图8-95　蓄能器工作情况示意图

当变速器位于空挡或驻车挡位置时，主油路压力油液经油道a进入蓄能器活塞无弹簧的一侧，使活塞下移并压缩弹簧。在换挡时，来自换挡阀的主油路压力油液经油道b进入制动器液压缸的工作侧（无弹簧的一侧），推动液压活塞，使带式制动器夹紧，同时主油路压力油液也进入蓄能器有弹簧一侧的油室。当蓄能器的弹簧被压缩时，来自换挡阀的压力油液和蓄能器的油液一起很快地流到制动器液压缸的工作侧。一旦活塞遇到阻力，即制动器开始接合时，蓄能器弹簧一侧的压力升高，弹簧的作用力将活塞往上推，弹簧伸长，由进油口流入的主油路压力油液有一部分流入蓄能器的下方油室，去充填因活塞上移而空出的容积，结果使流入制动器液压缸工作侧的压力油液减少。所以蓄能器使制动器接合平稳、时机合适，减小了接合冲击。此外，由于蓄能器在系统中提供了额外的油量，制动器液压活塞往回运动的速率减慢，使制动器放松的速率减缓。

（7）单向节流阀

单向节流阀布置在换挡阀至换挡执行元件之间的油路中，其作用是对流向换挡执行元件的液压油产生节流作用，在换挡执行元件接合时延缓油压增大的速率，以减小换挡冲击。在换挡执行元件分离时，单向节流阀对换挡执行元件的泄油不产生节流作用，以加快泄油过程，使换挡执行元件迅速分离。

单向节流阀有两种形式：一种是弹簧节流阀式，如图8-96（a）所示。在充油时，节流阀关闭，液压油只能从节流阀中的节流孔通过，从而产生节流效应；在回油时，液压油将节流阀推开，节流孔不起作用。另一种是球阀节流孔式，如图8-96（b）所示。在充油时，球阀关闭，液压油只能从球阀旁的节流孔经过，减缓了充油过程；回油时，球阀开启，加快了回油过程。

2. 电子控制系统

电控液力自动变速器电子控制系统分为输入装置、电子控制单元（ECU）和输出装置三部分。输入装置将信号传给ECU，ECU控制输出装置工作进行换挡。

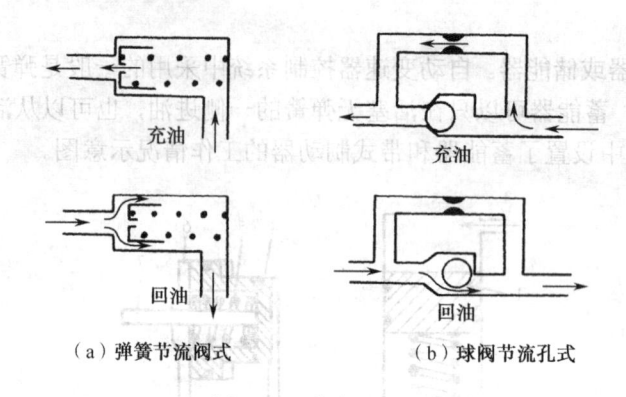

图 8-96 单向节流阀

(a) 弹簧节流阀式　　(b) 球阀节流孔式

1）输入装置

电控自动变速器的输入装置由各种传感器和相应的开关信号组成，主要有车速传感器、节气门位置传感器、油温传感器、油压传感器、换挡规律选择开关、空挡启动开关、制动开关、超速挡开关等。由于各种汽车控制系统的装备不一样，因此传感器的数量和品种有所区别。

（1）车速传感器

车速传感器与发动机控制上用的转速传感器的结构和原理都相同，是自动变速器的主要控制信号传感器，也有三种形式：电磁式、霍尔式和光电式，用来产生与车速成正比的频率信号，送至 ECU，作为确定换挡点和变矩器锁止时机的基本依据信号之一，来代替液控自动变速器中的调速阀。图 8-97 所示为电磁式车速传感器。它通常安装在变速器的壳体上，在变速器的输出轴上安装一个齿轮，随输出轴一起旋转，在传感器线圈中产生信号而检测车速。

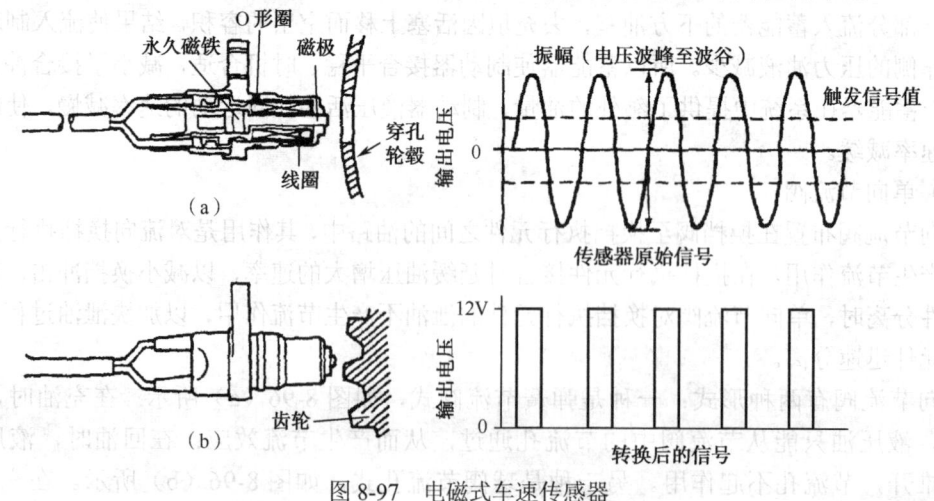

图 8-97 电磁式车速传感器

（2）节气门位置传感器

它也是自动变速器的主要控制信号传感器，作为确定换挡点和变矩器锁止时机的基本依据信号之一。其类型、结构和原理与发动机控制用的相同，并且发动机控制和自动变速器控制共用其信号。

（3）油温传感器

在电控自动变速器中，油温传感器都采用负温度系数热敏电阻器。一般安装在自动变速器油底壳内的阀板上，传感器完全浸没在变速器的油液中，其电阻值随温度上升而下降。用于检测自动变速器液压油的温度，作为 ECU 帮助控制换挡品质、油压控制和锁止离合器控制的依据，因为变速器油液的特性会随油温而变化。

（4）油压传感器

它是主要反映液压回路油压大小的感应元件，油压传感器在电控自动变速器上采用的目的主要是把多片离合器和伺服油缸的工作状态输入 ECU，从而判断是否需要调节主回路油压。

除上述传感器外，自动变速器的控制系统还将发动机控制系统中的一些信号，如发动机转速信号、发动机冷却液温度信号、大气压力信号、进气温度信号等，作为控制自动变速器的参考信号。

（5）换挡规律选择开关

换挡规律选择开关也称为驱动模式选择开关，用来选择自动变速器的控制模式，以满足不同的使用要求，安装在组合仪表盘或选挡操纵手柄支架上。它有以下三种常见模式。

经济模式（ECONOMY）：此控制模式以汽车获得最佳的燃油经济性为目标来设计换挡规律。在这种模式下工作时，其换挡规律应能使发动机在汽车行驶过程中经常处在经济转速范围内运转，提高了燃油经济性。

动力模式（POWER）：在此模式下，自动变速器的换挡规律能使发动机在汽车行驶过程中经常处在大功率范围内运转。计算机指令压力控制电磁阀给主回路油压获得更高油压，防止多片离合器和制动带打滑。当变速器提升到下一个更高挡位时，计算机命令延长换挡时间提供给汽车更大的加速度，提高了汽车的动力性和爬坡能力。

标准模式（NORMAL）：此时换挡规律介于经济模式和动力模式之间，兼顾了动力性和经济性。

（6）空挡启动开关

此开关的功用是当选挡操纵手柄拨到停车挡 P 或空挡 N 时，发动机才能被启动。

（7）制动开关

其安装在制动踏板下面的支架上，也就是制动灯开关，当踩下制动踏板时，制动开关接通，ECU 接收到高电平信号，此时 ECU 立即发出解除液力变矩器锁止的指令，使锁止离合器分离，防止制动时发动机熄火。

（8）超速挡开关

也称 O/D 总开关，其功用是控制自动变速器能否升到超速挡。一般为按钮式，设在选挡操纵手柄上。

2）电子控制单元（ECU）

ECU 的硬件结构与发动机 ECU 大同小异。如图 8-98 所示，ECU 接收来自输入传感器的信号之后，首先要把弱信号通过放大器进行放大，并且通过 A/D 转换器把模拟信号转换成数字信号，把这些转换后的数据与存储的数据进行比较，给出处理信息。在 ECU 的存储器中，存储了理想的换挡规律和执行的逻辑程序，它们提供了最佳换挡时刻，而且可以设置多种换挡规律，来满足汽车不同使用工况下的最佳换挡点。

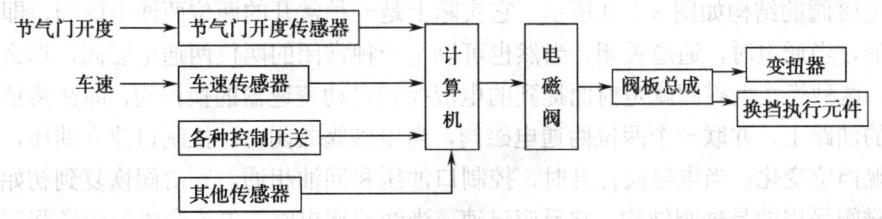

图 8-98　电液控制式控制系统工作示意图

ECU 要执行合适的换挡规律，首先要检测输入的预选杆位置。每一种发动机/变速器都有不同的一组换挡规律的数据。决定换挡规律的主要因素是预选杆位置、当前的挡位、节气门开度和车速。计算机同时也要检测油液温度、油压等多种输入信息。

不同的车型会有不同的换挡规律，通常的轿车都设置了两种以上的换挡规律模式，包括经济模式、动力模式和标准模式。

将不同节气门开度和车速下的换挡点绘成曲线就成为换挡图，典型自动换挡图如图 8-99 所示。图中实线为升挡线，虚线为降挡线。节气门开度越小，汽车的升挡车速和降挡车速越低；反之，节气门开度越大，汽车的升挡车速和降挡车速越高。

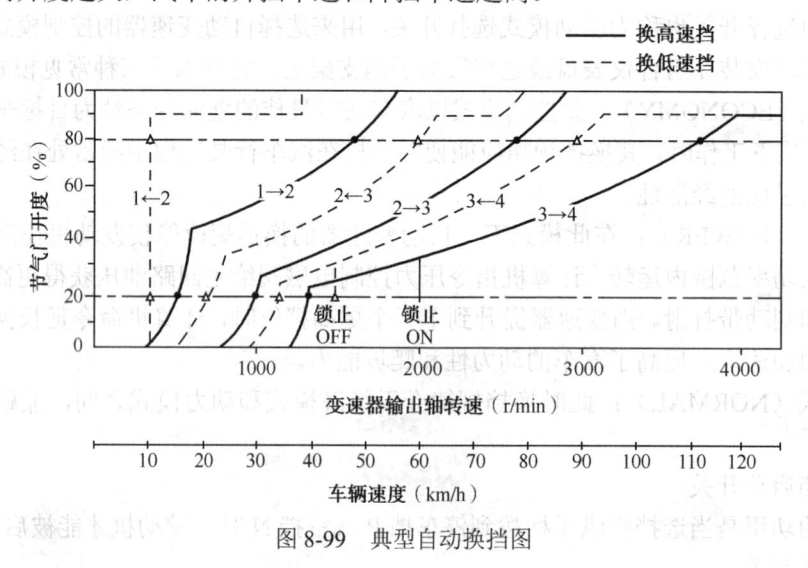

图 8-99 典型自动换挡图

自动变速器 ECU 还可以实现以下功能：失效保护、换挡的适应性、故障的诊断能力等。

3）输出装置

电控液力自动变速器电子控制系统中典型的输出装置主要是电磁阀。这些输出装置可以使变速器的某一机构的状态发生变化，例如，换挡电磁阀线圈处于通/断电状态时，换挡阀的滑阀位置就会发生变化，从而引起行星齿轮机构的变速执行元件处于接合或释放状态，变速器的挡位也随之发生变化。ECU 发出的指令有些是可变信号，如电控自动变速器的压力控制电磁阀的线圈，ECU 发送给该线圈的电流大小是根据发动机负荷大小变化的，从而调节主回路的油压。另外，ECU 发出的指令还可以是一种引起输出装置周期变化的可变信号，如控制变矩器锁止离合器工作的占空比电磁阀，ECU 发送给线圈的信号是一种周期变化的脉冲信号，而且该脉冲信号的宽度在不同的时间是可变的，通过调节脉冲宽度实现锁止离合器作用/释放的时间的变化，以及改变作用的油压大小。

（1）换挡电磁阀

换挡电磁阀的结构如图 8-100 所示。它实际上是一种常开的两位两通电磁阀，即断电时通道是打开的，当通电时，通道关闭。当然也可以是一种常闭的两位两通电磁阀，那么工作状态正好相反。这种换挡电磁阀就是前面提到的电液控制自动变速器的换挡阀，即在换挡滑阀的一侧控制口的油路上，并联一个两位两通电磁阀，当电磁阀关闭时，控制口建立油压，推动滑阀移动，实现挡位变化；当电磁阀打开时，控制口油压和回油相通，则滑阀恢复到初始位置。这种换挡电磁阀采用的是球阀结构，它反应迅速。当线圈通电时，电流产生的磁场强制中央的柱塞克服弹簧力向右移动，迫使钢球位于阀座上，使阀门关闭，这样控制口油压和回油口隔离。反之，当电磁阀断电时，弹簧力强制中央的柱塞回到左侧的位置，钢球脱离阀座，控制口油压和回油口相通，控制口处于卸压状态。通过两位两通电磁阀的通/断电的变化，就能实现换挡阀位置变化，从而实现升降挡。目前大部分电控变速器的换挡电磁阀都采用这种结构。

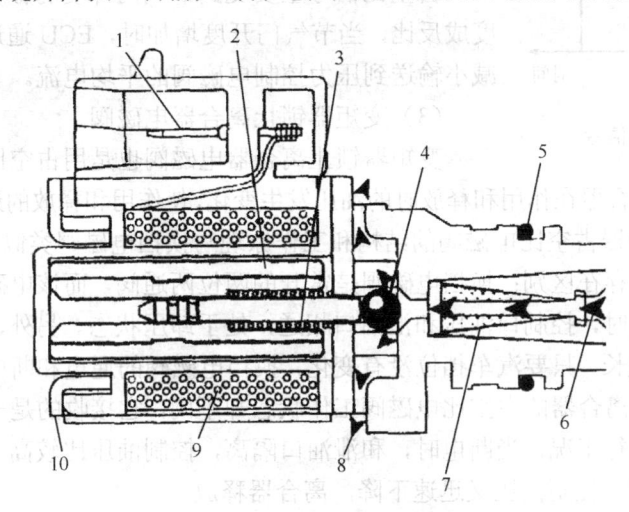

1—插头；2—可动铁芯；3—弹簧；4—钢球；5—O形圈；6—控制油压；7—过滤器；8—泄油口；9—螺旋线圈；10—支架

图 8-100　换挡电磁阀的结构

（2）压力控制电磁阀

压力控制电磁阀根据流经线圈的电流大小，控制变速器的主回路油压，其输出特性曲线如图 8-101 所示。当电流增大时，由线圈产生的磁力推动柱塞克服弹簧力进一步离开泄油口，增大电流，泄油口的开度增大，使主回路的输出油压降低。调节的主回路油压和电流成反比。计算机根据各种输入信号控制调压电磁阀，这些信号包括节气门开度、油液温度、进气歧管绝对压力和挡位状态。ECU 根据以上信号计算出与控制的目标油压相适应的占空比，输出相应的占空比信号来控制电磁阀线圈的通电。

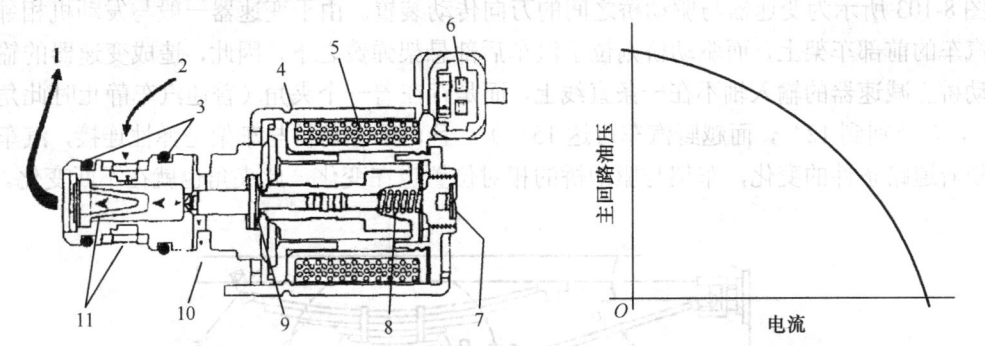

1—控制油压输出；2—来自限压后的油压；3—O形圈；4—壳体；5—电磁线圈；6—接线端；7—调节螺塞；8—弹簧；9—膜片；10—泄油口；11—过滤网

图 8-101　压力控制电磁阀及其输出特性曲线

占空比是指 ECU 输出的控制信号在一个周期内通电时间与通电周期的比值，一般用百分数表示，如图 8-102 所示。若 A 为通电时间，B 为断电时间，则占空比=$A/(A+B)\times100\%$。

当送给压力控制电磁阀一个较高的占空比信号时，电磁阀线圈就得到一个较大的电流，压力电磁阀就产生比较大的泄油口，使主油路的油压降低。相反，使主油路的油压升高。

占空比信号主要受到节气门开度的影响，并且和节气门开度成反比，当节气门开度增加时，ECU通过减小占空比，从而减小输送到压力控制电磁阀的平均电流。

（3）变矩器锁止离合器电磁阀

变矩器锁止离合器电磁阀也是用占空比信号控制的。通过改变占空比使锁止离合器在作用和释放时的油压发生变化，使作用和释放的过程比较平稳、柔和。

变矩器锁止离合器占空比电磁阀的结构和工作原理与换挡电磁阀类似，都属于两位两通电磁阀。但它们之间还存在区别：换挡电磁阀是常开的两位两通，而该电磁阀是常闭的两位两通阀，即电磁阀通电时，控制口油压和泄油口相通，处于卸压状态。另外，换挡电磁阀的通电和断电的作用时间较长，只要汽车挡位没有变化，换挡电磁阀的通电和断电状态就同样没有变化。但是变矩器锁止离合器的占空比电磁阀工作状态却不同，它接收的是一种周期变化的占空比信号。根据汽车运行工况，当断电时，和泄油口隔离，控制油压比较高，离合器锁止；当通电时，和泄油口相通，控制油压又迅速下降，离合器释放。

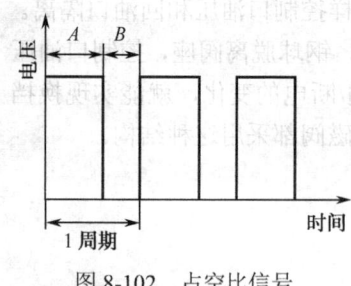

图 8-102 占空比信号

8.6 万向传动装置

8.6.1 概述

在汽车传动系统中，主动轴和从动轴不在一条直线上的情况很多，它们常常相交成一定的角度，而且交角的大小还经常变化。

图 8-103 所示为变速器与驱动桥之间的万向传动装置。由于变速器一般与发动机相邻，固定在汽车的前部车架上，而驱动桥则位于汽车后部悬架弹簧之下，因此，造成变速器的输出轴与驱动桥主减速器的输入轴不在一条直线上，而是存在着一个夹角（普通汽车静止时此角不大于7°，有个别到12°，而越野汽车可达15°）。且由于驱动桥与车架是弹性连接，汽车行驶中，随着道路条件的变化，车架与驱动桥的相对位置也在变化，此夹角也就在不断变化。

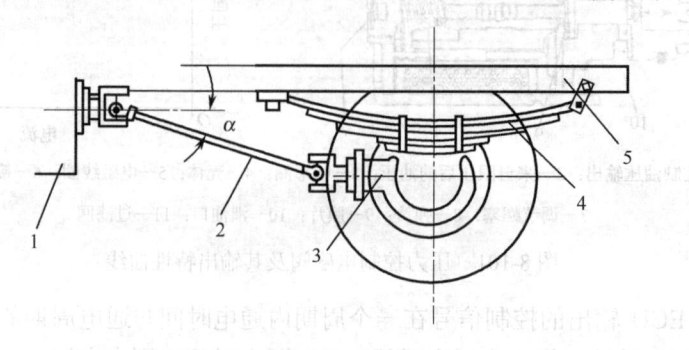

1—变速器；2—万向传动装置；3—驱动桥；4—后悬架；5—车架

图 8-103 变速器与驱动桥之间的万向传动装置

显然，这一类传动机构必须用铰链式装置。若在主动轴的一端紧固一个叉，而在从动轴的一端加装一个凸块，如图 8-104（a）所示，用销钉把凸块和叉连接起来，就构成一个平面铰链装置，允许从动轴上下摆动变更交角，如图 8-104（b）所示。但采用此连接法，当主动轴转过 90°角时，从动轴即不能上下摆动，如图 8-104（c）所示。因此平面的铰链连接是不适用的。为了使主动轴转到任何位置都允许从动轴摆动，必须采用立体的铰链连接，如图 8-105 所示。其特点是：主动轴和从动轴上都装一个叉，用一个十字轴将两叉连接起来。这样主动轴带动从动轴旋转时，可允许从动轴任意摆动。

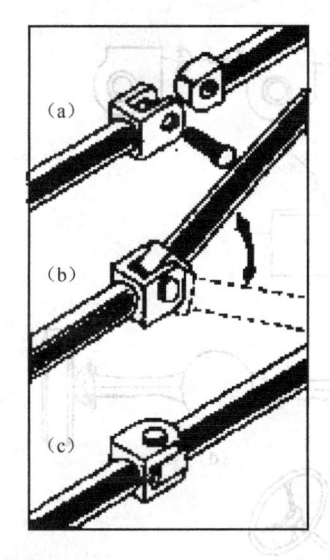

图 8-104　平面铰链连接装置 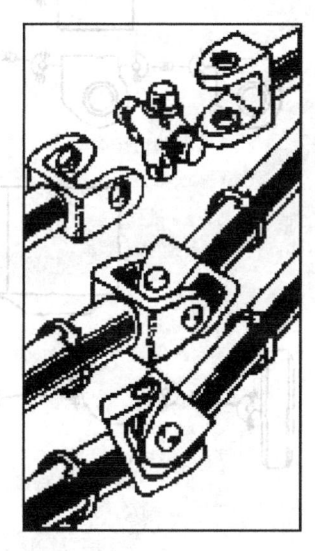　　　　图 8-105　立体铰链连接装置

这样的连接装置称为简单万向节。只用这种万向节还不能完全解决变速器和驱动桥间的传动问题。因为，汽车行驶中，悬架弹簧变形时，变速器与驱动桥间相对位置在变化，不仅主、从动轴间的交角变化，而且它们之间的距离也在变化。因此，从动轴上的叉就不能紧固在轴上，而应为活套连接。

一般在汽车上都采用万向节和传动轴共同工作来传递动力。万向传动装置主要包括万向节、传动轴，有时还要加中间支撑装置。

万向传动装置在汽车上的应用主要有以下几个方面：

（1）用于变速器与驱动桥之间

图 8-103 所示为前置后驱汽车上，变速器与驱动桥之间的万向传动装置。

（2）用于变速器与分动器之间

在多轴驱动的越野汽车上，在分动器与各驱动桥之间，或驱动桥与驱动桥之间，或变速器与分动器分开时，它们之间的动力传递等都是靠万向传动装置来实现的，如图 8-106（a）所示。有些重型汽车的变速器与发动机是分开固定的，它们之间也装有万向传动装置，如图 8-106（b）所示。

（3）用于转向驱动桥上

转向轮在偏转时仍要传递动力，这时的半轴不能制成整体而要分成两段，且用万向节连接，以适应汽车行驶时半轴各段的交角不断变化的需要。若采用独立悬架，则在靠近主减速器处也需要有万向节，如图 8-106（c）所示。若采用非独立悬架，只需在转向轮附近装一个万向节即可，如图 8-106（d）所示。

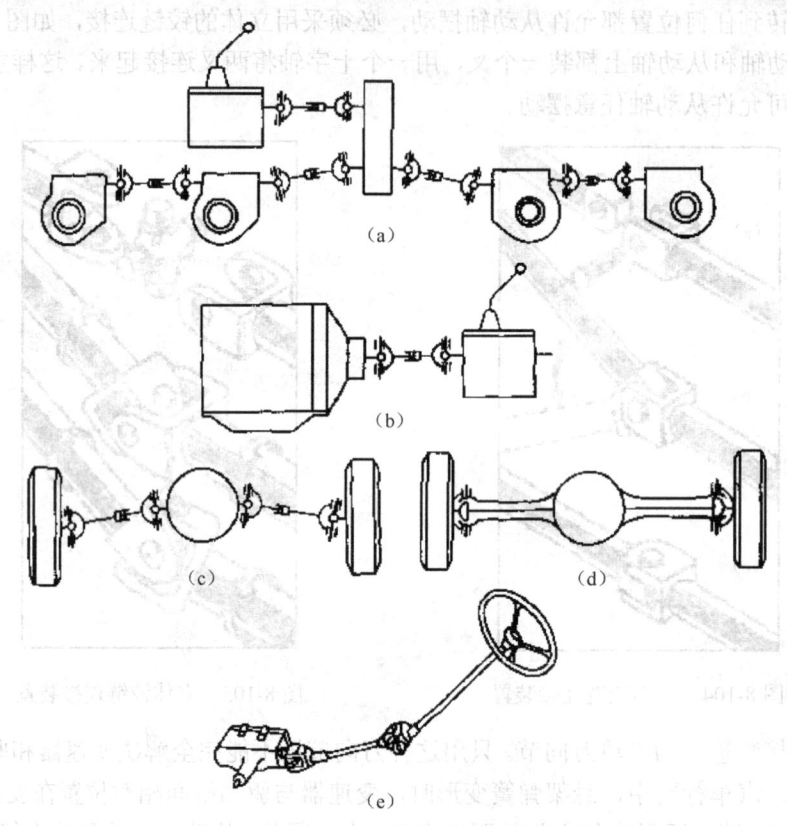

（4）用于某些汽车的转向操纵机构中

有些汽车的转向操纵机构上装有万向传动装置，以便于转向系统的总体布置，如图 8-106（e）所示。

图 8-106　万向传动装置在汽车上的应用

8.6.2　万向节

1. 十字轴式刚性万向节

万向节是万向传动装置中实现变角度传动的主要部件。万向节的结构类型很多，按其传动的效果可分为两类：不等速万向节和等速万向节；若按其传递动力的介质分，又可分为两类：刚性万向节和柔性万向节。等速万向节一般都是刚性的，不等速万向节可以是刚性的也可以是柔性的。不等速万向节中以刚性的十字轴万向节最为典型，它的结构简单，工作可靠，在汽车上得到了广泛的应用。

图 8-107 所示为普通十字轴式刚性万向节。两万向节叉 2 和 6 上的孔分别活套在十字轴 4 的两对轴颈上。这样，当主动轴转动时，从动轴既可随之转动又可绕十字轴中心在任意方向摆动。为了减少摩擦损失，提高传动效率，在十字轴轴颈和万向节叉孔间装有由滚针 8 和套筒 9 组成的滚针轴承，然后用螺钉和轴承盖 1 将套筒 9 固定在万向节叉上，并用锁片将螺钉锁紧，

以防止轴承在离心力作用下从万向节叉内脱出。为了润滑轴承，十字轴做成中空的，并有油路通向轴颈。润滑油从油嘴3注入十字轴内腔。为避免润滑油流出及尘垢进入轴承，在十字轴的轴颈上套着装在金属座圈内的毛毡油封7。在十字轴的中部还装有带弹簧的安全阀5。若十字轴内腔的润滑油压力大于允许值，安全阀即被顶开而润滑油外溢，使油封不致因油压过高而损坏。

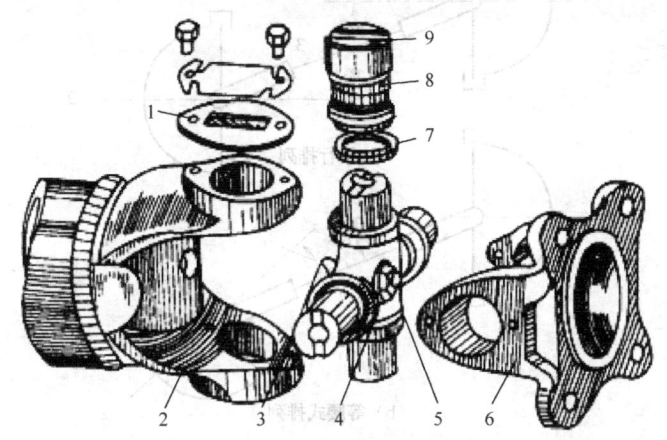

1—轴承盖；2、6—万向节叉；3—油嘴；4—十字轴；5—安全阀；7—油封；8—滚针；9—套筒

图 8-107 十字轴式刚性万向节

上述滚针轴承的轴向定位方式为盖板式，此外还有瓦盖式和挡圈固定式。

由于刚性万向节结构简单，传动效率较高，因此应用较广泛。其不足之处是对于单个万向节在输入轴和输出轴之间有夹角的情况下，其两轴的角速度不相等，这就是单个万向节的不等速性。下面对单个万向节的不等速性做简单分析。

当十字轴万向节的主、从动轴之间的夹角为α时，主、从动轴的角速度ω_1、ω_2之间存在如下关系：

$$\frac{\omega_1}{\omega_2}=\frac{\cos\alpha}{1-\sin^2\alpha\cos^2\varphi_1}$$

式中，φ_1为主动叉转角，定义为万向节主动叉所在平面与万向节主、从动轴所在平面的夹角。由于$\cos\varphi_1$是周期为2π的周期函数，所以ω_2/ω_1也为同周期的周期函数。当φ_1为0、π时，ω_2达最大值，$\omega_{2max}=\omega_1/\cos\alpha$；当$\varphi_1$为$\pi/2$、$3\pi/2$时，$\omega_2$达最小值，$\omega_{2min}=\omega_1\cos\alpha$。因此，当主动轴以等角速度转动时，从动轴时快时慢，此即为普通十字轴万向节传动的不等速性。

单个十字轴式万向节传动的不等速性，将使从动轴及与其相连的传动部件产生严重的扭转振动，从而产生附加的交变载荷，影响部件寿命。因此，当两轴间有较大夹角时，单个十字轴式万向节是不宜采用的，因为它会使驱动车轮转速不均匀。在汽车上，万向传动装置往往采用双十字轴式万向节来实现等速传动，但必须满足如下两个条件，如图8-108所示：

① 万向节两轴间夹角α_1与第二万向节两轴间夹角α_2相等，即$\alpha_1=\alpha_2$；

② 传动轴两端的两个万向节叉（即第一万向节的从动叉与第二万向节的主动叉）在同一平面内。

在上述两个条件中，条件②完全可以由传动轴和万向节叉的正确装配来保证，而条件①只有在采用驱动轮独立悬架时，才有可能通过整车的总体布置设计和装配工艺的保证来实现。因为在此情况下主减速器和变速器的相对位置是固定的。而在驱动轮采用非独立悬架时，由于弹性悬架的振动，驱动桥输入轴与变速器输出轴的相对位置不断变化，不可能在任何时候都保证 $α_1=α_2$。因此此时这两部件之间的万向传动只能做到使传动的不等速性尽可能小。

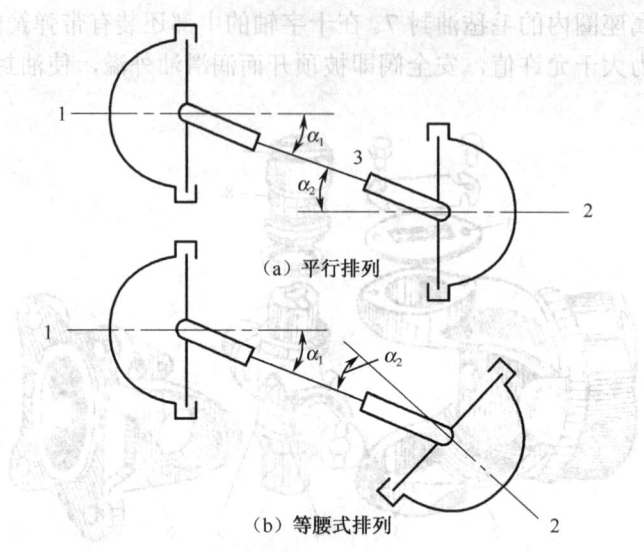

(a) 平行排列

(b) 等腰式排列

1—主动叉；2—从动叉；3—传动轴

图 8-108 双万向节等速传动布置

就每一个万向节而言，只要存在着交角 $α_1$ 或 $α_2$，万向节在工作过程中内部各零件之间就有相对运动，因而导致摩擦损失，降低传动效率。交角越大，则效率越低。故在汽车总体布置上应尽量减小 $α_1$ 和 $α_2$，一般情况下，以汽车满载静止时不大于 6°，越野汽车不大于 12° 为宜。

2. 准等速万向节

准等速万向节是根据上述双万向节实现等速传动的原理，在结构上使中间轴缩短，从而实现或基本实现等角速度传动。准等速万向节结构形式很多，常见的有双联式、凸块式和三销轴式。

（1）双联式万向节

双联式万向节实际上是一套传动轴长度缩至最小的双万向节等速传动装置。图 8-109 中的双联叉 3 相当于两个在同一平面上的万向节叉。欲使轴 1 和轴 2 的角速度相等，应保持 $α_1=α_2$，为此在双联式万向节的结构中装有分度机构，以期双联叉的对称线平分所连两轴夹角。

图 8-110 所示为双联式十字轴等速万向节的结构实例，中间带有分度机构。分度机构的主要作用是保证万向节叉 1 的轴线与双联叉轴线间的夹角 $α_1$ 等于万向节 10 与双联叉轴线间的夹角 $α_2$。球碗 12 与球头 13 的中心与十字轴 5、8 中心的连线中点重合。当万向节叉 10 相对万向节叉 1 在一定角度范围内摆动时，双联叉 11 也被带动偏转相应角度，使两十字轴 5、8 中心连线与两万向节叉 1 和 10 的轴线的交角差值很小，从而保证两轴角速度接近相等，其差值在容许范围内，故双联式万向节具有准等速性。

双联式万向节用于转向驱动桥时，可以没有分度机构，但必须在结构上保证双联式万向节中心位于主销轴线与半轴轴线的交点，以保证准等速传动。

双联式等速万向节的结构简单，允许两轴有较大夹角，工作可靠，效率高，所以在转向驱动桥中的应用较多。

1、2—轴；3—双联叉

图 8-109 双联式万向节

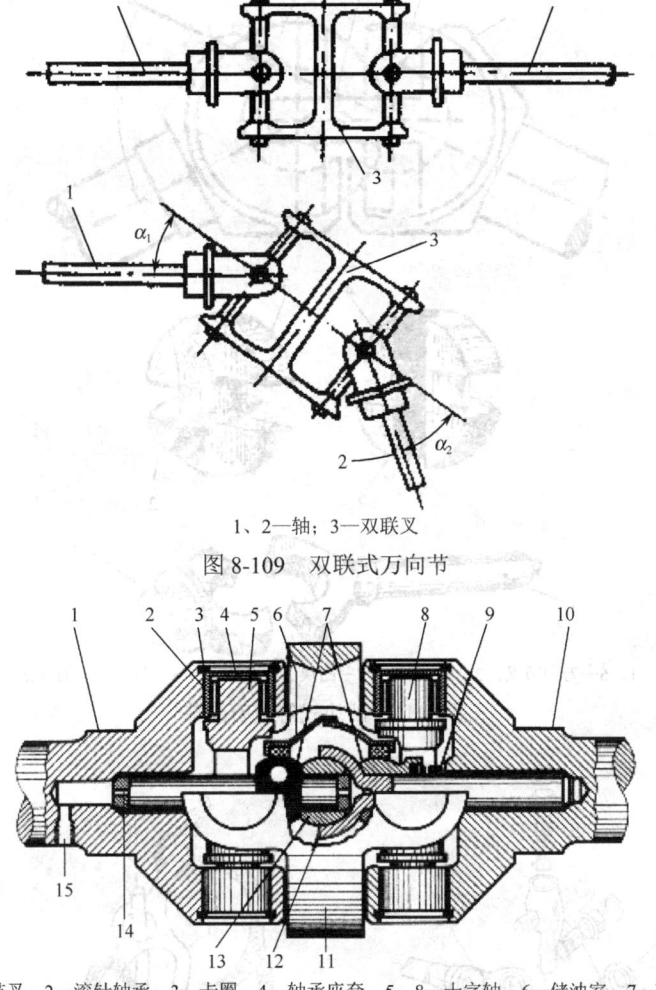

1、10—万向节叉；2—滚针轴承；3—卡圈；4—轴承座套；5、8—十字轴；6—储油室；7—球形密封座；
9—预紧弹簧；11—双联叉；12—球碗；13—球头；14—油道；15—注油孔

图 8-110 中间有分度机构的双联式十字轴等速万向节

（2）凸块式万向节

图 8-111 所示为凸块式等速万向节，它也是按双万向节等速原理构成的。万向节叉 1、6 放在两个形状特殊的凸块 2、4 的槽内，万向节叉 1 和 6 分别与两轴制成一体，两叉位于同一平面内，可绕凸块转动一定角度。

凸块 2、4 用榫舌 3 和榫槽 5 互相连接起来。榫舌和榫槽所在平面与两万向节叉 1、6 互相垂直，故凸块 2 和 4 就相当于双万向节传动装置中位于同一平面上的两万向节叉的中间轴，因此可以保证万向节叉 1 和 6 在两轴交角变化的情况下以相同角速度转动。这种结构简单，加工容易，允许夹角可达 50°，但因其工作表面为滑动摩擦，磨损严重，故汽车上很少采用。

（3）三销轴式万向节

三销轴式万向节是由双联式万向节演变而来的准等速万向节，其结构如图 8-112 所示。其结构特征是，两万向节叉 1、3 的平面相对于传动轴线有一定的偏移量。有两个三销轴 2、4，其中两个轴通过轴承插入万向节叉 1、3 上的销孔中，而另一轴则插入另一三销轴的相应轴孔中，这样便形成 Q_1—Q_1'、Q_2—Q_2'、R—R' 三根轴线。

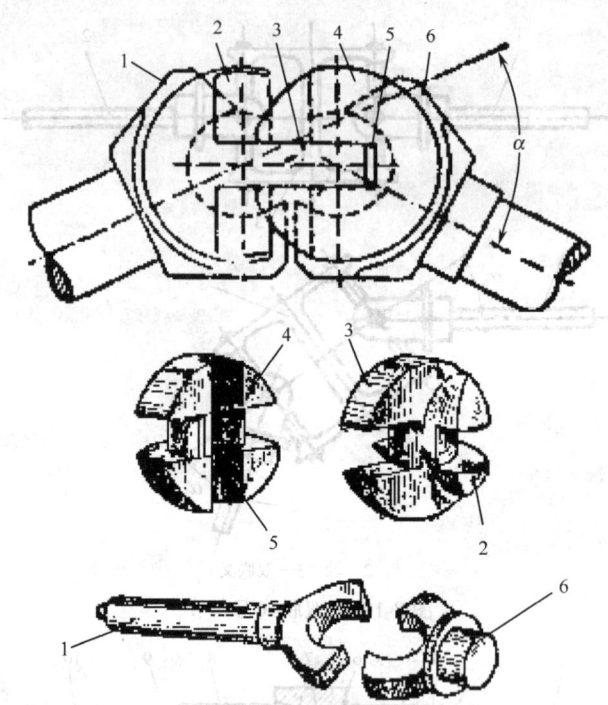

1、6—万向节叉；2、4—凸块；3—凸块2上的榫舌；5—凸块4上的榫槽

图8-111 凸块式等速万向节

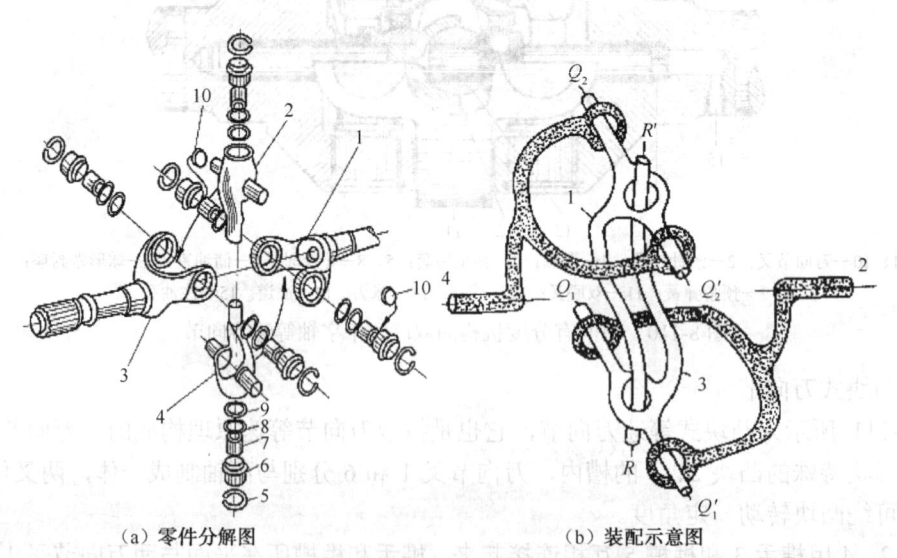

(a) 零件分解图　　　　　　(b) 装配示意图

1、3—万向节叉；2、4—三销轴；5—卡环；6—轴承座；7—衬套；8—毛毡圈；9—毛毡圈罩；10—止推垫片

图8-112 三销轴式万向节

由于结构上的原因，无法保证传力点永远处在两轴轴线夹角的平分线上，故它也只能算是准等速万向节。三销轴式万向节允许连接的两轴最大夹角较大，可达45°，这种结构主要用于总质量较大的越野车转向驱动桥。

3. 等速万向节

等速万向节的基本原理是从结构上保证万向节在工作过程中，其传力点永远位于两轴交点的平分面上。它的等速传动原理相当于一对大小相等的锥齿轮传动，如图 8-113 所示。两齿轮的接触点 P 位于两齿轮轴线交角 α 的平分面上，由 P 点到两轴的垂直距离都为 r；在 P 点处两齿轮的圆周速度是相等的，因而两个齿轮旋转的角速度也相等。与此相似，若万向节的传力点在其交角变化时，始终位于角平分面内，则可使两万向节叉保持等角速的关系。

根据这一原理设计制成的等速万向节，目前较广泛采用的有球叉式万向节和球笼式万向节。

球叉式万向节的结构如图 8-114 所示。主动叉和从动叉上各有四个曲面凹槽，装合后形成两个相交的环形槽，作为钢球的滚道，四个传动钢球放在凹槽中，中心钢球放在两叉中心的凹槽内，用以定心，并用锁止销和定位销保证中心钢球的正确位置。这种万向节在工作时，只有两个钢球传力，另两个钢球在反转时受力，所以这种万向节钢球及滚道易磨损，影响使用寿命，多用于转向驱动桥中。

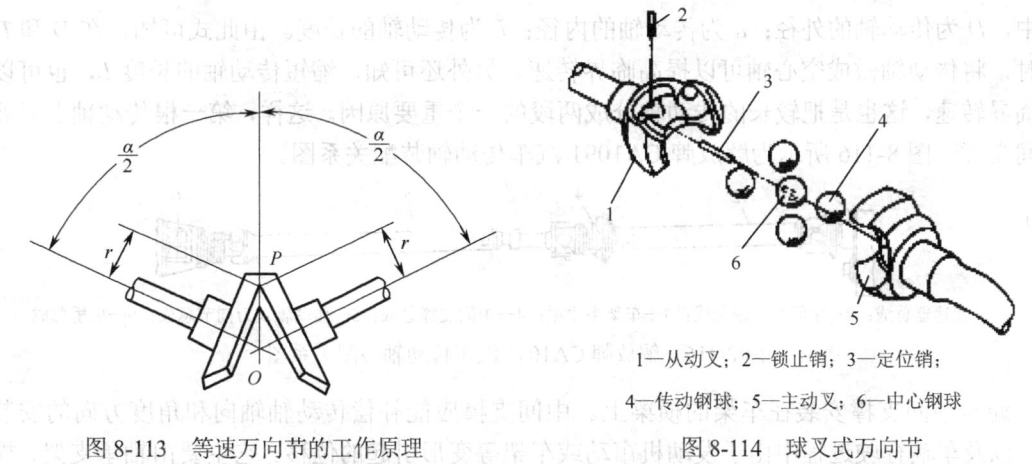

1—从动叉；2—锁止销；3—定位销；
4—传动钢球；5—主动叉；6—中心钢球

图 8-113 等速万向节的工作原理　　图 8-114 球叉式万向节

球笼式万向节如图 8-115 所示。星形套与主动轴用花键连接。星形套外表面有六条凹槽，形成内滚道，球形壳的内表面有相应的六条凹槽形成外滚道。六个钢球分别装在各条凹槽中，并由保持架（球笼）使之在一个平面内。动力由主动轴经钢球、球形壳输出。

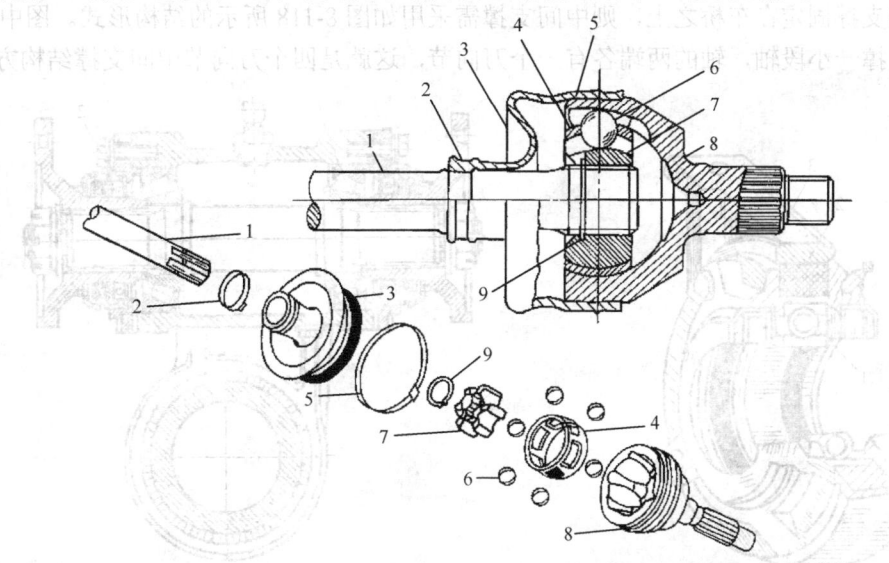

1—主动轴；2、5—钢带箍；3—外罩；4—保持架（球笼）；6—钢球；7—星形套（内滚道）；8—球形壳（外滚道）；9—卡环

图 8-115 球笼式万向节

8.6.3 传动轴与中间支撑

传动轴的作用是把变速器的转矩传递到驱动桥上。

对于传动轴,若其长度较大,由于偏心因素等影响,受离心力的作用,将引起传动轴的弓形转动。当传动轴转速达到某一临界转速时,传动轴就会因弓形转动挠度过大而断裂。临界转速由下式决定:

$$n_c = 1.2 \times 10^8 \frac{\sqrt{D^2 + d^2}}{L^2}$$

式中,D 为传动轴的外径;d 为传动轴的内径;L 为传动轴的长度。由此式可知,在 D 和 L 相同时,将传动轴做成空心轴可以提高临界转速。另外还可知,缩短传动轴的长度 L,也可以提高临界转速,这也是把较长的传动轴分成两段的一个重要原因。这样,第一根传动轴上就要加中间支撑。图 8-116 所示为解放牌 CA1091 汽车传动轴装配关系图。

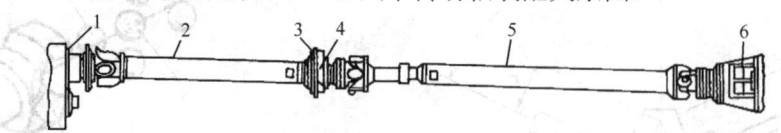

1—变速器总成;2—中间传动轴总成;3—车架中横梁;4—中间支撑总成;5—传动轴及万向节总成;6—后桥总成

图 8-116 解放牌 CA1091 汽车传动轴装配关系图

通常中间支撑安装在车架的横梁上。中间支撑应能补偿传动轴轴向和角度方向的安装误差,以及车辆行驶过程中由于发动机窜动或车架等变形引起的位移。它主要由轴承支架、橡胶垫环、轴承支架前后盖板、轴承和油封等组成。图 8-117 所示为一种中间支撑结构,它实际上是一个通过支撑座和橡胶缓冲垫安装在车身(或车架)上的轴承,用来支撑传动轴的一端。橡胶缓冲垫可以补偿车身或车架的变形及发动机振动对于传动轴位置的影响。

若中间支撑固定在车桥之上,则中间支撑需采用如图 8-118 所示的结构形式。图中,一对滚锥轴承支撑一小段轴,轴的两端各有一个万向节,这就是四个万向节中间支撑结构方案。

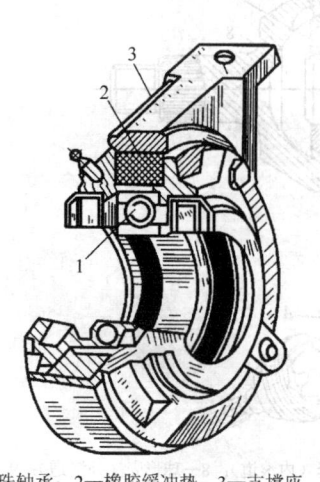

1—滚珠轴承;2—橡胶缓冲垫;3—支撑座

图 8-117 中间支撑轴承

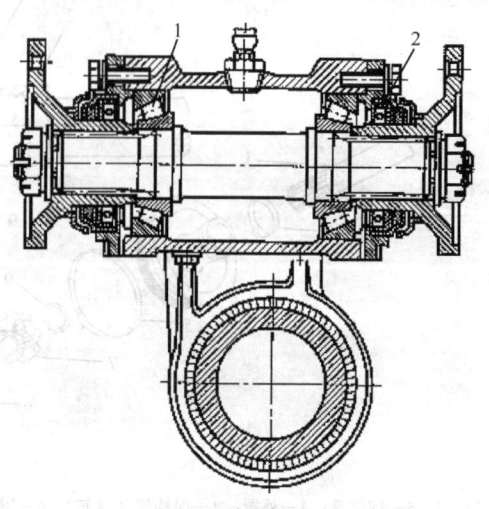

1—滚锥轴承;2—油封

图 8-118 安装在车桥上的中间支撑

8.7 驱动桥

8.7.1 概述

1. 功用与组成

驱动桥主要由主减速器、差速器、半轴、桥壳等组成。普通非断开式驱动桥结构如图 8-119 所示。驱动桥主要功用为：将传动装置传来的转矩通过主减速器、差速器、半轴传到汽车驱动轮并实现降低转速、增大转矩的作用，同时对于发动机纵置的汽车改变转矩传递方向；通过差速器实现左右车轮以不同转速旋转，以适应汽车转弯及在不平路面上行驶；通过桥壳支撑汽车的部分质量，承受各种力和力矩，并起到保护主减速器、差速器和半轴的作用。

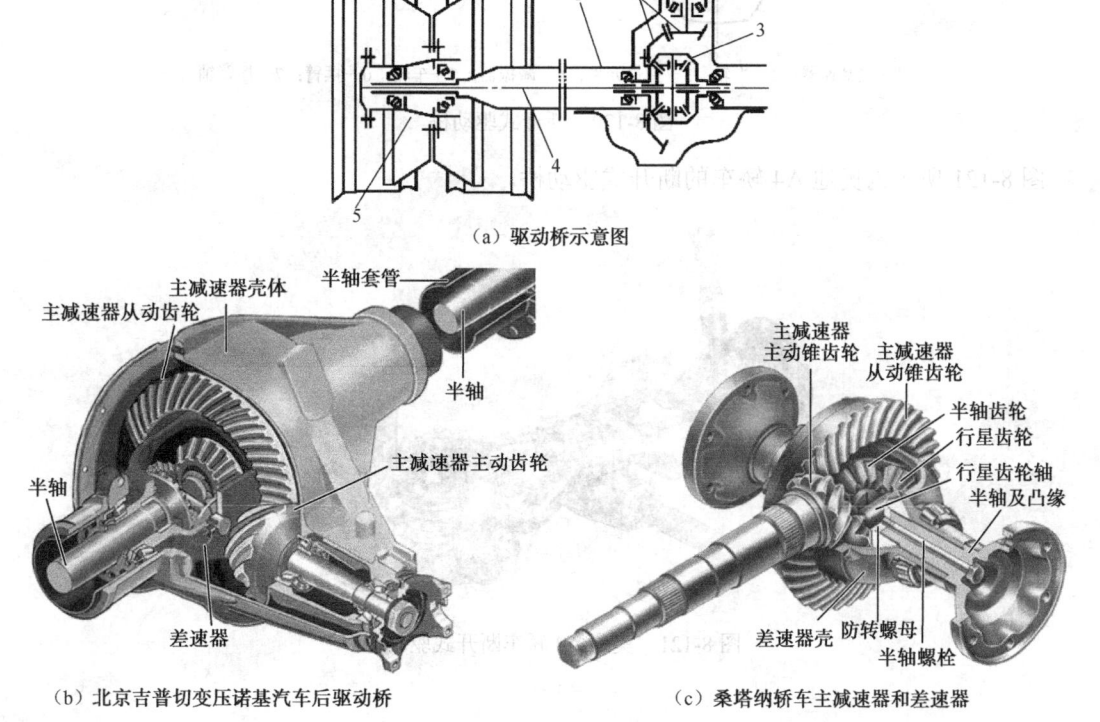

(a) 驱动桥示意图

(b) 北京吉普切诺基汽车后驱动桥

(c) 桑塔纳轿车主减速器和差速器

1—桥壳；2—主减速器；3—差速器；4—半轴；5—轮毂

图 8-119 普通非断开式驱动桥

2. 结构和类型

驱动桥分为非断开式和断开式两种。

当车轮采用非独立悬架时，驱动桥采用非断开式。非断开式驱动桥是指主减速器和半轴装置在整体的桥壳内,整个车桥通过弹性悬架与车架相连接。由于主减速器壳体与半轴套管是刚性连接在一起的,因而两侧的半轴和驱动车轮不可能在横向平面内做相对运动,这种形式的驱动桥其车轮和车桥只能随路面的起伏而整体上下跳动。非断开式驱动桥多用在货车及部分轿车的后桥上。

如图 8-120 所示,当车辆的部分或全部驱动轮采用独立悬架时,两侧的车轮 5 分别通过弹性元件 3 与车架相连接,两轮可以随路面变化彼此独立地相对于车架上下跳动,主减速器 1 固定在车架或车身上,驱动桥壳制成分段形式,并通过铰链连接,这种驱动桥称为断开式驱动桥。为了适应驱动轮独立上下跳动的需要,差速器与轮毂之间的半轴 2 两端用万向节连接。

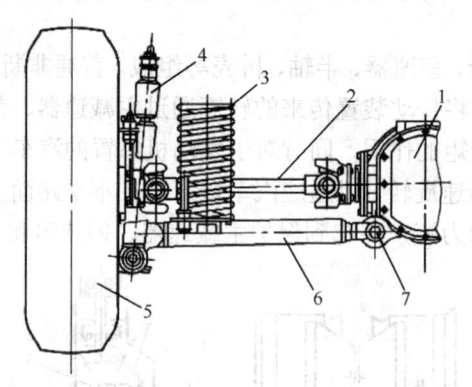

1—主减速器;2—半轴;3—弹性元件;4—减振器;5—车轮;6—摆臂;7—摆臂轴

图 8-120　断开式驱动桥

图 8-121 所示为奥迪 A4 轿车的断开式驱动桥。

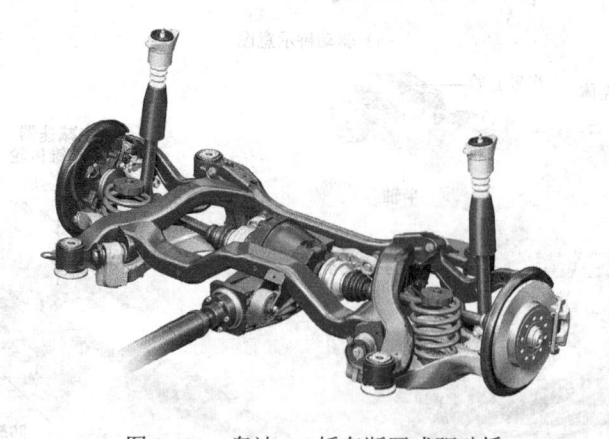

图 8-121　奥迪 A4 轿车断开式驱动桥

8.7.2　主减速器

主减速器的功用是将输入的转速降低并增大转矩。当发动机纵置时还具有改变转矩旋转方向的作用。

主减速器有多种结构形式,按参加减速传动的齿轮副数目可分为单级主减速器和双级主减速器。在双级主减速器中,若第二级主减速器齿轮有两副,并分置于两侧车轮附近,则称为轮边减速器。

按主减速器传动比挡数可分为单速式和双速式，单速式主减速器传动比是固定的，双速式的传动比有两个，驾驶员可根据实际情况进行选择，以适应不同的行驶条件。

按齿轮副结构形式可分为圆柱齿轮式、圆锥齿轮式和准双曲面齿轮式等。

1. 单级主减速器

单级主减速器具有结构简单、体积小、质量轻、传动效率高等优点，可以满足轿车和轻、中型货车动力性要求，所以在轿车和轻、中型货车上应用较多。单级主减速器传动机构由一对齿轮组成，主传动比为

$$i_0 = Z_2/Z_1$$

式中，Z_1 为主动齿轮齿数；Z_2 为从动齿轮齿数。

图 8-122 所示为东风 EQ1090E 型汽车单级主减速器及差速器示意图。其动力传递路线为：叉形凸缘 11→主动锥齿轮 18→从动锥齿轮 7（准双曲面齿轮）→差速器壳 5→行星齿轮十字轴 24→行星齿轮 21→半轴齿轮 23→半轴→驱动轮。

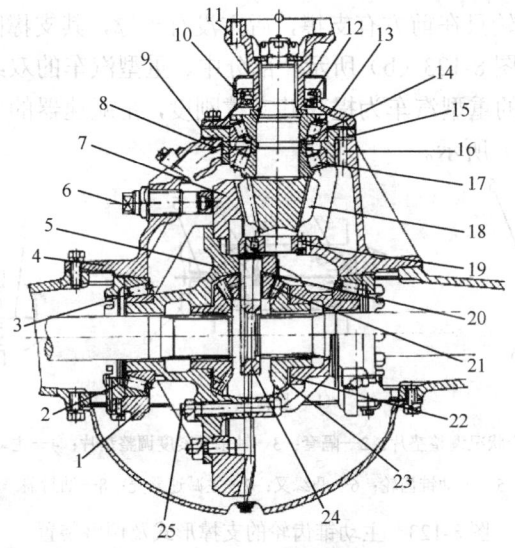

1—差速器轴承盖；2—轴承调整螺母；3、13、17—圆锥滚子轴承；4—主减速器壳；5—差速器壳；6—支撑螺栓；7—从动锥齿轮；8—进油道；9、14—调整垫片；10—防尘罩；11—叉形凸缘；12—油封；15—轴座；16—回油道；18—主动锥齿轮；19—圆柱滚子轴承；20—行星齿轮垫片；21—行星齿轮；22—半轴齿轮推力垫片；23—半轴齿轮；24—行星齿轮十字轴；25—螺栓

图 8-122　东风 EQ1090E 型汽车单级主减速器及差速器示意图

为了保证主动锥齿轮有足够的支撑刚度，改善啮合条件，主动锥齿轮 18 与轴制成一体，其前端由两个圆锥滚子轴承 13 和 17 支撑，后端由一个圆柱滚子轴承 19 支撑，形成跨置式支撑。环状的从动锥齿轮 7 连接在差速器壳 5 上，差速器壳由两个圆锥滚子轴承 3 支撑在主减速器壳 4 的座孔中。在从动锥齿轮啮合处的背面，装有支撑螺栓 6，用以限制大负荷下从动锥齿轮过度变形而影响正常啮合。装配时，应在支撑螺栓与从动锥齿轮背面之间预留一定间隙(0.3~0.5mm)，转动支撑螺栓可以调整此间隙。轴承盖上装有防漏油的油封 12，凸缘上装有防尘防水的防尘罩 10。差速器轴承盖 1 与壳体是装配在一起加工的，不能互换，二者之间有装配记号。

圆锥滚子轴承一般需成对使用，装配时应使其具有一定的预紧度，以减小锥齿轮在传动中因轴向力而引起的轴向位移，提高轴的支撑刚度，保证锥齿轮副的正确啮合。但轴承预紧度也

不能过大，否则会使摩擦和磨损增大，传动效率降低。为此，设有轴承预紧度调整装置。主动轴上两圆锥滚子轴承13和17的预紧度用调整垫片14来调整。增加垫片14的厚度，轴承预紧度减小，反之，轴承预紧度增加。支撑差速器壳的一对圆锥滚子轴承3的预紧度是用轴承调整螺母2来调整的。旋入轴承调整螺母，轴承预紧度增加，反之，轴承预紧度减小。

为了保证锥齿轮传动工作正常、磨损均匀，延长其使用寿命，主减速器还设置了齿轮啮合状况的调整装置。锥齿轮啮合状况的调整是指齿面啮合印痕和齿侧啮合间隙的调整，它们是通过轴向移动锥齿轮轴，从而改变主、从动锥齿轮的相对位置来进行调整的。所以，可通过增减调整垫片9的厚度来调整主动轴及主动锥齿轮前、后位置，通过旋动轴承调整螺母2来调整从动锥齿轮轴向位置（即一端螺母旋入，另一端螺母等量旋出）。

主动锥齿轮的支撑方式有跨置式和悬臂式两种。

跨置式是指主动锥齿轮前后都有轴承支撑，如图8-123（a）所示。采用这种形式的主动锥齿轮支撑刚度大，适用于负荷比较大的单级主减速器。当前方两锥轴承出现缝隙时齿轮将会轴向窜动，导致齿面啮合印痕发生变化，但变化比较小。

悬臂式是指主动锥齿轮只在前方有支撑，后方没有支撑，其支撑刚度比较差，多用于负荷较小的单级主减速器，如图8-123（b）所示。部分中、重型汽车的双级主减速器的主动锥齿轮也采用这种支撑形式。有的重型汽车为提高其支撑刚度，主减速器的主动锥齿轮采用三个轴承支撑形式，如图8-123（c）所示。

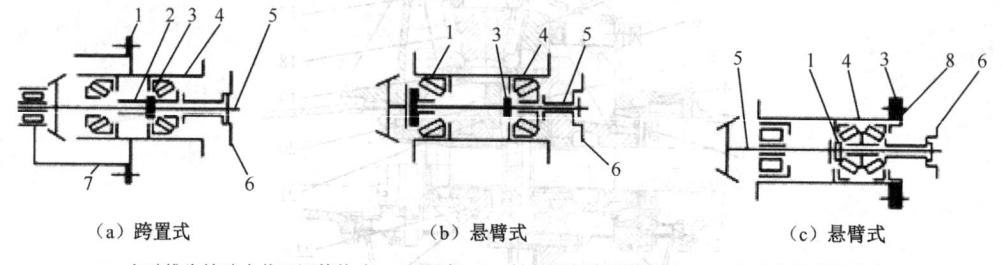

（a）跨置式　　　（b）悬臂式　　　（c）悬臂式

1—主动锥齿轮啮合状况调整垫片；2—隔套；3—轴承预紧度调整垫片；4—主动锥齿轮轴承座；
5—主动锥齿轮；6—凸缘叉；7—主减速器壳；8—油封盖

图8-123　主动锥齿轮的支撑形式及调整装置

2. 双级主减速器

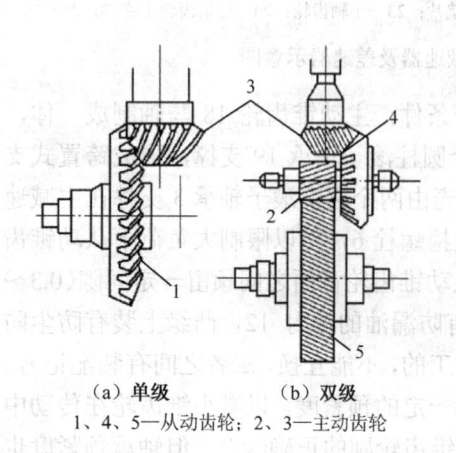

（a）单级　　（b）双级

1、4、5—从动齿轮；2、3—主动齿轮

图8-124　单级和双级主减速器的结构简图

根据汽车使用条件不同，有时要求主减速器具有较大的传动比。由于采用单级主减速器会使齿轮尺寸过大，为保证汽车具有良好的通过性，采用一对锥齿轮构成的单级主减速器已经不能满足需求，这时需要采用有两对齿轮降速的双级主减速器，以使其既能满足汽车的动力性要求，又能减小其外廓尺寸，提高汽车的通过性。图8-124所示为单级和双级主减速器的结构简图。

解放CA1091型汽车双级主减速器示意图如图8-125所示。第一级为锥齿轮传动，第二级为圆柱斜齿轮传动。第一级从动锥齿轮16加热后套在中间轴14的凸缘上并用铆钉铆紧。第二级主动圆柱齿轮 5 与中间轴制成一体，采用悬臂式支撑。在该车双级主减速器中，主动齿轮轴采用悬臂式支撑的原因有两点：第一级齿轮传动比较小，相应的从动锥齿轮直径较小，因而在主动齿轮外端要再加一个支撑，布置上很困难；传动比小，主动锥齿轮及轴径尺寸有可能做得较大，同时尽可能将两轴承的距离加大，同样可得到足够的支撑刚度。

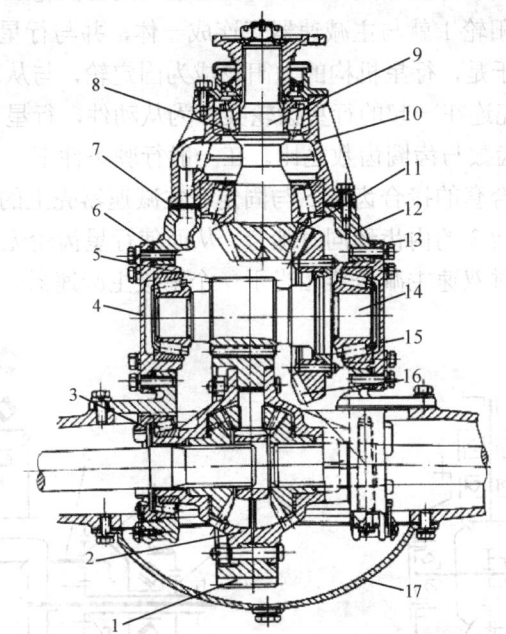

1—第二级从动锥齿轮；2—差速器壳；3—调整螺母；4、15—轴承盖；5—第二级主动圆柱齿轮；6、7、8、13—调整垫片；9—第一级主动齿轮轴；10—轴承座；11—第一级主动锥齿轮；12—主减速器壳；14—中间轴；16—第一级从动锥齿轮；17—后盖

图 8-125　解放 CA1091 型汽车双级主减速器示意图

主动锥齿轮轴轴承的预紧度可用增减调整垫片 8 的厚度来调整，中间轴圆锥滚子轴承预紧度借助改变两边侧向轴承盖 4、15 和主减速器壳 12 间的调整垫片 6 和 13 的总厚度来调整。支撑差速器的滚子轴承的预紧度是靠旋动调整螺母 3 调整的。为了便于进行锥齿轮副的啮合调整，主动和从动锥齿轮的轴向位置都可以略加移动。通过增加调整垫片 7 的厚度，第一级主动锥齿轮 11 则沿轴向离开从动锥齿轮，反之则靠近。若减少左轴承盖 4 处的调整垫片 6，同时将这些卸下来的垫片都加到右轴承盖 15 处，则第一级从动锥齿轮 16 左移，反之则右移。若两组调整垫片 6 和 13 的总厚度的增量和减量不相等，则将破坏已调整好的中间轴轴承的预紧度。

3．双速主减速器

为了提高汽车的动力性和经济性，有些汽车的主减速器具有两个挡，即有两个传动比，这种主减速器称为双速主减速器。双速主减速器的高低挡减速比是根据汽车的使用条件、发动机功率及变速器各挡速比的大小来选定的。大的主减速比用于汽车满载行驶或在困难道路上行驶，以克服较大的行驶阻力并减少变速器换挡次数；小的主减速比则用于汽车空载、半载行驶或在良好路面上行驶，以改善汽车的燃料经济性和提高平均车速。

双速主减速器根据结构形式的不同可分为圆柱齿轮式（如图 8-126（a）所示）和行星齿轮式（如图 8-126（b）所示）两种。圆柱齿轮式双速主减速器结构尺寸和质量较大，但可获得的主减速比较大。其只要更换圆柱齿轮轴，去掉一对圆柱齿轮，即可变型为普通的单级主减速器。

行星齿轮式双速主减速器结构紧凑、质量较小，具有较高的刚度和强度，桥壳与主减速器壳都可与非双速通用，但需加强行星轮系和差速器的润滑。

对于行星齿轮式双速主减速器，当汽车行驶条件要求有较大的牵引力时，驾驶员通过操纵机构将啮合套及太阳轮推向右方，如图 8-126（b）所示，接合齿轮 5 的短齿与固定在主减速器上的接合齿环相接合，太阳轮 1 就与主减速器壳连成一体，并与行星齿轮架 3 的内齿环分离，而仅与行星齿轮 4 啮合。于是，行星机构的太阳轮成为固定轮，与从动锥齿轮连成一体的齿圈 2 为主动轮，与差速器左壳连在一起的行星齿轮架 3 为从动件，行星齿轮起减速作用，其减速比为 $(1+a)$，a 为太阳轮齿数与齿圈齿数之比。在一般行驶条件下，通过操纵机构使啮合套及太阳轮移到左边位置，啮合套的接合齿轮 5 与固定在主减速器壳上的接合齿环分离，太阳轮 1 与行星齿轮 4 及行星齿轮架 3 的内齿环同时啮合，从而使行星齿轮无法自转，行星齿轮机构不再起减速作用。显然，此时双速主减速器相当于一个单级主减速器。

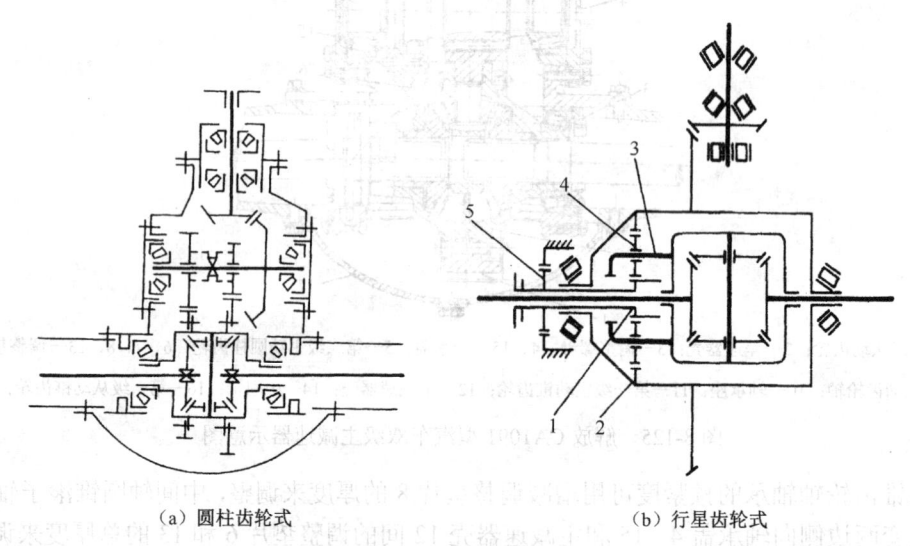

（a）圆柱齿轮式　　　　（b）行星齿轮式

1—太阳轮；2—齿圈；3—行星齿轮架；4—行星齿轮；5—接合齿轮

图 8-126　双速主减速器

双速主减速器的换挡是由远距离操纵机构实现的，一般有电磁式、气压式和电—气压综合式操纵机构。由于双速主减速器无换挡同步装置，因此其主减速比的变换是在停车时进行的。双速主减速器主要在一些单桥驱动的重型汽车上采用。

4. 贯通式主减速器

在一些多轴越野汽车上，为使结构简单、部件通用性好以及便于形成系列产品，常采用贯通式驱动桥。如图 8-127 所示，前面（或后面）两驱动桥的传动轴是串联的，传动轴从离分动器较近的驱动桥中穿过，通往另一驱动桥。

贯通式主减速器根据其减速形式可分成单级和双级两种。单级贯通式主减速器具有结构简单、体积小、质量小，并可使中、后桥的大部分零件，尤其是使桥壳、半轴等主要零件具有互换性等优点，主要用于轻型多桥驱动的汽车上。根据减速齿轮形式不同，单级贯通式主减速器又可分为双曲面齿轮式及蜗轮蜗杆式两种结构形式。蜗轮蜗杆式单级贯通式主减速器在结构质量较小的情况下可得到较大的速比。它应用于各种吨位多桥驱动汽车的贯通式驱动桥的布置。

另外，它还具有工作平滑无声、便于汽车总布置的优点。如蜗杆下置式布置方案被用于大客车的贯通式驱动桥中，可降低车厢地板高度。

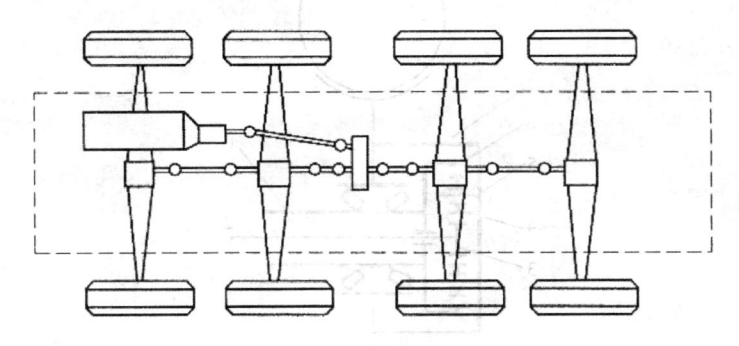

图 8-127　贯通式驱动桥

根据齿轮的组合方式不同，贯通式主减速器也可分为锥齿轮—圆柱齿轮式和圆柱齿轮—锥齿轮式两种形式。锥齿轮—圆柱齿轮式双级贯通式主减速器可得到较大的主减速比，但是尺寸大，主动锥齿轮工艺性差，从动锥齿轮采用悬臂式支撑，支撑刚度差，拆装也不方便。圆柱齿轮—锥齿轮式双级贯通式主减速器的第一级圆柱齿轮副具有减速和贯通的作用，有时仅用于贯通用，这种结构与前者相比，结构紧凑，高度尺寸减小，有利于降低车厢地板及整车质心高度。

5. 轮边减速器

在重型货车、大型客车或越野车上，需要有较大的主传动比和较大的离地间隙时，可将双级主减速器的第二级减速齿轮机构制成结构相同的两套，其安装位置靠近两侧驱动车轮，称为轮边减速器。采用轮边减速器可以减小主减速器的尺寸，提高汽车的通过性，使作用在半轴和差速器上的转矩较小，同时主传动比较大，结构也比较紧凑。

根据结构形式的不同，轮边减速器分为外啮合圆柱齿轮式、内啮合齿轮齿圈式和行星齿轮式等多种形式。

图 8-128 所示为一种行星齿轮式轮边减速器。其外齿圈 6 与半轴套管 1 连成整体，半轴 2 和半轴齿轮 3 连成整体，半轴齿轮 3 带动行星齿轮 4 自转、公转，行星齿轮轴 5 随着公转，通过行星架 7 带动车轮旋转，起到减速作用。

圆柱行星齿轮式轮边减速器如图 8-129（a）所示，可以在较小的轮廓尺寸条件下获得较大的传动比，且可以布置在轮毂之内。作为驱动齿轮的太阳轮连接半轴，内齿圈用花键连接在半轴套管上，行星齿轮架驱动轮毂。行星齿轮一般为 3～5 个均匀布置。圆锥行星齿轮式轮边减速器如图 8-129（b）所示，装于轮毂的外侧，具有两个轮边减速比。当换挡用接合轮 12 位于图示位置时，轮边减速器位于低挡；当接合轮被专门的操纵机构 13 移向外侧并与侧盖 15 的花键孔内齿相接合，使半轴直接驱动轮边减速器壳及轮毂时，轮边减速器位于高挡。普通外啮合圆柱齿轮式轮边减速器，根据主、从动齿轮相对位置的不同，可分为主动齿轮上置和下置两种形式。主动齿轮上置式轮边减速器主要用于高通过性的越野汽车上，可提高桥壳的离地间隙；主动齿轮下置式轮边减速器主要用于城市公共汽车和大客车上，可降低车身地板高度和汽车质心高度，提高行驶稳定性，方便乘客上、下车。

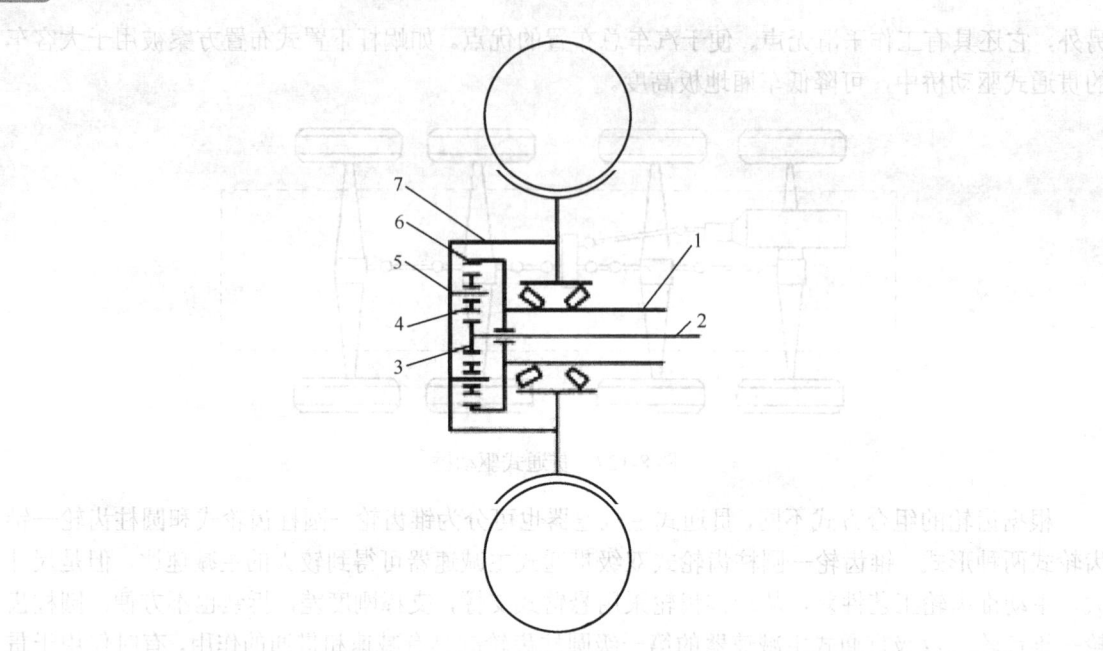

1—半轴套管；2—半轴；3—半轴齿轮；4—行星齿轮；5—行星齿轮轴；6—外齿圈；7—行星架

图 8-128　行星齿轮式轮边减速器

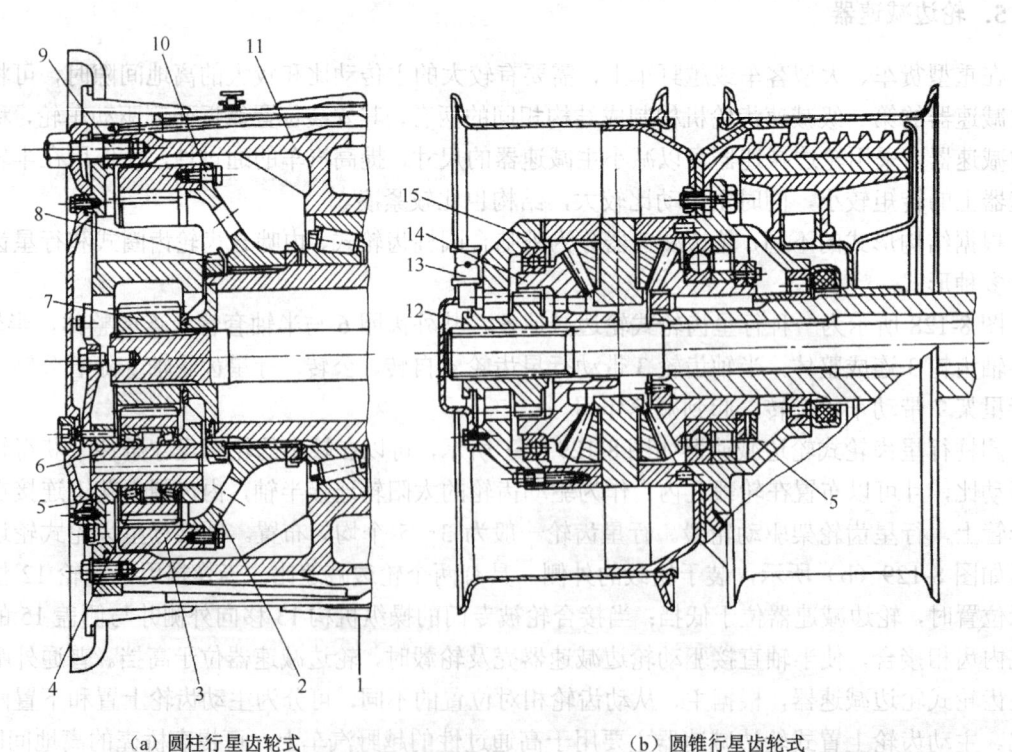

(a) 圆柱行星齿轮式　　(b) 圆锥行星齿轮式

1—轮辋；2—环齿轮架；3—环齿轮；4—行星齿轮；5—行星齿轮架；6—行星齿轮轴；7—太阳轮；8—锁紧螺母；9、10—螺栓；11—轮毂；12—接合轮；13—操纵机构；14—外圆锥齿轮；15—侧盖

图 8-129　轮边减速器

8.7.3 差速器

差速器的功用是将主减速器传来的动力传给左、右两半轴,并在必要时允许左、右半轴以不同转速旋转,以满足两侧驱动轮差速的需要。差速器按其用途可分为轮间差速器和轴间差速器。轮间差速器装在同一驱动桥两侧驱动轮之间,而轴间差速器装在多轴驱动汽车的驱动桥之间。无论是轮间差速器还是轴间差速器,按其工作特性均可分为普通齿轮式差速器和防滑差速器两大类。

1. 普通齿轮式差速器

普通齿轮式差速器有锥齿轮和柱齿轮式两种,由于锥齿轮式差速器结构简单、紧凑、工作平稳,目前应用最为广泛。

对称式锥齿轮差速器由行星齿轮、半轴齿轮、行星齿轮轴(十字轴或一根直销轴)和差速器壳等组成。如图 8-130 所示,左半差速器壳 2 和右半差速器壳 8 用螺栓紧固在一起。主减速器的从动齿轮 7 用螺栓(或铆钉)固定在右半差速器壳 8 的凸缘上。十字形行星齿轮轴 9 安装在差速器壳接合面处的圆孔内,每个轴颈上套有一个带有滑动轴承(衬套)的直齿圆锥行星齿轮 6,四个行星齿轮的左右两侧各与一个直齿圆锥半轴齿轮 4 相啮合。半轴齿轮的轴颈支撑在差速器壳上,其内花键与半轴相连。行星锥齿轮背面与差速器壳的内表面均制成球面,这样做能增加行星齿轮轴孔长度,有利于和两个半轴齿轮正确地啮合。行星齿轮和半轴齿轮的背面与差速器壳之间均装有推力垫片,用以减轻摩擦面间的摩擦和磨损,提高差速器的使用寿命。使用中还可以通过更换垫片来调整齿轮的啮合间隙。垫片通常用软钢、铜或者聚甲醛塑料制成。与差速器壳一起转动(公转)的行星齿轮拨动两侧的半轴齿轮转动,当两侧车轮所受阻力不同时,行星齿轮还要绕自身轴线转动——自转,实现对两侧车轮的差速驱动。

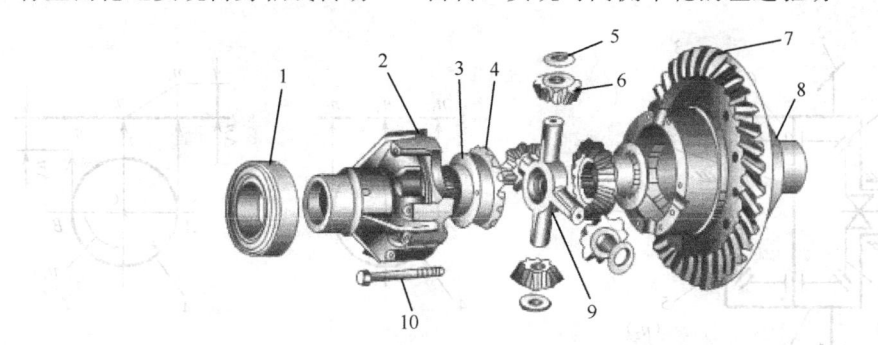

1—轴承;2—左半差速器壳;3—垫片;4—半轴齿轮;5—垫圈;6—行星齿轮;7—从动齿轮;
8—右半差速器壳;9—十字形行星齿轮轴;10—螺栓

图 8-130 对称式锥齿轮差速器零件分解图

差速器的润滑是和主减速器一起进行的。为了使润滑油进入差速器内,往往在差速器壳体上开有窗口。为保证润滑油能顺利到达行星齿轮和行星齿轮轴轴颈之间,在行星齿轮轴轴颈上铣出一平面,并在行星齿轮的齿间钻出径向油孔。

在中级以下的汽车上,由于驱动车轮的转矩不大,差速器内多用两个行星齿轮。相应的行星齿轮轴为一根直销轴,差速器壳可以制成开有大窗孔的整体式壳,通过大窗孔,可以进行拆装行星齿轮和半轴齿轮的操作。

图 8-131 所示为行星锥齿轮差速器原理图。差速器壳 6 与行星齿轮轴 4 连成一体并由主减速器从动齿轮带动一起转动,是差速器的主动件,设其转速为 n_0。两半轴齿轮为从动件,设它们的转速分别为 n_1 和 n_2。A、B 两点分别为行星齿轮与两半轴齿轮的啮合点,C 点为行星齿轮的中心。点 A、B、C 到差速器旋转轴线的距离相等。当两侧驱动轮所受的行驶阻力相等、两侧车轮转速相等时,两侧车轮施加于半轴齿轮的反作用力相等,由于两半轴齿轮的半径相等均为 r,故通过两啮合点 A、B 施加于行星齿轮的力也相等。行星齿轮相当于一个等臂的杠杆,保持平衡,即行星齿轮不自转,而只随行星齿轮轴及差速器壳体一起公转,所以两半轴无转速差,如图 8-131(b)所示,差速器不起作用。即有

$$n_1=n_2=n_0$$
$$n_1+n_2=2n_0$$

当两侧驱动轮所受的行驶阻力不相等(如汽车转弯)时,通过半轴及半轴齿轮反作用于行星齿轮两啮合点的力将不相等,从而破坏了行星齿轮的平衡,使得行星齿轮除了随差速器壳一起公转外,还要绕行星齿轮轴自转。设行星齿轮的自转速度为 n_4,方向如图 8-131(c)所示,则半轴齿轮 1 的转速加快,而半轴齿轮 5 的转速减慢。因 $AC=CB$,所以半轴齿轮 1 转速的增加值等于半轴齿轮 5 转速的减小值。设半轴齿轮转速的增减值为 Δn,则两半轴的转速分别为

$$n_1=n_0+\Delta n;\quad n_2=n_0-\Delta n$$

这就是差速器的差速作用。

上式即为行星锥齿轮差速器的运动特性方程式。它表明差速器无论差速与否,都具有两半轴齿轮转速之和始终等于差速器壳转速的两倍,而与行星齿轮自转速度无关的特性。由上述分析得知:当任何一侧半轴齿轮的转速为零时,另一侧半轴齿轮的转速为差速器壳转速的两倍;当差速器壳转速为零时,若一侧半轴齿轮受其他外来力矩而转动,则另一侧半轴齿轮以相同的速度反转。

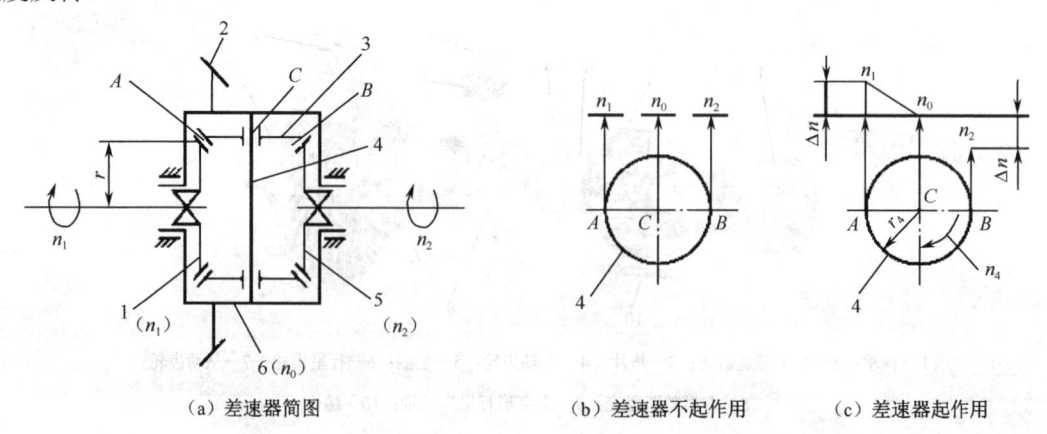

(a)差速器简图　　　　　　(b)差速器不起作用　　　　　　(c)差速器起作用

1、5—半轴齿轮;2—主减速器从动齿轮;3—行星齿轮;4—行星齿轮轴;6—差速器壳

图 8-131　行星锥齿轮差速器原理图

图 8-132 所示为行星锥齿轮差速器转矩分配示意图。由主减速器传来的转矩 M_0,经差速器壳、行星齿轮轴和行星齿轮传给两半轴齿轮,两半轴齿轮的转矩分别为 M_1 和 M_2。当两侧驱动轮转速相同时,行星齿轮无自转,即 $n_4=0$,$M_r=0$(M_r 为行星齿轮自转时,其内孔和背面所受的摩擦力矩),行星齿轮相当于一个等臂杠杆,均衡拨动两半轴齿轮转动。所以,差速器将

转矩 M_0 平均分配给两半轴齿轮，即 $M_1=M_2=M_0/2$。

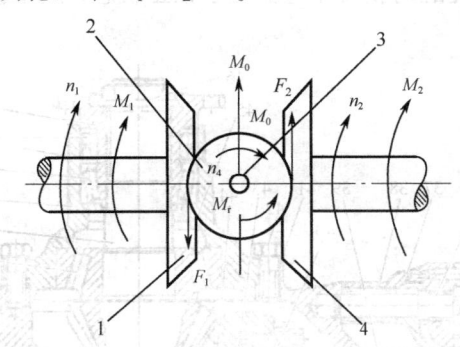

1、4—半轴齿轮；2—行星齿轮；3—行星齿轮轴

图 8-132 行星锥齿轮差速器转矩分配示意图

当两侧驱动轮存在转速差时，如 $n_1>n_2$，行星齿轮按图 8-132 中 n_4 方向自转。行星齿轮所受摩擦力矩与其自转方向相反，从而使行星齿轮分别对左右半轴齿轮附加作用了大小相等而方向相反的两个圆周力 F_1 和 F_2。F_1 使传到转得快的半轴齿轮上的转矩 M_1 减小，而 F_2 却使传到转得慢的半轴齿轮的转矩 M_2 增加，且 M_1 的减小值等于 M_2 的增加值，等于 $M_r/2$。即有

$$M_1=(M_0-M_r)/2$$
$$M_2=(M_0+M_r)/2$$

即转得慢的车轮分配到的转矩大于转得快的车轮分配到的转矩，差值为差速器的内部摩擦力矩 M_r。由于 M_r 相比驱动力矩很小，可忽略不计，即有

$$M_1=M_2=M_0/2$$

可见，无论差速器差速与否，行星锥齿轮差速器都具有转矩等量分配的特性。

2．防滑差速器

为了提高汽车在坏路上的通过能力，可采用各种形式的防滑差速器。汽车上常用的防滑差速器有人工强制锁止式和自锁式两大类。前者通过驾驶员操纵差速锁，使差速器不起差速作用；后者是在汽车行驶过程中，根据路面情况自动改变驱动轮间的转矩分配。常用的自锁式差速器有摩擦片式和托森式等多种结构形式。

强制锁止式差速器就是在普通行星锥齿轮差速器上设计了差速锁，当一侧驱动轮滑转时，利用差速锁使差速器不起作用，以保证汽车正常行驶。

图 8-133 所示为奔驰 20026A 型汽车强制锁止式差速器结构示意图，它的差速锁由牙嵌式接合器及其操纵机构两大部分组成。牙嵌式接合器的固定接合套 26 用花键与差速器壳 24 左端连接，并用弹性挡圈 27 轴向限位。滑动接合套 28 用花键与半轴 29 连接，并可在轴上轴向滑动，其上的环槽中插装有拨叉 37。当汽车在良好路面上行驶不需要锁止时，牙嵌式接合器的滑动接合套 28 与固定接合套 26 不嵌合，处于分离状态，此时为普通行星锥齿轮差速器。当汽车通过坏路面需要锁止时，通过驾驶员的操纵，压缩空气由气管接头 30 进入气动活塞缸左腔，推动带密封圈的活塞 31 右移，并经调整螺钉及锁紧螺母 33 和拨叉轴 36，推动拨叉 37 使其压缩复位弹簧 38 右移，从而拨动滑动接合套 28 右移与固定接合套 26 嵌合，将左半轴 29 与差速器壳 24 连成一体，则左右两半轴被锁成一体随差速器壳 24 一起转动，即差速器被锁止，不起差速作用。这样，转矩可全部分配给处于良好路面上的车轮。与此同时，差速锁指示灯开关接

通，驾驶室内指示灯亮，以提醒驾驶员差速器处于锁止状态，汽车驶出坏路面后应及时摘下差速锁。

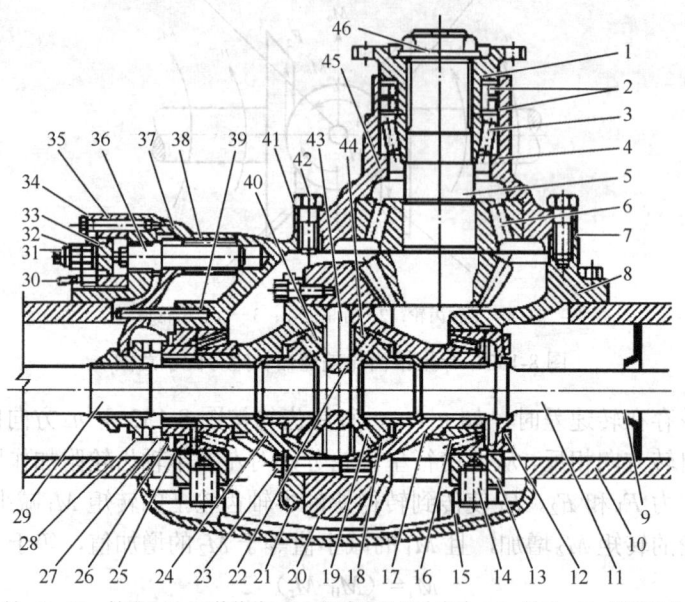

图 8-133 奔驰 20026A 型汽车强制锁止式差速器结构示意图

1—传动凸缘；2—油封；3、16—轴承；4—调整垫片；5—主减速器主动齿轮；6—轴承；7—调整垫片；8—主减速器壳；9—挡油盘；10—桥壳；11、29—半轴；12—带挡油盘的调整螺母；13—轴承盖；14—定位销；15—集油槽；17、24—差速器壳；18、44—推力垫片；19—半轴齿轮；20—主减速器从动齿轮；21—锁板；22—衬套；23、42—螺栓；25—调整螺母；26—固定接合套；27—弹性挡圈；28—滑动接合套；30—气管接头；31—带密封圈的活塞；32—差速锁指示灯开关；33—调整螺钉及锁紧螺母；34—压缩空气汽缸盖；35—压缩空气缸体；36—拨叉轴；37—拨叉；38—复位弹簧；39—导向轴；40—行星齿轮；41—密封圈；43—十字轴；45—轴承座；46—螺母

当需要解除差速器的锁止时，通过操纵机构放掉汽缸内的压缩空气，使作用在活塞左端面的气压消失，拨叉 37 及滑动接合套 28 在复位弹簧 38 的作用下左移回位，接合器分离，差速器恢复差速作用，同时差速器指示灯熄灭。

强制锁止式差速器的特点是：结构简单、易于制造，但操纵不便，一般要在停车时进行。

图 8-134 所示为摩擦片式自锁差速器。它是在普通行星锥齿轮差速器的基础上发展而成的。它在两半轴齿轮背面与差速器壳 1 之间各装有主、从动摩擦片组 2，以增加差速器内的摩擦力矩。十字轴由两根互相垂直的行星齿轮轴组成，其端部均切有凸 V 形斜面 6，差速器壳上与之相配合的孔稍大于轴，且有凹 V 形斜面。两根行星齿轮轴的 V 形斜面是反向安装的。每个半轴齿轮背面有推力压盘 3 和主、从动摩擦片组 2。主、从动摩擦片组 2 由弹簧钢片 7 和若干间隔排列的主动摩擦片 8 及从动摩擦片 9 组成。主、从动摩擦片上均加工出许多油槽，但主、从动摩擦片油槽形状不一致，以利于增大摩擦、减小噪声和有利润滑。推力压盘以内花键与半轴相连，而且轴颈处用外花键与从动摩擦片连接。主动摩擦片的外花键与差速器壳的内花键连接。推力压盘及主、从动摩擦片均可做微小的轴向移动。

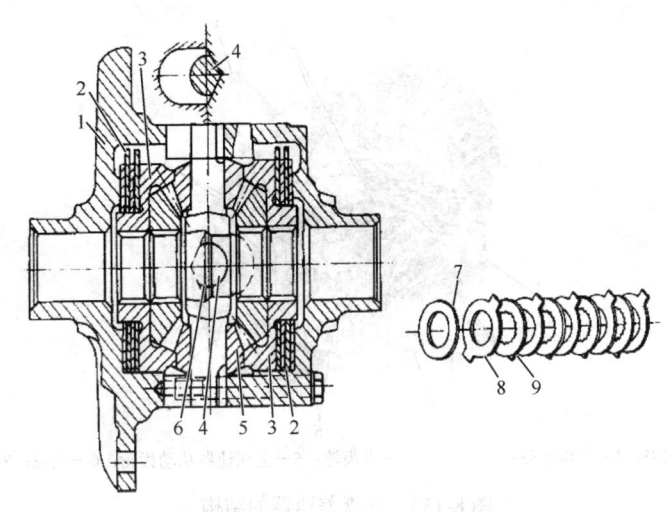

1—差速器壳；2—主、从动摩擦片组；3—推力压盘；4—十字轴；5—行星齿轮；6—V形斜面；
7—弹簧钢片；8—主动摩擦片；9—从动摩擦片

图8-134 摩擦片式自锁差速器

当汽车直线行驶，两半轴没有转速差时，转矩平均分配给两半轴，由于差速器壳通过斜面对行星齿轮两端压紧，斜面上产生的轴向力迫使两行星齿轮轴分别向左、右方向（向外）略微移动，通过行星齿轮使推力压盘压紧摩擦片。此时转矩通过两条路线传给半轴：一路经行星齿轮轴、行星齿轮和半轴齿轮将大部分转矩传给半轴；另一路则由差速器壳经主、从动摩擦片及推力压盘传给半轴。

当汽车转弯或一侧车轮在路面上滑转时，行星齿轮自转，起差速作用，左、右半轴齿轮转速不等。由于转速差的存在和轴向力的作用，主、从动摩擦片在滑转的同时产生摩擦力矩，其数值大小与差速器传递的转矩和摩擦片数量成正比。而摩擦力矩的方向与快转半轴的旋向相反，与慢转半轴的旋向相同，较大数值内摩擦力矩的结果是慢转半轴传递的转矩明显增加。

摩擦片式差速器结构简单，工作平稳，常用于高级轿车和轻型汽车上。

托森差速器利用蜗轮蜗杆传动的不可逆性原理和齿面高摩擦条件，使差速器根据其内部摩擦力矩大小而自动锁死或松开。托森差速器常被用于全轮驱动轿车的中央轴间差速器、后驱动桥的轮间差速器，但通常不用于转向驱动桥的轮间差速器，托森差速器的结构如图8-135所示。

托森差速器主要由差速器壳、蜗轮轴（6个）、前轴蜗杆、后轴蜗杆和直齿圆柱齿轮（12个）、蜗轮（6个）等组成。空心轴和差速器壳通过花键相连而一同转动。三对蜗轮通过蜗轮轴固定在差速器壳上，分别与左、右半轴蜗杆相啮合，每个蜗轮两端固定有直齿圆柱齿轮。成对的蜗轮通过两端相互啮合的直齿圆柱齿轮发生联系。差速器外壳通过蜗轮轴带动蜗轮绕差速器半轴轴线转动，蜗轮再带动半轴蜗杆转动。当左、右半轴蜗杆出现转速差时，通过成对蜗轮两端相互啮合的直齿圆柱齿轮相对转动，使一轴转速加快，另一轴转速下降，实现差速作用。

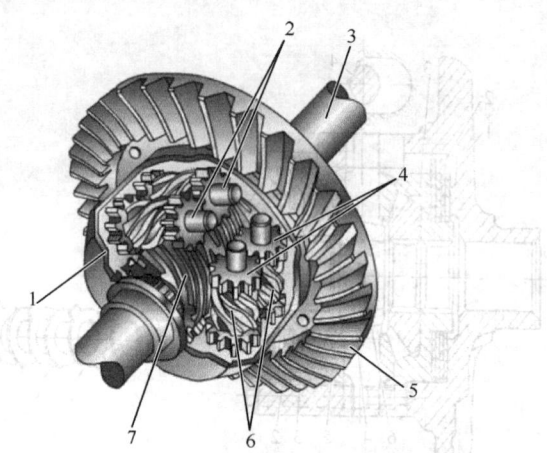

1—差速器壳；2—直齿轮轴；3—半轴；4—直齿轮；5—主减速器从动齿轮；6—蜗轮；7—蜗杆

图 8-135　托森差速器的结构

8.7.4　半轴与驱动桥壳

1. 半轴

半轴在差速器与驱动轮之间传递较大的扭矩，一般都是实心轴。半轴的内端一般用花键与半轴齿轮相连，外端与轮毂相连接。半轴与驱动轮的轮毂在桥壳上的支撑形式决定了半轴的受力情况。现代汽车常用的半轴支撑形式主要有全浮式和半浮式两种。

（1）全浮式半轴支撑

全浮式半轴支撑如图 8-136 所示，这种支撑形式的半轴除受扭矩外，两端均不承受任何弯矩，故称为全浮式。全浮式半轴用内花键与差速器的半轴齿轮相连。外端有凸缘盘，通过螺柱与轮毂固定在一起，轮毂通过两个圆锥轴承 3 支撑于桥壳 7 上。路面对驱动轮作用力反映到车桥上的情况是：除切向反力 X 作为该轮的牵引力传到半轴使半轴受扭矩外，垂直反力 Z、侧向反力 Y 以及由 X、Y、Z 所产生的弯矩，都经两个轴承 3 直接传到桥壳上，由桥壳承受。

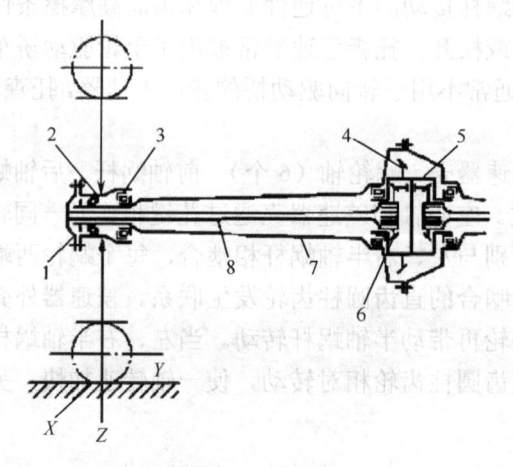

1—半轴凸缘；2—轮毂；3—轴承；4—从动锥齿轮；5—差速器壳；6—半轴齿轮；7—桥壳；8—半轴

图 8-136　全浮式半轴支撑示意图

全浮式支撑的半轴易于拆卸，只需拧下半轴凸缘上的螺栓，即可从半轴套管中抽出半轴，而车轮与桥壳照常支撑汽车，这种支撑形式目前应用比较广泛。

(2) 半浮式半轴支撑

半浮式半轴支撑如图8-137所示，半轴内端通过花键与半轴齿轮连接，其支撑方式与全浮式半轴支撑方式相同。半轴外端制成锥形，锥面上铣有键槽，最外端制有螺纹。轮毂以其相应的锥孔与半轴上的锥面配合，并用键连接，用螺母紧固。半轴用一个圆锥滚子轴承直接支撑在桥壳凸缘的座孔内。车轮与桥壳之间无直接联系，而支撑于悬伸出的半轴外端。因此，路面作用于车轮的各种反作用力及其反力矩都经半轴外端的悬伸部分再传给桥壳，使半轴外端不仅要承受转矩，而且还要承受各种反力及其反力矩。这种半轴内端只承受转矩，而外端除承受转矩外，还要承受全部弯矩的半轴支撑形式，称为半浮式半轴支撑。

半浮式支撑具有结构紧凑、质量小、半轴受力情况复杂且拆装不方便等特点，广泛应用于反力弯矩较小的轿车上。

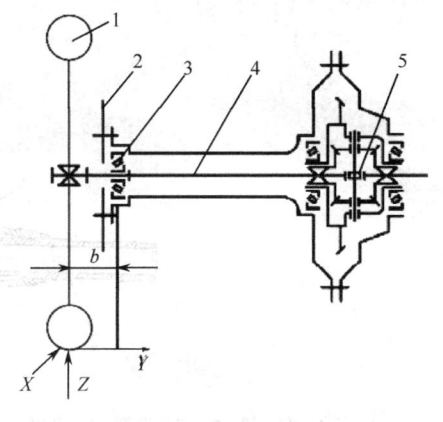

1—车轮；2—轴承盖；3—轴承；
4—半轴；5—止推垫片

图 8-137　半浮式半轴支撑示意图

2. 桥壳

桥壳是安装并保护主减速器、差速器、半轴、轮毂和悬架的基础件，使左右两侧的车轮位置相对固定。同时桥壳还要与从动桥一起支撑车架及其以上各部分质量，承受驱动轮传来的反力和力矩，并在驱动轮与悬架之间传力。因此，要求桥壳应具有足够的强度和刚度，质量小，便于制造，便于主减速器的拆装和调整。

驱动桥壳可分为整体式和分段式两类，一般多采用整体式。整体式桥壳因制造方法不同又有多种形式，常见的有整体铸造、中段铸造压入钢管、钢板冲压焊接等形式。分段式桥壳一般分为两段，由螺栓将两段连成一体。分段式桥壳比较易于铸造和加工，但当拆、检主减速器时，必须把整个驱动桥从汽车上拆卸下来，很不方便，目前较少采用。

图8-138所示为解放CA1092型汽车整体铸造式驱动桥壳。它由空心梁、半轴套管、主减速器壳及后盖等组成。空心梁用球墨铸铁铸成，中部有一环形大通孔，前端用以安装主减速器及差速器总成，后端用来检视主减速器及差速器的工作情况。后盖通过螺钉安装于后端面，后盖上装有检查油面用的螺塞。空心梁上的凸缘盘用来固定制动底板，两端压入钢制半轴套管，并用止动螺钉限定位置。半轴套管外端轴颈用来安装轮毂轴承，其最外端还制有螺纹以便对轴承进行限位及预紧度调整。

分段式桥壳如图8-139所示，一般分为两段，由螺栓1将两段连接成一体。它由主减速器壳10、盖13、半轴套管4及凸缘盘8等组成。

分段式桥壳比整体式桥壳易于铸造，加工简便，但维修不便，当拆、检主减速器时，必须把整个驱动桥从汽车上拆卸下来，目前已很少使用了。

桥壳经常承受冲击载荷，应容许有少量变形，防止断裂。因此，铸造式桥壳多用可锻铸铁或球墨铸铁，也有采用铝合金制造的。

驱动桥为防止主减速器内的润滑油经半轴与桥壳之间的环形空间流至桥壳两端，都有密封装置。有的在桥壳外端，有的在半轴套管内端处有压紧油封，与半轴相应的油封颈处形成密封。

这种油封的刃口应朝向主减速器，装半轴时应使半轴居中通过油封，否则易顶出油封。有的在桥壳内部装有挡油盘。

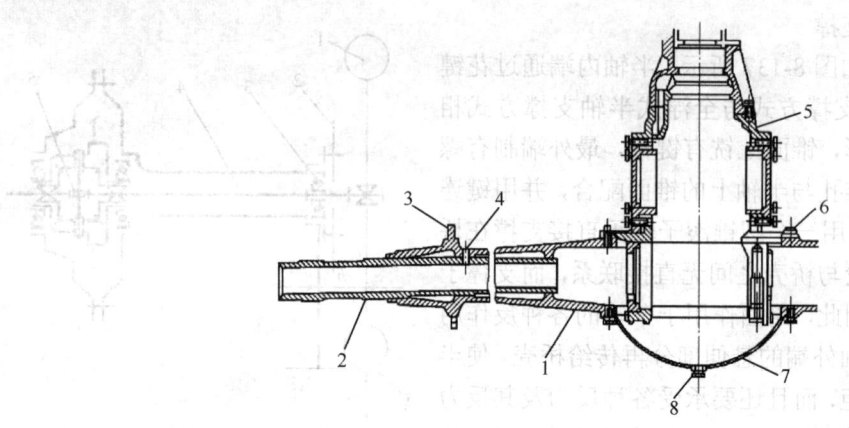

1—空心梁；2—半轴套管；3—凸缘盘；4—止动螺钉；5—主减速器壳；6—固定螺钉；7—后盖；8—螺塞

图 8-138　解放 CA1092 型汽车整体铸造式驱动桥壳

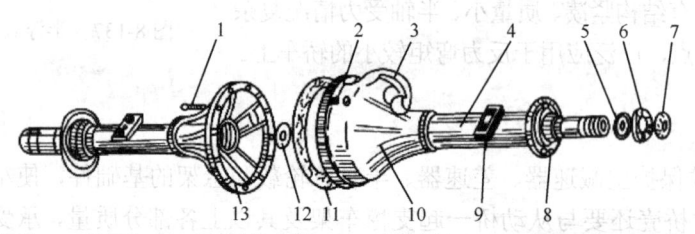

1—螺栓；2—注油孔；3—主减速器壳颈部；4—半轴套管；5—调整螺母；6—止动垫片；
7—锁紧螺母；8—凸缘盘；9—钢板弹簧座；10—主减速器壳；11—垫片；12—油封；13—盖

图 8-139　分段式桥壳

思考题

1. 汽车传动系统的基本功用是什么？
2. 说明离合器当中的扭转减振器的结构和工作原理，它主要起什么作用？
3. 机械式变速器换挡方式有哪些？各用于何种情况？
4. 说明双离合变速器的工作原理，双离合变速器的优点有哪些？
5. 常见的等速万向节有哪些？它们是按什么原理的结构来实现的？
6. 汽车驱动桥的功用是什么？

第 9 章 汽车行驶系统

9.1 概述

汽车行驶系统全面支持全车并保证车辆的正常行驶。其基本功能是：
① 接受传动系统传来的发动机转矩并产生驱动力；
② 承受汽车的总质量，传递并承受路面作用于车轮上的各个方向的反力及转矩；
③ 缓冲减振，保证汽车行驶的平顺性；
④ 与转向系统协调配合工作，控制汽车的行驶方向。

汽车行驶系统的组成和结构形式在很大程度上取决于汽车经常行驶路面的性质。绝大多数汽车行驶在比较坚实的道路上，其行驶系统中直接与路面接触的部分是车轮，称这种行驶系统为轮式行驶系统，这样的汽车便是轮式汽车。汽车行驶系统的结构形式除轮式以外，还有半履带式、全履带式、车轮履带式等几种。

汽车行驶系统的组成为车架、车桥、悬架、车轮（或履带）。绝大部分汽车都采用轮式行驶系统。

如图 9-1 所示，车架 1 是全车的装配基体，它将汽车的各相关总成连接成一整体，前轮 5 和后轮 4 分别支撑着从动桥 6 和驱动桥 3。为减少车辆在不平路面行驶时车身所受到的冲击和振动，车桥又通过前悬架 7 和后悬架 2 与车架连接。在某些没有整体车桥的行驶系统中，两侧车轮的心轴也可分别通过各自的弹性悬架与车架连接，即独立悬架。

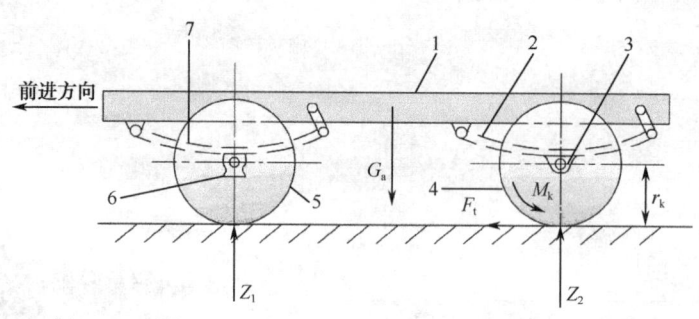

1—车架；2—后悬架；3—驱动桥；4—后轮；5—前轮；6—从动桥；7—前悬架

图 9-1 轮式汽车行驶系统的组成及部分受力情况

汽车行驶系统的受力情况，由图 9-1 可看出，汽车的总重力 G_a 通过前、后车轮传到地面，引起地面分别作用于前轮和后轮上的垂直反力 Z_1 和 Z_2。当驱动桥中半轴将驱动转矩 M_k 传到后轮 4 上时，通过路面和车轮的附着作用，产生路面作用于驱动轮边缘上的向前的纵向反力——牵引力 F_t。牵引力 F_t 的一部分用以克服驱动轮本身的滚动阻力，其余大部分则依次通过驱动桥壳、后悬架传到车架 1，用来克服作用于汽车上的空气阻力和坡道阻力；还有一部分牵引力由车架经过前悬架传至从动桥，使前轮克服滚动阻力向前滚动。于是，整个汽车便向前行驶了。如果行驶系统中处于牵引力传递路线上的任何一个环节中断，汽车将无法行驶。

半履带是指汽车的后桥采用履带式，前桥用车轮，如图 9-2 所示。

履带可以减少汽车对地面的比压，控制汽车下陷，履刺还能加强履带与土壤间的相互作用，增加汽车的附着力，提高通过性，主要用于在雪地或沼泽地带行驶的汽车。

如果汽车前后都装有履带，则称全履带式汽车，如图 9-3 所示。

图 9-2 半履带式汽车

图 9-3 全履带式汽车

9.2　车桥

9.2.1　转向桥

1. 构造

转向桥使车轮可以偏转一定角度以实现汽车的转向。它除承受垂直载荷外，还承受纵向力和侧向力及这些力造成的力矩。转向桥通常位于汽车前部,因此也常称为前桥。

各种车型的转向桥结构基本相同,主要由前梁、转向节组成。下面以东风 EQ1090E 型汽车前桥为例加以说明,如图 9-4 所示。

作为主体零件的前梁 7 是用钢材锻造的,其断面是工字形以提高抗弯强度。为提高抗扭强度,接近两端略呈方形。中间加工出两处用以支撑钢板弹簧的加宽面——弹簧座(图上未画)。中部向下弯曲,使发动机位置降低,从而降低汽车重心,扩展驾驶员视野,并减小传动轴与变速器输出轴之间的夹角。前梁两端各有一个加粗部分,呈拳形,其中有通孔,主销 9 即插入此孔内。用带有螺纹的楔形锁销将主销固定在拳部孔内,使之不能转动。转向节 2 上有销孔的两耳通过主销与前梁的拳部相连,使前轮可以绕主销偏转一定角度而使汽车转向。为了减少磨损,转向节销孔内压入青铜衬套 12,衬套上的润滑油槽在上面端部是切通的,用装在转向节上的滑脂嘴注入润滑脂润滑。为使转向灵活轻便,在转向节下耳与前梁拳部之间装有滚子推力轴承 8。在转向节上耳与拳部之间装有调整垫片 11,以调整其间的间隙。

在左转向节的上耳装有与转向节臂 10 制成一体的凸缘,在下耳上则装着与转向梯形臂制成一体的凸缘,此二凸缘上均制有一矩形键。因此在左转向节的上下耳上都有与之配合的键槽。转向节通过矩形键及带有锥形套的双头螺栓与转向节臂及梯形臂相连。在键与键槽端面间装有条形的橡胶密封垫。

车轮轮毂 4 通过两个圆锥滚子轴承支撑在转向节外端的轴颈上。轴承的松紧度可以通过螺母(装于轴承外端)加以调整。轮毂外端用冲压的金属罩盖住。轮毂内侧装有油封 1。如果油封漏油,则外面的挡油盘仍足以防止润滑油进入制动器内,转向节上靠近主销孔的一端有方形的凸缘,用以固定制动底板。

1—油封;2—转向节;3—轮毂轴承;4—轮毂;5—制动鼓;6—转向横拉杆;
7—前梁;8—滚子推力轴承;9—主销;10—转向节臂;11—调整垫片;12—衬套

图 9-4 东风 EQ1090E 型汽车转向桥(前桥)

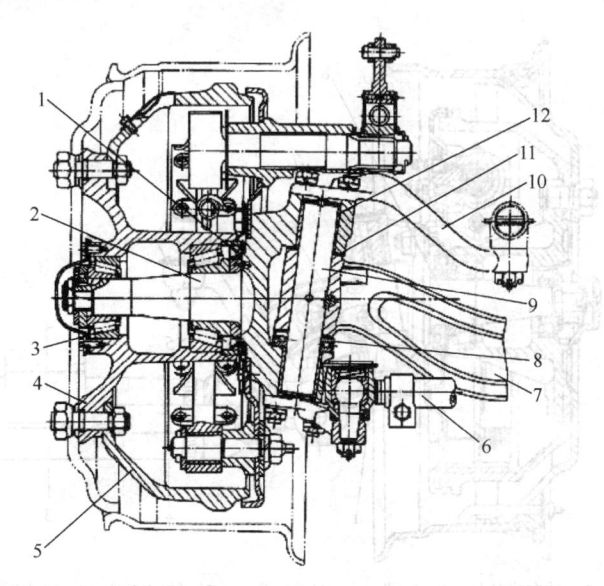

图 9-5 所示为解放 CA1091 型汽车前桥。

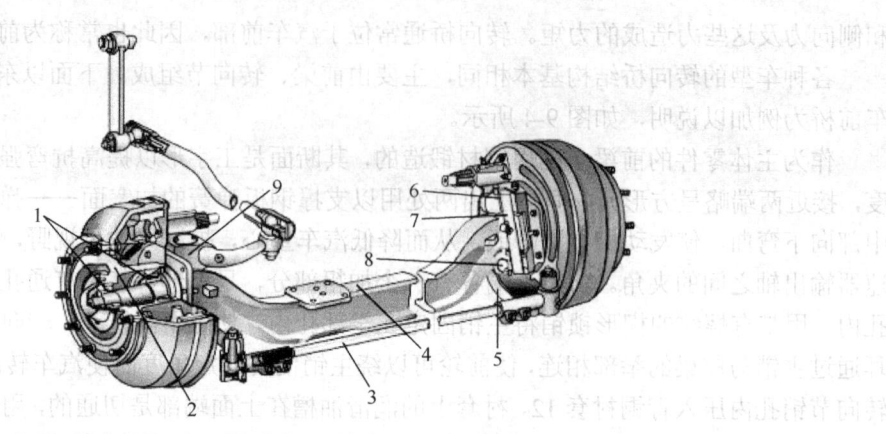

1—轮毂轴承；2—轮毂；3—转向横拉杆；4—前梁；5—梯形臂；6—衬套；7—主销；8—止推轴承；9—转向节

图 9-5　解放 CA1091 型汽车前桥

图 9-6 所示为北京 BJ1040 型汽车转向桥。前梁由两端拳形部分与一根无缝钢管焊接而成，这种结构不需用大型锻造设备来模锻前梁。

主销推力轴承采用球轴承，可使转向操纵轻便。润滑脂可由转向节上耳滑脂嘴注入，经主销内的轴向和径向油孔进入主销和衬套之间的摩擦表面，使之润滑。转向节臂与梯形臂连在一起，固定在转向节下耳上，这样可以使转向节结构简化。车轮用限位螺钉来限制车轮最大转角。

断开式转向桥在轿车和微型客车上得到广泛应用，它与独立悬架相配置组成了性能优良的转向桥。由于它有效地减小了非簧载质量，降低了发动机的质心高度，从而提高了汽车的行驶平顺性和操纵稳定性。

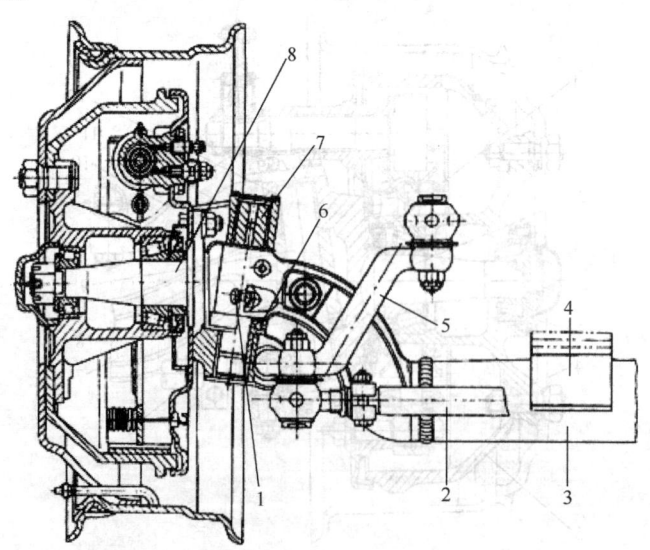

1—车轮转角限位螺钉；2—转向横拉杆；3—前梁；4—钢板弹簧座；5—转向节臂；6—推力轴承；7—主销；8—转向节

图 9-6　BJ1040 型汽车转向桥

图 9-7 所示为 JL6360 微型客车断开式转向桥。该断开式转向桥和前述转向桥一样，在具有承载传力功能的同时，还应具有实现转向的功能，它与转向器配合，通过纵拉杆 6、主转向臂 11、中臂 10、左右横拉杆和左右梯形臂使车轮偏转以实现汽车转向。

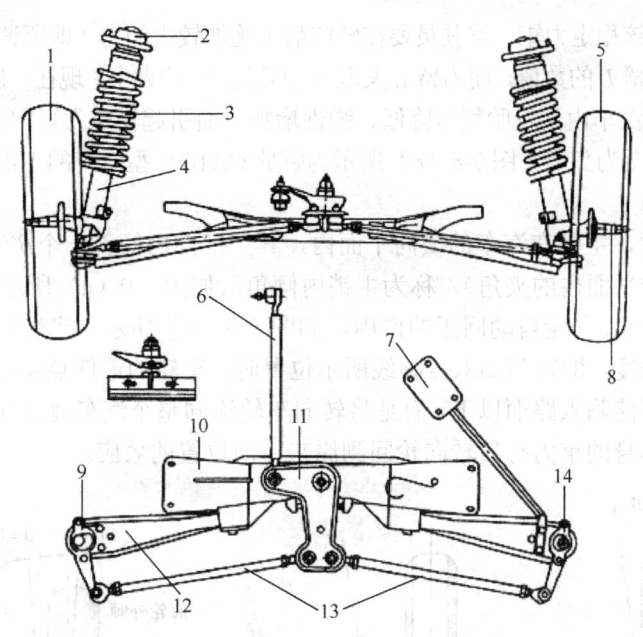

1、5—前轮；2—上支点；3—缓冲弹簧；4—减振器；6—纵拉杆；7—横向稳定杆；
8—转向节；9—右梯形臂；10—中臂；11—主转向臂；12—悬臂总成；13—横拉杆；14—左梯形臂

图9-7　JL6360微型客车断开式转向桥

9.2.2　车轮定位

转向桥在保证汽车转向功能的同时，应使转向轮有自动回正作用，以保证汽车稳定地直线行驶。即当转向轮在偶遇外力作用发生偏转时，一旦作用的外力消失后，应能立即自动回到原来直线行驶的位置。这种自动回正作用是由转向轮的定位参数来保证实现的，也就是转向轮的主销后倾角、主销内倾角、前轮外倾角和前轮前束等。

（1）主销后倾角

设计转向桥时，使主销在汽车的纵向平面内，其上部有向后的一个倾角γ，即主销轴线和地面垂直线在汽车纵向平面内的夹角，如图9-8所示。

主销后倾角γ能形成回正的稳定力矩。当主销具有后倾角γ时，主销轴线与路面交点a将位于车轮与路面接触点b的前面，如图9-8（a）所示。当汽车直线行驶时，若转向轮偶然受到外力作用而稍有偏转（如向右偏转，如图中箭头所示），将使汽车行驶方向向右偏离。这时，由于汽车本身离心力的作用，在车轮与路面接触点b处，路面对车轮作用着一个侧向反作用力F_y。反力F_y对车轮形成绕主销轴线作用的力矩F_yL，其方向正好与车轮偏转方向相反。在此力矩作用下，将使车轮回到原来中间的位置，从而保证汽车稳定直线行驶，故此力矩称为稳定力矩。但此力矩也不宜过大，否

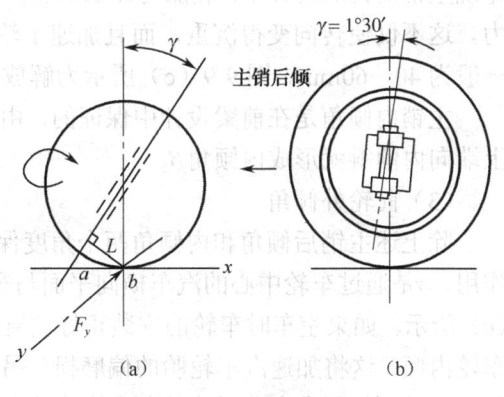

图9-8　主销后倾角作用示意图

则在转向时为了克服该稳定力矩,驾驶员要在转向盘上施加较大的力(即所谓转向沉重)。因稳定力矩的大小取决于力臂 L 的数值,而力臂 L 又取决于后倾角 γ 的大小,现在一般采用的 γ 角不超过 $2°\sim3°$。现代高速汽车由于轮胎气压降低、弹性增加,而引起稳定力矩增大。因此,γ 角可以减小到接近于零,甚至为负值。图 9-8(b)所示为解放 CA1091 型汽车的主销后倾角示意图。

(2)主销内倾角

在设计转向桥时,主销在汽车的横向平面内,其上部向内倾斜一个 β 角(即主销轴线与地面垂直线在汽车横向平面内的夹角),称为主销内倾角,如图 9-9(a)所示。

主销内倾角 β 也有使车轮自动回正的作用,如图 9-9(b)所示。当转向轮在外力作用下由中间位置偏转一个角度,即转到如双点画线所示位置时,车轮的最低点将陷入路面以下。但实际上车轮下边缘不可能陷入路面以下,而是将转向车轮连同整个汽车前部向上抬起一个相应的高度。这样,汽车本身的重力有使转向轮回到原来中间位置的效应。

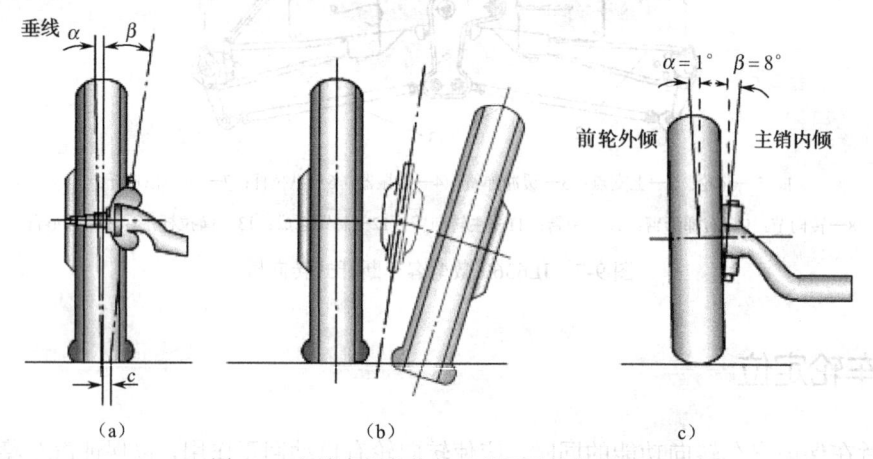

图 9-9 主销内倾角作用示意图及前轮外倾角

此外,主销的内倾还使得主销轴线与路面交点到车轮中心平面与地面交线的距离减小,如图 9-9(a)所示,从而可减少转向时驾驶员加在转向盘上的力,使转向操纵轻便,同时也可减小从转向轮传到转向盘上的冲击力。但值也不宜过小,即内倾角不宜过大,否则在转向时车轮绕主销偏转的过程中,轮胎与路面间将产生较大的滑动,因而增加了轮胎与路面间的摩擦阻力。这不仅使转向变得沉重,而且加速了轮胎的磨损。因此,一般内倾角 β 不大于 $8°$,距离一般为 40~60mm。图 9-9(c)所示为解放 CA1091 型汽车的主销内倾角和前轮外倾角。

主销内倾角是在前梁设计中保证的,由机械加工来实现。加工时,将前梁两端主销孔轴线上端向内倾斜就形成内倾角 β。

(3)前轮外倾角

除上述主销后倾角和内倾角两个角度保证汽车稳定直线行驶外,前轮外倾角 α 也具有定位作用。α 是通过车轮中心的汽车横向平面与车轮平面的交线与地面垂直线之间的夹角,如图 9-9(c)所示。如果空车时车轮的安装正好垂直于路面,则满载时,车桥将因承载变形而可能出现车轮内倾,这将加速汽车轮胎的偏磨损。另外,加重了外端小轴承及轮毂紧固螺母的负荷,降低了它们的使用寿命。因此,为了使轮胎磨损均匀和减轻轮毂外轴承的负荷,安装车轮时应预先使车轮有一定的外倾角,以防止车轮内倾。同时,车轮有了外倾角也可以与拱形路面相适应。但是,外倾角也不宜过大,否则会使车轮产生偏磨损。

前轮的外倾角是在转向节设计中确定的。设计时使转向节轴颈的轴线与水平面成一角度,该角度即为前轮外倾角α（一般α为1°左右）。

(4) 前轮前束

车轮有了外倾角后，在滚动时，就类似于滚锥，从而导致两侧车轮向外滚开。由于转向横拉杆和车桥的约束使车轮不可能向外滚开，车轮将在地面上出现边滚边滑的现象，从而增加了轮胎的磨损。为了消除车轮外倾带来的不良后果，在安装车轮时使汽车两前轮的中心面不平行，两轮前边缘距离 B 小于后边缘距离 A，$A-B$ 之差称为前轮前束值，如图9-10所示。这样可使车轮在每一瞬时滚动方向接近于向着正前方，从而在很大程度上减轻和消除了由于车轮外倾而产生的不良后果。

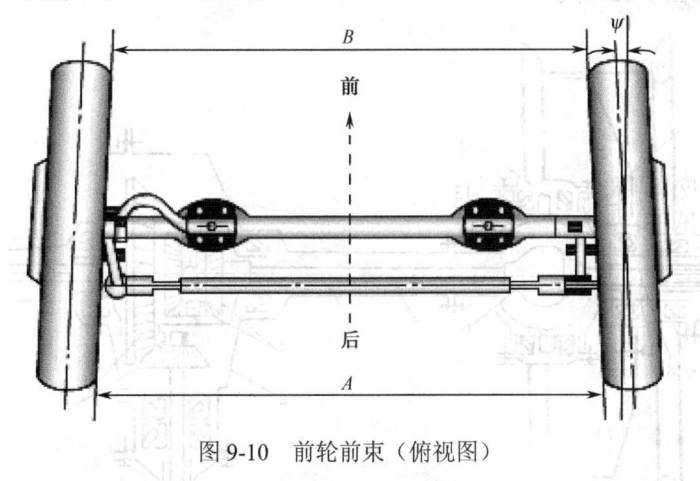

图 9-10　前轮前束（俯视图）

前轮前束可通过改变横拉杆的长度来调整。调整时，可根据各厂家规定的测量位置，使两轮前后距离差 ($A-B$) 符合规定的前束值。一般前束值为 0~12mm。测量位置除图示的位置外，还通常取两轮胎中心平面处的前后差值，也可以选取两车轮钢圈内侧面处前后差值。

(5) 后轮的外倾角和前束

车轮定位参数通常都指汽车的前转向轮而言。但是，现代汽车不仅前转向轮有外倾角和前束，有些汽车的后轮也有外倾角和前束。如红旗 CA7220 型轿车，后轮设置有前束角 $8'^{+5'}_{0}$ 和外倾角 $-58'\pm10'$。该车为发动机前置和前驱动形式，后轮则是从动轮。汽车的驱动力通过纵臂作用于后轴上，如图 9-11 所示，如果车轮没有前束角，当汽车行驶时，在驱动力作用下，后轴将产生一定弯曲，使车轮出现前张现象，而预先设置的前束角就是用来抵消这种前张的。后轮外倾角有两个作用：①由于外倾角是负值，可增加车轮接地点的跨度，增加汽车的横向稳定性；②负外倾角是用来抵消当汽车高速行驶且驱动力较大时，车轮出现的负前束（前张），以减少轮胎的磨损。该车轮前束角和外倾角均不可调整。

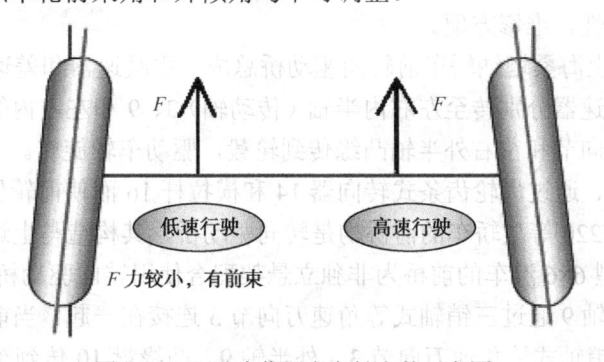

图 9-11　驱动力作用在车轴上的示意图

某些后轮驱动的重型汽车，由于采用独立悬架和脊骨式车架，为了保持加载后汽车行驶时轮胎处于正确的接地位置，减小磨损，后轮也设计成有一定的正外倾角，如太脱拉138型汽车。

9.2.3 转向驱动桥

在许多轿车和全轮驱动的越野汽车上，前桥除作为转向桥外，还兼起驱动桥的作用，故称为转向驱动桥，如图9-12所示。

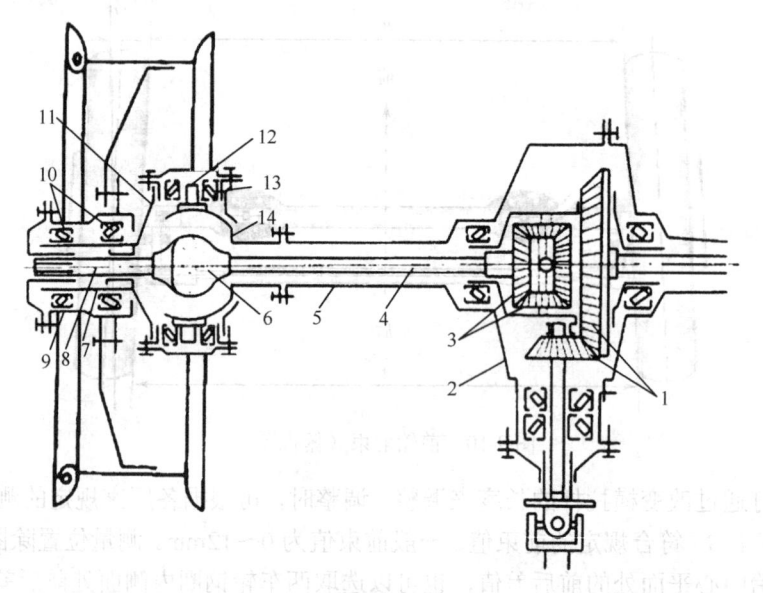

1—主减速器；2—主减速器壳；3—差速器；4—内半轴；5—半轴套管；6—万向节；7—转向节轴颈；8—外半轴；9—轮毂；10—轮毂轴承；11—转向节壳体；12—主销；13—主销轴承；14—球形支座

图9-12 转向驱动桥

它同一般驱动桥一样，有主减速器1和差速器3。但由于转向时车轮需要绕主销偏转一个角度，故与转向轮相连的半轴必须分成内外两段（内半轴4和外半轴8），其间用万向节6（一般多用等角速万向节）连接，同时主销12也因而制成上下两段。转向节轴颈部分做成中空的，以便外半轴穿过其中。

目前，许多现代轿车采用了发动机前置前轮驱动的布置形式，其前桥既是转向桥又是驱动桥。此种类型的转向驱动桥多与麦弗逊式独立悬架配合使用，因其前轮内侧空间较大，便于布置，具有良好的接近性，维修方便。

图9-13所示为上海桑塔纳轿车前转向驱动桥总成，主减速器和差速器在图中未画出。其动力经主减速器和差速器分别传至左右内半轴（传动轴）3、9和左右内等角速万向节，并经球笼式左右外等角速万向节和左右外半轴凸缘传到轮毂，驱动车轮旋转。

当转动转向盘时，通过齿轮齿条式转向器14和横拉杆16而使前轮偏转，以实现转向。捷达、奥迪、红旗CA7220等型轿车的前桥均是转向驱动桥，其构造与上述结构类似。

东风EQ2080E型6×6汽车的前桥为非独立悬架配合使用转向驱动桥，其构造如图9-14所示。内半轴1与外半轴9通过三销轴式等角速万向节3连接在一起。当前轴驱动时，转矩由差速器、内半轴1、三销轴式等角速万向节3、外半轴9、凸缘盘10传到车轮轮毂14上。

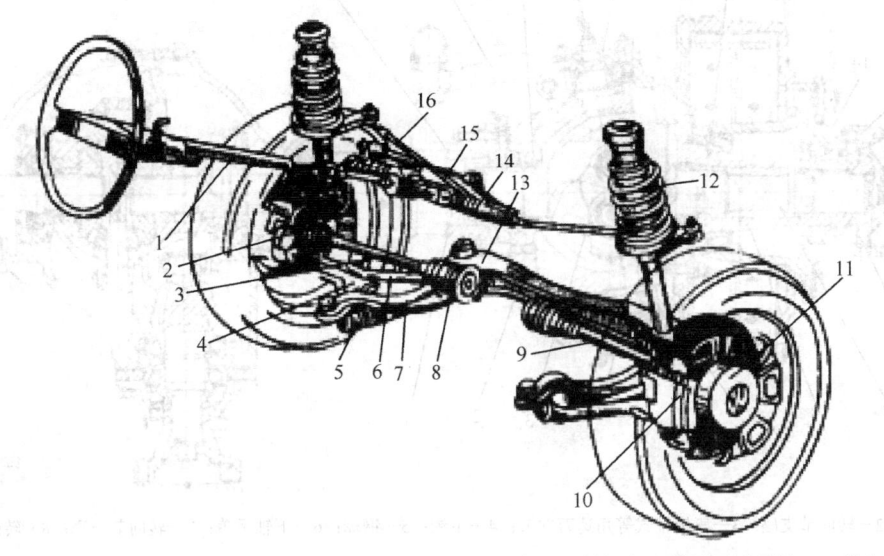

1—转向柱；2—外等角速万向节；3—左（半轴）传动轴；4—悬架摆臂；5—悬架臂后端的橡胶金属轴；6—横向稳定杆；
7—发动机悬置；8—内等角速万向节；9—右（半轴）传动轴；10—制动钳；11—外半轴凸缘；12—减振器支柱；
13—橡胶金属支架；14—齿轮齿条式转向器；15—转向减振器；16—横拉杆

图 9-13　上海桑塔纳轿车前转向驱动桥总成

转向节通过两个滚针轴承和球碗及钢球支撑在转向节支座 2 上，分成两段的主销 4 与转向节支座固装成一体，其上下两段的轴线必须在一条直线上。主销轴承用轴承盖 6 及 19（左边的上轴承盖与转向节臂是一体）压紧在转向节外壳 7 上。下轴承盖 6 内装有一个钢球及两个球碗，以承受主销的轴向载荷，上轴承盖内装有一个推力螺钉，并通过球碗 16 顶住主销，以防主销下沉，轴承座油封罩间应有一定间隙（1～2mm），当间隙过小（如小于 0.2mm）时可能引起转向沉重，此时应在钢球下球碗的下面加装垫片（厚 1mm）。转向节支座用螺钉与半轴套管 20 相连接。转向节做成转向节外壳 7 和转向节轴颈 8 两段，用螺钉连接成一体。（轮毂 14 通过两个锥轴承装在转向节轴颈上）轮毂轴承用调整螺母 13、锁止垫圈 12、锁紧螺母 11 固紧。在转向轴颈内压装一个青铜衬套 15，以便于支撑外半轴 9。当通过转向节臂 19 推动转向节时，转向节便可绕过主销转动而使前轮偏转。

9.2.4　支持桥

据驱动方式的不同，车桥也分成转向桥、驱动桥、转向驱动桥和支持桥四种。既无转向功能又无驱动功能的桥称为支持桥，转向桥和支持桥都属于从动桥。前置前驱轿车的后桥为典型的支持桥。如图 9-15 所示为桑塔纳轿车支持桥。

如图 9-16 所示为 PQ35 系列车型的后支持桥，主要应用在 BoraA5 以及 GolfA5 等车型上，采用了四连杆结构，由上横摆臂、下横摆臂、横拉杆和纵摆臂组成，其纵向力和横向力相互独立，以获得最大限度的行驶稳定性和舒适性。

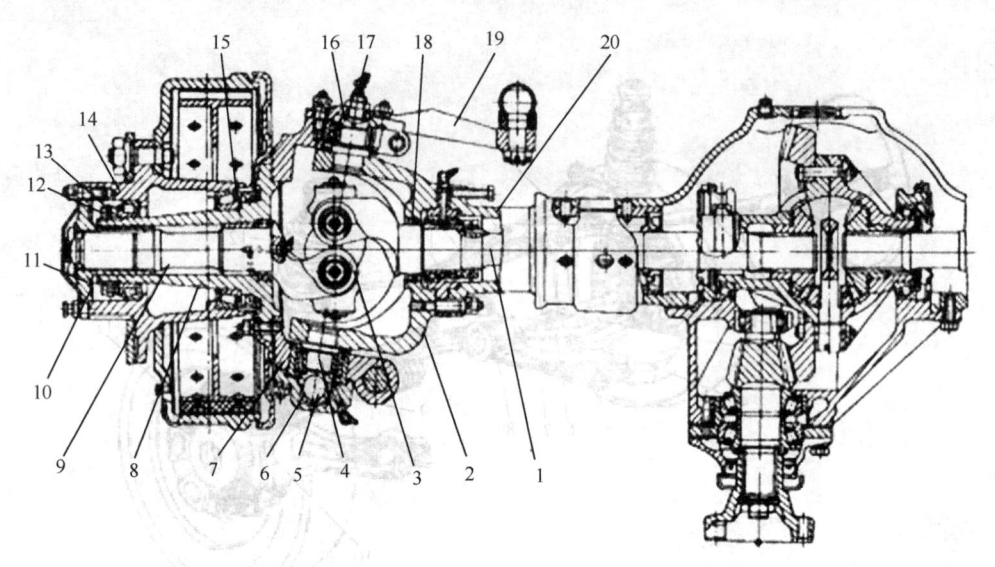

1—内半轴；2—转向节支座；3—三销轴式等角速万向节；4—主销；5—钢球；6—下轴承盖；7—转向节外壳；8—转向节轴颈；
9—外半轴；10—凸缘盘；11—锁紧螺母；12—锁止垫圈；13—调整螺母；14—轮毂；15—青铜衬套；16—球碗；17—推力螺钉；
18—油封；19—转向节臂；20—半轴套管

图 9-14　东风 EQ2080E 型汽车转向驱动桥

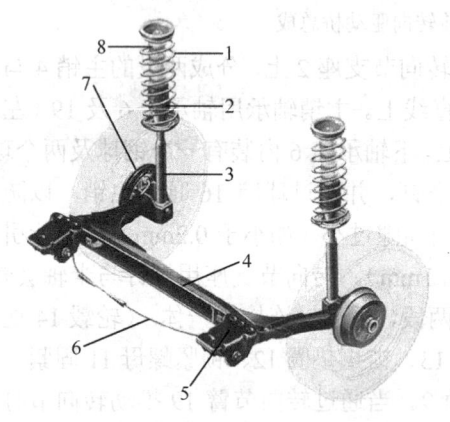

1—弹簧；2—橡胶护套；3—减振器；4—后桥焊接总成；
5—橡胶—金属支撑座；6—手动拉索；7—制动器；8—缓冲限位块

图 9-15　桑塔纳轿车支持桥

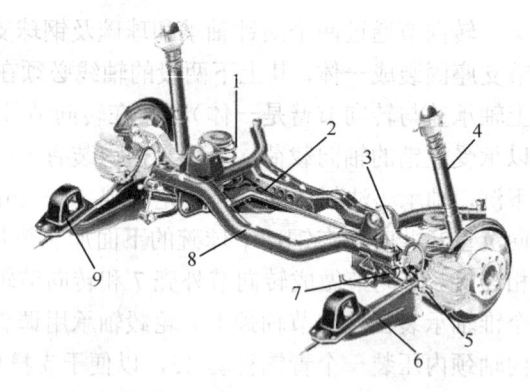

1—螺旋弹簧；2—稳定杆；3—上横摆臂；4—减振器；
5—下横摆臂；6—纵摆臂；7—横拉杆；8—副车架；9—支架

图 9-16　PQ35 系列车型的后支持桥（螺旋弹簧）

9.3　车轮和轮胎

　　车轮与轮胎是汽车行驶系统中的重要部件，其功用是：支撑整车；缓和由路面传来的冲击力；通过轮胎同路面间的附着作用来产生驱动力和制动力；汽车转弯行驶时产生平衡离心力的侧抗力，在保证汽车正常转向行驶的同时，通过车轮产生的自动回正力矩，使汽车保持直线行驶方向；承担越障提高通过性的作用等。

9.3.1 车轮

车轮是介于轮胎和车轴之间承受负荷的旋转组件,通常由两个主要部件——轮辋和轮辐组成(GB/T 2933—1995)。轮辋是在车轮上安装和支撑轮胎的部件,轮辐是在车轮上介于车轴和轮辋之间的支撑部件。轮辋和轮辐可以是整体式、永久连接式或可拆卸式的。车轮除上述部件外,有时还包含轮毂。

1. 车轮的类型

按照轮辐的构造,车轮可分为辐板式和辐条式。按车轴一端安装一个或两个轮胎,车轮又分为单式车轮和双式车轮。此外还有对开式、可反装式车轮、组装轮辋式车轮和可调式车轮。

(1)辐板式车轮

由挡圈、辐板、轮辋和气门嘴孔组成,如图 9-17 所示。辐板是连接轮毂和轮辋的钢质圆盘。辐板大多是冲压制成的,少数是和轮毂铸成一体的,后者主要用于重型汽车。

轿车的车轮辐板所用板料较薄,常冲压成起伏多变的形状,如图 9-18(b)所示,以提高刚度。有些轿车为了减轻车轮的质量和有利于制动鼓的散热,采用了铝合金铸造加工辐板。为了保证高速行驶的平衡性能,还加有平衡块。

红旗 CA7220 型轿车车轮总成如图 9-18 所示。轮辋 7 和辐板 5 焊接在一起,并用螺栓 2 将其安装在车轮轮毂或制动鼓上,组成车轮。用平衡块 8 对车轮进行动平衡,车轮装饰罩装在辐板外面。

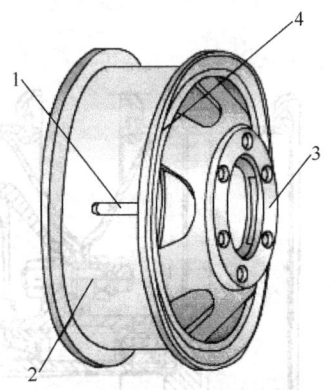

1—气门嘴孔;2—轮辋;
3—辐板;4—挡圈

图 9-17 辐板(轮盘)式车轮

由于货车后轴负荷比前轴大得多,为使后轮轮胎不致过载,后桥一般装用双式车轮,如图 9-19 所示。在同一轮毂上安装了两套辐板和轮辋,为了便于互换,辐板的螺栓孔两端面都做成锥面,如图 9-20(a)所示。内轮辐板 3 靠在轮毂 4 凸缘的外端面上,用具有锥形断面的特制螺母 1 固定在螺栓 5 上。螺母 1 还具有外螺纹,外轮辐板 2 紧靠着内轮辐板,用锁紧螺母 6 来固定。采用这种双螺母固定形式时,为了防止汽车在行驶中固定辐板的螺母自行松脱,汽车两侧车轮上的辐板固定螺栓 5 一般采用旋向不同的螺纹,左侧用左旋螺纹,右侧用右旋螺纹。

目前在一些载货汽车上,后桥双式车轮采用单螺母的固定形式,如图 9-20(b)所示,由于在该结构中采用了球面弹簧垫圈 7,可以防止螺母 1 自行松脱,故汽车左右车轮上固定辐板的螺栓 5 均可用右螺纹,从而减少了零件品种。

(2)辐条式车轮

这种车轮的轮辐是钢丝辐条,如图 9-21(a)所示,或者是和轮毂铸成一体的铸造辐条,如图 9-21(b)所示。钢丝辐条车轮由于价格昂贵,维修安装不方便,故仅用于赛车和某些高级轿车上(如美国别克轿车)。铸造辐条式车轮用于装载质量较大的重型汽车上。在这种结构的车轮上,轮辋用螺栓和特殊形状的衬块固定在辐条上,为了使轮辋与辐条很好地对中,在轮辋和辐条上都加工出配合锥面。

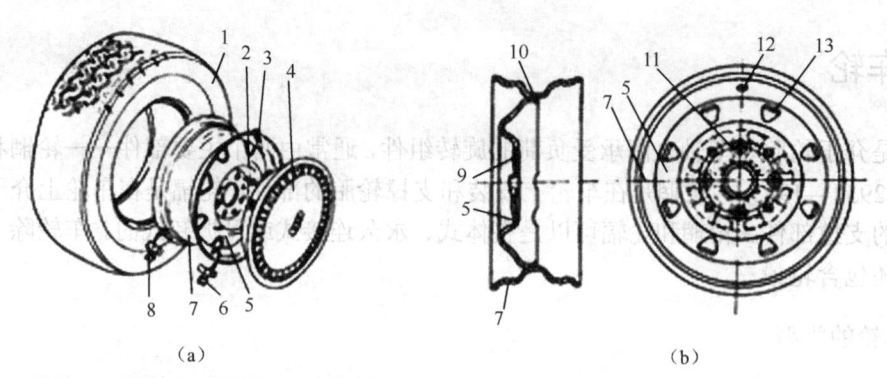

1—轮胎；2—螺栓；3—气门嘴；4—车轮装饰罩；5—辐板；6—平衡块定位弹簧；7—轮辋；8—平衡块；
9—螺栓孔；10—焊缝；11—车轮螺母座凸台；12—气门嘴孔；13—通风孔

图 9-18　红旗 CA7220 型轿车车轮总成

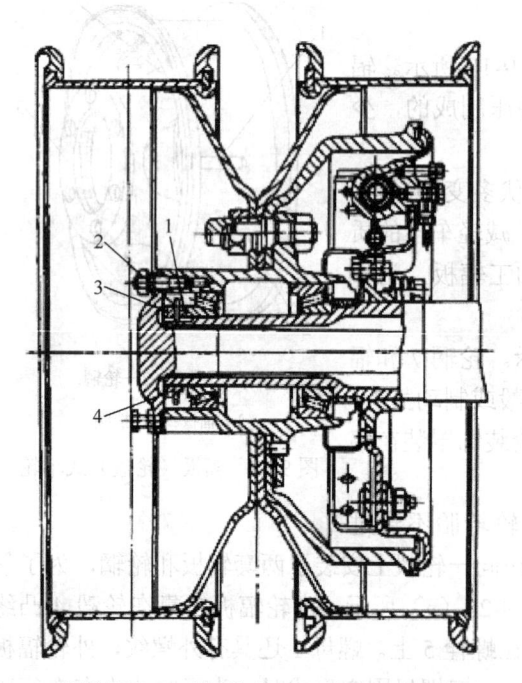

1—调整螺母；2—锁止垫片；3—锁紧螺母；4—销钉

图 9-19　载货汽车双式车轮

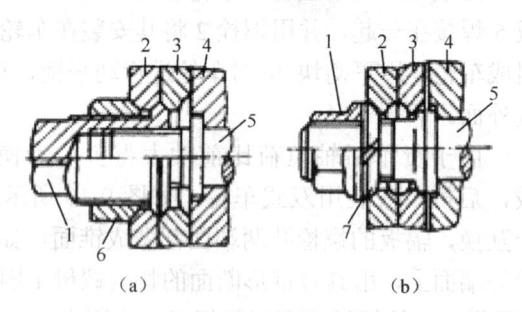

1—螺钉；2—外轮辐板；3—内轮辐板；4—轮毂；
5—螺栓；6—锁紧螺母；7—球面弹簧垫圈

图 9-20　双式车轮辐板的固定

2. 轮辋的类型

轮辋常见形式主要有两种：深槽轮辋和平底轮辋，如图 9-22 所示。此外还有对开式轮辋、半深槽轮辋、深槽宽轮辋、平底宽轮辋、全斜底轮辋等。

（1）深槽轮辋

这种轮辋是整体的，如图 9-22（a）所示，主要用于轿车及轻型越野汽车。它有带肩的凸缘，用以安放外胎的胎圈，其肩部常略向中间倾斜，其倾斜角一般是 5°±1°。倾斜部分的最大直径即称为轮胎胎圈与轮辋的着合直径。为便于外胎的拆装，断面的中部制成深凹槽。深槽轮辋的结构简单，刚度大，质量较小，对于小尺寸弹性较大的轮胎最适宜，但是尺寸较大，较硬的轮胎则很难装进这样的整体轮辋内。

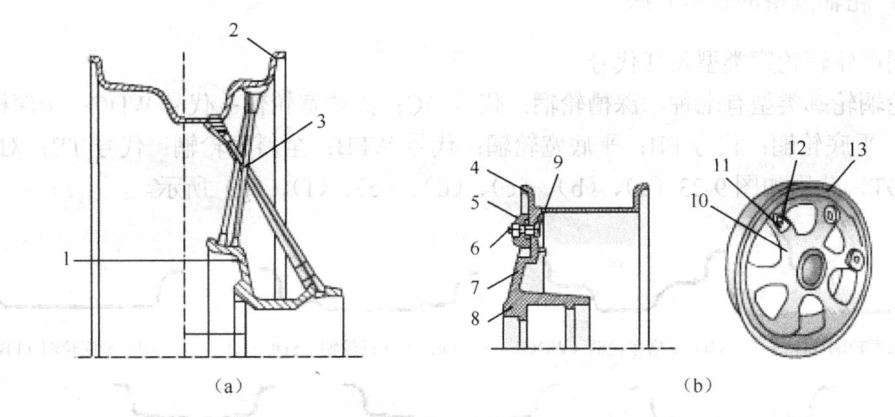

1—轮毂；2、4、13—轮辋；3—辐条；5、12—衬块；6—螺栓；7—辐条；8—轮毂；9—螺栓配合锥面；10—辐条；11—螺栓

图 9-21 辐条式车轮

（2）平底轮辋

这种轮辋的结构形式很多，图 9-22（b）所示是我国货车常用的一种形式。挡圈是整体的，而且用一个开口锁圈来防止挡圈脱出。在安装轮胎时，先将轮胎套在轮辋上，而后套上挡圈，并将它向内推，直至越过轮辋上的环形槽，再将开口的弹性锁圈嵌入环形槽中。东风 EQ1090E 型和解放 CA1091 型汽车车轮均采用这种形式的轮辋。

（3）对开式轮辋

这种轮辋由内外两部分组成，如图 9-22（c）所示，其内外轮辋的宽度可以相等，也可以不相等，二者用螺栓连成一体。拆装轮胎时，拆卸螺母即可。图 9-22（c）所示挡圈是可拆的。有的无挡圈，而由与内轮辋制成一体的轮缘代替挡圈起作用，由轮辋与辐板焊接在一起。东风 EQ2080 和延安 SX2150 型汽车车轮即采用这种形式的轮辋。

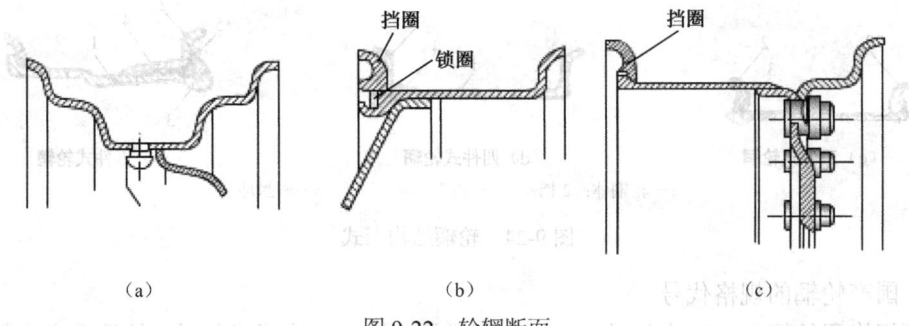

图 9-22 轮辋断面

除了深槽轮辋和平底轮辋以外，还有半深槽轮辋，一般用于轻型汽车上。

由于轮辋是轮胎的装配和固定基础，当轮胎装入不同轮辋时，其变形位置与大小也发生变化。因此，每一种规格的轮胎，最好配用规定的标准轮辋，必要时也可配用规格与标准轮胎相近的轮辋（容许轮辋）。如果轮辋使用不当，会造成轮胎早期损坏，特别是使用在过窄的轮辋上时。

近几年来，为了适应提高轮胎负荷能力的需要，开始采用深槽宽轮辋。实验表明，采用宽轮辋可以提高轮胎的使用寿命，并可以改善汽车的通过性和行驶稳定性。

3. 国产轮辋规格的表示方法

(1) 国产轮辋轮廓类型及其代号

目前轮辋轮廓类型有七种。深槽轮辋：代号 DC；深槽宽轮辋：代号 WDC；半深槽轮辋：代号 SDC；平底轮辋：代号 FB；平底宽轮辋：代号 WFB；全斜底轮辋：代号 TB；对开式轮辋：代号 DT，分别如图 9-23 (a)、(b)、(c)、(d)、(e)、(f)、(g) 所示。

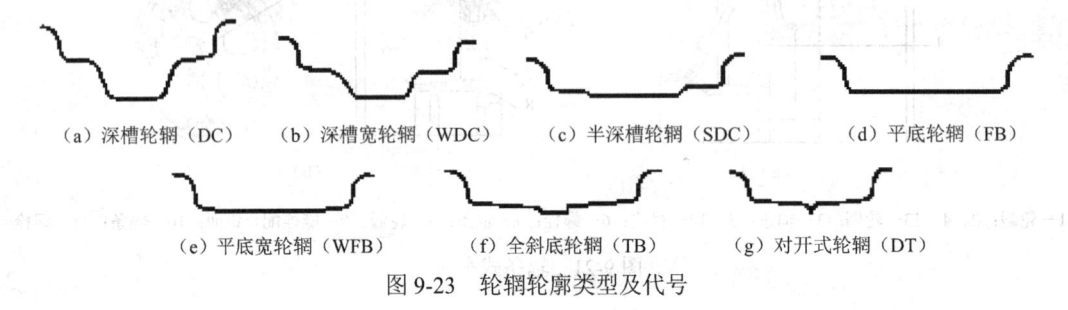

(a) 深槽轮辋（DC）　(b) 深槽宽轮辋（WDC）　(c) 半深槽轮辋（SDC）　(d) 平底轮辋（FB）

(e) 平底宽轮辋（WFB）　(f) 全斜底轮辋（TB）　(g) 对开式轮辋（DT）

图 9-23　轮辋轮廓类型及代号

轮辋的结构形式，根据其主要由几个零件组成分为：一件式轮辋、二件式轮辋、三件式轮辋、四件式轮辋和五件式轮辋。一件式轮辋具有深槽的整体式结构，如图 9-24 (a) 所示。二件式轮辋可以拆卸为轮辋体和弹性挡圈两个主要零件，如图 9-24 (b) 所示。三件式轮辋可以拆卸为轮辋体、挡圈和锁圈三个主要零件，如图 9-24 (c) 所示。四件式轮辋可以拆卸为轮辋体、挡圈、锁圈和座圈四个主要零件，如图 9-24 (d) 所示。五件式轮辋可以拆卸为轮辋体、挡圈、锁圈、座圈和密封环五个主要零件，如图 9-24 (e) 所示。

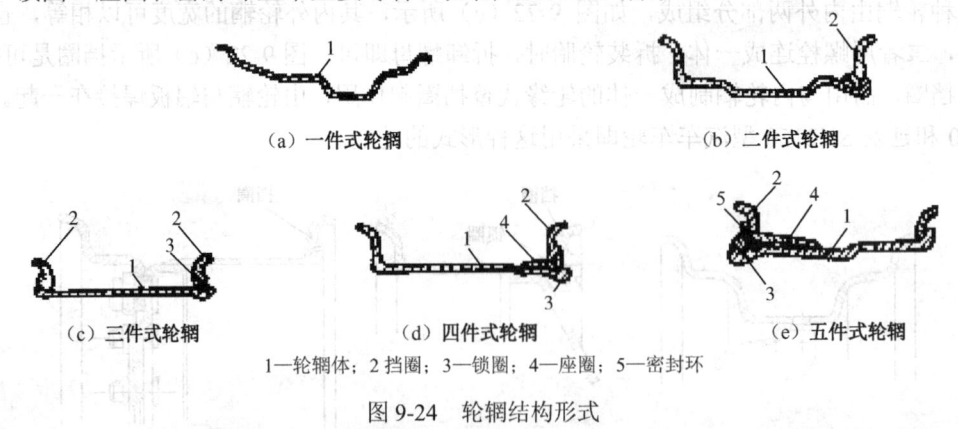

(a) 一件式轮辋　(b) 二件式轮辋

(c) 三件式轮辋　(d) 四件式轮辋　(e) 五件式轮辋

1—轮辋体；2—挡圈；3—锁圈；4—座圈；5—密封环

图 9-24　轮辋结构形式

(2) 国产轮辋的规格代号

轮辋规格用轮辋名义宽度代号、轮缘高度代号、轮辋结构形式代号、轮辋名义直径代号和轮辋轮廓类型代号来共同表示。轮辋名义宽度和名义直径代号的数是以英寸（in）表示的（当新设计轮胎以毫米（mm）表示直径时，轮辋直径用毫米（mm）表示）。直径数字前面的符号表示轮辋结构形式代号，符号"×"表示该轮辋为一件式轮辋，符号"-"表示轮辋为两件或两件以上的多件式轮辋。在轮辋名义宽度代号之后的拉丁字母表示轮缘的轮廓（E、F、JJ、KB、L、V 等）。有些类型的轮辋（如平底宽轮辋），其名义宽度代号也代表了轮缘轮廓，不再用字母表示。最后面的代号表示了轮辋轮廓类型代号。

例如，BJ2020 型汽车轮辋为 4.50E×16，表示该轮辋名义宽度为 4.5in，名义直径为 16in，是轮缘轮廓代号为 E 的一件式深槽轮辋。对于平底式宽轮辋，只有表示轮辋名义宽度和名义直径的数字，而没有表示轮缘轮廓的拉丁字母代号。例如，东风 EQ1090E 型汽车轮辋规格为 7.0-20；解放 CA1091 型汽车轮辋规格为 6.5-20。

现有轮辋规格代号见 GB/T 2933—1995，以下列方式表示：

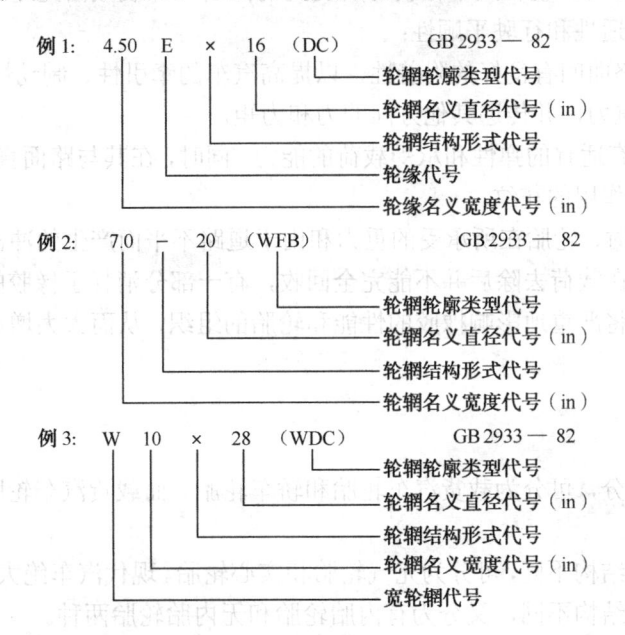

例1： 4.50 E × 16 （DC） GB 2933 — 82
- 轮辋轮廓类型代号
- 轮辋名义直径代号（in）
- 轮辋结构形式代号
- 轮缘代号
- 轮缘名义宽度代号（in）

例2： 7.0 - 20 （WFB） GB 2933 — 82
- 轮辋轮廓类型代号
- 轮辋名义直径代号（in）
- 轮辋结构形式代号
- 轮辋名义宽度代号（in）

例3： W 10 × 28 （WDC） GB 2933 — 82
- 轮辋轮廓类型代号
- 轮辋名义直径代号（in）
- 轮辋结构形式代号
- 轮辋名义宽度代号（in）
- 宽轮辋代号

新设计的轮辋以下列方式表示：

轿车：10×3.50C，15×6JJ

轻型货车：15×5.5JJ，16.5×6.00，15-5.50F(SDC)

中型、重型货车：20-7.5，22-8.00V，22.5×8.25

（3）国际和其他相关标准的轮辋尺寸标示法

① ISO 标准：为国际标准化机构规定的轮辋尺寸标准。ISO 标准的 14×5.5JJ 表示 14：轮辋直径（14in）；5.5：轮辋宽度（5.5in）；JJ：轮辋法兰（轮缘）形状。

② JIS 标准：为日本工业标准，其轮辋尺寸标示为 5.5-JJ×14 则表示 14：轮辋直径（14in）；5.5：轮辋宽度（5.5in）；JJ：轮辋法兰（轮缘）形状。

（4）车轮规格

车轮的规格除了轮辋宽度和轮辋直径外，还有螺栓孔的节圆直径，即车轮通常用若干个螺栓安装在轮毂上，各螺栓孔中心分布圆的直径即为节圆直径，用毫米表示。车轮的另一个重要规格是偏置距 E，它表示了轮辋中心和车轮安装面之间的水平距离，这是选择车轮的重要尺寸。对于发动机前置前驱动的汽车（FF）和发动机前置后驱动的汽车（FR），其车轮偏置距是不一样的，必须装用符合原车轮偏置距的车轮。此外，还有轮毂直径、螺栓孔直径。

轮辋规格只表示轮胎与轮辋的匹配，而不明确是否与车身相匹配，选用时注意车身的运动校核。

9.3.2 轮胎

现代汽车几乎都采用充气轮胎。轮胎安装在轮辋上，直接与路面接触，其作用是：
① 和汽车悬架共同来缓和汽车行驶时所受到的冲击，并衰减由此而产生的振动，以保证汽车有良好的乘坐舒适性和行驶平顺性；
② 保证车轮和路面间有良好的附着性，以提高汽车的牵引性、制动性和通过性；
③ 承受汽车的重力，并传递其他方向的力和力矩。

因此，轮胎必须有适宜的弹性和承受载荷的能力。同时，在其与路面直接接触的胎面部分，应具有用以增强附着作用的花纹。

此外，车轮滚动时，轮胎在所承受的重力和由于道路不平而产生的冲击载荷作用下受到压缩。压缩消耗的功，在载荷去除后并不能完全回收，有一部分消耗于橡胶的内摩擦，结果使得轮胎发热。温度过高将严重地影响橡胶的性能和轮胎的组织，从而大大增加磨损而缩短轮胎的使用寿命。

1. 轮胎类型

汽车轮胎按用途分，可分为载货汽车轮胎和轿车轮胎。而载货汽车轮胎又分为重型、中型和轻型载货汽车轮胎。

汽车轮胎按胎体结构不同，可分为充气轮胎和实心轮胎。现代汽车绝大多数采用充气轮胎。

充气轮胎按组成结构不同，又分为有内胎轮胎和无内胎轮胎两种。

充气轮胎按胎体中帘线排列的方向不同，还可分为普通斜交轮胎和子午线轮胎。

1）有内胎的充气轮胎

这种轮胎由外胎 1、内胎 2 和垫带 3 组成，如图 9-25（a）所示。内胎中充满着压缩空气；外胎是用以保护内胎使其不受外来损害的强度高并富有弹性的外壳；垫带放在内胎与轮辋之间，防止内胎被轮辋及外胎的胎圈擦伤和磨损。

轮胎外胎的一般构造和各部位名称如图 9-25 所示。轮胎与地面的接触部分为外胎面，也称胎冠，是轮胎的主要工作部分。胎冠与胎侧的过渡部分为胎肩。轮胎与轮辋相接触部分称为胎缘。胎缘内部有钢丝圈。外胎内侧为胎体，也称帘布层。胎体与胎冠之间为缓冲层，也称带束层。

按胎内的空气压力大小，充气轮胎可分为高压胎、低压胎和超低压胎三种。过去，一般气压在 0.5~0.7MPa 者为高压胎，0.15~0.45MPa 为低压胎，0.15MPa 以下者为超低压胎；但由于制造轮胎用的原材料的不断发展，轮胎负荷能力大幅度提高，相应的气压也提高了，而轮胎的缓冲性能仍在某种程度上保持了原来同规格"低压胎"的性能，因此，按过去的标准来讲，属于高压胎气压范围者，现在国内外还是将其归于"低压胎"这一类。如国产规格为 9.00-20 的 14 层级尼龙胎，载荷容量为 22300N，气压 0.67MPa，仍属低压胎。

目前，轿车、货车几乎全都采用低压胎。因为低压胎弹性好，断面宽，与道路接触面积大，壁薄而散热性良好。这些特点提高了汽车行驶平顺性、转向操纵的稳定性。此外，道路和轮胎本身的寿命也得以延长。

目前，普通斜交轮胎和子午线轮胎在汽车上得到了广泛应用，特别是子午线轮胎应用最为广泛。下面主要介绍普通斜交轮胎和子午线轮胎。

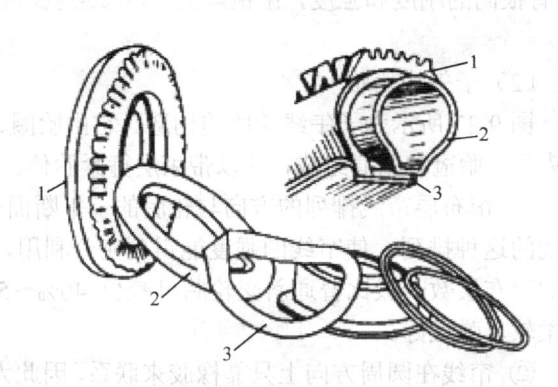

（a）充气轮胎的组成　　　　　（b）外胎的各部位名称

1—外胎；2—内胎；3—垫带；4—花纹；5—胎面；6—胎面下层；7—带束层；8—帘布层；9—气密层；
10—胎侧胶；11—胎圈包布；12—三角胶条；13—钢丝圈；14—胎趾；15—胎圈；16—胎侧；17—胎肩；18—胎面

图 9-25　充气轮胎的组成及各部位名称

（1）普通斜交轮胎

帘布层和缓冲层各相邻帘线交叉，且与胎中心线呈小于 90°角排列的充气轮胎，称为普通斜交轮胎。图 9-26 所示为有内胎的普通斜交轮胎的构造。外胎由胎面、帘布层、缓冲层及胎圈组成。帘布层是外胎的骨架，用以保持外胎的形状和尺寸，通常由成双数的多层挂胶帘（帘布）用橡胶贴合而成。帘布的帘线与轮胎子午断面的交角（胎冠角）一般为 52°～54°，相邻层帘线相交排列。帘布层数越多，强度越大，但弹性降低。在外胎表面上注有帘布层数。

帘布由纵向的强韧的经线和放在各经线之间的少数纬线织成。帘线可以是棉线、人造丝线、尼龙线和钢丝。采用人造丝可以使同样尺寸的轮胎增加其载荷量，因为人造丝的强度和弹性都大。尼龙丝又比人造丝好，耐用性高。因此，当采用人造丝、尼龙丝或钢丝帘线时，在轮胎的承载能力相同的情况下帘布层数可以减少，此

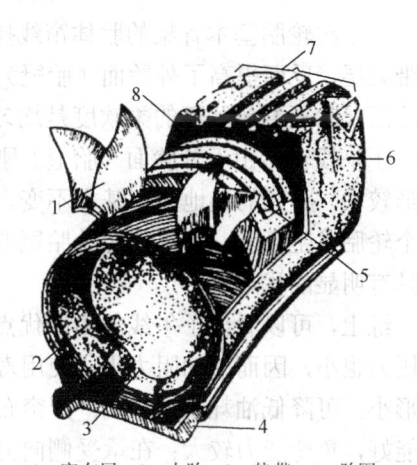

1—帘布层；2—内胎；3—垫带；4—胎圈；
5—缓冲层；6—胎侧；7—胎冠；8—胎肩

图 9-26　有内胎的普通斜交轮胎的构造

时在外胎表面上标注的是层级（相当于棉线帘布层数，而不是实际的帘布层数）。我国已大量采用人造丝和尼龙帘线，近来也开始采用金属丝帘线，但因价高和质脆而没有得到广泛应用。

缓冲层位于胎面与帘布层之间，用胶片和两层或数层挂胶帘布制成，故弹性较大，能缓和汽车在行驶时所受到的不平路面的冲击，并防止汽车在紧急制动时胎面与帘布层脱离。

胎面是外胎最外的一层，可以分为胎冠、胎侧、胎肩三部分。胎冠用耐磨的橡胶制成，它直接承受摩擦和作用在轮胎上的全部载荷，能减轻帘布层所受冲击，并保护帘布层和内胎免受机械损伤。为使轮胎与地面有良好的附着性能，防止纵横向滑移等，在胎冠上有着各种形状的

凹凸花纹。

胎肩是较厚的胎冠与软薄的胎侧之间的过渡部分，一般也制成花纹，以利散热。

胎侧橡胶层较薄，它用以保护帘布层侧壁免受潮湿和机械损伤。

胎圈使外胎牢固地装在轮辋上，有很高的刚度和强度，由钢丝圈、帘布层包边和胎圈包布组成。

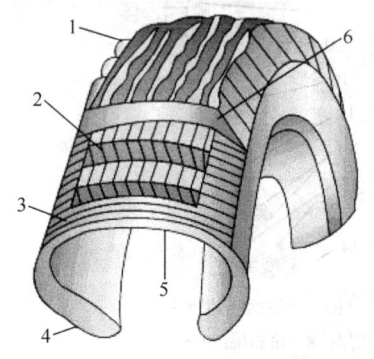

（2）子午线轮胎

图9-27所示为子午线轮胎的构造。它由胎圈、帘布层、带束层、胎冠和胎肩组成，并以带束层箍紧胎体。其特点是：

① 帘布层帘线排列的方向与轮胎的子午断面一致。由于帘线的这种排列，使帘线的强度能得到充分利用，子午线轮胎的帘布层数一般比普通斜交轮胎可减少40%～50%；胎体较柔软，弹性好。

② 帘线在圆周方向上只靠橡胶来联系，因此为了承受行驶时产生的较大切向力，子午线轮胎具有若干层帘线与子午断面呈大角度（交角为70°～75°）、高强度、不易拉伸的周向环形的类似缓冲层的带束层。带束层通常采用强度较高、拉伸变形很小的织物帘布（如玻璃纤维、聚酰胺纤维等高强度材料）或钢丝帘布制造。

1—胎冠；2—带束层；3—帘布层；
4—胎圈；5—子午断面；6—胎肩

图9-27 子午线轮胎的构造

子午线轮胎基本骨架的胎体帘线排列成辐射状，所以胎侧部分柔软。但是，由于胎面内侧有带束层，反而提高了外胎面（胎冠）刚度。而普通斜交轮胎是胎体构成轮胎的骨架，因而从外胎面（胎冠）到胎侧的柔软度是均匀的。

子午线轮胎由于外胎面（胎冠）刚性大，而胎侧部分柔软，所以在侧向力的作用下，胎侧变形较大，胎冠的接地面积基本不变。而普通斜交轮胎在侧向力的作用下胎侧变形不大，但使整个轮胎发生倾斜，结果使轮胎胎冠的接地面积减小。可见，轮胎在承受侧向力时，子午线轮胎具有明显的优越性。

综上，可以看出子午线轮胎的优点是：接地面积大，附着性能好，胎面滑移小，对地面单位压力也小，因而滚动阻力小，使用寿命长；胎冠较厚且有坚硬的带束层，不易刺穿，行驶时变形小，可降低油耗3%～8%；因帘布层数少，胎侧薄，所以散热性能好；径向弹性大，缓冲性能好，负荷能力较大；在承受侧向力时，接地面积基本不变，故在转向行驶和高速行驶时稳定性好。

它的缺点是：因胎侧较薄柔软，胎冠较厚，在其与胎侧过渡区易产生裂口；吸振能力弱，胎面噪声大些；制造技术要求高，成本也高。

普通斜交轮胎的优点是：轮胎噪声小，外胎面柔软，制造容易，价格也较子午线轮胎便宜。

它的缺点是：转向行驶时，接地面积小，胎面滑移大，抗侧向力能力差，高速行驶时稳定性也差，滚动阻力较大，油耗偏高，承载能力也不如子午线轮胎。

（3）轮胎花纹

轮胎花纹对轮胎的性能影响很大。目前轮胎花纹主要有普通花纹、混合花纹和越野花纹等，如图9-28所示。

普通花纹的特点是花纹细而浅，花纹块接地面积大，因而耐磨性和附着性较好，适用于较好的硬路面。其中的纵向花纹，轿车、货车均可选用；横向花纹仅用于货车。越野花纹的特点是凹部深而宽，在软路面上与地面附着性好，越野能力强，适用于矿山、建筑工地以及其他一些松软路面上使用的越野汽车轮胎。当安装人字形越野花纹轮胎时，驱动轮胎面花纹的尖端与旋转方向一致，以免花纹间被泥土所填塞。越野花纹轮胎不宜在较好的硬路面上使用，否则行驶阻力加大且加速花纹的磨损。混合花纹的特点介于普通花纹与越野花纹之间，兼顾了两者的使用要求，中部为菱形，纵向为锯齿形或烟斗形花纹，两边为横向越野花纹，适用于城市、乡村之间的路面行驶的汽车轮胎。现代货车驱动轮胎也多采用这种花纹。拱形胎花纹和低压特种花纹有更宽的断面、更低的接地比压，附着性好。

(a) 普通花纹　　(b) 混合花纹　　(c) 越野花纹

(d) 拱形胎花纹　　(e) 低压特种花纹

图 9-28　轮胎花纹

在路面形成水膜的状态下，利用轮胎花纹排水是很重要的。在积水路面上，如轮胎无花纹，那么外胎面和路面间形成一层水膜，使车轮易于发生打滑现象，若外胎面开有沟槽，水就会沿沟槽排出，可破坏水膜。沟槽的深度和形状决定着排水性能。

图 9-29 所示为轮胎胎面上花纹和沟槽的排列和布置，图中 1 为循环和交叉布置的宽槽，具有较好的排水角，这种花纹排水好，提高了胎面的附着能力，可有效地实现力的传递。图中 2 为浅槽和纵向凸片，可以改善在雪地转弯时的侧向滑移。图中 3 为斜交线槽和十字凸片的布置，它使车辆在高转矩和高侧向力作用时有较好的纵向断面弹性。

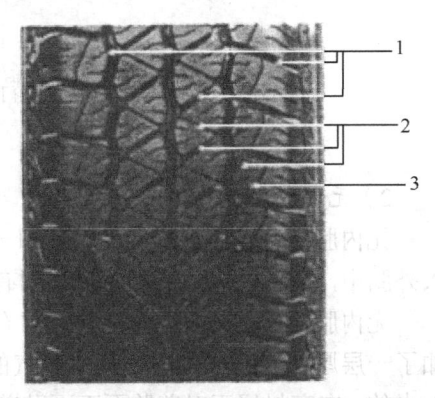

轮胎胎面花纹对汽车使用性能有着重要影响，选用时应给予足够重视和仔细考虑。近年来轮胎生产厂对轮胎花纹也进行了不断的研究和开发。

1—循环和交叉布置的宽槽；2—浅槽和纵向凸片；
3—斜交线槽和十字凸片的布置

图 9-29　轮胎胎面花纹和沟槽布置

(4) 轮胎内胎

内胎是一个环形橡胶管（参见图 9-25），应具有良好的弹性，并能耐热和不漏气。为使内胎在充气状态下不产生褶皱，内胎的有效尺寸应稍小于外胎内壁尺寸。

内胎上装有充放气的气门嘴，其构造如图 9-30 所示。它有一个金属座筒 7，气门嘴的底部的凸缘 10 通过内胎上的狭孔插入内胎中。用编织物和橡胶衬垫加强了内胎孔的边缘并紧密地包住座筒，由螺母 8 将它夹紧在两个垫片 9 之间，使气门嘴被固定在轮辋上的孔内。座筒 7 里面装有带密封衬套 3 的气门芯。衬套 3 的环形槽内嵌有橡胶密封圈。当拧入螺母 2 时，密封圈即被压紧在座筒的锥形凹座上。座筒外面旋上一个带橡胶密封罩的盖 1，其柄部可以作为拧出气门芯螺母 2 的扳手。衬套 3 下面装有橡胶阀门 4。当轮胎被充气时，阀门 4 被空气压力压下，充气完毕后，套在杆 5 上的弹簧 6 便将它紧密地压在阀座上。

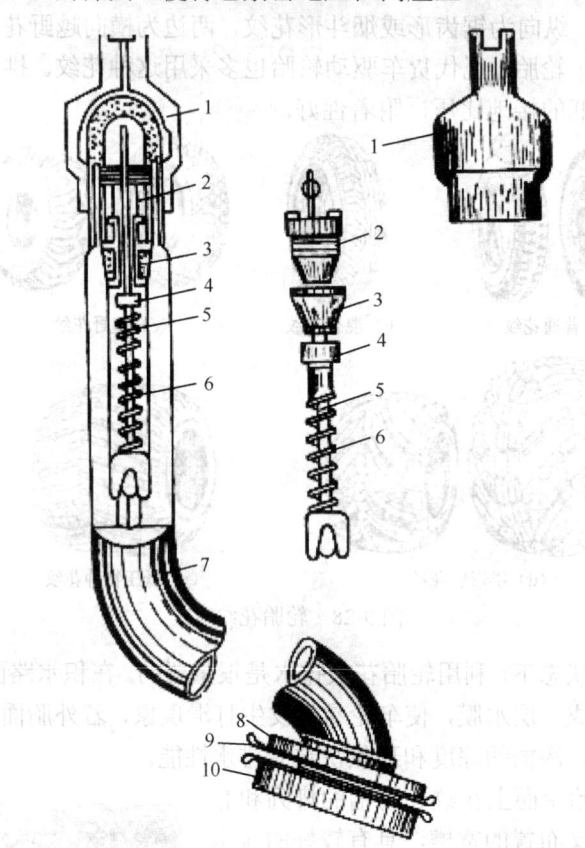

1—盖；2—螺母；3—衬套；4—阀门；5—杆；6—弹簧；7—座筒；8—螺母；9—垫片；10—凸缘

图 9-30　气门嘴

2）无内胎的充气轮胎

无内胎充气轮胎近年来在轿车和一些货车上的使用日益广泛。它没有内胎，空气被直接压入外胎中，因此要求外胎和轮辋之间有很好的密封性。

无内胎轮胎在外观上和结构上与有内胎轮胎近似，所不同的是无内胎轮胎的外胎内壁上附加了一层厚 2~3mm 的专门用来封气的橡胶密封层，如图 9-31 所示，它是用硫化的方法黏附上去的。在密封层正对着胎面下面贴着一层未硫化橡胶的特殊混合物制成的自黏层。当轮胎穿孔时，自黏层能自行将刺穿的孔黏合，故称为有自黏层的无内胎轮胎。

在胎圈上做出若干道同心的环形槽纹。在轮胎内空气压力作用下，槽纹能使胎圈可靠地紧贴在轮辋边缘上，以保证轮胎与轮辋之间的气密性。但也有的胎圈外是光滑而没有槽纹的。

气门嘴 7 直接固定在轮辋 6 上，其间垫以密封用的橡胶密封衬垫 5。铆接轮辋和辐板的铆钉自内侧塞入，并涂上一层橡胶。

无内胎的充气轮胎的优点是：轮胎穿孔时，压力不会急剧下降，能安全地继续行驶；无内胎轮胎中不会因内外胎之间的摩擦和卡住而引起损坏；气密性较好，可以直接通过轮辋散热，所以工作温度低，使用寿命长，结构简单，质量较小。

无内胎的充气轮胎的缺点是：途中修理较为困难。此外，自黏层只有在穿孔尺寸不大时方能黏合。天气炎热时自黏层可能软化而向下流动，从而破坏车轮平衡。因此一般多采用无自黏层的无内胎轮胎。它的外胎内壁只有一层密封层，当轮胎穿孔后，由于其本身处于压缩状态而紧裹着穿刺物，故能长期不漏气。即使将穿刺物拔出，无内胎的充气轮胎只有在轮胎爆破时才会失效。

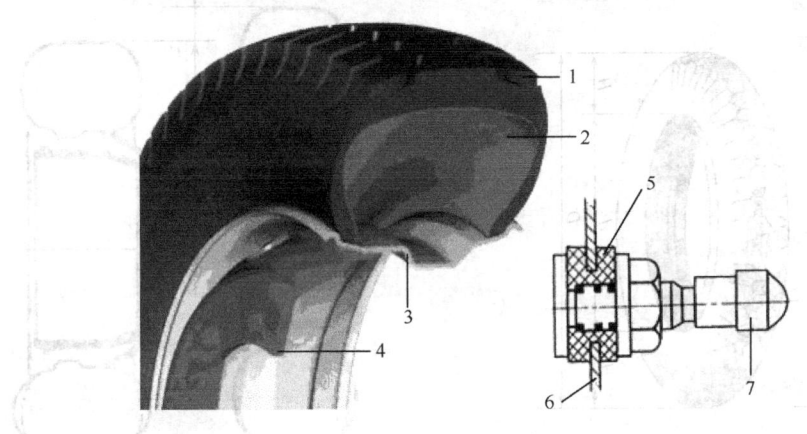

1—轮胎；2—气密层；3、6—轮辋；4—轮辐；5—橡胶密封衬垫；7—气门嘴

图 9-31　无内胎的充气轮胎

3）活胎面轮胎

有些车辆装用了活胎面轮胎，如图 9-32 所示。它由钢丝纤维、胎面环、凸缘、胎体组成。胎体帘布层的帘线通常为子午线排列，具有可以更换的胎面。在胎冠部分，有较厚的橡胶层，并沿轮胎圆周方向制有三条平行沟槽。活胎面由三个单独胎面环组成。胎面嵌入胎体上的沟槽内，并依靠胎体充气后产生径向伸张而固着于胎体上。胎体上三条沟槽侧面的凸棱可防止胎面环发生侧向位移，胎面环和地面接触的表面有花纹。

活胎面轮胎最大的优点是在花纹严重磨损或磨光后，可以单独更换胎面，也可以根据不同使用条件更换不同花纹的胎面。其缺点是质量较大，使用中可能出现胎体和胎面环之间磨损、胎面环橡胶与钢丝体脱层。

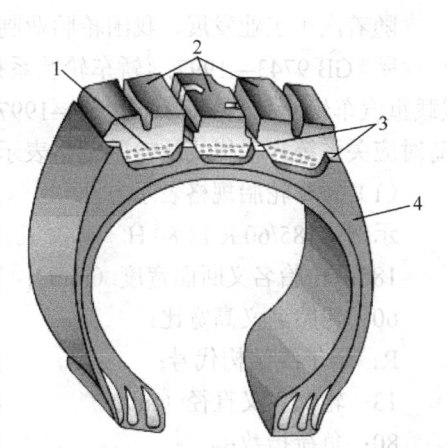

1—轮胎；2—胎面环；3—凸缘；4—胎体

图 9-32　活胎面轮胎

2. 轮胎规格标记方法

充气轮胎尺寸的标记如图 9-33 所示。D 为轮胎外径，d 为轮胎内径，H 为轮胎断面高度，B 为轮胎断面宽度。轮胎断面高度 H 与宽度 B 之比称为轮胎的高宽比（以百分比表示），$H/B\times100\%$ 又称作轮胎的扁平率，通常有 80、75、70、60、55 等。

轮胎的高宽比（扁平率）越小，说明轮胎的断面越宽，故高宽比小的轮胎称为宽断面轮胎。宽断面轮胎的优点是，因断面宽，接地面积大，接地比压小，磨损减少，滚动阻力也小，抗侧向稳定性强。因此，在相同承载能力下，宽断面轮胎较普通轮胎的直径可以减小。如图 9-34

所示，扁平率为 80 的宽断面轮胎较普通轮胎的车轮中心下降了 B 和 A 之差，从而降低了整车质心，提高了汽车的行驶稳定性，因此在高速轿车上得到了广泛应用。

目前，充气轮胎一般习惯用英制表示，但欧洲国家则常用公制表示法。有些国家用英制和公制混合表示。个别国家也用字母作为代号来表示轮胎规格尺寸。我国轮胎规格标记主要采用英制，有些也用英制和公制混合表示。

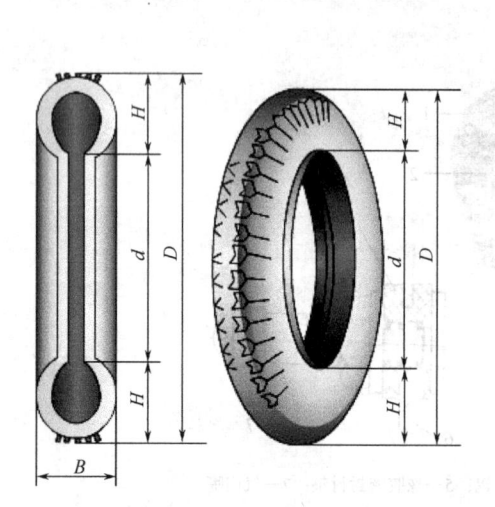

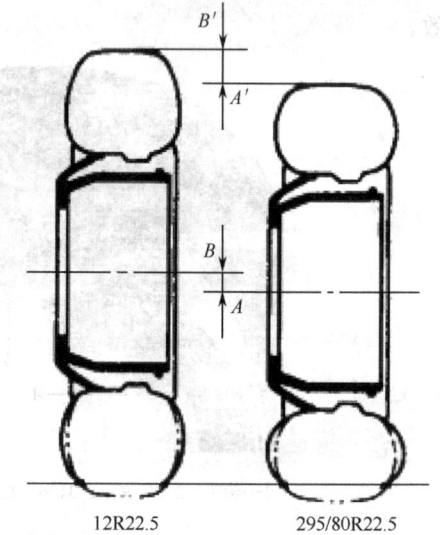

D—轮胎外径；d—轮胎内径；H—轮胎断面高度；B—轮胎断面宽度

图 9-33　轮胎尺寸标记

12R22.5　　295/80R22.5

图 9-34　具有相同承载能力的普通轮胎和宽断面轮胎比较

随着汽车工业发展，我国轮胎业制定了相应标准，并经过几次修订。现执行的标准为《轿车轮胎》GB 9743—1997；《轿车轮胎系列》GB/T 2978—1997；《载重汽车轮胎》GB 9744—1997；《载重汽车轮胎系列》GB/T 2977—1997。标准规定了轮胎规格、基本参数、主要尺寸、气压负荷对应关系等。现把我国轮胎规格表示方法分述如下。

（1）轿车轮胎规格表示方法

示例：185/60 R 13 80 H

185：轮胎名义断面宽度（mm）；

60：轮胎名义高宽比；

R：子午线结构代号；

13：轮辋名义直径（in）；

80：负荷指数；

H：速度级别。

轮胎速度级别与最高行驶速度对应表见表 9-1。

负荷指数从 GB/T 2978—1997 标准中可以查阅。

（2）载货汽车轮胎规格表示方法

① 微型载货汽车普通断面斜交轮胎示例：4.50-12ULT。

4.50：轮胎名义断面宽度（in）；

12：轮辋名义直径（in）；

ULT：微型载货汽车轮胎代号。

表 9-1　轮胎速度级别与最高行驶速度对应表

速度级别	最高行驶速度（km/h）	速度级别	最高行驶速度（km/h）
A1	5	K	110
A2	10	L	120
A3	15	M	130
A4	20	N	140
A5	25	P	150
A6	30	Q	160
A7	35	R	170
A8	40	S	180
B	50	T	190
C	60	U	200
D	65	H	210
E	70	V	240
F	80	W	270
G	90	Y	300
J	100		

② 轻型载货汽车普通断面斜交轮胎示例：6.00-16LT。

6.00：轮胎名义断面宽度（in）；

16：轮辋名义直径（in）；

LT：轻型载货汽车轮胎代号。

③ 轻型载货汽车普通断面子午线轮胎示例：6.00 R 16 LT。

6.00：轮胎名义断面宽度（in）；

R：子午线结构代号；

16：轮辋名义直径（in）；

LT：轻型载货汽车轮胎代号。

④ 轻型载货汽车斜交公制系列轮胎示例：215/70 14 LT。

215：轮胎名义断面宽度（mm）；

70：轮胎名义高宽比；

14：轮辋名义直径（in）；

LT：轻型载货汽车轮胎代号。

⑤ 轻型载货汽车子午线公制系列轮胎示例：215/70 R 14 LT。

215：轮胎名义断面宽度（mm）；

70：轮胎名义高宽比；

R：子午线结构代号；

14：轮辋名义直径（in）；

LT：轻型载货汽车轮胎代号。

⑥ 中型载货、重型载货汽车普通断面斜交轮胎示例：9.00-20。

9.00：轮胎名义断面宽度（in）；

20：轮辋名义直径（in）。

⑦ 中型载货、重型载货汽车普通断面子午线轮胎示例：9.00 R 20。

9.00：轮胎名义断面宽度（in）；

R：子午线结构代号；

20：轮辋名义直径（in）。

⑧ 中型载货汽车普通断面子午线无内胎轮胎示例：8 R 22.5。

8：无内胎轮辋名义直径（in）；

R：子午线结构代号；

22.5：轮辋名义直径（in）。

⑨ 中型载货汽车斜交无内胎公制系列轮胎示例：245/75 22.5。

245：轮胎名义断面宽度（mm）；

75：轮胎名义高宽比；

22.5：轮辋名义直径（in）。

⑩ 中型载货、重型载货汽车子午线无内胎公制系列轮胎示例：245/75 R 22.5。

245：轮胎名义断面宽度（mm）；

75：子午线轮胎名义高宽比；

R：子午线结构代号；

22.5：轮辋名义直径（in）。

⑪ 中型载货汽车子午线无内胎公制系列轮胎示例：315/75 R 22.5 154/149 L。

315：轮胎名义断面宽度（mm）；

75：子午线轮胎名义高宽比；

R：子午线结构代号；

22.5：轮辋名义直径（in）；

154/149：负荷指数（单胎/双胎）；

L：速度级别代号。

（3）国外一些国家轮胎规格的表示方法

欧洲许多国家的低压胎用 $B×d$ 标记，尺寸单位用 mm。例如，185×400 轮胎，表示其轮胎断面宽度为 185mm，轮辋直径为 400mm。这种规格的轮胎相当于我国 7.50-16 轮胎。

目前，美国、德国、日本等一些国家用如下的表示方法：

① 轮胎尺寸的表示方法。

30×9.50 R 15（LT）

30：轮胎外径（in）；

9.50：轮胎宽度名义尺寸（in）；

R：径向结构；

15：车轮轮辋名义尺寸（in）；

LT：轮胎型号后添加 LT 表示该轮胎适用于轻型货车。

② 10 R 15。

10：轮胎宽度名义尺寸（in）；

R：径向结构；

15：车轮轮辋名义尺寸（in）。

③（P 或 LT）205/80 R 16 99 Q。

P 或 LT：在轮胎型号之前添加 P，表示该轮胎适用于轿车，添加 LT 表示该轮胎适用于货车；

205：轮胎宽度名义尺寸（mm）；

80：扁平率（%）；

R：径向结构；

16：车轮轮辋名义尺寸（in）；

99：载荷记号；

Q：速度记号。

④ 215 S R 15。

215：轮胎宽度名义尺寸（mm）；

S：速度记号；

R：径向结构；

15：车轮轮辋名义尺寸（in）。

⑤ G R 78-15。

G：载荷能力记号；

R：径向结构；

78：扁平率（%）；

15：车轮轮辋名义尺寸（in）。

法国钢丝轮胎的表示方法是用代号字母和数字混合表示，例如，A-20 轮胎就相当于 7.50-20 轮胎，B-20 相当于 8.25-20，C-20 相当于 9.00-20，D-20 相当于 10.00-20 等。

在同一种规格轮辋上可安装内径相同而断面高度不同（但接近于基本标准）的外胎，或是内径相同但胎体的帘布层数较多的外胎，后者多采用在汽车超载或在坏路上行驶的情况。

对于每种尺寸的轮胎，根据它的内压力和外胎中帘布层数目，制造厂提供了容许载荷的定额以保证规定的使用寿命。

在使用中，轮胎除了正常磨损外，也会由于使用不当，出现不正常磨损，如图 9-35 所示。

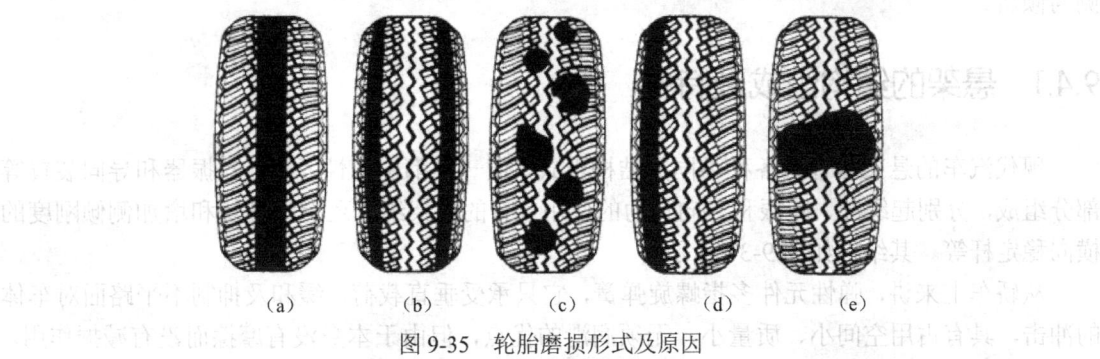

图 9-35 轮胎磨损形式及原因

为使轮胎磨损均匀，汽车每行驶 6000～8000km 时，应进行轮胎换位，换位要包括备胎。轮胎换位路线如图 9-36 所示。

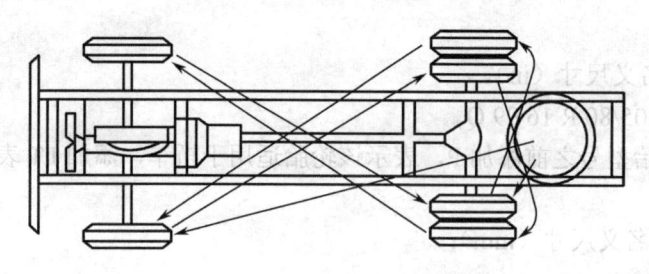

图 9-36　轮胎换位示意图

不同规格或不同帘线结构的轮胎不得混合使用，不得使用低于规定层级的轮胎，不许混用窄轮辋或窄轮胎。

9.4　悬架

汽车的悬架是车架（或车身）与车桥（或车轮）之间一切连接装置的总称。

悬架是汽车中的一个重要总成，它把车架与车桥弹性地联系起来，关系到汽车的多种使用性能。当汽车在不平的路面上行驶或者汽车自身运动状态发生改变时，汽车会表现出各种运动形态，其中包括因路面高低不平产生的车身垂直振动及因汽车加速和制动产生的车身俯仰运动，以及汽车转向行驶造成的车身侧倾运动等。

在汽车行驶过程中，悬架既能抵消、减弱路面不平带来的生硬冲击，又能确保车身的横向和纵向稳定性，使车辆在悬架设计的自由行程内时刻都可以保持一个较大范围的动态可控姿态。因此，汽车的悬架系统是关系到车辆操控性和舒适性的重要组成部件之一。它一般具备以下功能：

① 把路面作用于车轮上的垂直反力、纵向反力和侧向反力，以及这些反力所造成的力矩传递到车架（或承载式车身）上，保证汽车正常行驶，即起传递力和力矩的作用。

② 利用弹性元件和减振器尽可能缓冲和吸收地面对车轮造成的各种振动，保持行驶中的汽车车身具有良好的姿态，以改善乘坐舒适性。

③ 利用悬架的某些传力构件保持车身和车轮之间正确的运动关系，确保车轮与地面良好接触。

④ 利用悬架中的辅助弹性元件、横向稳定器，防止车身在转向等行驶情况下发生过大的侧向倾斜。

9.4.1　悬架的结构组成及特性

现代汽车的悬架尽管有各种不同的结构形式，但一般都由弹性元件、减振器和导向装置等部分组成，分别起缓冲、减振和导向传力的作用。有的悬架结构还有缓冲块和增加侧倾刚度的横向稳定杆等。其结构如图 9-37 所示。

从轿车上来讲，弹性元件多指螺旋弹簧，它只承受垂直载荷，缓和及抑制不平路面对车体的冲击，具有占用空间小、质量小、无须润滑的优点，但由于本身没有摩擦而没有减振作用。减振器又称液力减振器，其功能是为加速衰减车身的振动，它也是悬架系统中最精密和复杂的机械件。导向装置则是指车架的上下摆臂等叉形钢架、转向节等元件，用来传递纵向力、侧向力及力矩，并保证车轮相对于车架有确定的相对运动规律。

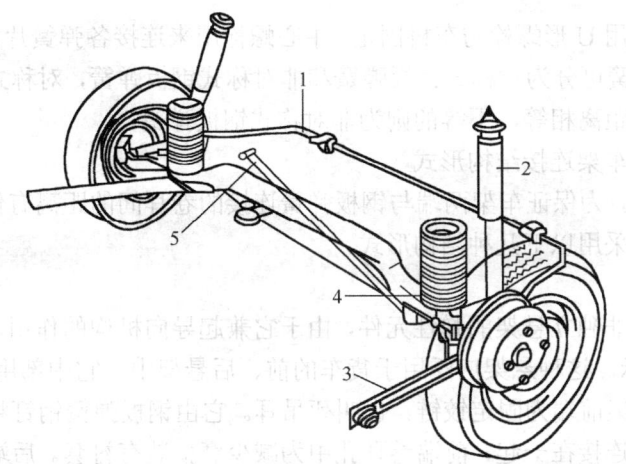

1—横向稳定杆；2—减振器；3—纵向推力杆；4—弹性元件；5—横向推力杆

图 9-37　汽车悬架结构示意图

但在实际中，并非所有的悬架都必须有上述三种元件，只要具备上述三种作用即可。例如，常见的钢板弹簧除了作为弹性元件起缓冲作用外，当它在汽车上纵向安置，并且一端与车架固定铰接连接时，即可负担起传递所有各向力和力矩，以及决定车轮运动轨迹的任务，因而就没有必要再另行设置导向机构。此外，一般钢板弹簧是多片叠成的，它本身即具有一定的减振能力，因而在对减振的要求不高时，在采用钢板弹簧作为弹性元件的悬架中，也可以不装减振器。

9.4.2　普通悬架

1. 弹性元件

汽车悬架所用的弹性元件一般可分为金属弹簧和非金属弹簧两种类型，金属弹簧有钢板弹簧、螺旋弹簧、扭杆弹簧等，非金属弹簧有气体弹簧和橡胶弹簧等。

1）钢板弹簧

（1）钢板弹簧的构造

钢板弹簧又叫叶片弹簧，是汽车悬架中应用最广泛的一种弹性元件。它是由若干片长度不等、曲率半径不同、厚度相等或不等的弹簧钢片叠合在一起组成一根近似等强度的弹性梁。其中最长的第一片称为主片，两端有卷耳，内装青铜、塑料、橡胶或粉末冶金制成的衬套，用弹簧销与固定在车架上的支架或吊耳铰链连接。为了增加主片卷耳的强度，将第二片末端也弯成半卷耳，包在主片卷耳外面，且留有较大的间隙，使得弹簧在变形时，各片间有相对滑动的可能。钢板弹簧在载荷作用下变形，各片之间因相对滑动而产生摩擦，可促使车架的振动衰减。但各片间的干摩擦，将使车轮所受冲击力在很大程度上传递给车架，从而降低悬架缓和冲击的能力，且增大了各片的磨损。所以在装合时，各片间涂上较稠的润滑剂（石墨润滑脂），并应定期保养。其结构如图 9-38 所示。

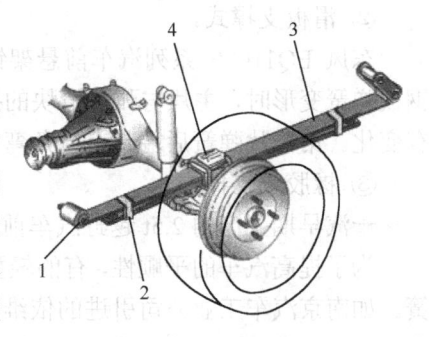

1—卷耳；2—弹簧夹；
3—钢板弹簧；4—中心螺栓

图 9-38　钢板弹簧

钢板弹簧的中间用 U 形螺栓与车桥固定。中心螺栓用来连接各弹簧片，并保证各片装配时的相对位置。钢板弹簧可分为对称式钢板弹簧和非对称式钢板弹簧，对称式钢板弹簧其中心螺栓到两端卷耳中心的距离相等，不等的则为非对称式钢板弹簧。

（2）钢板弹簧与车架连接结构形式

钢板弹簧变形时，为保证车架两端与钢板弹簧连接的卷耳间的距离有伸缩的余地，弹簧后端与车架的连接通常采用以下几种结构形式。

① 吊耳支架式。

钢板弹簧被用作非独立悬架的弹性元件，由于它兼起导向机构的作用，使得悬架系统大为简化，如图 9-39 所示。这种悬架广泛用于货车的前、后悬架中。它中部用 U 形螺栓将钢板弹簧固定在车桥上。悬架前端为固定铰链，也叫死吊耳。它由钢板弹簧销钉将钢板弹簧前端卷耳部与钢板弹簧前支架连接在一起，前端卷耳孔中为减少磨损装有衬套。后端卷耳通过钢板弹簧吊耳销与后端吊耳架相连，后端可以自由摆动，形成活动吊耳。由于吊耳可以前后摆动，保证了弹簧变形时两卷耳中心线间的距离可以改变。

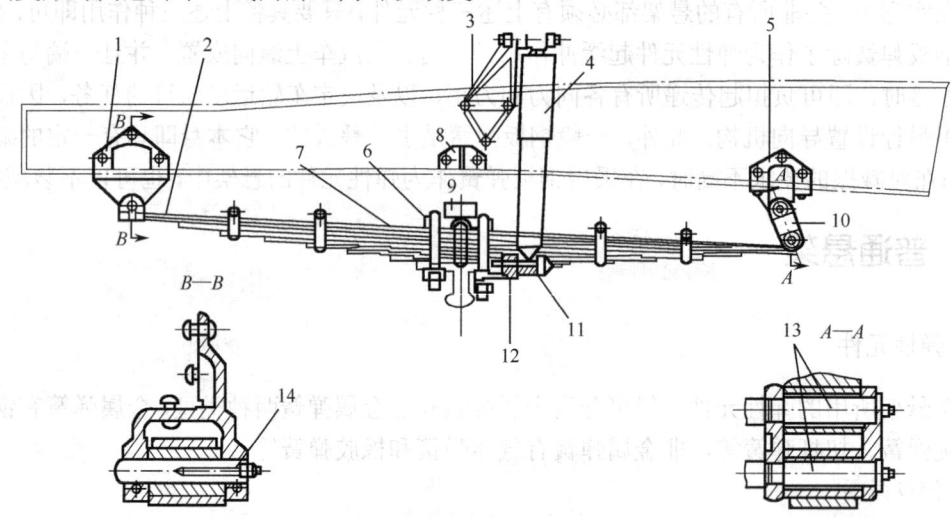

1—钢板弹簧前支架；2—钢板弹簧；3—减振器上支架；4—减振器；5—吊耳支架；6—U 形螺栓；7—盖板；8—限位块；9—缓冲块；10—吊耳；11—减振器连接销；12—减振器下支架；13—吊耳销；14—钢板弹簧销

图 9-39　解放 CA1091 型汽车前悬架

② 滑板支撑式。

东风 EQ1108E 系列汽车前悬架钢板弹簧的后端采用滑板支撑式，前端为固定铰链连接。钢板弹簧变形时，主片与弧形滑块的接触点是变动的，从而使弹簧工作长度发生变化，刚度略有变化。第二片弹簧后端带有直角弯边，防止弹簧中部下落时钢板弹簧从支架中脱出。

③ 橡胶块支撑式。

一汽早期生产的 2.5t 越野汽车前悬架曾采用这种形式。

为了提高汽车的平顺性，有的轻型货车后悬架采用将副簧置于主簧之下的渐变刚度钢板弹簧。如南京汽车工业公司引进的依维柯后悬架，其由厚度为 9mm 的 4 片（或 3 片）主簧和厚度为 15mm 的 2 片（或 3 片）副簧组成几种车型渐变刚度钢板弹簧。在小载荷状况时，仅主簧起作用；而当载荷增到一定值时，主簧与副簧接触，共同发挥作用，悬架刚度得到提高，弹簧特性变为非线性的；当副簧全部参加工作后，弹簧特性又变成线性的。这类悬架的特点是副簧逐渐随载荷增加而参与工作，因此悬架刚度的变化平稳，改善了汽车行驶平顺性。

(3) 钢板弹簧的断面形式

为了进一步改善钢板弹簧的受力状况，可采用不同形状的断面。

① 矩形断面钢板弹簧结构简单，但受拉应力一面的棱角处易产生疲劳裂纹，如图 9-40（a）所示。

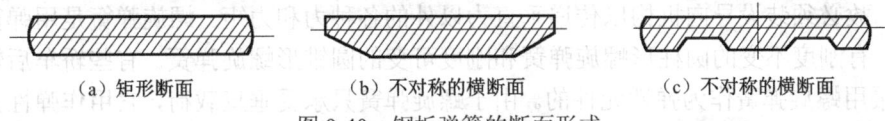

② 如图 9-40（b）、（c）所示断面采用上下不对称的横断面，由于断面抗弯的中性轴线上移，不但可减小拉应力，而且节省了材料。

(a) 矩形断面　　　(b) 不对称的横断面　　　(c) 不对称的横断面

图 9-40　钢板弹簧的断面形式

钢板弹簧做成接近于应力梁的形式。它有两种类型，一种是等厚度，宽度呈现两端狭、中间宽，传统的多片叠成的钢板弹簧就是这一类型。这种钢板弹簧是由多片长度不等、宽度一样的钢片所叠成，现在的大客车、货车多数使用这种钢板弹簧。

另一种是等宽度，厚度呈现两端薄、中间厚。现在常见的少片钢板弹簧就是这一类型。少片钢板弹簧是指只有 1~4 片的变截面钢板弹簧，变截面钢板弹簧是指沿钢板长度方向中心较厚向两端逐渐变薄，或者片宽和片厚均渐变的钢板弹簧，多用于轻型汽车，现在一些大中型客车也趋向于使用这一类钢板弹簧，如图 9-41（a）所示。

多片钢板弹簧的各片钢板叠加成倒三角形状，最上端的钢板最长，最下端的钢板最短，钢板的片数与支撑汽车的质量和减振效果相关，钢板越多越厚越短，弹簧刚性就越大。但是，当钢板弹簧挠曲时，各片之间就会互相滑动摩擦产生噪声。摩擦还会引起弹簧变形，造成行驶不平顺。因此，在承载量不是很大的汽车上，就出现了少片钢板弹簧，以消除多片钢板弹簧的缺陷，如图 9-41（b）所示。

有些少片钢板弹簧仅用一片钢板弹簧，它与多片钢板弹簧相比除了减小噪声和不会摩擦外，还可以节省材料，减轻质量，便于布置，降低整车高度，具有良好的平顺性。

(4) 钢板弹簧端部的结构形式

钢板弹簧端部有三种结构形式，如图 9-42 所示。

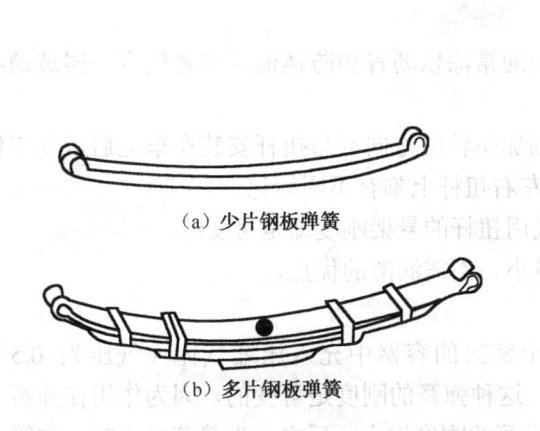

(a) 少片钢板弹簧

(b) 多片钢板弹簧

图 9-41　少片和多片钢板弹簧

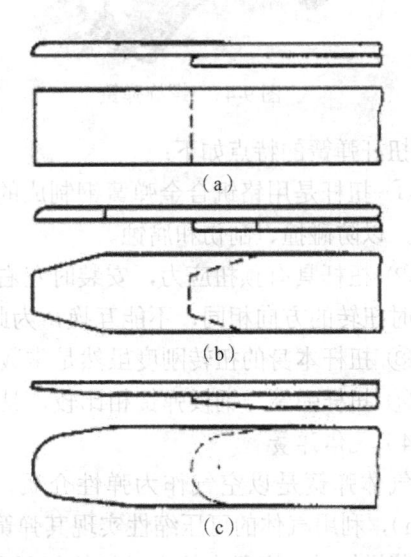

(a)

(b)

(c)

图 9-42　钢板弹簧端部结构形式

① 端部为矩形的钢板，其制造简单，广泛应用在载货汽车上。
② 端部为梯形的钢板，其质量小、节省钢材，较多地用在载货汽车上。
③ 端部为椭圆形的钢板，这种结构改善了应力分布状况，片端弹性好，片间摩擦小，质量也较轻，但制造工艺复杂，成本较高，一般在轿车上应用较多。

2）螺旋弹簧

螺旋弹簧大多应用在独立悬架上，尤以前轮独立悬架采用广泛。此外，螺旋弹簧只能承受垂直载荷，故必须装设导向机构以传递垂直力以外的各种力和力矩。螺旋弹簧是用弹簧钢棒料卷制而成，有刚度不变的圆柱形螺旋弹簧和刚度可变的圆锥形螺旋弹簧。有些轿车后轮非独立悬架也有采用螺旋弹簧作为弹性元件的。由于螺旋弹簧只承受垂直载荷，它用作弹性元件的悬架要加设导向机构和减振器。它与钢板弹簧相比具有不需润滑、防污性强、占用纵向空间小、弹簧本身质量小的特点，因而现代轿车上广泛采用，其安装如图9-43所示。

3）扭杆弹簧

扭杆弹簧是一根具有扭转弹性的直线金属杆件。其断面一般为圆形，少数为矩形或管形。它的两端可以做成花键、方形、六角形或带平面的圆柱形等，以便将一端固定在车架上，另一端通过摆臂固定在车轮上，如图9-44所示。当车轮跳动时，摆臂便绕着扭杆轴线摆动，使扭杆产生扭转弹性变形，借以保证车轮与车架的弹性联系。有的扭杆由一些矩形断面的薄扭片组合而成，更为柔软。

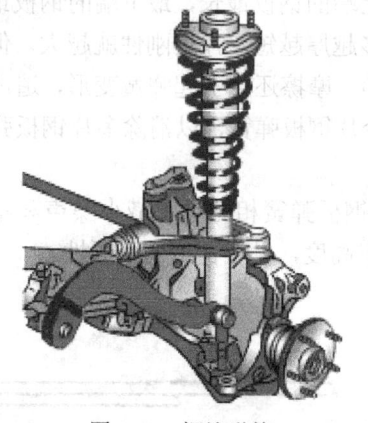

图9-43 螺旋弹簧

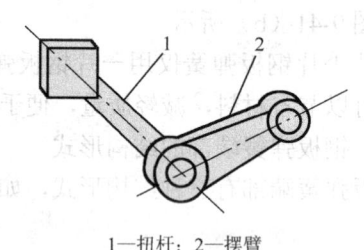

1—扭杆；2—摆臂

图9-44 扭杆弹簧

扭杆弹簧的特点如下：
① 扭杆是用铬钒合金弹簧钢制成的，表面通常涂以沥青和防锈油漆或者包裹一层玻璃纤维布，以防碰撞、刮伤和腐蚀。
② 扭杆具有预扭应力，安装时左右扭杆预加扭转的方向都与扭杆安装在车上后承受工作载荷时扭转的方向相同，不能互换，为此，在左右扭杆上刻有不同标记。
③ 扭杆本身的扭转刚度虽然是常数，但采用扭杆的悬架刚度却是可变的。
④ 扭杆弹簧与钢板弹簧相比较，具有质量小、不需润滑的优点。

4）气体弹簧

气体弹簧是以空气作为弹性介质，在一个密封的容器中充入压缩气体（气压为0.5~1MPa），利用气体的可压缩性实现其弹簧作用。这种弹簧的刚度是可变的，因为作用在弹簧上的载荷增加时，容器内的定量气体气压升高，弹簧的刚度增大；反之，当载荷减小时，弹簧内的气压下降，刚度减小。气体弹簧容易实现对汽车悬架的控制，故它具有较理想的弹性特性。

气体弹簧有空气弹簧和油气弹簧两种。空气弹簧和油气弹簧都同螺旋弹簧一样，只能承受轴向载荷，因此气体弹簧悬架中必须设置纵向和横向推力杆等导向机构，同时还必须设有减振器。气体弹簧可以通过专门的高度控制阀自动调节气室中的原始充气压力面的高度，使得车身高度不随载荷的增减而变化，弹簧的刚度可设计得较小，乘坐的舒适性好。但是气体弹簧结构复杂、密封环节多、易漏气、难布置且制造成本高。

(1) 空气弹簧

空气弹簧是利用压缩空气作为弹簧介质的。根据压缩空气所用容器的不同，空气弹簧又可分为囊式空气弹簧、膜式空气弹簧和复合式空气弹簧三种。

① 囊式空气弹簧。

囊式空气弹簧是由夹有帘线的橡胶气囊和密闭在其中的压缩空气所组成的。气囊内层用气密性好的橡胶制成，而外层则用耐油橡胶制成。气囊有单节、双节与多节之分，节与节之间围有钢质的腰环，使中间部分不致有径向扩张，并防止两节之间相互摩擦。囊式空气弹簧节数越多，弹性越好，但密封性和横向稳定性越差。气囊的上下盖板将气囊密封，其结构如图9-45所示。

② 膜式空气弹簧。

膜式空气弹簧由橡胶膜片和金属压件组成。它比囊式空气弹簧的弹性曲线更为理想，车身自然振动频率较低，刚度较小，且尺寸小，便于布置，因而多用于轿车上，但造价贵，寿命较短，其结构如图9-46所示。

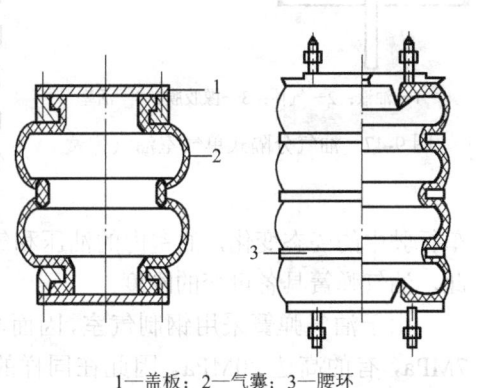

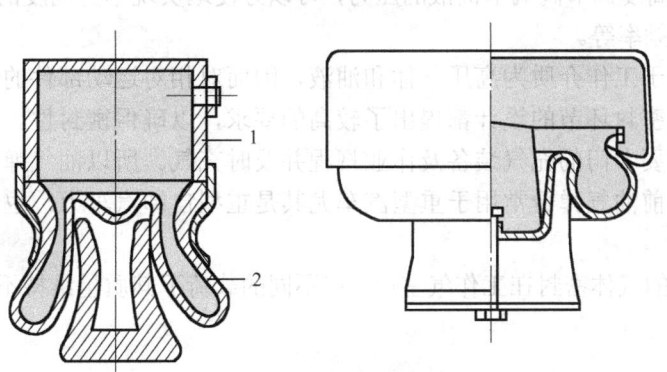

1—盖板；2—气囊；3—腰环

图9-45　囊式空气弹簧

1—金属座；2—橡胶膜片

图9-46　膜式空气弹簧

③ 复合式空气弹簧。

复合式空气弹簧是介于囊式空气弹簧和膜式空气弹簧之间的一种形式，它综合了上述两种空气弹簧的优点，具有较低的弹簧刚度，但制造工艺复杂，成本较高。

(2) 油气弹簧

空气弹簧的缺点是尺寸偏大，所以人们又开发了油气弹簧。油气弹簧是空气弹簧的一种特例，其中起弹性元件作用的仍是密封在工作气室内的惰性气体（一般为氮气），但在气体与活塞之间引入油液作为传力介质。

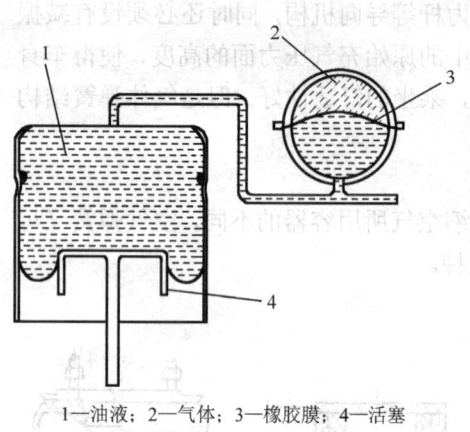

油气弹簧的典型结构是单气室结构，除此之外，还有双气室（即带反压气室）和两级气室（或两级压力式）等结构形式。单气室油气弹簧又分为油气分隔式和油气不分隔式两种。油气分隔式油气弹簧通常用弹性橡胶膜将气体与油液隔开，从而防止在高温、高压及复杂的工作条件下气体溶于油液，确保性能的稳定性。其结构如图9-47所示。当汽车载荷增加时，活塞4上移，油室内的油液1压力升高，油压传导到橡胶膜3上，推动其向气室方向移动，气室内的气体（氮气）2受到压缩使得气压升高，油气弹簧刚度增加；当载荷减小时，气室内的高压氮气膨胀，使橡胶膜向下移动，压力通过油液传导到活塞上，使得活塞下移，油压下降，同时气室容积变大，气压下降，使得油气弹簧的刚度降低。随着汽车行驶中的姿态变化，油室内的油压和气室内的气压也随之变化，活塞也处于不同的位置，因此，油气弹簧具备可变的刚度。

1—油液；2—气体；3—橡胶膜；4—活塞

图9-47 油气分隔式单气室油气弹簧

由于油气弹簧采用钢制气室，因而与空气弹簧相比，可以有更高的工作压力，通常为5～7MPa，有的高达20MPa。因此在同样的工作条件下，油气弹簧具有尺寸短、质量小的优点，便于在车上布置，用于重型自卸汽车上比钢板弹簧轻50%以上。

油气弹簧的其他优点还包括：传力的油液介质同时也可起到润滑滑动表面的作用；在缸筒内安装内置节流阀，可以提供必要的阻尼力，使油气弹簧同时起减振作用，从而取消了单独的减振器；依靠车身高度调节阀调节油液的压力，可以方便地实现车身高度的调节；油气弹簧具有较低的固有振动频率等。

其缺点有：由于工作介质为高压气体和油液，因而对相对运动部件的表面粗糙度、耐磨性、装配精度以及密封环节的设计都提出了较高的要求，以确保密封性。在使用过程中气体会缓慢地泄漏，需要专门的充气装备及作业规程并及时充气。所以油气弹簧结构较复杂，维修保养较麻烦。目前油气弹簧常用于重型汽车尤其是重型自卸汽车上，也有个别轿车采用油气弹簧。

由于油气弹簧的气体密封在工作气室内，在不同的载荷下其质量维持不变，因而又称为定质量空气弹簧。

5）橡胶弹簧

橡胶弹簧利用橡胶本身的弹性起弹性元件的作用。它可以承受压缩载荷和扭转载荷。由于橡胶的内摩擦较大，橡胶弹簧还具有一定的减振能力。橡胶弹簧多用作悬架的副簧和缓冲块，同时还具有隔声性能好等优点。

2. 减振器

当汽车在颠簸的路面上行驶时，车身会产生振动。为加速车架与车身振动的衰减，改善汽车的行驶平顺性，在现代轿车的悬架系统内都装有减振器。悬架系统中由于弹性元件受冲击产生振动，为改善汽车行驶平顺性，悬架中与弹性元件并联安装减振器。其安装示意图如图 9-48 所示。

为衰减振动，汽车悬架系统中采用的减振器多是液力减振器。其工作原理是，当车架与车桥做往复相对运动时，减振器中的活塞在缸筒内也做往复运动，减振器壳体内的油液便反复地从一个内腔通过一些窄小的孔隙流入另一内腔。孔壁与油液间的摩擦及液体分子内的摩擦便形成对车身振动的阻尼力，使车身和车架的振动能量转化为热能，被油液和减振器壳体所吸收，并散到大气中。为了更好地实现轿车的行驶平稳性和安全性，将阻尼系数不固定在某一数值上，而是能随轿车运行的状态而变化，使悬架性能总是处在最优的状态附近。因此，有些轿车的减振器是可调式的，将阻尼分成两级或三级，根据传感器信号自动选择所需要的阻尼级。

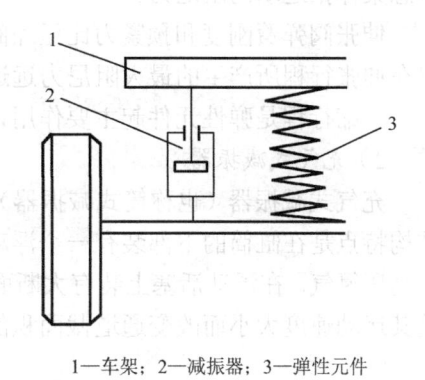

1—车架；2—减振器；3—弹性元件

图 9-48 减振器和弹性元件安装示意图

减振器与弹性元件承担着缓冲和减振的任务，阻尼力过大，将使悬架弹性变坏，甚至使减振器连接件损坏，因而要调节弹性元件和减振器这一矛盾。减振器应该满足以下要求：

① 在压缩行程（车桥和车架相互靠近），减振器阻尼力较小，以便充分发挥弹性元件的弹性作用，缓和冲击。这时，弹性元件起主要作用。

② 在悬架伸张行程中（车桥和车架相互远离），减振器阻尼力应大，迅速减振。

③ 当车桥（或车轮）与车桥间的相对速度过大时，要求减振器能自动加大液流量，使阻尼力始终保持在一定限度之内，以避免承受过大的冲击载荷。

减振器的类型有筒式减振器、充气式减振器、阻力可调式减振器。在压缩和伸张行程中均能起减振作用的叫双向作用式减振器，仅在伸张行程内起作用，称为单向作用式减振器，在汽车悬架系统中广泛采用的是双向作用筒式减振器。

1）双向作用筒式减振器

双向作用筒式减振器一般都具有上工作腔、下工作腔、储油腔、4 个阀（伸张阀 8、流通阀 4、压缩阀 6、补偿阀 5）、活塞和连杆等几个组成部分，其结构如图 9-49 所示。

其中，流通阀和补偿阀是一般的单向阀，其弹簧很弱，当阀上的油压作用力与弹簧力同向时，阀处于关闭状态，完全不通液流；而当油压作用力与弹簧力反向时，只要有很小的油压，阀便能开启。压缩阀和伸张阀是卸载阀，其弹簧较强，预紧力较大，只有当油压增高到一定程度时，阀才能开启，而当油压降低到一定程度时，阀即自行关闭。

双向作用筒式减振器工作过程可以划分为压缩和伸张两个行程。

（1）压缩行程

如图 9-49 所示，车桥和车架相互靠近，车身下降时，减振器受压缩，活塞 9 下移，工作缸下腔减小，上腔增大，下腔油压高于上腔，油液压开流通阀 4 进入上腔。活塞杆占去上腔部分容积，导致下腔油液不能全部流入上腔，多余的油液从压缩阀 6 进入储油缸筒 7。这些阀的流通面积不大，造成对悬架压缩运动的阻尼力。

（2）伸张行程

当车桥和车架相互远离，车身上升时，活塞 9 上移，使上腔容积减小，下腔容积增大，上腔油压高于下腔，油液推开伸张阀 8 流入下腔。由于活塞杆的存在，使下腔产生一定的真空度，储油缸筒 7 内的油液在真空吸力的作用下打开补偿阀 5 流入下腔。油液流经这些阀时，产生了对悬架伸张运动的阻尼力。

伸张阀弹簧刚度和预紧力比压缩阀的大,伸张行程油液的流通面积也比压缩行程小,减振器在伸张行程所产生的最大阻尼力远远大于压缩行程的最大阻尼力。

压缩行程是弹性元件起主要作用,而伸张行程是减振器起主要作用。

2) 充气式减振器

充气式减振器(也称筒式减振器)是 20 世纪 60 年代以来发展起来的一种新型减振器。其结构特点是在缸筒的下部装有一个浮动活塞,在浮动活塞与缸筒一端形成的一个密闭气室中充有高压氮气。在浮动活塞上装有大断面的 O 形密封圈,它把油和气完全分开。工作活塞上装有随其运动速度大小而改变通道截面积的压缩阀和伸张阀,其结构如图 9-50 所示。

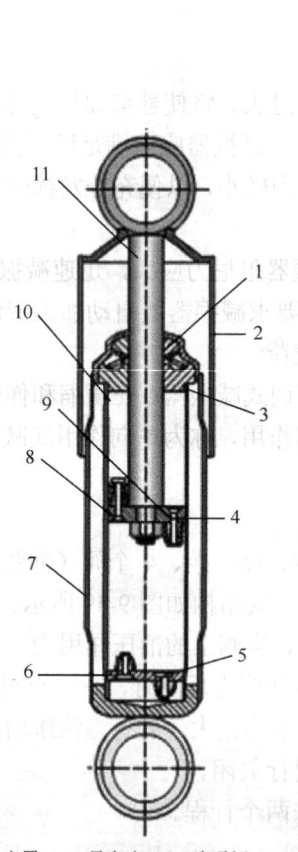

1—油封;2—防尘罩;3—导向座;4—流通阀;5—补偿阀;6—压缩阀;7—储油缸筒;8—伸张阀;9—活塞;10—工作缸筒;11—活塞杆

图 9-49 双向作用筒式减振器

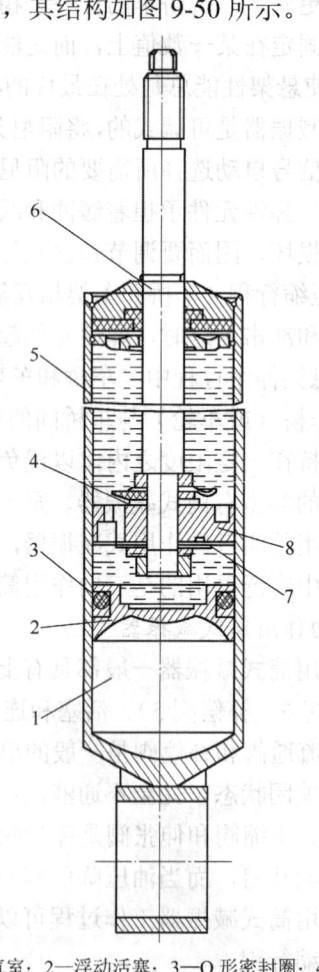

1—密封气室;2—浮动活塞;3—O 形密封圈;4—压缩阀;5—工作缸;6—活塞杆;7—工作活塞;8—伸张阀

图 9-50 充气式减振器

当车轮上下跳动时,减振器的工作活塞在油液中做往复运动,使工作活塞的上腔和下腔之间产生油压差,压力油便推开压缩阀和伸张阀而来回流动。由于阀对压力油产生较大的阻尼力,使振动衰减。

充气式减振器与双向作用筒式减振器相比,具有以下优点:

① 采用浮动活塞减少了一套阀门系统，使结构简化，零件数约减少 15%。

② 由于减振器内充有高压气体，能有效地减少车轮受到突然冲击时产生的高频振动，并有助于消除噪声。

③ 在防尘罩直径相同的情况下，充气式减振器的工作缸和活塞直径比双筒式减振器大，所以在每厘米行程中流经阀的流量较双筒式减振器大几倍，故在同样泄流的不利工作条件下，它比双向作用筒式减振器能更可靠地保证产生足够的阻尼力。

④ 充气式减振器由于内部的高压气体和油液被浮动活塞隔开，消除了油的乳化现象。

充气式减振器的缺点是：对油封要求高；充气工艺复杂，不能修理；当缸筒受到外界物体的冲击而产生变形时，减振器就不能工作。

3）阻力可调式减振器

装有阻力可调式减振器的汽车悬架系统的某一参数发生变化时，减振器的阻力也随之而改变，从而可保证悬架系统有良好的振动特性。其原理是，若汽车载荷增加时，空气弹簧气压升高，则气室 2 内的气压也随之升高，推动膜片向下移动与弹簧 3 产生的压力相平衡。同时膜片带动与它相连的柱塞杆 1 和柱塞 5 向下移动，使得与柱塞相对的空心连杆 4 上的节流孔 6 的位置发生变化，结果减小了节流孔的通道截面积，也就是减少了油液流经节流孔的流量，增加了油液流动的阻力，从而达到改变阻尼刚度的目的，其结构如图 9-51 所示。

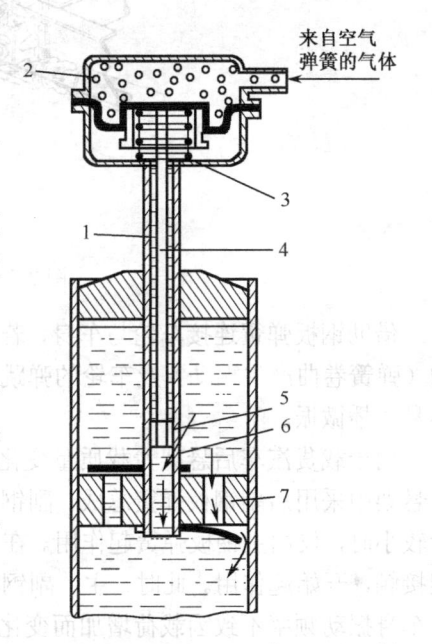

1—柱塞杆；2—气室；3—弹簧；4—空心连杆；
5—柱塞；6—节流孔；7—活塞

图 9-51 阻力可调式减振器

9.4.3 非独立悬架

非独立悬架是两侧车轮的运动相互关联的悬架。汽车两侧的车轮由一根整体式车桥相连，车轮与车桥一起通过弹性元件连接在车架或车身的下面。当一侧车轮因路面不平而跳动时，会影响到另一侧车轮的工作。

非独立悬架采用整体桥，两侧车轮受冲击振动时相互干扰，而且非簧载质量大，悬架的缓冲性能较差，行驶时汽车振动、冲击较大，因此，不利于汽车平顺性和操纵稳定性的提高，在现代轿车中基本上已不再使用。但是，非独立悬架多数采用钢板弹簧作为弹性元件，结构简单，成本低廉，工作可靠，所以该悬架一般多用于载重汽车、普通客车和一些其他车辆上。前轮驱动轿车的后从动桥，也有不少采用螺旋弹簧的非独立悬架。

1. 纵置板簧式非独立悬架

纵置板簧式非独立悬架结构如图 9-52 所示。

在板簧式非独立悬架中，钢板弹簧一般是纵向安置，它与车桥的连接绝大多数是用两个 U 形螺栓，将钢板弹簧的中部刚性地固定在车桥上部。钢板弹簧两端通过钢板弹簧销与车架支座活动铰接，以起传力和导向作用。

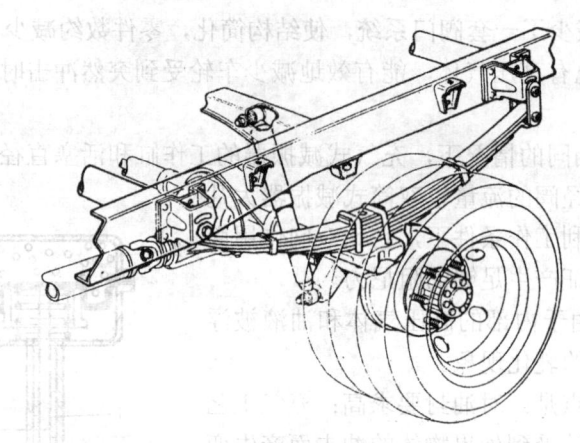

图 9-52 纵置板簧式非独立悬架

借助钢板弹簧连接车轮与车身，若弹簧过软，会因驱动力和制动力大而引起钢板弹簧的卷曲（弹簧卷曲产生振动）及车轮的弹跳现象。此外，钢板弹簧还存在着板间摩擦的缺点，有时容易传播微振。

由于载货汽车后悬架簧载质量变化较大，为了保持悬架的频率不变或变化不大，广泛地在后悬架中采用后副钢板弹簧总成。副钢板弹簧总成一般装在主钢板弹簧总成上方，当后悬架负荷较小时，仅由主钢板弹簧起作用。在负荷增加到一定程度时，副钢板弹簧总成与车架上的支架接触，开始起作用。此时，主、副钢板弹簧一起工作，一起承受载荷而使悬架刚度增大，保证车身振动频率不致因载荷增加而变化过大。

2．螺旋弹簧非独立悬架

这种螺旋弹簧代替钢板弹簧的悬架方式是为了改善乘坐舒适性而诞生的。它大多用于前置后驱动（FR）车的后轮悬架装置。

因为螺旋弹簧作为弹性元件本身没有减振作用，并且只能承受垂直载荷，所以螺旋弹簧悬架中必须另装减振器和导向机构。螺旋弹簧非独立悬架一般由螺旋弹簧、减振器、纵向推力杆和横向推力杆组成，其结构如图 9-53 所示。

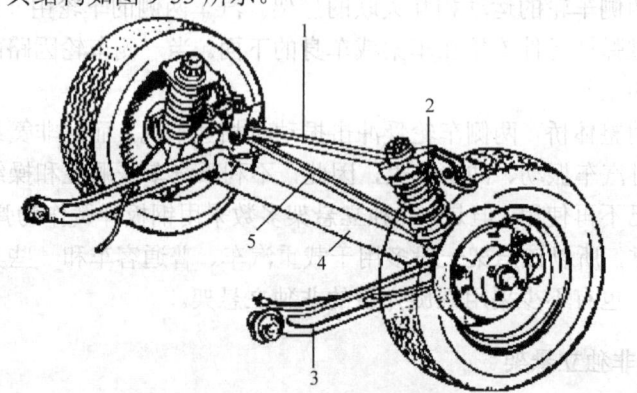

1—加强杆；2—螺旋弹簧和减振器总成；3—纵向推力杆；4—后轴；5—横向推力杆

图 9-53 螺旋弹簧非独立悬架

3. 空气弹簧非独立悬架

汽车在行驶时由于载荷和路面的变化，要求悬架刚度随之变化。当空车时车身被抬高，满载时车身则被压得很低，会出现撞击缓冲块的情况。因而对于不同类型汽车提出不同的要求，矿山及大型客车要求其空车与满载时的车身高度变化不大；对于轿车要求在好路上降低车身高度，提高车速行驶，在坏路上提高车身，可以增大通过能力，因而要求车身高度随使用要求可以调节。空气弹簧非独立悬架可以满足要求。

空气弹簧非独立悬架主要由囊式空气弹簧、压气机、车身高度调节阀、控制杆等组成。采用空气弹簧非独立悬架容易实现车身高度的自动调节，以保证车身高度不因载荷变化而变化。空气弹簧只承受垂直载荷，纵向力和横向力由悬架中的纵向和横向的推力杆来传递。为了减振，还需要加设减振器。

空气弹簧非独立悬架结构如图9-54所示。

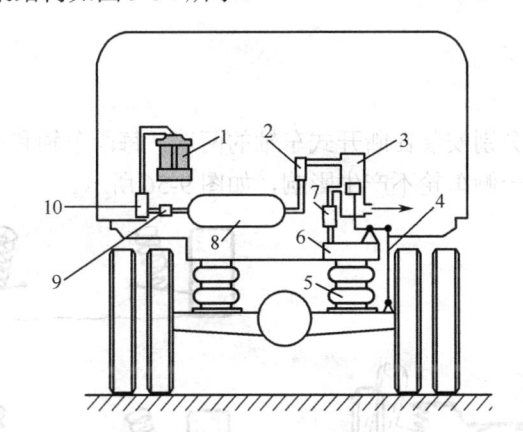

1—压气机；2、7—空气滤清器；3—车身高度调节阀；4—控制杆；5—空气弹簧；6—储气罐；
8—储气筒；9—压力调节器；10—油水分离器

图9-54 空气弹簧非独立悬架

囊式空气弹簧5的上下端分别固定在车架和车桥上。经压气机1产生的压缩空气经油水分离器10和压力调节器9进入储气筒8。压力调节器可使储气筒中的压缩空气保持一定压力。储气罐6通过管路与两个空气弹簧相通。储气罐和空气弹簧中的空气压力由车身高度调节阀3控制。

4. 油气弹簧非独立悬架

油气弹簧非独立悬架主要由油气弹簧（兼起减振器作用）、横向推力杆、纵向推力杆等组成，推力杆起导向和传力的作用。

油气弹簧固定在前桥上的支架和纵梁上的支架上，其结构如图9-55所示。上纵向推力杆8和下纵向推力杆11构成平行四边形，既可传递纵向力和力矩，又可保证车轮上下跳动时主销后倾角不变，有利于汽车操纵的稳定性。横向推力杆3装在左侧纵梁与前桥右侧的支架上传递侧向力。在两纵梁下面装有缓冲块7，以避免在很大的冲击载荷下前桥直接碰撞车架。

采用油气弹簧的非独立悬架具有变刚度特性，特别适用于大型自卸汽车上。

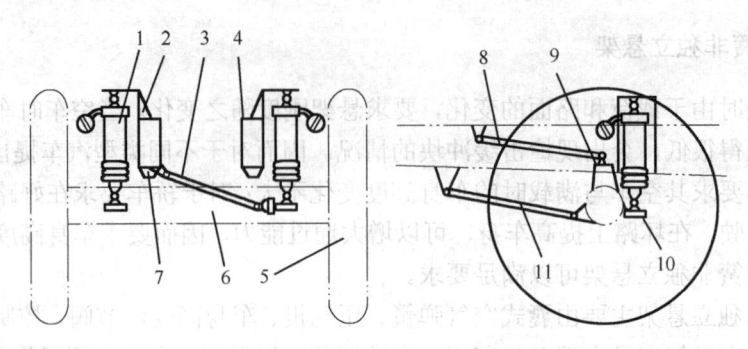

1—油气弹簧；2—支架；3—横向推力杆；4—箱形断面纵梁；5—车轮；6—前桥；
7—缓冲块；8—上纵向推力杆；9、10—支架；11—下纵向推力杆

图 9-55　原上海 SH3540 型（32t）矿用自卸汽车前轮油气弹簧非独立悬架

9.4.4　独立悬架

独立悬架是两侧车轮分别安装在断开式车轴的两端，每段车轴和车轮单独通过弹簧连接。当一侧车轮跳动时，对另一侧车轮不产生影响，如图 9-56 所示。

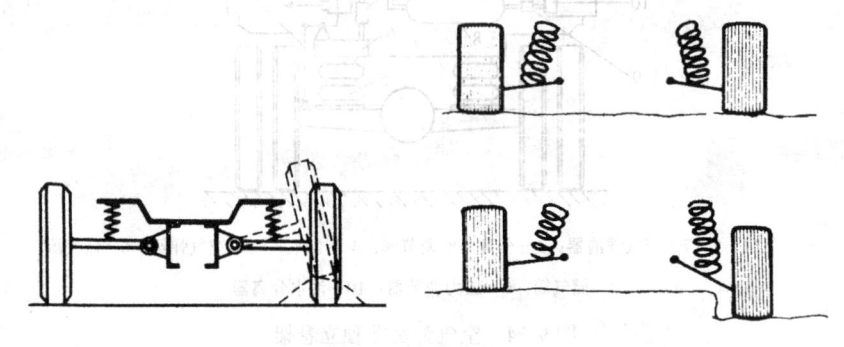

图 9-56　独立悬架

独立悬架的结构特点是两侧的车轮各自独立地与车架或车身弹性连接。与非独立悬架相反，独立悬架很少用钢板弹簧作为弹性元件，而多采用螺旋弹簧和扭杆弹簧作为弹性元件，因而具有导向机构。

独立悬架具有如下优点：

① 悬架弹性元件的变形在一定的范围内，两侧车轮可以单独运动而互不影响，这样不仅可减少车架和车身在不平道路上行驶时的振动，而且有助于消除转向轮不断偏摆。

② 与非独立悬架相比，减轻了汽车上非簧载质量，从而减小了悬架所受到的冲击载荷，可以提高汽车的平均行驶速度。

③ 由于采用断开式车桥，发动机位置可降低和前移并使汽车重心下降，有利于提高汽车行驶的稳定性，同时能给予车轮较大的上下运动空间。悬架刚度可设计得较小，使车身振动频率降低，以改善行驶平顺性。

④ 可保证汽车在不平道路上行驶时，车轮与路面有良好的接触，增大了驱动力。

⑤ 具有特殊要求的某些越野汽车采用独立悬架后，可增大汽车的离地间隙，提高汽车的通过性能。

独立悬架各项指标都优于非独立式,但结构复杂,造价昂贵,维修保养不便,而且还会使驱动桥、转向系统变得更复杂。另外,车轮定位角和轮距在车轮跳动时发生变化,使轮胎磨损加大,但现代汽车在设计上采取了许多措施,并采用子午线轮胎,弥补了这一缺点。

根据车轮跳动的形式,独立悬架可分为以下几类:横臂式独立悬架、纵臂式独立悬架、车轮沿主销移动的悬架和单斜臂式独立悬架。

1. 横臂式独立悬架

横臂式独立悬架车轮在汽车横向平面内跳动,又分为单横臂式和双横臂式,其中双横臂式应用较多。

(1)单横臂式独立悬架

单横臂式独立悬架具有结构简单、侧倾中心高、有较强的抗侧倾能力的优点。但随着现代汽车速度的提高,侧倾中心过高会引起车轮跳动时轮距变化大,致使轮胎相对于地面侧向滑移,破坏轮胎和地面的附着。而且在急转弯时左右车轮垂直力转移过大,会使主销内倾角和车轮外倾角发生较大的变化,对于转向操纵有一定影响。单横臂式独立悬架多应用在后悬架上,但由于不能适应高速行驶的要求,目前应用不多。图9-57所示为戴姆勒-奔驰轿车单横臂后独立悬架。

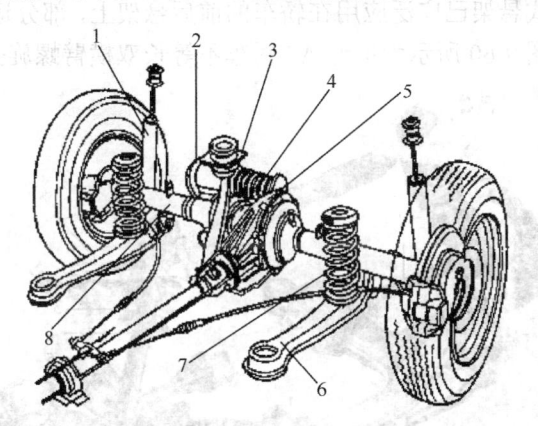

1—减振器;2—油气弹性元件;3—中间支撑;4—单铰链;5—主减速器壳;6—纵向推力杆;7—螺旋弹簧;8—半轴套管

图9-57 戴姆勒-奔驰轿车单横臂后独立悬架

其中,后桥半轴套管8断开,主减速器壳5的左侧有一个单铰链4,半轴可绕其摆动。在主减速器上面安装着可调节车身水平位置的油气弹性元件2,它和螺旋弹簧7一起承受并传递垂直力。纵向推力杆6主要承受车轮上的纵向力。中间支撑3不仅可承受侧向力,而且还可以部分地承受纵向力。当车轮上下跳动时,为避免干涉,其纵向推力杆的前端用球铰链与车身连接。

(2)双横臂式独立悬架

双横臂式独立悬架按上下横臂是否等长,又分为等长双横臂式和不等长双横臂式两种。

等长双横臂式悬架在车轮上下跳动时,虽然车轮平面不发生倾斜,能保持主销倾角不变,但轮距变化大(与单横臂式相类似),这将使车轮产生横向滑移,造成轮胎磨损严重,现已很少使用,其结构如图9-58所示。

图9-58 等长双横臂式独立悬架

对于不等长双横臂式悬架，只要适当选择、优化上下横臂的长度，并通过合理的布置，就可以使轮距及前轮定位参数变化均在可接受的限定范围内，保证汽车具有良好的行驶稳定性。一般来讲，不等长双横臂上臂比下臂短，当汽车车轮上下运动时，上臂比下臂运动弧度小，这将使轮胎上部轻微地内外移动，而底部影响很小。这种结构有利于减少轮胎磨损，提高汽车行驶平顺性和方向稳定性。其工作原理如图 9-59 所示。

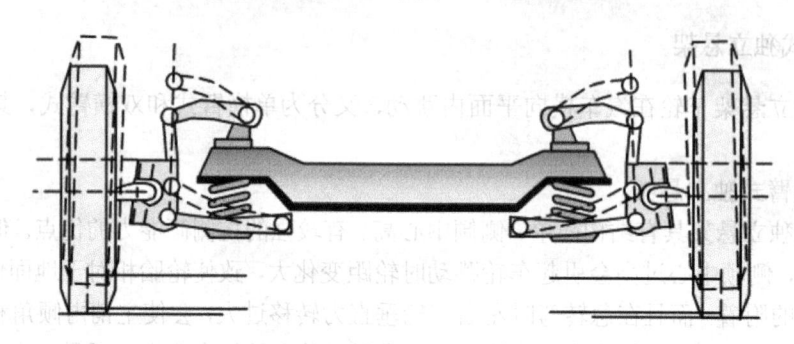

图 9-59 不等长双横臂式独立悬架

目前不等长双横臂式悬架已广泛应用在轿车的前后悬架上，部分运动型轿车及赛车的后轮也采用这一悬架结构。图 9-60 所示为奥迪 A4 轿车不等长双横臂螺旋弹簧独立悬架。

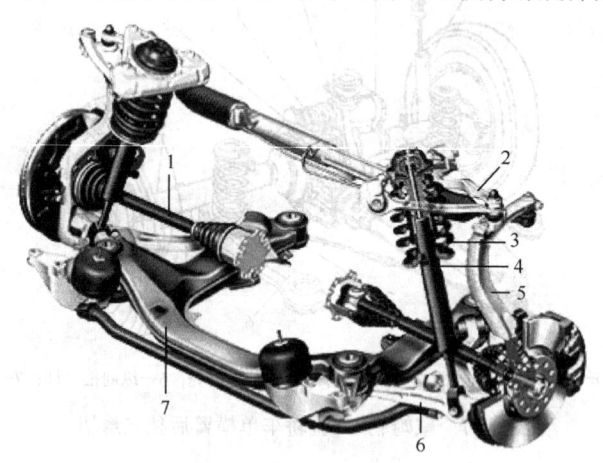

1—万向传动装置；2—上横臂；3—螺旋弹簧；4—减振器；5—转向节；6—下横臂；7—车架前横梁

图 9-60 奥迪 A4 轿车不等长双横臂螺旋弹簧独立悬架

2. 纵臂式独立悬架

纵臂式独立悬架车轮在汽车纵向平面内跳动，又分为单纵臂式、双纵臂式两种。

（1）单纵臂式独立悬架

单纵臂式独立悬架在车轮上下运动时，主销后倾角会产生很大变化，因此单纵臂式悬架不用在转向轮上。当车轮跳动时，纵臂以套管的轴线为中心摆动，使扭杆弹簧产生扭转变形，以缓和不平路面产生的冲击。

图 9-61 所示为桑塔纳、捷达轿车后悬架。桑塔纳和捷达轿车的后悬架结构相同，也属于单纵臂式独立悬架。它有一根整体的 V 形断面横梁，在其两端焊接着变截面的管状纵臂 8，从而形成了一个整体构架——后轴体 7。纵臂前端通过橡胶-金属支撑 5 与车身做铰接式连接。纵臂后

端与轮毂 9、减振器 4 相连。汽车行驶时，车轮连同后轴体相对车身以橡胶-金属支撑为支点做上下摆动，相当于单纵臂式独立悬架。当两侧悬架变形不等时，后轴体的 V 形断面横梁发生扭转变形，由于该横梁有较大的弹性，可起到横向稳定器的作用。它不像普通带有整体轴的非独立悬架那样，一侧车轮的跳动会直接影响另一侧车轮。因此，该悬架又称单纵臂扭转梁式独立悬架。

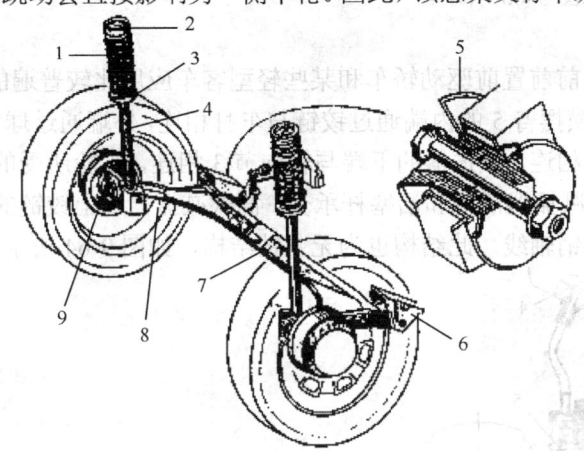

1—螺旋弹簧；2—弹簧上座；3—弹簧下座；4—减振器；5—橡胶-金属支撑；6—后轴体支架；7—后轴体；8—纵臂；9—轮毂

图 9-61　单纵臂扭转梁式独立悬架（桑塔纳、捷达轿车后悬架）

（2）双纵臂式独立悬架

这种悬架的两个纵臂长度一般做成等长的，形成平行四连杆机构。这样可使车轮上下运动时，主销后倾角不变，因而这种形式的悬架适用于转向轮。

双纵臂扭杆弹簧式前独立悬架的两根纵臂 1 的后端与转向节铰接，前端则通过各自的摆臂轴 2 支撑在车架横梁 4 内部。摆臂轴 2 与纵臂 1 刚性地连接，扭杆弹簧 6 外端插入摆臂轴 2 的矩形孔内，中部用螺钉使之与管形横梁 4 相固定。这种悬架两侧车轮共用两根扭杆弹簧，如图 9-62 所示。

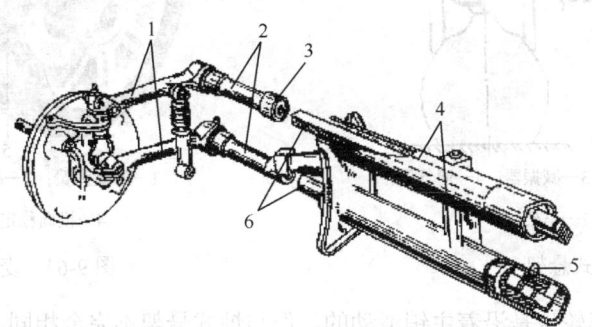

1—纵臂；2—摆臂轴；3—衬套；4—横梁；5—螺钉；6—扭杆弹簧

图 9-62　双纵臂扭杆弹簧式前独立悬架

3. 车轮沿主销移动的悬架

车轮沿主销移动的悬架又分为烛式和麦弗逊式悬架（也叫滑柱摆臂式或支柱式）两种，其中以麦弗逊式应用得最多。

（1）烛式悬架

采用车轮沿主销轴方向移动的悬架形式，因形状似烛形而得名。烛式悬架的优点是当悬架变形时，主销的定位角不会发生变化，仅是轮距、轴距稍有变化，因此特别有利于汽车的转向操纵稳定和行驶稳定。但烛式悬架有一个大缺点，就是汽车行驶时的侧向力会全部由套在主销套筒的主销承受，致使套筒与主销间的摩擦阻力加大，磨损也较严重。因此，这种结构形式目前很少采用。其结构如图9-63所示。

（2）麦弗逊式悬架

麦弗逊式悬架是目前前置前驱动轿车和某些轻型客车应用比较普遍的悬架结构形式。筒式减振器作为滑动立柱，横摆臂5的内端通过铰链与车身相连，外端通过球铰链与转向节3相连。减振器2的上端与车身相连，减振器的下端与转向节3相连，车轮所受的侧向力大部分由横摆臂5承受，其余部分由减振器活塞和活塞杆承受。筒式减振器2上铰链的中心与横摆臂5外端球铰链中心的连线为主销轴线，此结构也为无主销结构，如图9-64所示。

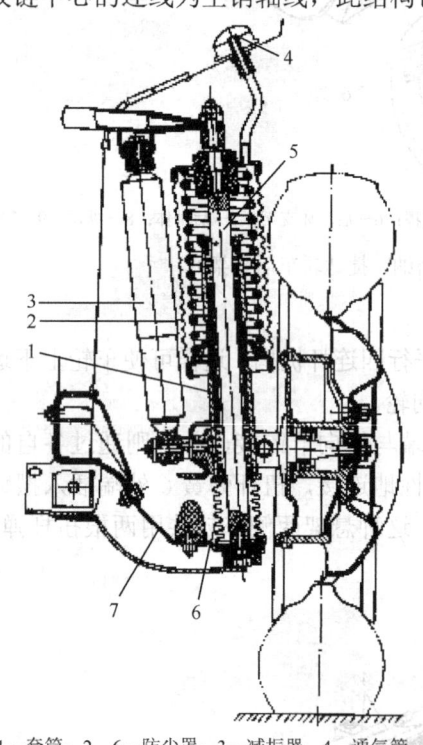

1—套筒；2、6—防尘罩；3—减振器；4—通气管；
5—主销；7—车架

图9-63 烛式悬架

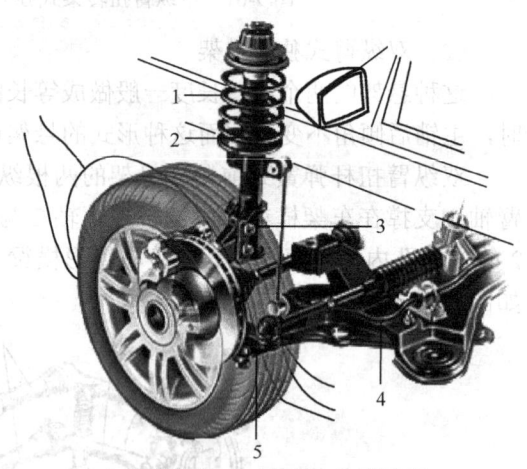

1—螺旋弹簧；2—减振器；3—转向节；
4—横向稳定器；5—横摆臂

图9-64 麦弗逊式悬架

麦弗逊式悬架的车轮也是沿着主销滑动的，但与烛式悬架不完全相同，它的主销是可以摆动的，麦弗逊式悬架是摆臂式与烛式悬架的结合。与双横臂式悬架相比，麦弗逊式悬架的优点是结构紧凑，车轮跳动时前轮定位参数变化小，有良好的操纵稳定性，加上由于取消了上横臂，给发动机及转向系统的布置带来方便；与烛式悬架相比，它的滑柱受到的侧向力又有了较大的改善。

麦弗逊式悬架多应用在中小型轿车的前悬架上，虽然麦弗逊式悬架并不是技术含量最高的悬架结构，但它仍是一种经久耐用的独立悬架，具有很强的道路适应能力。

4. 单斜臂式独立悬架（车轮在汽车的斜向平面内摆动的悬架）

单斜臂式独立悬架的结构介于单横臂式和单纵臂式之间，多用于后轮驱动汽车的后悬架上。这种悬架是单横臂式和单纵臂式独立悬架的折中方案。其摆臂绕与汽车纵轴线具有一定交角的轴线摆动，选择合适的交角可以满足汽车操纵稳定性要求。这种悬架适于作为后悬架，其结构如图 9-65 所示。

9.4.5 电控悬架

悬架主要影响汽车的垂直振动。传统的汽车悬架是不可调整的，在行车中车身高度的变化取决于弹簧的变形，因此就自然存在了一种现象，当汽车空载和满载的时候，车身的离地间隙是不一样的。尤其是一些轿车采用比较柔软的螺旋弹簧，满载后弹簧的变形行程会比较大，导致汽车空载和满载的时候离地间隙相差有几十毫米，使汽车的通过性受到影响。

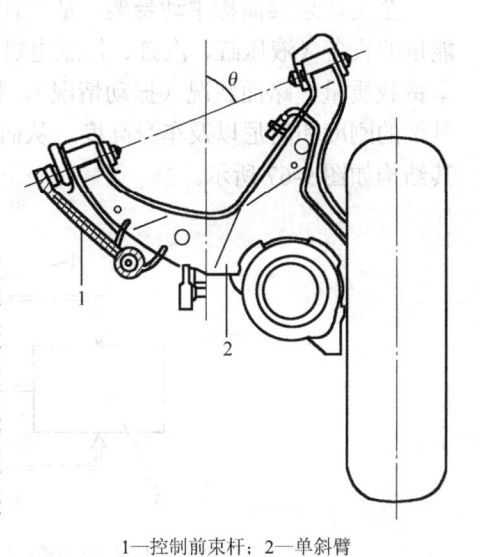

1—控制前束杆；2—单斜臂

图 9-65 单斜臂式独立悬架

汽车不同的行驶状态对悬架有不同的要求。一般在高速公路上高速行驶，为了减小路面对乘客的冲击，要求悬架系统能充分吸收来自路面的冲击力，要求弹簧硬度软，减振的阻尼系数小；当急转弯及制动时，为防止产生汽车"点头"等不良后果，又需要硬一点的悬架以求稳定性，两者之间有矛盾。另外，汽车行驶的不同环境对车身高度的要求也是不一样的。一成不变的悬架无法满足这种矛盾的需求，只能采取折中的方式去解决。在电子技术发展的带动下，工程师设计出一种可以在一定范围内调整的电子控制悬架来满足这种需求，这种悬架称为电控悬架。电子技术控制汽车悬架系统主要由（车高、转向角、加速度、路况预测）传感器、电子控制 ECU、悬架控制的执行器等组成。

电控悬架系统的控制功能通常有以下三个：

① 车高调整。当汽车在起伏不平的路面行驶时，可以使车身抬高，以便于通过；在良好路面高速行驶时，可以降低车身，以减小空气阻力，提高操纵稳定性。

② 阻尼力控制。用来提高汽车的操纵稳定性，在急转弯、急加速和紧急制动情况下，可以抑制车身姿态的变化。

③ 弹簧刚度控制。改变弹簧刚度，使悬架满足运动或舒适的要求。

电子控制悬架系统主要有半主动悬架和全主动悬架两种。半主动悬架是指悬架元件中的弹簧刚度和减振器阻尼系数之一可以根据需要进行调节。为减小执行元件所需的功率，一般都采用调节减振器的阻尼，使阻尼系数在几毫秒内由最小变至最大，使汽车振动频率被控制在理想的范围内。半主动悬架为无源控制，在汽车转向、起步及制动等工况时，不能对悬架的刚度和阻尼进行有效的控制。其结构如图 9-66 所示。执行器在电子控制单元的控制下，通过连接杆带动阀门开大或关小，从而改变减振力。

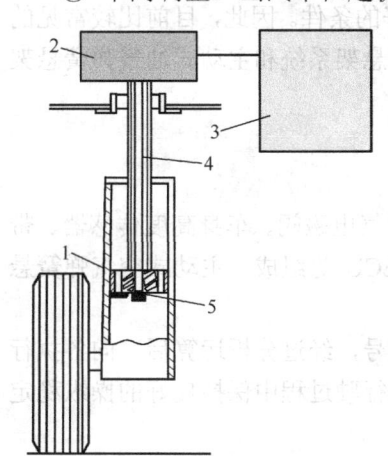

1—减振器活塞；2—执行器（减振力控制）；3—电子控制单元；4—连接杆；5—可调阀门

图 9-66 半主动悬架系统简图

全主动悬架简称主动悬架，是一种有源控制（具有做功能力）的悬架，所以它包含有提供能量的设备（液压缸、汽缸、伺服电机、电磁铁等）和可控制作用力的附加装置。它可根据汽车簧载质量、路面状况（振动情况）、行驶速度及启动、制动、转向等工况的变化，自动调整悬架的刚度和阻尼以及车身高度，从而能同时满足汽车行驶平顺性和稳定性等各方面的要求。其结构如图9-67所示。

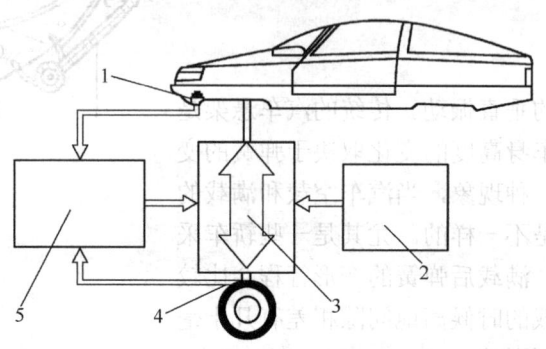

1、4—传感器；2—动力源；3—执行器；5—电子控制单元

图9-67 主动悬架的基本组成

传感器将汽车行驶的路面情况（汽车的振动）和车速及启动、加速、转向、制动等工况转变为电信号，输送给电子控制单元，电子控制单元将传感器送入的电信号进行综合处理，输出对悬架的刚度和阻尼及车身高度进行调节的控制信号。

传统的金属弹簧悬架的弹簧刚度一般是固定的，如果汽车的簧载质量变化较大，固有频率会剧烈变化，汽车的平顺性变差。而空气悬架在簧载质量即载荷发生较大变化时，空气弹簧的内部工作压力也随之改变；另一方面，弹簧刚度与弹簧载荷的比值基本保持一定值，即空气弹簧上的载荷变化对系统的固有频率影响不大——准等频频率特性，所以空气悬架被称作"准等频悬架"。另外，我们可以通过降低空气弹簧的工作压力、减小有效面积变化率、增大空气弹簧容积等简单的措施减小其刚度，从而使空气悬架具有较低的固有频率。

空气悬架的这种频率特性对改善汽车的平顺性创造了极好的条件。因此，目前比较常见的是电控空气悬架形式。电控空气悬架系统包括主动式空气弹簧悬架系统和主动式油气弹簧悬架系统。

1. 主动式空气弹簧悬架系统的基本结构和工作原理

主动式空气弹簧悬架系统主要由空气压缩机、干燥器、空气电磁阀、车身高度传感器、带减振器的空气弹簧、悬架控制执行器、悬架控制开关、悬架ECU等组成。主动式空气弹簧悬架系统的基本组成及在车上的布置如图9-68所示。

主动式空气弹簧悬架ECU根据各个传感器采集的输入信号，经过分析运算后，向各执行器发出指令，改变悬架刚度、阻尼系数和车身高度，使车辆在行驶过程中保持良好的操纵稳定性，并且可将车身振动频率控制在允许范围内。

具体过程如下：空气压缩机由直流电动机驱动，产生压缩空气作为主动式空气悬架系统的动力源。压缩空气经干燥器干燥后，由空气管道经空气控制电磁阀送至空气弹簧的主气室。当汽车载荷减少，需减小悬架刚度、阻尼和降低车身高度时，悬架ECU控制排气电磁阀打开，使空气弹簧主气室中部分压缩空气排到大气中去，以使空气弹簧压缩变形适当，保持车身高度及振动频率在优选值范围内。当汽车载荷加大,需要增加悬架刚度、阻尼和车身高度时,悬架 ECU 控制空气电磁阀打开,使压缩空气进入空气弹簧主气室,以减小空气弹簧的压缩变形量,并保持车身高度及振动频率在优选值范围内。另外,在空气弹簧的主、辅气室之间还有一连通阀,由空气弹簧上部的控制执行器控制。悬架 ECU 根据各传感器输入的信号计算分析后,输出控制信号,控制执行器动作,使空气弹簧主、辅气室之间的连通阀发生变化,以改变主、辅气室的压力和刚度,同时也改变了减振阻尼力。

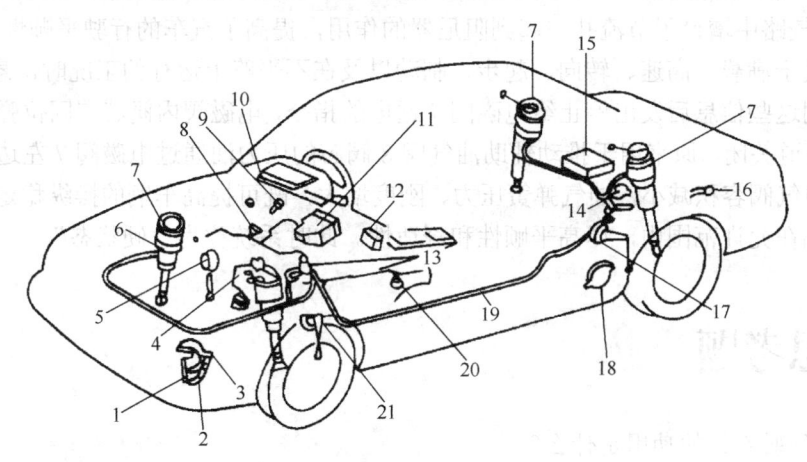

1—空气压缩机;2—空气电磁阀;3—干燥器;4—节气门传感器;5、17、21—车身高度传感器;6—带减振器的空气弹簧;
7—悬架控制执行器;8—转向传感器;9—停车灯开关;10—电子控制悬架系统指示灯;11—电子多点视频器;
12—悬架控制开关;13—1号高度控制阀;14—2号高度控制阀;15—显示器用计算机;16—诊断插座;
18—悬架 ECU;19—空气管道;20—车速传感器

图 9-68 主动式空气弹簧悬架系统的基本组成与布置

2. 主动式油气弹簧悬架系统的基本结构和工作原理

主动式油气弹簧悬架系统主要由悬架 ECU、油气弹簧(每个车轮布置一个)、电磁阀和基本行车工况传感器等组成。主动式油气弹簧悬架系统的基本组成及在车上的布置如图 9-69 所示。

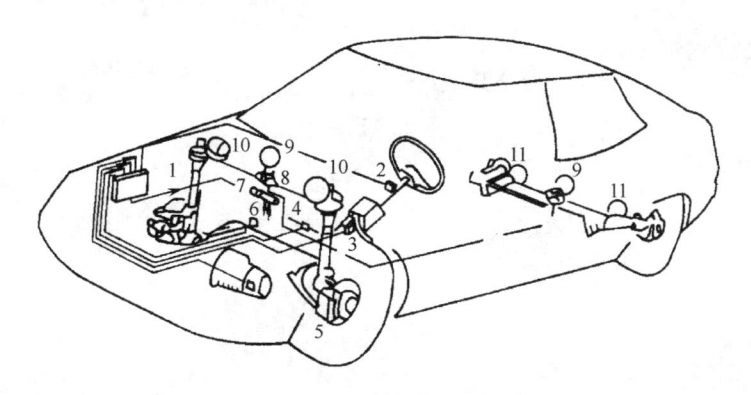

1—悬架 ECU;2—转向盘转角传感器;3—加速度传感器;4—制动压力传感器;5—车速传感器;6—车身位移传感器;
7—电磁阀;8—辅助油气阀;9—刚度调节器;10—前油气弹簧;11—后油气弹簧

图 9-69 主动式油气弹簧悬架系统的基本组成与布置

油气弹簧以油液为介质将车身与车轮之间所受的力和力矩传送给气室中的气体,实现悬架的刚度特性,并通过电磁阀控制油液管路中的小孔节流实现改变阻尼特性。

当汽车在平直的优良路面中、低速运行时,悬架 ECU 采集到各传感器的输入电信号后,经计算发出使电磁阀 7 中的活塞向右移的指令,从而接通了压力油管,促使辅助油气阀 8 中的阀芯向右移动,使刚度调节器 9 中的气室与前、后油气弹簧 10、11 的气室相通,因此使总气室容积增大,气室中压力减小,达到了使前、后油气弹簧刚度减小的效果,此时也称"系统软状态"。系统气路中增设了节流孔,起到阻尼器的作用,提高了汽车的行驶平顺性。

当汽车处于满载、高速、转向、起步、制动以及在不平路上运行的工况时,悬架 ECU 各传感器采集到这些信息后发出停止给电磁阀 7 通电的指令,电磁阀内阀芯在回位弹簧作用下左移,使压力油道关闭,原来用于推动辅助油气阀 8 阀芯的压力油通过电磁阀 7 左边的泄油道排出,使辅助油气阀容积减小,油气弹簧压力、刚度增大,既可提高车辆的操纵稳定性,又可保证悬架的振幅在允许范围内,提高平顺性和舒适性。此时系统称为"硬状态"。

思考题

1. 汽车行驶系统的功用是什么?
2. 整体式车桥与断开式车桥各有何特点?为什么整体式车桥配用非独立悬架,而断开式车桥配用独立悬架?
3. 车架的功用是什么?对其有何要求?
4. 什么是子午线轮胎?其特点是什么?
5. 悬架由哪几部分构成?各部分的功用是什么?

第 10 章 汽车转向系统

10.1 概述

10.1.1 转向系统的功用、类型、组成和工作过程

1. 功用和类型

汽车转向系统的功用是改变和保持汽车的行驶方向。

当汽车需要改变行驶方向时，必须使转向轮绕主销轴线偏转一定角度，直到新的行驶方向符合驾驶员的要求时，再将转向轮恢复到直线行驶的位置。这种由驾驶员操纵转向轮偏转和回位的一套机构，称为汽车的转向系统。

汽车转向系统按转向动力源的不同，分为机械转向系统和动力转向系统两大类。

2. 组成及工作过程

（1）机械转向系统的组成与工作过程

机械转向系统以驾驶员的体力为动力源。机械转向系统由转向操纵机构、转向器和转向传动机构三大部分组成，其机件名称和一般布置情况如图 10-1 所示。

图 10-1（a）所示为与非独立悬架配用的机械转向系统，汽车转向时，驾驶员转动转向盘 10，通过转向轴 9、转向万向节 8 和转向传动轴 7，将转向力矩输入转向器 5。从转向盘 10 到转向万向节 6 这一系列部件即属于转向操纵机构。

转向器 5 中有 1～2 级啮合传动副，具有减速增力作用。经转向器 5 减速后的运动和增大后的力矩传到转向摇臂 4，再通过转向直拉杆 3 传给固定于左转向节 1 上的转向节臂 2，使左转向节 1 及装于其上的左转向轮绕主销偏转。左、右梯形臂 14 和 12 的一端分别固定在左、右转向节 1 和 11 上，另一端则与转向横拉杆 13 做球铰链连接。当左转向节偏转时经梯形臂 14、转向横拉杆 13 和梯形臂 12 的传递，右转向节 11 及装于其上的右转向轮随之绕主销同向偏转一定的角度。转向摇臂 4、转向直拉杆 3、转向节臂 2、梯形臂 14 和 12、转向横拉杆 13 总称为转向传动机构。梯形臂 14、12 以及转向横拉杆 13 和前轴构成转向梯形，其作用是在汽车转向时，使内、外转向轮按一定的规律进行偏转。

图 10-1（b）所示为与独立悬架配用的机械转向系统。

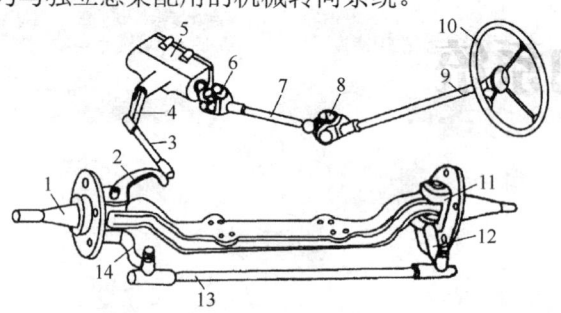

1—左转向节；2—转向节臂；3—转向直拉杆；4—转向摇臂；5—转向器；6、8—转向万向节；7—转向传动轴；9—转向轴；10—转向盘；11—右转向节；12、14—梯形臂；13—转向横拉杆

（a）与非独立悬架配用的机械转向系统

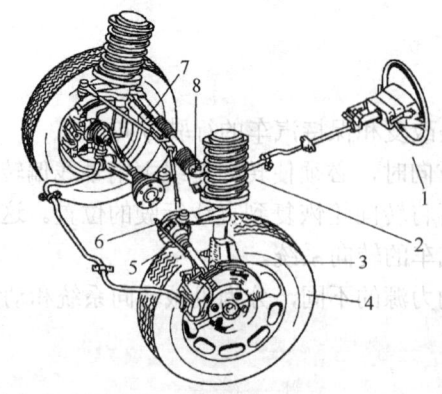

1—转向盘；2—转向轴；3—转向节；4—转向轮；5—转向节臂；6—转向横拉杆；7—转向减振器；8—机械转向器

（b）与独立悬架配用的机械转向系统

图 10-1 机械转向系统

（2）动力转向系统的组成与工作过程

动力转向系统是兼用驾驶员体力和发动机动力作为转向能源的转向系统。动力转向系统是在机械转向系统的基础上加设一套转向加力装置而构成的。图 10-2 所示为一种液压式动力转向系统，转向油罐 9、转向油泵 10、转向控制阀 5 和转向动力缸 11 构成了转向加力装置的各部件。

采用动力转向系统的汽车，在正常情况下转向时，汽车转向所需要的动力只有一小部分由驾驶员独立提供，大部分是由发动机通过转向加力装置供给。在转向加力装置失效时，还能由驾驶员独立承担汽车转向任务。

当驾驶员逆时针转动转向盘 1 时，转向摇臂 7 推动转向直拉杆 6 前移。直拉杆的推力作用于转向节臂 4，并依次传到梯形臂 3，使转向横拉杆 12 右移。与此同时，转向直拉杆 6 还带动转向控制阀 5 中的滑阀，使转向动力缸 11 的左腔接通转向油泵 10 的出油口，右腔则接通转向油液压力为零的转向油罐 9。于是转向动力缸 11 的活塞所受向右的液压作用便经推杆施加在转向横拉杆 12 上。这样，为了克服地面作用于转向轮上的转向阻力矩，驾驶员需要加于转向盘上的转向力矩比用机械转向系统时所需的力矩小得多。

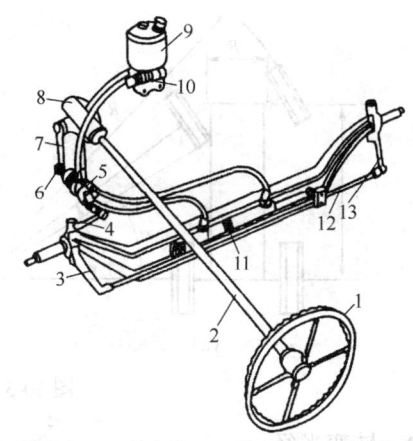

1—转向盘；2—转向轴；3—梯形臂；4—转向节臂；
5—转向控制阀；6—转向直拉杆；7—转向摇臂；
8—机械转向器；9—转向油罐；10—转向油泵；
11—转向动力缸；12—转向横拉杆；13—梯形臂

图 10-2　液压式动力转向系统

10.1.2　汽车转向的条件与转向半径

1. 转向梯形

汽车转向时，内侧车轮和外侧车轮滚过的距离是不相等的，外侧车轮滚过的路程大于内侧车轮滚过的路程。对于一般汽车而言，后桥左右两侧的驱动轮由于差速器的作用，能够以不同的转速滚过不同的距离。但前桥左右两侧的转向轮要在同一时间滚过不同的距离，必然引起车轮沿路面边滚动边滑动，致使转向时的行驶阻力增大，轮胎磨损增加，甚至无法转向，如图 10-3（b）所示。为了避免这种现象，要求转向系统能保证在汽车转向时所有车轮均做纯滚动，故将图 10-1（a）中的构件 12、13、14 设计成梯形。这样，汽车转向时可使内外转向前轮产生不同的偏转角，所有车轮的轴线都交于一点。此交点 O 称为汽车的转向中心，如图 10-3（a）所示。由图可见，汽车转向时内侧转向轮偏转角 β 大于外侧转向轮偏转角 α，两角之差（$\beta-\alpha$）称为前展。α 与 β 的关系是

$$\cot\alpha - \cot\beta = \frac{B}{L} = 常数$$

式中，B 为两侧主销中心距；L 为汽车轴距。

这一关系是由转向梯形保证的，故上式也称为转向梯形理论特性关系式。所有汽车转向梯形的设计实际上都只能保证在一定的车轮偏转角范围内，使两侧转向轮的偏转角大体上接近以上关系式。

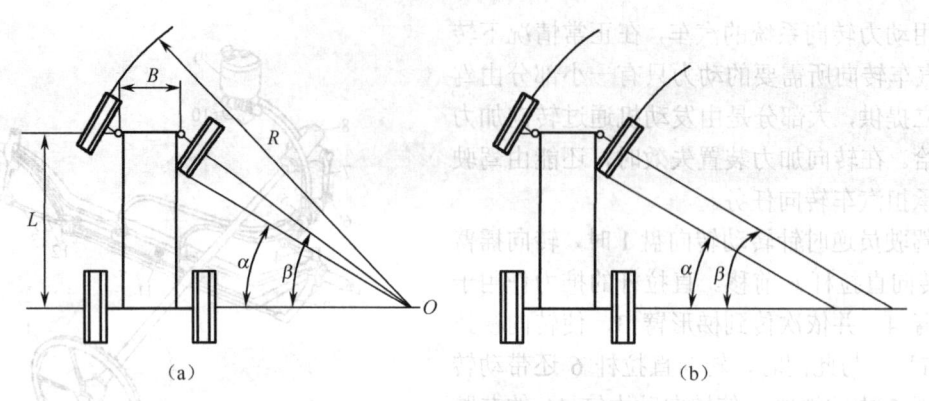

图 10-3 双轴汽车转向示意图

2. 转弯半径

从转向中心 O 到外侧转向轮与地面接触点的距离 R 称为汽车转弯半径，如图 10-3（a）所示。R 越小，则汽车转向所需场地就越小，汽车的机动性也越好。当外侧转向轮偏转角达到最大值 α_{max} 时，转弯半径 R 最小。最小转弯半径 R_{min} 与 α_{max} 的关系为

$$R_{min} = \frac{L}{\sin \alpha_{max}}$$

汽车转向轮内轮的最大偏转角一般在 35°～42° 之间，最小转弯半径一般为 5～12m。

对于只用前桥转向的三轴汽车，由于中桥和后桥车轮的轴线总是平行的，故不存在理想的转向中心。它是用一根与中、后轮轴线等距的假想平行线 CD 与前轮轴线交于 O 点，形成滚动中心，如图 10-4 所示。转向时所有车轮均绕 O 点滚动。在这种情况下，只有前轮做纯滚动，而中、后桥车轮在滚动的同时还伴有轻微的滑动。

对于用第一、第三两车桥转向的三轴汽车，如图 10-4（b）所示，可以第二桥车轮轴线为基线，分别利用上式求出第一和第三桥两侧车轮偏转角之间的理想关系式，作为设计上述两车桥的转向梯形的依据。

对于利用第一、第二两车桥转向的四轴汽车，如图 10-4（c）所示，可以第三、第四两桥轴线之间的中间平行线为基线，分别求出这两转向桥两侧车轮偏转角的近似理想关系。显然，对于上述两种汽车，都可得到下列理想的或近似理想的关系式：

$$\cot \alpha_1 = \cot \beta_1 + \frac{B}{L_1}$$

$$\cot \alpha_2 = \cot \beta_2 + \frac{B}{L_2}$$

若 $L_1=L_2=L/2$，则 $\alpha_1=\alpha_2=\alpha$，$\beta_1=\beta_2=\beta$。最小转弯半径为

$$R_{min} = \frac{L}{2\sin \alpha_{max}}$$

即图 10-4（b）所示汽车的转弯半径仅为同轴距的前轮转向双轴汽车的转弯半径的一半。

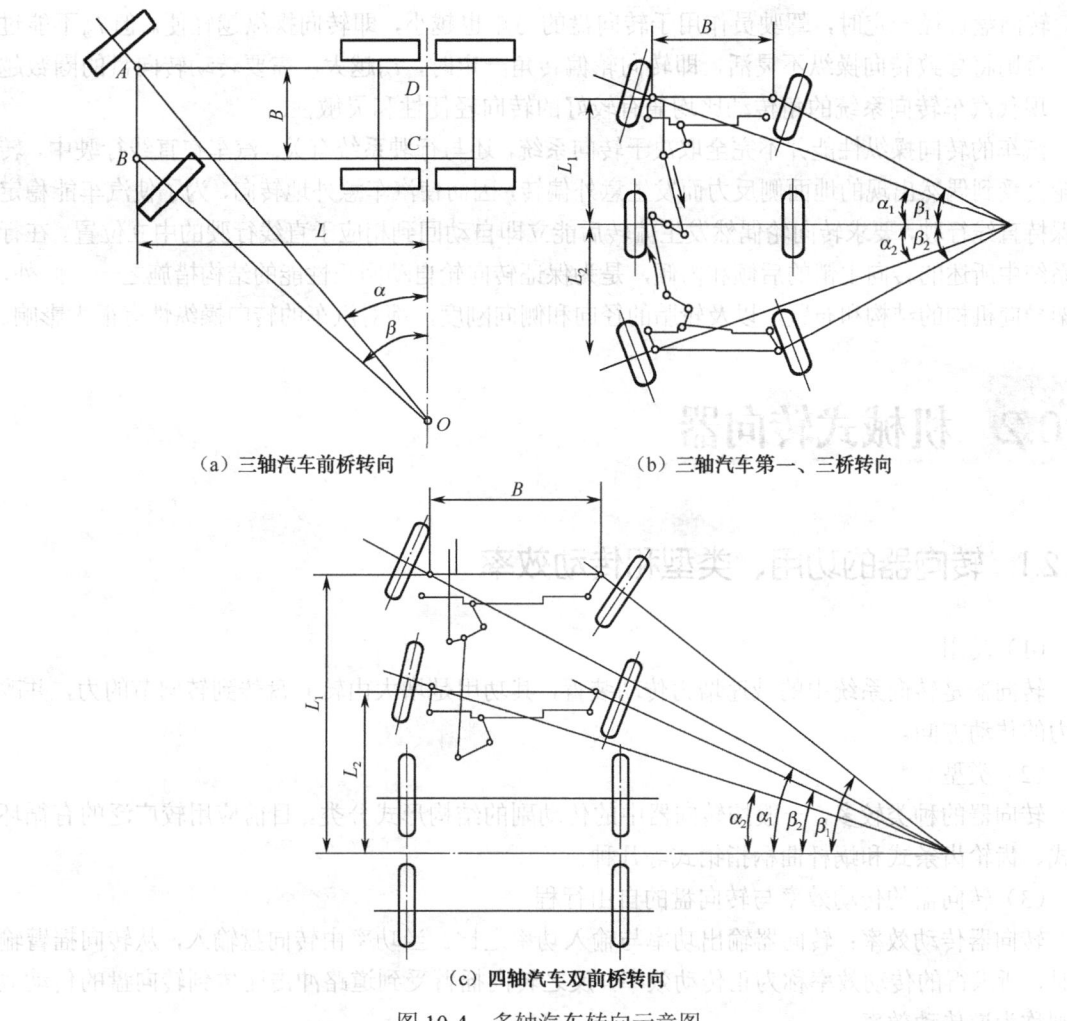

(a) 三轴汽车前桥转向　　(b) 三轴汽车第一、三桥转向

(c) 四轴汽车双前桥转向

图 10-4　多轴汽车转向示意图

10.1.3　转向系统的角传动比

1. 转向系统角传动比

转向盘的转角与安装在转向盘同侧的转向轮偏转角的比值，称为转向系统角传动比，用 i_ω 表示。而转向盘转角和转向摇臂摆角之比 i_1 称为转向器角传动比。转向摇臂摆角与同侧转向节带动的转向轮偏转角之比 i_2 称为转向传动机构角传动比，显然 $i_\omega = i_1 \times i_2$。

2. 转向系统角传动比对汽车转向特性的影响

转向传动机构的角传动比 i_2 对于一般汽车大约为1，所以转向系统的角传动比主要取决于转向器的角传动比 i_1。一般货车的 $i_1=16\sim32$，轿车的 $i_1=12\sim20$。不同的转向器其角传动比 i_1 各不相同，有些是常数，有些则是可变的。

转向系统角传动比 i_ω 影响汽车的操纵轻便性和转向灵活性，i_ω 越大，操纵转向盘的力矩越小，转向盘直径一定时，驾驶员作用于转向盘的力矩也越小，即转向操纵越轻便。但 i_ω 不能过大，否则将导致转向操纵不灵活，即转向轮偏转角一定时，i_ω 越大，需要转动转向盘的圈数越多。现代汽车转向系统的角传动比均兼有较好的转向轻便性和灵敏性。

汽车的转向操纵性能并不完全取决于转向系统，还与行驶系统有关。汽车在直线行驶中，转向轮会受到偶然出现的地面侧反力而发生意外偏转，因而使汽车意外地转向，为了使汽车能稳定地保持直线行驶，要求转向轮偶然发生偏转后能立即自动回到相应于直线行驶的中立位置。在行驶系统中所述的转向主销的后倾和内倾，是为保证转向轮自动回正性能的结构措施之一。此外，悬架导向机构的结构和布置，以及轮胎的径向和侧向刚度，都对汽车的转向操纵性有很大影响。

10.2 机械式转向器

10.2.1 转向器的功用、类型和传动效率

（1）功用

转向器是转向系统中的减速增力传动装置，其功用是增大由转向盘传到转向节的力，并改变力的传动方向。

（2）类型

转向器的种类较多，一般按转向器中的传动副的结构形式分类。目前应用较广泛的有循环球式、齿轮齿条式和蜗杆曲柄指销式等几种。

（3）转向器的传动效率与转向盘的自由行程

转向器传动效率：转向器输出功率与输入功率之比。当功率由转向盘输入，从转向摇臂输出时，所求得的传动效率称为正传动效率，反之转向摇臂受到道路冲击而传到转向盘的传动效率则称为逆传动效率。

正、逆传动效率都很高的转向器（可逆式转向器）有利于汽车转向后转向轮的自动回正，转向盘"路感"很强，也容易在坏路行驶时出现"打手"，所以主要应用于经常在良好路面行驶的车辆。正传动效率远大于逆传动效率的转向器（极限可逆式），能实现汽车转向后转向轮的自动回正，路面冲击力只有很大时，方能部分地传到转向盘，"路感"较差，主要应用于中型以上的越野汽车、工矿用自卸汽车等。

转向盘自由行程：转向盘为消除转向系统各传动件之间的装配间隙、克服弹性变形所空转过的角度称为转向盘自由行程。

转向盘自由行程对于缓和路面冲击及避免驾驶员过于紧张是有利的，但过大的自由行程会影响转向灵敏性。通常通过调整转向器传动副的啮合间隙来调整转向盘自由行程。

10.2.2 转向器的构造和工作原理

1. 循环球式转向器

解放 CA1092、北京 BJ1041 和 BJ2023、黄河 JN1181C13 等汽车的循环球式转向器如图 10-5

所示。它有两级传动副,第一级传动副由转向螺杆 23 与转向螺母 3 组成;转向螺母 3 的下平面加工成齿条,与摇臂轴 14 上的齿扇相啮合,又构成齿条-齿扇第二级传动副。显然,转向螺母 3 既是第一级传动副的从动件,又是第二级传动副的主动件。通过转向盘转动转向螺杆 23 时,转向螺母 3 不能随之转动,而只能沿转向螺杆 23 轴向移动,并驱使摇臂轴 14 转动。

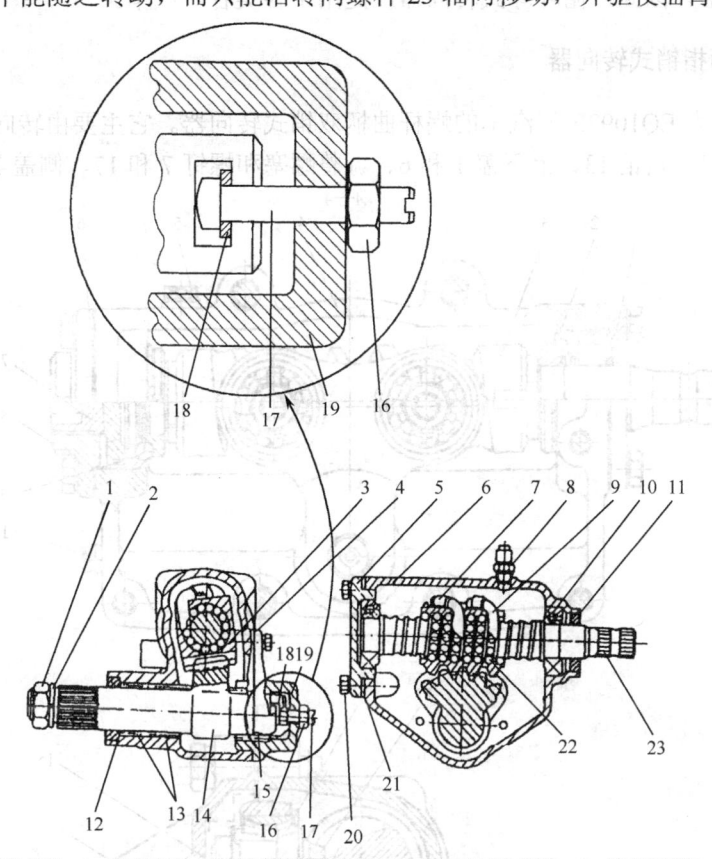

1—螺母;2—弹簧垫圈;3—转向螺母;4—转向器壳体垫片;5—转向器壳体底盖;6—转向器壳体;7—导管卡子;8—加油螺塞;9—钢球导管;10—球轴承;11、12—油封;13—滚针轴承;14—摇臂轴;15—滚针轴承;16—锁紧螺母;17—调整螺钉;18—调整垫片;19—侧盖;20—螺栓;21—调整垫片;22—钢球;23—转向螺杆

图 10-5 循环球式转向器

转向螺杆 23 支撑在两个推力球轴承 10 上,轴承的预紧度可用调整垫片 21 调整。在转向螺杆 23 上松套着转向螺母 3。为了减小它们之间的摩擦,二者的螺纹并不直接接触,其间装有许多钢球 22,以实现滚动摩擦。

当转动转向螺杆时,通过钢球将力传给转向螺母 3,使转向螺母 3 沿转向螺杆 23 轴向移动。随着转向螺母 3 沿转向螺杆 23 做轴向移动,其齿条便带动齿扇绕着转向摇臂轴 14 做圆弧运动,从而使转向摇臂轴 14 连同摇臂产生摆动,通过转向传动机构使转向轮偏转,实现汽车转向。

转向螺母 3 下平面上加工出的齿条是倾斜的,与之相啮合的是变齿厚齿扇。只要使摇臂轴 14 相对于齿条做轴向移动,便可调整二者的啮合间隙。调整螺钉 17 旋装在侧盖 19 上。摇臂轴 14 靠近齿扇的端部切有 T 形槽,调整螺钉 17 的圆柱形端头嵌入此切槽中,端头与 T 形槽的间隙用调整垫片 18 来调整。

循环球式转向器的正传动效率很高（最高可达 90%~95%），故操纵轻便，转向结束后自动回正能力强，使用寿命长。但因其逆效率也很高，故容易将路面冲击传给转向盘而产生"打手"现象，不过，对于前轴轴载质量不大而经常在平坦路面上行驶的轻、中型载货汽车而言，这个缺点并不明显。因此，循环球式转向器广泛用于各类各级汽车。

2. 蜗杆曲柄指销式转向器

图 10-6 所示为 EQ1092E 型汽车的蜗杆曲柄双销式转向器。它主要由转向器壳体 4、转向蜗杆 3、摇臂轴 11、指销 13、上下盖 1 和 6、调整螺塞和螺钉 7 和 17、侧盖 16 等组成。

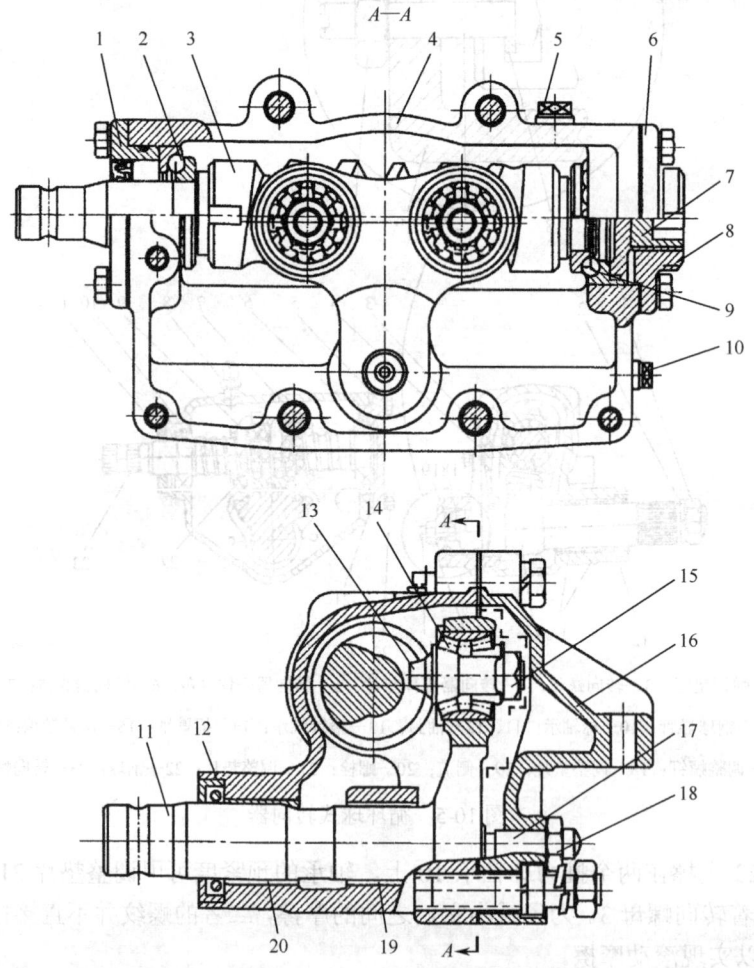

1—上盖；2、9—向心推力球轴承；3—转向蜗杆；4—转向器壳体；5—加油螺塞；6—下盖；7—调整螺塞；8—锁紧螺母；10—放油螺塞；11—摇臂轴；12—油封；13—指销；14—双排圆锥滚子轴承；15—螺母；16—侧盖；17—调整螺钉；18—螺母；19、20—衬套

图 10-6 蜗杆曲柄双销式转向器

转向器壳体固定在车架的转向器支架上。壳体内装有传动副，其主动件是转向蜗杆，从动件是装在摇臂曲柄端部的指销。具有梯形截面螺纹的转向蜗杆支撑在转向器壳体两端的两个向心推力球轴承 2 和 9 上。转向器下盖上装有调整螺塞 7，用以调整向心推力球轴承 2 和 9 的预紧度，调整后用锁紧螺母 8 锁死。

安装指销和双排圆锥滚子轴承的曲柄制成叉形，与摇臂轴制成一体。摇臂轴用粉末冶金衬套支撑在壳体中。转向器侧盖上装有调整螺钉，旋入（或旋出）调整螺钉可以改变摇臂轴的轴向位置，以调整指销与蜗杆的啮合间隙，从而调整了转向盘自由行程，调整后用螺母锁紧。摇臂轴伸出壳体的一端通过花键与转向摇臂连接。

汽车转向时，驾驶员通过转向盘转动转向蜗杆（主动件），与其相啮合的指销（从动件）一边自转，一边以曲柄为半径绕摇臂轴轴线在蜗杆的螺纹槽内做圆弧运动，从而带动曲柄，进而带动转向摇臂摆动，实现汽车转向。

3. 齿轮齿条式转向器

图 10-7 所示为齿轮齿条式转向器，它主要由转向器壳体 8、转向齿轮 9、转向齿条 5 等组成。转向器通过转向器壳体 8 的两端用螺栓固定在车身（车架）上。齿轮轴 6 通过球轴承 7、滚柱轴承 10 垂直安装在壳体中，其上端通过花键与转向轴上的万向节（图中未画出）相连，其下部分是与轴制成一体的转向齿轮 9。转向齿轮 9 是转向器的主动件。它与相啮合的从动件转向齿条 5 水平布置，齿条背面装有压簧垫块 4。在压簧 3 的作用下，压簧垫块 4 将转向齿条 5 压靠在转向齿轮 9 上，保证二者无间隙啮合。调整螺塞 1 可用来调整压簧的预紧力。压簧 3 不仅起消除啮合间隙的作用，而且还是一个弹性支撑，可以吸收部分振动能量，缓和冲击。

转向齿条 5 的中部（有的是齿条两端，如图 10-7（b）所示）通过拉杆支架 12 与左、右转向横拉杆 11 连接。转动转向盘时，转向齿轮 9 转动，与之相啮合的转向齿条 5 沿轴向移动，从而使左、右转向横拉杆带动转向节 13 转动，使转向轮偏转，实现汽车转向。

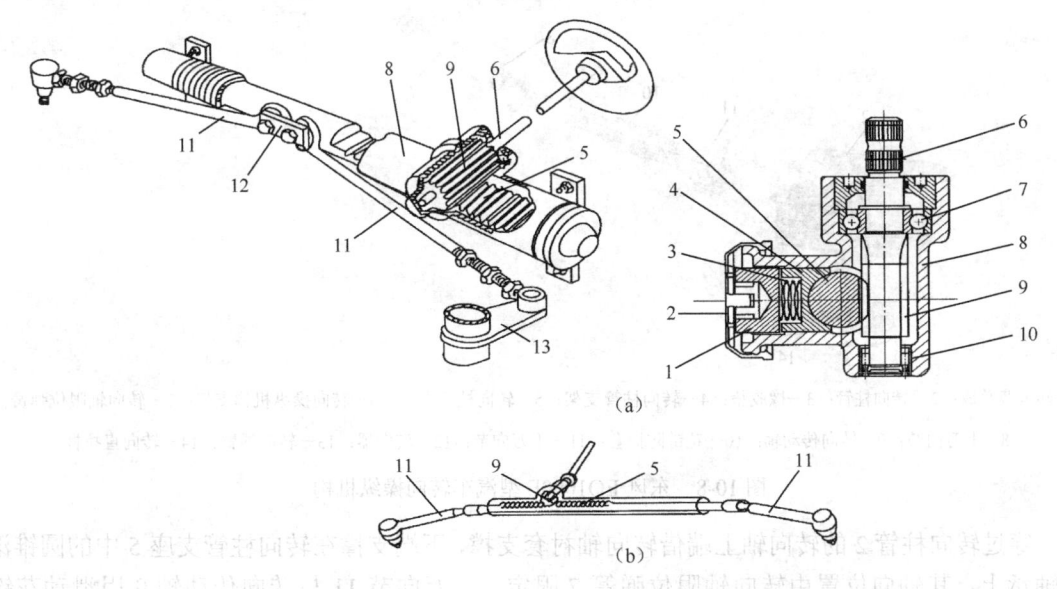

1—调整螺塞；2—罩盖；3—压簧；4—压簧垫块；5—转向齿条；6—齿轮轴；7—球轴承；8—转向器壳体；
9—转向齿轮；10—滚柱轴承；11—转向横拉杆；12—拉杆支架；13—转向节

图 10-7　齿轮齿条式转向器

这种转向器结构简单，传动效率高，操纵轻便，质量轻；由于不需要转向摇臂和转向直拉杆，简化了转向传动机构，故广泛地用于前轮为独立悬架的中级以下轿车和轻型、微型货车上。

10.2.3 转向操纵机构

汽车转向操纵机构主要由转向盘、转向轴以及转向柱管等机构组成。转向盘一般是用花键和螺母连接在转向轴的上端,转向盘上装有喇叭按钮。驾驶员打方向时将转向盘的旋转运动通过转向轴和转向柱管传递到转向器上。

1. 转向操纵机构的结构与工作原理

东风 EQ1090E 型汽车转向操纵机构如图 10-8 所示,由转向盘总成 1、转向柱管 2、转向轴(在转向柱管内)、上万向节 8、下万向节 11 和转向传动轴 9 等组成。转向柱管 2 中部用橡胶垫 3 和转向柱管支架 4 固定在驾驶室前围板上,下端插入铸铁转向柱管支座 5 的孔中,转向柱管支座 5 则固定在转向操纵结构支架 6 上。

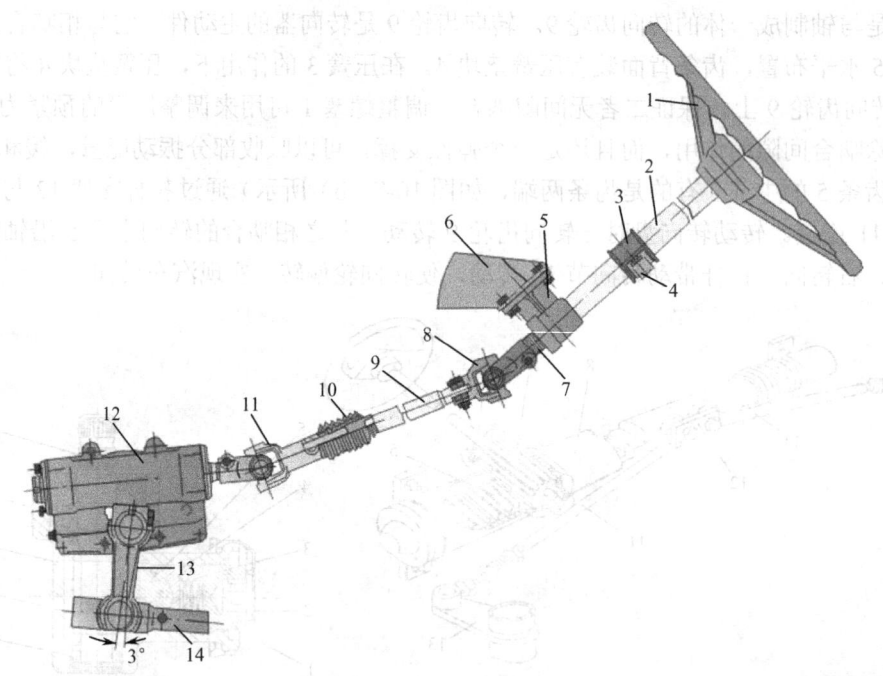

1—转向盘总成;2—转向柱管;3—橡胶垫;4—转向柱管支架;5—转向柱管支座;6—转向操纵机构支架;7—转向轴限位弹簧;8—上万向节;9—转向传动轴;10—花键防护套;11—下万向节;12—转向器;13—转向摇臂;14—转向直拉杆

图 10-8 东风 EQ1090E 型汽车转向操纵机构

穿过转向柱管 2 的转向轴上端借转向轴衬套支撑,下端支撑在转向柱管支座 5 中的圆锥滚子轴承上,其轴向位置由转向轴限位弹簧 7 限定。下万向节 11 与转向传动轴 9 用滑动花键连接。

2. 转向盘

我国规定车辆靠右侧行驶,一般将转向盘安置在驾驶室的左侧,这样驾驶员的左侧视野比较广阔,有利于两车安全会车。相反,在一些规定车辆左侧通行国家使用的汽车上,转向盘则应安置在驾驶室右侧。

转向盘如图10-9所示,由轮缘1、轮辐2和轮毂3组成,轮辐一般有三根辐条(见图10-9(a))或四根辐条(见图10-9(b)),也有用两根辐条的。

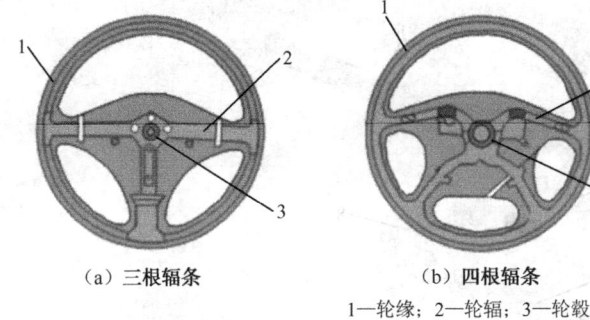

(a)三根辐条　　(b)四根辐条　　(c)转向盘外观
1—轮缘；2—轮辐；3—轮毂

图10-9　转向盘构造

转向盘轮毂孔具有细牙内花键,通过花键与转向轴连接。转向盘内部由钢或铝合金等制成的金属骨架构成。骨架外部通过注塑的方法包有柔软的合成橡胶、树脂或皮革(见图10-9(c)),这样,既可改善操纵转向盘的手感,又可防止手心出汗时打滑,提高驾驶安全性。

转向盘下方左侧面上装有转向信号灯和变光开关及照明开关拨杆,下方右侧面上装有风窗刮水器和洗涤器拨杆,中间装有喇叭开关。大多数轿车的转向盘上还装有车速控制开关、音响控制开关和撞车时保护驾驶员的安全气囊等。

3．安全转向柱

转向柱套管安装在车身上,支撑着方向盘。安全转向柱从转向柱套管中穿过,支撑在转向柱套管内的轴承和衬套上。

对于轿车,要求转向柱套管必须备有缓和冲击的吸能装置。安全转向柱和转向柱套管的吸能装置有多种形式。其基本结构原理是,当受到巨大冲击时,安全转向柱产生轴向位移,使支架或某些支撑件产生塑性变形,从而吸收冲击能量。

(1)可分离式安全转向操纵机构

图10-10所示为红旗CA7220型轿车转向操纵机构。转向轴为可分离式的,分为上、下转向轴1、4,两段用安全联轴节连接,上转向轴1下部弯曲并在端面上焊接有半月形上凸缘盘2,盘上装有两个驱动销子3,与下转向轴4下凸缘盘7压装有尼龙衬套和橡胶圈的销孔8相配合,形成安全联轴节。顶端制造成锥形并加工有细三角形花键和螺纹,与转向盘的花键孔装配在一起,并通过螺帽锁紧,下端与转向器相连。当发生撞车事故时,由于惯性作用,人体向前冲,其胸部撞在转向盘上,迫使转向管柱压缩位于转向柱上方的安全元件而向下移动,使两个销子3迅速从下凸缘盘7的孔中退出,从而形成缓冲而减小对驾驶员的伤害。

为了满足不同体型驾驶员对车辆的操纵要求,有的车型在转向操纵机构中配置了可改变转向盘工作角度和高度的装置。

(2)缓冲吸能式转向操纵机构

缓冲吸能式转向操纵机构从结构上能使转向轴和转向管柱在受到冲击后,轴向收缩并吸收冲击能量,从而有效地缓和转向盘对驾驶员的冲击,减轻其所受伤害的程度。

① 网状管柱变形式。

这种转向操纵机构的转向管柱的部分管壁制成网格状,使其在受压缩时很容易轴向变形，并消耗一定的变形能量，如图10-11所示。当人体冲撞到转向盘上的力超过允许值时，则网格状转向柱管的网格部分将被压缩而产生塑性变形，吸收冲击能量，以减轻对人体的伤害。

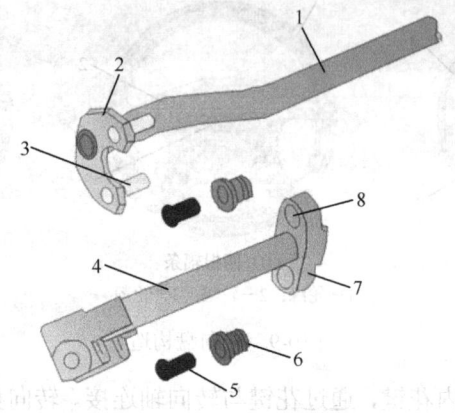

1—上转向轴；2—上凸缘盘；3—销子；4—下转向轴；5—聚乙烯衬套；6—橡胶衬套；7—下凸缘盘；8—销孔

图10-10　红旗CA7220型轿车转向操纵机构

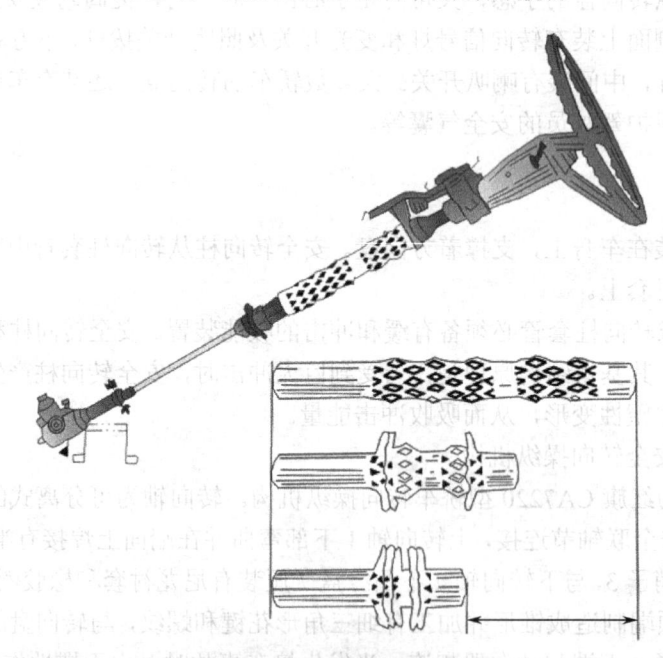

图10-11　网状管柱变形式转向操纵机构

② 钢球滚压变形式。

图10-12（a）所示为一种用钢球连接的分开式转向柱。转向轴分为上转向轴和套在轴上的下转向轴两部分，二者用塑料销钉连成一体。转向管柱也分为上转向管柱和下转向管柱两部分，上、下转向管柱之间装有钢球，下转向管柱的外径与上转向管柱的内径之间的间隙比钢球直径稍小。上、下转向管柱连同转向管柱托架通过特制橡胶垫固定在车身上，橡胶垫则利用塑料销钉与托架连接。

当发生第一次碰撞时，将连接上、下转向轴的塑料销钉切断，下转向轴便套在上转向轴上向上滑动，如图10-12（b）所示。在这一过程中，上转向轴和上转向管柱的空间位置没有因冲击而上移，故可使驾驶员免受伤害。第二次碰撞时，则连接橡胶垫与转向管柱托架的塑料销钉被切断，托架脱离橡胶垫，即上转向轴和上转向管柱连同转向盘、托架一起，相对于下转向轴和下转向管柱向下滑动，从而减缓了对驾驶员胸部的冲击。在上述两次冲击过程中，上、下转向管柱之间均产生相对滑动。因为钢球的直径稍大于上、下转向管柱的间隙，所以滑动中带有对钢球的挤压，冲击能量就在这种边滑动边挤压的过程中被吸收。日本丰田汽车的一些车型采用这种装置。

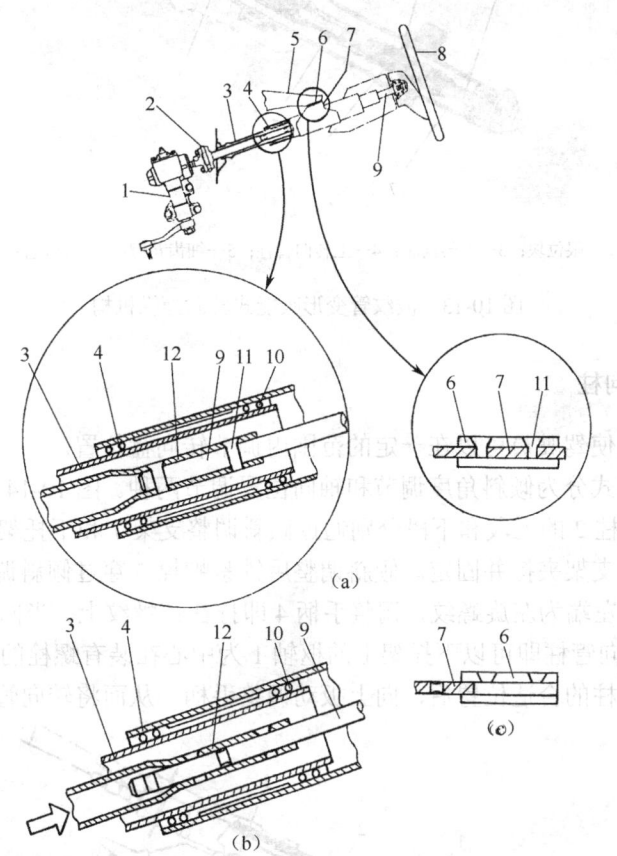

1—转向器总成；2—挠性联轴节；3—下转向管柱；4—上转向管柱；5—车身；6—橡胶垫；7—转向管柱托架；8—转向盘；9—上转向轴；10—钢球；11—塑料销钉；12—下转向轴

图 10-12　钢球连接的分开式转向柱

③ 波纹管变形吸能式。

如图 10-13 所示，波纹管变形吸能式转向操纵机构的转向轴和转向管柱都分成两段，上转向轴 3 和下转向轴 1 之间通过细齿花键 5 接合并传递转向力矩，同时它们两者之间可以做轴向伸缩滑动。在下转向轴 1 的外边装有波纹管 6，它在受到冲击时能轴向收缩变形并消耗冲击能量。下转向管柱 7 的上端套在上转向管柱 4 里面，但两者不直接连接，而是通过管柱压圈和限位块 2 分别对它们进行定位。当汽车撞车时，下转向管柱 7 向上移动，在第一次碰撞力的作用下限位块 2 首先被剪断并消耗能量，同时转向管柱和转向轴都做轴向收缩。在受到第二次碰撞时，上转向轴 3 下移，压缩波纹管 6 使之收缩变形并消耗冲击能量。

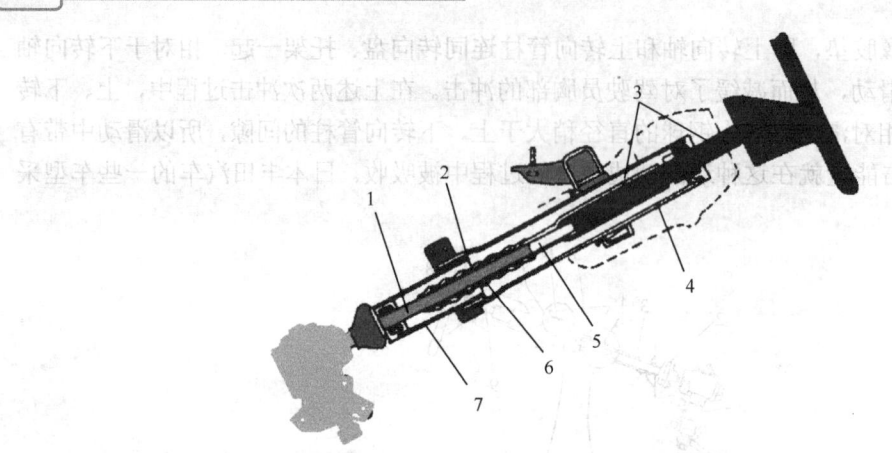

1—下转向轴；2—限位块；3—上转向轴；4—上转向管柱；5—细齿花键；6—波纹管；7—下转向管柱

图 10-13　波纹管变形吸能式转向操纵机构

4．可调节式转向柱

可调节式转向柱使驾驶员可以在一定的范围内调节转向盘位置。

转向柱调节的形式分为倾斜角度调节和轴向位置调节两种。图 10-14 所示为转向轴倾斜角度调整机构。转向管柱 2 的上段和下段分别通过倾斜调整支架 7 和下托架 6 与车身相连，而且转向管柱由倾斜调整支架夹持并固定。倾斜调整用锁紧螺栓 5 穿过倾斜调整支架 7 上的长孔 3 和转向管柱，螺栓的左端为左旋螺纹，调整手柄 4 即拧在该螺纹上。当向下扳动手柄时，锁紧螺栓的螺纹放松，转向管柱即可以下托架上的枢轴 1 为中心在装有螺栓的支架长孔范围内上下移动。确定了转向管柱的合适位置后，向上扳动调整手柄，从而将转向管柱定位。

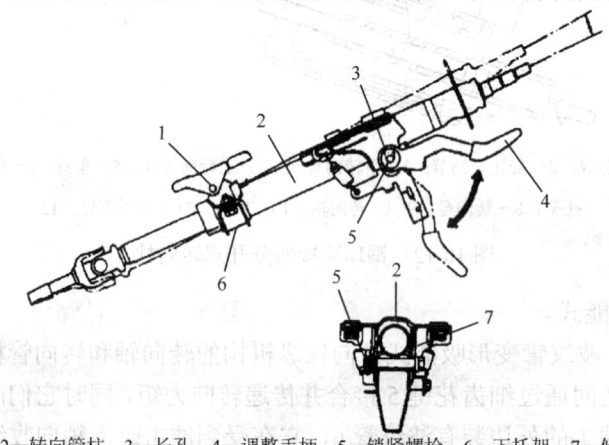

1—枢轴；2—转向管柱；3—长孔；4—调整手柄；5—锁紧螺栓；6—下托架；7—倾斜调整支架

图 10-14　转向轴倾斜角度调整机构

图 10-15（a）所示是一种转向轴伸缩机构。转向轴分为上下两段，二者通过花键连接。上转向轴 2 由调节螺栓 4 通过楔状限位块 5 夹紧定位。调节螺栓的一端拧有调节手柄 3。当需要调整转向轴的轴向位置时，先向下推调节手柄 3，使限位块松开，再轴向移动转向盘，调到合适的位置后，向上拉调节手柄，将上转向轴锁紧定位。富康轿车采用的转向盘高度调节机构的工作原理与此类似，如图 10-15（b）所示。

第 10 章 汽车转向系统

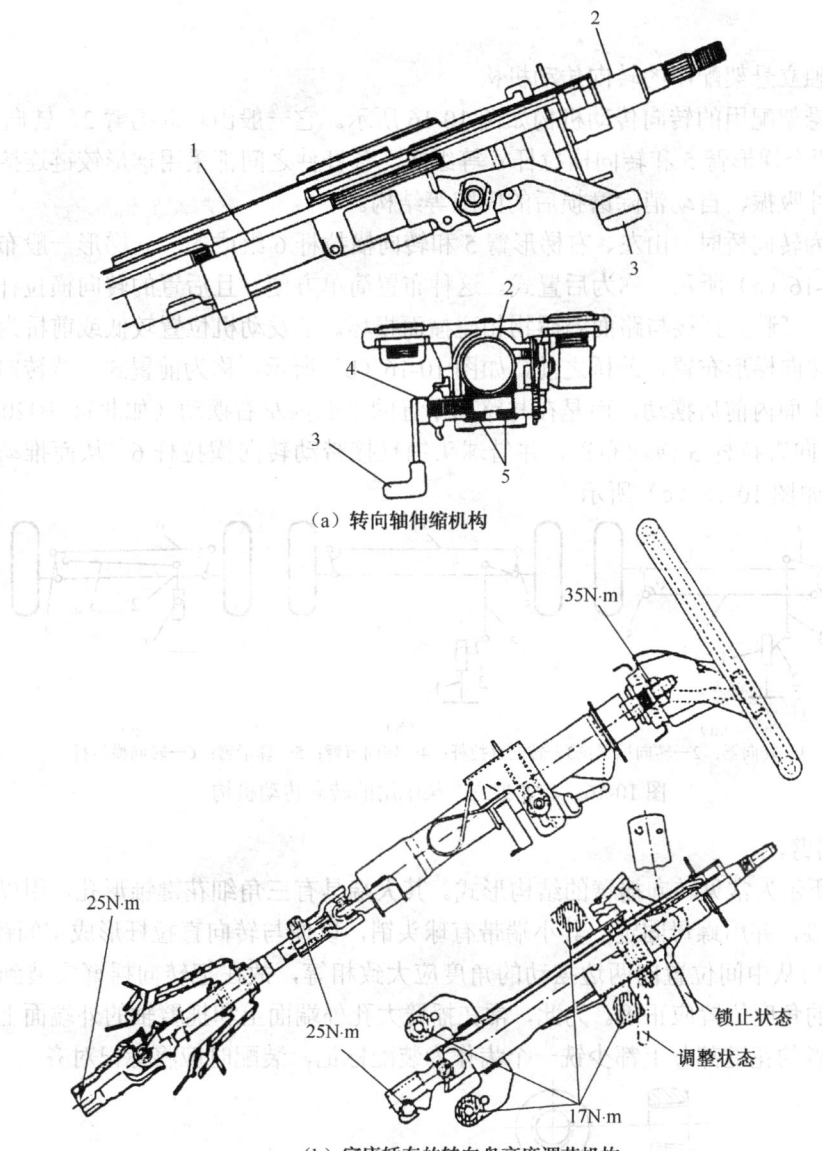

(a) 转向轴伸缩机构

(b) 富康轿车的转向盘高度调节机构

1—下转向轴；2—上转向轴；3—调节手柄；4—调节螺栓；5—楔状限位块

图 10-15 转向轴伸缩机构

10.2.4 转向传动机构

1. 转向传动机构的功用

转向传动机构的功用是将转向器输出的力和运动传给转向轮，使两侧转向轮偏转以实现汽车转向。

2. 转向传动机构的组成与构造

按悬架的类型可分为与非独立悬架配用的转向传动机构和与独立悬架配用的转向传动机

构两大类。

(1) 与非独立悬架配用的转向传动机构

与非独立悬架配用的转向传动机构如图10-16所示。它一般由转向摇臂2、转向直拉杆3、转向节臂4、两个梯形臂5和转向横拉杆6等组成。各杆件之间都采用球形铰链连接,并设有防止松动、缓冲吸振、自动消除磨损后的间隙等结构。

当前桥仅为转向桥时,由左、右梯形臂5和转向横拉杆6组成的转向梯形一般布置在前桥之后,如图10-16(a)所示,称为后置式。这种布置简单方便,且后置的转向横拉杆6有前面的车桥做保护,可避免直接与路面障碍物相碰撞而损坏。当发动机位置较低或前桥为转向驱动桥时,往往将转向梯形布置在前桥之前,如图10-16(b)所示,称为前置式。若转向摇臂2不是在汽车纵向平面内前后摆动,而是在与路面平行的平面内左右摆动(如北京BJ2020N型汽车),则可将转向直拉杆3横向布置,并借球头销直接带动转向横拉杆6,从而推动左、右梯形臂5转动,如图10-16(c)所示。

1—转向器;2—转向摇臂;3—转向直拉杆;4—转向节臂;5—梯形臂;6—转向横拉杆

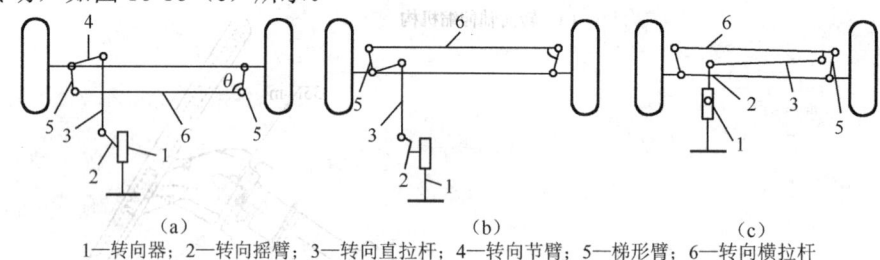

图 10-16　与非独立悬架配用的转向传动机构

① 转向摇臂。

图10-17所示为常见转向摇臂的结构形式。其大端具有三角细花键锥形孔,用以与转向摇臂轴外端相连接,并用螺母固定;其小端带有球头销,以便与转向直拉杆形成空间铰链连接。转向摇臂安装后从中间位置向两边摆动的角度应大致相等,故在把转向摇臂安装到摇臂轴上时,二者相应的角度位置应正确。为此,常在摇臂大孔外端面上和摇臂轴的外端面上各刻有短线,或是在二者的花键部分上都少铣一个齿作为装配标记,装配时应将标记对齐。

1—转向摇臂轴;2—转向摇臂;3—球头销

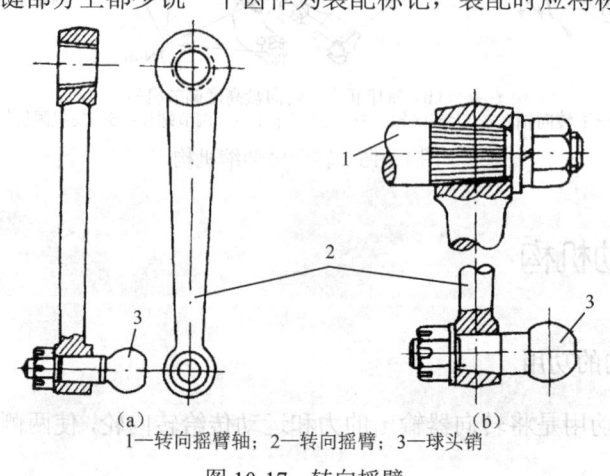

图 10-17　转向摇臂

② 转向直拉杆。

图10-18所示为解放CA1092型汽车转向直拉杆。

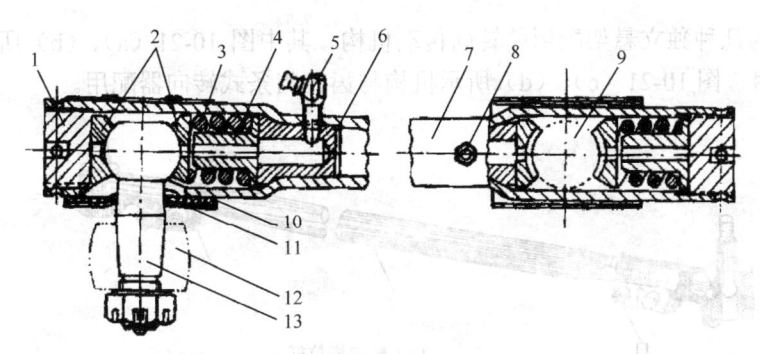

1—端部螺塞；2—球头座；3—压缩弹簧；4—弹簧座；5、8—油嘴；6—座塞；7—直拉杆体；
9—转向节臂球头销；10—油封垫；11—油封垫护套；12—转向摇臂；13—球头销

图10-18 解放CA1092型汽车转向直拉杆

直拉杆体由两端扩大的钢管制成，在扩大的端部里，装有由球头销、球头座、弹簧座、压缩弹簧和螺塞等组成的球铰链。球头销的锥形部分与转向摇臂连接，并用螺母固定；其球头部分的两侧与两个球头座配合，前球头座靠在端部螺塞上，后球头座在弹簧的作用下压靠在球头上，这样，两个球头座就将球头紧紧夹持住。为保证球头与座的润滑，可从油嘴注入润滑脂。拆装时供球头出入的直拉杆体上的孔口用油封垫的护套盖住，以防止润滑脂流出和污物侵入。

压缩弹簧能自动消除因球头与座磨损而产生的间隙，弹簧座的小端与球头座之间留有不大的间隙，作为弹簧缓冲的余地，并可限制缓冲时弹簧的压缩量（防止弹簧过载）。此外，当弹簧折断时此间隙可保证球头销不致从管孔中脱出。端部螺塞可以调整此间隙，调整间隙的同时也调整了前弹簧的预紧度，调好后用开口销固定螺塞的位置，以防松动。

③ 转向横拉杆。

图10-19（a）所示为解放CA1092型汽车转向横拉杆。横拉杆体用钢管制成，其两端切有螺纹，一端为右旋，一端为左旋，与横拉杆接头旋装连接。两端接头结构相同，如图10-19（b）所示。接头的螺纹孔壁上开有轴向切口，故具有弹性，旋装到杆体上后可用螺栓夹紧。旋松夹紧螺栓以后，转动横拉杆体，可改变转向横拉杆的总长度，从而调整转向轮前束。

在横拉杆两端的接头上都装有球头销等零件组成的球形铰链。球头销的球头部分被夹在上、下球头座内，球头座用聚甲醛材料制成，有较好的耐磨性。球头座的形状如图10-19（c）所示。装配时上、下球头座凹凸部分互相嵌合。弹簧通过弹簧座压向球头座，以保证两球头座与球头的紧密接触，在球头和球头座磨损时能自动消除间隙，同时还起缓冲作用。弹簧的预紧力由螺塞调整。球铰上部有防尘罩，以防止尘土侵入。球头销的尾部锥形柱与转向梯形臂连接，并用螺母固定、开口销锁紧。

④ 转向节臂和梯形臂。

解放CA1092型汽车转向节臂和梯形臂如图10-20所示。转向横拉杆通过转向节臂与转向节相连。转向横拉杆两端经左、右梯形臂与转向节相连。转向节臂和梯形臂带锥形柱的一端与转向节锥形孔相配合，用键防止螺母松动。臂的另一端带有锥形孔，与相应的拉杆球头销锥形柱相配合，同样用螺母紧固后插入开口销锁住。

（2）与独立悬架配用的转向传动机构

当转向轮采用独立悬架时，由于每个转向轮都需要相对于车架（或车身）做独立运动，所以，转向桥必须是断开式的。与此同时，转向传动机构中的转向梯形也必须分成两段或三段。

图 10-21 所示为几种独立悬架配用的转向传动机构。其中图 10-21（a）、（b）所示机构与循环球式转向器配用，图 10-21（c）、（d）所示机构与齿轮齿条式转向器配用。

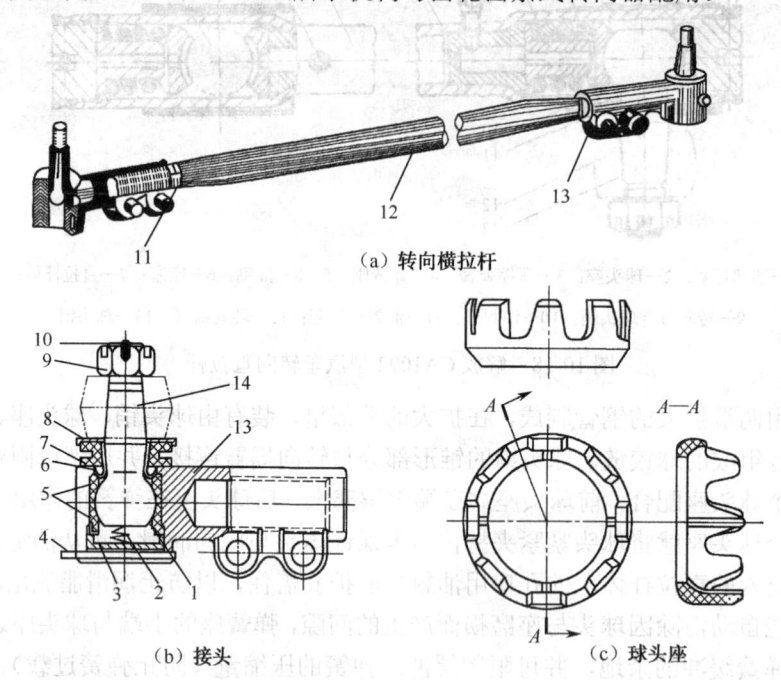

（a）转向横拉杆

（b）接头　　　（c）球头座

1—弹簧座；2—弹簧；3—螺塞；4—限位销；5—球头座；6—防尘罩；7—防尘垫；8—防尘垫座；
9—槽形螺母；10—开口销；11—夹紧螺栓；12—横拉杆体；13—横拉杆接头；14—球头销

图 10-19　解放 CA1092 型汽车转向横拉杆

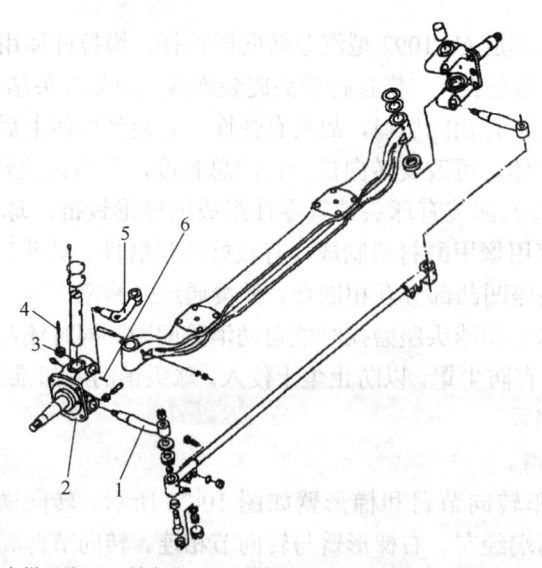

1—左转向梯形臂；2—转向节；3—锁紧螺母；4—开口销；5—转向节臂；6—键

图 10-20　解放 CA1092 型汽车转向节臂和梯形臂

上海桑塔纳轿车转向传动机构如图 10-22 所示。转向齿条一端输出动力，齿条输出端 8 铣有平面并钻孔，用两个螺栓与转向支架 17 连接。转向支架 17 下端的两个孔分别与左、右横拉杆总成 15、12 的内端相连。横拉杆外端的球头销 16、13 分别与左、右转向节臂连接。通过调节杆 A、B 可以改变两根横拉杆总成的长度，以调整前束。

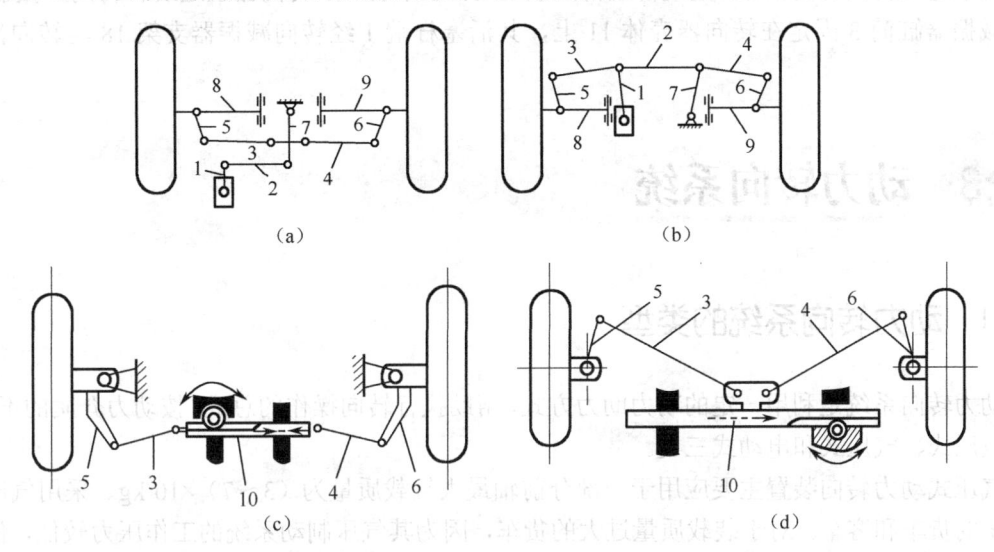

1—转向摇臂；2—转向直拉杆；3—左转向横拉杆；4—右转向横拉杆；5—左梯形臂；
6—右梯形臂；7—摇杆；8—悬架左摆臂；9—悬架右摆臂；10—齿轮齿条式转向器

图 10-21　与独立悬架配用的转向传动机构

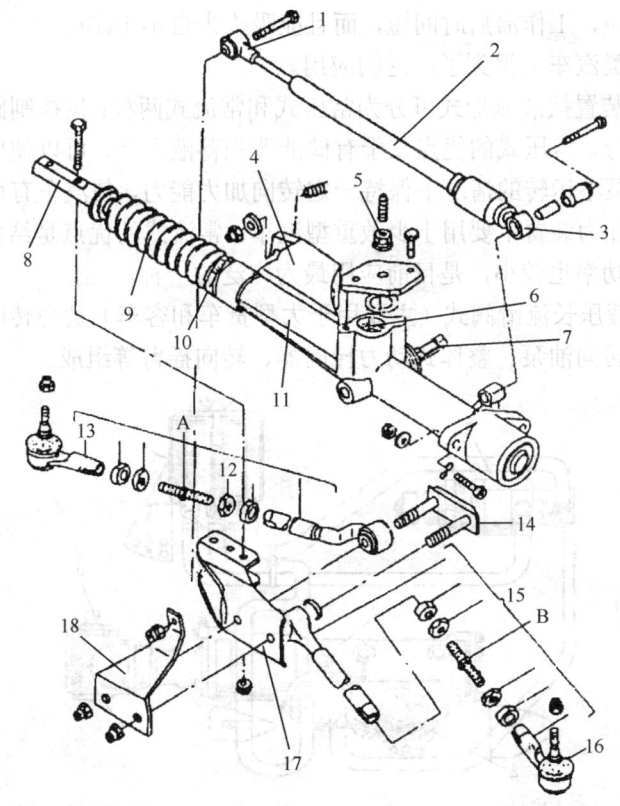

1—转向减振器活塞杆端；2—转向减振器；3—转向减振器缸筒；4—转向器壳体凸台；5—锁紧螺母与调整螺栓；6—补偿弹簧；
7—转向齿轮轴；8—齿条输出端；9—防尘罩；10—卡箍；11—转向器壳体；12—右横拉杆总成；13—右横拉杆球头销；14—连接件；
15—左横拉杆总成；16—左横拉杆球头销；17—转向支架（齿条与横拉杆连接件）；18—转向减振器支架；A、B—调节杆

图 10-22　上海桑塔纳轿车转向传动机构（转向器与转向横拉杆）

为了避免转向轮的摆振，减缓传至转向盘上的冲击和振动，转向器上还装有转向减振器 2。转向减振器缸筒 3 固定在转向器壳体 11 上，其活塞杆端 1 经转向减振器支架 18 与转向齿条连接。

10.3 动力转向系统

10.3.1 动力转向系统的类型

动力转向系统是利用一定的动力助力方式，帮助执行转向操作的总成。按动力介质的不同，分为液压式、气压式和电动式三类。

气压式动力转向装置主要应用于一部分前轴最大轴载质量为 $(3\sim 7)\times 10^3$kg、采用气压制动系统的货车和客车。对于装载质量过大的货车，因为其气压制动系统的工作压力较低，使得部件结构复杂、尺寸过于庞大、消耗功率大、易产生泄漏，而且转向力也不宜有效控制，所以这种助力系统不宜用于大型货车和小型轿车。电动式动力转向系统通常需要微机控制，其应用也处于发展阶段。液压式动力转向系统工作压力和工作灵敏度高，结构紧凑，外廓尺寸较小，液压系统工作时无噪声，工作滞后时间短，而且能吸收来自不平路面的冲击。因此，液压式动力转向装置在各级各类汽车上得到了广泛的应用。

液压式动力转向装置按液流形式可分为常压式和常流式两种；按控制阀阀芯的运动方式又有滑阀式和转阀式之分。常压式的优点在于有储能器积蓄液力能，可以使用流量较小的转向油泵，而且还可以在油泵不运转的情况下保持一定转向加力能力，使汽车有可能继续行驶一段距离，所以常压式转向加力装置主要用于少数重型汽车。常流式的优点是结构简单，油泵寿命较长，泄漏较少，消耗功率也较小，是目前应用最为广泛的一种。

图 10-23 所示为液压长流滑阀式（主要用于大型货车和客车）动力转向装置，该转向装置主要由转向储油罐、转向油泵、整体式动力转向器、转向摇臂等组成。

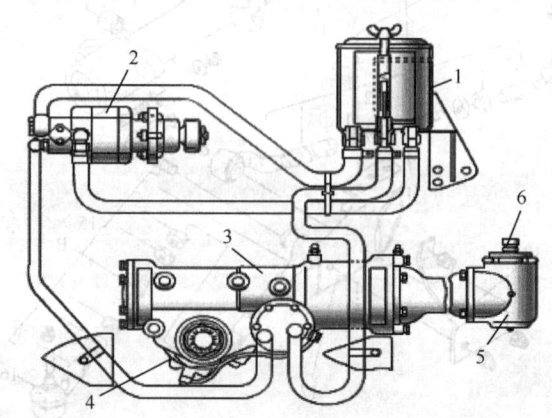

1—转向储油罐；2—转向油泵；3—整体式动力转向器；4—转向摇臂；5—圆锥齿轮；6—输入轴

图 10-23 液压长流滑阀式动力转向装置

黄河 JN1181C13 型汽车单滑阀整体式动力转向器如图 10-24 所示，主要由机械转向器、转向动力缸和转向控制阀组成。

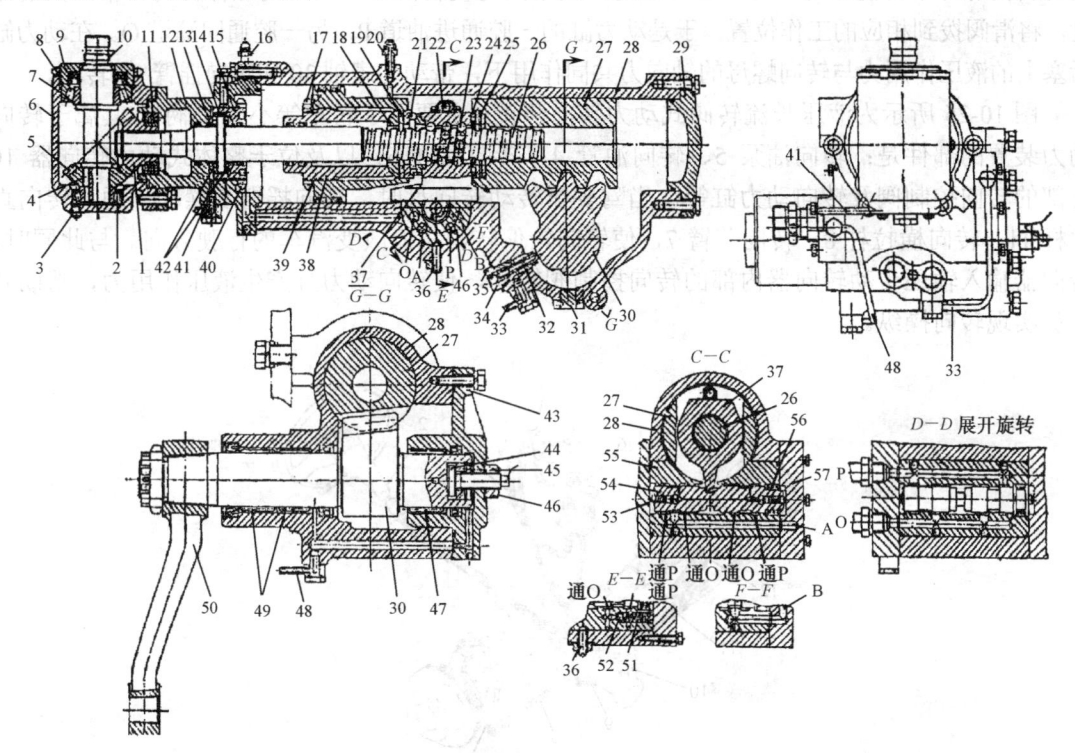

1—从动圆锥齿轮；2—圆锥滚子轴承；3—齿轮箱放油螺塞；4—平键；5—主动圆锥齿轮；6—齿轮箱壳体；7—圆锥滚子轴承；8—锁紧螺母；9—调整螺塞；10—输入轴；11—向心球轴承；12—转向器前盖；13—锥面垫圈；14—向心滚针轴承；15—调整座；16—动力缸前腔放气阀；17—锁紧螺母；18—球面垫圈；19、25—蝶形弹簧；20—动力缸后腔放气阀；21—径向推力球轴承；22—钢球导管；23—钢球；24—推力滚子轴承；26—转向螺杆；27—转向动力缸活塞；28—转向器壳体（动力缸体）；29—转向器后盖；30—齿扇轴；31—放油螺塞；32—转向限制阀柱塞；33—通动力缸前腔的油管；34—转向止阀弹簧；35—转向限止阀体；36—紧定螺钉；37—转向螺母；38—调整垫；39—锁片；40—锁紧螺母；41、48—润滑油管；42—推力滚子轴承；43—转向器后侧盖；44—调整螺钉；45—垫圈；46—固定螺钉；47、49—向心滚针轴承；50—转向摇臂；51—单向阀弹簧；52—单向阀；53—反作用柱塞；54—滑阀；55—转向控制阀体；56—滑阀复位弹簧；57—转向器前侧盖；P—转向控制阀进油道；O—转向控制阀回油道；A—控制阀通动力缸前腔油道；B—控制阀通动力缸后腔油道

图10-24 黄河JN1181C13型汽车单滑阀整体式动力转向器

输入部分：由转向输入轴10和一对直角传动圆锥齿轮1和5组成的齿轮箱构成，传动比为1。

机械转向器：为循环球-齿条齿扇式。由转向螺杆26、转向螺母37、转向动力缸活塞27（齿条）和齿扇轴30组成。齿条与齿扇的啮合间隙用调整螺钉44调节。

转向动力缸：由转向动力缸的缸体（转向器壳体28）、转向动力缸活塞27组成。

转向控制阀：位于转向螺母下方，二者轴线互相垂直，转向控制阀体55借紧定螺钉36限制其轴向和周向位置，滑阀54的轴向位置由转向螺母下部的板状凸缘控制，其中立位置由滑阀复位弹簧56保证，滑阀两端各有一个由反作用柱塞53密封的反作用孔腔，分别与动力缸前、后腔连通。

助力作用的产生：通过转向盘转动螺杆时，由于转向螺杆的轴向位置已被推力滚子轴承42限止，动力缸活塞也因受齿扇轴传来的路面阻力而暂时不能运动。螺母两端蝶形弹簧的预紧力又使得转向螺母不可能相对于活塞轴向移动。结果只能使转向螺母随转向螺杆转动一个不大的角度，将滑阀拨到相应的工作位置。于是动力缸的一腔通进油道 P，另一腔通回油道 O。在动力缸活塞上的液压作用力与转向螺母的轴向力共同作用下，带动齿扇轴 30 和转向摇臂 50 转动。

图 10-25 所示为液压长流转阀式动力转向装置（主要用于轿车等小型车辆），其属于转向助力装置的部件是：转向油泵 5、转向油管 4、转向油罐 6，以及位于整体式动力转向器 10 内部的转向控制阀及转向动力缸等。当驾驶员转动转向盘时，转向摇臂 9 摆动，通过转向直拉杆 11、转向横拉杆 8、转向节臂 7，使转向轮偏转，从而改变汽车的行驶方向。与此同时，转向器输入轴还带动转向器内部的转向控制阀转动，使转向动力缸产生液压作用力，帮助驾驶员实现转向操纵。

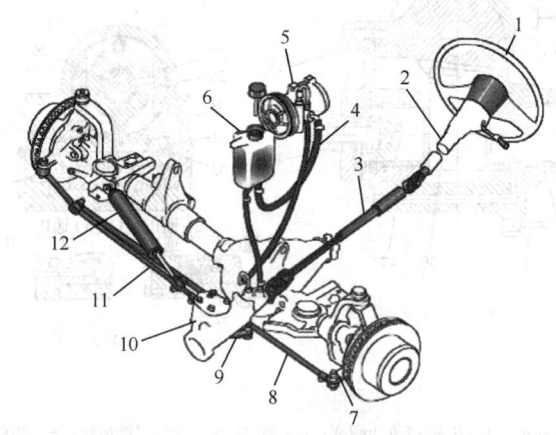

1—转向盘；2—转向轴；3—转向中间轴；4—转向油管；5—转向油泵；6—转向油罐；7—转向节臂；
8—转向横拉杆；9—转向摇臂；10—整体式动力转向器；11—转向直拉杆；12—转向减振器

图 10-25 液压长流转阀式动力转向装置（循环球式转向器）

10.3.2 转向动力装置的结构和工作原理

1. 常压式液力转向加力装置的结构和工作原理

如图 10-26 所示，在汽车直线行驶时，转向控制阀 5 处于关闭状态，转向油泵 4 输出的压力油充入储能器 1，并保持一定的高压。转向时，转向控制阀 5 转入开启（工作）位置，储能器中的高压油进入转向动力缸 3 的一腔，推动活塞起加力作用。为了提高储能器中的油压，油泵经常处于工作状态，只有当油压超过规定值时，油泵才停止工作。无论转向盘处于中立位置还是转向位置，液力系统工作管路中总是保持高压。

2. 常流式液力转向加力装置的结构和工作原理

（1）液压常流滑阀式转向加力装置的结构和工作原理

如图 10-27 所示，汽车直线行驶时，滑阀在复位弹簧的作用下保持在中间位置。转向控制阀内各环槽相通，自油泵输送出来的油液进入阀体环槽 A 之后，经环槽 B 和 C 分别流入动力缸的 R 腔和 L 腔，同时又经环槽 D 和 E 进入回油管道流回油罐。这时，滑阀与阀体各环槽槽肩之间的间隙大小相等，油路畅通，动力缸因左右腔油压相等而不起加力作用。

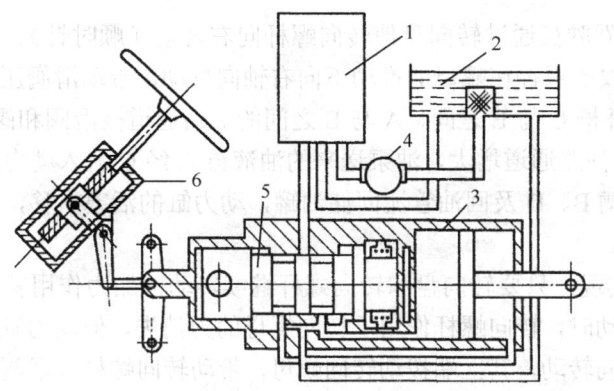

1—储能器；2—转向油罐；3—转向动力缸；4—转向油泵；5—转向控制阀；6—机械转向器

图 10-26 常压式液力转向加力装置结构

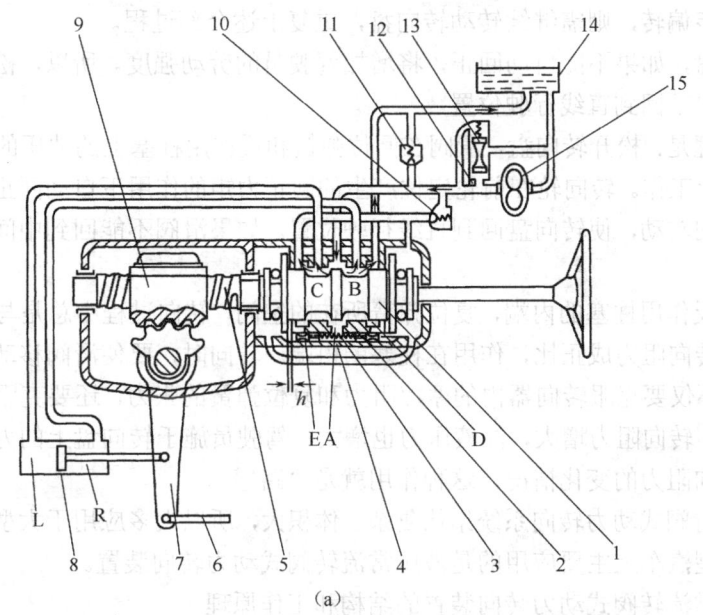

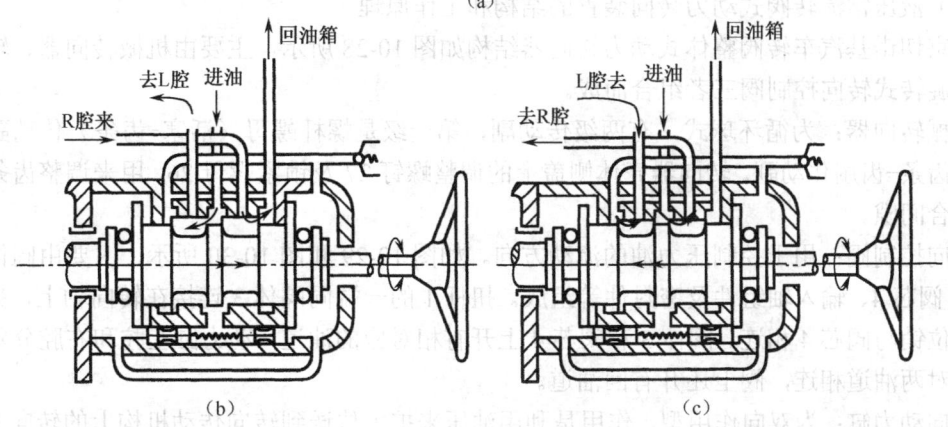

1—滑阀；2—反作用柱塞；3—滑阀回位弹簧；4—阀体；5—转向螺杆；6—转向直拉杆；7—转向摇臂；8—转向动力缸；9—转向螺母；10—单向阀；11—安全阀；12—量孔；13—溢流阀；14—转向储油罐；15—转向油泵；A、B、C、D、E—环槽

图 10-27 液压常流滑阀式转向加力装置结构

汽车右转向时，驾驶员通过转向盘使转向螺杆向右转动（顺时针）。开始时，转向螺母暂时不动，具有左旋螺纹的螺杆在螺母的推动下向右轴向移动，带动滑阀压缩弹簧向右移动，消除左端间隙 h。此时环槽 C 与 E 之间、A 与 B 之间的油路通道被滑阀和阀体相应的槽肩封闭。而环槽 A 与 C 之间的油路通道增大，油泵送来的油液自 A 经 C 流入动力缸的 L 腔，成为高压油区。R 腔油液经环槽 B、D 及回油管流回储油罐，动力缸的活塞右移，使转向摇臂逆时针转动，从而起加力作用。

"随动"作用的实现，只要转向盘和转向螺杆继续转动，加力作用就一直存在。当转向盘转过一定角度保持不动时，转向螺杆作用于转向螺母的力消失，但动力缸活塞仍继续右移，转向摇臂继续逆时针方向转动，其上端拨动转向螺母，带动转向螺杆及滑阀一起向左移动，直到滑阀恢复到中间稍偏右的位置。此时 L 腔的油压仍高于 R 腔的油压。此压力差在动力缸活塞上的作用力用来克服转向轮的回正力矩，使转向轮的偏转角维持不动，这就是转向的维持过程。如转向轮进一步偏转，则需继续转动转向盘，重复上述全部过程。

松开转向盘，如果不能自动回正，将增加驾驶员的劳动强度。所以，松开转向盘，转向轮及转向盘应能自动回到直线行驶位置。

其作用原理是：松开转向盘，滑阀在回位弹簧和反作用柱塞上的油压的作用下回到中间位置，动力缸停止工作。转向轮在前轮定位产生的回正力矩的作用下自动回正，通过转向螺母带动转向螺杆反向转动，使转向盘回到直线行驶位置。如果滑阀不能回到中间位置，汽车将在行驶中自动跑偏。

在对装的反作用柱塞的内端，复位弹簧所在的空间，转向过程中总是与动力缸高压油腔相通。此油压与转向阻力成正比，作用在柱塞的内端。转向时，要使滑阀移动，驾驶员作用在转向盘上的力，不仅要克服转向器内的摩擦阻力和复位弹簧的张力，还要克服作用在柱塞上的油液压力。所以，转向阻力增大，油液压力也增大，驾驶员施于转向盘上的力也必须增大，使驾驶员感觉到转向阻力的变化情况。这种作用就是"路感"。

液压常流滑阀式动力转向系统结构复杂、体积大，所以大多应用于大型货车、客车和工程机械上，而小型汽车上主要应用的是液压常流转阀式动力转向装置。

（2）液压常流转阀式动力转向装置的结构和工作原理

北京切诺基汽车转阀整体式动力转向器结构如图 10-28 所示，主要由机械转向器、转向动力缸和旋转式转向控制阀三者组合而成。

机械转向器：为循环球式，有两级传动副，第一级是螺杆螺母（活塞-齿条）传动副，第二级是齿条-齿扇传动副。转向器壳体侧盖上的调整螺钉 27 及锁紧螺母 26，用来调整齿条和齿扇的啮合间隙。

转向控制阀：用于控制压力油的流动方向。如图 10-29 和图 10-30 所示，主要由阀体（阀套）3、阀芯 4、输入轴组件及密封件等组成。扭杆 1 的一端同阀体 3 连接在转向轴上，另一端通过定位销与阀芯 4 相连。阀体 3 和阀芯 4 上开有相对应的油道，动力缸左腔和右腔分别与阀体上相对两油道相连，阀上还开有回油道。

转向动力缸：为双向作用型，作用是利用油压来扩大传送到转向传动机构上的转向力。动力缸缸体即转向器壳体，动力缸活塞即齿条活塞。

第 10 章 汽车转向系统

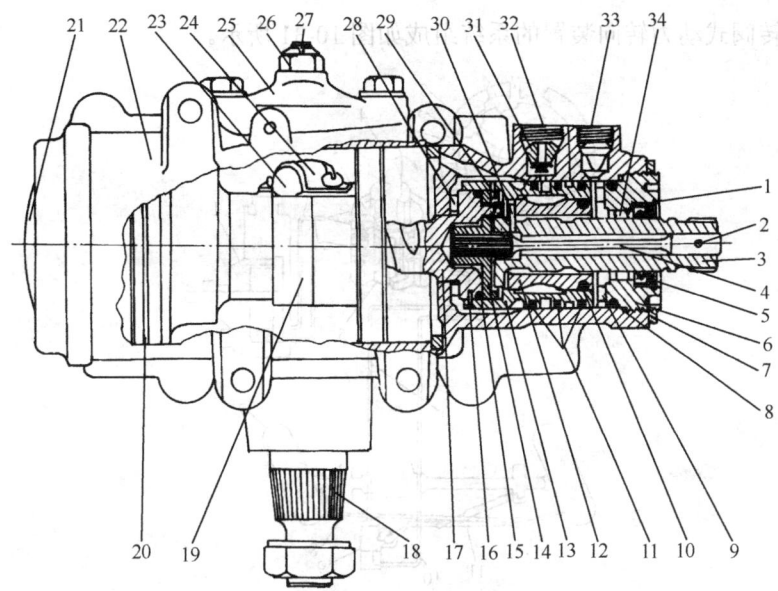

1—卡环；2—锁销；3—短轴；4—扭杆；5—骨架油封；6—调整螺塞；7—锁母；8、10、11、15、20—O形密封圈；
9—推力滚针轴承；12—阀芯；13—阀体；14—下端轴盖；16—锁销；17—转向螺杆；18—转向摇臂轴；
19—转向螺母（齿轮-齿条）；21—转向器端盖；22—壳体；23—循环球导管；24—导管压紧板；25—侧盖；26—锁紧螺母；
27—调整螺钉；28—推力滚针轴承；29—定位销；30—锁销；31—止回阀；32—进油口；33—出油口；34—滚针轴承

图 10-28 北京切诺基汽车转阀整体式动力转向器

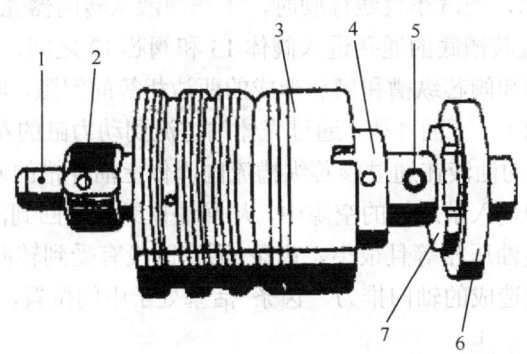

1—扭杆；2、5—锁销；3—阀体（阀套）；4—阀芯；6—轴盖；7—短轴

图 10-29 输入轴组件

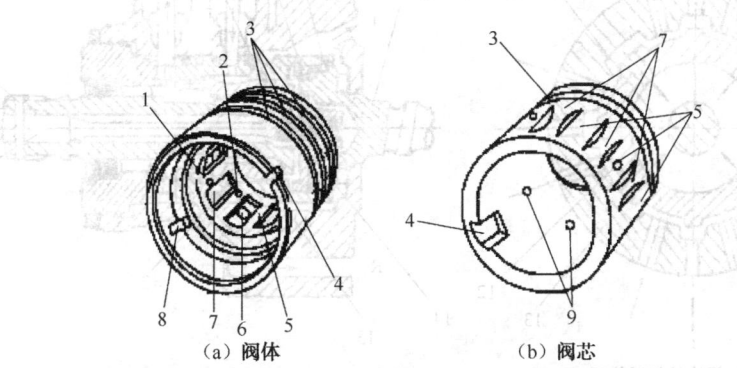

(a) 阀体　　　　　　(b) 阀芯

1—小孔（通动力缸前腔）；2—小孔（通动力缸后腔）；3—环槽；4—缺口；5—槽肩；
6—孔（通进油口）；7—纵槽；8—锁销；9—孔（通回油孔）

图 10-30 阀体及阀芯的结构

液压常流转阀式动力转向装置的系统组成如图10-31所示。

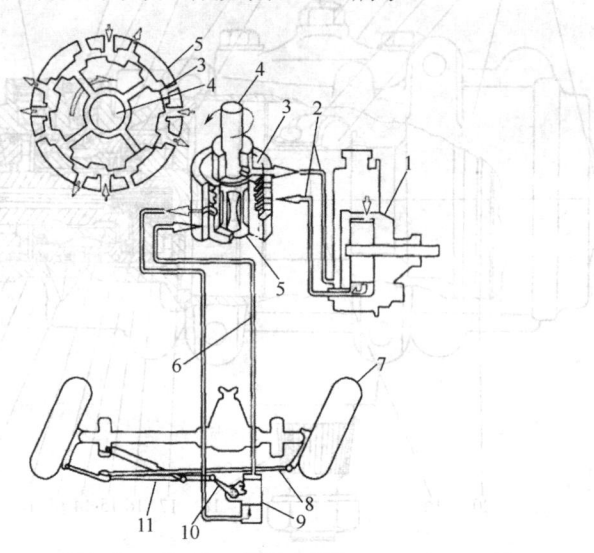

1—转向油泵；2—油管；3—阀芯；4—扭杆；5—阀体；6—油管；7—车轮；
8—转向拉杆；9—动力缸；10—转向摇臂；11—转向横拉杆

图10-31　液压常流转阀式动力转向装置的系统组成

如图10-32（a）所示，当汽车直线行驶时，工作油液从转向器壳体的进油孔 B 流到阀体13的中间油环槽中，经过其槽底的通孔进入阀体13和阀芯12之间，此时阀芯处于中间位置。进入的油液分别通过阀体和阀芯纵槽和槽肩形成的两边相等的间隙，再通过阀芯的纵槽以及阀体的径向孔流向阀体外圆上、下油环槽，通过壳体油道流到动力缸的左转向动力腔 L 和右转向动力腔 R。流入阀体内腔的油液在通过阀芯纵槽流向阀体上油环槽的同时，通过阀芯槽肩上的径向油孔流到转向螺杆和输入轴之间的空隙中，从回油口经油管回到油罐中去，形成常流式油液循环。此时，上、下腔油压相等且很小，齿条-活塞既没有受到转向螺杆的轴向推力，也没有受到上、下腔因压力差造成的轴向推力。齿条-活塞处于中间位置，动力转向器不工作。

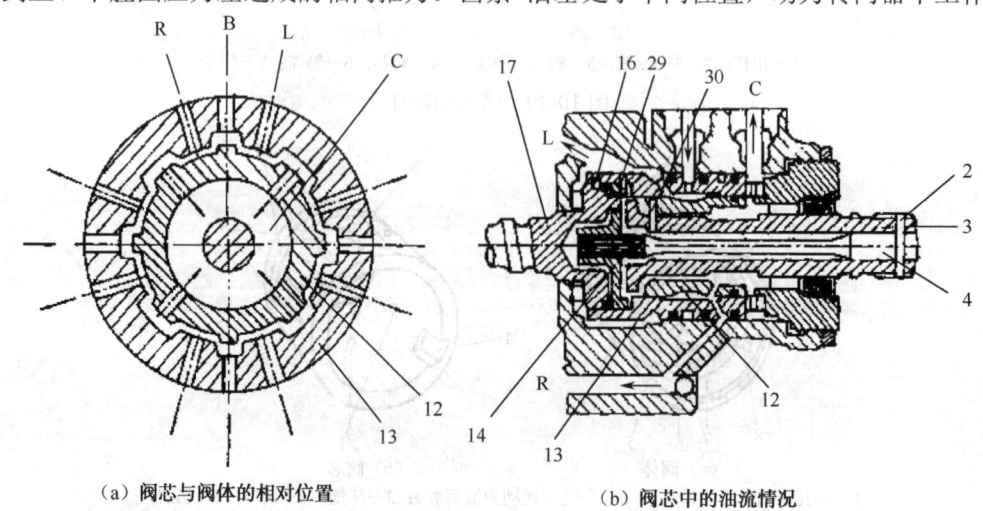

(a) 阀芯与阀体的相对位置　　　　(b) 阀芯中的油流情况

R—接右转向动力缸；L—接左转向动力缸；B—接转向油泵；C—接转向油罐（其余图注同图10-28）

图10-32　汽车直线行驶时转阀的工作情况

左转向时（右转向与此正相反），转动转向盘，短轴逆时针转动，通过下端轴销带动阀芯同步转动，同时弹性扭杆也通过轴盖、阀体上的销子带动阀体转动，阀体通过缺口和销子带动螺杆旋转，但由于转向阻力的存在，促使扭杆发生弹性扭转，造成阀体转动角度小于阀芯的转动角度，两者产生相对角位移，如图10-32（b）所示。造成通下腔的进油缝隙减小（或关闭），回油缝隙增大，油压降低；上腔正相反，油压升高，上、下动力腔产生油压差，齿条-活塞在油压差的作用下移动，产生助力作用。

当转向盘转动后停在某一位置时，阀体随转向螺杆在液力和扭杆弹力的作用下，沿转向盘转动方向旋转一个角度，使之与滑阀的相对角位移量减小，上、下动力缸油压差减小，但仍有一定的助力作用，使助力转矩与车轮的回正力矩相平衡，车轮维持在某一转角位置上。

回位过程：转向后需回正时，驾驶员放松转向盘，阀芯在弹性扭杆作用下回到中间位置，失去了助力作用，转向轮在回正力矩的作用下自动回位。若驾驶员同时回转转向盘，则转向助力器助力，帮助车轮回正。

自动回正：当汽车直线行驶偶遇外界阻力使转向轮发生偏转时，阻力矩通过转向传动机构、转向螺杆、螺杆与阀体的锁定销作用在阀体上，使之与阀芯之间产生相对角位移，动力缸上、下腔油压不等，产生与转向轮转向相反的助力作用，转向轮迅速回正，保证了汽车直线行驶的稳定性。

当液压助力装置失效后，该助力转向器将变成机械转向器。动力传递路线与齿轮-齿条式机械转向系统完全一致。

转阀式齿轮-齿条动力转向器目前应用非常多，其控制阀的工作原理与循环球式一致。所不同的是机械转向器为齿轮-齿条式，动力缸活塞与齿条做成一体，结构更简单，如图10-33所示。

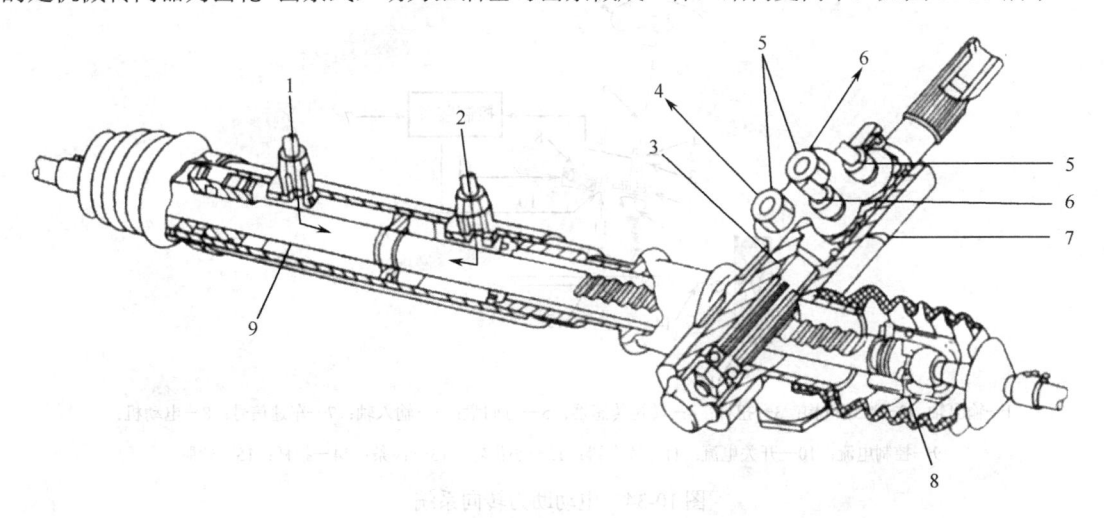

1、2、7、8—油管（1与8相通，2与7相通）；3—齿轮-齿条式转向器；4—与储油管相通；
5—油管接头；6—与转向油泵相通；9—控制阀；10—横拉杆球接头；11—转向动力缸

图10-33 转阀式齿轮-齿条动力转向器

普通动力转向系统因其操纵灵活、轻便，目前已经广泛应用。但它的缺点是具有固定的动力放大倍数，如果设计时选择这个放大倍数的目的是为了减小汽车在停车或低速行驶时转动转向盘的力，则当汽车高速行驶时，这一放大倍数的动力转向系统会使转动转向盘的力显得太小，不利于高速行驶时对汽车的方向控制。反之，如果选择这个放大倍数的目的是为了增加汽车在高速行驶时的转向力，则当汽车在停车或低速行驶时，转动转向盘就会非常吃力。而电动助力转向（EPS）系统因具有可变的动力放大倍数，既可在低速时使转向轻便、灵活，又能在高速时保证稳定的转向手感，所以其驾驶舒适性、操纵稳定性更高。

10.4 电动助力转向系统

10.4.1 电动助力转向系统概述

电动助力转向（Electrical Power Steering，简称EPS）系统是一种直接依靠电动机辅助扭矩的动力转向系统。该系统是以转向盘的转速和转矩以及车速为输入信号，通过电子控制装置，协助人力转向，并获得最佳转向力特性的伺服系统。

电动助力转向系统主要由机械式转向器、转矩传感器、车速传感器、电动机、减速机构和电子控制单元（ECU）等组成。图10-34所示为电动助力转向系统。当转向轴转动时，转矩传感器 4 开始工作，把两段转向轴在扭杆作用下产生的相对转角转变成电信号传给 ECU，ECU 根据车速传感器和转矩传感器的信号决定电动机 8 的旋转方向和助力电流的大小，并将指令传递给电动机，通过离合器 11 和减速机构 2 将辅助动力施加到转向系统（转向轴）中，从而完成实时控制的助力转向。

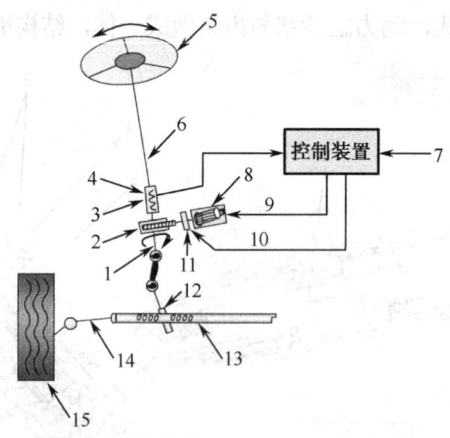

1—输出轴；2—减速机构；3—扭杆；4—转矩传感器；5—方向盘；6—输入轴；7—车速信号；8—电动机；9—控制电流；10—开关电流；11—离合器；12—小齿轮；13—齿条；14—拉杆；15—轮胎

图10-34 电动助力转向系统

电动助力转向系统与传统液压助力系统相比有以下优点：

① 降低了燃油消耗。这是因为系统仅在转向盘转动的情况下使用动力，而传统的动力转向系统则要求提供持续的能量。

② 增强了转向跟随性。在 EPS 中，电动机产生助力转矩，通过适当的控制方法，可以消除液压助力系统的转向迟滞效应，增强了转向车轮对转向盘的随动性能。

③ 提供可变的转向助力。电动助力转向系统的转向力来自于电动机。通过软件编程和硬件控制，可得到覆盖整个车速的可变转向力。

④ 系统结构简单，质量轻，占用空间小，布置方便。电动助力转向系统没有液压系统所需要的油泵、油管、流量控制阀、储油罐等部件，零件数目减少。

10.4.2 电动助力转向系统的类型

EPS 按照电动机布置位置的不同，可以分为转向柱助力式、齿轮助力式、齿条助力式三种助力方式，如图 10-36 所示。

转向柱助力式电动助力转向系统的助力电动机固定在转向柱的一侧，通过减速增扭机构与转向轴相连，直接驱动转向轴助力转向。这种形式的电动助力转向系统结构简单紧凑、易于安装。此外，转向柱助力式电动助力转向系统的助力提供装置可以设计成适用于各种转向柱，如固定式转向柱、斜度可调式转向柱以及其他形式的转向柱。但由于助力电动机安装在驾驶舱内，受到空间布置和噪声的影响，电动机的体积较小，输出扭矩不大，常用在小型及紧凑型车辆上。例如，奥拓汽车就采用了这种方式。齿轮助力式电动助力转向系统的助力电动机和减速增扭机构与小齿轮相连，直接驱动齿轮实现助力转向。齿条助力式电动助力转向系统的助力电动机和减速增扭机构则直接驱动齿条提供助力。

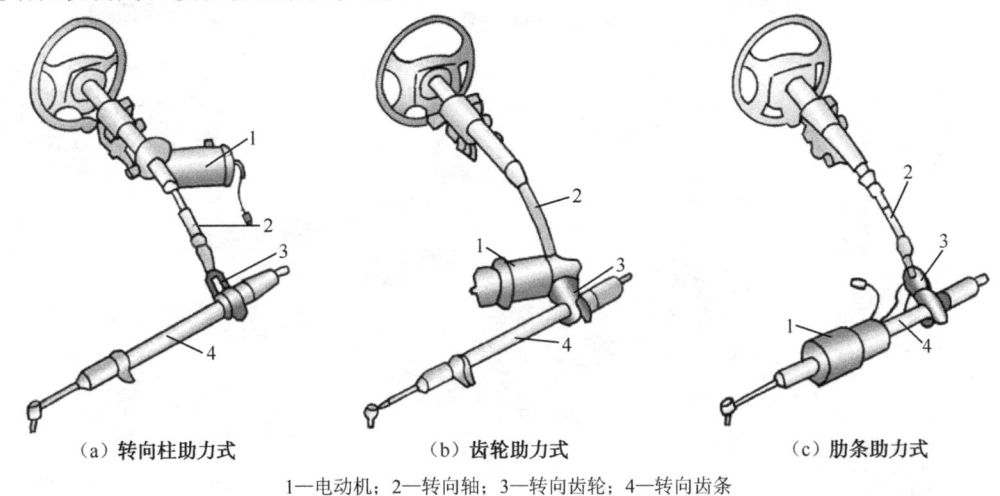

(a) 转向柱助力式　　(b) 齿轮助力式　　(c) 肋条助力式

1—电动机；2—转向轴；3—转向齿轮；4—转向齿条

图 10-35　电动助力转向系统类型

EPS 是根据车速信号进行控制的，随汽车车速变化可提供不同的助力效果，为了获得较好的转向特性，随着车速的提高，辅助转向力就会逐渐减小。EPS 根据辅助转向力的车速不同，可分为全速助力型和低速助力型。例如，奥拓汽车只有在车速低于 45km/h 时才提供转向助力。

思考题

1. 写出转向梯形理论特性关系式，并说明各符号的含义。
2. 试述汽车机械转向系统的工作过程。
3. 简述循环球式转向器的工作过程。
4. 试述蜗杆曲柄指销式转向器的工作过程。

5. 什么叫常流式动力转向？它有哪几种形式？
6. 什么是汽车转向系统？绘简图说明机械转向系统的组成。
7. 什么是转向系统角传动比、转向器角传动比、转向机构角传动比？三者关系如何？
8. 什么是转向盘的自由行程？其大小对汽车转向操纵有何影响？一般范围应多大？
9. 几种常见转向器的主要调整项目有哪些？调整目的和调整原理是什么？
10. 现代汽车在转向操纵机构中增设了哪些装置？
11. 转向摇臂与摇臂轴相互连接时有无相对位置的要求？为什么？
12. 滑阀式动力转向器中的反作用柱塞有何作用？转阀式动力转向器中有无反作用？是否影响其正常工作？为什么？

第 11 章 汽车制动系统

11.1 概述

11.1.1 制动系统的功用

汽车制动系统的功用是：
① 使汽车以适当的减速度降速行驶直至停车；
② 在下坡行驶时，使汽车保持适当的稳定车速；
③ 使汽车可靠地停在原地或坡道上。

对汽车起到制动作用的力是作用在汽车上、方向与汽车行驶方向相反的外力。作用在行驶汽车上的滚动阻力、上坡阻力、空气阻力都能对汽车起制动作用，但这些外力的大小都是随机的、不可控制的。因此，汽车上必须装设有专门装置，以便驾驶员能根据道路和交通等状况，借以使外界（主要是路面）在汽车某些部分（主要是车轮）施加一定的力，对汽车进行一定程度的强制制动，这种外力称为制动力，这样的专门装置即称为制动系统。

11.1.2 制动系统的分类

1. 按制动系统的功用分类

（1）行车制动系统

使行驶中的汽车降低速度甚至停车的一套专门装置。它是在行车过程中经常使用的。

（2）驻车制动系统

使已停驶的汽车驻留原地不动的一套装置。

（3）第二制动系统

在行车制动系统失效的情况下，保证汽车仍能实现减速或停车的一套装置。在许多国家的制动法规中规定，第二制动系统也是汽车必须具备的。

（4）辅助制动系统

在汽车下长坡时用以稳定车速的一套装置。例如，经常行驶在山区的汽车，若单靠行车制动系统来达到下长坡时稳定车速的目的，则可能导致行车制动系统的制动器过热而降低制动效能，甚至完全失效。因此，山区用汽车还应具备此装置。

2. 按制动系统的制动能源分类

（1）人力制动系统

以驾驶员的肌体作为唯一的制动能源的制动系统。

（2）动力制动系统

完全靠发动机的动力转化而成的气压或液压形式的势能进行制动的制动系统。

（3）伺服制动系统

兼用人力和发动机动力进行制动的制动系统。

按照制动能源的传输方式，制动系统又可分为机械式、液压式、气压式和电磁式等。同时采用两种以上传能方式的制动系统可称为组合式制动系统。

制动力矩和制动力的大小可以在驾驶员的控制下在一定范围内逐渐变化的制动称为渐进制动。显然，行车制动系统必须要能实现渐进制动，驻车制动系统则无此必要。

传动装置采用单一的气压或液压回路的制动系统称为单回路制动系统。这种制动系统中，只要有一处损坏而漏气（油），整个系统即失效。现代汽车行车制动器的液压或气压管路分属两个或两个以上的彼此隔绝的回路，称这种制动系统为双回（管）路或多回路制动系统。其优点是一个回路失效，还能利用另一个回路获得较原先为小的制动力，以期行车安全。

11.1.3 制动系统的组成

制动系统都具有以下四个基本组成部分。

（1）供能装置

供给、调节制动所需能量以及改善传能介质状态的部件。其中产生制动能量的部分称为制动能源。

（2）控制装置

产生制动动作和控制制动效果的部件。例如，制动踏板机构即是最简单的一种控制装置。

（3）传动装置

将制动能量传输到制动器的部件，如制动主缸及轮缸。

（4）制动器

产生阻止汽车运动或有运动趋势的力的部件，也包括辅助制动系统中的缓速装置。

另外，现代汽车制动系统还选装有制动力调节装置、防抱死装置，以及报警、压力保护等附加装置。

11.1.4 制动系统的工作原理

汽车广泛采用摩擦原理制动，借助摩擦力矩对车轮进行制动。图 11-1 所示为一种简单制动系统工作原理示意图。车轮轮毂上固定着一个以内圆表面为工作面的制动鼓 8，在固定不动的制动底板 11 上有两个支撑销 12 支撑着两个弧形的制动蹄 10，制动蹄外圆面上装有摩擦片 9，制动底板上还装有制动轮缸 6，用油管 5 与装在车架上的制动主缸 4 相连通，主缸活塞 3 可通过制动踏板 1 来操纵。在不制动时，依靠制动蹄回位弹簧 13 的作用，制动鼓的内圆面与制动蹄摩擦片的外圆面之间保持一定间隙，使车轮和制动鼓可以自由旋转。制动时，切断发动机至车轮的动力，踩下制动踏板，通过推杆 2 和主缸活塞 3，使主缸内的油液在一定压力下流入轮缸。并通过两个轮缸活塞 7 的推动使两个制动蹄绕支撑销转动，以其摩擦片压紧制动鼓的内圆表面上。这样，不旋转的制动蹄就对旋转着的制动鼓作用一个摩擦力矩 M_μ，其方向与车轮旋转方向相反。制动鼓将该力矩传到车轮后，由于车轮与路面间有附着作用，车轮对路面作用一个向前的切向力 F_μ，同时路面也对车轮作用着一个向后的反作用力 F_B，制动力传给车架，迫使整个车辆产生一定的减速度。制动力越大，则车辆的减速度也越大。当放开制动踏板时，回位弹簧便将制动蹄拉回原位，摩擦力矩和制动力消失，制动作用终止。

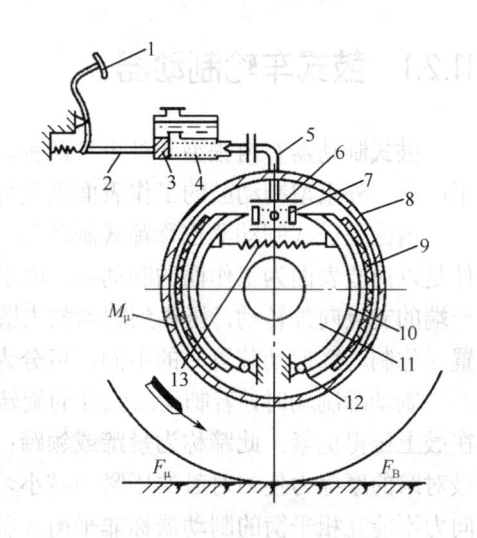

1—制动踏板；2—推杆；3—主缸活塞；
4—制动主缸；5—油管；6—制动轮缸；
7—轮缸活塞；8—制动鼓；9—摩擦片；
10—制动蹄；11—制动底板；12—支撑销；
13—制动蹄回位弹簧

图 11-1 制动系统工作原理示意图

由此可见，制动装置由制动器和制动传动机构两部分组成。

11.1.5 对制动系统的要求

① 具有足够的制动效能。在良好路面上，汽车从一定的初始速度到停车的制动距离或制动过程中的减速度应符合规定。

② 工作可靠。在使用过程中制动系统应一直保持良好的制动性能，部件要有足够的强度、

刚度和耐疲劳性能。

③ 良好的制动方向稳定性。制动过程中，车辆不应出现跑偏或后轴侧滑甩尾而失去控制行驶方向的能力。因此，应有足够的制动力，且制动时左、右车轮的制动力和能量吸收应相等，以保证汽车具有良好的制动稳定性。

④ 要求制动能力的热稳定性好。制动器有良好的散热性能和密封性能，且调整方便。

⑤ 操纵轻便，操纵力和踏板行程不应过大，并具有良好的随动性。

⑥ 制动过程应平顺，作用滞后时间应尽可能短（包括产生制动和解除制动的滞后时间）。

11.2 制动器

汽车用车轮制动器分为鼓式和盘式两种。它们的区别在于前者的摩擦副中的旋转元件为制动鼓，其圆柱面为工作表面；后者的摩擦副中的旋转元件为圆盘状制动盘，其端面为工作表面。

11.2.1 鼓式车轮制动器

鼓式制动器有内张型和外束型两种。内张型的制动鼓以内圆柱面为工作表面，在汽车上应用广泛。外束型制动鼓的工作表面则是外圆柱面，目前只有极少数汽车用作驻车制动器。

内张型鼓式制动器也称蹄式制动器。它的制动元件是两个铆有摩擦衬面的制动蹄，旋转元件是以内圆表面为工作面的制动鼓。位于制动鼓内部的制动蹄在一端承受促动力时，可绕其另一端的支点向外转动，压靠到制动鼓内圆面上，产生摩擦力矩。根据对蹄端加力使蹄转动的装置（称制动蹄促动装置）的不同，可分为凸轮式制动器、轮缸式制动器和楔式制动器等。

制动蹄制动时，若制动蹄张开的旋转方向与制动鼓的旋转方向相同，鼓对蹄的摩擦力使蹄在鼓上压得更紧，此蹄称为紧蹄或领蹄；若制动蹄张开的旋转方向与制动鼓的旋转方向相反，鼓对蹄的摩擦力使蹄对鼓的压紧力减小，则该蹄为松蹄或从蹄。凡两制动蹄对制动鼓施加的法向力不能互相平衡的制动器称非平衡式制动器；两制动蹄对制动鼓施加的法向力能相互平衡的制动器称为平衡式制动器。

1. 凸轮式制动器

凸轮式制动器以凸轮作为制动蹄的促动装置，它有固定凸轮式、浮动凸轮式、双向自增力式等。目前，气压式制动系统中广泛采用凸轮促动的车轮制动器。

图 11-2 所示为解放 CA1091 型汽车车轮制动器，属固定凸轮式。它主要由制动凸轮轴 1、制动鼓 5、制动蹄 6 和 9、回位弹簧 10、蹄片轴 7、调整臂 2、制动室 3、制动底板 4 等组成。不制动时，两制动蹄由回位弹簧拉靠着制动凸轮轴上的凸轮。制动凸轮轴通过支座固定在制动底板上，其尾部花键轴插入制动调整臂的花键孔中，如图 11-3 所示。制动时，制动调整臂在制动室推杆的推动下，带动制动凸轮轴转动，凸轮使两制动蹄压紧到制动鼓上而起制动作用。由于凸轮轮廓的中心对称性，以及两蹄结构和安装的轴对称性，凸轮转动所引起的两蹄上相应点位移是相等的。由于制造和调整的误差，经过一段时间的使用磨合后，两蹄与制动鼓的相对关系达到完全轴对称，使两蹄的制动效果趋于一致，两蹄的制动力矩相等（凸轮对两蹄的促动力不相等）。但就制动鼓和轮毂轴承受力而言，两蹄对制动鼓施加的法向力不在一条直线上，

不能相互平衡。该制动器为非平衡式领从蹄式制动器。

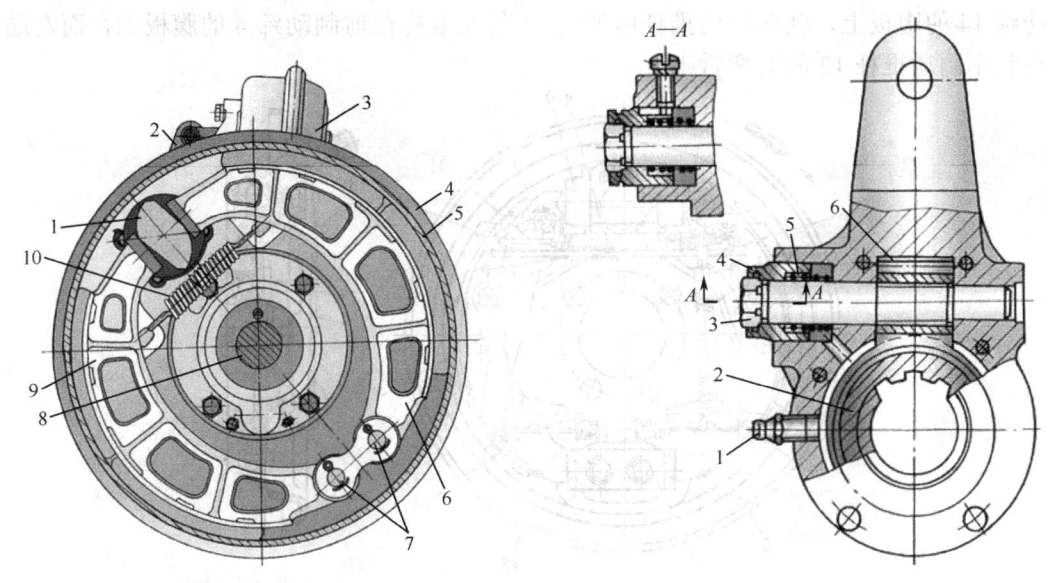

1—制动凸轮轴；2—调整臂；3—制动室；4—制动底板；5—制动鼓；
6、9—制动蹄；7—蹄片轴；8—转向节轴颈；10—回位弹簧

图 11-2　解放 CA1091 型汽车车轮制动器

1—油嘴；2—调整蜗轮；3—蜗杆轴；
4—锁止套；5—弹簧；6—调整蜗杆

图 11-3　制动调整臂

这种制动器的间隙调整有局部调整和全面调整两种。局部调整时，只需利用装在制动器调整臂下部空腔内的蜗轮蜗杆机构来改变制动凸轮轴上凸轮的原始角位置；全面调整时，还应同时使用带偏心轴颈的蹄片轴进行调整，如图 11-2 所示。

2. 轮缸式制动器

轮缸式制动器按制动蹄的属性可分为：领从蹄式、双领蹄式、双向双领蹄式、双从蹄式、单向增力式和双向增力式等。

（1）领从蹄式制动器

上海桑塔纳乘用车后轮制动器就是领从蹄式制动器，如图 11-4 所示。

设汽车前进时制动鼓旋转方向如图中箭头所示（这称为制动鼓正向旋转）。沿箭头方向看去，前制动蹄 4 的支撑点在其前端，轮缸所施加的促动力作用于其后端，因而该制动蹄张开时的旋转方向与制动鼓的旋转方向相同，具有这种属性的制动蹄称为领蹄。与此相反，后制动蹄 14 的支撑点在后端，促动力加于其前端，其张开时的旋转方向与制动鼓的旋转方向相反，具有这种属性的制动蹄称为从蹄。

制动蹄的上、下支撑面均加工成弧面，下端支靠在固定于制动底板上的支撑板 1 上。轮缸活塞通过两端带耳槽的支撑块 7 对制动蹄的上端施加促动力。这种支撑结构可使整个制动蹄沿支撑面有一定的浮动量。其优点是制动蹄可以自动定心，保证有可能与制动鼓全面接触。

这种结构的另一特点是该行车制动器可兼充驻车制动器，因此在制动器中还装设了驻车制动机械促动装置。

压力杆 13 上端通过销轴 10 与后制动蹄 14 连接，其上部卡入驻车制动推杆 12 右端的切槽中作为中间支点，下端与拉绳连接。前、后制动蹄的腹板卡在驻车制动推杆 12 两端

的切槽中。驻车制动推杆外弹簧 8 左端钩在驻车制动推杆 12 的左弯舌上，而右端钩在后制动蹄 14 的腹板上，驻车制动推杆内弹簧 11 的左端钩在前制动蹄 4 的腹板上，而右端则钩在驻车制动推杆 12 的右弯舌上。

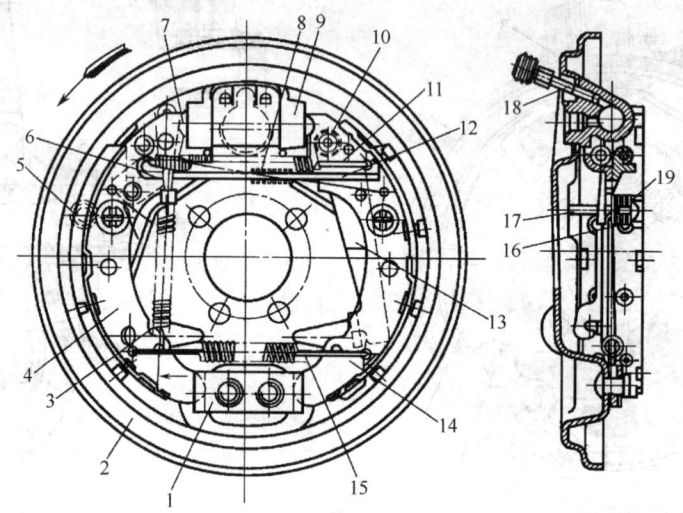

1—支撑板；2—制动底板；3—制动间隙调节弹簧；4—前制动蹄；5—观察孔；6—楔形调节块；7—带耳槽的支撑块；8—驻车制动推杆外弹簧；9—制动轮缸；10—销轴；11—驻车制动推杆内弹簧；12—驻车制动推杆；13—压力杆；14—后制动蹄；15—制动蹄回位弹簧；16—限位弹簧；17—限位销钉；18—放气螺钉；19—限位弹簧座

图 11-4　上海桑塔纳乘用车后轮制动器

进行驻车制动时，需将驾驶室中的手动驻车制动操纵杆拉到制动位置，经一系列杠杆和拉绳传动，将压力杆 13 的下端向前拉，使之绕上端支点（销轴 10）转动。压力杆 13 在转动过程中，其中间支点推动驻车制动推杆 12 左移，将前制动蹄 4 推向制动鼓，直到前制动蹄压靠到制动鼓上之后，驻车制动推杆 12 停止运动，则压力杆 13 的中间支点成为其继续转动的新支点。于是，压力杆的上端右移，使后制动蹄 14 压靠到制动鼓上，施以驻车制动。

解除制动时，应将驻车制动操纵杆推回到不制动位置，压力杆 13 在回位弹簧（图中未示出）作用下回位，同时制动蹄回位弹簧 15 将两蹄拉拢。驻车制动推杆内、外弹簧 11 和 8 不但可将两蹄拉回到原始位置，而且还用以防止制动推杆在不工作时窜动，碰撞制动蹄而发生噪声。

（2）双领蹄式和双向双领蹄式制动器

在制动鼓正向旋转时，两蹄均为领蹄的制动器称为双领蹄式制动器，如图 11-5 所示。

两制动蹄各用一个单活塞式轮缸，两轮缸与前后制动蹄及其调整凸轮等零件在制动底板上均为对称中心布置。两轮缸用油管连接，使其中油压相等。这样，在前进制动时两蹄均为领蹄，从而提高了前进制动时的制动效能；但倒车制动时，两蹄都变成从蹄。

为了使倒车制动与前进制动具有相同的制动效能，有的汽车上采用了双向双领蹄式制动。

图 11-6 所示为双向双领蹄式制动器。制动底板上的所有固定元件，制动蹄、制动轮缸、回位弹簧等都是成对的，而且既按轴对称又按中心对称布置。两制动蹄的两端均采用浮式支撑，且支点的周向位置也是浮动的。红旗 CA7560 型乘用车即采用该种形式的车轮制动器。

在前进制动时，轮缸活塞均在液压作用下向外移动，将两制动蹄压靠到制动鼓上。在摩擦力矩作用下，两蹄绕车轮中心朝车轮旋转方向转动，将两轮缸的活塞外端的支座推回，直到顶靠在轮缸端面为止，于是两蹄便以此为支点，如图 11-5 所示的制动器一样工作。

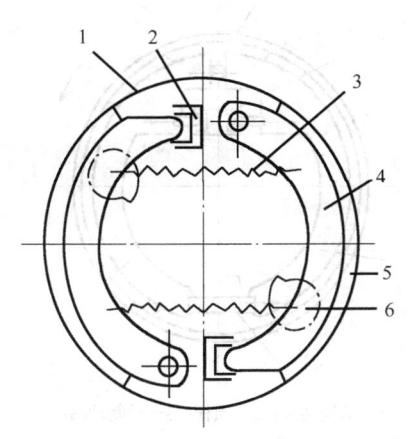

1—制动底板；2—制动轮缸；3—制动蹄回位弹簧；
4—制动蹄；5—摩擦片；6—调整凸轮

图 11-5 双领蹄式制动器

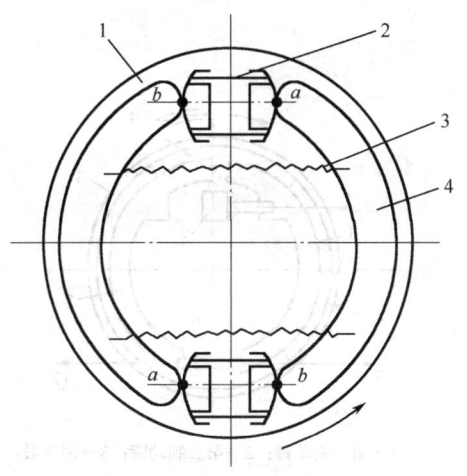

1—制动底板；2—制动轮缸；3—回位弹簧；4—制动蹄

图 11-6 双向双领蹄式制动器

倒车制动时，制动轮缸的另一端成为制动蹄的支点，使两蹄同样成为领蹄，产生与前进制动时一样的制动效能。

制动器的间隙可以用轮缸处的调整螺母来调整。拨动蹄片向外或向内轴向移动可改变蹄鼓间隙的大小，调整好后用螺母锁紧。

上述制动器的固定元件布置都是中心对称的。如果间隙调整正确，则其制动鼓所受两蹄施加的两个法向力能互相平衡，不会对轮毂轴承造成附加载荷，故属于平衡式制动器。

（3）单向和双向自增力式制动器

单向自增力式制动器的结构原理如图 11-7 所示。第一制动蹄 1 和第二制动蹄 2 的下端分别浮动支撑在浮动的顶杆 6 的两端，制动器只有一个支撑销 4。不制动时，两蹄上端均借各自的回位弹簧拉靠在支撑销上。制动鼓正向旋转方向如箭头所示。

前进制动时，单活塞式轮缸 5 只将促动力 P 加于第一制动蹄，使其上端离开支撑销，整个制动蹄绕顶杆左端支撑点旋转，并压靠到制动鼓 3 上。显然第一制动蹄是领蹄，并且在促动力 P、法向合力 N_1、切向（摩擦）合力 T_1 和沿顶杆轴线方向的支反力 S_1 的作用下处于平衡状态。顶杆由于是浮动的，它将与力 S_1 大小相等、方向相反的力 Q 施于第二制动蹄的下端，第二制动蹄也是领蹄，且力 Q 比力 P 大，力 Q 对第二制动蹄支点的力臂也比力 P 对第一制动蹄的力臂大。因此，第二制动蹄的制动力矩大于第一制动蹄的制动力矩。在制动鼓尺寸和摩擦系数相同的条件下，这种制动器的制动效能不仅高于领从蹄式制动器，而且高于两蹄中心对称的双领蹄式制动器。

倒车制动时，第一制动蹄上端压靠支撑销不动，第二制动蹄为领蹄，因未受促动力而不起制动作用；第一制动蹄虽其促动力 P 与前进制动时相等，但其到支点（支点为支撑销）的力臂大为减小，其制动效能比一般领蹄低得多。故整个制动器的制动效能甚至比双从蹄式制动器的制动效能还低。

制动鼓正向和反向旋转时均能借蹄鼓摩擦起自增力作用的制动器称为双向自增力式制动器。其结构不同于单向自增力式制动器之处主要是采用双活塞式轮缸，可向两蹄同时施加相等的促动力，如图 11-8 所示。

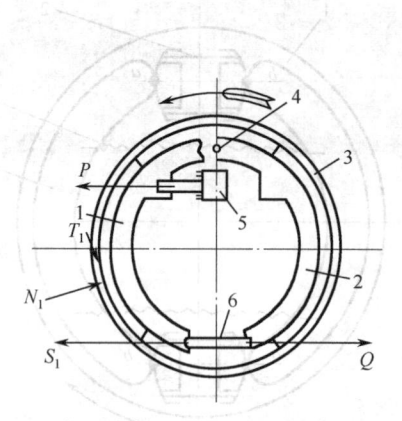

1—第一制动蹄；2—第二制动蹄；3—制动鼓；
4—支撑销；5—轮缸；6—顶杆

图 11-7　单向自增力式制动器

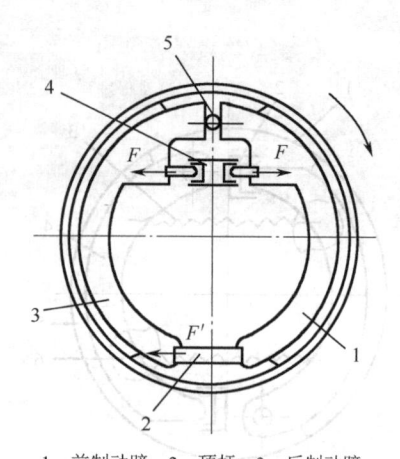

1—前制动蹄；2—顶杆；3—后制动蹄；
4—轮缸；5—支撑销

图 11-8　双向自增力式制动器

3. 楔式制动器

楔式制动器有推式和拉式两种结构形式。图 11-9（a）所示为推式结构，图 11-9（b）所示为拉式结构。柱塞壳体 8 的内孔中有一个浮动楔形块 5，楔形块的两侧各有一个滚轮 4，滚轮 4 的外侧与楔形柱塞 3 接触，制动蹄 1 支撑在楔形柱塞 3 的另一端。

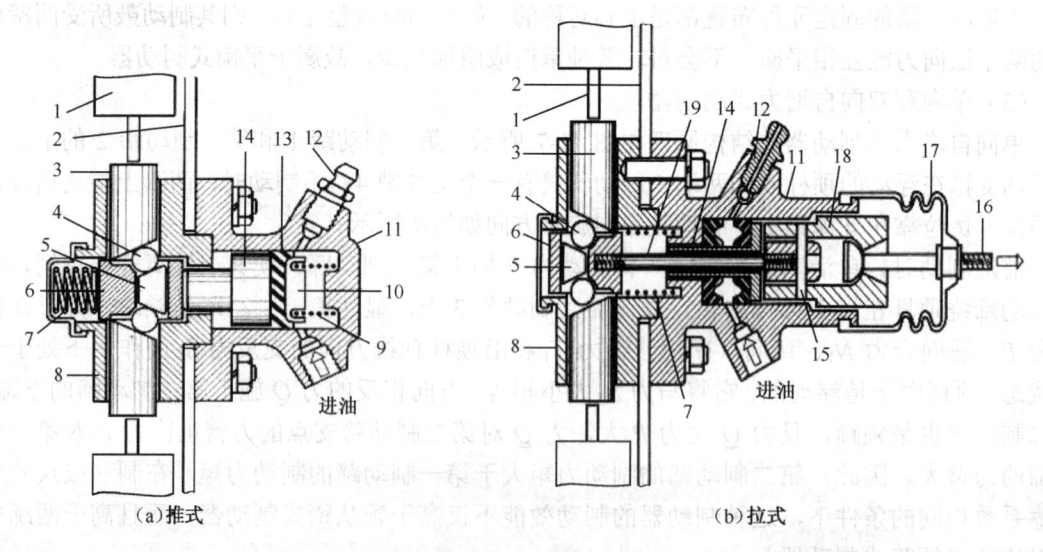

(a) 推式　　(b) 拉式

1—制动蹄；2—制动底板；3—楔形柱塞；4—滚轮；5—浮动楔形块；6—柱塞；7—回位弹簧；8—柱塞壳体；9—弹簧；10—弹簧座；
11—轮缸体；12—放气螺钉；13—密封垫；14—活塞；15—传力销；16—手制动拉杆；17—防尘罩；18—传力套筒；19—拉杆

图 11-9　楔式制动器

对于推式楔式制动器，制动时活塞 14 推动柱塞 6 左移，浮动楔形块 5 和滚轮 4 也一同左移，两楔形柱塞向外侧移动，从而使制动蹄张开。解除制动时，在制动蹄回位弹簧和柱塞回位弹簧的共同作用下，柱塞和滚轮右移。对于拉式楔式制动器，制动时活塞 14 推动传力套筒 18、拉杆 19 右移，从而使柱塞 6、浮动楔形块 5 和滚轮 4 一同右移，使制动蹄张开。

楔式制动器中，采用滚轮的目的在于减小摩擦，采用浮动楔形块的目的在于当两侧制动摩擦片磨损量不同时，通过楔形块的移动，使两蹄的促动力近似相等。两蹄的布置形式可以是领从蹄式，也可以是双向双领蹄式。作为制动蹄促动件的制动楔本身的促动装置可以是机械式、液压式或气压式。

11.2.2 盘式制动器

盘式制动器按其结构一般分为钳盘式制动器和全盘式制动器。盘式制动器的旋转元件是圆盘形制动盘，固定元件是部分圆盘或整个圆盘，前者称为钳盘式制动器，后者称为全盘式制动器。全盘式制动器由于其散热条件差，只有少数汽车采用作为车轮制动器，而钳盘式制动器因其所具有的特性，应用日益广泛。

钳盘式制动器主要由制动盘和制动钳组成。由于制动块与制动盘接触面很小，故又称为点盘式制动器。按制动钳的结构分为：固定钳式和浮动钳式，如图 11-10 所示。

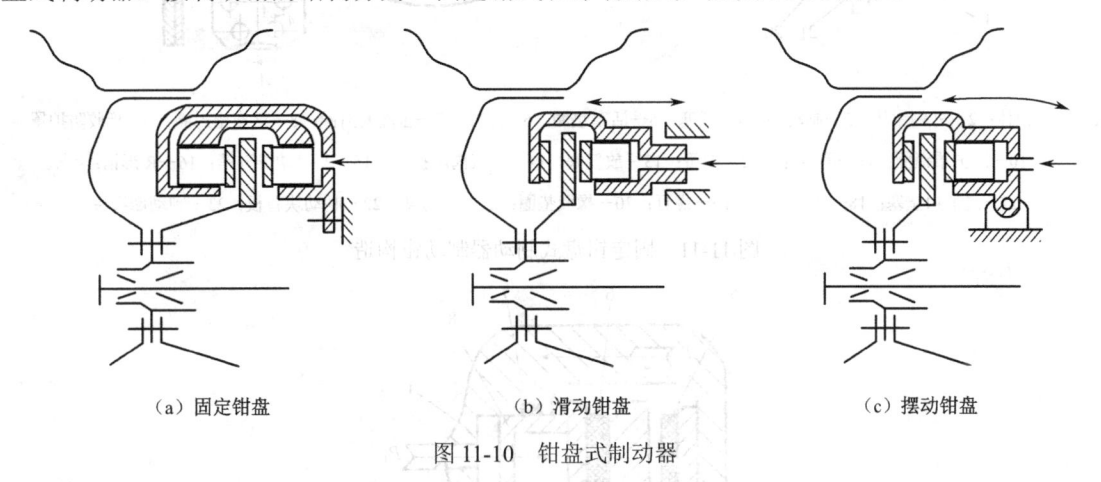

（a）固定钳盘　　　　　（b）滑动钳盘　　　　　（c）摆动钳盘

图 11-10　钳盘式制动器

（1）固定钳盘式

图 11-11 所示为固定钳盘式制动器制动钳构造。制动钳固定在车桥上，既不能旋转，也不能沿制动盘轴线方向移动，它由两部分组成，制动盘伸入制动钳内的两个制动衬块之间。制动块通过两根导向销悬装在钳体上，并可沿导向销移动，内、外钳体实际上是两个液压制动分泵泵体，其内有活塞。这两个制动分泵泵体是相互连通的，泵体内缸壁上有梯形截面环槽，用以嵌入矩形截面活塞密封圈。制动时，活塞在油液压力的作用下，推动制动块并将其紧压在制动盘上。同时，矩形橡胶密封圈的刃边在摩擦力的作用下可产生微量弹性变形。

制动时，活塞在液压油压力的作用下移动，一直到制动块压紧制动盘为止。此时矩形橡胶密封圈刃边的弹性变形量小于活塞行程，两者之间产生滑移。当制动解除时，活塞在橡胶密封圈的弹力作用下回位，回位距离即为橡胶密封圈的弹性变形量，所以矩形橡胶密封圈除了起密封作用外，还起到使活塞回位和自动调整间隙的作用。

（2）浮动钳盘式

浮动钳盘式制动器的制动钳一般可以相对制动盘轴向滑动。只在制动盘的内侧设置液压缸，而外侧的制动块则附装在钳体上。其工作原理如图 11-12 所示，制动钳支架 3 固定在转向节上，制动钳体 1 与制动钳支架 3 可沿导向销 2 轴向滑动。制动时，活塞 8 在液压力 P_1 的作用下，将活动制动块 6（带摩擦块磨损报警装置）推向制动盘 4。与此同时，作用在制动钳体 1

上的反作用力 P_2 推动制动钳体沿导向销 2 向右移动，使固定在制动钳体上的固定制动块 5 压靠到制动盘上。于是，制动盘两侧的摩擦块在 P_1 和 P_2 的作用下夹紧制动盘，使之在制动盘上产生与运动方向相反的制动力矩，促使汽车制动。

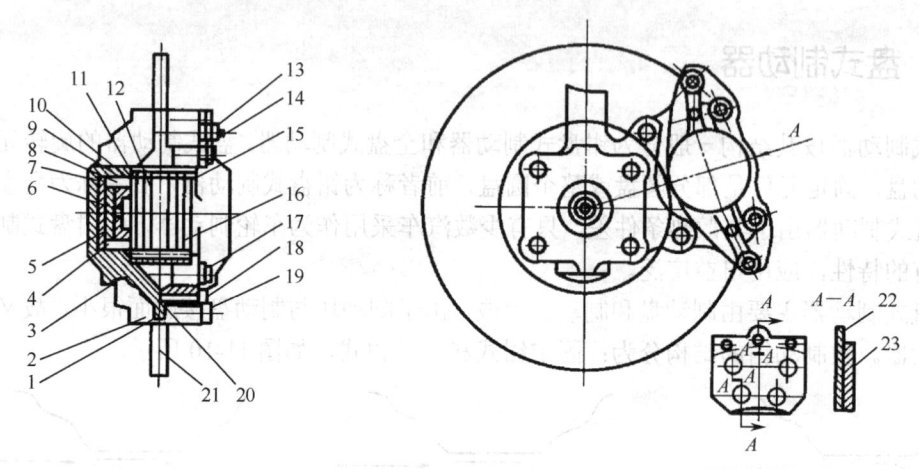

1—内侧钳体；2—外侧钳体；3—制动块；4—活塞；5—活塞垫圈；6—压圈；7—压圈密封圈；8—活塞密封圈；9—橡胶防护罩；10—防护罩锁圈；11—消声片；12—弹簧；13—放气阀；14—放气阀防护罩；15—制动块导向销；16—R 形销；17—进油口垫塞；18—防污螺塞；19—螺钉；20—橡胶垫圈；21—制动盘；22—制动块背板；23—制动摩擦块

图 11-11　固定钳盘式制动器制动钳构造

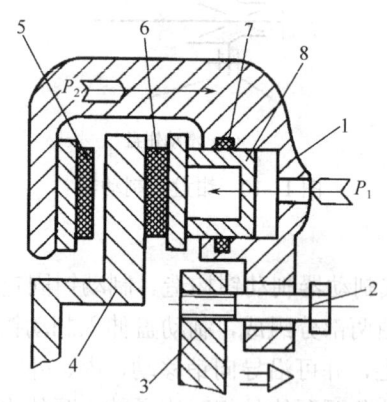

1—制动钳体；2—导向销；3—制动钳支架；4—制动盘；5—固定制动块；6—活动制动块；7—活塞密封圈；8—活塞

图 11-12　浮动钳盘式制动器工作原理

11.3　驻车制动器

驻车制动器又称手制动器，其功用是车辆停驶后防止滑溜、在坡道上顺利起步、行车制动效能失效后临时使用或配合行车制动器进行紧急制动。

驻车制动器按其安装位置可分为中央制动式和车轮制动式两种。中央制动式通常安装在变速器或分动器的后面，少数安装在后驱动桥输入轴前端，其制动力矩作用在传动轴上；车轮制动式通常与车轮制动器共用一个制动器总成，传动机构相互独立。

驻车制动器按其结构形式可分为鼓式、盘式、带式和弹簧作用式。

11.3.1 中央制动器

1. 制动器的结构

图 11-13 所示为东风 EQ1090E 型汽车驻车制动器。该制动器为中央制动、鼓式、简单非平衡式驻车制动器。

它采用凸轮张开的蹄鼓式制动器和机械传动机构。制动鼓通过螺栓与变速器输出轴的凸缘盘紧固在一起，制动底板用螺栓固定在变速器后端壳体上，两制动蹄通过偏心支撑销支撑在制动底板上，其上端装有滚轮，在复位弹簧 11 的作用下，滚轮 9 紧靠在凸轮轴 8 的两侧，凸轮轴通过底板支座支撑在制动底板的上部，轴外端与摆臂连接，摆臂的另一端与拉杆相连，拉杆上端装有压紧弹簧和垫圈，其上端装有调整螺母 7 和锁紧螺母，下端与摇臂 13 铰接。拉杆再通过摇臂、传动杆与驻车制动杆相连。驻车制动杆上连有棘爪，驻车制动器工作时，棘爪嵌入齿扇上的棘齿内，起锁止作用。解除制动时，按下驻车制动杆上的按钮，使棘爪脱离棘齿，扳动驻车制动杆。

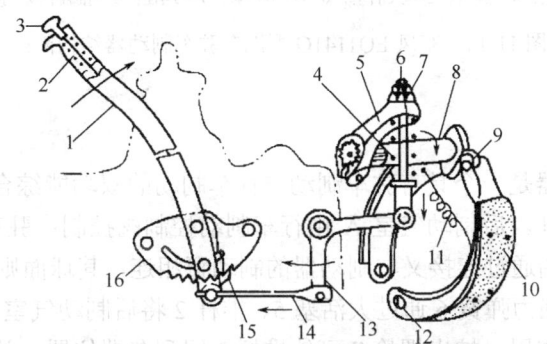

1—驻车制动杆；2—拉杆弹簧；3—按钮；4—压紧弹簧；5—摆臂；6—拉杆；7—调整螺母；8—凸轮轴；9—滚轮；10—制动蹄；11—复位弹簧；12—偏心支撑销；13—摇臂；14—传动杆；15—锁止棘爪；16—齿扇

图 11-13 东风 EQ1090E 型汽车驻车制动器

2. 制动器的工作过程

不进行驻车制动时，制动杆处于立式，在回位弹簧作用下，两制动蹄与制动鼓保持一定间隙，不起制动作用。

进行驻车制动时，将驻车制动杆上端向后拉动，制动杆下端向前摆动，传动杆带动摇臂顺时针转动，拉杆则带动摆臂顺时针转动，凸轮轴也顺时针转动，凸轮偏转使两制动蹄向外张开，压紧制动鼓，产生制动作用。当制动杆拉到制动位置时，棘爪嵌入齿扇上的棘齿内，起锁止作用。

解除制动时，按下驻车制动杆上的按钮，棘爪脱离棘齿，向前推动制动杆，则传动杆、拉杆、凸轮轴按逆时针方向转动，制动蹄在复位弹簧的作用下回位，制动蹄与制动鼓间恢复制动间隙，制动解除。

11.3.2 强力弹簧驻车制动器

图 11-14 所示为东风 EQ1141G 型汽车驻车制动器结构简图。该制动器为强力弹簧驻车制动器。

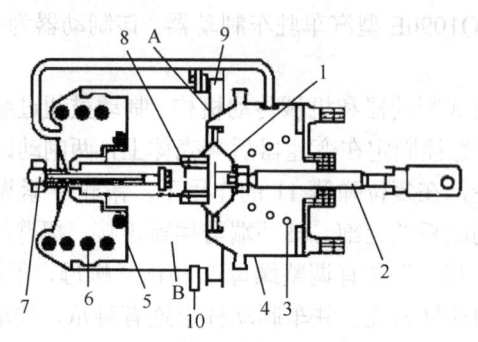

A—后制动气室；B—驻车制动气室；
1—小活塞；2—推杆；3—锥形弹簧；4—膜片；5—大活塞；6—强力弹簧；7—螺栓；8—推盘；9—接行车制动阀；10—接驻车制动阀

图 11-14 东风 EQ1141G 型汽车驻车制动器结构简图

1. 制动器的结构

强力弹簧驻车制动器是一个具有驻车制动与行车制动的双功能综合体。有后制动气室和驻车制动气室，并用板隔开。后制动气室 A 由行车制动控制阀控制；驻车制动气室 B 由驻车制动操纵阀控制。推杆外端通过连接叉与制动器的制动臂相连，其球面则支靠在推杆座中，推杆座与大活塞连为一体。强力弹簧 6 通过大活塞 5、推杆 2 将后制动气室 A 的小活塞回位弹簧压缩，使制动器产生制动作用。拧出螺栓 7 可使推杆 2 回到左端位置，放松制动。

2. 制动器的工作过程

图 11-15 所示为强力弹簧驻车制动器的工作原理。

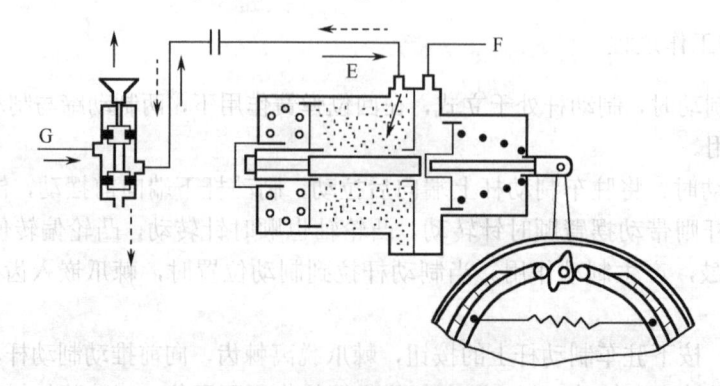

E—通驻车制动操纵阀；F—通行车制动控制阀；G—通储气筒

图 11-15 强力弹簧驻车制动器工作原理（不制动位置）

（1）进行驻车制动时

汽车停驶后，将驻车制动操纵阀拉出，压缩空气经驻车制动气室右侧，从下端气孔放出，此时 E 孔和 F 孔与大气相通,强力弹簧 6 伸张,其作用力依次经大活塞 5、螺栓 7 和推盘 8 将后制动气室的小活塞 1 右移,推杆右移到制动位置,完全压缩锥形弹簧 3。

(2) 正常行驶不制动时

在汽车起步之前,应将驻车制动操纵阀推回到不制动位置,压缩空气自储气筒经 E 口充入驻车制动气室右侧,压缩强力弹簧,将驻车制动大活塞推到左端。后制动气室小活塞也在其回位弹簧的作用下左移,推杆左移,回到不制动位置,汽车方可正常行驶。

(3) 进行行车制动时

行车中,踩下行车制动踏板,压缩空气便经行车制动阀自 F 孔充入后制动气室,小活塞克服回位弹簧的弹力,推动推杆右移到制动位置。

(4) 无压缩空气时

若汽车的气源或气路发生故障,不能对驻车制动气室充气,强力弹簧将处于伸张状态,使汽车保持制动。若需要开动或拖动汽车,必须将驻车制动气室中的螺栓旋出,卸除弹簧对推盘的推力,小活塞在回位弹簧的作用下退回到不制动位置,制动解除。

11.3.3 带驻车制动机构的鼓式制动器

蹄鼓式驻车制动器的基本结构与前面所述的车轮制动器基本相同。常用的有凸轮张开式和自动增力式两种。

1. 鼓式驻车制动器

(1) 鼓式驻车制动器构造

图 11-16 所示为东风 EQ1092 型汽车鼓式驻车制动器。它采用凸轮张开的蹄鼓式制动器和机械传动机构,制动鼓通过螺栓与变速器第二轴后端凸缘紧固在一起,制动底板用螺栓固定在变速器后端壳体上,两制动蹄下端通过偏心支撑销安装在底板上,其上端装有滚轮。在制动蹄回位弹簧作用下,制动蹄上端的滚轮始终靠紧在制动凸轮轴的凸轮两侧,凸轮轴通过底板支座支撑在制动底板上部。其外端与摆臂紧固在一起,摆臂的另一端与拉杆相连,拉杆上端装有压紧弹簧及垫圈。其上端装有球面调整螺母及锁紧螺母,下端与摇臂铰接。摇臂锁销与变速器壳铰接,与传动杆铰接。传动杆前端通过螺纹与驻车制动杆相连。齿扇用螺钉固定在变速器壳体侧面上,带有锁止棘爪。按钮和拉杆弹簧的制动杆、销子与齿扇均为铰接。

(2) 工作过程

不制动时,制动操纵杆处于立势位置,两制动蹄在回位弹簧作用下,与制动鼓保持一定的间隙,制动器无制动作用。制动时,将操纵杆上端向后拉,作用力通过拉丝软轴带动摇臂绕支撑销顺时针摆动,拉杆带动摇臂向下运动,摆臂带动凸轮轴转动,从而凸轮偏转将两制动蹄张开,并压紧

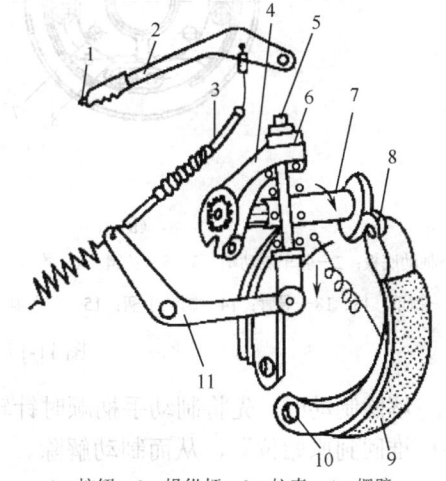

1—按钮;2—操纵杆;3—拉索;4—摆臂;
5—拉杆;6—调整螺母;7—凸轮轴;8—滚轮
9—制动蹄;10—偏心支撑;11—摇臂

图 11-16 东风 EQ1092 型汽车鼓式驻车制动器

制动鼓产生制动作用。此时，棘爪和齿扇将制动杆锁止在制动位置。

解除制动时，按下制动操纵杆上端的按钮，使下端的棘爪脱离齿扇，然后将制动操纵杆推向最前端位置。此时，各机件的运动方向与制动时方向相反，从而使制动蹄与制动鼓恢复原来的间隙，制动解除。

2. 自动增力式驻车制动器

（1）自动增力式驻车制动器构造

图 11-17（a）所示为自动增力式驻车制动器构造。它主要由制动鼓、制动底板、制动蹄、制动臂、制动手柄、棘齿拉杆、摇臂等组成。制动鼓用螺栓紧固在变速器第二轴的凸缘盘上，制动底板和驻车制动支撑销用螺栓固定在变速器壳体的后端部，两制动蹄和调整机构通过拉簧浮动地悬挂在支撑销上，并用压簧轴向定位。

（2）工作过程

不制动时，制动手柄处于卧势位置，两制动蹄在拉簧作用下浮动地悬挂在支撑销上，与制动鼓有一定的间隙，制动器无制动作用。制动时，驾驶员拉出制动手柄，手柄拉动拉索带动摇臂沿箭头方向运动，如图 11-17（b）所示。此时，驻车制动臂绕销轴顺时针转动。在转动过程中，一方面通过推板将左制动蹄压向制动鼓，另一方面驻车制动臂上端右移，通过销轴将右制动蹄压向制动鼓，从而产生制动作用。此时，棘爪将锁住制动手柄。增力原理与自动增力式车轮制动器原理基本相同。

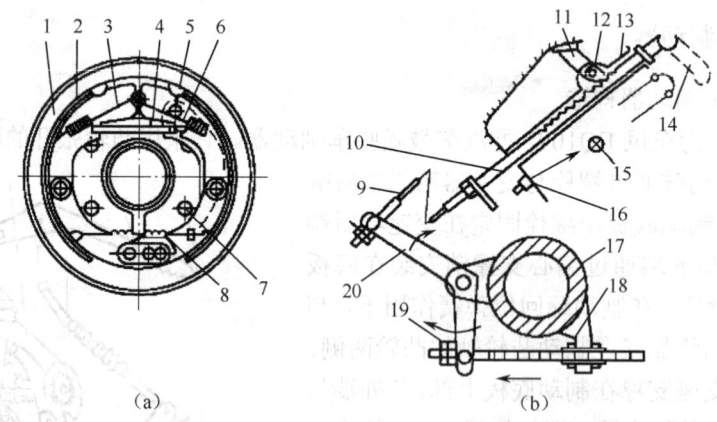

1—制动底板；2—驻车制动蹄；3、8—拉簧；4—推板；5—销轴；6—驻车制动臂；7—螺栓；9—钢丝；10—棘齿拉杆；11—支座；12—棘爪；13、18—导管；14—制动手柄；15—驻车制动指示灯；16—驻车制动指示灯开关；17—前桥；19—调整螺母；20—摇臂

图 11-17 自动增力式驻车制动器

解除制动时，先将制动手柄顺时针转过一个角度，使棘爪与齿条脱离啮合状态，再将制动手柄推回到原始位置，从而制动解除。

11.3.4 带驻车制动机构的盘式制动器

盘式驻车制动器有散热性能好、摩擦片更换方便、安全可靠、使用寿命长等优点。

图 11-18 所示为蹄盘式驻车制动器构造及其传动机构。它主要由驻车制动操纵杆、前制动蹄、后制动蹄、制动蹄臂、传动拉杆、制动盘、调整螺钉等部件构成。制动盘与变速器第二轴

的花键凸缘连接，制动蹄支架用螺钉固定于变速器壳体的后壁上，传动拉杆用销轴与固定于变速器壳上的齿扇板铰接，下端有棘爪，利用棘爪拉杆和手柄上的弹簧，能将制动器锁止在某一位置。

工作过程如下：不制动时，制动蹄下端被制动蹄拉紧弹簧拉紧，上端由制动蹄调整螺钉限制，使制动蹄片与制动盘上、下端保持一定的间隙，制动器无制动作用。制动时，将驻车制动拉杆上端向后扳动，传动拉杆带拉杆臂逆时针方向摆动，推动前制动蹄臂和制动蹄后移。同时，通过拉杆拉动后制动蹄臂，将定位弹簧压缩，使后制动蹄前移，两制动蹄即夹紧制动盘，产生制动作用，这时，棘爪将手制动杆锁止在制动位置。解除制动时，按下制动杆上端的拉杆按钮，使下端棘爪脱出，然后将制动杆推向前端位置，前、后蹄在定位弹簧作用下回位，制动解除。

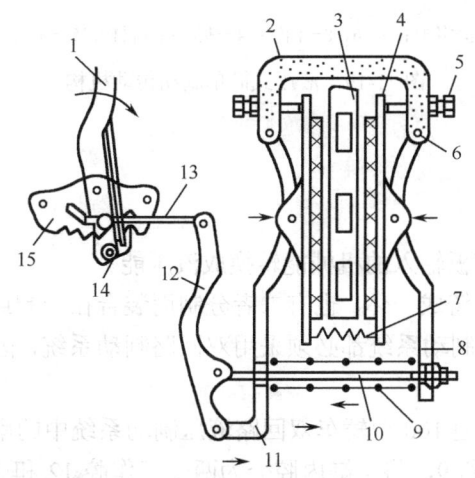

1—驻车制动拉杆；2—支架；3—制动盘；4—制动蹄；5—调整螺钉；6—销；7—拉簧；8—后制动蹄臂；9—定位弹簧；10—蹄臂拉杆；11—前制动蹄臂；12—拉杆臂；13—传动拉杆；14—棘爪；15—齿扇

图 11-18　蹄盘式驻车制动器构造及其传动机构

11.4　液压式制动传动装置

11.4.1　组成及工作原理

图 11-19 所示为液压式简单制动传动机构。它由制动主缸 5、制动轮缸 2、油管和制动踏板机构 4 等组成。制动前，整个液压系统中充满专门配制的制动油液。制动时，踩下制动踏板，制动主缸中活塞右移，将制动油液经油管压入前、后制动轮缸，把制动蹄推向制动鼓，起制动作用。随着踩下踏板行程的不同，活塞行程、整个系统中液压升高的程度和制动轮缸加在制动蹄上的促动力就不同，因而制动程度也就不同。放开制动踏板解除制动时，轮缸中的油液在制动器回位弹簧的作用下，将制动油液压回制动主缸，制动蹄和轮缸活塞复位，恢复制动器的制动间隙。

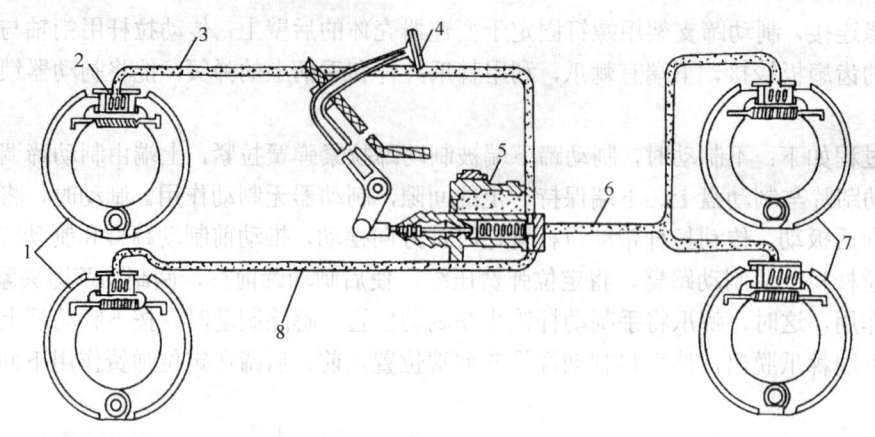

1—前轮制动器；2—制动轮缸；3、6、8—油管；4—制动踏板机构；5—制动主缸；7—后轮制动器

图 11-19 液压式简单制动传动机构

11.4.2 制动主缸

制动主缸的作用是将踏板输入的机械能转换成液压能。

制动主缸有的与储液室铸成一体，也有二者分制而装合在一起或用油管连接的。按交通法规的要求，现代汽车的行车制动系统都必须采用双回路制动系统，因此液压制动系统都采用串列双腔制动主缸。

图 11-20 所示为一汽奥迪 100 型轿车双回路液压制动系统中的串列双腔制动主缸。直筒式缸体 11 内装有两个活塞 3 和 9，将主缸内腔分为两个工作腔 12 和 17。第一工作腔 17 即与右前轮盘式制动器轮缸相通，还经感载比例阀与左后轮鼓式制动器轮缸相通。第二工作腔 12 也有两条通路：一路是通往左前轮盘式制动器轮缸；另一路是经感载比例阀通往右后轮鼓式制动器轮缸。每套管路和工作腔又分别通过补偿孔 18 和回油孔 19 与储油罐相通。第二活塞 9 两端均承受弹簧力，但左弹簧张力小于右弹簧张力，故主缸不工作时，第二活塞由右端弹簧保持在正确的初始位置，使补偿孔和进油孔与缸内相通。第一活塞 3 在左端弹簧作用下，压靠在套 1 上，使其处于补偿孔 18 和回油孔 19 之间的位置。密封套 2 用来防止主缸漏油。此外，每个活塞上都装有密封圈，以便两腔建立油压并保证密封。

制动时，驾驶员踩下制动踏板，真空助力器推动第一活塞 3 向左移动，在其密封圈遮住补偿孔 18 后，第一工作腔 17 的油压开始升高。油液一方面通过腔内出油孔进入右前、左后制动管路，另一方面又对第二活塞 9 产生推力，在此推力及第一活塞 3 左端弹簧力的共同作用下，第二活塞 9 也向左移动，这样第二工作腔 12 也产生了压力，推开腔内出油阀，油液进入左前、右后制动管路，于是两制动管路对汽车施行制动。

解除制动时，驾驶员松开制动踏板，活塞在弹簧作用下回位，液压油自轮缸和管路中流回制动主缸。如活塞回位迅速，工作腔内容积也迅速扩大，使油压迅速降低。由于管路阻力的影响，管路中的油液不能及时流回工作腔以充满活塞移动让出的空间，使工作腔形成一定的真空度。这时，储液罐里的油液便经进油孔和活塞上面的小孔（图中未画出）推开密封圈的边缘流入工作腔。当活塞完全回位时，补偿孔被打开，工作腔内多余的油由补偿孔流回储液罐。若液压系统由于漏油，以及由于温度变化引起主缸工作腔、管路、轮缸中油液的膨胀或收缩，都可以通过补偿孔进行调节。

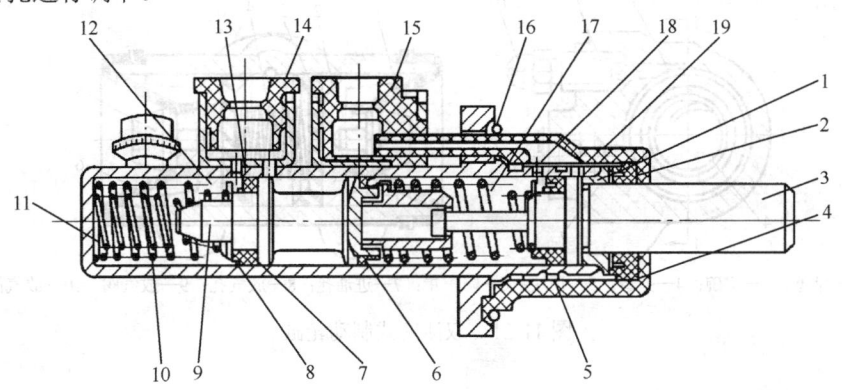

1—套；2—密封套；3—第一活塞；4—盖；5—防动圈；6—密封圈；7—垫片；8—挡片；9—第二活塞；10—弹簧；
11—直筒式缸体；12—第二工作腔；13—密封圈；14、15—进油孔；16—定位圈；17—第一工作腔；18—补偿孔；19—回油孔

图 11-20　串列双腔制动主缸

液压系统渗入了空气或者油液不足，由于空气的可压缩性，将会影响油压的迅速升高。严重时会导致液压制动系统失效，此时应立即停车放气。即反复踩下制动踏板，使油液不断进入工作腔，被挤压的空气由轮缸的放气螺塞处排出。

若左前、右后轮制动管路损坏漏油，则踩下制动踏板时，只有第一工作腔中能建立一定的压力，而第二工作腔中无压力。此时在两腔压力差的作用下，第二活塞被迅速推到底。之后，第一工作腔中的油压才迅速升高，使右前、左后车轮产生制动作用。

若右前、左后轮制动管路损坏漏油，则在踩下制动踏板时，开始只是第一活塞前移，因第一工作腔不能建立油压，因而不能推动第二活塞向前移动。继续踩下制动踏板，在第一活塞前端杆部直接顶到第二活塞时，便能推动第二活塞，使第二工作腔建立油压而使左前、右后车轮产生制动作用。由此可见，双回路液压制动系统中，一套管路损坏漏油时，另一套管路仍能工作，只是所需的踏板行程加大而已。

11.4.3　制动轮缸

制动轮缸是将制动主缸产生的液压，转换成促动力推动制动蹄压紧制动鼓或推动摩擦片压紧制动盘的部件，又称为分泵。由于车轮制动器的形式不同，轮缸的数目和结构形式各异，通常将其分为双活塞式和单活塞式两类。单活塞式制动轮缸主要用于双领蹄式和双从蹄式制动器，而双活塞式制动轮缸应用较广，既可用于领从蹄式制动器，又可用于双向双领蹄式制动器及自增力式制动器。

1. 双活塞式制动轮缸

图 11-21 所示为双活塞式制动轮缸。缸体 1 用螺栓固定在制动底板上。缸内有两个活塞 2，两个刃口相对的密封皮碗 3 利用弹簧 4 压靠在两活塞上，以保持两皮碗之间的进油孔畅通。活塞外端凸台孔内压有顶块 5 与制动蹄的上端抵紧。缸体两端的防护罩 6 用以防止尘土和水分进入，以免活塞和缸体生锈和卡死。在缸体上方装有放气阀 9，制动时，制动液自油管接头和进油孔 7 进入，活塞在液压作用下外移，通过顶块 5 推动制动蹄。

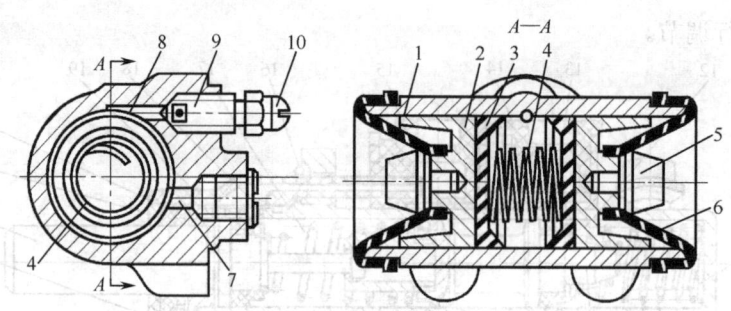

1—缸体；2—活塞；3—皮碗；4—弹簧；5—顶块；6—防护罩；7—进油孔；8—放气孔；9—放气阀；10—放气阀防护螺钉

图 11-21 双活塞式制动轮缸

2. 单活塞式制动轮缸

图 11-22 所示为北京 BJ2020 型汽车前轮制动器配用的单活塞式制动轮缸。为了缩小轴向尺寸，液腔密封件不用抵靠活塞端面的皮碗，而采用装在活塞导向面上切槽内的皮圈 4。进油间隙借活塞端面的凸台保持。放气阀 1 的中部有螺纹，尾部有密封锥面，平时应旋紧压靠在阀座上。与密封锥面相连的圆柱面两侧有径向孔，与阀中心的轴向孔相通。需要放气时，先取下橡胶护罩 2，再连踩几下制动踏板，对缸内空气加压；然后踩住踏板不放，将放气阀旋出少许，空气即行排除。空气排尽后，再将放气阀旋闭。

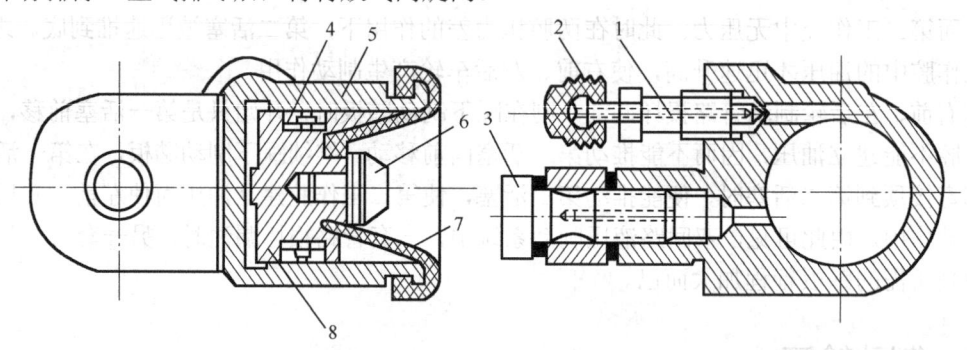

1—放气阀；2—橡胶护罩；3—进油管接头；4—皮圈；5—缸体；6—顶块；7—防护套；8—活塞

图 11-22 单活塞式制动轮缸

11.5 真空液压式制动传动装置

11.5.1 伺服制动传动机构的类型

伺服制动系统是在人力液压制动系统的基础上加设了一套动力伺服系统而形成的，即兼用人力和发动机作为制动能源的制动系统。在正常情况下，制动能量大部分由动力伺服系统供给，而在动力伺服系统失效时，还可全靠驾驶员供给，即由伺服制动系统变成人力制动系统。

按照伺服系统的输出力作用部位和对其控制装置的操纵方式的不同，伺服制动系统可分为助力式（直接操纵式）和增压式（间接操纵式）两类。助力式的伺服系统控制装置用制动踏板机构直接操纵，其输出力作用于液压主缸，以弥补踏板力的不足；增压式的伺服系统控制装置用踏板机构通过主缸输出的油压间接操纵，且伺服系统的输出力与主缸压力共同作用于一个中间传动液压缸（辅助缸），使该缸输出到轮缸的压力远高于主缸压力，因而伺服系统与主缸并联安装。

伺服系统的伺服能一般为真空能（负气压能）、气压能和液压能。由于轿车和轻型车上广泛采用真空伺服制动系统，故本节只介绍真空伺服制动系统。

11.5.2 真空助力伺服制动传动机构

真空助力伺服制动传动机构组成及其回路如图 11-23 所示。其中的液压制动系统是双回路的。串列双腔制动主缸 4 的前腔通向前轮制动轮缸 10，后腔则经比例阀 9 通向后轮制动轮缸 11。串列双腔制动主缸、真空伺服气室 3 和控制阀 2 合装成一个总成，称为真空助力器。制动时，踩下踏板，操纵控制阀，使真空伺服气室起作用，对双腔制动主缸中的活塞施加很大的力，使主缸中的制动液产生很高压力去操纵各轮缸。

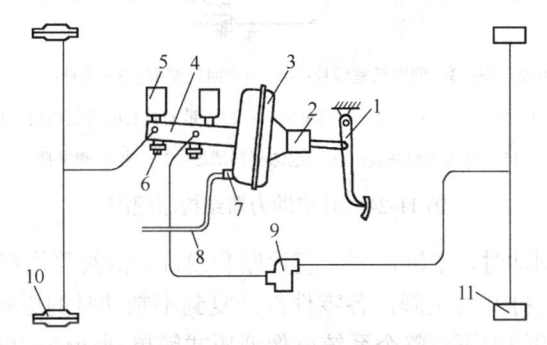

1—制动踏板机构；2—控制阀；3—真空伺服气室；4—制动主缸；5—储液罐；6—制动信号灯液压开关；
7—真空单向阀；8—真空供能管路；9—比例阀；10—前轮制动轮缸；11—后轮制动轮缸

图 11-23 真空助力伺服制动传动机构组成及其回路

图 11-24 所示为真空助力器结构原理图。真空伺服气室中有一膜片 3 和膜片座 2，不工作时由膜片回位弹簧 4 压向右边，膜片将气室分隔成左腔 A 和右腔 B，左腔上有一真空单向阀 12，它与发动机进气管相通。控制阀中有一带密封套的橡胶阀门 13 与膜片座组成真空阀，与滑阀 1 组成空气阀。制动踏板通过调整叉、控制阀推杆 17 由球头与滑阀铰接，滑阀左端通过制动主缸推杆 5 操纵主缸中的后活塞 6，再通过机械和液压操纵前活塞 7。

不制动时，滑阀在空气阀座弹簧 15 的作用下移到右端位置（图 11-24 所示位置），这时空气阀关闭，真空阀开启。伺服气室前、后两腔经通道 E、真空阀和通道 F 互相连通，并与大气隔绝。发动机开始工作时，且真空单向阀被吸开，伺服气室左、右两腔具有相同的真空度，膜片座被回位弹簧推向右端，推杆 5 与后活塞分离，不起制动作用。

制动时，踩下踏板，滑阀左移，橡胶阀门在阀门弹簧 14 的作用下压靠膜片座，关闭真空阀。如继续踩制动踏板，滑阀进一步左移而与橡胶阀门分离，空气阀开启。于是外界空气由空气孔经泡沫塑料滤芯 16、控制阀腔、通道 F 进入气室 B 腔，使其真空度降低。在气室膜片两侧压力差的作用下，膜片座左移，通过推杆推动主缸后活塞左移，同时经弹簧和液压推动主缸前活塞左移，主缸两腔内的制动液分别压开出油阀而被送至前、后轮制动器的制动轮缸。

在踩下制动踏板的过程中，膜片座不断左移。当制动踏板停留在某一位置时，膜片座随后便左移到使空气阀关闭的位置停下来。这时真空阀和空气阀均关闭，助力器处于平稳状态。制动踏板踩下的程度不同，膜片座左移到平衡状态的位置也不同，主缸中产生的液压、制动器产生的制动力也不同，这就体现了控制阀的随动作用。

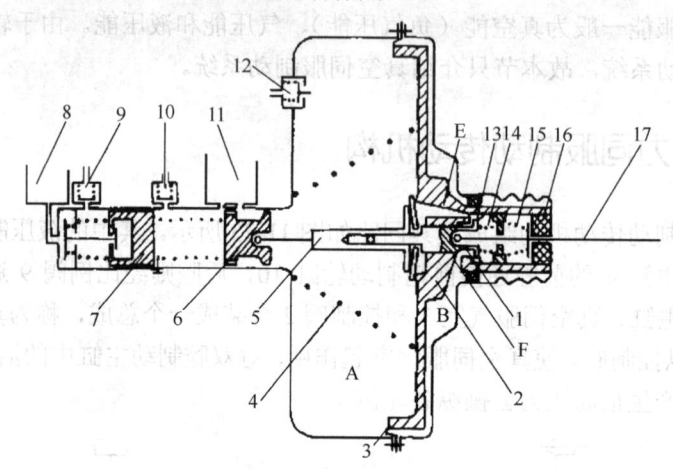

1—滑阀；2—伺服气室膜片座；3—伺服气室膜片；4—膜片回位弹簧；5—推杆；6—后活塞；7—前活塞；8、11—储液杯；9、10—出油阀；12—真空单向阀；13—带密封套的橡胶阀门；14—阀门弹簧；15—空气阀座弹簧；16—泡沫塑料滤芯；17—控制阀推杆

图 11-24 真空助力器结构原理图

松开制动踏板解除制动时，主缸活塞、膜片座和膜片、滑阀等均在各自的回位弹簧作用下右移返回，关闭空气阀，打开真空阀，各零件都回复到不制动时的原始位置。

在真空助力器失效的情况下，整个系统就像液压式简单制动传动机构一样工作，操纵力大大增加，但仍能操纵制动。

用串列双腔制动主缸可在液压制动系统中任何一套管路漏油时，主缸仍能工作，只是所需的踏板行程加大。

11.5.3　真空增压伺服制动传动机构

图 11-25 所示为真空增压伺服制动传动机构的一种典型组成及其回路。

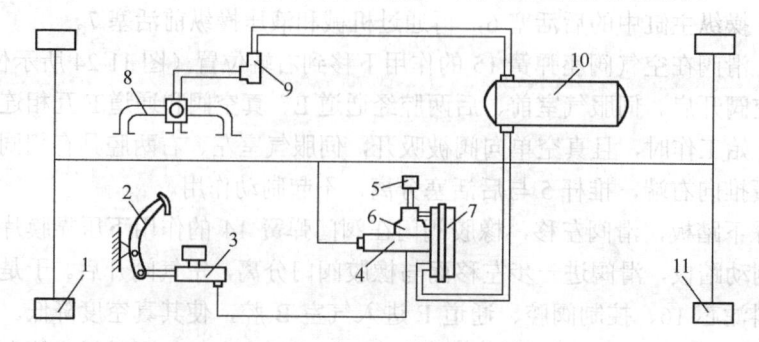

1—前制动轮缸；2—制动踏板；3—制动主缸；4—辅助缸；5—空气滤清器；6—控制阀；7—真空伺服气室；8—发动机进气管；9—真空单向阀；10—真空筒；11—后制动轮缸

图 11-25　真空增压伺服制动传动机构的一种典型组成及其回路

发动机工作时，在发动机进气管 8 中真空度的作用下，真空筒 10 中的空气经真空单向阀 9 被吸入发动机，使筒中具有一定真空度，作为制动伺服的能源。踩下制动踏板时，制动主缸 3 输出液压首先传入辅助缸 4，此液压一面作为制动促动压力传入前、后制动轮缸 1 和 11，一面又作为控制压力输入控制阀 6，使真空伺服气室 7 起作用，对辅助缸活塞加力，使辅助缸输送至轮缸压力高于主缸压力。

真空增压器工作原理如图 11-26 所示。它包括辅助缸、控制阀和真空伺服室三部分。未制动时（见图 11-26（b）），空气阀 8 关闭，真空阀 7 打开，控制阀上腔 A 和下腔 B 相通。这样，控制阀上腔 A 和伺服气室右腔 D 便具有与控制阀下腔 B 和伺服气室左腔 C 同等的真空度。踩下制动踏板时（见图 11-26（a）），制动主缸中的制动液进入辅助缸。与此同时，液压还作用在控制阀活塞 4 上，推动膜片座 5 上移，先关闭真空阀 7，使上腔 A 和下腔 B 隔绝，接着开启空气阀 8。外界空气便经空气滤清器流入上腔 A 和伺服气室右腔 D，这时下腔 B 和伺服气室左腔 C 中仍保持原真空度。在 D、C 两腔压力差作用下，膜片 11 带动推杆 1 左移，使球阀 2 关闭。此时，辅助缸活塞 3 右边作用两个力：主缸压力和伺服气室输出的推杆力。因此，辅助缸左腔及各轮缸的液压高于主缸压力。

A、D 两腔真空度在降低过程中，控制阀膜片 6 和阀门组逐渐下移。A、D 两腔真空度下降到一定值时，由于空气阀落座而保持稳定。这一稳定值取决于主缸液压，而主缸液压又取决于踏板力和踏板行程。

松开制动踏板时（见图 11-26（b）），主缸液压下降，控制阀活塞连同膜片座下移，使真空阀开启。完全放开制动踏板时，则所有运动件都在各自的回位弹簧作用下回复到图 11-26（b）所示位置，制动解除。

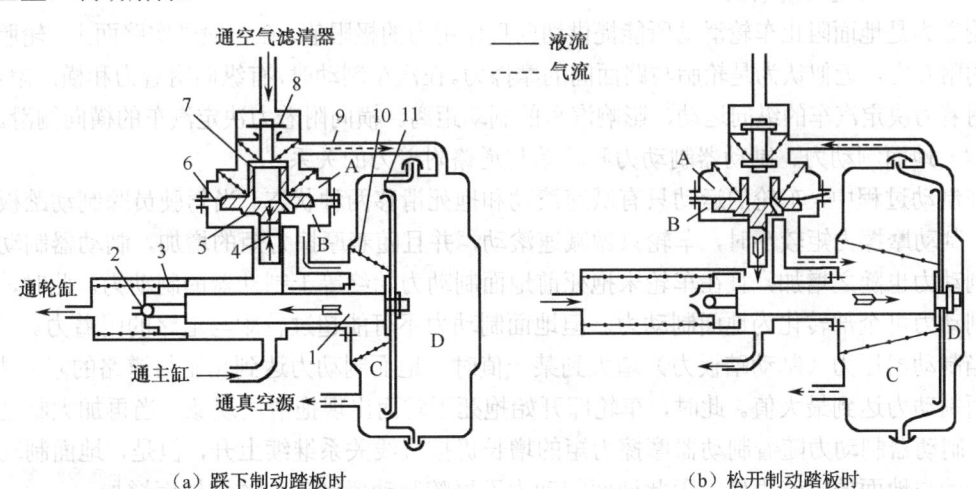

(a) 踩下制动踏板时　　　　　(b) 松开制动踏板时

1—推杆；2—球阀；3—辅助缸活塞；4—控制阀活塞；5—膜片座；6—控制阀膜片；7—真空阀；
8—空气阀；9—通气管；10—伺服气室膜片回位弹簧；11—膜片

图 11-26　真空增压器工作原理

在真空增压器失效的情况下，球阀 2 将始终开启，这时整个系统工作与液压式简单制动传动机构一样。此时所需的踏板力比有真空伺服作用时大得多。

11.6 电控制动防抱死系统

电控制动防抱死系统（Anti-Lock Brake System，简称 ABS）是汽车上的一种主动安全装置。其作用是在汽车制动时，自动调节制动力的大小，避免车轮完全抱死在路面上产生滑拖，使车轮处于边滚边滑的状态，以保证车轮与地面间有最好的附着状态，从而缩短制动距离，提高汽车制动过程中的方向稳定性及转向操纵能力，使汽车制动更为安全有效。

1．制动力和附着力的关系

（1）地面制动力

当汽车使用制动器制动时，由于制动鼓（盘）与制动蹄摩擦片之间的摩擦作用，形成了摩擦力矩，此力矩与车轮转动方向相反。车轮在此力矩的作用下给地面一个向前的作用力，与此同时，地面给车轮一个与行驶方向相反的切向反作用力，这个力就是地面制动力，它是迫使汽车减速或停车的外力。

（2）制动器制动力

由于地面制动力是由地面提供的外力，若将汽车架离地面，地面制动力就不存在了，这时阻止车轮转动的是制动器摩擦力矩。将制动器的摩擦力矩转化为车轮周缘的一个切向力，并将其称为制动器制动力。

（3）轮胎与道路附着力

附着力是地面阻止车轮滑动所能提供切向反作用力的极限值。在一般硬实路面上，轮胎与路面间的附着力可近似认为是轮胎与路面间的摩擦力。在汽车制动时，有纵向附着力和横向附着力。纵向附着力决定汽车的纵向运动，影响汽车的制动距离。横向附着力决定汽车的横向侧滑。

（4）地面制动力、制动器制动力和轮胎与道路附着力的关系

在制动过程中，车轮的运动只有减速滚动和抱死滑移两种状态。当驾驶员踩制动踏板的力较小，制动摩擦力矩较小时，车轮只做减速滚动，并且随着摩擦力矩的增加，制动器制动力和地面制动力也随之增加，且在车轮未抱死前地面制动力始终等于制动器的制动力。此时，制动器的制动力可全部转化为地面制动力。但地面制动力不可能超过轮胎与道路的附着力。

当制动器压力（制动踏板力）增大到某一值时，地面制动力达到轮胎与道路的附着力值，即地面制动力达到最大值。此时，车轮即开始抱死不转而出现拖滑的现象。当再加大制动器压力时，制动器制动力随着制动器摩擦力矩的增长仍按直线关系继续上升，但是，地面制动力已达到轮胎与地面的附着力值，因此地面制动力不再随制动器制动力的增加而增加。

综上所述，要想获得好的制动效果，必须同时具备两个条件：不但汽车具有足够的制动器制动力，而且要有附着系数较高的路面提供足够的地面制动力。

车轮与地面附着系数的影响因素较多，如车轮滑移率、车速、轮胎的结构和气压等，但较为突出的是车轮相对于地面的滑移率。

2．滑移率

汽车匀速行驶时，汽车的实际车速与车轮滚动的圆周速度（也称车轮速度）是相同的。在驾驶员踩制动踏板使车轮的轮速降低时，车轮滚动的圆周速度（轮胎胎面在路面上移动

的速度）也随之降低了，但由于汽车自身的惯性，汽车的实际车速与车轮的速度不再相等，使车速与轮速之间产生了一个速度差。此时，轮胎与路面之间产生相对滑移现象，其滑移程度用滑移率表示。

滑移率是指车轮在制动过程中滑移速度在车轮纵向运动中所占的百分比例，用 S 表示。其定义表达式为

$$S = \frac{v - \omega r}{v} \times 100\%$$

式中，S 为滑移率；v 为车轮旋转中心相对于地面的纵向速度；ω 为车轮转动的角速度；r 为车轮的滚动半径。

由上式可知：当汽车的实际车速等于车轮滚动时的圆周速度时，滑移率为零，车轮为纯滚动；汽车制动过程中，在汽车停止前，车轮处于抱死状态时，车身具有一定的速度，而车轮的滚动圆周速度为零，则滑移率为100%；当滑移率在0%～100%之间时，车轮既滚动又滑动。

3．滑移率与附着系数的关系

大量的实验证明，在汽车的制动过程中，附着系数的大小随着滑移率的变化而变化。在干路面或湿路面上，当滑移率在15%～30%范围内时，车轮具有最大的纵向附着系数，此时可产生的地面制动力最大，制动距离最短，制动效果最佳。在雪路或冰路面上时，最佳滑移率在20%～50%范围内。当滑移率为零，即车轮处于纯滚动状态时，其侧向附着系数最大，此时汽车保持转向和防止侧滑的能力最强；随着滑移率的增加，侧向附着系数下降，当滑移率为100%，即车轮抱死滑动时，侧向附着系数变得极小，轮胎与路面之间的侧向附着力接近于零，车轮将完全丧失抵抗外界侧向力作用的能力，稍有侧向力干扰（如路面不平产生的侧向力、汽车重力的侧向分力和侧向风力等），汽车就会产生侧滑而失去稳定性。滑移率与附着系数的关系如图11-27所示。

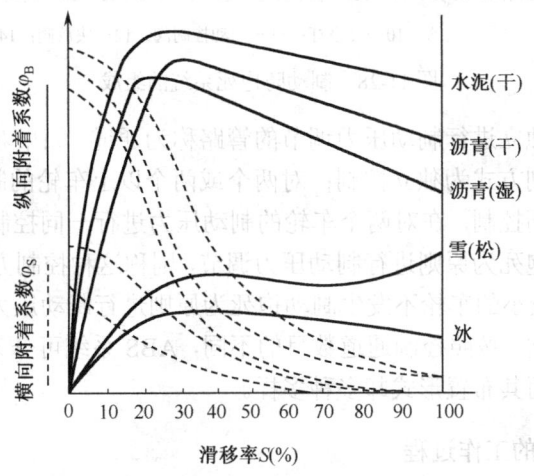

图11-27 不同道路条件下滑移率与附着系数的关系

在汽车的制动过程中，若能将滑移率控制在最大附着系数所对应的滑移率范围内，汽车将处于最佳制动状态。要控制滑移率就要对作用于车轮上的力矩进行瞬时的自适应调节。制动防抱死系统就是通过电子控制单元、车轮转速传感器和制动压力调节器，对作用于制动轮缸内的制动液压力进行瞬时的自动控制，从而控制制动车轮上的制动器压力，使制动车轮尽可能保持

在最佳的滑移率范围内运动，使汽车的实际制动过程接近于最佳制动状态。

4．制动防抱死系统的组成

无论气压制动系统还是液压制动系统，汽车的制动防抱死系统都由三大部分组成：车轮转速传感器、制动压力调节器和电子控制单元（ECU），如图 11-28 所示。汽车制动时，首先由轮速传感器检测出车轮转速信号，并传输给 ECU。ECU 中的运算单元根据轮速信号按一定的逻辑计算出车轮速度、滑动率及车轮加速度，然后由 ECU 中的控制单元对这些信号进行分析比较后，向制动压力调节器发出制动压力控制指令。制动压力调节器在接收到 ECU 的控制指令后，执行相应的操作，从而改变制动管路中的油压（或气压）以调节制动器的制动力矩，使之与地面附着状况相适应，防止制动车轮抱死。

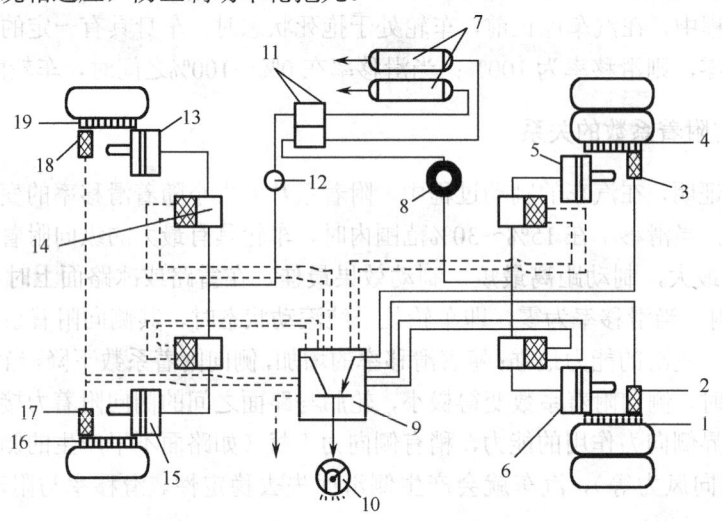

1、4、16、19—传感齿圈；2、3、17、18—车轮转速传感器；5、6、13、15—制动气室；7—储气筒；
8—继动阀；9—电子控制器；10—警报灯；11—制动控制阀；12—快放阀；14—压力控制阀

图 11-28 制动防抱死系统的组成

ABS 系统中，能够独立进行制动压力调节的管路称为通道。如果对某车轮的制动压力单独进行调节，则称这种控制方式为独立控制；对两个或两个以上车轮的制动压力一起进行调节，则称这种控制方式为一同控制。在对两个车轮的制动压力进行一同控制时，如果以保证附着力较大的车轮不发生制动抱死为原则进行制动压力调节，则称这种控制方式为按高选原则一同控制；如果以保证附着力较小的车轮不发生制动抱死为原则进行制动压力调节，则称这种控制方式为按低选原则一同控制。按照控制通道数目的不同，ABS 系统可分为四通道、三通道、双通道和单通道四种形式，而其布置形式却多种多样。

5．制动防抱死系统的工作过程

ABS 系统根据其制动压力调节方式的不同，分为循环调压式和变容积式两种。下面以循环调压式 ABS 系统为例，说明其工作过程。

（1）常规制动

ABS 未进入工作状态，电磁线圈 7 中无电流通过，柱塞 8 处于下极限位置，此时制动主缸与轮缸直通，如图 11-29（a）所示，由制动主缸来的制动液直接进入轮缸，轮缸压力随主缸压力而增减。

(2) 减压过程

当 ECU 检测到车轮有抱死趋势（车轮滑移率超出最佳范围）时，便向电磁线圈通入一个最大电流，柱塞移至上极限位置，此时制动轮缸与主缸的通路被切断而与回油接通，如图 11-29（b）所示，轮缸中制动液经电磁阀流入储液器，轮缸压力下降。与此同时，ECU 驱动电动机工作，带动液压泵将流回储液器的制动液加压后送回制动主缸，为下一制动过程做准备。

(3) 保压过程

当 ECU 分析判断出车轮滑移率处于最佳范围时，便向电磁线圈通入一个较小的保持电流（约为最大电流的 1/2），柱塞处于中间的"保压"位置，如图 11-29（c）所示。此时，制动主缸、轮缸和储液器相互隔离密封，制动轮缸中保持恒定的制动压力。

(4) 增压过程

当车轮滑移率趋于零时，ECU 使电磁阀断电，柱塞又回到上极限位置，制动轮缸与主缸再次相通，使制动轮缸压力增加，如图 11-29（d）所示。

制动时，上述过程反复进行，直到解除制动为止。上述过程的压力调节是脉动式的，其频率为 4~10Hz。

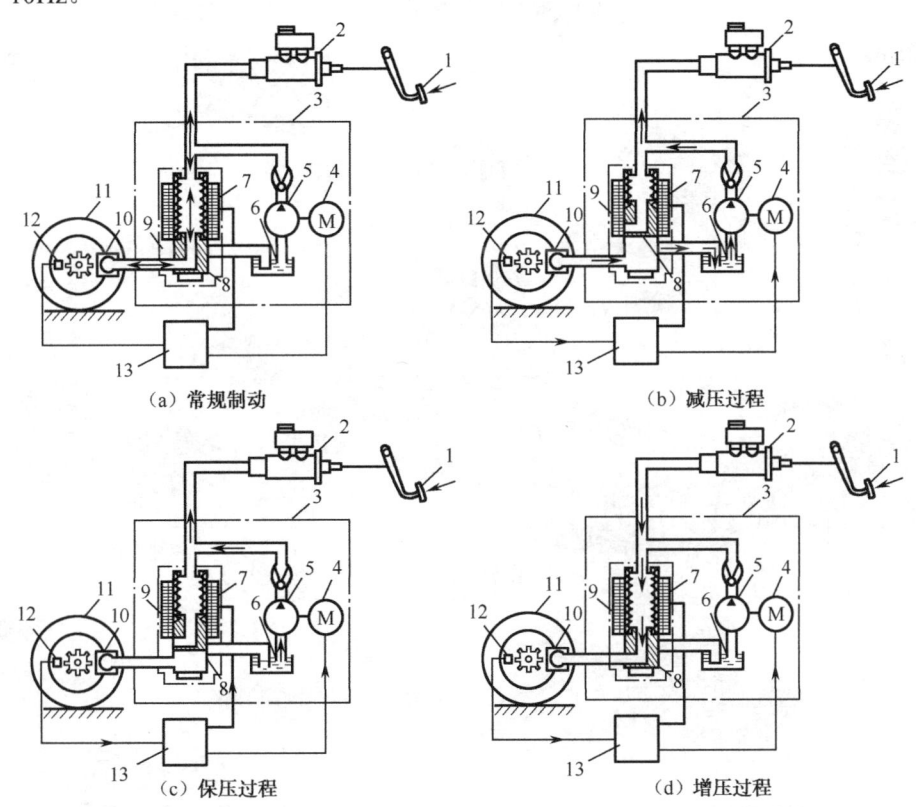

(a) 常规制动　　(b) 减压过程

(c) 保压过程　　(d) 增压过程

1—踏板机构；2—制动主缸；3—液压单元；4—电动机；5—液压泵；6—储液器；7—线圈；
8—柱塞；9—电磁阀；10—制动轮缸；11—车轮；12—轮速传感器；13—ECU

图 11-29　ABS 系统工作过程

思考题

1. 什么是汽车制动系统?制动系统如何分类?
2. 什么是领从蹄式制动器?简述其结构及工作原理,并指出哪一蹄是领蹄,哪一蹄是从蹄。
3. 钳盘式制动器分为哪几类?
4. 盘式制动器与鼓式制动器相比有哪些优缺点?
5. 在制动力调节装置中限压阀和比例阀的作用是什么?它们各用于何种车型?为什么?
6. 汽车为什么要安装防抱死制动装置?

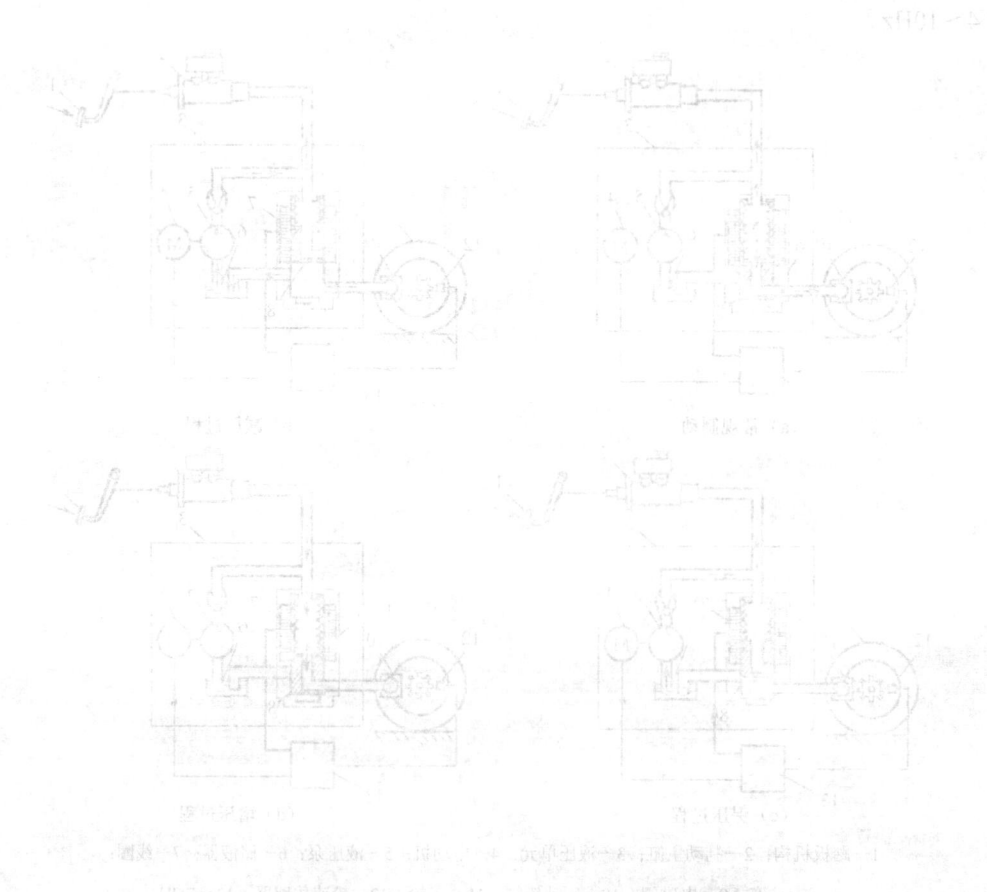

第 12 章 汽车车身

12.1 概述

汽车车身是驾驶员的工作场地，也是容纳乘客和货物的场所。

汽车车身应为驾驶员提供舒适的驾驶环境，为乘员提供安全、舒适和享受的乘坐条件，保护他们尽量少受汽车行驶的振动、噪声、废气的影响，并保护乘客或货物免受风、沙、雨、雪等侵袭和恶劣气候影响，安全、正点到达目的地。

车身应保证汽车具有合理的外部形状，造型美观、色彩协调，在汽车行驶时能有效地减少空气阻力和燃料消耗，并保证车内通风。此外，还应有助于提高汽车的行驶稳定性和改善发动机的冷却条件。

轿车车身结构主要包括车身壳体、车前钣金件，以及驾驶室、车门、车窗、车身内外装饰件、车身附件、座位及取暖、通风、空调装置等；载货汽车车身包括驾驶室和车厢等。

12.2 车身壳体及门窗

12.2.1 车身壳体

车身壳体是一切车身部件的安装基础，通常指纵、横梁和立柱等主要承力元件，以及与它们相连接的板件共同组成的刚性空间结构。客车车身多数具有明显的骨架,而轿车车身和货车驾驶室则没有明显的骨架。车身壳体通常还包括在其上敷设的隔声、隔热、防振、防腐、密封等材料及涂层。

1. 车身壳体分类

(1) 按受力情况分

车身壳体按受力情况分有承载式、非承载式、半承载式三种。

承载式车身,其特征是汽车没有车架,车身就作为发动机和底盘各总成的安装基础,车身负载通过悬架装置传给车轮,如图12-1所示。

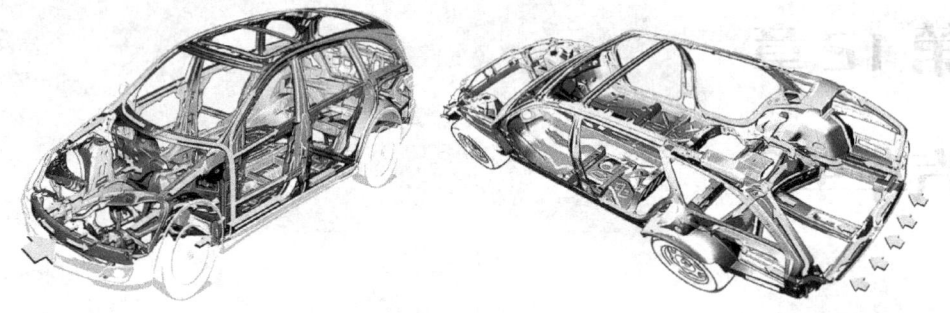

图12-1 承载式车身

非承载式车身指悬挂于车架上的车身结构形式,其特征是有独立完整的车架,并与车身之间采用弹性元件做柔性连接,绝大部分载荷由车架承担,如图12-2所示。

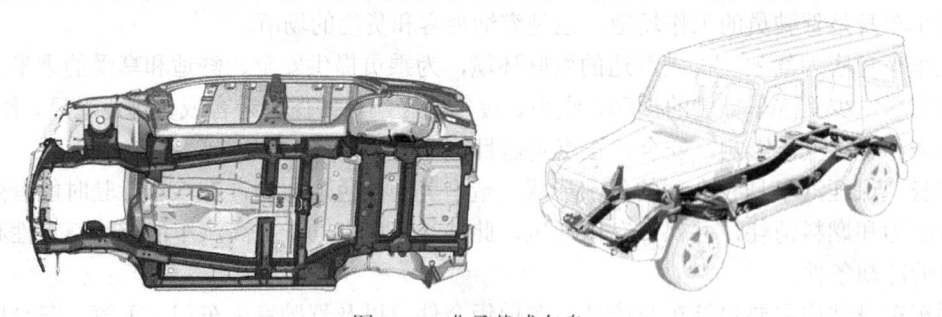

图12-2 非承载式车身

半承载式车身指车身骨架与车架横梁刚性连接的车身结构形式,其特征是有独立完整的车架,并通过螺栓连接、铆接或焊接等方式与车身刚性连接。

(2) 按车身外形分类

有阶背式车身、溜背式车身、舱背式车身、短背式车身等,分别如图12-3 (a)、(b)、(c)、(d) 所示。

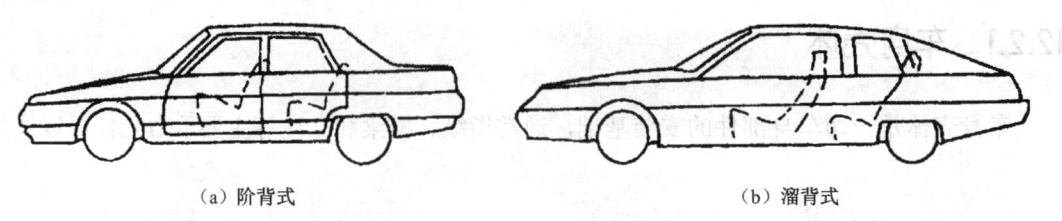

(a) 阶背式　　　　　　　　　　　(b) 溜背式

图12-3 按车身外形分类

(c) 舱背式　　　　　　　　　　　　　(d) 短背式

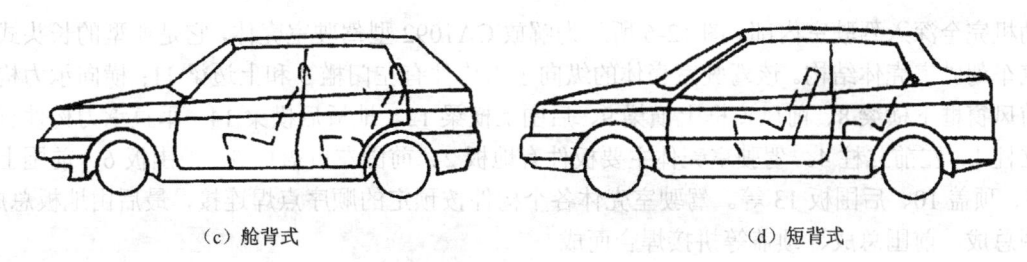

图 12-3　按车身外形分类（续）

(3) 按侧窗数、座位数分类

有三厢式和二厢式两种，如图 12-4（a）、（b）所示。

三厢式指有四个以上侧窗、两排以上座位、两个以上车门。二厢式指乘客室与行李箱同段布置。

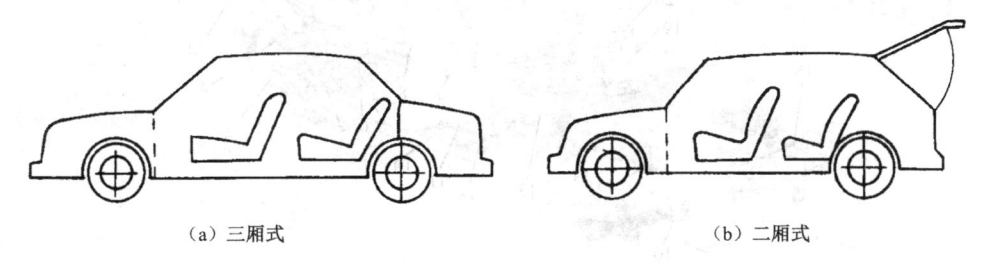

(a) 三厢式　　　　　　　　　　　　　(b) 二厢式

图 12-4　按侧窗数、座位数分类

2. 车身壳体结构

（1）轿车车身壳体结构

轿车车身是由外部覆盖件和内部板件等焊合而成的空间结构，当前大多数轿车省去了笨重的车架，采用承载式结构，使得汽车轻量化。

图 12-5 所示为捷达轿车的车身壳体，是典型的承载式车身结构形式。其车身壳体的纵向承力构件有后纵梁 4、门槛 8、前挡泥板加强筋 13、地板通道 11、前纵梁 15、上边梁 24；横向承力构件有地板后横梁 5、前座椅横梁 12、前风窗框下横梁 20、前风窗框上横梁 21、后风窗框上横梁 23、后风窗台板 25、后围板 26；垂直承力构件有前立柱（A柱）9、中立柱（B柱）7、后梁柱（C柱）1 等。车身主要板件有前挡泥板 14、前地板 10、后地板 6、前围板 19、顶盖 22、后轮罩 3、后翼板 2 等。上述构件和板件经过周密筹划后，利用搭接、翻边等连接方式按先后顺序点焊组装成左右侧围总成、前后地板与前围总成、顶盖等，再拼装焊合成完整的空间结构。

现代轿车的承载式车身壳体前部都有副车架，其作用是安装发动机、传动系统、前悬架和前轮等。副车架与承载式车身前部的下面用弹簧橡胶垫连接，以隔离振动和冲击，提高车身的舒适性。

（2）载货汽车驾驶室壳体结构

载货汽车驾驶室没有明显骨架，由外部覆盖件与内部钣金件相互焊接而成。

载货汽车驾驶室只占汽车长度的很小部分，不宜采用承载式结构。绝大多数驾驶室都是非承载式结构，通常以三或四点弹性悬于车架上。

载货汽车驾驶室结构类型有长头式、短头式、平头式三种，其中长头式驾驶室的发动机位于驾驶室之前；短头式的驾驶室前移，发动机部分伸入驾驶室内；平头式的驾驶室充分前移，发动机完全深入驾驶室内部。图12-6所示为解放CA1092型驾驶室壳体，它是典型的长头式载货汽车驾驶室壳体结构。该驾驶室壳体的纵向承力构件有左门槛3和上边梁11；横向承力构件有前风窗框下横梁8、前风窗框上横梁9、后围上横梁12、地板后横梁14；垂直承力构件有左后立柱1、左前立柱4。驾驶室壳体主要板件有地板2、前围左侧盖板5、前围板6、前围上盖板7、顶盖10、后围板13等。驾驶室壳体各个构件按预定的顺序点焊连接，最后由地板总成、后围总成、前围总成、顶盖等拼接焊合而成。

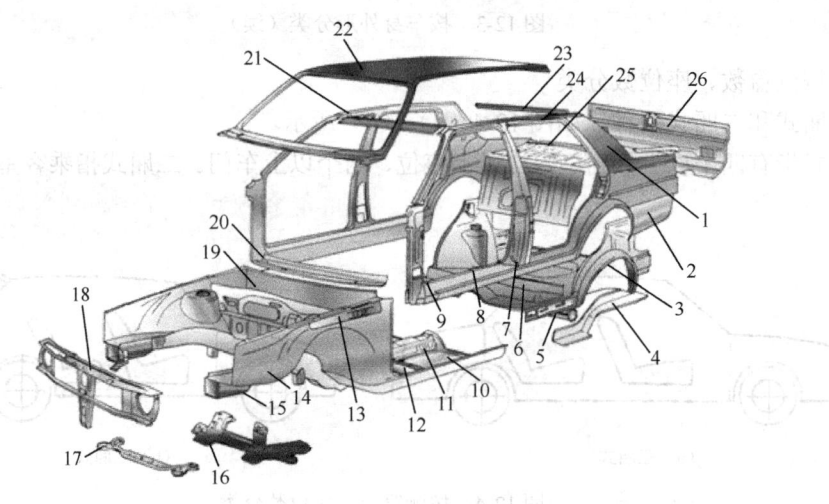

1—后梁柱（C柱）；2—后翼板；3—后轮罩；4—后纵梁；5—地板后横梁；6—后地板；7—中立柱（B柱）；8—门槛；9—前立柱（A柱）；10—前地板；11—地板通道；12—前座椅横梁；13—前挡泥板加强筋；14—前挡泥板；15—前纵梁；16—副车架；17—前横梁；18—散热器框架；19—前围板；20—前风窗框下横梁；21—前风窗框上横梁；22—顶盖；23—后风窗框上横梁；24—上边梁；25—后风窗台板；26—后围板

图12-5 典型捷达轿车的车身壳体

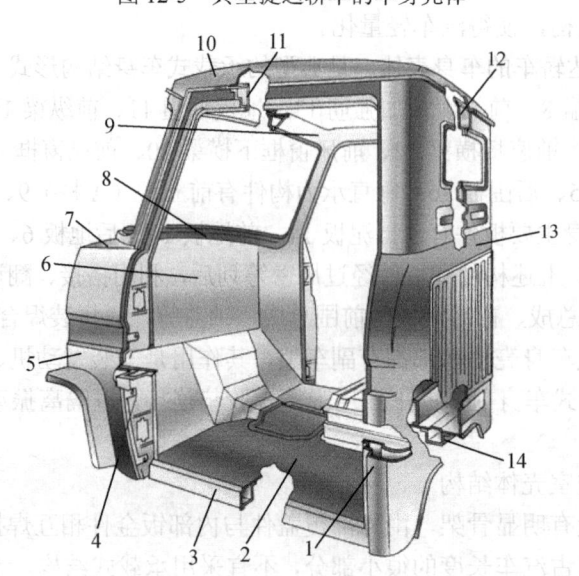

1—左后立柱；2—地板；3—左门槛；4—左前立柱；5—前围左侧盖板；6—前围板；7—前围上盖板；8—前风窗框下横梁；9—前风窗框上横梁；10—顶盖；11—上边梁；12—后围上横梁；13—后围板；14—地板后横梁

图12-6 解放CA1092型驾驶室壳体

(3) 客车车身壳体结构

客车车身也有承载式和半承载式两种。由于客车有规则的厢式形状,故多数具有完整的骨架。半承载式车架是将横梁加宽并与车身侧壁骨架刚性连接,使车身骨架也分担车架的一部分载荷。

图 12-7 所示为奔驰大客车的承载式车身骨架结构,它是典型的整体式承载结构。该结构设计使得车身壳体构件都参与承载,各构件承载时相互牵连与协调,材料的最大潜力得以发挥,降低了整车高度,减轻了车身质量。

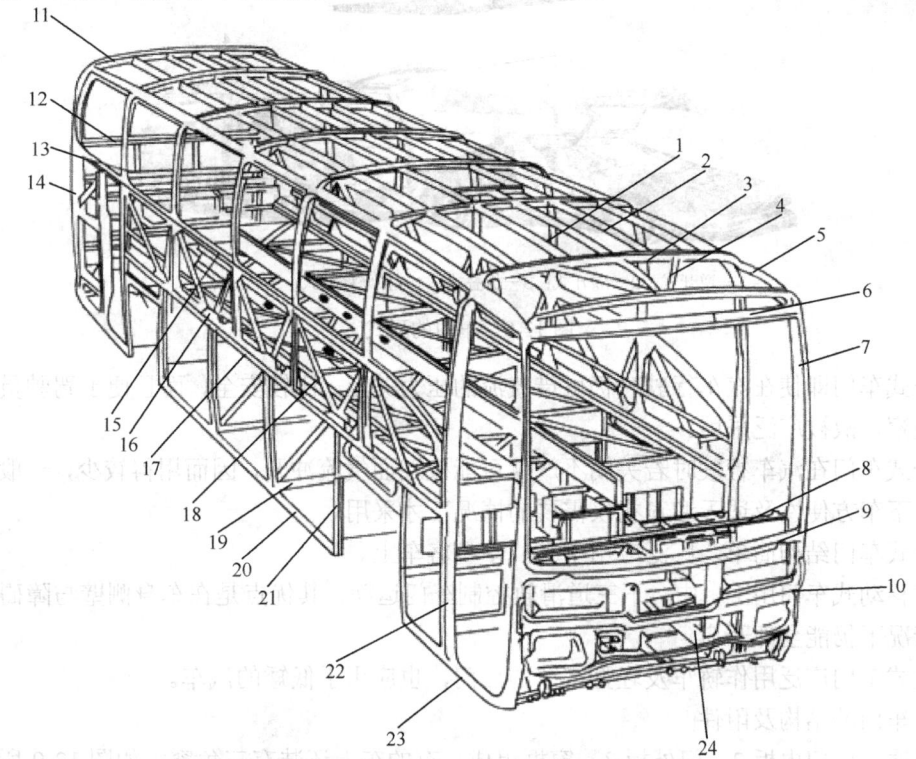

1—侧窗立柱; 2—顶盖纵梁; 3—顶盖横梁; 4—顶盖斜撑; 5—上边梁; 6—前风窗框上横梁; 7—前风窗立柱; 8—仪表板横梁; 9—前风窗框下横梁; 10—前围掬梁; 11—后风窗框上横梁; 12—后风窗框下横梁; 13—后围加强横梁; 14—后围立柱; 15—腰梁; 16—角板; 17—侧围掬梁; 18—斜撑; 19—底架横掬栅; 20—侧围裙边梁; 21—裙立柱; 22—门立柱; 23—门槛; 24—底架纵格栅

图 12-7 奔驰大客车的承载式车身骨架结构

12.2.2 车门和车窗

1. 车门

车门是车身上重要的部件之一,一般用铰链安装在车身上,通常由车门本体、附件和内外装饰件组成。应具备保证乘员上下车的方便性、行车的安全性、良好的侧面视野、密封性等方面的性能。

（1）分类

车门按其开启方法可分为:逆开式、顺开式、折叠式、水平移动式、上掀式等几种,如

图 12-8 所示。

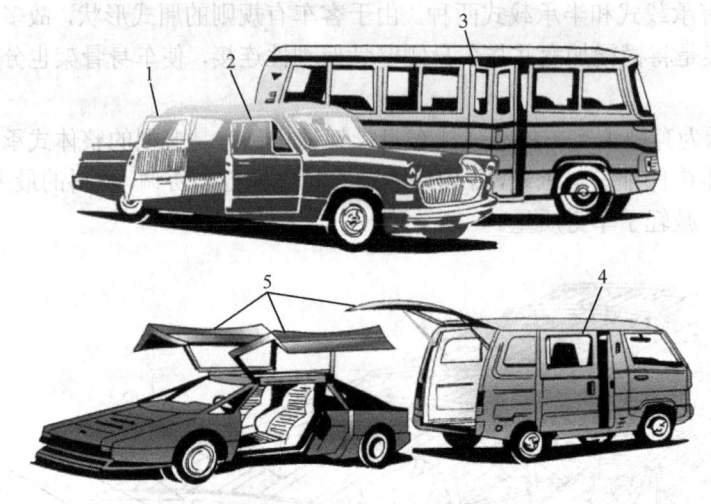

1—逆开式；2—顺开式；3—折叠式；4—水平移动式；5—上掀式

图 12-8　车门的形式

顺开式车门即使在汽车行驶时仍可借气流的压力关上，比较安全，而且便于驾驶员在倒车时向后观察，故被广泛采用。

逆开式车门在汽车行驶时若关闭不严就可能被迎面气流冲开，因而用得较少，一般只是为了改善上下车方便性及适于迎宾礼仪需要的情况下才采用。

折叠式车门结构简单，广泛应用于大、中型客车上。

水平移动式车门用上、中、下三道滑轨控制车门运动，其优点是在车身侧壁与障碍物距离较小的情况下仍能全部开启。

上掀式车门广泛用作轿车及轻型客车的后门，也应用于低矮的汽车。

（2）车门的结构及附件

车门通常由门内板 2、门外板 3、窗框组成，有的车上还装有三角窗，如图 12-9 所示。部分轿车门内还布置有暖风通风管道和收音机的扬声器等。

车门附件包括车门铰链 12、车门开度限位器、带有内外操作手柄的门锁、密封条 4，在车门内外板之间还装有升降玻璃 5、车门玻璃托槽 9、玻璃升降器总成 10 等。

门外板一般采用 0.6～0.8mm 厚的薄钢板冲压成形。设计中必须符合车身造型要求，由于轻量化和侧面碰撞安全性的要求，广泛采用高强度钢板。为了增强安全性，外板内侧一般安装了防撞杆（梁）。内板与外板通过翻边、黏合、滚焊等方式结合。

车门玻璃的升降器有手动、电动和液压式，按其结构形式分为臂式玻璃升降器和钢丝绳式玻璃升降器等。钢丝绳式玻璃升降器在现代轿车上也常有采用。

车门的密封包括车门与车身之间间隙的密封和车窗玻璃的密封。车门与车框之间的间隙是用密封条填充，以防雨水、灰尘侵入车内，同时在开关门时起缓冲作用，在汽车行驶时防止车门振响。

2．车窗

不同部位的车窗通常采用不同形状和不同材质的玻璃。

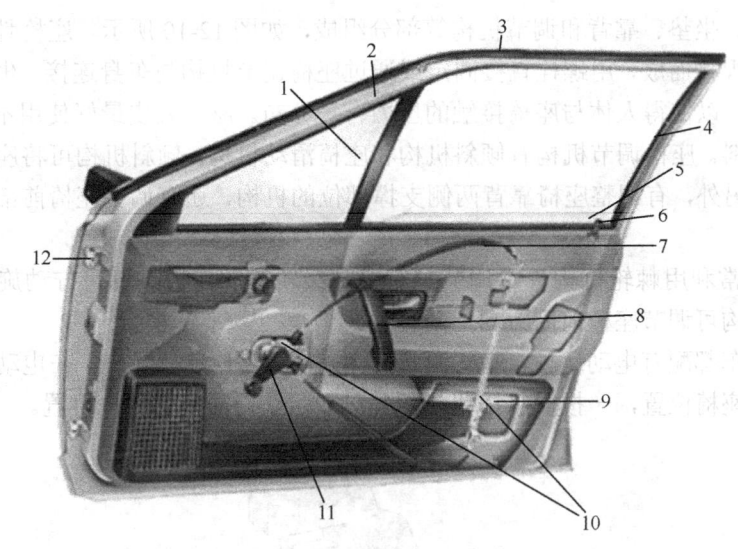

1—三角窗；2—门内板；3—门外板；4—密封条；5—升降玻璃；6—内部锁止按钮；7—钢丝绳；
8—拉手；9—车门玻璃托槽；10—玻璃升降器总成；11—玻璃升降器手柄；12—车门铰链

图 12-9　桑塔纳轿车前车门及其附件

（1）风窗

汽车的前后车窗通常采用有利于视野而又美观的曲线玻璃，现代汽车前、后车窗广泛采用较安全的夹层玻璃。汽车前、后车窗均是固定的，用橡胶密封条嵌在窗框上或用专用的黏合剂粘贴在窗框上。

（2）客车的侧窗

为了自然通风，客车的侧窗可设计成上下开启或水平移动式。具有完善的冷暖风、通风空调的高级客车，侧窗玻璃通常不可移动，以提高车身的密封性。

（3）轿车的遮阳顶窗（天窗）

在现代轿车上，遮阳顶窗（天窗）越来越广泛采用。遮阳顶窗（天窗）开启时可使汽车室内与外界相通，接近敞篷车的性能，透过天窗的阳光照在车内，使乘坐者沐浴更多的头顶阳光，会倍感舒畅。根据不同的需要，可把遮阳顶窗（天窗）部分或全部关闭，这样就形成了功能优异的全天候式车身结构。

12.3　车身附属装置及安全防护装置

12.3.1　座椅

汽车座椅作为汽车重要的内部附件，具有支撑乘员质量，缓和衰减由车身传来的冲击和振动，保证乘员乘坐舒适性，减轻乘员疲劳并且提供良好的工作条件，保护乘员避免和减少伤亡等重要作用。

按控制方式分类，汽车座椅有手动座椅和电控座椅等。

座椅由骨架、坐垫、靠背和调节机构等部分组成，如图12-10所示。座椅骨架常用型材制造或用钢板冲压焊接而成，用螺栓直接固定或通过座椅调节机构与车身连接。坐垫和靠背的形状与人体相适应，以使得人体与座椅接触的压力合理分布。座椅表皮最好使用不光滑、柔软且吸湿性良好的材料。座椅调节机构有倾斜机构和座椅滑动机构，倾斜机构可将座椅靠背调整到任意倾斜角度。另外，有调整座椅靠背两侧支撑部位的机构，还有调整座椅前部垂直高度的调整机构。

座椅靠背通常利用棘轮机构分级调节，有的高级轿车的座椅靠背可拧动旋钮进行无级调节。座椅滑动机构可调节座椅前后方向上的移动。

许多豪华轿车都配有电动座椅，座椅调节机构采用微型电动机驱动。在电动座椅的存储器里存储了理想的座椅位置，一按操纵按钮，驾驶员即可获得需要的座椅位置。

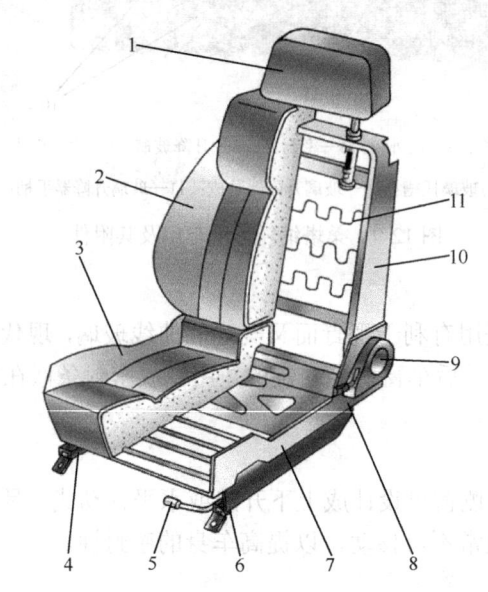

1—头枕；2—靠背芯子及蒙皮；3—坐垫芯子及蒙皮；4—右滑轨；5—行程调节手柄；
6—左滑轨；7—坐垫骨架；8—调节手柄；9—靠背角度调节器；10—靠背骨架；11—S形弹簧

图12-10 驾驶员座椅

12.3.2 空调系统

现代汽车大都在车身内部装备通风、采暖和空气调节装置来维持车内正常环境，提高车内乘员乘坐的舒适性。

1. 通风、采暖装置

（1）通风系统

通风系统有自然通风和强制通风。

利用汽车行驶时迎面气流进行车内空气换气的办法称为自然通风。自然通风可依靠车身上的进、出风口和装在车门上的三角窗来实现。进风口通常布置在风窗玻璃下沿的前方或车身前围的两侧；出风口通常布置在车身侧面向后部的拐角处；三角窗可绕垂直的轴线转动和调节开度，三角窗开启时在其附近形成空气涡流，迫使车内空气绕车窗循环流动。

图 12-11 所示为北京 BJ2020 型轻型越野汽车的通风及暖气联合装置。车外新鲜空气被鼓风机 18 经前围通风孔盖 10 强制压入车内，进行车内通风，这种通风形式为强制通风。

严寒季节，发动机冷却系统中的高温冷却液可直接导入热交换器 21，加热周围空气，再将加热后的空气经由暖风出口 19 通过除霜喷嘴 24 和 14 引至风窗进行除霜，同时引至车内取暖。强制通风方法比自然通风更有效，并可用过滤的办法保证空气更加洁净。

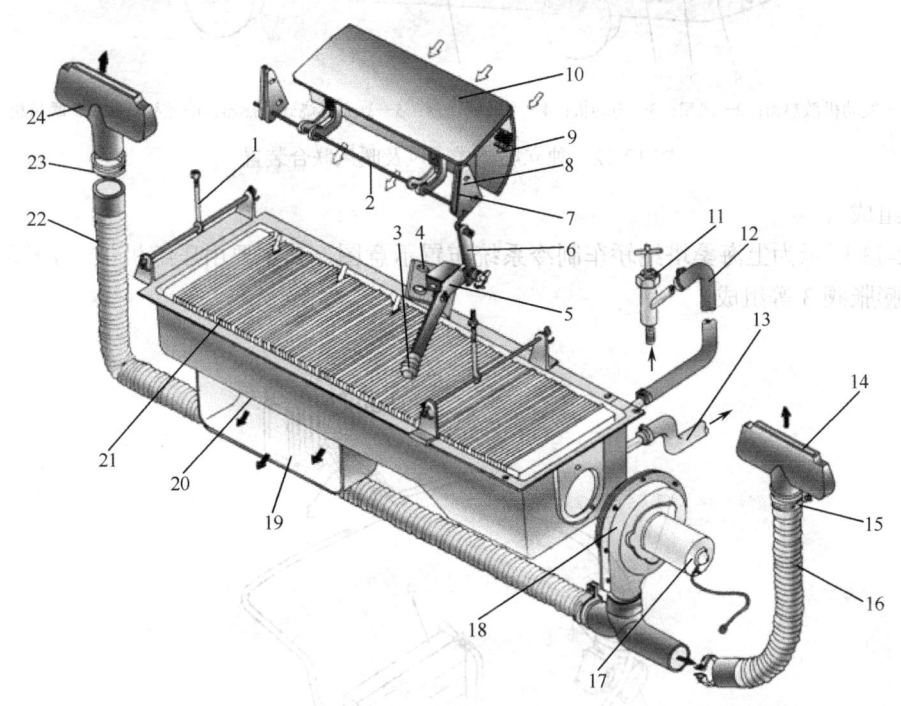

1—固定杆；2—通风孔盖铰链；3—手柄；4—支架；5—传动杆；6—拉杆；7—夹板衬垫；8—铰链夹板；9—通风滤网；10—前围通风孔盖；11—热水开关；12—进水管；13—出水管；14—右除霜喷嘴；15—卡箍；16—右除霜软管；17—电动机；18—鼓风机；19—暖风出口；20—热交换器外罩；21—热交换器；22—左除霜软管；23—卡箍；24—左除霜喷嘴

图 12-11 北京 BJ2020 型轻型越野汽车的通风及暖气联合装置

（2）暖风系统

暖风系统根据热源分为非独立燃烧式和独立燃烧式。

非独立燃烧式热源是发动机工作室冷却液的热量（水暖）或发动机排气系统的热量（气暖）。这种暖风装置多用于普通级和中级轿车及载货汽车驾驶室。

对于大型客车，利用发动机热源不能满足供热要求，因此采用独立燃烧式热源，另设热源。如图 12-12 所示，它由圆筒状的独立燃烧式加热器 5、燃油箱 6 和暖风机 7 等组成。燃料为煤油或轻柴油。撤出燃料供应后，该装置可作为冷空气的通风设备。

2. 空调装置

目前，一般轿车和客车都装有制冷系统，制冷装置经常被称为空调。制冷系统的作用是调节车厢内部的空气温度、湿度、流速和清洁度等，为乘客提供一个比较舒适的乘车环境。制冷系统工作时，必须使汽车的门、窗和后部行李箱禁闭，以保证室内良好的密封。

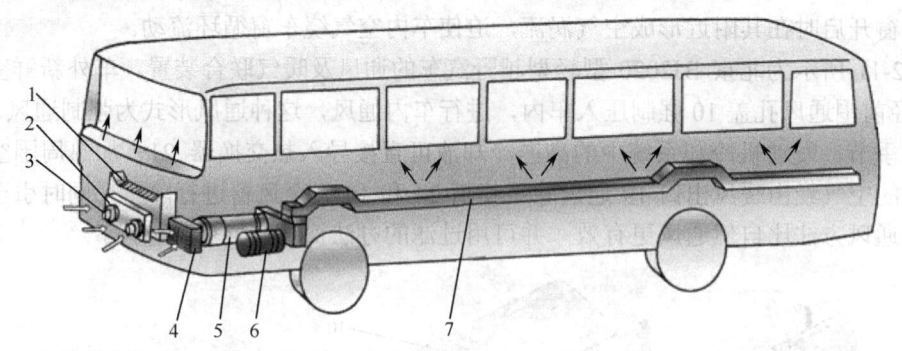

1—发动机散热器；2—风扇；3—电动机；4—空气滤清器；5—独立燃烧式加热器；6—燃油箱；7—暖风机

图12-12　独立燃烧式通风及暖风联合装置

（1）组成

图12-13所示为上海桑塔纳轿车制冷系统布置示意图，其主要由压缩机12、冷凝器4、蒸发器2和膨胀阀3等组成。

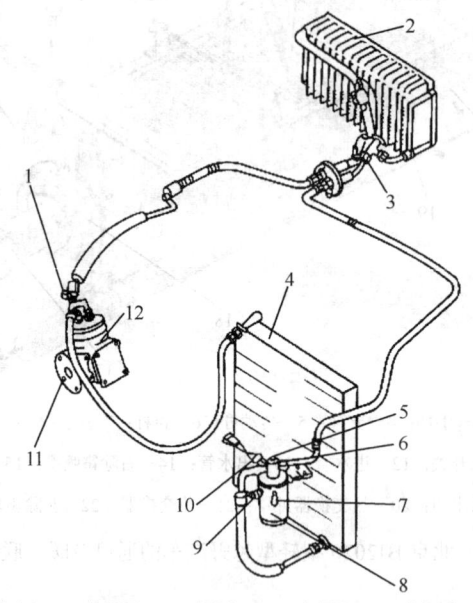

1、7—充放气阀；2—蒸发器；3—膨胀阀；4—冷凝器；5—窥视孔；6—易熔塞；
8—储液罐；9—高压开关；10—低压开关；11—法兰盘；12—压缩机

图12-13　上海桑塔纳轿车制冷系统布置示意图

（2）工作原理

图12-14所示是汽车制冷系统工作示意图。储液罐1中的工作介质在压缩机4的作用下流经膨胀阀2。由于膨胀阀2中弹簧压力的节流，膨胀阀出口处的压力下降，使得流出膨胀阀的工作介质得以在蒸发器3中汽化并使蒸发器3周围的空气温度下降。低压气态工作介质由压缩机4及冷凝器5还原为高压液态回到储液罐。

目前国内外汽车空调制冷剂全部使用HFC134a车用空调制冷剂，实现汽车绿色空调装置。中、小型汽车的空调压缩机都是以发动机为动力的。

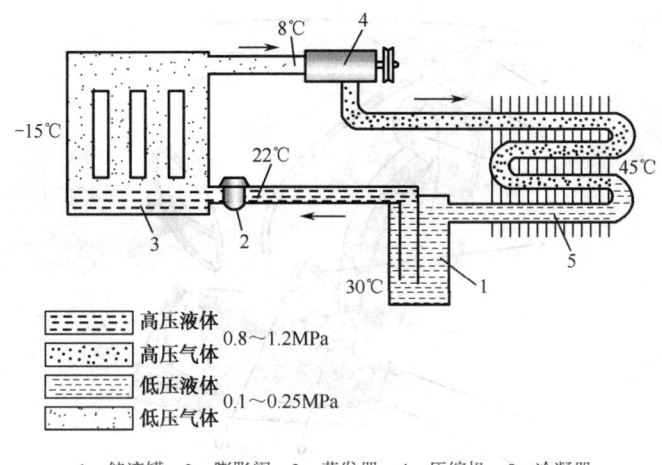

1—储液罐；2—膨胀阀；3—蒸发器；4—压缩机；5—冷凝器

图 12-14　汽车制冷系统工作示意图

12.3.3　安全防护装置

在交通事故中，能防止或减轻乘员受到二次碰撞或被抛出车外的所有安全装置，称为安全防护装置。座椅安全带和安全气囊是避免乘员身体与前面构件相撞的最主要的两种安全防护装置。

1. 座椅安全带

座椅安全带的作用是在撞车或车速发生急剧变化时把人体牢牢固定在座椅上，保护人身安全。它一般由织带、织带长度调节器、带扣锁、卷收器、织带方向转换装置以及安装部件等组成。

座椅安全带大体有两点式、斜挂式、三点式、四点式四种。其中最常用的是三点式安全带。三点式座椅安全带的组成如图 12-15 所示，带子由合成纤维织成，包括斜跨前胸的肩带 3 和绕过人体胯部的腰带 5。在座椅的外侧和内侧地板上各有一个外侧地板固定点 7 和内侧地板固定点 8，第三个固定点外侧上方固定点 1 位于座椅外侧车身支柱的上方。带子绕过上方固定点的环状导向板 2，伸入车身支柱内，最终卷在支柱下端的收卷器 6 内。乘员胯部内侧附件有一个插扣，插扣由插板 10（松套在带子上）和锁扣 9（与内侧地板固定点相连）两部分组成，该两部分插合后即可将乘员约束在座椅上。按下锁扣上的按钮就能解除约束。在正常情况下，安全带对人体上部并不起约束作用。当乘员向前弯腰时带子可从收卷器 6 经由上方固定点的导向板 2 拉出，而当乘员恢复正常坐姿时，收卷器又会自动将带子收起使带子随时与人体保持贴合。但在紧急情况下，亦即汽车减速度超过预定数值或车身严重倾斜时，收卷器会将带子卡住从而对乘员产生有效的约束。

2. 安全气囊

在发生交通事故时，乘员一般没时间反应来主动保护自己，只能靠被动安全装置来降低乘员的受伤程度。安全气囊是乘用车上的一种被动安全装置，是汽车安全带的辅助装置，只有在使用安全带的条件下，安全气囊才能充分发挥保护乘员和驾驶员的作用。

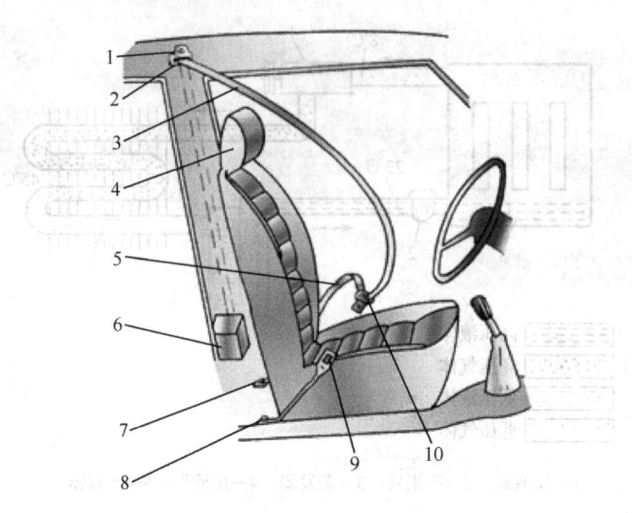

1—外侧上方固定点；2—导向板；3—肩带；4—头枕；5—腰带；6—收卷器；
7—外侧地板固定点；8—内侧地板固定点；9—锁扣；10—插板

图 12-15　三点式座椅安全带及头枕

汽车安全气囊主要由右前方传感器 1、左前方传感器 2、中部传感器总成 3、气体发生器 5 和安全气囊 6 等组成，如图 12-16 所示。安全气囊 6 平时折叠在转向盘毂内或仪表板内，必要时可在极短时间内充满气体呈球形，承受驾驶员或乘员头部或身体上部产生的惯性力，从而大大减轻正面碰撞时对人体的伤害。安全气囊通常采用氮气，由气体发生剂燃烧产生。气体发生器 5 如盒状，连接在安全气囊 6 的下方，其中心装有引燃器和点火剂，周围是填充气体发生剂的燃烧室，点火指令由传感器通过判断碰撞的强烈程度来发出，燃烧产生的大量气体通过冷却层降温，继而经由过滤层控制流动，进入安全气囊。

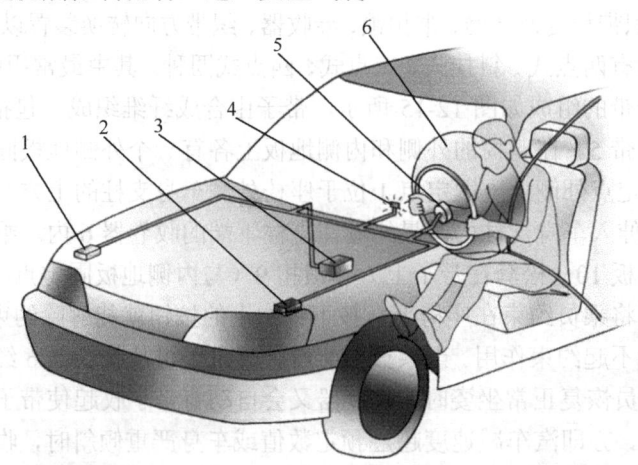

1—右前方传感器；2—左前方传感器；3—中部传感器总成；4—安全气囊指示灯；5—气体发生器；6—安全气囊

图 12-16　安全气囊系统

思考题

1. 汽车车身的功用是什么？
2. 轿车车身由哪几部分组成？
3. 轿车车门有哪几种开启方式？
4. 座椅安全带起什么作用？
5. 试述安全气囊系统的工作原理。
6. 试述汽车空调系统的作用与组成。

反侵权盗版声明

电子工业出版社依法对本作品享有专有出版权。任何未经权利人书面许可,复制、销售或通过信息网络传播本作品的行为,歪曲、篡改、剽窃本作品的行为,均违反《中华人民共和国著作权法》,其行为人应承担相应的民事责任和行政责任,构成犯罪的,将被依法追究刑事责任。

为了维护市场秩序,保护权利人的合法权益,我社将依法查处和打击侵权盗版的单位和个人。欢迎社会各界人士积极举报侵权盗版行为,本社将奖励举报有功人员,并保证举报人的信息不被泄露。

举报电话:(010)88254396;(010)88258888
传　　真:(010)88254397
E-mail:　dbqq@phei.com.cn
通信地址:北京市海淀区万寿路173信箱
　　　　　电子工业出版社总编办公室
邮　　编:100036